Stilkes Rechtsbibliothek Nr. 30
Die Gesetze des neuen Deutschen Reichs und der deutschen Länder mit systematischen Erläuterungen.

Strafrecht und Strafprozeß

Teil II

Strafprozeß

Gerichtsverfassungsgesetz, Strafprozeßordnung, Jugendgerichtsgesetz
und die strafprozeßrechtlichen Nebengesetze des Reichs und Preußens, sowie die Preußischen Bestimmungen über die **bedingte Strafaussetzung** und den **Strafausstand.**

Nach dem Stande vom 1. September 1924.

Textausgabe mit zahlreichen Anmerkungen

Herausgegeben

von

Ernst Schäfer,
Ministerialrat im Preußischen Justiz-ministerium.

und

Fritz Hartung,
Ministerialrat im Preußischen Justiz-ministerium.

Verlag von Georg Stilke in Berlin

Vorwort

Bereits beim Erscheinen der ersten Auflage des Teils I dieses Werkes, der im wesentlichen die Gesetze und Verordnungen des materiellen Strafrechts umfaßt, hatten wir die Absicht, eine Zusammenstellung der gesetzlichen Bestimmungen des formellen Strafrechts folgen zu lassen. Die Gestaltung der wirtschaftlichen Verhältnisse, die die Gesetzgebung nicht zur Ruhe kommen ließ, hat die Ausführung des Planes zunächst verhindert. Nachdem nunmehr mit der Konsolidierung des Wirtschaftslebens eine Zeit ruhigerer Entwickelung angebrochen ist, wird es möglich, die Absicht zu verwirklichen. Der gegenwärtige Zeitpunkt erscheint dafür auch geeignet. Die Verordnung über Gerichtsverfassung und Strafrechtspflege hat grundlegende Änderungen der Strafgerichtsorganisation herbeigeführt. Gerichtsverfassungsgesetz und Strafprozeßordnung sind in neuer Fassung bekanntgegeben worden. Im Zusammenhang damit sind Änderungen auch auf anderen Gebieten des Strafprozeßrechts vorgenommen worden, so z. B. durch Aufhebung der Wuchergerichtsverordnung, im Forstdiebstahls- und im Feld- und Forstpolizeigesetz sowie in der Schiedsmannsordnung. In alle anderen Nebengesetze haben die Verordnungen — ohne den Text zu ändern — mehr oder weniger eingegriffen, vor allem in das Jugendgerichtsgesetz, in dessen zweitem Abschnitt bei sehr vielen Bestimmungen die neuen Vorschriften berücksichtigt werden müssen. Von dem für die Praxis des Prozeßrechts wichtigen Pr. Ausführungsgesetz zum Gerichtsverfassungsgesetz fehlt eine brauchbare, die neuere Gesetzgebung berücksichtigende Ausgabe überhaupt. Ein Bedürfnis für die vorliegende Zusammenstellung schien uns danach vorzuliegen.

Das Buch wendet sich in erster Linie an den Praktiker und an die Studierenden. Es umfaßt neben den reichsgesetzlichen Vorschriften auch die strafprozeßrechtlichen Gesetze des Preußischen Rechts, vor allem das bereits erwähnte Pr. Ausführungsgesetz zum Gerichtsverfassungsgesetz. Aus dem Teil I sind die für die Praxis der Justizbehörden wichtigen Bestimmungen über die bedingte Strafaussetzung übernommen, und es sind ihnen die Vorschriften über den Strafausstand hinzugefügt worden. Einige Gesetze, mit teilweise strafprozeßrechtlichem Inhalt, sind aus Gründen der Raumersparnis nicht mit aufgenommen, weil sie im Teil I im Zusammenhang abgedruckt worden sind. Es ist aber auf sie an allen in Betracht kommenden Stellen verwiesen, so daß die Beziehungen zu anderen Vorschriften überall erkennbar werden. Es gehören dazu von Reichsgesetzen das Geldstrafengesetz, das Gesetz zum Schutze der Republik und das Preßgesetz, von Preußischen Gesetzen das Forstdiebstahlsgesetz und das Feld- und Forstpolizeigesetz. Dagegen ist der bereits im Teil I abgedruckte erste Teil des Jugendgerichtsgesetzes hier wiederholt, da er im Abschnitt über die Strafaussetzung auch prozeßrechtliche Bestimmungen enthält und weil es wünschenswert erschien, das ganze Jugendgerichtsgesetz im Zusammenhang zu bringen. Ferner sind unter Nr. XV einige kürzere im Teil I bereits enthaltene aus dem Kriegs- und Übergangsrecht in Kraft gebliebene prozeßrechtliche Bestimmungen hier wiederholt.

Nicht aufgenommen, weil zu umfangreich, sind die strafprozeßrechtlichen Bestimmungen der Reichsabgabenordnung. Doch ist wegen ihrer großen praktischen Bedeutung in zahlreichen Anmerkungen darauf verwiesen worden. Ausgelassen sind ferner die Gesetze über Kriegsverbrechen und Kriegsvergehen, da die daraus hervorgegangenen Strafsachen im wesentlichen erledigt sind.

Im übrigen sind — abgesehen von ferner liegenden Materien — die in Betracht kommenden gesetzlichen Bestimmungen, teils im Zusammenhang, teils in den An-

merkungen (eine Zusammenstellung der letzteren findet sich auf den Seiten XIII—XV des Inhaltsverzeichnisses) abgedruckt worden.

Die Anmerkungen beschränken sich im wesentlichen darauf, die Beziehungen der einzelnen gesetzlichen Bestimmungen untereinander herzustellen. Darüber hinaus sind die durch die Verordnung über Gerichtsverfassung und Strafrechtspflege und die im Anschluß an sie ergangenen Verordnungen geänderten Vorschriften mit einem kurzen Kommentar versehen worden, der bestimmt ist, der Praxis über die Schwierigkeiten der Übergangszeit hinwegzuhelfen. Auch bei dem Jugendgerichtsgesetz, das erst kurze Zeit in Geltung steht und das durch die neuere Gesetzgebung besonders stark berührt wird, ist der Umfang der Anmerkungen weiter gezogen und auf die bei der Anwendung der Vorschriften zu beachtenden Gesichtspunkte hingewiesen worden. Großer Wert ist darauf gelegt worden, bei den in Betracht kommenden Bestimmungen Hinweise auf die einschlägigen Preußischen Verwaltungsverfügungen zu geben. Die ursprünglich gehegte Absicht, eine möglichst lückenlose Übersicht über die seit der 6. Auflage von Müller „Justizverwaltung" entstandenen oder geänderten Preußischen Verwaltungsverfügungen strafprozeßrechtlichen Inhalts zu geben, konnte leider bei der großen Zahl der in Betracht kommenden Vorschriften noch nicht verwirklicht werden; doch dürfte bereits das verarbeitete Material dem Praktiker die Arbeit wesentlich erleichtern und ihm die Mühe des Suchens vielfach ersparen.

Um die Weiterbenutzung der älteren Kommentare zu ermöglichen, sind im Texte des GVG. und der StPO. überall die alten Paragraphenzahlen neben den neuen in Klammern angegeben. Ferner ist eine übersichtliche Gegenüberstellung der alten und der neuen Paragraphenzahlen beider Gesetze dem Werke vorangeschickt worden. Die VO. über Gerichtsverfassung und Strafrechtspflege, deren Text — obwohl in die Neufassung des GVG. und der StPO. übernommen — für die Auslegung noch

vielfach von Bedeutung sein wird, findet sich zusammenhängend im Eingang des Werkes abgedruckt. Bei jedem ihrer Paragraphen sind in Anmerkung diejenigen Stellen des GVG. und der StPO. angegeben, in die sie übergegangen sind oder deren Wortlaut sie beeinflußt haben. Im Texte des GVG. und der StPO. sind die infolge der Verordnung über Gerichtsverfassung und Strafrechtspflege eingetretenen sachlichen Änderungen durch Fettdruck hervorgehoben. Rein redaktionelle Änderungen sind dabei im allgemeinen nicht berücksichtigt. Die geänderten Paragraphen sind zudem mit Zeichen versehen, die auf den Grund der Änderung hinweisen. Es bedeutet: * Änderung infolge der in der Verordnung selbst enthaltenen Vorschriften, ** Änderung zur Anpassung an die neuen staatsrechtlichen Verhältnisse, *** die durch andere gesetzliche Vorschriften nötig gewordenen Änderungen. Die Bezeichnungen kehren in der Gegenüberstellung der alten und neuen Paragraphenzahlen wieder.

Große Sorgfalt ist auch auf die Ausgestaltung des Sachregisters verwandt worden.

Berücksichtigt sind die bis zum 1. September 1924 bekanntgemachten Gesetze, Verordnungen und Erlasse. Die unter X erster Abschnitt (S. 370—382), XI, XII, XIII und XV aufgeführten Gesetze und Verordnungen hat Ministerialrat Schäfer, alle übrigen Gesetze und Verordnungen hat Ministerialrat Hartung bearbeitet.

Möge das Buch sich als ein nützliches Hilfsmittel für den Praktiker erweisen.

Berlin, den 21. September 1924.

Die Herausgeber.

Inhaltsverzeichnis

Seite

Verzeichnis der verwendeten Abkürzungen XVI

1. Reichsgesetze und -Verordnungen.

I. Gegenüberstellung der alten und der neuen Paragraphenzahlen des Gerichtsverfassungsgesetzes, der Strafprozeßordnung und des Gesetzes betr. Aufhebung der Militärgerichtsbarkeit 1

II. Verordnung über Gerichtsverfassung und Strafrechtspflege 10

III. Einführungsgesetz zum Gerichtsverfassungsgesetz 37

IV. Gerichtsverfassungsgesetz 45

Erster Titel. Richteramt (§§ 1—11) 45
Zweiter Titel. Gerichtsbarkeit (§§ 12—21) . . 50
Dritter Titel. Amtsgerichte (§§ 22—27) 55
Vierter Titel. Schöffengerichte (§§ 28—58) . . 64
Fünfter Titel. Landgerichte (§§ 59—78) 84
Sechster Titel. Schwurgerichte (§§ 79—92) . . 96
Siebenter Titel. Kammern für Handelssachen (§§ 93—114) 103
Achter Titel. Oberlandesgerichte (§§ 115—122) 111
Neunter Titel. Reichsgericht (§§ 123—140) . . . 115
Zehnter Titel. Staatsanwaltschaft (§§ 141—152) 123
Elfter Titel. Gerichtsschreiber (§ 153) 128
Zwölfter Titel. Zustellungs- und Vollstreckungsbeamte (§§ 154, 155) 128
Dreizehnter Titel. Rechtshilfe (§§ 156—168) . . 130
Vierzehnter Titel. Öffentlichkeit und Sitzungspolizei (§§ 169—183) 133
Fünfzehnter Titel. Gerichtssprache (§§ 184—191) 138
Sechzehnter Titel. Beratung und Abstimmung (§§ 192—198) 140
Siebzehnter Titel. Gerichtsferien (§§ 199—201) 143

Seite

V. **Verordnung über die Entschädigung der Schöffen, Geschworenen und Vertrauenspersonen** 146

VI. **Einführungsgesetz zur Strafprozeßordnung** . 150

VII. **Strafprozeßordnung** 155

Erstes Buch. Allgemeine Bestimmungen. 155

(§§ 1—150)

Erster Abschnitt. Sachliche Zuständigkeit der Gerichte (§§ 1—6) 155
Zweiter Abschnitt. Gerichtsstand (§§ 7—21) . . . 157
Dritter Abschnitt. Ausschließung und Ablehnung der Gerichtspersonen (§§ 22—32) . . 163
Vierter Abschnitt. Gerichtliche Entscheidungen und ihre Bekanntmachung (§§ 33—41) . . 168
Fünfter Abschnitt. Fristen und Wiedereinsetzung in den vorigen Stand (§§ 42—47) . 171
Sechster Abschnitt. Zeugen (§§ 48—71) 173
Siebenter Abschnitt. Sachverständige und Augenschein (§§ 72—93) 183
Achter Abschnitt. Beschlagnahme und Durchsuchung (§§ 94—111) 190
Neunter Abschnitt. Verhaftung und vorläufige Festnahme (§§ 112—132) 200
Zehnter Abschnitt. Vernehmung des Beschuldigten (§§ 133—136) 210
Elfter Abschnitt. Verteidigung (§§ 137—150) . . 211

Zweites Buch. Verfahren in erster Instanz. 218

(§§ 151—295)

Erster Abschnitt. Öffentliche Klage (§§ 151—157) 218
Zweiter Abschnitt. Vorbereitung der öffentlichen Klage (§§ 158—177) 226
Dritter Abschnitt. Gerichtliche Voruntersuchung (§§ 178—197) 236
Vierter Abschnitt. Entscheidung über die Eröffnung des Hauptverfahrens (§§ 198—212) 243
Fünfter Abschnitt. Vorbereitung der Hauptverhandlung (§§ 213—225) 252
Sechster Abschnitt. Hauptverhandlung (§§ 226 bis 275) 256
Siebenter Abschnitt. Verfahren gegen Abwesende (§§ 276—295) 277

Seite

Drittes Buch. Rechtsmittel. 283

(§§ 296—358)

Erster Abschnitt. Allgemeine Bestimmungen (§§ 296—303) 283
Zweiter Abschnitt. Beschwerde (§§ 304—311) . . 284
Dritter Abschnitt. Berufung (§§ 312—332) . . . 287
Vierter Abschnitt. Revision (§§ 333—358) . . . 296

Viertes Buch. Wiederaufnahme eines durch rechtskräftiges Urteil geschlossenen Verfahrens. 306

(§§ 359—373)

Fünftes Buch. Beteiligung des Verletzten am Verfahren. 313

(§§ 374—406)

Erster Abschnitt. Privatklage (§§ 374—394) . . 313
Zweiter Abschnitt. Nebenklage (§§ 395—406) . . 322

Sechstes Buch. Besondere Arten des Verfahrens. 325

(§§ 407—448)

Erster Abschnitt. Verfahren bei amtsrichterlichen Strafbefehlen (§§ 407—412) 325
Zweiter Abschnitt. Verfahren nach vorangegangener polizeilicher Strafverfügung . (§§ 413—418) 330
Dritter Abschnitt. Verfahren bei Zuwiderhandlungen gegen die Vorschriften über die Erhebung öffentlicher Abgaben und Gefälle (§§ 419—429) 335
Vierter Abschnitt. Verfahren bei Einziehungen und Vermögensbeschlagnahmen (§§ 430—433) 339
Fünfter Abschnitt. Besondere Vorschriften über das Verfahren bei militärischen Straftaten, für Strafsachen gegen Angehörige der Reichswehr und für Militärstrafsachen (§§ 434—448) 341
Erster Titel. Vorschriften für militärische Straftaten (§§ 435—437) 342
Zweiter Titel. Vorschriften für Angehörige der Reichswehr und für Militärstrafsachen (§§ 438—448) 343

Seite

Siebentes Buch. Strafvollstreckung und Kosten des Verfahrens. 350

(§§ 449—474)

Erster Abschnitt. Strafvollstreckung (§§ 449—463) 350
Zweiter Abschnitt. Kosten des Verfahrens (§§ 464—474) 360

VIII. Verordnung zur Überleitung anhängiger Strafverfahren 366

IX. Verordnung über die Aufhebung der Wuchergerichtsverordnung 368

X. Jugendgerichtsgesetz 370

Erster Abschnitt. (§§ 1—16) 370
Zweiter Abschnitt. (§§ 17—42) 382
Dritter Abschnitt. (§§ 43—51) 415

XI. Gesetz, betreffend die Entschädigung der im Wiederaufnahmeverfahren freigesprochenen Personen 420

XII. Gesetz, betreffend die Entschädigung für unschuldig erlittene Untersuchungshaft 424

XIII. a) Gesetz über beschränkte Auskunft aus dem Strafregister und die Tilgung von Strafvermerken 430

b) Strafregisterverordnung 437

I. Strafregisterbehörden (§ 1) 437
II. Mitteilungen an das Strafregister (§§ 2—14) 438
III. Führung der Strafregister (§§ 15 bis 25) 445
IV. Auskunft aus dem Strafregister (§§ 26—30) 448
V. Ausländische Strafarten (§ 31) . . 450
VI. Steckbriefnachrichten und Suchvermerke (§§ 32—35) 451
VII. Vordrucke (§ 36) 452
VIII. Schlußbestimmungen (§§ 37—41) . . 453

Seite

XIV. Gesetz betreffend Aufhebung der Militärgerichtsbarkeit 455

Artikel I. (§ 1) 455
Artikel II. (§§ 2–14) 455
Artikel IIa. Die Stellung der Heeres- und Marineanwälte (§§ 15–18) 458
Artikel III. Übergangs- und Schlußbestimmungen (§§ 19–29) 459

XV. a) Bekanntmachung über die Verfolgung von Zuwiderhandlungen gegen Vorschriften über wirtschaftliche Maßnahmen 467

b) Bekanntmachung betreffend einige die Kriegsverordnungen ergänzende Vorschriften über Einziehung und über Veräußerung beschlagnahmter Gegenstände . . 469

c) Verordnung über Ausdehnung einzelner Verordnungen für die Kriegswirtschaft auf die Übergangswirtschaft 471

d) Gesetz über den Erlaß von Verordnungen für die Zwecke der Übergangswirtschaft 473

e) Verordnung zur Ausführung des Artikels VI Abs. 3 des Notgesetzes 474

XVI. a) Seemannsordnung (auszugsweise) 475

b) Gesetz betr. die Verpflichtung der Kauffahrteischiffe zur Mitnahme heimzuschaffender Seeleute (auszugsweise) . . . 480

c) Stellenvermittlergesetz (auszugsweise) . . . 481

d) Verordnung betr. das Strafverfahren vor den Seemannsämtern 482

2. Preußische Gesetze.

XVII. Ausführungsgesetz zum deutschen Gerichtsverfassungsgesetz 487

Erster Titel. Richteramt (§§ 1–11) 487
Zweiter Titel. Gerichtsbarkeit (§§ 12–20) . . . 491
Dritter Titel. Amtsgerichte (§§ 21–32) 495

Seite

Vierter Titel. Schöffengerichte (§§ 33—36) . . 499
Fünfter Titel. Landgerichte (§§ 37—43) 502
Sechster Titel. Schwurgerichte (§§ 44—45) . . . 504
Siebenter Titel. Kammer für Handelssachen (§ 46) 505
Achter Titel. Oberlandesgerichte (§§ 47—57) . 505
Neunter Titel. Staatsanwaltschaft (§§ 58—67) 509
Zehnter Titel. Gerichtsschreiber (§§ 68—72) . . 513
Elfter Titel. Gerichtsvollzieher (§§ 73—76) . . 515
Zwölfter Titel. Justizverwaltung (§§ 77—86) . . 517
Dreizehnter Titel. Rechtshilfe (§ 87) 520
Vierzehnter Titel. Öffentlichkeit und Sitzungspolizei (§§ 88—89) 522
Fünfzehnter Titel. Beratung und Abstimmung (§ 90) 523
Sechzehnter Titel. Gerichtsferien (§ 91) 523
Siebzehnter Titel. Schlußbestimmungen (§§ 92 bis 112) 524

XVIII. **Schiedsmannsordnung** 529

Erster Abschnitt. Das Amt der Schiedsmänner (§§ 1—11) 529
Zweiter Abschnitt. Die Sühneverhandlung über bürgerliche Rechtsstreitigkeiten (§§ 12—32) 534
Dritter Abschnitt. Die Sühneverhandlung in Strafsachen (§§ 33—39) 540
Vierter Abschnitt. Kosten und Stempel (§§ 40—46) 542
Fünfter Abschnitt. Schlußbestimmungen (§§ 47 bis 49) 544

XIX. **Gesetz betreffend den Erlaß polizeilicher Strafverfügungen wegen Übertretungen** . . 546

3. Anhang.

XX. **Die Preußischen Bestimmungen über die bedingte Strafaussetzung und über den Strafausstand** 553

a) Erlaß der Preußischen Staatsregierung vom 2. 8. 1920 553
b) Erlaß des Preußischen Staatsministeriums vom 24. 5. 1921 553
c) Erlaß des Preußischen Staatsministeriums vom 25. 6. 1921 554

Seite

d) Allgemeine Verfügung des Justizministers vom 19. 10. 1920 554
e) Erlaß des Preußischen Staatsministeriums vom 2. 5. 1922 576
f) Gemeinschaftliche Verfügung des Justizministers und des Finanzministers über die Ausübung des Gnadenrechts in gerichtlichen Strafsachen wegen Zuwiderhandlungen gegen Zoll- und Steuer-, Monopol-, Ein- und Ausfuhrbestimmungen 578
g) Königlicher Erlaß, betreffend die Bewilligung von Strafausstand 580
h) Allgemeine Verfügung des Justizministers dazu 581

Sachregister 586

Im Text sind ferner abgedruckt:

1. Reichsgesetzliche Vorschriften:

1. Die Verfassung des Deutschen Reiches

Art. 28 S. 1 (Anm. 3 zu § 161 StPO.) 229
Art. 37 (Anm. 3 zu § 112 StPO.) 201
Art. 38 Abs. 1 (Anm. 1 zu § 53 StPO.) 176
Abs. 2 (Anm. 4 zu § 102 StPO.) 196
Art. 43 Abs. 3 (Anm. 2 zu § 151 StPO.) 218
Art. 48 Abs. 2—5 (Anm. 2 zu § 16 GVG.) 52
Art. 49 (Anm. zu § 452 StPO.) 554
Art. 56 (Anm. 1 zu § 34 GVG.) 70
Art. 102 (Anm. 1 zu § 1 GVG.) 45
Art. 103 (Anm. 1 zu § 12 GVG.) 50
Art. 104 Abs. 1 S. 1 (Anm. zu § 6 GVG.) 47
Abs. 1 S. 2 und Abs. 2, 3 (Anm. 1 zu § 8 GVG.) 48
Abs. 4 (Anm. zu § 11 GVG.) 49
Art. 105 S. 1—3 (Anm. 1 zu § 16 GVG.) 52
Art. 106 (Anm. 3 zu § 434 StPO.) 341
Art. 114 (Anm. 1 zu § 112 StPO.) 201
Art. 115 (Anm. 1 zu § 102 StPO.) 195
Art. 117 (Anm. 2 zu § 99 StPO.) 194
Art. 128, 129 (Anm. 3 zu § 2 GVG.) 46
Art. 136 Abs. 1, 2 (Anm. 3 zu § 2 GVG.) 46
Abs. 3 (Anm. zu § 68 StPO.) 182
Abs. 4 (Anm. zu § 51 GVG.) 79
Art. 153 Abs. 1, 2 (Vorbem. vor § 94 StPO.) . . 190
Art. 177 (Anm. zu § 51 GVG.) 79

Seite

Art. 178 (Anm. 1 zu § 34 GVG.) 70
Art. 179 (Anm. 1 zu § 34 GVG.) 70

II. Übergangsgesetz

(Anm. zu § 34 GVG.) 70

III. Gesetz betreffend die unter Ausschluß der Öffentlichkeit stattfindenden Gerichtsverhandlungen

Art. II (Anm. zu § 174 GVG.) 135
Art. III (Anm. 1 zu § 172 GVG.) 134

IV. Gesetz über das Wiederaufnahmeverfahren gegenüber Urteilen der außerordentlichen Kriegsgerichte

(Anm. 3 zu § 359 StPO.) 307

V. Gesetz zur Entlastung der Gerichte

Art. VI § 1 Abs. III, § 3 (Anm. 3 zu § 451 StPO.) 351

VI. Zweites Gesetz zur weiteren Entlastung der Gerichte

Art. VI (Anm. 3 zu § 14 GVG.) 52

VII. Gesetz über die Zulassung von Frauen zu den Ämtern und Berufen der Rechtspflege

Art. I Abs. 1 (Anm. 1 zu § 2 GVG.) 46
Art. I Abs. 2 (Anm. 1 zu § 109 GVG., Anm. 2 zu § 153, Anm. 1 zu § 154 GVG.) 110, 128
Art. VIII (Anm. 1 zu § 2 GVG.) 46
Art. IX (Anm. 2 zu § 153 GVG.) 128

VIII. Verordnung über die Bestrafung von Zuwiderhandlungen gegen die Paßvorschriften

§ 3 (Anm. 5 zu § 413 StPO.) 331

IX. Verordnung zur Verhinderung fremder Einwirkungen auf die deutsche Gerichtsbarkeit

(Anm. 4 zu § 7 StPO.) 158

X. Wuchergerichtsverordnung

§ 21 (Anm. 2 zu Art. II VO. über Aufhebung der WGV.) 369

Seite

XI. Einführungsgesetz zum Bürgerlichen Gesetzbuch
Art. 33 (Anm. 2 zu § 22 StPO.) 163

XII. Gesetz über vorübergehende Rechtspflegemaßnahmen im Hinblick auf das Saargebiet
§ 1 (Anm. zu § 4 StPO.) 156
§ 2 Abs. 1 (Anm. 2 zu § 8 StPO.) . , ... 159
§ 2 Abs. 2 (Anm. zu § 9 StPO.) 159

2. Preußische Bestimmungen.

XIII. Preußische Verfassung
Art. 8 (Anm. 2 zu § 1 GVG.) 45
Art. 52 (Anm. zu § 7 AGGVG.) 490
Art. 54 (Anm. 2 zu § 453 StPO.) 354
Art. 82 (Anm. zu § 7 AGGVG.) 490

XIV. Preußische Verordnung zur Verhinderung fremder Einwirkungen auf die deutsche Gerichtsbarkeit
(Anm. 4 zu § 7 StPO.) 158

XV. Desgl. Preußisch-Oldenburgische Verordnung
(Anm. 4 zu § 7 StPO.) 158

XVI. Entlastungsverfügung
§ 15 (Anm. 3 zu § 451 StPO.) 352

Ferner sind im Teil I dieses Werkes folgende Nebengesetze mit teilweise strafprozeßrechtlichem Inhalt abgedruckt:

1. Reichsgesetze:

Verordnung über Vermögensstrafen und Bußen, Teil I Nr. III. S. 119.
Gesetz zum Schutze der Republik, Teil I Nr. IV. S. 140.
Gesetz über die Presse, Teil I Nr. VII. S. 199.

2. Preußische Gesetze:

Forstdiebstahlsgesetz, Teil I Nr. XVI. S. 370.
Feld- und Forstpolizeigesetz, Teil I Nr. XVII. S. 383.

Verzeichnis der verwendeten Abkürzungen

AGBGB.	= Pr. Ausführungsgesetz zum Bürgerlichen Gesetzbuch
AGGVG.	= Pr. Ausführungsgesetz zum Gerichtsverfassungsgesetz
AGJWG.	= Pr. Ausführungsgesetz zum Jugendwohlfahrtsgesetz.
AV.	= Allgemeine Verfügung.
Bes.Bl.	= Pr. Besoldungsblatt.
Bumke	= E. Bumke, Verordnung über Gerichtsverfassung und Strafrechtspflege. Berlin. Vahlen. 1924.
DStrZtg.	= Deutsche Strafrechtszeitung.
EG.GVG.	= Einführungsgesetz zum Gerichtsverfassungsgesetz.
EGMStGB.	= Einführungsgesetz zum Militärstrafgesetzbuch.
EGStPO.	= Einführungsgesetz zur Strafprozeßordnung.
EGJWG.	= Einführungsgesetz zum Jugendwohlfahrtsgesetz
FDiebstG.	= Pr. Gesetz betr. den Forstdiebstahl.
FrGG.	= Gesetz über die Angelegenheiten der freiwilligen Gerichtsbarkeit.
FuFPolG.	= Pr. Feld- und Forstpolizeigesetz.
GAMG.	= Gesetz betr. die Aufhebung der Militärgerichtsbarkeit.
Ges.S.	= Pr. Gesetzsammlung.
GV.	= Gemeinschaftliche Verfügung.
GVG.	= Gerichtsverfassungsgesetz.
Hellwig	= Hellwig, Jugendgerichtsgesetz. Berlin, Stilke.
JGG	= Jugendgerichtsgesetz.
JM.	= Justizminister.
JMBl	= Justizministerialblatt.
Johow	= Johow, Jahrbuch für Entscheidungen des Kammergerichts.
JWG.	= Jugendwohlfahrtsgesetz.
JWSchr.	= Juristische Wochenschrift.
KG.	= Kammergericht.
Kiesow, JGG.	= W. Kiesow, Jugendgerichtsgesetz, Mannheim, Berlin, Leipzig, J. Bensheimer. 1923.
Kiesow, StPO.	= W. Kiesow, Strafprozeßordnung und Gerichtsverfassungsgesetz, 3. Auflage, Mannheim, Berlin, Leipzig, Bensheimer 1924.
Löwe	= Löwe-Rosenberg, Die Strafprozeßordnung f. d. D. Reich. 15. A. 1922.
MBliV.	= Ministerialblatt der Preußischen inneren Verwaltung.
MStGB.	= Militärstrafgesetzbuch
OLG.	= Oberlandesgericht.
Pr.	= Preußisch
PrV.	= Preußische Verfassung.
RAO.	= Reichsabgabenordnung.
RBG.	= Reichsbeamtengesetz.
RdV.	= Rundverfügung.
RG.	= Reichsgericht; mit Zahlen = Entscheidungen des Reichsgerichts in Strafsachen.
RGBl.	= Reichsgesetzblatt.
RV.	= Reichsverfassung.
StGB.	= Strafgesetzbuch.
StPO.	= Strafprozeßordnung.
VO. (ohne Zusatz)	= Verordnung über Gerichtsverfassung und Strafrechtspflege.
VO. (mit Zusatz)	= Verordnung.
WGV.	= Wuchergerichtsverordnung.
Zentralbl.	= Zentralblatt für das Deutsche Reich.
ZPO.	= Zivilprozeßordnung.

I.

Gegenüberstellung der alten und der neuen Paragraphenzahlen des GVG.

Die mit *, **, *** bezeichneten §§ des neuen Textes enthalten sachliche Aenderungen (rein redaktionelle Aenderungen sind nicht besonders hervorgehoben). Bei den mit * bezeichneten beruht die Aenderung auf der durch die VO. herbeigeführten Aenderung der Gerichtsverfassung, bei den mit ** bezeichneten auf der Aenderung der staatsrechtlichen Verhältnisse, bei den mit *** bezeichneten auf sonstigen gesetzlichen Vorschriften.

alt	neu
1. Titel: Richteramt.	
1	1
2	2**
3	3**
4	4
5	5**
6—7	6—7
8	8***
9—11	9—11
2. Titel: Gerichtsbarkeit.	
12—13	12—13
14	14***
15	15**
16—17	16—17
18	18**
19—21	19—21
3. Titel: Amtsgerichte.	
22	22*
23	23***
—	24*
—	25*
—	26*
24	27
4. Titel: Schöffengerichte.	
25	28*
26	29*
27	—*
28	—
29	—*
30—33	30—33
34	34**
35	35**
36—48	36—48
49	49***
50—54	50—54
55	55***
56	56***
57	57
57a	58
5. Titel: Landgerichte.	
58	59*
59	60
60	61
61	62*
62	63
63	64*
64	65
65	66*
66	67
67	68
68	69
69	70
70	71***
71	72
72	73*

alt	neu
73	—*
74	—*
75	—***
76	74*
teilw. 77	75***
	76*
—	77*
78	78*

6. Titel: Schwurgerichte.

alt	neu
79	79*
80	80*
81	81*
teilw. 82	82*
teilw. 83	83*
—	84—88*
84—94	—*
95	89*
96	—*
97	90
98	91*
99	92*

7. Titel: Kammern für Handelssachen.

alt	neu
100	93
100a	94
101	95***
102	96***
103	97
104	98
105	99
105a	100
106	101
107	102
108	103
108a	104
109	105***
110	106
111	107
112	108
113	109
114	110
115	111
116	112
117	113
118	114

8. Titel: Oberlandesgerichte.

alt	neu
119	115
120	116
121	117
122	118
123 Ziff. 1, 4	119*
—	120*
123 Ziff. 2, 3, 5	121*
124	122*, ***

9. Titel: Reichsgericht.

alt	neu
125	123
126	124
127	125**
128	126
129	127
130	128**
131	129
132	130**
133	131
134	132
135	133***
teilw. 136 Abs. 1 Ziff. 1	134*, **, ***
136 Abs. 1 Ziff. 2	135*
137	136
138	137
139	138
140	139*
141	140**

10. Titel: Staatsanwaltschaft.

alt	neu
142	141
143	142*
144	143**
145	144
146	145
147	146
148	147**
149	148*
150	149**, ***
151	150

alt	neu
152	151
153	152*

11. Titel: Gerichtsschreiber.

alt	neu
154	153**

12. Titel: Zustellungs- und Vollstreckungsbeamte.

alt	neu
155	154**
156	155***

13. Titel: Rechtshilfe.

alt	neu
157	156
158	157
159	158
160	159
161	160**
162	161
163	162**
164	163
165	164**
166	165
167	166
168	167**
169	168**

14. Titel: Öffentlichkeit und Sitzungspolizei.

alt	neu
170	169
171	170
172	171
173	172
174	173
175	174
176	175
177	176
178	177
179	178***
180	—***
181	179
182	180
183	181***
184	182
185	183

15. Titel: Gerichtssprache.

alt	neu
186	184
187	185
188	186
189	187
190	188
191	189
192	190
193	191

16. Titel: Beratung und Abstimmung.

alt	neu
194	192
195	193
196	194
197	195
198	196*
199	197*
200	198

17. Titel: Gerichtsferien.

alt	neu
201	199
202	200***
203	201
204	202

Gegenüberstellung der alten und der neuen Paragraphenzahlen der StPO. und des GVG.

Die mit *, **, *** bezeichneten §§ des neuen Textes enthalten sachliche Aenderungen (rein redaktionelle Aenderungen sind nicht besonders hervorgehoben). Bei den mit * bezeichneten beruht die Aenderung auf der durch die VO. herbeigeführten Aenderung der Gerichtsverfassung und des Strafprozesses, bei den mit ** bezeichneten auf der Aenderung der staatsrechtlichen Verhältnisse, bei den mit *** bezeichneten auf sonstigen gesetzlichen Vorschriften.

Erstes Buch

Allgemeine Bestimmungen

1. Abschnitt: Sachliche Zuständigkeit der Gerichte.

alt	neu
1—6	1—6

2. Abschnitt: Gerichtsstand.

alt	neu
7—10	7—10
11	11**
12—21	12—21

3. Abschnitt: Ausschließung und Ablehnung der Gerichtspersonen.

alt	neu
22	22
23	23*
24—26	24—26
27	27*
28—30	28—30
31	31*
32	32*

4. Abschnitt: Gerichtliche Entscheidungen und ihre Bekanntmachung.

alt	neu
33—39	33—39
40	40*
41	41

5. Abschnitt: Fristen und Wiedereinsetzung in den vorigen Stand.

alt	neu
42—47	42—47

6. Abschnitt: Zeugen.

alt	neu
48	48***
—	49**
49	50**
50	51***
51	52***
52	53
53	54**
54	55
55	56
56	57
57	58
58	59
59	60
60	61
61	62
62	63
63	64
64	65
65	66
66	67
67	68**
68	69
69	70***
70	71
71	—**

7. Abschnitt: Sachverständige u. Augenschein.

alt	neu
72—76	72—76
77	77***
78—93	78—93

8. Abschnitt: Beschlagnahme u. Durchsuchung.

alt	neu
94—95	94—95
96	96**
97—111	97—111

9. Abschnitt: Verhaftung und vorläufige Festnahme.

alt	neu
112—132	112—132

10. Abschnitt: Vernehmung des Beschuldigten.

alt	neu
133—136	133—136

11. Abschnitt: Verteidigung.

alt	neu
137—139	137—139
140	140*
141—150	141—150

Zweites Buch

Verfahren in erster Instanz

1. Abschnitt: Öffentliche Klage.

alt	neu
151—152	151—152
—	153*
teilw. 208	154*
153	155
154	156
155	157

2. Abschnitt: Vorbereitung der öffentlichen Klage.

alt	neu
156	158
157	159
158	160
159	161
160	162
161	163
162	164
163	165
164	166
165	167
166	168
167	169
168	170
169	171
170	172
171	173
172	174
173	175
174	176
175	177

3. Abschnitt: Gerichtliche Voruntersuchung.

alt	neu
176	178*
177	179
178	180
179	181
180	182
181	183
182	184
183	185
184	186*
185	187
186	188
187	189
188	190
189	191
190	192
191	193
192	194
193	195
194	196
195	197

4. Abschnitt: Entscheidung über die Eröffnung des Hauptverfahrens.

alt	neu
196	198*
197	199*
197a	—*
198	200*
199	201*
200	202*
201	203
202	204
203	205
204	206
205	207
206	208
207	209*
208	154* teilw.
209	210
210	211
211	212*

5. Abschnitt: Vorbereitung der Hauptverhandlung.

alt	neu
212	213
213	214*
214	215
215	216

alt	neu
216	217
217	218
218	219
219	220
220	221
221	222
222	223
223	224
224	225

6. Abschnitt: Hauptverhandlung.

alt	neu
225	226
226	227
227	228
228	229
229	230
230	231
231	232
232	233*
233	234
234	235
235	236
236	237
237	238
238	239
239	240
240	241
241	242
242	243
243	244
244	245*
245	246
246	247
247	248
248	249
249	250
250	251
251	252
252	253
253	254
254	255
255	256
256	257
257	258
258	259
259	260
260	261
261	262
262	263*
263	264
264	265
265	266
266	267
267	268
268	—***
269	269
270	270*
271	271*
272	272
273	273*
274	274
275	275*

7. Abschnitt: Verfahren gegen Abwesende.

(Der bisherige 7. Abschnitt „Hauptverhandlung vor den Schwurgerichten" ist weggefallen. Der bisherige 8. Abschnitt ist 7. Abschnitt geworden.)

alt	neu
276—317	—
318	276
319	277
320	278*
321	279
322	280
323	281
324	282
325	283
326	284
327	285
328	286
329	287
330	288
331	289
332	290*
333	291
334	292***
335	293
336	294
337	295

Drittes Buch
Rechtsmittel

1. Abschnitt: Allgemeine Bestimmungen.

alt	neu
338	296
339	297
340	298
341	299
342	300
343	301
344	302
345	303

2. Abschnitt: Beschwerde.

alt	neu
346	304
347	305
348	306
349	307
350	308
351	309
352	310
353	311

3. Abschnitt: Berufung.

alt	neu
354	312*
—	313*
355	314
356	315
357	316
358	317
359	318
360	319
361	320
362	321
363	322
364	323
365	324
366	325
367	326
368	327
369	328*
370	329
371	330
372	331
373	332

4. Abschnitt: Revision.

alt	neu
374	333
—	334*
—	335*
375	336
376	337
377	338*
378	339
379	—*
teilw. 380	340*
381	341
382	342
383	343
384	344
385	345
386	346
387	347
388	348
389	349
390	350
391	351
392	352
393	353
394	354**
395	355
396	356
397	357
398	358

Viertes Buch
Wiederaufnahme eines durch rechtskräftiges Urteil geschlossenen Verfahrens

alt	neu
399	359*
400	360
401	361
402	362
403	363
404	364
405	365
406	366
407	367
408	368
409	369

alt	neu
410	370
411	371
412	372
413	373

Fünftes Buch

Beteiligung des Verletzten bei dem Verfahren

1. Abschnitt: Privatklage.

alt	neu
414	374
415	375
416	376
417	377
418	378
419	379
420	380*
421	381
422	382
423	383
424	384
425	385
426	386
427	387
428	388
429	389
430	390*
431	391
432	392
433	393
434	394

2. Abschnitt: Nebenklage.

alt	neu
435	395
436	396
437	397*
438	398
439	399
440	400
441	401
442	402
443	403
444	404
445	405
446	406

Sechstes Buch

Besondere Arten des Verfahrens

1. Abschnitt: Verfahren bei amtsrichterlichen Strafbefehlen.

alt	neu
447	407*
448	408
449	409
450	410
451	411*
452	412

2. Abschnitt: Verfahren nach vorangegangener polizeilicher Strafverfügung.

alt	neu
453	413
454	414
455	415
456	416*
457	417*
458	418

3. Abschnitt: Verfahren bei Zuwiderhandlungen gegen die Vorschriften über die Erhebung öffentlicher Abgaben und Gefälle.

alt	neu
459	419
460	420
461	421
462	422*
463	423*
464	424
465	425
466	426
467	427
468	428
469	429

4. Abschnitt: Verfahren bei Einziehungen und Vermögensbeschlagnahmen.

(Der bisherige 4. Abschnitt: „Verfahren gegen Abwesende, welche sich der Wehrpflicht entzogen haben", ist durch Abschaffung der Allg. Wehrpflicht gegenstandslos geworden. An seine Stelle ist der bisherige 5. Abschnitt getreten.)

alt	neu
470—476	—
477	430*
478	431
479	432
480	433***

5. Abschnitt: Besondere Vorschriften über das Verfahren bei militärischen Straftaten, für Strafsachen gegen Angehörige der Reichswehr und für Militärstrafsachen.

(Der bisherige 5. Abschnitt ist Abschnitt 4 geworden — vgl. dort. Die Bestimmungen des neuen Abschnittes enthalten die auf Dauer berechneten prozessualen Vorschriften des Ges. v. 17. 8. 1920, betr. Aufhebung der Militärgerichtsbarkeit, RGBl. S. 1579.)

alt	neu
GAMG. § 1 Abs. 1, § 2	434

I. Titel:

Vorschriften für militärische Straftaten.

alt	neu
GAMG. § 7	435
—	436*
GAMG. § 12	437*

II. Titel:

Vorschriften für Strafsachen gegen Angehörige der Reichswehr und für Militärstrafsachen.

alt	neu
GAMG. § 5, § 8, § 9 Abs. 5	438***
GAMG. § 5	439
GAMG. § 9 Abs. 5	440
GAMG. § 8	441
GAMG. § 6 Abs. 1, § 9 Abs. 1—4, § 10, § 11	442 Abs. 1
GAMG. § 6 Abs. 2	442 Abs. 2***
GAMG. § 9 Abs. 4	443
GAMG. § 6 Abs. 1	444
GAMG. § 9 Abs. 1—3	445
GAMG. § 10	446
GAMG. § 11 Abs. 1, 2	447
GAMG. § 11 Abs. 3	448

Siebentes Buch

Strafvollstreckung und Kosten des Verfahrens

1. Abschnitt: Strafvollstreckung.

alt	neu
481	449
482	450
483	451*, ***
484	452**
485	453**
486	454
487	455
488	456
489	457
490	458
491	459
492	460
493	461
494	462*
495	463

2. Abschnitt: Kosten des Verfahrens.

alt	neu
496	464
497	465
498	466
499	467
500	468
501	469
502	470
503	471
504	472
505	473
506	474

II.

Verordnung über Gerichtsverfassung und Strafrechtspflege.

Vom 4. Januar 1924. (RGBl. I S. 15).

Auf Grund des Ermächtigungsgesetzes vom 8. Dezember 1923 (Reichsgesetzbl. I S. 1179) verordnet die Reichsregierung nach Anhörung eines Ausschusses des Reichsrats und des Reichstags:

I. Abschnitt

Allgemeine Vorschriften

§ 1

Oberlandesgerichte

Die Senate der Oberlandesgerichte entscheiden in der Besetzung von drei Mitgliedern mit Einschluß des Vorsitzenden. Die Strafsenate sind in der Hauptverhandlung erster Instanz mit fünf Mitgliedern einschließlich des Vorsitzenden zu besetzen.

Jetzt § 122 GVG.

§ 2

Reichsgericht

Die Senate des Reichsgerichts entscheiden in der Besetzung von fünf Mitgliedern mit Einschluß des Vorsitzenden. Der Strafsenat, dem die erstinstanzlichen Sachen zugewiesen sind, entscheidet außerhalb der Hauptverhandlung in einer Besetzung von drei Mitgliedern mit Einschluß des Vorsitzenden.

Jetzt § 139 GVG.

§ 3

Oberstes Landesgericht

Besteht in einem Lande ein Oberstes Landesgericht, so bestimmt sich die Besetzung der Senate in Strafsachen, in Grundbuchsachen und in Angelegenheiten der freiwilligen Gerichtsbarkeit nach den Vorschriften über die Oberlandesgerichte, im übrigen nach den Vorschriften über das Reichsgericht.

Vgl. dazu § 10 EG GVG. und § 15 Abs. 4 S. 1 VO. (§ 120 Abs. 2 S. 2 GVG.).

§ 4

Amts- und Landrichter

Ein Richter kann zugleich Amtsrichter und Mitglied oder Direktor bei dem übergeordneten Landgerichte sein. Die Landesjustizverwaltung kann die allgemeine Dienstaufsicht über ein Amtsgericht auch dem Präsidenten des übergeordneten Landgerichts übertragen.

Zu Abs. 1 vgl. § 22 Abs. 2, § 59 Abs. 2 GVG.; zu Abs. 2 den § 22 Abs. 3 GVG.

§ 5

Kleine Landgerichte

Bei den Landgerichten kann von der Ernennung eines Direktors abgesehen werden, wenn der Präsident den Vorsitz in den Kammern allein führen kann. Wird kein Direktor ernannt, so besteht das Präsidium aus dem Präsidenten und den beiden ältesten Mitgliedern.

S. 1 jetzt § 59 Abs. 1 S. 2 GVG.; S. 2 jetzt § 64 Abs. 2, Halbs. 2. Vgl. ferner die Änderung in § 66 Abs. 2 S. 2 GVG.

II. Abschnitt

Strafgerichte

§ 6

Amtsgerichte

Die Amtsgerichte sind zuständig für:

1. Übertretungen;
2. Vergehen;
3. folgende Verbrechen:
   a) die Verbrechen, die mit Gefängnis oder Festungshaft oder mit Zuchthaus von höchstens zehn Jahren allein oder in Verbindung mit anderen Strafen oder mit Nebenfolgen bedroht sind, soweit für sie nicht das Reichsgericht zuständig ist; ausgenommen sind die Verbrechen des Meineids in den Fällen der §§ 153 bis 155 des Strafgesetzbuchs. Für die Bestimmung der angedrohten Strafe bleibt der § 53 des Militärstrafgesetzbuchs außer Betracht;
   b) die Verbrechen des Widerstandes im Falle des § 119, der Falschmünzerei in den Fällen der §§ 146, 147, 149, der Notzucht im Falle des § 177, des Rückfalldiebstahls im Falle des § 244, des Raubes in den Fällen der §§ 249, 250, des räuberischen Diebstahls und der räuberischen Erpressung in den Fällen der §§ 252 und 255, wenn die Strafe aus den §§ 249, 250 zu entnehmen ist, der Rückfallhehlerei im Falle des § 261 Abs. 1 und der schweren Körperverletzung im Amte im Falle des § 340 Abs. 2 des Strafgesetzbuchs;
   c) die Verbrechen des militärischen Diebstahls im Falle des § 138 Abs. 2 des Militärstrafgesetzbuchs, des betrügerischen Bankrotts in den Fällen der §§ 239, 244 der Konkursordnung und der Unterschlagung fremder Wertpapiere in den Fällen der §§ 11, 12 Abs. 2 Nr. 2 des Gesetzes, betreffend

die Pflichten der Kaufleute bei Aufbewahrung fremder Wertpapiere, vom 5. Juli 1896 (Reichsgesetzbl. S. 183, 194).

Jetzt § 24 GVG. Durch die Übertragung der Zuständigkeit erster Instanz der Strafkammern auf die Schöffengerichte sind ferner Änderungen veranlaßt in § 121 Nr. 2, § 142 Abs. 1 Nr. 3 und Abs. 2, §§ 148, 152 GVG. und in § 140 Abs. 3, § 199, § 200 Abs. 2, §§ 201, 202, 209, 212, 245, 270, 273, 328, § 359 Nr. 5, §§ 411, 423, § 451 Abs. 3 StPO. Vgl. dort. Vgl. ferner § 25 Abs. 1 VO. und Anm. dazu.

§ 7

Amtsrichter

Bei Übertretungen entscheidet der Amtsrichter allein.

Jetzt § 25 Abs. 1 Nr. 1 GVG. Vgl. auch Anm. zu § 6 VO. und zu §§ 416, 417 StPO.

§ 8

Bei Vergehen entscheidet der Amtsrichter allein:

1. wenn sie im Wege der Privatklage verfolgt werden;
2. wenn die Tat mit keiner höheren Strafe als Gefängnis von höchstens sechs Monaten, allein oder in Verbindung mit anderen Strafen oder mit Nebenfolgen, bedroht ist;
3. wenn die Staatsanwaltschaft es bei Einreichung der Anklageschrift oder, falls es einer Anklageschrift nicht bedarf, bei der mündlichen Erhebung der Anklage beantragt.

Die Staatsanwaltschaft soll den im Abs. 1 Nr. 3 bezeichneten Antrag nur stellen, wenn zu erwarten ist, daß auf keine schwerere Strafe als Gefängnis von höchstens einem Jahre, allein oder in Verbindung mit anderen Strafen oder mit Nebenfolgen, erkannt werden wird.

Erhebt bei Zuwiderhandlungen gegen die Vorschriften über die Erhebung öffentlicher Abgaben und Gefälle die Verwaltungsbehörde die öffentliche Klage, so kann sie den Antrag in gleicher Weise stellen wie die Staatsanwaltschaft.

Jetzt § 25 Abs. 1 Nr. 2, Abs. 2, 3 GVG. Vgl. auch § 407 Abs. 4, § 422 Abs. 2 StPO. und die Anm. zu § 6 VO.

§ 9

Der Amtsrichter allein entscheidet ferner bei den Verbrechen des schweren Diebstahls und der Hehlerei sowie bei solchen strafbaren Handlungen, die nur wegen Rückfalls Verbrechen sind, wenn die Staatsanwaltschaft es bei Einreichung der Anklageschrift oder, falls es einer Anklageschrift nicht bedarf, bei der mündlichen Erhebung der Anklage beantragt; der Beschuldigte kann während der für die Erklärung auf die Anklageschrift gesetzten Frist oder, falls ohne schriftlich erhobene Anklage zur Hauptverhandlung geschritten wird, bis zum Beginne seiner Vernehmung zur Sache widersprechen. Der Beschuldigte ist bei der Mitteilung der Anklageschrift oder, falls ohne schriftlich erhobene Anklage zur Hauptverhandlung geschritten wird, vor dem Beginne seiner Vernehmung zur Sache über sein Recht zum Widerspruche zu belehren.

Jetzt § 26 GVG. Vgl. auch die Anm. zu § 6 GVG.

§ 10

Schöffengerichte

Soweit nicht der Amtsrichter allein entscheidet, werden zur Hauptverhandlung vor dem Amtsgerichte zwei Schöffen zugezogen (Schöffengericht).

Ein zweiter Amtsrichter ist zuzuziehen, falls die Staatsanwaltschaft es bei Einreichung der Anklageschrift beantragt. Die Staatsanwaltschaft soll den Antrag nur stellen, wenn die Zuziehung eines zweiten Amtsrichters nach Umfang und Bedeutung der Sache notwendig erscheint.

§ 8 Abs. 3 findet entsprechende Anwendung.

Abs. 1 jetzt § 28, § 29 Abs. 1 GVG.; Abs. 2 jetzt § 29 Abs. 2, 3 GVG. Vgl. außerdem die Änderung in § 22 Abs. 4 GVG. und die Anm. zu § 6 VO.

§ 11

Landgerichte

Über die Berufung gegen die Urteile des Amtsrichters und des Schöffengerichts entscheiden die Landgerichte (Strafkammer).

Die Strafkammer ist in der Hauptverhandlung besetzt:

mit dem Vorsitzenden und zwei Schöffen (kleine Strafkammer), wenn sich die Berufung gegen ein Urteil des Amtsrichters richtet;

mit drei Richtern mit Einschluß des Vorsitzenden und zwei Schöffen (große Strafkammer), wenn sich die Berufung gegen ein Urteil des Schöffengerichts richtet.

Den Vorsitz in der kleinen Strafkammer kann auch ein Mitglied des Landgerichts führen, das vom Präsidium für die Dauer eines Geschäftsjahrs bestimmt wird.

Abs. 1 jetzt § 74 GVG. (Vgl. auch die Änderungen in § 73 Abs. 1 S. 1 Halbs. 2 GVG., § 312 StPO.)

Abs. 2 jetzt § 76 GVG. (Vgl. auch die Änderungen in § 66 Abs. 1 S. 2 GVG. und in § 245, § 271 Abs. 2 StPO.)

Abs. 3 jetzt § 62 Abs. 1 S. 2 GVG.

§ 12

Schwurgerichte

Das Schwurgericht besteht aus drei Richtern mit Einschluß des Vorsitzenden und sechs Geschworenen.

Die Richter und die Geschworenen entscheiden über die Schuld- und Straffrage gemeinschaftlich; während der Hauptverhandlung üben die Geschworenen das Richteramt im gleichem Umfang wie die Schöffen aus.

Außerhalb der Hauptverhandlung entscheiden während der Tagung die richterlichen Mitglieder des Schwurgerichts; außerhalb der Tagung entscheidet die Strafkammer des Landgerichts.

Abs. 1 jetzt § 81 GVG.

Abs. 2 jetzt § 82 Abs. 1 GVG. (Vgl. dazu auch § 275 Abs. 2, 3, § 338 Ziff. 1 und den Wegfall des bisherigen 7. Abschnitts des 2. Buches StPO.)

Abs. 3 jetzt § 82 Abs. 2 GVG. (Vgl. auch § 83 Abs. 4.)

§ 13

Die richterlichen Mitglieder des Schwurgerichts und ihre Stellvertreter werden für jede Tagung des Schwurgerichts vor Beginn des Geschäftsjahrs ernannt. Zum Vorsitzenden kann auch ein im Bezirke des Oberlandesgerichts angestellter Amtsrichter, zu richterlichen Mitgliedern sowie zu Stellvertretern können auch die im Bezirke des Schwurgerichts angestellten Amtsrichter bestellt werden.

Wird im Laufe des Geschäftsjahrs eine Schwurgerichtstagung erforderlich, für die richterliche Mitglieder nicht bestellt worden sind, so können sie nachträglich bestellt werden.

Abs. 1 jetzt § 83 Abs. 1, 2, § 92 Abs. 3 GVG. Vgl. auch § 83 Abs. 4, § 89 GVG.

Abs. 2 jetzt § 83 Abs. 3 S. 1 GVG. Vgl. auch § 83 Abs. 3 S. 2, Abs. 4 GVG.

§ 14

Die Schwurgerichte sind zuständig für die Verbrechen, welche nicht vor das Reichsgericht oder vor das Amtsgericht gehören.

Jetzt § 80 GVG. Vgl. auch die Anm. zu § 6.

§ 15

Zuständigkeit der Oberlandesgerichte in erster Instanz.

In den zur Zuständigkeit des Reichsgerichts gehörenden Strafsachen wegen Landesverrats und wegen Zuwiderhandlungen gegen das Gesetz gegen den Verrat militärischer Geheimnisse vom 3. Juni 1914 (Reichsgesetzbl. S. 195) kann der Oberreichsanwalt die Strafverfolgung an die Landesstaatsanwaltschaft abgeben. Es sollen nur Strafsachen von minderer Bedeutung abgegeben werden.

Mit der Abgabe wird das Oberlandesgericht zuständig. Für den Gerichtsstand gelten die allgemeinen Vorschriften.

Das Reichsgericht kann bei der Eröffnung des Hauptverfahrens die Verhandlung und Entscheidung dem Oberlandesgericht überweisen, wenn der Oberreichsanwalt es bei der Einreichung der Anklageschrift beantragt; auf den Antrag findet Abs. 1 Satz 2 entsprechende Anwendung.

Sind in einem Lande mehrere Oberlandesgerichte errichtet, so können die in vorstehenden Bestimmungen den Oberlandesgerichten zugewiesenen Aufgaben durch die Landesjustizverwaltung einem oder einigen der Oberlandesgerichte oder dem Obersten Landesgericht übertragen werden. Durch Vereinbarung der beteiligten Landesjustizverwaltungen können diese Aufgaben dem hiernach zuständigen Gericht eines Landes auch für das Gebiet eines anderen Landes übertragen werden.

---

1) Abs. 1 und Abs. 2 S. 1 jetzt § 120 Abs. 1 S. 1, § 134 Abs. 2 GVG.

Abs. 2 S. 2 jetzt § 120 Abs. 2 S. 1 GVG.

Abs. 3 jetzt § 120 Abs. 1 S. 1, § 134 Abs. 3 GVG.

Abs. 4 jetzt § 120 Abs. 2 S. 2, 3 GVG.

Änderungen sind durch den § 15 VO. ferner veranlaßt in § 73 Abs. 1 S. 2, § 120 Abs. 1 S. 2 GVG., § 140 Abs. 1, § 178 Abs. 1, § 186 Abs. 4, § 198 Abs. 1, § 200 Abs. 2, § 462 StPO. Vgl. dort.

2) Vgl. auch § 26 und § 40 Abs. 2 VO.

§ 16

Revisionsgerichte

Die Oberlandesgerichte entscheiden über die Revision

1. gegen die Urteile der kleinen Strafkammer;
2. gegen die Urteile der großen Strafkammer, wenn in erster Instanz das mit einem Richter und zwei Schöffen besetzte Schöffengericht entschieden hat;
3. gegen die Urteile der großen Strafkammer und der Schwurgerichte, wenn die Revision ausschließlich auf die Verletzung einer in den Landesgesetzen enthaltenen Rechtsnorm gestützt wird.

Jetzt § 121 Nr. 1 b—d GVG. Vgl. auch § 135 GVG.

§ 17

Das Reichsgericht entscheidet über die Revision gegen die Urteile der Schwurgerichte und der großen Strafkammer, soweit nicht die Zuständigkeit der Oberlandesgerichte begründet ist.

Jetzt § 135 GVG. Vgl. auch § 121 GVG.

§ 18

Landgerichtsschöffen

Für die Schöffen der Strafkammer gelten entsprechend die Vorschriften über die Schöffen der Schöffengerichte mit folgender Maßgabe:

Die Landesjustizverwaltung verteilt die Zahl der erforderlichen Hauptschöffen auf die zum Bezirke des Landgerichts gehörenden Amtsgerichtsbezirke. Die Hilfsschöffen wählt der Ausschuß bei dem Amtsgericht, in dessen Bezirk das Landgericht seinen Sitz hat. Hat das Landgericht seinen Sitz außerhalb seines Bezirkes, so bestimmt die Landesjustizverwaltung, welcher Ausschuß der zum Bezirke des Landgerichts gehörigen Amtsgerichte die

Hilfsschöffen wählt. Die Namen der gewählten Hauptschöffen und der Hilfsschöffen werden von dem Amtsrichter dem Landesgerichtspräsidenten mitgeteilt. Der Landgerichtspräsident stellt die Namen der Hauptschöffen zur Jahresliste der Hauptschöffen zusammen.

An die Stelle des Amtsrichters tritt für die Auslosung der Reihenfolge, in der die Hauptschöffen an den einzelnen ordentlichen Sitzungen der Strafkammer teilnehmen, und für die Streichung eines Schöffen von der Jahresliste des Landgerichts der Landgerichtspräsident; im übrigen tritt an die Stelle des Amtsrichters der Vorsitzende der Strafkammer.

Ist eine auswärtige Strafkammer gebildet, so gelten folgende Abweichungen:

An die Stelle des Landgerichtsbezirkes tritt der Bezirk der Strafkammer. Die Hilfsschöffen wählt der Ausschuß bei dem Amtsgerichte, bei dem die auswärtige Strafkammer gebildet worden ist. Die dem Landgerichtspräsidenten zugewiesenen Geschäfte nimmt der Vorsitzende der Strafkammer wahr.

Abs. 1—3 jetzt § 77; Abs. 4, 5 jetzt § 78 Abs. 3 GVG. Vgl. auch § 84 GVG.

§ 19

Geschworene

Für die Geschworenen gelten entsprechend die Vorschriften des § 18 mit folgender Maßgabe:

Die Zahl der Hauptgeschworenen ist so zu bestimmen, daß voraussichtlich jeder Hauptgeschworene nur zu einer Tagung des Schwurgerichts im Geschäftsjahr herangezogen wird.

Die Hauptgeschworenen werden für das ganze Geschäftsjahr ausgelost und von dem Präsidenten des Landgerichts von der Auslosung mit dem Hinzufügen in Kenntnis gesetzt, daß ihnen darüber, ob und zu welchem Tage sie einberufen werden, eine weitere Nachricht zugehen werde.

Der Präsident des Landgerichts bestimmt, wann das Schwurgericht zusammentritt, und ordnet die Einberufung der Hauptgeschworenen für die einzelne Tagung nach der Reihenfolge ihrer Auslosung an; zwischen der Zustellung der Ladung und dem Beginne der Tagung soll eine Frist von zwei Wochen liegen.

Der Präsident des Landgerichts entscheidet über die von den Geschworenen vorgebrachten Ablehnungsgründe sowie darüber, ob ein Geschworener ferner zur Dienstleistung heranzuziehen ist.

Umfaßt der Bezirk eines Schwurgerichts mehrere Landgerichtsbezirke, so gelten folgende besonderen Vorschriften:

Die Zahl der erforderlichen Hauptgeschworenen wird auf sämtliche Amtsgerichte des Schwurgerichtsbezirkes verteilt. Die dem Präsidenten des Landgerichts zugewiesenen Geschäfte nimmt der Präsident des Landgerichts wahr, bei dem das Schwurgericht zusammentritt. Als Hilfsgeschworene werden die für das Amtsgericht des Sitzungsorts ausgewählten Hilfsschöffen nach den für die Heranziehung der Hilfsschöffen bei dem Schöffengerichte gegebenen Vorschriften herangezogen.

Abs. 1 jetzt § 84 Abs. 1 GVG. Vgl. auch § 84 Af. 2 das.
Abs. 2 jetzt § 85 GVG.
Abs. 3 jetzt § 86 GVG.
Abs. 4 jetzt § 87 GVG.
Abs. 5 jetzt § 88 GVG.
Zu Abs. 6 vgl. jetzt § 92 GVG.

Abs. 7 S. 1 jetzt § 92 Abs. 4 GVG.; zu S. 2 vgl. jetzt § 92 Abs. 2 GVG. S. 3 bildet jetzt den Abs. 2 des § 91. Er ist infolge eines Redaktionsversehens in den Abs. 7 der VO. geraten; seine Anwendung ist nicht auf den Fall, daß der Bezirk eines Schwurgerichts mehrere Landgerichtsbezirke umfaßt, beschränkt, sondern er gilt allgemein, wenn eine Schwurgerichtstagung außerhalb des Landgerichtssitzes abgehalten wird. (Vgl. Art. II Nr. 35 des Entwurfs eines Ges. z. Neuordnung der Strafgerichte v. 29. 5. 1923, aus dem die Bestimmung entnommen ist.)

III. Abschnitt

Strafverfahren

§ 20

Abstimmung

Der Berichterstatter stimmt zuerst. Im übrigen stimmen die Schöffen vor den Richtern. Die Vorschriften über die Abstimmung der Schöffen gelten auch für die Geschworenen.

Die Mehrheit von zwei Dritteilen der Stimmen ist auch für jede dem Angeklagten nachteilige Entscheidung in der Straffrage erforderlich. Bilden sich in der Straffrage zwei Meinungen, ohne daß eine die erforderliche Mehrheit für sich hat, so gilt die mildere Meinung. Ergibt sich in dem mit zwei Richtern und zwei Schöffen besetzten Schöffengerichte, von der Schuld- und Straffrage abgesehen, Stimmengleichheit, so gibt die Stimme des Vorsitzenden den Ausschlag.

Abs. 1 jetzt § 197 GVG.
Abs. 2 jetzt § 196 Abs. 3 GVG., § 263 Abs. 1 StPO.

§ 21

Ablehnung und Ausschließung

Die Mitwirkung bei der Eröffnung des Hauptverfahrens bildet keinen Ausschließungsgrund für die Teilnahme am Hauptverfahren.

Wird ein richterliches Mitglied der erkennenden Strafkammer abgelehnt, so entscheidet die Strafkammer in der für Entscheidungen außerhalb der Hauptverhandlung vorgeschriebenen Besetzung; wird ein richterliches Mitglied des Schwurgerichts abgelehnt, so findet § 12 Abs. 3 Anwendung.

Über die Ausschließung oder Ablehnung eines Schöffen entscheidet der Vorsitzende; in der großen Strafkammer entscheiden die richterlichen Mitglieder.

Geschworene können nur unter denselben Voraussetzungen und in demselben Verfahren wie Schöffen abgelehnt werden. Die Entscheidungen treffen die richterlichen Mitglieder des Schwurgerichts.

Abs. 1 ist jetzt bei der Neufassung der StPO. durch Wegfall des bisherigen Abs. 2 des § 23 StPO. berücksichtigt; Abs. 2 jetzt § 27 Abs. 2 StPO.; Abs. 3 jetzt § 31 Abs. 2 StPO.; Abs. 4 jetzt § 32 StPO. Zu Abs. 4 vgl. noch die Änderungen in § 338 Ziff. 3 und die durch Wegfall des bisherigen § 437 (jetzt § 397) Abs. 2 StPO. eingetretene Änderung.

§ 22

Öffentliche Zustellung

Zur öffentlichen Zustellung genügt in allen Fällen, daß das zuzustellende Schriftstück zwei Wochen an der Gerichtstafel des Gerichts erster Instanz angeheftet gewesen ist.

Jetzt § 40 Abs. 1 S. 1, § 278 StPO.

§ 23

Ausnahme vom Verfolgungszwang

Übertretungen werden nicht verfolgt, wenn die Schuld des Täters gering ist und die Folgen der Tat unbedeutend sind, es sei denn, daß ein öffentliches Interesse an der Herbeiführung einer gerichtlichen Entscheidung besteht.

Ist bei einem Vergehen die Schuld des Täters gering und sind die Folgen der Tat unbedeutend, so kann die Staatsanwaltschaft mit Zustimmung des Amtsrichters von der Erhebung der öffentlichen Klage absehen.

Ist die Klage bereits erhoben, so kann das Gericht mit Zustimmung der Staatsanwaltschaft das Verfahren einstellen; der Beschluß kann nicht angefochten werden.

Die Vorschriften der Abs. 2, 3 gelten nicht für militärische Vergehen.

Abs. 1—3 jetzt § 153, Abs. 4 jetzt § 436 StPO.

§ 24

Von Erhebung der öffentlichen Klage kann abgesehen werden, wenn die Strafe, zu der die Verfolgung führen kann, neben einer Strafe, zu der der Beschuldigte wegen einer anderen Tat rechtskräftig verurteilt worden ist, oder die er wegen einer anderen Tat zu erwarten hat, nicht ins Gewicht fällt.

Ist die öffentliche Klage bereits erhoben, so kann das Gericht auf Antrag der Staatsanwaltschaft das Verfahren vorläufig einstellen.

Ist das Verfahren mit Rücksicht auf eine wegen einer anderen Tat bereits rechtskräftig erkannte Strafe vorläufig eingestellt worden, so kann es, falls nicht inzwischen Verjährung eingetreten ist, wieder aufgenommen werden, wenn die rechtskräftig erkannte Strafe nachträglich in Wegfall kommt.

Ist das Verfahren mit Rücksicht auf eine wegen einer anderen Tat zu erwartende Strafe vorläufig eingestellt worden, so kann es, falls nicht inzwischen Verjährung eingetreten ist, binnen drei Monaten nach Rechtskraft des wegen der anderen Tat ergehenden Urteils wieder aufgenommen werden.

Hat das Gericht das Verfahren vorläufig eingestellt, so bedarf es zur Wiederaufnahme eines Gerichtsbeschlusses.

Jetzt § 154 StPO.

§ 25

Amtsgerichte

Für das Verfahren vor dem Amtsrichter gelten die Vorschriften der Strafprozeßordnung für das Verfahren vor dem Schöffengerichte.

Die Beschlagnahme des Vermögens (§ 332 [*jetzt* § *290*] der Strafprozeßordnung) ist auch in Sachen zulässig, die zur Zuständigkeit des Amtsrichters oder des Schöffengerichts gehören.

1) Aus § 25 Abs. 1 VO. ergibt sich zweierlei, einmal, daß für die Schöffengerichte neuer Art die Bestimmungen gelten sollen, die nach der StPO. für das Verfahren vor dem Schöffengericht alter Art gegolten haben, und ferner, daß diese Vorschriften auch für das Verfahren vor dem Amtsrichter gelten sollen. Daraus ergeben sich Änderungen in § 73 Abs. 1 S. 1 Halbs. 2 GVG., § 140 Abs. 3, § 199, § 200 Abs. 2, § 201 Abs. 1, § 209 Abs. 2, § 212, § 245 Abs. 2, § 270 Abs. 3, § 273 Abs. 2, § 312, § 359 Nr. 5, § 451 Abs. 3 StPO.

2) Abs. 2 ist in der Neufassung des § 290 (früher § 332) durch Wegfall des bisherigen Abs. 2 zum Ausdruck gelangt.

§ 26

Oberlandesgerichte

Für das Verfahren vor den Oberlandesgerichten in erster Instanz gelten entsprechend die Vorschriften für das Verfahren vor dem Reichsgericht in erster Instanz.

Vgl. die Änderungen in § 73 Abs. 1 S. 2, § 120 Abs. 1 S. 2 GVG. und in § 140 Abs. 1, § 178 Abs. 1, § 186 Abs. 4, § 198 Abs. 1, § 200 Abs. 2, § 462 StPO. Vgl. auch Anm. zu § 15 VO.

§ 27

Notwendige Verteidigung

Die Verteidigung ist notwendig, wenn der Angeschuldigte taub oder stumm ist. Dem Angeschuldigten, der noch keinen Verteidiger gewählt hat, ist ein Verteidiger von Amts wegen zu bestellen, sobald der Angeschuldigte gemäß § 199 [*jetzt § 201*] der Strafprozeßordnung zur Erklärung über die Anklageschrift aufgefordert worden ist, oder wenn eine solche Aufforderung nicht vorgeschrieben ist, sobald dem Angeklagten der Eröffnungsbeschluß zugestellt worden ist.

In den vor dem Schöffengerichte zu verhandelnden Sachen ist die Verteidigung notwendig, wenn eine Tat den Gegenstand der Untersuchung bildet, die nicht nur wegen Rückfalls ein Verbrechen ist, und der Beschuldigte oder sein gesetzlicher Vertreter die Bestellung eines Verteidigers beantragen. Der Antrag ist binnen einer Frist von drei Tagen zu stellen, nachdem der Angeschuldigte gemäß § 199 [*jetzt* § *201*] der Strafprozeßordnung zur Erklärung über die Anklageschrift aufgefordert worden ist.

Abs. 1 S. 1 ist jetzt § 140 Abs. 2 StPO.; Abs. 1 S. 2 jetzt § 140 Abs. 4 S. 1 StPO.; Abs. 2 S. 1 jetzt § 140 Abs. 3 StPO.; Abs. 2 S. 2 jetzt § 140 Abs. 4 S. 2 StPO.

§ 28

Voruntersuchung

In den zur Zuständigkeit der Amtsgerichte gehörenden Sachen findet, abgesehen von Übertretungen, eine Voruntersuchung statt:

1. wenn die Staatsanwaltschaft es beantragt;
2. wenn der Angeschuldigte in der Erklärung über die Anklageschrift (§ 199 [*jetzt* § *201*] der Strafprozeßordnung) es beantragt und erhebliche Gründe geltend macht, aus denen eine Voruntersuchung zur Vorbereitung seiner Verteidigung erforderlich erscheint.

Jetzt § 178 StPO.; vgl. auch §§ 201, 202, 270 StPO.

§ 29

Eröffnungsverfahren

Hat in einer Sache, die zur Zuständigkeit des Amtsgerichts gehört, eine Voruntersuchung stattgefunden, so entscheidet über die Eröffnung des Hauptverfahrens das Landgericht.

Beantragt in einer solchen Sache der Angeschuldigte eine Voruntersuchung oder hält der Amtsrichter selbst zur besseren Aufklärung der Sache eine Voruntersuchung für nötig, so hat der Amtsrichter die Akten mit dem Antrag des Angeschuldigten oder mit einer Begründung seiner Auffassung durch Vermittelung der Staatsanwaltschaft dem Landgerichte zur Entscheidung darüber vorzulegen, ob eine Voruntersuchung zu eröffnen sei.

Abs. 1 jetzt § 198 Abs. 1 StPO.; Abs. 2 jetzt § 201 Abs. 2 S. 2, § 202 Abs. 2 StPO.; vgl. auch § 201 Abs. 2 S. 3 und § 202 Abs. 4 StPO.

§ 30

Ladung der Zeugen

Ist anzunehmen, daß die Hauptverhandlung sich auf längere Zeit erstreckt, so kann der Vorsitzende bestimmen, daß sämtliche oder einzelne Zeugen und Sachverständige zu einem späteren Zeitpunkt als dem Beginne der Hauptverhandlung geladen werden.

Jetzt § 214 Abs. 2 StPO.

§ 31

Befreiung des Angeklagten vom Erscheinen

Der Angeklagte kann im Verfahren vor dem Amtsrichter und dem Schöffengericht auf seinen Antrag von der Verpflichtung zum Erscheinen in der Hauptverhandlung entbunden werden. Dies gilt nicht bei Verbrechen, die nicht nur wegen Rückfalls Verbrechen sind.

Jetzt § 233 Abs. 1, 2.

§ 32

Verfahren vor den Schwurgerichten

Für das Verfahren vor den Schwurgerichten gelten die Vorschriften, die bisher für das Verfahren vor der Strafkammer in erster Instanz galten.

Der siebente Abschnitt des zweiten Buches der Strafprozeßordnung fällt weg.

Die Wirkung des Abs. 1 zeigt sich in den Änderungen des § 83 Abs. 4 GVG., des § 275 Abs. 2, 3 und des § 338 Nr. 1 StPO., sowie in dem Wegfall des bisherigen § 379 StPO.

§ 33

Beschränkung der Berufung

Bei Übertretungen und bei Privatklagen wegen der im § 414 [*jetzt § 374*] Nr. 1 bis 6 der Strafprozeßordnung bezeichneten Vergehen ist die Berufung ausgeschlossen, wenn wegen der Tat freigesprochen oder ausschließlich auf Geldstrafe erkannt worden ist. Dies gilt nicht, wenn die Privatklage wegen einer durch die Presse begangenen Beleidigung erhoben worden ist.

Soweit die Berufung ausgeschlossen ist, findet gegen das Urteil die Revision statt. Die Revision kann wegen Verletzung einer Rechtsnorm über das Verfahren nur auf Verletzung der Vorschrift des § 398 [*jetzt § 358*] der Strafprozeßordnung gestützt werden. Über die Revision entscheidet das Oberlandesgericht.

Abs. 1 jetzt § 313 StPO.

Abs. 2 S. 1 jetzt § 334 StPO.; S. 2 jetzt § 340 StPO.; S. 3 jetzt § 121 Nr. 1a GVG.

Vgl. auch § 390 Abs. 1 StPO.

§ 34

Soweit gegen ein Urteil die Berufung zulässig ist, kann das Urteil statt mit der Berufung mit der Revision angefochten werden. In diesem Falle findet auf die Begründung der Revision der § 33 Abs. 2 Satz 2 Anwendung.

Über die Revision entscheidet das Gericht, das zur Entscheidung berufen wäre, wenn die Revision nach durchgeführter Berufung eingelegt worden wäre.

Legt gegen das Urteil ein Beteiligter Revision und ein anderer Beteiligter Berufung ein, so wird, solange die Berufung nicht zurückgenommen oder als unzulässig verworfen ist, auch die Revision als Berufung behandelt. Die Revisionsanträge und deren Begründung sind gleichwohl in der vorgeschriebenen Form und Frist anzubringen und dem Gegner zuzustellen (§§ 384 bis 387 [*jetzt §§ 344 bis 347*] der Strafprozeßordnung). Gegen das Berufungsurteil findet Revision nach den allgemein geltenden Vorschriften statt.

Abs. 1 S. 1 jetzt § 335 Abs. 1; Abs. 1 S. 2 jetzt § 340 StPO. Abs. 2 jetzt § 335 Abs. 2; Abs. 3 jetzt § 335 Abs. 3 StPO.

§ 35

Revision

Die Revision gegen die Urteile des Schwurgerichts und der Strafkammer findet in dem Umfang statt, in dem sie bisher gegenüber Urteilen der Strafkammer in erster Instanz zulässig war.

Das Urteil eines Schwurgerichts beruht auch dann auf einer Verletzung des Gesetzes, wenn bei dem Urteil ein Geschworener mitgewirkt hat, nachdem derselbe wegen Besorgnis der Befangenheit abgelehnt worden und das Ablehnungsgesuch entweder für begründet erklärt oder mit Unrecht verworfen worden war.

Durch Abs. 1 ist der Wegfall des bisherigen § 398 StPO. veranlaßt worden. (Vgl. aber § 33 Abs. 2 S. 2, § 34 Abs. 1 S. 2 VO. und § 340 StPO.)

Abs. 2 jetzt § 338 Nr. 3 StPO.

§ 36

Privatklage

Die Vorschriften über den Sühneversuch finden auf Privatklagen wegen Hausfriedensbruchs, leichter vorsätzlicher oder fahrlässiger Körperverletzung, Bedrohung, Sachbeschädigung und Verletzung fremder Geheimnisse (§ 299 des Strafgesetzbuchs) Anwendung.

Die Landesjustizverwaltung kann bestimmen, daß die Vergleichsbehörde ihre Tätigkeit von der vorherigen Einzahlung eines angemessenen Kostenvorschusses abhängig machen darf. Die Vorschrift findet keine Anwendung, wenn der amtliche Vorgesetzte gemäß den §§ 196, 232 Abs. 3 des Strafgesetzbuches befugt ist, Strafantrag zu stellen.

Wohnen die Parteien nicht in demselben Gemeindebezirke, so kann nach näherer Anordnung der Landesjustizverwaltung von einem Sühneversuch abgesehen werden.

Jetzt § 380 StPO.

§ 37

Strafbefehl

Durch Strafbefehl kann auch eine Freiheitsstrafe von nicht mehr als drei Monaten und die Bekanntmachung der Entscheidung angeordnet werden.

Die Staatsanwaltschaft kann den im § 8 Abs. 1 Nr. 3 bezeichneten Antrag gleichzeitig bei dem Antrag auf Erlaß eines Strafbefehls für den Fall stellen, daß der Beschuldigte Einspruch einlegt.

Abs. 1 jetzt § 407 Abs. 2; Abs. 2 jetzt § 407 Abs. 4 StPO.

§ 38

Strafbescheid

Ist von einer Verwaltungsbehörde ein Strafbescheid erlassen und gegen diesen auf gerichtliche Entscheidung angetragen worden, so kann die Staatsanwaltschaft den im § 8 Abs. 1 Nr. 3 vorgesehenen Antrag auch noch bei Vorlage der Akten an das Gericht stellen; auf Verlangen der Verwaltungsbehörde hat sie dies zu tun.

Jetzt § 422 Abs. 2 StPO.

§ 39

Im Verfahren bei Einziehungen und Vermögensbeschlagnahmen entscheidet, wenn die Sache zur Zuständigkeit des Schwurgerichts gehört, das Schöffengericht.

Jetzt § 430 StPO. (Vgl. auch § 437 StPO.)

IV. Abschnitt

Schluß- und Uebergangsvorschriften

§ 40

Zeit des Inkrafttretens

Die §§ 22, 23, 24, 30, 31, 37 Abs. 1 treten am 15. Januar 1924 in Kraft.

Am gleichen Tage treten die Vorschriften der §§ 15 und 26 in Kraft. Sie finden auch Anwendung auf Zuwiderhandlungen gegen die Verordnung des Reichspräsidenten vom 3. März 1923 (Reichsgesetzbl. I S. 159). Anhängige Strafsachen können abgegeben oder überwiesen werden, solange mit der Hauptverhandlung noch nicht begonnen worden ist; die Überweisung ist auch während einer Voruntersuchung zulässig. Diese Vorschrift findet entsprechende Anwendung, wenn die Sache bereits zur Zuständigkeit eines Oberlandesgerichts gehört und auf Grund des § 15 Abs. 4 dieser Verordnung ein anderes Gericht für zuständig erklärt worden ist.

Die §§ 1 bis 5 treten am 15. Februar 1924 in Kraft.

Im übrigen tritt die Verordnung am 1. April 1924 in Kraft.

---

1) Zu Abs. 2 vgl. die Anm. zu §§ 15, 26 VO.

2) Die VO. v. 3. 3. 1923 ist durch die VO. v. 27. 9. 1923 (RGBl. I S. 911) wieder aufgehoben worden. Die vor der Aufhebung begangenen Zuwiderhandlungen bleiben aber nach der Rechtsprechung des Reichsgerichts strafbar.

§ 41

Übergangsvorschriften

Die Anordnungen, die erforderlich sind, um die Besetzung der Strafgerichte bis zum Inkrafttreten dieser Verordnung nach ihren Vorschriften herbeizuführen, trifft die Landesjustizverwaltung.

§ 42

Die am Tage des Inkrafttretens dieser Verordnung in erster Instanz anhängigen Strafsachen, für die durch diese Verordnung die Zuständigkeit der Amtsgerichte begründet wird, gehen in der Lage, in der sie sich befinden, auf das nach den neuen Vorschriften berufene Gericht über. Solange der Termin zur Hauptverhandlung noch nicht bestimmt ist, kann die Staatsanwaltschaft nach Maßgabe des § 8 Abs. 1 Nr. 3, § 9 und des § 10 Abs. 2 beantragen, daß die Hauptverhandlung vor dem Amtsrichter allein stattfinde oder daß ein zweiter Amtsrichter zugezogen werde. Die zur Überleitung des Verfahrens erforderlichen Bestimmungen trifft die Landesjustizverwaltung.

Eine begonnene Hauptverhandlung ist nach den bisherigen Vorschriften zu Ende zu führen.

Gegen die vor dem Inkrafttreten dieser Verordnung oder auf Grund einer nach den bisherigen Vorschriften zu Ende geführten Verhandlung erlassenen Urteile der Strafkammern und Schwurgerichte findet die Revision nach den bisherigen Vorschriften statt. Wird ein Urtril, das die Strafkammer in erster Instanz erlassen hat, vom Revisionsgericht aufgehoben und die Sache zurückverwiesen, so findet die neue Hauptverhandlung vor dem Schöffengerichte statt; die Staatsanwaltschaft kann vor Anberaumung des Hauptverhandlungstermins nach Maßgabe des § 8 Abs. 1 Nr. 3, § 9 und des § 10 Abs. 2 beantragen, daß die Hauptverhandlung vor dem Amtsrichter allein stattfinde oder daß ein zweiter Amtsrichter zugezogen werde. Dasselbe gilt, wenn ein Urteil des Schwurgerichts vom Revisionsgericht aufgehoben und die Sache zurückverwiesen wird, sofern nach § 14 dieser Verordnung das Schwurgericht nicht mehr zuständig ist.

Wird ein Urteil, das die Strafkammer in erster Instanz erlassen hat, mit dem Antrag auf Wiederaufnahme des Verfahrens angefochten, so entscheidet darüber, ob der Antrag zulässig und begründet ist, die Strafkammer. Die erneute Hauptverhandlung findet vor dem Schöffengerichte statt. Wird der Antrag auf Wiederaufnahme eines durch Urteil des Schwurgerichts abgeschlossenen Verfahrens für begründet erklärt, so findet, sofern nach § 14 dieser Verordnung das Schwurgericht nicht mehr zuständig ist, die erneute Hauptverhandlung vor dem Schöffengerichte statt. Abs. 3 Satz 2 Halbsatz 2 gilt entsprechend.

Der Reichsminister der Justiz kann weitere Vorschriften zur Überleitung anhängiger Verfahren erlassen.

Zu Abs. 1 S. 3 vgl. AV. d. Pr. JM. v. 5. 3. 1924 (JMBl. S. 99) Nr. 1. Zu Abs. 5 vgl. VO. d. RJM. v. 18. 3. 1924 (RGBl. I S. 284), abgedruckt unter Nr. VIII. Zu Abs. 3, 4 vgl. auch AV. d. Pr. JM. v. 5. 3. 1924 (JMBl. S. 99) Nr. 3. Danach werden in den Sachen, in denen die Strafkammer rechtskräftig in erster Instanz entschieden hat, die bei der bedingten Strafaussetzung notwendig werdenden Entscheidungen — soweit sie nicht auf Grund des JGG. erfolgen — auch nach dem 1. 4. 1924 von der Strafkammer (Beschlußkammer) getroffen. Für Entscheidungen, die in solchen Sachen bei der bedingten Strafaussetzung auf Grund des JGG. notwendig werden, würde aber nach der allgemeinen Tendenz der VO. das Schöffengericht (Jugendgericht) — und zwar, da die Entscheidung außerhalb der Hauptverhandlung erfolgt, der Jugendrichter allein — zuständig sein.

§ 43

Veröffentlichung des Gerichtsverfassungsgesetzes und der Strafprozeßordnung

Der Reichsminister der Justiz wird ermächtigt, den Text des Gerichtsverfassungsgesetzes und der Strafprozeßordnung mit dieser Verordnung und den bis zu ihrem Inkrafttreten ergangenen Gesetzen und Verordnungen in Einklang zu bringen und in fortlaufender Paragraphenfolge im Reichsgesetzblatt bekanntzumachen.

Die Ermächtigung umfaßt die Befugnis, soweit durch die Vorschriften dieser Verordnung eine Änderung oder Ergänzung der genannten Gesetze bedingt ist, diese Änderung oder Ergänzung vorzunehmen sowie ihre Vorschriften den bestehenden staatsrechtlichen Verhältnissen anzupassen.

1) Die Bekanntmachung ist unter dem 22. 3. 1924 im RGBl. I S. 299 erfolgt.

2) Das GVG. v. 27. 1. 1877 (RGBl. S. 41) war zuletzt neu gefaßt worden durch die Bekanntmachung v. 20. 5. 1898 (RGBl. S. 371); dabei waren folgende Novellen berücksichtigt: Ges. betr. Abänderung des § 137 GVG. v. 17. 3. 1886 (RGBl. S. 61), Art. I des Ges. betr. die unter Ausschluß der Öffentlichkeit stattfindenden Gerichtsverhandlungen v. 5. 4. 1888 (RGBl. S. 133), Art. I des Ges. betr. Änderungen des GVG. und der StPO. v. 17. 5. 1898 (RGBl. S. 252).

Seit der Neufassung v. 1898 sind folgende weiteren abändernden Bestimmungen erlassen worden:

§ 29 des Ges. betr. das Flaggenrecht der Kauffahrteischiffe v. 22. 6. 1899 (RGBl. S. 319), Ges. betr. Änderung des § 113 GVG. v. 20. 3. 1905 (RGBl. S. 179), Ges. betr. Änderungen des GVG. v. 5. 6. 1905 (RGBl. S. 533), Art. I des Ges. betr. Änderungen des GVG., der ZPO., des GerKostenG. und der Gebührenordg. f. R.-A. v. 1. 6. 1909 (RGBl. S. 475), Art. I des Ges. betr. die Zuständigkeit des Reichsgerichts v. 22. 5. 1910 (RGBl. S. 767), Ges. betr. die Entschädigung der Schöffen und Geschworenen v. 29. 7. 1913 (RGBl. S. 617), Ges. betr. Erhöhung der Zuständigkeit der Amtsgerichte in bürgerlichen Rechtsstreitigkeiten über vermögensrechtliche Ansprüche v. 8. 4. 1920 (RGBl. S. 499), § 3 Abs. 2 des Ges. betr. Aufhebung der Militärgerichtsbarkeit v. 17. 8. 1920 (RGBl. S. 1579), Art. I des Ges. zur Entlastung der Gerichte v. 11. 3. 1921 (RGBl. S. 229), § 2 Abs. 2 des Ges. zur Erweiterung des Anwendungsgebietes der Geldstrafe und zur Einschränkung der kurzen Freiheitsstrafen v. 21. 12. 1921 (RGBl. S. 1604), Ges. betr. die Entschädigung der zur Auswahl der Schöffen und Geschworenen berufenen Vertrauensmänner v. 5. 2. 1922 (RGBl. I S. 207), Ges. über die Heranziehung der Frauen zum Schöffen- und Geschworenenamte v. 25. 4. 1922 (RGBl. I S. 465), Ges. über die Entschädigung der Schöffen, Geschworenen und Vertrauenspersonen v. 4. 7. 1922 (RGBl. I S. 561), Art. I des Ges. zur weiteren Entlastung der Gerichte v. 8. 7. 1922 (RGBl. I S. 569), Art. II des Ges. über die Zulassung der Frauen zu den Ämtern und Berufen der Rechtspflege v. 11. 7. 1922 (RGBl. I S. 573), § 47 des Jugendgerichtsges. v. 16. 2. 1923 (RGBl. I S. 135), Art. I des zweiten Ges. z. weiteren Entlastung der Gerichte v. 27. 3. 1923 (RGBl. I S. 217), Art. 6 der neunten Ergänzung des Besoldungsges. v. 18. 6. 1923 (RGBl. I S. 385), Ges. zur Vereinfachung der Urliste v. 11. 7. 1923 (RGBl. I S. 647), Art. I der VO. v. 23. 7., 15. 9., 13. 12. 1923 (RGBl. I S. 742, 884, 1186), Ges. über die Erstattung der Reisekosten an Handelsrichter v. 13. 12. 1923 (RGBl. I S. 1185), Art. IX der VO. über Vermögensstrafen und Bußen v. 6. 2. 1924 (RGBl. I S. 44), Art. I der VO. über das Verfahren in bürgerlichen Rechtsstreitigkeiten v. 13. 2. 1924 (RGBl. I S. 135).

3) Die Strafprozeßordnung v. 1. 2. 1877 (RGBl. S. 253) ist geändert worden durch folgende Bestimmungen:

Art. 35 des EG. z. BGB. v. 18. 8. 1896 (RGBl. S. 604), Art. II des Ges. betr. Änderungen des GVG. und der StPO. v. 17. 5. 1898 (RGBl. S. 252), Ges. betr. die Abänderung des § 7 der StPO. v. 13. 6. 1902 (RGBl. S. 227), Art. II der VO. betr. die Zulassung von Rechtskundigen im Vorbereitungsdienst zur Stellvertretung von Rechtsanwälten v. 1. 6. 1920 (RGBl. S. 1108), § 14 des Ges. betr. die Aufhebung der Militärgerichtsbarkeit v. 17. 8. 1920 (RGBl. S. 1579), Art. III des Ges. zur Entlastung der Gerichte v. 11. 3. 1921 (RGBl. S. 229), Art. IV des Ges. zur weiteren Entlastung der Gerichte v. 8. 7. 1922 (RGBl. I S. 569), Art. IV des Ges. über die Zulassung von Frauen zu den Ämtern und Berufen der Rechtspflege v. 11. 7. 1922 (RGBl. I S. 573), Art. III des Ges. zur Änderung des Gerichtskostengesetzes v. 21. 12. 1922 (RGBl. 1923 I S. 1), § 47 des Jugendgerichtsges. v. 16. 2. 1923 (RGBl. I S. 135), Art. IX der VO. über Vermögensstrafen und Bußen v. 6. 2. 1924 (RGBl. I S. 44).

4) Außer den in Anm. 2 genannten gesetzlichen Bestimmungen, die den Text des GVG. und der StPO. unmittelbar geändert haben, waren bei der Neufassung der folgenden Gesetze und Verordnungen zu berücksichtigen, die, ohne den Text des GVG. und der StPO. zu ändern, deren Inhalt beeinflußt haben:

a) die RV. – vgl. die mit ** bezeichneten Paragraphen des GVG. und der StPO. —;

b) § 28 des Scheckges. v. 11. 3. 1908 (RGBl. S. 71) — vgl. § 95 Nr. 3, § 200 Nr. 8 GVG. —;

c) Ges. gegen den unlauteren Wettbewerb v. 7. 6. 1909 (RGBl. S. 499) — vgl. § 95 Nr. 5 GVG. —;

d) § 227 RAO. v. 13. 12. 1919 (RGBl. S. 1993) — vgl. § 95 GVG. —;

e) Wehrges. v. 23. 3. 1921 (RGBl. S. 329) — vgl. § 48 Abs. 2, § 433 StPO. und Wegfall des bisherigen 4. Abschnitts des sechsten Buchs der StPO. —;

f) Ges. v. 14. 1. 1922 (RGBl. I S. 155) zur Änderung des Gewerbegerichtsges. und des Ges. betr. Kaufmannsgerichte — vgl. § 23 Nr. 2, § 200 Nr. 5 GVG. —;

g) §§ 16ff. der Zweiten Steuernotverordnung v. 19. 12. 1923 (RGBl. I S. 1205) — vgl. § 55 GVG. —.

V. Abschnitt

Notmaßnahmen

Für die Zeit vom 15. Januar bis zum 31. März 1924 werden, um dem drohenden Stillstand der Rechtspflege vorzubeugen, folgende Notmaßnahmen getroffen:

§ 44

Verzicht auf Schöffen und Geschworene

Schöffen werden in Strafsachen nicht zugezogen. Schwurgerichte treten nicht zusammen.

In den vor den Schöffengerichten zu verhandelnden Sachen entscheidet der Amtsrichter allein; in den vor den Wuchergerichten zu verhandelnden Sachen entscheiden die richterlichen Mitglieder. Die zur Zuständigkeit der Schwurgerichte gehörenden Sachen werden den Strafkammern zugewiesen.

Die Vorschriften der Abs. 1 und 2 gelten auch für die Strafsachen, die bereits gerichtlich anhängig sind; eine begonnene Hauptverhandlung ist nach den bisherigen Vorschriften zu Ende zu führen.

Auf Jugendgerichte, für die besondere Jugendschöffen bestimmt worden sind (§ 20 des Jugendgerichtsgesetzes), findet der Abs. 1 keine Anwendung.

§ 45

Ruhen der Privatklagen

Ist oder wird eine Privatklage erhoben, so ruht das Verfahren bis zum 31. März 1924. In den Lauf der Verjährungsfrist oder einer Antragsfrist wird die Zeit vom 15. Januar bis zum 31. März 1924 nicht eingerechnet.

§ 46

Beschränkung der Berufung

Bei Übertretungen und Vergehen ist die Berufung ausgeschlossen, wenn wegen der Tat freigesprochen oder ausschließlich auf Geldstrafe erkannt worden ist.

Gegen das Urteil findet in diesem Falle die Revision statt. Über die Revision entscheidet das Oberlandesgericht.

Auf die Anfechtung von Urteilen, die vor dem 15. Januar 1924 verkündet worden sind, finden die bisherigen Vorschriften Anwendung.

Berlin, den 4. Januar 1924.

Der Reichskanzler
Marx

Der Reichsminister der Justiz
Emminger

III.

Einführungsgesetz zum Gerichtsverfassungsgesetz.

Vom 27. Januar 1877 (RGBl. S. 77).

In der Fassung des § 1 des Ges. betr. die Geschäftssprache der gerichtlichen Behörden in Elsaß-Lothringen v. 12. 6. 1889 (RGBl. S. 95), der Art. II, III des Ges. betr. Änderungen des GVG. und der StPO. v. 17. 5. 1898 (RGBl. S. 252), des Art. II des Ges. betr. die Zuständigkeit des Reichsgerichts v. 22. 5. 1910 (RGBl. S. 767), des Art. 1 des Ges. betr. die bei einem obersten Landesgericht einzulegenden Revisionen in bürgerlichen Rechtsstreitigkeiten v. 20. 2. 1911 (RGBl. S. 59).

§ 1

[Das Gerichtsverfassungsgesetz tritt im ganzen Umfange des Reichs an einem durch Kaiserliche Verordnung mit Zustimmung des Bundesrats festzusetzenden Tage, spätestens am 1. Oktober 1879, gleichzeitig mit der im § 2 des Einführungsgesetzes der Zivilprozeßordnung vorgesehenen Gebührenordnung in Kraft.]

Jetzt gegenstandslos. Vgl. auch § 1 EG.StPO., unten Nr. VI.

§ 2

Die Vorschriften des Gerichtsverfassungsgesetzes finden nur auf die ordentliche streitige Gerichtsbarkeit und deren Ausübung Anwendung.

§ 3

Die Gerichtsbarkeit in bürgerlichen Rechtsstreitigkeiten und Strafsachen, für welche besondere Gerichte zugelassen sind, kann den ordentlichen Landesgerichten durch die Landesgesetzgebung übertragen werden. Die Übertragung darf nach anderen als den durch das Gerichtsverfassungsgesetz vorgeschriebenen Zuständigkeitsnormen erfolgen.

Auch kann die Gerichtsbarkeit letzter Instanz in den vorerwähnten Sachen auf Antrag des betreffenden [Bundesstaates] mit Zustimmung des [Bundesrats] durch [Kaiserliche] Verordnung dem Reichsgericht übertragen werden.

Insoweit für bürgerliche Rechtsstreitigkeiten ein von den Vorschriften der Zivilprozeßordnung abweichendes Verfahren gestattet ist, kann die Zuständigkeit der ordentlichen Landesgerichte durch die Landesgesetzgebung nach anderen als den durch das Gerichtsverfassungsgesetz vorgeschriebenen Normen bestimmt werden.

---

1) Zu Abs. 1 vgl. §§ 13, 14 GVG. Überträgt oder beläßt die Landesgesetzgebung die in Betracht kommenden Sachen den ordentlichen Gerichten, so kann sie besondere Zuständigkeitsbestimmungen dafür treffen. Vgl. auch § 3 Abs. 2 EGStPO.

2) Zu Abs. 2. Jetzt durch VO. des Reichspräsidenten mit Zustimmung des Reichsrats (§§ 3, 4 des Übergangsgesetzes v. 4.3.1919 und Art. 179 der RV. — abgedruckt in der Anm. zu § 34 GVG. —).

3) Zu Abs. 2 vgl. für Preußen VO. v. 26. 9. 1879 RGBl. S. 287). Eine Zusammenstellung der für andere deutsche Länder erlassenen Bestimmungen vgl. bei Kiesow StPO. 3. Aufl. Anm. 2 zu § 3.

§ 4

Durch die Vorschriften des Gerichtsverfassungsgesetzes über die Zuständigkeit der Behörden wird die Landesgesetzgebung nicht gehindert, den betreffenden Landesbehörden jede andere Art der Gerichtsbarkeit, sowie Geschäfte der Justizverwaltung zu übertragen. Andere Gegenstände der Verwaltung dürfen den ordentlichen Gerichten nicht übertragen werden.

§ 5

[In Ansehung der Landesherren und der Mitglieder der landesherrlichen Familien, sowie der Mitglieder der Fürstlichen Familie Hohenzollern finden die Bestimmungen des Gerichtsverfassungsgesetzes nur insoweit Anwendung, als nicht besondere Vorschriften der Hausverfassungen oder der Landesgesetze abweichende Bestimmungen enthalten. Das gleiche gilt in Ansehung der Mitglieder des vormaligen Hannoverschen Königshauses, des vormaligen Kurhessischen und des vormaligen Herzoglich Nassauischen Fürstenhauses.]

Der Paragraph ist gegenstandslos geworden.

Art. 109 Abs. 3 S. 1 RV. bestimmt: „Öffentlichrechtliche Vorrechte oder Nachteile der Geburt oder des Standes sind aufzuheben." Für Preußen vgl. dazu VO. betr. die Zuständigkeit des mit dem Kammergericht verbundenen Geheimen Justizrats v. 30. 11. 1918 (GesS. S. 185) und Ges. über die Aufhebung der Standesvorrechte des Adels und die Auflösung der Hausvermögen v. 23. 6. 1920 (GesS. S. 367).

§ 6

Unberührt bleiben die bestehenden landesgesetzlichen Vorschriften über die Zuständigkeit der Schwurgerichte für die durch die Presse begangenen strafbaren Handlungen.

Für Preußen ohne Bedeutung. Dagegen bestehen Bestimmungen der bezeichneten Art in Bayern, Württemberg, Baden und Oldenburg (ohre Birkenfeld und Lübeck). Die Fortgeltung des § 6 ist infolge d r Umgestaltung des Schwurgerichts zweifelhaft, aber doch wohı zu bejahen.

§ 7

Die Militärgerichtsbarkeit, [sowie das landesgesetzlich den Standesherren gewährte Recht auf Austräge] werden durch das Gerichtsverfassungsgesetz nicht berührt.

1) Wegen der Militärgerichtsbarkeit vgl. jetzt Art. 106 RV., §§ 434 ff. StPO. und GAMG. (unten XIV).

2) Wegen des Rechts auf Austräge vgl. Anm. zu § 5. Danach ist der § 7 insoweit gegenstandslos.

§ 8

Durch die Gesetzgebung eines [Bundesstaates], in welchem mehrere Oberlandesgerichte errichtet werden, kann die Verhandlung und Entscheidung der zur Zuständigkeit des Reichsgerichts gehörenden Revisionen in bürgerlichen

Rechtsstreitigkeiten einem obersten Landesgerichte zugewiesen werden.

Diese Vorschrift findet jedoch auf bürgerliche Rechtsstreitigkeiten, welche zur Zuständigkeit des Reichs-Oberhandelsgerichts gehören oder durch besondere Reichsgesetze dem Reichsgerichte zugewiesen werden, keine Anwendung, es sei denn, daß für die Entscheidung im wesentlichen Rechtsnormen in Betracht kommen, die in Landesgesetzen enthalten sind.

Nach § 1 des Ges. v. 11. 4. 1877 (RGBl. S. 415) findet § 8 auf das Land keine Anwendung, in dessen Gebiet das Reichsgericht seinen Sitz hat.

§ 9

Durch die Gesetzgebung eines [Bundesstaates], in welchem mehrere Oberlandesgerichte errichtet werden, kann die Verhandlung und Entscheidung der zur Zuständigkeit der Oberlandesgerichte gehörenden Revisionen und Beschwerden in Strafsachen ausschließlich einem der mehreren Oberlandesgerichte oder an Stelle eines solchen Oberlandesgerichts dem obersten Landesgericht zugewiesen werden.

Vgl. für Preußen § 50 AGGVG. unten Nr. XVII), für Bayern Art. 41 AGGVG. v. 23. 2. 1879 (Gesetz- und Verordnungsblatt S. 273), Art. 167 XII AGBGB. v. 9. 6. 1899 (a. a. O. Beilage zu Nr. 28, S. 66).

Für die zur erstinstanzlichen Zuständigkeit der Oberlandesgerichte gehörenden Strafsachen vgl. außerdem § 120 Abs. 2 S. 2 GVG. und § 15 Abs. 4 S. 1 VO.

§ 10

Die allgemeinen, sowie die in den §§ 126 [*jetzt 124*], 132, 133, 134 [*jetzt 130—132*], 183 [*jetzt 181*] Abs. 1 enthaltenen besonderen Vorschriften des Gerichtsverfassungsgesetzes finden auf die obersten Landesgerichte als Behörden der ordentlichen streitigen Gerichtsbarkeit entsprechende Anwendung. Das gleiche gilt, sofern ein

Zivilsenat des obersten Landesgerichts von der Entscheidung eines anderen Zivilsenats oder der vereinigten Zivilsenate abweichen will, in Ansehung der Vorschriften der §§ 137 [*jetzt 136*], 139 [*jetzt 138*], des Gerichtsverfassungsgesetzes.

Die Besetzung der Senate bestimmt sich in Strafsachen nach § 124 [*jetzt 122*], in bürgerlichen Rechtsstreitigkeiten nach § 140 [*jetzt 139*] des Gerichtsverfassungsgesetzes.

Auf die Besetzung der Zivilsenate des obersten Landesgerichts findet in Grundbuchsachen, sowie in den nach § 199 des Gesetzes über die Angelegenheiten der freiwilligen Gerichtsbarkeit dem obersten Landesgerichte zugewiesenen Angelegenheiten der § 124 [*jetzt 122*] des Gerichtsverfassungsgesetzes Anwendung.

Zu Abs. 2, 3 vgl. § 3 VO.

§ 11

Die landesgesetzlichen Bestimmungen, durch welche die strafrechtliche oder zivilrechtliche Verfolgung öffentlicher Beamten wegen der in Ausübung oder in Veranlassung der Ausübung ihres Amts vorgenommenen Handlungen an besondere Voraussetzungen gebunden ist, treten außer Kraft.

Unberührt bleiben die landesgesetzlichen Vorschriften, durch welche die Verfolgung der Beamten entweder im Falle des Verlangens einer vorgesetzten Behörde oder unbedingt an die Vorentscheidung einer besonderen Behörde gebunden ist, mit der Maßgabe:

1. daß die Vorentscheidung auf die Feststellung beschränkt ist, ob der Beamte sich einer Überschreitung seiner Amtsbefugnisse oder der Unterlassung einer ihm obliegenden Amtshandlung schuldig gemacht habe;
2. daß in den [Bundesstaaten], in welchen ein oberster Verwaltungsgerichtshof besteht, die Vorentscheidung

diesem, in den anderen [Bundesstaaten] dem Reichsgerichte zustehen.

Für Preußen vgl. jetzt das Ges. v. 16. 11. 1920 (GesS. 1921 S. 65) betr. die Beseitigung der Konfliktserhebung bei gerichtlicher Verfolgung von Beamten und Personen des Soldatenstandes wegen Amts- oder Diensthandlungen und bei Klagen gegen den Staat wegen Amtspflichtverletzungen von Beamten bei Ausübung der öffentlichen Gewalt.

Soweit nicht, wie in Preußen, die Aufhebung erfolgt ist, ist die Fortgeltung der Bestimmungen für das Strafverfahren außer Zweifel, für den Zivilprozeß aber durch Art. 131 RV. in Frage gestellt (vgl. dazu den im RGBl. 1923 I S. 292 veröffentlichten, mit Gesetzeskraft ergangenen Beschluß des Reichsgerichts).

§ 12

Aufgehoben durch § 1 d. Ges. v. 12. 6. 1889 (RGBl. S. 95).

§ 13

[Die Bestimmungen über das Richteramt im § 8 des Gerichtsverfassungsgesetzes treten in denjenigen Staaten, in welchen Vorschriften für die richterliche Entscheidung über die Enthebung eines Richters vom Amte oder über die Versetzung eines Richters an eine andere Stelle oder in den Ruhestand nicht bestehen, nur gleichzeitig mit der landesgesetzlichen Regelung der Disziplinarverhältnisse der Richter in Wirksamkeit.]

Als Übergangsvorschrift gegenstandslos geworden.

§ 14

[Die am Tage des Inkrafttretens des Gerichtsverfassungsgesetzes bei dem Reichs-Oberhandelsgerichte anhängigen Sachen gehen in der prozessualischen Lage, in welcher sie sich befinden, auf das Reichsgericht über.]

Vgl. die Anm. zu § 13.

§ 15

[Durch Kaiserliche Verordnung kann auf Antrag eines Bundesstaates und mit Zustimmung des Bundesrats die Verhandlung und Entscheidung derjenigen Sachen, welche nach den bisherigen Prozeßgesetzen von dem obersten Landesgerichte zu erledigen gewesen wären, dem Reichsgerichte zugewiesen werden.]

Vgl. die Anm. zu § 13.

§ 16

[Behufs Erledigung der nach Vorschrift des vorstehenden Paragraphen dem Reichsgerichte zugewiesenen Sachen können mit Zustimmung des Bundesrats durch Kaiserliche Verordnung bei dem Reichsgerichte Hilfssenate eingerichtet werden.

Der Reichskanzler bestimmt die Zusammensetzung der Hilfssenate und die Verteilung der Geschäfte derselben.

Mit der Wahrnehmung der richterlichen Geschäfte in den Hilfssenaten können nur Mitglieder des Reichsgerichts und Mitglieder der früheren obersten Gerichte oder der Oberlandesgerichte beauftragt werden.

Die Anordnung ist für ein nicht zum Reichsgerichte gehörendes Mitglied bis zu dem Zeitpunkte unwiderruflich, in welchem die Wahrnehmung seiner Tätigkeit in dem Hilfssenate nicht mehr erforderlich ist.]

Vgl. die Anm. zu § 13.

§ 17

Auf Antrag eines [Bundesstaates] und mit Zustimmung des [Bundesrats] kann durch [Kaiserliche] Verordnung die Verhandlung und Entscheidung der im § 17 des Gerichtsverfassungsgesetzes bezeichneten Streitigkeiten dem Reichsgerichte zugewiesen werden.

Für diejenigen [Bundesstaaten], in denen die im § 17 des Gerichtsverfassungsgesetzes bezeichneten Behörden bestehen und nach Maßgabe der Vorschriften im § 17 Nr. 1—4 einer Veränderung ihrer Einrichtung und des Verfahrens bedürfen, kann die Veränderung, sofern sie nicht bis zum Inkrafttreten dieses Gesetzes landesgesetzlich getroffen ist, durch landesherrliche Verordnung eingeführt werden.

1) Vgl. zu Abs. 1 die Anm. 1 zu § 3. Eine Bestimmung nach Abs. 1 ist nur für Bremen ergangen.

2) Zu Abs. 2 vgl. für Preußen VO. betr. die Kompetenzkonflikte zwischen den Gerichten und Verwaltungsbehörden v. 1. 8. 1879 (GesS. S. 573).

§ 18

[Die am Tage des Inkrafttretens des Gerichtsverfassungsgesetzes bei den Landesgerichten anhängigen Sachen können den ordentlichen Landesgerichten ohne Rücksicht auf die im Gerichtsverfassungsgesetze bestimmten Grenzen der Zuständigkeit durch die Landesgesetzgebung zugewiesen werden.]

§ 19

[Die Mitglieder des Reichs-Oberhandelsgerichts werden durch Kaiserliche Verfügung mit Beibehaltung ihrer Besoldung entweder bei dem Reichsgerichte angestellt oder in den Ruhestand versetzt.]

§ 20

[Bei der ersten Einrichtung der Landgerichte, der Oberlandesgerichte und der bei einem Amtsgerichte gebildeten Strafkammern und während der Dauer des ersten Geschäftsjahres erfolgen die Geschäftsverteilung und die Bestimmung der Mitglieder der Kammern und Senate sowie der regelmäßigen Vertreter der Mitglieder durch die Landesjustizverwaltung.

Bei der ersten Einrichtung des Reichsgerichts und während der Dauer des ersten Geschäftsjahres erfolgen die Geschäftsverteilung und die Bestimmung der Mitglieder der Senate sowie der regelmäßigen Vertreter derselben durch den Reichskanzler.]

§ 21

[Innerhalb zwei Jahren nach dem Inkrafttreten des Gerichtsverfassungsgesetzes kann die Landesjustizverwaltung bei notwendiger Einziehung von Richterstellen die unfreiwillige Versetzung eines Richters an ein anderes Gericht von gleicher Ordnung unter Belassung des vollen Gehalts und Erstattung der Umzugskosten verfügen.]

---

§§ 18—22 sind als Übergangsvorschriften gegenstandslos. § 21 ist noch zur Auslegung des § 8 GVG. (Art. 104 RV.) wertvoll; vgl. Anm. daselbst.

§ 22

Die Bestimmungen des § 2 des Gerichtsverfassungsgesetzes über die Fähigkeit zum Richteramte finden auf diejenigen, welche vor dem Inkrafttreten des Gesetzes die erste Prüfung in einem Bundesstaate zurückgelegt haben, nur insoweit Anwendung, als nicht in dem Bundesstaate abweichende Vorschriften bestehen.

Der für den Vorbereitungsdienst vorbeschriebene Zeitraum kann für die ersten vier Jahre nach dem Inkrafttreten des Gesetzes in den einzelnen Bundesstaaten bis auf zwei Jahre abgekürzt werden.

IV.

Gerichtsverfassungsgesetz.*)

In der Fassung der Bekanntmachung v. 22. 3. 1924 RGBl. I S. 299.

*) Eine Zusammenstellung der bei der Neufassung des GVG. berücksichtigten gesetzlichen Bestimmungen vgl. in Anm. 2 zu § 43 VO. (oben II).

Erster Titel

Richteramt

§ 1 (1)

Die richterliche Gewalt wird durch unabhängige, nur dem Gesetz unterworfene Gerichte ausgeübt.

1) Art. 102 RV.: „Die Richter sind unabhängig und nur dem Gesetz unterworfen."

2) Art. 8 PrV.: „Die Rechtspflege wird durch unabhängige nur den Gesetzen unterworfene Gerichte ausgeübt.
Die Urteile werden im Namen des Volkes verkündet und vollstreckt."

§ 2 (2)**

Die Fähigkeit zum Richteramte wird durch die Ablegung zweier Prüfungen erlangt.

Der ersten Prüfung muß ein dreijähriges Studium der Rechtswissenschaft auf einer Universität vorangehen. Von dem dreijährigen Zeitraum sind mindestens drei Halbjahre dem Studium auf einer deutschen Universität zu widmen.

Zwischen der ersten und zweiten Prüfung muß ein

Zeitraum von drei Jahren liegen, welcher im Dienste bei den Gerichten und bei den Rechtsanwälten zu verwenden ist, auch zum Teil bei der Staatsanwaltschaft verwendet werden kann.

In den einzelnen **deutschen Ländern** kann bestimmt werden, daß der für das Universitätsstudium oder für den Vorbereitungsdienst bezeichnete Zeitraum verlängert wird, oder daß ein Teil des letzteren Zeitraums, jedoch höchstens ein Jahr, im Dienste bei Verwaltungsbehörden zu verwenden ist oder verwendet werden darf.

1) Ges. v. 11. 7. 1922 (RGBl. I S. 573) Art. I Abs. 1: „Die Fähigkeit zum Richteramte kann auch von Frauen erworben werden." Art. VIII: „Ist vor dem Inkrafttreten dieses Gesetzes eine Frau auf Grund der ersten juristischen Prüfung in einer Weise dienstlich beschäftigt worden, die sachlich einem ordnungsmäßigen Vorbereitungsdienst entsprach, so gilt diese Beschäftigung als Vorbereitungsdienst im Sinne des § 2 des Gerichtsverfassungsgesetzes."

2) Vgl. ferner Ges. v. 19. 4. 1919 (RGBl. S. 403), 12. 4. 1922 (a. a. O. I S. 439) über die Ausbildung von Kriegsteilnehmern zum Richteramt und Ges. v. 10. 8. 1920 (RGBl. S. 1571) betr. eine Ergänzung der Vorschriften über den juristischen Vorbereitungsdienst. Für Preußen vgl. außerdem AGGVG. §§ 1, 2 und die Anm. dazu (unten Nr. XVII).

3) Art. 136 Abs. 1, 2 RV.: „Die bürgerlichen und staatsbürgerlichen Rechte und Pflichten werden durch die Ausübung der Religionsfreiheit weder bedingt noch beschränkt.

Der Genuß bürgerlicher und staatsbürgerlicher Rechte, sowie die Zulassung zu öffentlichen Ämtern sind unabhängig von dem religiösen Bekenntnis."

Art. 128 RV.: „Alle Staatsbürger ohne Unterschied sind nach Maßgabe der Gesetze und entsprechend ihrer Befähigung und ihren Leistungen zu den öffentlichen Ämtern zuzulassen.

Alle Ausnahmebestimmungen gegen weibliche Beamte werden beseitigt.

Die Grundlagen des Beamtenverhältnisses sind durch Reichsgesetz zu regeln."

Art. 129 RV.: „Die Anstellung der Beamten erfolgt auf Lebenszeit, soweit nicht durch Gesetz etwas anderes bestimmt ist. Ruhegehalt und Hinterbliebenenversorgung werden gesetzlich geregelt. Die wohlerworbenen Rechte der Beamten sind unverletzlich. Für die vermögensrechtlichen Ansprüche der Beamten steht der Rechtsweg offen.

Die Beamten können nur unter den gesetzlich bestimmten Voraussetzungen und Formen vorläufig ihres Amtes enthoben, einstweilen oder endgültig in den Ruhestand oder in ein anderes Amt mit geringerem Gehalt versetzt werden.

Gegen jedes dienstliche Straferkenntnis muß ein Beschwerdeweg und die Möglichkeit eines Wiederaufnahmeverfahrens eröffnet sein. In die Nachweise über die Person des Beamten sind Eintragungen von ihm ungünstigen Tatsachen erst vorzunehmen, wenn dem Beamten Gelegenheit gegeben war, sich über sie zu äußern. Dem Beamten ist Einsicht in seine Personalnachweise zu gewähren."

§ 3 (3)**

Wer in einem **deutschen Lande** die erste Prüfung bestanden hat, kann in jedem **anderen Lande** zur Vorbereitung für den Justizdienst und zur zweiten Prüfung zugelassen werden.

Die in einem **deutschen Lande** auf die Vorbereitung verwendete Zeit kann in jedem anderen Lande angerechnet werden.

§ 4 (4)

Zum Richteramte befähigt ist ferner jeder ordentliche öffentliche Lehrer des Rechtes an einer deutschen Universität.

§ 5 (5)**

Wer in einem **deutschen Lande** die Fähigkeit zum Richteramt erlangt hat, ist, soweit dieses Gesetz keine Ausnahme bestimmt, zu jedem Richteramt innerhalb des Deutschen Reichs befähigt.

§ 6 (6)

Die Ernennung der Richter erfolgt auf Lebenszeit.

Art. 104 Abs. 1 S. 1 RV.: „Die Richter der ordentlichen Gerichtsbarkeit werden auf Lebenszeit ernannt." Vgl. auch Art. 129 RV. (oben Anm. 3 zu § 2).

§ 7 (7)

Die Richter beziehen in ihrer richterlichen Eigenschaft ein festes Gehalt mit Ausschluß von Gebühren.

Vgl. dazu noch die §§ 10, 11 Pr.AGGVG. (unten Nr. XVII).

§ 8 (8)***

Richter können wider ihren Willen nur kraft richterlicher Entscheidung und nur aus den Gründen und unter den Formen, welche die Gesetze bestimmen, dauernd oder zeitweise ihres Amtes enthoben oder an eine andere Stelle oder in den Ruhestand versetzt werden. **Die Gesetzgebung kann Altersgrenzen festsetzen, bei deren Erreichung Richter in den Ruhestand treten.**

Die vorläufige Amtsenthebung, welche kraft Gesetzes eintritt, wird hierdurch nicht berührt.

Bei einer Veränderung in der Einrichtung der Gerichte oder ihrer Bezirke können unfreiwillige Versetzungen an ein anderes Gericht oder Entfernungen vom Amte unter Belassung des vollen Gehalts durch die Landesjustizverwaltung verfügt werden.

---

1) Art. 104 Abs. 1 S. 2, 3 u. Abs. 2, 3 stimmen wörtlich mit § 8 überein. Vgl. auch Anm. 3 zu § 2.

2) Die VO. v. 4. 1. 1924 hat eine Veränderung in der Einrichtung der Gerichte im Sinne des § 8 Abs. 3 herbeigeführt. Es war infolgedessen möglich, von der dort gegebenen Befugnis Gebrauch zu machen. Diese Befugnis war aber nur bis zum Inkrafttreten der VO. (1. 4. 1924) gegeben, da eine dem § 21 EGGVG. entsprechende Bestimmung nicht in die VO. aufgenommen worden ist; sie mußte also bis zum 1. 4. 1924 ausgeübt werden; indes konnte die Versetzung oder die Amtsenthebung auch mit Wirkung von einem späteren Termine ausgesprochen werden. Andererseits umfaßt aber die Veränderung in der Einrichtung der Gerichte den gesamten Gerichtskörper (Amtsgerichte, Landgerichte, Oberlandesgerichte), sodaß alle Richter in gleicher Weise der Versetzung oder der Entfernung vom Amt ausgesetzt waren, ohne Rücksicht auf ihre besondere Beschäftigung und auf ihren dienstlichen Sitz, ohne daß es eines besonderen Nachweises des Zusammenhangs der Maßnahme mit der Organisationsänderung im einzelnen bedurfte.

Von der Versetzungsbefugnis ist besonders auch Gebrauch gemacht worden, um Landgerichtsdirektoren und Mitglieder der Landgerichte zugleich zum Amtsrichter bei einem Amtsgerichte des Bezirks (und umgekehrt) zu machen. (Vgl. §§ 22, 59.)

3) Dem auf Grund des § 8 vom Amte Entfernten ist „volles Gehalt" gesichert; d. h. er darf nicht schlechter gestellt werden, als er stehen würde, wenn er im Amte verblieben wäre. Er rückt also innerhalb seiner Gehaltsgruppe in die höheren Stufen auf; andererseits erhält er nach Erreichung der Altersgrenze nur noch das gesetzliche Ruhegehalt. Auch die Witwen- und Waisenversorgung ist ihm gesichert.

4) Altersgrenze: § 60a Abs. 1 Reichsbeamtenges. in der Fassung des Art. 1 Nr. II der Personalabbau-VO. v. 27. 10. 1923 (RGBl. I S. 999) für Reichsgericht. Für Preußen Ges. betr. Einführung einer Altersgrenze v. 15. 12. 1920 (GesS. S. 621) in der Fassung des § 84 der Pr. Personalabbau-VO. v. 8. 2. 1924 (GesS. S. 73); für Oberschlesien vgl. Ges. v. 26. 5. 1923 (GesS. S. 163).

§ 9 (9)

Wegen vermögensrechtlicher Ansprüche der Richter aus ihrem Dienstverhältnis, insbesondere auf Gehalt, Wartegeld oder Ruhegehalt, darf der Rechtsweg nicht ausgeschlossen werden.

Art. 129 Abs. 1 S. 4 RV.: „Für die vermögensrechtlichen Ansprüche der Beamten steht der Rechtsweg offen."

§ 10 (10)

Die landesgesetzlichen Bestimmungen über die Befähigung zur zeitweiligen Wahrnehmung richterlicher Geschäfte bleiben unberührt.

§ 11 (11)

Auf Handelsrichter, Schöffen und Geschworene finden die Bestimmungen der §§ 2 bis 9 keine Anwendung.

Art. 104 Abs. 4 RV. wörtlich übereinstimmend.

Zweiter Titel

Gerichtsbarkeit

§ 12 (12)

Die ordentliche streitige Gerichtsbarkeit wird durch Amtsgerichte und Landgerichte, durch Oberlandesgerichte und durch das Reichsgericht ausgeübt.

---

1) Art. 103 RV.: „Die ordentliche Gerichtsbarkeit wird durch das Reichsgericht und durch die Gerichte der Länder ausgeübt."

2) Wegen der früher der Militärgerichtsbarkeit unterworfenen Personen vgl. § 3 GAMG. (unten Nr. XIV) und Anm. 2 zu § 24 GVG., Anm. 1 zu § 7 StPO. und §§ 434 ff. StPO.

3) Wegen der Sitze und der Bezirke der Gerichte und ihrer nachträglichen Änderung vgl. die §§ 21, 37, 47 Pr.AGGVG. (unten Nr. XVII).

§ 13 (13)

Vor die ordentlichen Gerichte gehören alle bürgerlichen Rechtsstreitigkeiten und Strafsachen, für welche nicht entweder die Zuständigkeit von Verwaltungsbehörden oder Verwaltungsgerichten begründet ist oder reichsgesetzlich besondere Gerichte bestellt oder zugelassen sind.

Reichsrechtlich eingesetzte besondere Gerichte in Strafsachen sind z. B. die Militärgerichte, soweit sie § 434 StPO. (GAMG.) bestehen läßt, und der Staatsgerichtshof zum Schutze der Republik. Auch die vom Reichspräsidenten auf Grund des Art. 48 eingesetzt gewesenen außerordentlichen Gerichte waren besondere Gerichte im Sinne des § 13.

§ 14 (14)***

Als besondere Gerichte werden zugelassen:

1. **Rhein- und Elbschiffahrtsgerichte für die in Staatsverträgen bezeichneten Angelegenheiten der Schiffahrt auf dem Rhein und auf der Elbe;**
2. Gerichte, welchen die Entscheidung von bürgerlichen Rechtsstreitigkeiten bei der Ablösung von Gerechtigkeiten oder Reallasten, bei Separationen, Konsoli-

dationen, Verkoppelungen, gutsherrlich-bäuerlichen Auseinandersetzungen und dergleichen obliegt;

3. Gemeindegerichte, insoweit ihnen die Entscheidung über vermögensrechtliche Ansprüche obliegt, deren Gegenstand in Geld oder Geldeswert die Summe von **sechzig Goldmark** nicht übersteigt, jedoch mit der Maßgabe, daß gegen die Entscheidung der Gemeindegerichte innerhalb einer gesetzlich zu bestimmenden Frist sowohl dem Kläger wie dem Beklagten die Berufung auf den ordentlichen Rechtsweg zusteht, und daß der Gerichtsbarkeit des Gemeindegerichts, als Kläger oder Beklagter, nur Personen unterworfen werden dürfen, welche in der Gemeinde den Wohnsitz, eine Niederlassung oder im Sinne der §§ 16, 20 der Zivilprozeßordnung den Aufenthalt haben;
4. Gewerbegerichte.

1) Die Rechtsverhältnisse der Elbe sind jetzt geregelt in der neuen Elbschiffahrtsakte (Reichsges. v. 22. 3. 1923 — RGBl. II S. 183 —), der Deutschland gemäß Art. 331—338, 340, 343—345, 379 des Versailler Vertrags beizutreten verpflichtet war. Ratifikation vgl. RGBl. II S. 349. Zusatzabkommen: Ges. v. 14. 12. 1923 (RGBl. II S. 485), Ratifikation RGBl. 1924 II S. 37. Die neue Fassung des § 14 Ziff. 1 GVG. beruht auf Art. 2 des Ges. v. 14. 12. 1923. Vgl. ferner das Preuß. Ges. über die Elbschiffahrtsgerichte v. 4. 6. 1924 (GesS. S. 543).

Die Rechtsverhältnisse des Rheins sind geregelt in der Übereinkunft v. 31. 3. 1831 (GesS. S. 73) und in der Rheinschiffahrtsakte v. 17. 10. 1868 (GesS. 1869 S. 798) nebst den Zusatzübereinkommen v. 18. 9. 1895 (GesS. 1898 S. 265), 4. 6. 1898 (GesS. 1900 S. 9), sowie durch Art. 354—368 des Friedensvertrages von Versailles. Das Ges. betr. Rheinschiffahrtsgerichte v. 8. 3. 1879 (GesS. S. 129) gilt zurzeit in Verbindung mit der VO. v. 1. 9. 1879 (GesS. S. 609), 20. 8. 1900 (GesS. S. 314), 28. 9. 1905 (GesS. S. 371), 8. 6. 1908 (GesS. S. 154).

2) Zu Nr. 2 vgl. für Preußen das Ges. über Landeskulturbehörden v. 3. 6. 1919 (GesS. S. 101). Dadurch ist die Zuständigkeit der ordentlichen Gerichte bei den hier in Frage kommenden Streitigkeiten gegenüber dem früheren Zustand wesentlich erweitert worden (vgl. insbesondere § 1 Abs. 5).

3) Die Fassung der Nr. 3 beruht auf der VO. v. 13. 12. 1923 (RGBl. I S. 1186). Diese wiederum beruht auf Art. VI des

zweiten Gesetzes zur weiteren Entlastung der Gerichte v. 27.3.1923 (RGBl. I S. 217), der folgenden Wortlaut hat: „Bei wesentlicher Veränderung der wirtschaftlichen Verhältnisse kann die Reichsregierung mit Zustimmung des Reichsrats und nach Anhörung eines Ausschusses des Reichstags die in den Art. I .... bezeichneten Wertgrenzen anderweitig festsetzen." Art. I enthält u. a. eine Wertfestsetzung für den § 14 Nr. 3 GVG.

4) Bei Nr. 4 kommen nur landesrechtlich eingesetzte Gewerbegerichte (vgl für Preußen Ges. v. 11.7.1891 — GesS. S. 311—) in Frage. Die reichsrechtlich eingesetzten Gewerbe- (und Kaufmanns-)Gerichte sind, wie der Eingang des § 14 ergibt, nicht gemeint. Sie fallen unter § 13.

§ 15 (15)**

Die Gerichte sind Staatsgerichte.

Die Privatgerichtsbarkeit ist aufgehoben; an ihre Stelle tritt die Gerichtsbarkeit des **deutschen Landes**, in welchem sie ausgeübt wurde. Präsentationen für Anstellungen bei den Gerichten finden nicht statt.

Die Ausübung einer geistlichen Gerichtsbarkeit in weltlichen Angelegenheiten ist ohne bürgerliche Wirkung. Dies gilt insbesondere bei Ehe- und Verlöbnissachen.

§ 16 (16)

Ausnahmegerichte sind unstatthaft. Niemand darf seinem gesetzlichen Richter entzogen werden. Die gesetzlichen Bestimmungen über Kriegsgerichte und Standgerichte werden hiervon nicht berührt.

1) Art. 105 S. 1—3 RV. stimmt wörtlich überein.

2) Wegen der Kriegsgerichte vgl. § 434 StPO. — früher GAMG. —. Wegen der Standgerichte vgl. jetzt Art. 48 Abs. 2—5 RV.: „Der Reichspräsident kann, wenn im Deutschen Reiche die öffentliche Sicherheit und Ordnung erheblich gestört oder gefährdet wird, die zur Wiederherstellung der öffentlichen Sicherheit und Ordnung nötigen Maßnahmen treffen, erforderlichenfalls mit Hilfe der bewaffneten Macht einschreiten. Zu diesem Zwecke darf er vorübergehend die in den Artikeln 114, 115, 117, 118, 123, 124 und 153 festgesetzten Grundrechte ganz oder zum Teil außer Kraft setzen.

Von allen gemäß Abs. 1 oder Abs. 2 dieses Artikels getroffenen Maßnahmen hat der Reichspräsident unverzüglich dem Reichstag Kenntnis zu geben. Die Maßnahmen sind auf Verlangen des Reichstags außer Kraft zu setzen.

Bei Gefahr im Verzuge kann die Landesregierung für ihr Gebiet einstweilige Maßnahmen der in Abs. 2 bezeichneten Art treffen. Die Maßnahmen sind auf Verlangen des Reichspräsidenten oder des Reichstags außer Kraft zu setzen.

Das Nähere bestimmt ein Reichsgesetz."

(Das Gesetz ist bisher noch nicht ergangen.)

3) Ein Beispiel für die Bildung a.o.-Gerichte bildet die VO. v. 2. 10. 1923 (RGBl. I S. 929); (inzwischen aufgehoben). Vgl. Anm. 4 zu § 459 StPO. Bestimmungen gleicher oder inhaltlich sehr ähnlicher Art pflegen auch sonst für die Bildung a.o.-Gerichte, wo solche bei inneren Unruhen nötig werden, und für das Verfahren vor ihnen erlassen zu werden. Über die Berechtigung des Reichspräsidenten zur Einsetzung a.o.-Gerichte vgl. RG. Bd. 56 S. 161 Nr. 86 unter 3.

4) Über den Unterschied zwischen Ausnahmegerichten und Sondergerichten vgl. RG. in JWSchr. 1924 S. 132.

§ 17 (17)

Die Gerichte entscheiden über die Zulässigkeit des Rechtswegs.

Die Landesgesetzgebung kann jedoch die Entscheidung von Streitigkeiten zwischen den Gerichten und den Verwaltungsbehörden oder Verwaltungsgerichten über die Zulässigkeit des Rechtswegs besonderen Behörden nach Maßgabe der folgenden Bestimmungen übertragen:

1. Die Mitglieder werden für die Dauer des zur Zeit ihrer Ernennung von ihnen bekleideten Amts oder, falls sie zu dieser Zeit ein Amt nicht bekleiden, auf Lebenszeit ernannt. Eine Enthebung vom Amte kann nur unter denselben Voraussetzungen wie bei den Mitgliedern des Reichsgerichts stattfinden.
2. Mindestens die Hälfte der Mitglieder muß dem Reichsgericht oder dem obersten Landesgericht oder einem Oberlandesgericht angehören. Bei Entscheidungen dürfen Mitglieder nur in der gesetzlich bestimmten Anzahl mitwirken. Diese Anzahl muß eine ungerade sein und mindestens fünf betragen.

3. Das Verfahren ist gesetzlich zu regeln. Die Entscheidung erfolgt in öffentlicher Sitzung nach Ladung der Parteien.
4. Sofern die Zulässigkeit des Rechtswegs durch rechtskräftiges Urteil des Gerichts feststeht, ohne daß zuvor auf die Entscheidung der besonderen Behörde angetragen war, bleibt die Entscheidung des Gerichts maßgebend.

Vgl. § 17 EGGVG und Anm. dazu.

§ 18 (18)**

Die inländische Gerichtsbarkeit erstreckt sich nicht auf die Chefs und Mitglieder der bei dem Deutschen Reiche beglaubigten Missionen. Sind diese Personen Staatsangehörige eines der **deutschen Länder**, so sind sie nur insofern von der inländischen Gerichtsbarkeit befreit, als das Land, dem sie angehören, sich der Gerichtsbarkeit über sie begeben hat.

Die Chefs und Mitglieder der bei einem **deutschen Lande** beglaubigten Missionen sind der Gerichtsbarkeit dieses **Landes** nicht unterworfen. Dasselbe gilt von den Mitgliedern des **Reichsrats**, welche nicht von dem **Lande** abgeordnet sind, in dessen Gebiete der **Reichsrat** seinen Sitz hat.

---

1) Wegen der Änderungen vgl. Anm. 1 zu § 34.

2) Die Frage, ob Abs. 2 aufrechtzuerhalten sei, war im Reichsrat bei der Beratung der Neuordnungsnovelle lebhaft umstritten. Die Frage, ob die Länder Gesandte bei einem fremden Staate, bei einem anderen deutschen Lande oder bei dem Reiche unterhalten können, oder ob solche Gesandte des Auslands oder eines anderen deutschen Landes nach der Reichsverfassung als bei dem betr. Land beglaubigt angesehen werden können, wurde von mehreren Ländern für zweifelhaft gehalten und sollte mit der Aufrechterhaltung des Abs. 2 nicht entschieden werden.

3) Wegen der Exterritorialität der Mitglieder der gemischten Schiedsgerichtshöfe vgl. Art. I § 1 des Gesetzes v. 10. 8. 1920 (RGBl. S. 1569), desgl. des deutsch-polnischen Schiedsgerichtshofs für Oberschlesien VO. v. 27. 9. 1922 (RGBl. II S. 767).

§ 19 (19)

Auf die Familienglieder, das Geschäftspersonal der im § 18 erwähnten Personen und auf solche Bedienstete derselben, welche nicht Deutsche sind, finden die vorstehenden Bestimmungen Anwendung.

§ 20 (20)

Durch die Bestimmungen der §§ 18, 19 werden die Vorschriften über den ausschließlichen dinglichen Gerichtsstand in bürgerlichen Rechtsstreitigkeiten nicht berührt.

§ 21 (21)

Die im Deutschen Reiche angestellten Konsuln sind der inländischen Gerichtsbarkeit unterworfen, sofern nicht in Verträgen des Deutschen Reichs mit anderen Mächten Vereinbarungen über die Befreiung der Konsuln von der inländischen Gerichtsbarkeit getroffen sind.

Dritter Titel

Amtsgerichte

§ 22 (22)*

Den Amtsgerichten stehen Einzelrichter vor.

Ein Amtsrichter kann zugleich Mitglied oder Direktor bei dem übergeordneten Landgericht sein.

Die allgemeine Dienstaufsicht kann von der Landesjustizverwaltung dem Präsidenten des übergeordneten Landgerichts übertragen werden. Geschieht dies nicht, so ist, wenn das Amtsgericht mit mehreren Richtern besetzt ist, einem von ihnen von der Landesjustizverwaltung die allgemeine Dienstaufsicht zu übertragen; ist die Zahl der Richter höher als fünfzehn, so kann die Dienstaufsicht zwischen mehreren von ihnen geteilt werden.

Jeder Amtsrichter erledigt die ihm obliegenden Geschäfte, **soweit dieses Gesetz nichts anderes bestimmt,** als Einzelrichter.

1) Abs. 2 beruht auf § 4 Abs. 1 VO. (vgl. Anm. 3 zu § 59). Abs. 3 S. 1 beruht auf § 4 Abs. 2 VO.; in Preußen ist von der Befugnis kein Gebrauch gemacht worden. Die Änderung in Abs. 4 ist durch § 10 Abs. 2 VO. veranlaßt worden.

2) Wegen der Geschäftsverteilung bei einem mit mehreren Amtsrichtern besetzten Amtsgericht vgl. § 23 Pr.AGGVG. (unten Nr. XVII), wegen der Vertretung der Richter § 24 a. a. O. Über die Geschäftsverteilung sind durch die AV. v. 18. 3. 1924 (JMBl. S. 126) Grundsätze aufgestellt worden. Für Jugendsachen vgl. I 2 der AV. v. 20. 6. 1923 (JMBl. S. 450), für Wuchersachen AV. v. 27. 3. 1924 (JMBl. S. 146) Abschnitt III. Wegen der Vertretung des Amtsrichters enthält § 24 Pr.AGGVG. (unten Nr. XVII) die erforderlichen Bestimmungen.

Militärstrafsachen dürfen nach § 26 Abs. 1 S. 3 GAMG. nicht besonderen Gerichtsabteilungen zugewiesen werden (vgl. unten XIV).

3) Der Landgerichtspräsident kann nicht zugleich Amtsrichter in seinem Bezirk sein. Im übrigen vgl. zu Abs. 2 die Anm. zu § 59.

4) Zu Abs. 4. Etwas anderes ist nur bestimmt im § 29 Abs. 2 für das erweiterte Schöffengericht und im § 17 Abs. 1 JGG. für das große Jugendgericht.

5) Über die Beschäftigung von Gerichtsassessoren bei den Amtsgerichten vgl. die §§ 3—6 Pr.AGGVG. (unten Nr. XVII).

6) Über die Abhaltung von Gerichtstagen vgl. § 22 Pr.AGGVG.

§ 23 (23)***

Die Zuständigkeit der Amtsgerichte umfaßt in bürgerlichen Rechtsstreitigkeiten, soweit sie nicht ohne Rücksicht auf den Wert des Streitgegenstandes den Landgerichten zugewiesen sind:

1. Streitigkeiten über vermögensrechtliche Ansprüche, deren Gegenstand an Geld oder Geldeswert die Summe von **fünfhundert Goldmark** nicht übersteigt;
2. ohne Rücksicht auf den Wert des Streitgegenstandes:
   Streitigkeiten zwischen dem Vermieter und dem Mieter oder Untermieter von Wohnräumen oder anderen Räumen oder zwischen dem Mieter und dem Untermieter solcher Räume wegen Überlassung, Benutzung oder Räumung, sowie wegen Zurückhaltung der von dem Mieter oder dem Untermieter in die Mietsräume eingebrachten Sachen;

Streitigkeiten zwischen Dienstherrschaft und Gesinde, zwischen Arbeitgebern und Arbeitern hinsichtlich des Dienst- oder Arbeitsverhältnisses, sowie die im **§ 4 des Gewerbegerichtsgesetzes in der Fassung der Bekanntmachung vom 29. September 1901 (Reichsgesetzbl. S. 353) und des Gesetzes vom 14. Januar 1922 (Reichsgesetzbl. I S. 155)** bezeichneten Streitigkeiten, sofern sie während der Dauer des Dienst-, Arbeits- oder Lehrverhältnisses entstehen;

Streitigkeiten zwischen Reisenden und Wirten, Fuhrleuten, Schiffern, Flößern oder Auswanderungsexpedienten in den Einschiffungshäfen, welche über Wirtszechen, Fuhrlohn, Überfahrtsgelder, Beförderung der Reisenden und ihrer Habe und über Verlust und Beschädigung der letzteren, sowie Streitigkeiten zwischen Reisenden und Handwerkern, welche aus Anlaß der Reise entstanden sind;

Streitigkeiten wegen Viehmängel;

Streitigkeiten wegen Wildschadens;

alle Ansprüche auf Erfüllung einer durch Ehe oder Verwandtschaft begründeten gesetzlichen Unterhaltspflicht;

Ansprüche aus einem außerehelichen Beischlaf;

Ansprüche aus einem mit der Überlassung eines Grundstücks in Verbindung stehenden Leibgedings-, Leibzuchts-, Altenteils- oder Auszugvertrag;

das Aufgebotsverfahren.

---

1) Ziff. 2 Abs. 8 ist eingefügt durch Art. I Nr. 2b des Ges. v. 27. 3. 1923 (RGBl. I S. 218) Art. I Ziff. 2.

2) Die Ziff. 1 ist durch die VO. v. 13. 12. 1923 (RGBl. I S. 1186) geändert worden. Vgl. dazu Anm. 3 zu § 14.

§ 24 (neu)*

In Strafsachen sind die Amtsgerichte zuständig für:

1. **Übertretungen;**
2. **Vergehen;**
3. **folgende Verbrechen:**

a) die Verbrechen, die mit Gefängnis oder Festungshaft oder mit Zuchthaus von höchstens zehn Jahren allein oder in Verbindung mit anderen Strafen oder mit Nebenfolgen bedroht sind, soweit für sie nicht das Reichsgericht zuständig ist; ausgenommen sind die Verbrechen des Meineids in den Fällen der §§ 153 bis 155 des Strafgesetzbuchs. Für die Bestimmung der angedrohten Strafe bleibt der § 53 des Militärstrafgesetzbuchs außer Betracht;

b) die Verbrechen des Widerstandes im Falle des § 119, der Falschmünzerei in den Fällen der §§ 146, 147, 149, der Notzucht im Falle des § 177, des Rückfalldiebstahls im Falle des § 244, des Raubes in den Fällen der §§ 249, 250, des räuberischen Diebstahls und der räuberischen Erpressung in den Fällen der §§ 252 und 255, wenn die Strafe aus den §§ 249, 250 zu entnehmen ist, der Rückfallhehlerei im Falle des § 261 Abs. 1 und der schweren Körperverletzung im Amte im Falle des § 340 Abs. 2 des Strafgesetzbuchs;

c) die Verbrechen des militärischen Diebstahls im Falle des § 138 Abs. 2 des Militärstrafgesetzbuchs, des betrügerischen Bankrotts in den Fällen der §§ 239, 244 der Konkursordnung und der Unterschlagung fremder Wertpapiere in den Fällen der §§ 11, 12 Abs. 2 Nr. 2 des Gesetzes, betreffend die Pflichten der Kaufleute bei Aufbewahrung fremder Wertpapiere, vom 5. Juli 1896 (Reichsgesetzbl. S. 183, 194).

---

1) Die Fassung beruht auf § 6 VO.

2) Der Paragraph bezieht sich — ebenso wie die §§ 25, 26, 28, 29, 80 — auch auf militärische Straftaten. Die §§ 3, 4 GAMG. sind, soweit die Militärgerichtsbarkeit aufgehoben ist (§ 434 StPO.), in das GVG. eingearbeitet worden.

3) Verbrechen sind auch diejenigen militärischen Straftaten, die mit Gefängnis von mehr als 5 Jahren bedroht sind. (§§ 1,

16 MStGB.) Auf anderen Gebieten kommen mit Gefängnis bedrohte Verbrechen nicht vor; vgl. nur § 9 Abs. 2 JGG. Vergehen sind auch die mit Arrest bedrohten strafbaren Handlungen des MStGB., obwohl Arrest nur bis zu 6 Wochen verhängt werden kann und vielfach der Haft gleichgeachtet wird.

§ 53 MStGB. (vgl. Teil I dieses Werkes) kommt bei § 55, § 103 Abs. 2, § 115, § 125 Abs. 1 S. 2 MStGB. in Betracht. Bei diesen Delikten kommt es also auf die ohne Berücksichtigung des § 53 angedrohte Strafe an; das Amtsgericht ist zuständig, wenn sie 10 Jahre Zuchthaus nicht übersteigt. Vgl. § 4 Abs. 4 GAMG.

Die mit Gefängnis oder Festungshaft bedrohten Verbrechen gehören stets zur Zuständigkeit der Amtsgerichte, auch wenn die Strafdrohung 10 Jahre überschreitet.

4) Meineid ist das einzige beim Schwurgericht verbleibende Verbrechen, das nicht mit Freiheitsstrafe von mehr als 10 Jahren bedroht ist. Zweifelhaft ist, ob auch die Fälle des § 157 StGB. zur Zuständigkeit der Schwurgerichte gehören (Bumke VO. v. 4. 1. 1924 bejaht die Frage in Anm. 9 zu § 6, desgl. „Recht" 1924 Nr. 721).

5) In Nr. 3 b—c sind solche Straftaten aufgeführt, die, obwohl mit Freiheitsstrafe von mehr als 10 Jahren bedroht, der Zuständigkeit des Schwurgerichts entzogen (§§ 244, 261 StGB. waren ihr schon bisher entzogen) und dem Amtsgerichte zugewiesen worden sind; dabei enthält b die in StGB., c die in andern Gesetzen in Betracht kommenden Verbrechen. Grundgedanke ist, daß vor die Schwurgerichte im wesentlichen Kapitalverbrechen (bei denen ein Mensch das Leben verloren hat oder verlieren sollte) und Verbrechen besonderer Gemeingefährlichkeit kommen sollen.

An Verbrechen, die durch Nr. 3a der nach den bisherigen Vorschriften begründeten Zuständigkeit der Schwurgerichte entzogen sind, kommen in Betracht: §§ 102, 106, § 115 Abs. 2, § 126 Abs. 2, § 118, § 122 Abs. 3, § 125 Abs. 2, § 169, § 176 Abs. 1 Nr. 1, 2, § 219, § 221 Abs. 3, § 225, § 229 Abs. 1, § 235 Abs. 3, § 236, § 239 Abs. 2, § 265, § 268 Abs. 1 Nr. 2, §§ 272, 273, 308, § 315 Abs. 1, § 322 Abs. 1, § 324 Abs. 1 (teilw.), § 349, § 351 StGB., § 242 KO.

Das Verbrechen des militärischen Diebstahls war bereits durch § 4 Abs. 2 GAMG. der Zuständigkeit des Schwurgerichts entzogen und der Strafkammer zugewiesen worden.

Die Änderung des Ges., betr. die Pflichten der Kaufleute bei Aufbewahrung fremder Wertpapiere, die durch die VO. v. 21. 11. 1923 (RGBl. I S. 1119) eingetreten ist, berührt die hier in Betracht kommenden Strafbestimmungen nicht.

6) In der Zuständigkeit des RG. in erster Instanz und des Staatsgerichtshofs z. Schutze der Republik tritt keine Änderung ein. (Vgl. § 134 Abs. 1 GVG., § 13 Ges. z. Schutze der Republik.)

7) Wegen der Zuständigkeit des Schwurgerichts vgl. unten § 80 und Anm. dazu.

8) Die Verteilung der Zuständigkeit zwischen Amtsrichter und Schöffengericht ist in den §§ 25, 26, 28, 29 geregelt (vgl. dort). Außerhalb der Hauptverhandlung entscheidet im Bereiche des § 24 stets der Amtsrichter allein.

§ 25 (neu)*

Der Amtsrichter entscheidet allein:

1. **bei Übertretungen;**
2. **bei Vergehen,**
   a) **wenn sie im Wege der Privatklage verfolgt werden;**
   b) **wenn die Tat mit keiner höheren Strafe als Gefängnis von höchstens sechs Monaten, allein oder in Verbindung mit anderen Strafen oder mit Nebenfolgen, bedroht ist;**
   c) **wenn die Staatsanwaltschaft es bei Einreichung der Anklageschrift oder, falls es einer Anklageschrift nicht bedarf, bei der mündlichen Erhebung der Anklage beantragt.**

Die Staatsanwaltschaft soll den im Abs. 1 Nr. 2c bezeichneten Antrag nur stellen, wenn zu erwarten ist, daß auf keine schwerere Strafe als Gefängnis von höchstens einem Jahre, allein oder in Verbindung mit anderen Strafen oder mit Nebenfolgen, erkannt werden wird.

Erhebt bei Zuwiderhandlungen gegen die Vorschriften über die Erhebung öffentlicher Abgaben und Gefälle die Verwaltungsbehörde die öffentliche Klage, so kann sie den Antrag in gleicher Weise stellen wie die Staatsanwaltschaft.

1) Die Fassung beruht auf §§ 7, 8 VO. Vgl. auch Anm. 1 zu § 28.

2) Für Übertretungen vgl. wegen Einschränkung des Verfolgungszwanges §§ 153, 154 StPO., wegen Einschränkung der Berufung §§ 313, 334 StPO., § 121 Nr. 1a GVG.

3) Die im Wege der Privatklage verfolgbaren Delikte sind aufgezählt im § 374 StPO. Privatklagen gehören stets zur Zuständigkeit des Amtsrichters. Die Ausschließung der Berufung (§§ 313, 334 StPO., § 121 Nr. 1a GVG.) gilt aber nicht für alle im Wege der Privatklage verfolgten Delikte, sondern nur für die im § 374 Nr. 1—6 aufgezählten.

4) Vergehen, die ausschließlich mit Geldstrafe, und militärische Vergehen, die nur mit Arrest (dieser kann nur bis zu 6 Wochen betragen) bedroht sind, fallen stets unter Abs. 1 Nr. 2b. Bei Vergehen, die mit Festungshaft bedroht sind, ist die Prüfung, ob sie mit einer höheren Strafe als Gefängnis von höchstens sechs Monaten bedroht sind, an der Hand des Strafumwandlungsmaßstabes des § 21 StGB. vorzunehmen.

5) Die unter Abs. 1 Nr. 2c aufgeführten Vergehen gehören grundsätzlich zur Zuständigkeit der Schöffengerichte und gelangen nur durch Antrag der Staatsanwaltschaft an den Amtsrichter.

Es kommt nur darauf an, ob die Staatsanwaltschaft glaubt, daß nicht mehr als ein Jahr Gefängnis verwirkt sei. Der Amtsrichter darf die Sache nicht an das Schöffengericht verweisen, weil er eine schwerere Strafe für angemessen erachtet. Er ist aber nicht daran gehindert, auf eine schwerere Strafe zu erkennen.

Der Antrag auf Entscheidung durch den Amtsrichter kann nur bei Erhebung der Anklage gestellt und später nicht nachgeholt oder zurückgenommen werden. Solange aber die Zurücknahme der öffentlichen Klage noch zulässig ist (§§ 156, 411 StPO.), kann er nach der Zurücknahme bei der etwaigen Erhebung einer neuen öffentlichen Klage gestellt werden oder — wenn er in der zurückgenommenen Klage gestellt war — unterlassen werden.

Vgl. aber unten Anm. 10.

6) Für das beschleunigte Verfahren gelten einige Besonderheiten (vgl. § 212 StPO. und Anm. dazu).

7) Abs. 3 gilt nur für den Bereich des Abschnitts 3 des Buches VI der StPO. (§§ 419 ff. StPO. — insbesondere § 424 —). Im Bereich der RAO. führt aber § 417 RAO. zum gleichen Ergebnis.

8) Für Jugendsachen gilt der § 25 nicht; denn nach § 17 JGG. sind Jugendgerichte die Schöffengerichte (vgl. Anm. 2 zu § 28 und Anm. 2 zu § 29). In Jugendsachen entscheidet also nie der Amts-(Jugend-)richter allein. Ausnahmen vgl. unten in Anm. 13, 14; vgl. auch Anm. 2 zu § 416 StPO. (Verfahren in Feld- und Forstrügesachen und nach vorangegangener polizeilicher Strafverfügung).

Wenn das Jugendgericht eine Sache gemäß § 18 Abs. 2 JGG. zum ordentlichen Verfahren verweist, weil der Angeschuldigte während der Dauer des Verfahrens das 18. Lebensjahr vollendet hat, ist es möglich, den Antrag auf Entscheidung durch den Amtsrichter zu stellen, solange nicht der Hauptverhandlungstermin vor dem nunmehr zuständigen Gericht bestimmt worden ist; es darf angenommen werden, daß die in Anm. 9, 11 unten angeführten Bestimmungen einen Grundsatz enthalten, der entsprechender Anwendung auf ähnliche Fälle fähig ist. Vgl. auch Anm. 3 zu § 209 und Anm. 2 zu § 328 StPO.

9) Die Wuchergerichte sind durch die VO. v. 20. 3. 1924 (RGBl. I S. 371) (vgl. unten Nr. IX) aufgehoben worden.

Insoweit kann also jetzt unter den im § 25 gegebenen Voraussetzungen der Amtsrichter allein entscheiden.

Wegen der am 1. 4. 1924 bei den Wuchergerichten anhängig gewesenen Sachen vgl. Art. II Abs. 1 der VO. v. 20. 3. 1924. Vgl. auch Anm. 2 zu § 367 StPO.

10) Wegen der Stellung des Antrags auf Entscheidung durch den Amtsrichter beim Strafbefehl und beim Strafbescheid vgl. § 407 Abs. 4, § 422 Abs. 2 StPO.

11) Für die Übergangszeit bestimmt § 42 Abs. 1, 3, 4 VO., daß bei den übergehenden Sachen der Antrag auf Entscheidung durch den Amtsrichter noch gestellt werden kann, „solange der Termin zur Hauptverhandlung noch nicht bestimmt worden ist.“ Gemeint ist dabei der Termin zur Hauptverhandlung vor dem ab 1. 4. zuständigen Gericht.

Vgl. dazu auch Nr. 1 Abs. 2 der AV. v. 5. 3. 1924 — JMBl. S. 99 —.

12) Vgl. ferner Anm. 2 zu § 19 GAMG. (unten Nr. XIV).

13) Bei Zuwiderhandlungen gegen das Preuß. Forstdiebstahlsgesetz und das Preuß. Feld- und Forstpolizeigesetz (vgl. Teil I dieses Werkes Nr. XVI, XVII) entscheidet der Amtsrichter stets ohne Zuziehung von Schöffen, auch in Jugendsachen, und auch dann, wenn es sich — wie im § 8 FDiebstG. und § 21 FuFPolG. — um ein Vergehen handelt, das mit einer höheren Strafe als Gefängnis von sechs Monaten bedroht ist; eines Antrags, wie er im § 25 Abs. 1 Nr. 2c GVG. vorgeschrieben ist, bedarf es nicht. (Vgl. § 19 Abs. 1 FDiebstG., § 53 FuFPolG.)

14) Der Amtsrichter allein entscheidet stets (auch ohne besonderen Antrag) im Verfahren nach vorangegangener polizeilicher Strafverfügung. Das gilt insbesondere auch in Jugendsachen, in denen sonst — abgesehen von dem Fall der Anm. 13 — der Amts-(Jugend-)richter nie allein entscheidet und bei Zuwiderhandlungen gegen die Paßvorschriften, die durch polizeiliche Strafverfügung geahndet worden sind (vgl. § 416 StPO. und Anm. dazu).

§ 26 (neu)*

Der Amtsrichter allein entscheidet ferner bei den Verbrechen des schweren Diebstahls und der Hehlerei so-

wie bei solchen strafbaren Handlungen, die nur wegen Rückfalls Verbrechen sind, wenn die Staatsanwaltschaft es bei Einreichung der Anklageschrift oder, falls es einer Anklageschrift nicht bedarf, bei der mündlichen Erhebung der Anklage beantragt.

Der Beschuldigte kann während der für die Erklärung auf die Anklageschrift gesetzten Frist oder, falls ohne schriftlich erhobene Anklage zur Hauptverhandlung geschritten wird, bis zum Beginne seiner Vernehmung zur Sache widersprechen. Er ist bei der Mitteilung der Anklageschrift oder, falls ohne schriftlich erhobene Anklage zur Hauptverhandlung geschritten wird, vor dem Beginne seiner Vernehmung zur Sache über sein Recht zum Widerspruche zu belehren.

1) Die Fassung beruht auf § 9 VO.

2) Wegen der Jugendgerichte, der Wuchergerichte und der Übergangszeit vgl. die Anm. 8, 9, 11 zu § 25.

3) Verbrechen des schweren Diebstahls vgl. in § 243 StGB., § 18 Ges. über den Verkehr mit unedlen Metallen v. 11. 6. 1923 (RGBl. I S. 366), § 16 Ges. über den Verkehr mit Edelmetallen usw. v. 11. 6. 1923 (RGBl. I S. 369); Verbrechen der Hehlerei: § 258 Abs. 1 Nr. 2, § 260 StGB.; Rückfallsverbrechen: §§ 244, 261, 264 StGB.; ferner § 14 Preistreiberei=VO., § 31 VO. über Handelsbeschränkungen, § 19 VO. über den Verkehr mit Vieh und Fleisch — sämtlich in der Fassung der VO. v. 13. 7. 1923 (RGBl. I S. 702, 710, 717) —; § 70 MStGB. — vgl. Teil I dieses Werkes —. Im Falle der § 250 Ziff. 5 StGB. kann dagegen die Zuständigkeit des Amtsrichters nicht begründet werden, da dieses Delikt nicht nur wegen Rückfalls, sondern auch schon als einmal begangenes Delikt Verbrechen ist.

Die Staatsanwaltschaft kann nach dem Wortlaut des Gesetzes in den Fällen des § 26 eine Sache auch dann vor den Amtsrichter bringen, wenn sie eine höhere Strafe als 1 Jahr Freiheitsstrafe für verwirkt hält. Theoretisch könnte sie selbst die schwersten Fälle der vorstehend aufgeführten Delikte vor dem Amtsrichter anklagen. Es sind ihr aber durch Verwaltungsanordnungen vielfach Schranken gezogen worden; vgl. für Preußen AV. v. 24. 1. 1924 — JMBl. S. 45; danach soll der Antrag insbesondere nicht gestellt werden, wenn mehr als ein Jahr Freiheitsstrafe zu erwarten ist, und bei Straftaten von Berufsverbrechern.

4) Auch im beschleunigten Verfahren (§ 212) kann der Antrag auf Verhandlung vor dem Amtsrichter gestellt werden.

5) Der Antrag der Staatsanwaltschaft kann nur bei Erhebung der Anklage gestellt und später nicht nachgeholt oder zurückgenommen werden. Vgl. aber Anm. 5 zu § 25. Soweit es einer Anklageschrift bedarf, ist § 201 (Mitteilung der Anklageschrift) zu beachten.

6) Ist der Beschuldigte über sein Widerspruchsrecht nicht belehrt worden und hat er infolgedessen nicht widersprochen, so kann der Mangel durch nachträgliche Zustimmung geheilt werden; widerspricht er aber oder gibt er eine zustimmende Erklärung nicht ab, so muß der Amtsrichter sich der Entscheidung enthalten. Ist das Schöffengericht bei demselben Amtsgericht errichtet, so entscheidet der in der Geschäftsverteilung dafür bestimmte Amtsrichter mit Schöffen. (Für Streitfälle ist nur der Aufsichtsweg gegeben.) Ist das Schöffengericht nicht beim gleichen Gericht errichtet, so liegt ein Fall örtlicher Unzuständigkeit vor, und der Amtsrichter muß seine Unzuständigkeit aussprechen. (A. M. Bumke, VO. v. 4. 1. 1924, Anm. 2 zu § 9.) Für die Berufungsinstanz vgl. § 328 Abs. 3 StPO.

Widerspricht der Beschuldigte, so ist die Sache vor dem mit einem Richter und zwei Schöffen besetzten Schöffengericht abzuurteilen; die Zuziehung eines zweiten Amtsrichters kann nur dann noch beantragt werden, wenn die Zurücknahme der Klage noch möglich ist, und zwar nur mit Einreichung einer neuen Klage. Der Beschuldigte kann seinen Widerspruch nur bis zur Eröffnung des Hauptverfahrens widerrufen, nachher nicht mehr.

7) Für Jugendsachen vgl. Anm. 8 zu § 25.

§ 27 (24)

Im übrigen wird die Zuständigkeit und der Geschäftskreis der Amtsgerichte durch die Vorschriften dieses Gesetzes und der Prozeßordnungen bestimmt.

Vierter Titel

Schöffengerichte

§ 28 (25)*

Für die Verhandlung und Entscheidung der zur Zuständigkeit der Amtsgerichte gehörenden Strafsachen werden, **soweit nicht der Amtsrichter allein entscheidet** (§§ 25, 26), bei den Amtsgerichten Schöffengerichte gebildet.

1) Die Fassungsänderung entspricht dem § 10 Abs. 1 VO. Vgl. die Anm. zu §§ 25, 26.

Das Schöffengericht der VO. ist der Konstruktion nach identisch mit dem bisherigen Schöffengericht. Es bleibt in seiner Struktur, seinem Verfahren und seinen sonstigen Beziehungen unberührt. Alle Vorschriften, die schon bisher für das Schöffengericht gegolten haben, gelten auch weiterhin, soweit sie nicht ausdrücklich geändert sind.

Neu ist im Aufbau der neuen Strafgerichtsverfassung nur der Amtsrichter als Einzelrichter. Für das Verfahren vor ihm gelten nach § 25 Abs. 1 VO. die Vorschriften für das Verfahren vor dem Schöffengericht. Wo also für das Schöffengericht eine Verfahrensvorschrift gegeben ist, gilt sie kraft dieser generalis clausula auch für das Verfahren vor dem Amtsrichter.

2) Jugendgerichte sind die Schöffengerichte (§ 27 JGG.); das gilt auch für die Sachen, in denen nach §§ 25, 26 sonst der Amtsrichter allein entscheidet oder auf Antrag der Staatsanwaltschaft entscheiden kann.

3) Auch in Wuchersachen sind jetzt nach Aufhebung der Wuchergerichte allgemein die Schöffengerichte zuständig, soweit nicht die Zuständigkeit des Amtsrichters begründet wird. (Vgl. aber Anm. 3 zu § 58.)

4) Für die Festsetzung der Buße auf Grund der §§ 18, 26 des Ges. über die Beschäftigung Schwerbeschädigter in der Fassung der Bekanntmachung v. 12. 1. 1923 (RGBl. I S. 57) sind auch weiterhin die Schöffengerichte, nicht der Amtsrichter, zuständig.

5) Im Verfahren auf Grund des Pr. FDiebstG. und des Pr. FuFPolG. entscheidet stets der Amtsrichter allein ohne Schöffen, auch in Jugendsachen (vgl. Anm. 13 zu § 25), desgl. im Verfahren nach polizeilicher Strafverfügung.

6) Die Geschäfte der Staatsanwaltschaft nimmt nach den in Preußen getroffenen Bestimmungen beim Schöffengericht sowie beim großen und beim erweiterten Jugendgericht die Staatsanwaltschaft des Landgerichts wahr. (Vgl. Anm. 3 zu § 142.)

§ 29 (26)*

Die Schöffengerichte bestehen aus dem Amtsrichter als Vorsitzenden und zwei Schöffen. Mindestens ein Schöffe muß ein Mann sein.

Ein zweiter Amtsrichter ist zuzuziehen, falls die Staatsanwaltschaft es bei Einreichung der Anklageschrift beantragt. Die Staatsanwaltschaft soll den An-

trag nur stellen, wenn die Zuziehung eines zweiten Amtsrichters nach Umfang und Bedeutung der Sache notwendig erscheint.

§ 25 Abs. 3 findet entsprechende Anwendung.

1) Die Fassung der Abs. 2, 3 entspricht dem § 10 Abs. 2, 3 VO.

2) Das „erweiterte“ Schöffengericht ist kein besonderes Schöffengericht mit eigener Zuständigkeit, sondern es ist „das“ Schöffengericht in verstärkter Besetzung. Es kann in jeder Sache, die zur Zuständigkeit des Schöffengerichts gehört, tätig werden. Voraussetzung ist ein Antrag der Staatsanwaltschaft. Diese soll ihn nach Abs. 2 S. 2 nur stellen, wenn die Zuziehung eines zweiten Amtsrichters nach Umfang und Bedeutung der Sache notwendig erscheint. Das wird in den Sachen, die bisher zur Zuständigkeit der Strafkammer gehört haben, sehr häufig der Fall sein müssen, da vor sie nur schwierigere und schwerer liegende Fälle kamen. Die „Bedeutung“ kann auch in der Schwere der Straftat liegen. Dem Umfang nach werden solche Sachen, in denen mehrere Zeugen zu vernehmen oder umfangreichere Beweise anderer Art zu erheben sind, in Betracht kommen. Auch rechtlich schwierigere Sachen, insbesondere solche, in denen wichtige Rechtsfragen zu entscheiden sind, gehören zu den Sachen von größerer Bedeutung. (Vgl. AV. d. Pr. JM. v. 24. 1. 1924 — JMBl. S. 45 — Abschnitt II, und im Anschluß daran ergangene gleichartige Verfügungen der anderen deutschen Justizverwaltungen). Das ist insbesondere deshalb wichtig, weil die Zuständigkeit des Reichsgerichts für die Revision davon abhängt, daß in erster Instanz ein zweiter Amtsrichter zugezogen worden ist (§§ 121, 135 GVG.). Vgl. auch die AV. d. Pr.JM. v. 7. 6. 1924 (JMBl. S. 250) über die Zuziehung des zweiten Amtsrichters in Schöffensachen.

3) Der Antrag kann nur bei Einreichung der Anklage gestellt und später nicht nachgeholt und nicht zurückgenommen werden. Auch kann der Amtsrichter nicht selbst (ohne Antrag) die Zuziehung des zweiten Richters beschließen.

Wird die Klage zurückgenommen (§§ 156, 411 StPO.), so kann der Antrag in der neu erhobenen Klage gestellt werden, auch wenn er in der zurückgenommenen Klage unterlassen, und unterlassen werden, auch wenn er in der zurückgenommenen Klage gestellt war. Es bietet sich hier für die Praxis eine Handhabe, um Wünsche des Richters, des Angeklagten oder des Verteidigers, oder um nach der Einreichung der Klage neu hervorgetretene Umstände, welche den Fall schwieriger erscheinen lassen, als zunächst angenommen wurde, noch zu berücksichtigen.

Es braucht in dem Beschluß über die Eröffnung des Hauptverfahrens nicht ausdrücklich erwähnt zu werden, daß die Hauptverhandlung vor dem erweiterten Schöffengericht stattfinden soll; die Besetzung in der Hauptverhandlung bestimmt sich ausschließlich nach dem Antrage der Staatsanwaltschaft. Es ist aber gleichwohl zweckmäßig, die Tatsache, daß die Hauptverhandlung vor dem erweiterten Schöffengericht stattfindet, im Eröffnungsbeschluß zu erwähnen, besonders bei Vergehenssachen, in denen der Angeklagte keine Anklageschrift erhält.

4) Der zweite Amtsrichter ist nur für die Hauptverhandlung zuzuziehen. Außerhalb derselben entscheidet ein Amtsrichter (§ 22 Abs. 4, § 30 Abs. 2 GVG.). Welcher von den Amtsrichtern das ist, bestimmt die Geschäftsverteilung.

5) Wegen der Abstimmung im erweiterten Schöffengericht vgl. § 196 Abs. 3 S. 3 GVG. Danach gibt bei Stimmengleichheit die Stimme des Vorsitzenden den Ausschlag. Für Schuld- und Straffrage ist das ohne Bedeutung.

6) Wird der zugezogene Amtsrichter abgelehnt, so entscheidet nach § 27 Abs. 2 StPO. die Strafkammer.

7) Auch das Jugendgericht kann jetzt unter den Voraussetzungen des Abs. 2 unter Zuziehung eines zweiten Richters — also in der Besetzung mit zwei Amtsrichtern (Jugendrichtern) und zwei Jugendschöffen — entscheiden. Ob er nach Verweisung ins ordentliche Verfahren (§ 18 Abs. 2 JGG.) bis zur Anberaumung der Hauptverhandlung vor dem ordentlichen Gericht nachgeholt werden kann, wenn er im Verfahren vor dem Jugendgericht unterlassen worden ist, kann zweifelhaft sein, ist aber anzunehmen.

Das Jugendgericht kommt also jetzt in drei verschiedenen Besetzungen vor: a) 1 Richter + 2 Schöffen (kleines Jugendgericht), b) 2 Richter + 2 Schöffen (erweitertes Jugendgericht), c) 2 Richter + 3 Schöffen (großes Jugendgericht). Die Zuständigkeit des großen Jugendgerichts ist durch die starke Einschränkung der Zuständigkeit des Schwurgerichts gleichfalls in ihrem Umfang erheblich eingeschränkt worden; es wird nur noch selten in die Erscheinung treten.

8) Auch in Wuchersachen (vgl. auch Anm. 1 zu § 367 StPO.) und im Verfahren wegen Festsetzung einer Buße auf Grund der §§ 18, 26 des Ges. über die Beschäftigung Schwerbeschädigter (Vgl. Anm. 3, 4 zu § 28) kann ein zweiter Amtsrichter zugezogen werden.

9) Wegen Stellung des Antrags auf Zuziehung eines zweiten Amtsrichters in der Übergangszeit vgl. § 42 Abs. 1, 3, 4 VO. und für Wuchersachen Art. II Abs. 1 VO. v. 20. 3. 1924 (RGBl. I S. 371) unten Nr. IX.

10) Beim Strafbefehl und Strafbescheid ist ein Antrag auf Zuziehung eines zweiten Richters nicht vorgesehen. Er muß also dort wohl als ausgeschlossen angesehen werden. Vgl. Anm. 3 zu § 407 und Anm. 2 zu § 422 StPO.

11) Vgl. ferner Anm. 2 zu § 19 GAMG. (unten Nr. XIV).
12) Zu Abs. 3 vgl. Anm. 7 zu § 25.

§ 30 (30)

Insoweit das Gesetz nicht Ausnahmen bestimmt, üben die Schöffen während der Hauptverhandlung das Richteramt im vollen Umfang und mit gleichem Stimmrechte wie die Amtsrichter aus und nehmen auch an den im Laufe einer Hauptverhandlung zu erlassenden Entscheidungen teil, welche in keiner Beziehung zu der Urteilsfällung stehen, und welche auch ohne vorgängige mündliche Verhandlung erlassen werden können.

Die außerhalb der Hauptverhandlung erforderlichen Entscheidungen werden von dem Amtsrichter erlassen.

Welcher Amtsrichter die Entscheidungen nach Abs. 2 beim erweiterten Schöffengericht trifft, bestimmt die Geschäftsverteilung. Vgl. Anm. zu § 22 u. Anm. 4 zu § 29. Beim Landgericht entscheidet außerhalb der Hauptverhandlung die Beschlußkammer.

§ 31 (31)

Das Amt eines Schöffen ist ein Ehrenamt. Es kann nur von Deutschen versehen werden.

§ 32 (32)

Unfähig zu dem Amte eines Schöffen sind:

1. Personen, welche die Befähigung infolge strafgerichtlicher Verurteilung verloren haben;
2. Personen, gegen welche das Hauptverfahren wegen eines Verbrechens oder Vergehens eröffnet ist, das die Aberkennung der bürgerlichen Ehrenrechte oder der Fähigkeit zur Bekleidung öffentlicher Ämter zur Folge haben kann;
3. Personen, welche infolge gerichtlicher Anordnung in der Verfügung über ihr Vermögen beschränkt sind.

§ 33 (33)

Zu dem Amte eines Schöffen sollen nicht berufen werden:

1. Personen, welche zur Zeit der Aufstellung der Urliste das dreißigste Lebensjahr noch nicht vollendet haben;
2. Personen, welche zur Zeit der Aufstellung der Urliste den Wohnsitz in der Gemeinde noch nicht zwei volle Jahre haben;
3. Personen, welche für sich oder ihre Familie Armenunterstützung aus öffentlichen Mitteln empfangen oder in den drei letzten Jahren, von Aufstellung der Urliste zurückgerechnet, empfangen haben;
4. Personen, welche wegen geistiger oder körperlicher Gebrechen zu dem Amte nicht geeignet sind.

Zu Ziff. 3 vgl. Ges. v. 15. 3. 1909 (RGBl. S. 319).

§ 34 (34)**

Zu dem Amte eines Schöffen sollen ferner nicht berufen werden:

1. **der Reichspräsident und der Präsident eines deutschen Landes;**
2. **die Mitglieder der Reichsregierung oder einer Landesregierung (Staatsministerium, Senat);**
3. Reichsbeamte, welche jederzeit einstweilig in den Ruhestand versetzt werden können;
4. Staatsbeamte, welche auf Grund der Landesgesetze jederzeit einstweilig in den Ruhestand versetzt werden können;
5. richterliche Beamte und Beamte der Staatsanwaltschaft;
6. gerichtliche und polizeiliche Vollstreckungsbeamte;
7. Religionsdiener und Mitglieder solcher religiösen Vereinigungen, die satzungsgemäß zu gemeinsamem Leben verpflichtet sind.

Die Landesgesetze können außer den vorbezeichneten Beamten höhere Verwaltungsbeamte bezeichnen, welche zu dem Amte eines Schöffen nicht berufen werden sollen.

---

1) Die Änderung der Fassung in Abs. 1 Nr. 1, 2 beruht auf § 43 VO. in Verbindung mit:

a) RV. Art. 56:

„Der Reichskanzler bestimmt die Richtlinien der Politik und trägt dafür gegenüber dem Reichstag die Verantwortung. Innerhalb dieser Richtlinien leitet jeder Reichsminister den ihm anvertrauten Geschäftszweig selbständig und unter eigener Verantwortung gegenüber dem Reichstag."

Art. 178:

„Die Verfassung des Deutschen Reiches vom 16. April 1871 und das Gesetz über die vorläufige Reichsgewalt v. 10. 2. 1919 sind aufgehoben.

Die übrigen Gesetze und Verordnungen des Reichs bleiben in Kraft, soweit ihnen diese Verfassung nicht entgegensteht. Die Bestimmungen des am 28. Juni 1919 in Versailles unterzeichneten Friedensvertrags werden durch die Verfassung nicht berührt. (Satz 2 betrifft die Insel Helgoland.)

Anordnungen der Behörden, die auf Grund bisheriger Gesetze in rechtsgültiger Weise getroffen waren, behalten ihre Gültigkeit bis zur Aufhebung im Wege anderweiter Anordnung oder Gesetzgebung."

Art. 179:

„Soweit in Gesetzen oder Verordnungen auf Vorschriften und Einrichtungen verwiesen ist, die durch diese Verfassung aufgehoben sind, treten an ihre Stelle die entsprechenden Vorschriften und Einrichtungen dieser Verfassung. Insbesondere treten an die Stelle der Nationalversammlung der Reichstag, an die Stelle des Staatenausschusses der Reichsrat, an die Stelle des auf Grund des Gesetzes über die vorläufige Reichsgewalt gewählten Reichspräsidenten der auf Grund dieser Verfassung gewählte Reichspräsident.

Die nach den bisherigen Vorschriften dem Staatenausschuß zustehende Befugnis zum Erlaß von Verordnungen geht auf die Reichsregierung über; sie bedarf zum Erlaß von Verordnungen der Zustimmung des Reichsrats nach Maßgabe dieser Verfassung."

b) Übergangsgesetz v. 4. 3. 1919 (RGBl. S. 285).

„§ 1. Die bisherigen Gesetze und Verordnungen des Reichs bleiben bis auf weiteres in Kraft, soweit ihnen nicht dieses Gesetz oder das Gesetz über die vorläufige Reichsgewalt v. 10. 2. 1919 (RGBl. S. 169) entgegensteht. In Kraft bleiben auch alle erlassenen und verkündeten Verordnungen. Ein Verzeichnis dieser Verordnungen ist der Nationalversammlung innerhalb der Frist von einem Monat nach dem Inkrafttreten dieses Gesetzes vorzulegen. Eine Verordnung ist von der Reichsregierung außer Kraft zu setzen, wenn die Nationalversammlung dies innerhalb dreier Monate nach dem Inkrafttreten dieses Gesetzes beschließt. Das Verzeichnis ist im Reichsanzeiger zu veröffentlichen; Verordnungen, die in diesem Verzeichnis fehlen, treten mit dieser Veröffentlichung außer Kraft.

§ 2. Soweit in Gesetzen oder Verordnungen des Reichs auf den Reichstag verwiesen wird, tritt an seine Stelle die Nationalversammlung.

§ 3. Soweit in Gesetzen oder Verordnungen des Reichs auf den Bundesrat verwiesen wird, tritt an seine Stelle der Staatenausschuß. Das Recht zur Mitwirkung bei der Gesetzgebung sowie Befugnisse gegenüber der Nationalversammlung stehen dem Staatenausschusse nur im Rahmen des Gesetzes über die vorläufige Reichsgewalt zu.

§ 4. Die Befugnisse, die nach den Gesetzen oder Verordnungen des Reichs dem Kaiser zustehen, gehen auf den Reichspräsidenten über.

§ 5. Die Befugnisse, die nach den Gesetzen oder Verordnungen des Reichs dem Reichskanzler zustehen, gehen auf das Reichsministerium über. Soweit das Reichsministerium nicht ein anderes bestimmt, werden sie von jedem Reichsminister für seinen Geschäftsbereich selbständig ausgeübt."

2) Landespräsidenten gibt es in Württemberg, Baden und Hessen.

3) Zu Abs. 1 Nr. 3, 4. Ein Beamter ist nicht deshalb zum Schöffenamte untauglich, weil er nach Art. 3 der Personalabbau-VO. v. 27. 10. 1923 (RGBl. I S. 999) oder nach einer entsprechenden Landesabbau-VO. einstweilig in den Ruhestand versetzt werden kann. Im übrigen vgl. für das Reich: Reichsbeamtengesetz § 15, für Preußen: § 87 des Ges. v. 21. 7. 1852 (GesS. S. 465). Zu Nr. 4 vgl. auch Gerichtssaal 31 S. 373, 32 S. 31.

4) Unter Nr. 6 fallen nicht Amts- und Gemeindevorsteher, Zoll- und Steuerbeamte (Müller, Justizverwaltung, 6. Aufl., S. 13, 14, AV. v. 2. 5. 1923 — JMBl. S. 361 —, 15. 5. 1924 — JMBl. S. 223 —).

5) Volksschullehrer, Dienstboten, Militärpersonen, die früher vom Schöffenamte ausgeschlossen waren, sind jetzt schöffenfähig. Wegen der Volksschullehrer an einklassigen Schulen vgl. die AV. v. 20. 9. 1921, JMBl. S. 497, Schlußsatz.

6) Zu Abs. 2 vgl. §§ 33, 44 Pr. AGGVG.

§ 35 (35)**

Die Berufung zum Amte eines Schöffen dürfen ablehnen:

1. **Mitglieder des Reichstags, des Reichsrats, des Reichswirtschaftsrats eines Landtags oder eines Staatsrats;**
2. Personen, welche im letzten Geschäftsjahr die Verpflichtung eines Geschworenen oder an wenigstens

fünf Sitzungstagen die Verpflichtung eines Schöffen erfüllt haben;
3. Ärzte, Krankenpfleger und Hebammen;
4. Apotheker, welche keine Gehilfen haben;
5. Personen, welche das fünfundsechzigste Lebensjahr zur Zeit der Aufstellung der Urliste vollendet haben oder es bis zum Ablauf des Geschäftsjahrs vollenden würden;
6. Frauen, welche glaubhaft machen, daß ihnen die Fürsorge für ihre Familie die Ausübung des Amtes in besonderem Maße erschwert.

---

1) Zu Nr. 1 vgl. Anm. 1 zu § 34.
2) Zu Nr. 2 ist es gleichgültig, ob die Dienstleistung als Schöffe beim Schöffengericht, beim Jugendgericht oder bei der Strafkammer stattgefunden hat.
3) Zu den Ärzten gehören hier auch Zahnärzte, Tierärzte (vgl. § 29 Gewerbeordnung).

§ 36 (36)

Der Vorsteher einer jeden Gemeinde oder eines landesgesetzlich der Gemeinde gleichstehenden Verbandes hat alljährlich ein Verzeichnis der in der Gemeinde wohnhaften Personen, welche zu dem Schöffenamte berufen werden können, aufzustellen (Urliste).

Die Urliste ist in der Gemeinde eine Woche lang zu jedermanns Einsicht auszulegen. Der Zeitpunkt der Auslegung ist vorher öffentlich bekanntzumachen.

Die Landesjustizverwaltung kann für eine Gemeinde anordnen:

a) daß in einer von der Landesjustizverwaltung im voraus bestimmten Reihenfolge in die Urliste für das einzelne Jahr ein nach den Anfangsbuchstaben der Namen oder der Straßen oder nach beiden Gesichtspunkten beschränkter Teil der Personen aufzunehmen ist, die zum Schöffenamte berufen werden können. Die Anordnung soll so getroffen werden, daß die aufzustellende Urliste mindestens die sechsfache Zahl der aus ihr auszuwählenden Personen umfaßt. Die

Reihenfolge darf erst geändert werden, wenn sämtliche Anfangsbuchstaben durchlaufen worden sind. Ist eine Gemeinde in mehrere Amtsgerichtsbezirke geteilt, so kann die Anordnung auf die zu den einzelnen Bezirken gehörenden Teile der Gemeinde beschränkt werden;

b) daß der Auswahl der Schöffen ein für die Gemeinde anderweit aufgestelltes amtliches Verzeichnis der Einwohner zugrunde gelegt wird.

Im Falle des Abs. 3 Buchstabe a gilt die beschränkte Urliste, im Falle des Abs. 3 Buchstabe b das amtliche Verzeichnis als Urliste im Sinne dieses Gesetzes.

Abs. 3, 4 sind eingefügt durch das Ges. v. 11. 7. 1923 (RGBl. I S. 647). Vgl. dazu AV. d. Pr.JM. v. 17. 7. 1923 (JMBl. S. 536).

§ 37 (37)

Gegen die Richtigkeit oder Vollständigkeit der Urliste kann innerhalb der einwöchigen Frist schriftlich oder zu Protokoll Einsprache erhoben werden.

§ 38 (38)

Der Gemeindevorsteher sendet die Urliste nebst den erhobenen Einsprachen und den ihm erforderlich erscheinenden Bemerkungen an den Amtsrichter des Bezirks.

Wird nach Absendung der Urliste ihre Berichtigung erforderlich, so hat der Gemeindevorsteher hiervon dem Amtsrichter Anzeige zu machen.

§ 39 (39)

Der Amtsrichter stellt die Urlisten des Bezirkes zusammen und bereitet den Beschluß über die Einsprachen vor. Er hat die Beachtung der Vorschriften des § 36 Abs. 2 zu prüfen und die Abstellung etwaiger Mängel zu veranlassen.

Vgl. dazu Müller Justizverw. 6. Aufl. Bd. I S. 14 Nr. 16.

§ 40 (40)

Bei dem Amtsgerichte tritt alljährlich ein Ausschuß[1] zusammen.

Der Ausschuß besteht aus dem Amtsrichter als Vorsitzenden und einem von der Landesregierung zu bestimmenden Staatsverwaltungsbeamten, sowie sieben Vertrauenspersonen als Beisitzern.

Die Vertrauenspersonen werden aus den Einwohnern des Amtsgerichtsbezirkes gewählt.

Die Wahl erfolgt nach näherer Bestimmung der Landesgesetze durch die Vertretungen der Kreise, Ämter, Gemeinden oder dergleichen Verbände; wenn solche Vertretungen nicht vorhanden sind, durch den Amtsrichter. Letzterer hat die Vertrauenspersonen vornehmlich aus den Vorstehern der vorbezeichneten Verbände zu wählen.

Zur Beschlußfähigkeit des Ausschusses genügt die Anwesenheit des Vorsitzenden, des Staatsverwaltungsbeamten und dreier Vertrauenspersonen. Der Ausschuß faßt seine Beschlüsse nach der absoluten Mehrheit der Stimmen. Bei Stimmengleichheit entscheidet die Stimme des Vorsitzenden.

1) Zu Abs. 2 vgl. § 34 Pr. AGGVG. (unten Nr. XVII).

2) Zu Abs. 3, 4, 5 vgl. § 35 Pr. AGGVG. in der Fassung des Ges. v. 3. 3. 1922 (Ges. S. S. 49); durch das letztgenannte Gesetz wurde für die Wahl der Ausschußmitglieder die Verhältniswahl eingeführt. Wegen der Ausführung der Verhältniswahl vgl. die GV. v. 21. 5. 1922 (JMBl. S. 214).

3) Der Ausschuß muß alljährlich bei jedem Amtsgericht zusammentreten, auch wenn bei ihm ein Schöffengericht nicht besteht (was in Preußen, da wenigstens das Jugendgericht bei jedem Amtsgericht bestehen geblieben ist, allerdings nur ganz vereinzelt vorkommt); er hat dann eben Schöffen für das gemeinschaftliche Schöffengericht (vgl. Anm. zu § 58) und Geschworene auszuwählen.

§ 41 (41)

Der Ausschuß entscheidet über die gegen die Urliste erhobenen Einsprachen. Die Entscheidungen sind zu Protokoll zu vermerken. Beschwerde findet nicht statt.

§ 42 (42)

Aus der berichtigten Urliste wählt der Ausschuß für das nächste Geschäftsjahr:

1. die erforderliche Zahl von Schöffen;
2. die erforderliche Zahl der Personen, welche in der von dem Ausschuß festzusetzenden Reihenfolge an die Stelle wegfallender Schöffen treten (Hilfsschöffen). Die Wahl ist auf Personen zu richten, welche am Sitze des Amtsgerichts oder in dessen nächster Umgebung wohnen.

1) Für die Auswahl der Jugendschöffen treten die Vorschläge des Jugendamts, soweit solche eingereicht werden, an die Stelle der Urliste. Die Urliste bleibt, soweit eine solche vorgelegt ist, aber noch als Unterlage für die Feststellung der Schöffenfähigkeit von Bedeutung. Ist der Vorgeschlagene in der Urliste nicht verzeichnet, z. B. weil eine beschränkte Urliste (§ 36 Abs. 3, 4) eingereicht war, so muß die Schöffenfähigkeit auf andere Weise festgestellt werden. Vgl. AV. v. 28. 4. 1924 (JMBl. S. 206).

2) Der Ausschuß wählt — zweckmäßig gleichzeitig — auch die Schöffen für das Landgericht (vgl. § 77), für ein gemeinschaftliches Schöffengericht (vgl. § 58) und die Geschworenen (vgl. § 84).

3) Wegen der Heranziehung von Arbeitern zum Schöffen- und Geschworenenamt sind in Preußen die AV. v. 17. 8., 20. 9. 1921 (JMBl. S. 454, 497) erlassen worden.

§ 43 (43)

Die für jedes Amtsgericht erforderliche Zahl von Hauptschöffen und Hilfsschöffen wird durch die Landesjustizverwaltung bestimmt.

Die Bestimmung der Zahl der Hauptschöffen erfolgt in der Art, daß voraussichtlich jeder höchstens zu fünf ordentlichen Sitzungstagen im Jahre herangezogen wird.

---

1) Als Anhalt für die Bestimmung der Zahl dient die im Voraus nach Erfahrungssätzen festzulegende Zahl der im Geschäftsjahr erforderlichen Sitzungstage. Diese Zahl, multipliziert mit 2 und dividiert durch 5 ergibt die Zahl der erforderlichen Hauptschöffen.

Für Preußen vgl. die AV. v. 22. 7. 1879 (JMBl. S. 195).

2) Jugendschöffen können jedoch zu mehr Sitzungen — bis zu zehn — herangezogen werden (§ 20 Abs. 1 S. 2 JGG.).

3) Bei den Hilfsschöffen ist zu beachten, daß für ein gemeinschaftliches Schöffengericht (§ 58) und für die Strafkammer (§§ 77, 78) die Hilfsschöffen nur von dem Ausschuß am Gerichtssitz zu wählen sind. Das gleiche gilt für Hilfsgeschworene (§ 84).

§ 44 (44)

Die Namen der erwählten Hauptschöffen und Hilfsschöffen werden bei jedem Amtsgericht in gesonderte Verzeichnisse aufgenommen (Jahreslisten).

Für Jugendschöffen sind besondere Verzeichnisse zu bilden (§ 20 Abs. 1 JGG.).

Die oberste Landesbehörde kann bestimmen, daß von der Wahl besonderer Jugendschöffen abzusehen ist, wenn anzunehmen ist, daß ein Jugendgericht weniger als zehn Sitzungen jährlich abhalten wird. (§ 20 Abs. 2 JGG.)

Für Preußen vgl. AV. v. 20. 6. 1923 (JMBl. S. 450) I 1 Abs. 2, RdV. v. 7. 3. 1924 — I 3582 — und AV. v. 28. 4. 1924 (JMBl. S. 206). Danach wird von der Ermächtigung zurzeit in Preußen kein Gebrauch mehr gemacht.

§ 45 (45)

Die Tage der ordentlichen Sitzungen des Schöffengerichts werden für das ganze Jahr im voraus festgestellt.

Die Reihenfolge, in welcher die Hauptschöffen an den einzelnen ordentlichen Sitzungen des Jahres teilnehmen, wird durch Auslosung in öffentlicher Sitzung des Amtsgerichts bestimmt. Das Los zieht der Amtsrichter. Ist für eine Sitzung eine Frau ausgelost worden, so sind weitere auf eine Frau lautende Auslosungen für diese Sitzung unwirksam.

Über die Auslosung wird von dem Gerichtsschreiber ein Protokoll aufgenommen.

Beim Landgericht erfolgt die Auslosung durch den Präsidenten (§ 77).

§ 46 (46)

Der Amtsrichter setzt die Schöffen von ihrer Auslosung und von den Sitzungstagen, an welchen sie in Tätigkeit zu treten haben, unter Hinweis auf die gesetzlichen Folgen des Ausbleibens in Kenntnis.

In gleicher Weise werden die im Laufe des Geschäftsjahres einzuberufenden Schöffen benachrichtigt.

1) Vgl. Anm. zu § 45.

2) In Preußen werden die Schöffen zum Termin nochmals geladen (AV. v. 30. 10. 1882, JMBl. S. 324).

§ 47 (47)

Eine Änderung in der bestimmten Reihenfolge kann auf übereinstimmenden Antrag der beteiligten Schöffen von dem Amtsrichter bewilligt werden, sofern die in den betreffenden Sitzungen zu verhandelnden Sachen noch nicht bestimmt sind. Der Antrag und die Bewilligung sind aktenkundig zu machen.

Welcher Amtsrichter im erweiterten Schöffengericht die Entscheidung zu treffen hat, bestimmt die Geschäftsverteilung. Beim Landgericht entscheidet der Vorsitzende der Strafkammer (§ 77).

§ 48 (48)

Wenn die Geschäfte die Anberaumung außerordentlicher Sitzungen erforderlich machen, so werden die einzuberufenden Schöffen vor dem Sitzungstage in Gemäßheit des § 45 ausgelost.

Erscheint dies wegen Dringlichkeit untunlich, so erfolgt die Auslosung durch den Amtsrichter lediglich aus der Zahl der am Sitze des Gerichts wohnenden Hilfsschöffen. Die Umstände, welche den Amtsrichter hierzu veranlaßt haben, sind aktenkundig zu machen.

Vgl. Anm. 4 zu § 77.

§ 49 (49)***

Wird zu einzelnen Sitzungen die Zuziehung anderer als der zunächst berufenen Schöffen erforderlich, so erfolgt sie aus der Zahl der Hilfsschöffen nach der Reihenfolge der Jahresliste mit der Maßgabe, daß tunlichst an Stelle eines zunächst berufenen Mannes ein Mann, an Stelle einer zunächst berufenen Frau eine Frau tritt.

Würde durch die Berufung **der Hilfsschöffen nach der Reihenfolge der Jahresliste** eine Vertagung der Verhandlung oder eine erhebliche Verzögerung ihres Beginnes notwendig, so sind die nicht am Sitze des Gerichts wohnenden Hilfsschöffen zu übergehen.

Die Änderung ist bestimmt, eine durch die Einschiebung der Worte: „mit der Maßgabe . . . . tritt" (Ges. v. 25. 4. 1922 RGBl. I S. 465) in den Abs. 1 hervorgerufene Undeutlichkeit des Textes zu beseitigen.

§ 50 (50)

Erstreckt sich die Dauer einer Sitzung über die Zeit hinaus, für welche der Schöffe zunächst einberufen ist, so hat er bis zur Beendigung der Sitzung seine Amtstätigkeit fortzusetzen.

§ 51 (51)

Die Beeidigung der Schöffen erfolgt bei ihrer ersten Dienstleistung in öffentlicher Sitzung. Sie gilt für die Dauer des Geschäftsjahres.

Der Vorsitzende richtet an die zu Beeidigenden die Worte:

„Sie schwören bei Gott dem Allmächtigen und Allwissenden, die Pflichten eines Schöffen getreulich zu erfüllen und Ihre Stimme nach bestem Wissen und Gewissen abzugeben."

Die Schöffen leisten den Eid, indem jeder einzeln die Worte spricht:

„Ich schwöre es, so wahr mir Gott helfe."

Der Schwörende soll bei der Eidesleistung die rechte Hand erheben.

Ist ein Schöffe Mitglied einer Religionsgesellschaft, welcher das Gesetz den Gebrauch gewisser Beteuerungsformeln an Stelle des Eides gestattet, so wird die Abgabe einer Erklärung unter der Beteuerungsformel dieser Religionsgesellschaft der Eidesleistung gleichgeachtet.

Über die Beeidigung wird von dem Gerichtsschreiber ein Protokoll aufgenommen.

1) Art. 136 Abs. 4 RV.: „Niemand darf zu einer kirchlichen Handlung oder Feierlichkeit oder zur Teilnahme an religiösen Übungen oder zur Benutzung einer religiösen Eidesform gezwungen werden."

Art. 177 RV.: „Wo in bestehenden Gesetzen die Eidesleistung unter Benutzung einer religiösen Eidesform vorgesehen ist, kann die Eidesleistung rechtswirksam auch in der Weise erfolgen, daß der Schwörende unter Weglassung der religiösen Eidesform erklärt: „ich schwöre." Im übrigen bleibt der in den Gesetzen vorgesehene Inhalt des Eides unberührt."

Wählt ein Schöffe die nicht religiöse Eidesform, so ist bei ihm der religiöse Zusatz: „bei Gott dem Allmächtigen und Allwissenden" auch in der Anrede wegzulassen.

2) Es ist ein nobile officium des Richters, den Eidespflichtigen über sein Recht aus Art. 177 RV. zu belehren und zu fragen, in welcher Form er den Eid leisten will. Eine Rechtspflicht dazu besteht nicht.

Der nichtreligiöse Eid ist ebenso ein Eid wie der religiöse. Soweit Verwaltungsgebräuche hinsichtlich der Form der Eidesleistung bestehen, gelten sie auch für den nichtreligiösen Eid.

3) Als Religionsgesellschaften im Sinne des Abs 5 kommen in Preußen in Betracht: Mennoniten (VO. v. 11. 3. 1827, GesS. S. 28) und Philipponen (Kabinettsordre v. 19. 11. 1836 und AV. v. 28. 1. 1837, v. Kametz Jahrb. 49 S. 175). Für Hannover: Mennoniten und Herrenhuter (VO. v. 16. 10. 1856, Hann. GesS. S. 355). Wegen der Mennoniten vgl. auch RG. Bd. 52 S. 63, 57 S. 342.

§ 52 (52)

Wenn die Unfähigkeit einer als Schöffe in die Jahresliste aufgenommenen Person eintritt oder bekannt wird, so ist ihr Name von der Liste zu streichen.

Ein Schöffe, bei dem nach seiner Aufnahme in die Jahresliste andere Umstände eintreten oder bekannt werden, bei deren Vorhandensein eine Berufung zum Schöffenamte nicht erfolgen soll, ist zur Dienstleistung ferner nicht heranzuziehen.

Die Entscheidung erfolgt durch den Amtsrichter nach Anhörung der Staatsanwaltschaft und des beteiligten Schöffen.

Beschwerde findet nicht statt.

§ 53 (53)

Ablehnungsgründe sind nur zu berücksichtigen, wenn sie innerhalb einer Woche, nachdem der beteiligte Schöffe von seiner Einberufung in Kenntnis gesetzt worden ist, von ihm geltend gemacht werden. Sind sie später entstanden oder bekannt geworden, so ist die Frist erst von diesem Zeitpunkt zu berechnen.

Der Amtsrichter entscheidet über das Gesuch nach Anhörung der Staatsanwaltschaft. Beschwerde findet nicht statt.

Bei der Strafkammer entscheidet der Vorsitzende (§ 77 Abs. 3).

§ 54 (54)

Der Amtsrichter kann einen Schöffen auf dessen Antrag wegen eingetretener Hinderungsgründe von der Dienstleistung an bestimmten Sitzungstagen entbinden.

Die Entbindung des Schöffen von der Dienstleistung kann davon abhängig gemacht werden, daß ein anderer für das Dienstjahr bestimmter Schöffe für ihn eintritt.

Der Antrag und die Bewilligung sind aktenkundig zu machen.

Vgl. die Anm. zu § 53.

§ 55 (55)***

Die Schöffen und die Vertrauenspersonen des Ausschusses erhalten eine angemessene Entschädigung für den ihnen durch ihre Dienstleistung entstehenden Verdienstausfall und den mit der Dienstleistung verbundenen Aufwand sowie Ersatz der Fahrkosten. Ist durch die Dienstleistung eine Vertretung des zum Schöffen oder zur Vertrauensperson Berufenen notwendig geworden, so können die Kosten der Vertretung nach billigem Ermessen erstattet werden.

Die Höhe der Aufwandsentschädigung und der Fahrkosten sowie die Höchst- und Mindestgrenzen der Entschädigung für den Verdienstausfall bestimmt die Reichsregierung mit Zustimmung des Reichsrats durch allgemeine Anordnung.

Entschädigung und Fahrkosten werden nur auf Verlangen gewährt. Der Anspruch erlischt, wenn das Verlangen nicht binnen drei Monaten nach Beendigung der Dienstleistung bei dem Gerichte, bei dem die Dienstleistung stattgefunden hat, gestellt worden ist. Beschwerden über die Höhe der Entschädigung und der Fahrkosten werden im Aufsichtsweg entschieden.

1) Die bisherigen Sätze 2, 3 des Abs. 2 sind durch die §§ 16, 17 der VO. v. 19. 12. 1923 (RGBl. I S. 1205) gegenstandslos geworden.

2) Zu Abs. 2 vgl. die VO. über die Entschädigung der Schöffen und Geschworenen v. 18. 3. 1924 (RGBl. I S. 282) unten Nr. V.

3) § 36 Pr. AGGVG. ist gegenstandslos geworden.

§ 56 (56)***

Schöffen und Vertrauenspersonen des Ausschusses, welche ohne genügende Entschuldigung zu den Sitzungen nicht rechtzeitig sich einfinden oder ihren Obliegenheiten in anderer Weise sich entziehen, sind zu einer Ordnungsstrafe **in Geld** sowie in die verursachten Kosten zu verurteilen.

Die Verurteilung wird durch den Amtsrichter nach Anhörung der Staatsanwaltschaft ausgesprochen. Erfolgt nachträglich genügende Entschuldigung, so kann die Verurteilung ganz oder teilweise zurückgenommen werden. Gegen die Entscheidungen findet Beschwerde von seiten des Verurteilten nach den Vorschriften der Strafprozeßordnung statt.

1) Zu Abs. 1 vgl. VO. über Vermögensstrafen und Bußen v. 6. 2. 1924 (RGBl. I S. 44) Art. II, Art. XIV Abs. 2 Ziff. 3.

Die Ordnungsstrafe beträgt danach mindestens eine Goldmark und höchstens 1000 Goldmark.

2) Die Entscheidung nach Abs. 2 trifft im erweiterten Schöffengericht und im großen Jugendgericht der Vorsitzende, desgl. in der Strafkammer, auch in der großen (vgl. § 77 Abs. 3).

3) Zu Abs. 2 S. 1. Die Vorschrift bezieht sich nicht nur auf Schöffen und Geschworene, sondern auch auf die Vertrauenspersonen. Vor der Verurteilung eines Mitgliedes des Ausschusses ist daher die Staats-(Amts-)anwaltschaft gleichfalls zu hören.

§ 57 (57)

Bis zu welchem Tage die Urlisten aufzustellen und dem Amtsrichter einzureichen sind, der Ausschuß zu berufen und die Auslosung der Schöffen zu bewirken ist, wird durch die Landesjustizverwaltung bestimmt.

Vgl. f. Preußen AV. v. 22. 7. 1879(JMBl. S. 195), 18. 1. 1882 (JMBl. S. 18) und Müller, Justizverw. 6. Aufl. S. 15, 16.

§ 58 (57 a)

Durch Anordnung der Landesjustizverwaltung kann für den Bezirk mehrerer Amtsgerichte einem von ihnen die Entscheidung der Strafsachen ganz oder zum Teil zugewiesen werden.

Die Landesjustizverwaltung bestimmt die für dieses Gericht erforderliche Zahl von Haupt- und Hilfsschöffen und die Verteilung der Zahl der Hauptschöffen auf die einzelnen Amtsgerichtsbezirke.

Die übrigen Vorschriften dieses Titels finden entsprechende Anwendung.

---

1) Die Vorschrift ist durch das Ges. zur Entlastung der Gerichte v. 11. 3. 1921 (RGBl. S. 229) eingefügt worden.

Die Landesjustizverwaltung kann von der Befugnis sowohl für einen ganzen Amtsgerichtsbezirk als auch für einen örtlich abgegrenzten Teil eines solchen Gebrauch machen. Auch ist sie nicht genötigt, alle Strafsachen aus dem zugelegten Bezirk dem „gemeinschaftlichen“ Schöffengericht zuzuweisen; sie kann sie vielmehr auf einen nach sachlichen Gesichtspunkten abgegrenzten Teil dieser Strafsachen beschränken, z. B. nach der Art des Delikts (z. B. für Wuchersachen) oder nach der Zuständigkeit (z. B. Sachen, die vor den Einzelrichter, vor das Schöffengericht, vor das erweiterte Schöffengericht, vor das Jugendgericht, vor das große Jugendgericht gehören). Auch nach den Anfangsbuchstaben der Namen der Angeklagten oder nach ähnlichen Gesichtspunkten wäre eine Verteilung zulässig, wenn auch wohl nur selten zweckmäßig.

Die Zulegung der Strafsachen eines Amtsgerichts zu einem Amtsgericht, das einem anderen Landgerichtsbezirk angehört, ist als unzulässig zu erachten.

„Zuständig" ist nur das Gericht, dem die Entscheidung übertragen ist.

Von dem § 58 Abs. 1 haben Preußen und die anderen deutschen Länder in großem Umfange für die Schöffengerichte Gebrauch gemacht. In Preußen sind Schöffengerichte bei den Amtsgerichten am Sitz der Landgerichte und der auswärtigen Strafkammern (vgl. § 78 und Anm. dazu) eingerichtet worden; außerdem bestehen Schöffengerichte nur noch bei folgenden Amtsgerichten: Luckenwalde, Fürstenwalde, Wittenberge, Forst, Hindenburg, Hoyerswerda, Grünberg, Arolsen, Hameln, Goslar, Peine, Gifhorn, Osterode a. Harz, Bassum, Blumenthal, Emden, Mörs, Solingen, Remscheid, Hamborn, Mülheim (Ruhr), Oberhausen, Höchst, Bottrop, Buer, Dorsten, Gelsenkirchen, Gladbeck, Minden, Witten, Recklinghausen, Husum, Neumünster, Düren, Siegburg Kreuznach, Marienburg, Rosenberg (Westpr.), Deutsch-Krone, Salzwedel, Elsterwerda, Quedlinburg, Schönebeck, Bitterfeld und Sangerhausen, außerdem im Bezirk des Landgericht II Berlin in Lichterfelde, Köpenick, Neukölln, im Bezirk des Landgerichts III Berlin in Lichtenberg, Pankow, Wedding, Charlottenburg, Oranienburg und Spandau. Einigen dieser Schöffengerichte ist die Entscheidung nur in solchen Sachen übertragen, in denen das kleine Schöffengericht entscheidet (z. B. Bottrop, Buer, Dorsten).

2) Wegen der Bildung großer Jugendgerichte für die Bezirke mehrerer Amtsgerichte vgl. I 1 der AV. v. 20. 6. 1923 (JMBl. S. 450) und die AV. v. 24. 4. 1924 (JMBl. S. 206), sowie die RdV. v. 7. 3. 1924 — I 3582 —. Kleine Jugendgerichte bestehen in Preußen — von ganz vereinzelten Ausnahmen abgesehen — bei allen Amtsgerichten.

3) Wegen der Übertragung der Entscheidung in Wuchersachen (VO. v. 13. 7. 1923 — RGBl. I S. 699) und verwandten Strafsachen auf bestimmte Amtsgerichte zugleich für den Bezirk anderer Amtsgerichte vgl. die AV. v. 27. 3. 1924 — JMBl. S. 145 — Abschnitt III.

4) Für die zur Zuständigkeit des Amtsrichters gehörigen Strafsachen ist von der Befugnis des § 58 in Preußen — abgesehen von den in Anm. 3 bezeichneten Fällen — nur ganz vereinzelt Gebrauch gemacht worden (in den OLG.-Bezirken Cassel für 3,

Breslau für 5 Amtsgerichtsbezirke, Königsberg für 1 Amtsgerichtsbezirk).

5) Wie die Landesjustizverwaltung die Hauptschöffen auf die einzelnen Amtsgerichtsbezirke verteilt, ist ihrem Ermessen überlassen. Sie kann sich dabei von Zweckmäßigkeitsrücksichten (z. B. auch von finanziellen Gesichtspunkten) leiten lassen. Insbesondere ist nicht vorgeschrieben, daß die Verteilung der Schöffen auf die einzelnen Amtsgerichtsbezirke gleichmäßig — etwa nach der Bevölkerungszahl — zu erfolgen habe. Es erscheint nicht unzulässig, die dem Tagungsort des in Frage kommenden Gerichts zunächst gelegenen Bezirke stärker heranzuziehen, als die entfernter liegenden. (RdV. v. 19. 2. 1924, I 3284.)

6) Das „gemeinschaftliche" Gericht ist ein einheitliches Gericht. Das bedeutet u. a., daß bei dem Schöffengericht die Auslosung der Schöffen (auch derjenigen aus den zugelegten Bezirken) für das ganze Gericht einheitlich erfolgt. Die Schöffen aus den zugelegten Bezirken wirken nicht nur in den Sachen aus diesen Bezirken mit, sondern auch in solchen aus dem ursprünglichen Bezirk des gemeinschaftlichen Gerichts.

Fünfter Titel

Landgerichte

§ 59 (58)*

Die Landgerichte werden mit einem Präsidenten und der erforderlichen Anzahl von Direktoren und Mitgliedern besetzt. **Von der Ernennung eines Direktors kann abgesehen werden, wenn der Präsident den Vorsitz in den Kammern allein führen kann.**

Die Direktoren und die Mitglieder können gleichzeitig Amtsrichter im Bezirke des Landgerichts sein.

---

1) Die Änderung im Abs. 1 beruht auf § 5 S. 1, diejenige in Abs. 2 auf § 4 Abs. 1 VO.

2) Von der Bestimmung des Abs. 1 S. 2 ist in Preußen kein Gebrauch gemacht worden. Er wird dort auch kaum praktisch werden, da sehr kleine Landgerichte in Preußen nur in geringer Zahl vorhanden sind.

3) Abs. 2 hat Bedeutung besonders für die Orte, an denen gleichzeitig ein Amtsgericht mit einem Schöffengericht und ein Landgericht vorhanden ist, oder wenigstens neben einem solchen Amtsgericht eine detachierte Strafkammer. Im übrigen kommt

die Bestimmung hauptsächlich für die Übergangszeit in Betracht. (Vgl. Anm. 2 Abs. 2 zu § 8. Vgl. ferner § 22 und Anm. 3 dazu.) Auf den Landgerichtspräsidenten bezieht sich Abs. 2 nicht.

4) Die gleichzeitige Ernennung eines Direktors oder eines Mitglieds des Landgerichts zum Amtsrichter im Bezirk des Landgerichts und umgekehrt kann nur bei der ersten Anstellung in der Stelle, nachträglich nur mit Zustimmung des Beamten — soweit nicht § 8 eingreift — vorgenommen werden.

5) Über die Beschäftigung von Gerichtsassessoren bei den Landgerichten vgl. die §§ 3—5 Pr.AGGVG. (unten Nr. XVII).

§ 60 (59)

Bei den Landgerichten werden Zivil- und Strafkammern gebildet.

§ 61 (60)

Bei den Landgerichten sind Untersuchungsrichter nach Bedürfnis zu bestellen.

Die Bestellung erfolgt durch die Landesjustizverwaltung auf die Dauer eines Geschäftsjahrs.

§ 62 (61)*

Den Vorsitz im Plenum führt der Präsident, den Vorsitz in den Kammern führen der Präsident und die Direktoren. **Den Vorsitz in der kleinen Strafkammer (§ 76 Abs. 2) kann auch ein Mitglied des Landgerichts führen, das vom Präsidium für die Dauer eines Geschäftsjahrs bestimmt wird.**

Vor Beginn des Geschäftsjahrs bestimmt der Präsident die Kammer, welcher er sich anschließt. Über die Verteilung des Vorsitzes in den übrigen Kammern entscheiden der Präsident und die Direktoren nach Stimmenmehrheit; im Falle der Stimmengleichheit gibt die Stimme des Präsidenten den Ausschlag.

---

1) Die Änderung ist bedingt durch § 11 Abs. 3 VO.

2) Die neue Bestimmung des Abs. 1 S. 2 gilt nur für die Hauptverhandlung, da die kleine Strafkammer als solche nur in dieser in die Erscheinung tritt. In der Beschlußkammer muß — auch wenn es sich um Sachen handelt, die zur Zuständigkeit der kleinen Strafkammer gehören — der Präsident oder ein Direktor den Vorsitz führen; das gleiche gilt für die große Strafkammer.

3) Abs. 1 S. 2 gewährt dem Präsidium nur eine facultas. Macht es keinen Gebrauch davon, so muß auch in der kleinen Strafkammer der Präsident oder ein Direktor den Vorsitz führen.

4) Die Vertretung des Vorsitzenden ist in § 66 geregelt.

§ 63 (62)

Vor Beginn des Geschäftsjahrs werden auf seine Dauer die Geschäfte unter die Kammern derselben Art verteilt und die ständigen Mitglieder der einzelnen Kammern sowie für den Fall ihrer Verhinderung die regelmäßigen Vertreter bestimmt. Jeder Richter kann zum Mitglied mehrerer Kammern bestimmt werden.

Die getroffene Anordnung kann im Laufe des Geschäftsjahrs nur geändert werden, wenn dies wegen eingetretener Überlastung einer Kammer oder infolge Wechsels oder dauernder Verhinderung einzelner Mitglieder des Gerichts erforderlich wird.

Jugendsachen sollen besonderen Strafkammern zugewiesen werden (§ 19 Abs. 3 JGG. — unten Nr. X —). Militärstrafsachen dagegen dürfen nach § 26 Abs. 1 S. 3 des GAMG. — unten Nr. XIV — nicht besonderen Strafkammern zugewiesen werden.

§ 64 (63)*

Die im vorstehenden Paragraphen bezeichneten Anordnungen erfolgen durch das Präsidium.

Das Präsidium wird durch den Präsidenten als Vorsitzenden, die Direktoren und das dem Dienstalter nach, bei gleichem Dienstalter das der Geburt nach älteste Mitglied gebildet; **ist kein Direktor ernannt, so besteht das Präsidium aus dem Präsidenten und den beiden ältesten Mitgliedern.** Das Präsidium entscheidet nach Stimmenmehrheit; im Falle der Stimmengleichheit gibt die Stimme des Präsidenten den Ausschlag.

---

1) Die Änderung ist bedingt durch § 5 S. 2 VO. (Vgl. Anm. 2 zu § 59.)

2) Auch die gleichzeitig zum Mitglied oder Direktor bei dem Landgericht ernannten Amtsgerichtsräte haben die aus § 64 Abs. 2 GVG. sich ergebenden Mitgliedsrechte bei der Bildung des Präsidiums.

§ 65 (64)

Der Präsident kann bestimmen, daß einzelne Untersuchungen von dem Untersuchungsrichter, dessen Bestellung mit dem Ablauf des Geschäftsjahrs erlischt, zu Ende geführt werden, sowie daß in einzelnen Sachen, in welchen während des Geschäftsjahrs eine Verhandlung bereits stattgefunden hat, die Kammer in ihrer früheren Zusammensetzung auch nach Ablauf des Geschäftsjahrs verhandle und entscheide.

---

§ 65 gilt nur für die richterlichen Mitglieder, nicht für die Schöffen (für diese vgl. § 50, § 77 Abs. 1). War die frühere Verhandlung vertagt, so müssen also, wenn von § 68 Gebrauch gemacht wird, neben den alten Berufsrichtern andere Schöffen mitwirken.

§ 66 (65)*

Im Falle der Verhinderung des ordentlichen Vorsitzenden führt den Vorsitz in der Kammer das Mitglied der Kammer, welches dem Dienstalter nach und bei gleichem Dienstalter der Geburt nach das älteste ist. **Für den Vorsitzenden der kleinen Strafkammer bestimmt das Präsidium den regelmäßigen Vertreter vor Beginn des Geschäftsjahrs.**

Der Präsident wird in seinen übrigen, durch dieses Gesetz bestimmten Geschäften, wenn ein Direktor zu seinem ständigen Vertreter ernannt ist, durch diesen, sonst durch den Direktor vertreten, welcher dem Dienstalter nach und bei gleichem Dienstalter der Geburt nach der älteste ist. **Ist kein Direktor ernannt, so wird der Präsident, wenn nicht ein Mitglied des Landgerichts zu seinem ständigen Vertreter ernannt ist, durch das Mitglied vertreten, welches dem Dienstalter nach und bei gleichem Dienstalter der Geburt nach das älteste ist.**

---

1) Die Änderung im Abs. 1 ist durch § 11 Abs. 2, die Änderung im Abs. 2 ist durch § 5 VO. bedingt. (Vgl. Anm. 1 zu § 59.)

2) § 66 Abs. 2 S. 1 hat seine jetzige Fassung durch das Ges. v. 8. 7. 1922 (RGBl. I S. 569) erhalten.

3) Der Vertreter muß ein Mitglied des Landgerichts sein. Ein Hilfsrichter (Amtsrichter, Gerichtsassessor) kann den Vorsitzenden nicht vertreten.

4) Zu Abs. 1 S. 2 vgl. Anm. 2—4 zu § 62. Der Vertreter kann auch ein Landgerichtsdirektor sein. Das Präsidium muß den Vertreter unter allen Umständen bestimmen, auch wenn es als ordentlichen Vorsitzenden einen Direktor erwählt.

5) Zu Abs. 2. Bei den „übrigen durch dieses Gesetz bestimmten Geschäften" des Präsidenten handelt es sich um Geschäfte, die nicht in dem Vorsitz in einer Kammer bestehen. Es sind das die in §§ 64, 67, 77, § 83 Abs. 2, §§ 86—88 bestimmten Geschäfte. Den „ständigen Vertreter" bestimmt die Justizverwaltung. Es braucht nicht der älteste Direktor (das älteste Mitglied) zu sein. Für reine Verwaltungsgeschäfte gilt der Abs. 2 nicht.

§ 67 (66)

Im Falle der Verhinderung des regelmäßigen Vertreters eines Mitglieds wird ein zeitweiliger Vertreter durch den Präsidenten bestimmt.

§ 68 (67)

Die Bestimmungen der §§ 62 bis 67 finden auf die Kammern für Handelssachen keine Anwendung.

Vgl. für diese Pr.AGGVG. § 46 (unten Nr. XVII). Ferner AV. v. 26. 7. 1879 (JMBl. S. 210) § 5. Vgl. auch die Anm. zu § 93 GVG.

§ 69 (68)

Innerhalb der Kammer verteilt der Vorsitzende die Geschäfte auf die Mitglieder.

§ 70 (69)

Soweit die Vertretung eines Mitglieds nicht durch ein Mitglied desselben Gerichts möglich ist, wird sie auf den Antrag des Präsidiums durch die Landesjustizverwaltung geordnet.

Die Beiordnung eines nichtständigen Richters darf, wenn sie auf eine bestimmte Zeit erfolgte, vor Ablauf dieser Zeit, wenn sie auf unbestimmte Zeit erfolgte, solange das Bedürfnis, durch welches sie veranlaßt wurde, fortdauert, nicht widerrufen werden. Ist mit der Vertretung eine Entschädigung verbunden, so ist diese für die ganze Dauer im voraus festzustellen.

Unberührt bleiben die landesgesetzlichen Bestimmungen, nach welchen richterliche Geschäfte nur von ständig angestellten Richtern wahrgenommen werden können, sowie die, welche die Vertretung durch ständig angestellte Richter regeln.

Zu Abs. 3 vgl. §§ 4, 5, 38 Pr. AGGVG. (unten Nr. XVII).

§ 71 (70)***

Vor die Zivilkammern, einschließlich der Kammern für Handelssachen, gehören alle bürgerlichen Rechtsstreitigkeiten, welche nicht den Amtsgerichten zugewiesen sind.

Die Landgerichte sind ohne Rücksicht auf den Wert des Streitgegenstandes ausschließlich zuständig:

1. für die Ansprüche, welche auf Grund **des Reichsbeamtengesetzes** gegen den Reichsfiskus erhoben werden;
2. für die Ansprüche gegen Reichsbeamte wegen Überschreitung ihrer amtlichen Befugnisse oder wegen pflichtwidriger Unterlassung von Amtshandlungen.

Der Landesgesetzgebung bleibt überlassen, Ansprüche der Staatsbeamten gegen den Staat aus ihrem Dienstverhältnisse, Ansprüche gegen den Staat wegen Verfügungen der Verwaltungsbehörden, wegen Verschuldung von Staatsbeamten und wegen Aufhebung von Privilegien, Ansprüche gegen Beamte wegen Überschreitung ihrer amtlichen Befugnisse oder wegen pflichtwidriger Unterlassung von Amtshandlungen sowie Ansprüche in betreff öffentlicher Abgaben ohne Rücksicht auf den Wert des Streitgegenstandes den Landgerichten ausschließlich zuzuweisen.

---

1) Das Ges. v. 1. 6. 1870 über die Abgaben von der Flößerei ist gegenstandslos geworden und daher in Abs. 2 Ziff. 1 nicht mehr aufgeführt.

2) Das Ges. über die Rechtsverhältnisse der Reichsbeamten v. 31. 3. 1873 ist als „Reichsbeamtengesetz" unter dem 18. 5. 1907 (RGBl. S. 245) neu bekannt gemacht und seitdem geändert worden durch: § 31 I des Besoldungsges. v. 30. 4. 1920 (RGBl. S. 805), § 48 Nr. 2 des Wehrgesetzes v. 23. 3. 1921 (RGBl. S. 340), § 1 des Ges. betr. Abänderung des RBG. v. 19. 7. 1921 (RGBl. S. 938), Art. 1 Nr. IV der dritten Ergänzung z. Besoldungsges. v. 21. 11. 1921 (RGBl. S. 1365), Ges. zur Änderung des § 91 RBG. v. 4. 7. 1922 (RGBl. I S. 565), Art. I des Ges. über die Pflichten der Reichsbeamten z. Schutze der Republik v. 21. 7. 1922 (RGBl. I S. 590), Art. 1 V der Siebenten Ergänzung des Besoldungsgesetzes v. 25. 10. 1922 (RGBl. I S. 802), Ges. über Dienstgeldstrafen v. 16. 5. 1923 (RGBl. I S. 295), Art. 2 der Neunten Ergänzung z. Besoldungsges. v. 18. 6. 1923 (RGBl. I S. 385), Art. 1 des Ges. z. Abänderung des § 101 RBG. v. 17. 7. 1923 (RGBl. I S. 683), Art. 1 der Personalabbau-VO. v. 27. 10. 1923 (RGBl. I S. 999).

3) Zu Abs. 3 vgl. § 39, 42 Pr.AGGVG. (unten Nr. XVII)

4) Eine ausschließliche Zuständigkeit der Zivilkammern besteht ferner für Ansprüche auf Entschädigung für unschuldig erlittene Untersuchungs- und Strafhaft. (Vgl. § 5 Abs. 3 S. 3 des Ges. v. 20. 5. 1898 — unten Nr. XI — und § 6 Abs. 3 S. 3 des Ges. v. 14. 7. 1904 — unten Nr. XII —).

§ 72 (71)

Die Zivilkammern, einschließlich der Kammern für Handelssachen, sind die Berufungs- und Beschwerdegerichte in den vor den Amtsgerichten verhandelten bürgerlichen Rechtsstreitigkeiten.

§ 73 (72)*

Die Strafkammern sind zuständig für die die Voruntersuchung und deren Ergebnisse betreffenden Entscheidungen, welche nach den Vorschriften der Strafprozeßordnung von dem Gerichte zu erlassen sind; sie entscheiden über Beschwerden gegen Verfügungen des Untersuchungsrichters und des Amtsrichters sowie gegen Entscheidungen des Amtsrichters und der Schöffengerichte. Die Bestimmungen über die Zuständigkeit der Oberlandesgerichte und des Reichsgerichts werden hierdurch nicht berührt.

Die Strafkammern erledigen außerdem die in der Strafprozeßordnung den Landgerichten zugewiesenen Geschäfte.

---

1) Die Änderungen beruhen auf § 11 Abs. 1 (§ 25 Abs. 1), § 15, 26 VO.

2) Zu Abs. 1 S. 2 vgl. § 120 Abs. 1 S. 2, § 137.

§ 74 (76)*

Die Strafkammern sind als erkennende Gerichte zuständig für die Verhandlung und Entscheidung über das Rechtsmittel der Berufung gegen die Urteile des Amtsrichters und des Schöffengerichts.

---

1) Die Fassung beruht auf § 11 Abs. 1 VO.

2) VO. des Reichsmin. der Justiz v. 18. 3. 1924 (RGBl. I S. 284) auf Grund des § 42 Abs. 5 VO.:

„§ 2. Für die Verhandlung und Entscheidung über die Berufung gegen die vor dem 1. 4. 1924 erlassenen Urteile des Schöffengerichts und des Amtsrichters ist die kleine Strafkammer, für die Verhandlung und Entscheidung über die Berufung gegen die vor dem 1. 4. 1924 erlassenen Urteile des Jugendgerichts ist die große Strafkammer zuständig. Die Vorschrift des § 42 Abs. 2 der VO. v. 4. 1. 1924 bleibt unberührt."

3) Eine erstinstanzliche Zuständigkeit der Strafkammern kommt nicht mehr in Frage. Sie sind als erkennende Gerichte nur noch Berufungsgerichte.

Die Berufung ist in gewissem Umfange ausgeschlossen (vgl. §§ 313, 334 StPO.); soweit sie an sich zulässig ist, kann das Urteil statt mit der Berufung alsbald mit der Revision angefochten werden. (§ 335 StPO.)

4) Für diejenigen Sachen, in denen die Strafkammer nach den bisherigen Vorschriften in erster Instanz entschieden hat, vgl. die Übergangsbestimmungen in § 42 Abs. 3, 4 VO. und in der VO. v. 18. 3. 1924 (RGBl. I S. 284), die hinsichtlich der Einlegung der Revision und der Wiederaufnahme des Verfahrens die erforderlichen Bestimmungen treffen.

Diese Vorschriften enthalten einen allgemeinen Grundsatz, der sich etwa dahin fassen läßt: Hat die Strafkammer nach den bisherigen Bestimmungen in erster Instanz erkannt, so trifft die Strafkammer (Beschlußkammer) auch nach dem 31. 3. 1924 alle diejenigen Entscheidungen, die in der gleichen Instanz etwa noch nötig werden. Dahin gehören z. B. die Entscheidungen über die Revision nach § 346 StPO., Entscheidungen aus Anlaß einer Untersuchungshaft (z. B. Briefkontrolle), die Entscheidungen bei der Strafvollstreckung (§§ 458–462 StPO.), die Entscheidung über die bedingte Strafaussetzung nach dem JGG (zu der Grundfrage, ob — wenn die Strafkammer ausnahmsweise über eine in jugendlichem Alter begangene Tat in erster Instanz geurteilt hat — sie und nicht der Jugendrichter zur Entscheidung im Aussetzungsverfahren berufen ist, ist gleicher Ansicht Franke zu § 34 JGG; a. M. Kiesow, Hellwig zu § 34 JGG, die den Jugendrichter für zuständig halten).

Für die bedingte Strafaussetzung im Gnadenwege hat die AV. d. Pr. JM. v. 5. 3. 1924 (JMBl. S. 99) in Ziff. 3 eine entsprechende Bestimmung getroffen.

§ 75 (teilw. § 77)***

Die Zivilkammern sind, soweit nicht nach den Vorschriften der Prozeßgesetze an Stelle der Kammer der Einzelrichter zu entscheiden hat, mit drei Mitgliedern einschließlich des Vorsitzenden besetzt.

Die Fassung beruht auf Art. I Nr. 1 der VO. v. 13. 2. 1924 (RGBl. I S. 135).

§ 76 (teilw. § 77)*

Die Strafkammern entscheiden außerhalb der Hauptverhandlung in der Besetzung von drei Mitgliedern mit Einschluß des Vorsitzenden.

In der Hauptverhandlung ist die Strafkammer besetzt:

mit dem Vorsitzenden und zwei Schöffen (kleine Strafkammer), wenn sich die Berufung gegen ein Urteil des Amtsrichters richtet;

mit drei Richtern mit Einschluß des Vorsitzenden und zwei Schöffen (große Strafkammer), wenn sich die Berufung gegen ein Urteil des Schöffengerichts richtet.

---

1) Die Fassung beruht auf § 11 Abs. 2 VO.

2) Vgl. Anm. 2 zu § 74.

3) Die Berufung gegen die Urteile der Jugendgerichte geht, da diese immer als Schöffengerichte urteilen, stets an die große Strafkammer. Vgl. aber die in Anm. 8 angeführte Ausnahme. Auch im Verfahren nach vorangegangener polizeilicher Strafverfügung (vgl. Anm. 14 zu § 25) wird ausnahmsweise auch in

Jugendsachen die kleine Strafkammer zur Entscheidung über die Berufung als zuständig zu erachten sein.

4) Die Beschlußkammer ist auch in den Sachen, die in der Hauptverhandlung vor die kleine Strafkammer gehören, mit 3 Mitgliedern zu besetzen. Den Vorsitz darin kann nur der Präsident oder ein Direktor führen, da § 62 Abs. 1 S. 2 für die Beschlußkammer nicht gilt.

5) Jugendsachen sollen besonderen Strafkammern zugewiesen werden (§ 19 Abs. 3 JGG.). Militärstrafsachen dürfen dagegen besonderen Kammern nicht zugewiesen werden (§ 26 GAMG.).

6) Berufung ist jetzt — nach Aufhebung der Wuchergerichte — auch in Wuchersachen gegeben.

7) In den Sachen, die auf Grund des Ges. über die Beschäftigung Schwerbeschädigter von den Schöffengerichten entschieden werden, geht die Berufung an die große Strafkammer. (Vgl. Anm. 4 zu § 28.)

8) Nach § 19 Abs. 3 Forstdiebstahlsges., § 58 Feld- u. Forstpolizeiges. entscheidet im Verfahren auf Grund dieser Gesetze stets die kleine Strafkammer über die Berufung — auch in Jugendsachen — da dabei in erster Instanz stets der Amtsrichter allein zuständig ist. Vgl. Anm. 13 zu § 25.

9) In kleineren Verhältnissen wird es sich empfehlen, die Sitzungen der kleinen und der großen Strafkammer am gleichen Tage nacheinander anzusetzen, um so die Schöffen für einen ganzen Tag ausnutzen zu können. Die Verwendung der gleichen Schöffen in den am selben Tage stattfindenden Sitzungen der großen und der kleinen Strafkammer ist unbedenklich zulässig.

§ 77 (neu)*

Für die Schöffen der Strafkammer gelten entsprechend die Vorschriften über die Schöffen des Schöffengerichts mit folgender Maßgabe:

Die Landesjustizverwaltung verteilt die Zahl der erforderlichen Hauptschöffen auf die zum Bezirke des Landgerichts gehörenden Amtsgerichtsbezirke. Die Hilfsschöffen wählt der Ausschuß bei dem Amtsgericht, in dessen Bezirk das Landgericht seinen Sitz hat. Hat das Landgericht seinen Sitz außerhalb seines Bezirkes, so bestimmt die Landesjustizverwaltung, welcher Ausschuß der zum Bezirke des Landgerichts gehörigen Amtsgerichte die Hilfsschöffen wählt. Die Namen der gewählten Hauptschöffen und der Hilfsschöffen werden

von dem Amtsrichter dem Landgerichtspräsidenten mitgeteilt. Der Landgerichtspräsident stellt die Namen der Hauptschöffen zur Jahresliste der Hauptschöffen zusammen.

An die Stelle des Amtsrichters tritt für die Auslosung der Reihenfolge, in der die Hauptschöffen an den einzelnen ordentlichen Sitzungen der Strafkammer teilnehmen, und für die Streichung eines Schöffen von der Jahresliste des Landgerichts der Landgerichtspräsident; im übrigen tritt an die Stelle des Amtsrichters der Vorsitzende der Strafkammer.

Niemand soll für dasselbe Geschäftsjahr zugleich als Schöffe für das Schöffengericht und für die Strafkammer bestimmt werden. Ist dies dennoch geschehen, oder ist jemand für dasselbe Geschäftsjahr in mehreren Bezirken zu diesen Ämtern bestimmt worden, so hat der Einberufene das Amt zu übernehmen, zu welchem er zuerst einberufen wird.

---

1) Die Fassung der Abs. 1—3 entspricht dem § 18 Abs. 1—3 VO. Abs. 4 schließt sich an § 90 (früher 97) an und beruht auf § 43 Abs. 2 VO.; vgl. auch Entwurf eines Ges. zur Neuordnung der Strafgerichte Art. II Nr. 22.

2) Die Bestimmung im § 33 (44) Pr. AGGVG. ist auch für Landgerichtsschöffen entsprechend anzuwenden.

3) Vgl. auch die Anm. zu §§ 30, 35, 42, 43, 45—47, 53, 54, 56 und Anm. 5 zu § 58.

4) Die Streichung eines Schöffen von der Jahresliste liegt dem Präsidenten ob; darüber, ob ein Schöffe wegen Ungeeignetheit nicht mehr heranzuziehen sei, entscheidet der Vorsitzende (§ 52). Im Falle des § 48 Abs. 1 hat der Präsident, im Falle des Abs. 2 der Vorsitzende der Strafkammer die Auslosung vorzunehmen.

5) Die Tätigkeit des Präsidenten bei der Feststellung der Jahresliste besteht ausschließlich in der Zusammenstellung der verschiedenen Teillisten zu einer einheitlichen Liste. Eine Auswahltätigkeit, wie früher bei den Geschworenen, wird beim Landgericht nicht mehr ausgeübt. Auswahl und Auslosung der Schöffen für die große und die kleine Strafkammer kann gemeinsam erfolgen. Die Aufstellung getrennter Listen ist nicht erforderlich, aber auch nicht unzulässig.

§ 78 (78)*

Durch Anordnung der Landesjustizverwaltung kann wegen großer Entfernung des Landgerichtssitzes bei einem Amtsgerichte für den Bezirk eines oder mehrerer Amtsgerichte eine Strafkammer gebildet und ihr für diesen Bezirk die gesamte Tätigkeit der Strafkammer des Landgerichts oder ein Teil dieser Tätigkeit zugewiesen werden.

Die Besetzung einer solchen Strafkammer erfolgt aus Mitgliedern des Landgerichts oder Amtsrichtern des Bezirkes, für welchen die Kammer gebildet wird. Der Vorsitzende wird ständig, die Amtsrichter werden auf die Dauer des Geschäftsjahrs durch die Landesjustizverwaltung berufen, die übrigen Mitglieder werden nach Maßgabe des § 63 durch das Präsidium des Landgerichts bezeichnet.

Die Landesjustizverwaltung verteilt die Zahl der erforderlichen Hauptschöffen auf die zum Bezirke der Strafkammer gehörenden Amtsgerichtsbezirke. Die Hilfsschöffen wählt der Ausschuß bei dem Amtsgerichte, bei dem die auswärtige Strafkammer gebildet worden ist. Die im § 77 dem Landgerichtspräsidenten zugewiesenen Geschäfte nimmt der Vorsitzende der Strafkammer wahr.

---

1) Abs. 3 beruht auf § 18 Abs. 4, 5 VO.

2) In Preußen sind „auswärtige“ Strafkammern eingerichtet gemäß AV. v. 5. u. 12. 3., 7. 4., 6. 5., 20. 8. 1924 (JMBl. S. 92, 121, 162, 210, 338). Danach bestehen auswärtige Strafkammern zurzeit bei folgenden Amtsgerichten: Arnswalde, Brandenburg, Küstrin, Eberswalde, Sorau, Kreuzburg O.-S., Neustadt O.-S., Sagan, Waldenburg, Fulda, Celle, Geestemünde, Meppen, Wilhelmshaven, Harburg, Kirchen, Wetzlar, Hamm (Westf.), Siegen, Itzehoe, Neidenburg, Ortelsburg, Sensburg, Stallupönen, Rosenberg, Schlochau, Burg b. Magdeburg, Eisleben, Heiligenstadt, Mühlhausen i. Th., Salzwedel, Suhl, Weißenfels, Wittenberg (Bez. Halle), Gollnow, Lauenburg, Neustettin, Stralsund und dem z. LG.-Bezirk Erfurt gehörenden thüringischen Amtsgericht in Sondershausen für Nordthüringen. Sie haben die Zuständigkeit der kleinen Strafkammer als erkennenden Gerichts. Nur den Strafkammern bei den Amtsgerichten in Sondershausen, Wetzlar, Kirchen und Hamm ist auch die Tätigkeit der großen Strafkammer als er-

kennenden und für Hamm und Sondershausen die der Strafkammer als beschließenden Gerichts — abgesehen von Schwurgerichtssachen — übertragen worden.

3) Der Vorsitzende braucht nicht ein Landgerichtsdirektor zu sein; es ist auch nicht notwendig, daß er Mitglied des Landgerichts ist. Auch ein Amtsrichter kann dazu berufen werden.

4) Über die Beschäftigung von Gerichtsassessoren bei auswärtigen Strafkammern vgl. § 5 Pr.AGGVG. (unten Nr. XVII).

5) Die auswärtige Strafkammer ist hinsichtlich der örtlichen Zuständigkeit als ein selbständiges Gericht anzusehen.

Sechster Titel

Schwurgerichte

§ 79 (79)*

Für die Verhandlung und Entscheidung von Strafsachen treten bei den Landgerichten nach Bedarf Schwurgerichte zusammen.

---

1) Die Änderung ist durch die Einschränkung der Zuständigkeit des Schwurgerichts (§ 14 VO., § 80 GVG.) veranlaßt worden, die einen periodischen Zusammentritt des Schwurgerichts zumeist nicht mehr zuläßt, vielmehr in den meisten Bezirken eine Zusammenberufung nach Bedarf — wenn ein Fall zur Verhandlung reif ist — erfordert. Vgl. auch § 19 Abs. 4 VO. und Entwurf eines Ges. z. Neuordnung der Strafgerichte v. 29. 5. 1923 Art. II Nr. 23. Darüber, ob und wann ein Schwurgericht zusammentreten soll, bestimmt der Präsident des Landgerichts (§ 87).

2) In Jugendsachen entscheidet anstatt des Schwurgerichts das große Jugendgericht, besetzt mit 2 Richtern und 3 Schöffen. (JGG. § 17 Abs. 1 S. 2.)

3) VO. des Reichsmin. d. Justiz v. 18. 3. 1924 (RGBl. I S. 284) auf Grund des § 42 Abs. 5 VO.:

„§ 1. Soweit auf Grund der VO. v. 4. 1. 1924 die Strafkammer anstelle des Schwurgerichts entschieden hat, gelten die Urteile der Strafkammer im Sinne des § 42 Abs. 3, 4 der VO. als Urteile des Schwurgerichts."

§ 80 (80)*

Die Schwurgerichte sind zuständig für die Verbrechen, welche nicht vor das Reichsgericht oder vor das Amtsgericht gehören.

---

1) Die Änderung folgt aus § 14 VO.

2) Zuständigkeit des Amtsgerichts § 24 GVG (vgl. auch Anm. 2 ff. dort). Zuständigkeit des Reichsgerichts § 134 GVG.

Vor das Oberlandesgericht kommt ein Verbrechen in erster Instanz niemals kraft Gesetzes, sondern stets nur infolge Überweisung, sei es vom Oberreichsanwalt, sei es durch das Reichsgericht (§§ 120, 134).

3) Das Schwurgericht bleibt danach zuständig für folgende Verbrechen: §§ 81, 83, 84, 92 (Hoch- u. Landesverrat gegen ein Land), §§ 153, 154, 155, 178, 211, 212, 214, 215, 217, 220, § 221 Abs. 3 Halbs. 2, § 226, § 229 Abs. 2, § 234, § 239 Abs. 3, § 251; ferner §§ 252, 255, sofern die Strafe aus § 251 zu entnehmen; §§ 306, 307, 312, § 313 Abs. 2, § 321 Abs. 2 Halbs. 2, § 322 Abs. 2, § 323, § 324 letzter Halbs., § 334; ferner § 341, sofern die Strafe aus § 239 Abs. 3 zu entnehmen; § 344, § 345 Abs. 1 StGB.

Aus Nebengesetzen kommen die Verbrechen gegen §§ 5, 6, 10 Sprengstoffges. und gegen die Wucherverordnungen (VO. v. 13. 7. 1923 RGBl. I S. 699) — und zwar gegen § 12 Abs. 2 Preistreiberei-VO., § 1 Abs. 3 VO. gegen verbotene Ausfuhr lebenswichtiger Gegenstände, § 28 Abs. 2 VO. über Handelsbeschränkungen und § 19 VO. über den Verkehr mit Vieh und Fleisch (Vgl. Teil I dieses Werkes) — in Betracht.

Wegen des Meineids im Falle des § 157 vgl. Anm. 4 zu § 25.

§ 81 (81)*

Das Schwurgericht besteht aus drei Richtern mit Einschluß des Vorsitzenden und sechs Geschworenen.

Die Fassung beruht auf § 12 Abs. 1, § 14 VO.

§ 82 (teilw. § 82)*

Die Richter und die Geschworenen entscheiden über die Schuld- und Straffrage gemeinschaftlich; während der Hauptverhandlung üben die Geschworenen das Richteramt im gleichen Umfang wie die Schöffen aus.

Außerhalb der Hauptverhandlung entscheiden während der Tagung die richterlichen Mitglieder des Schwurgerichts; außerhalb der Tagung entscheidet die Strafkammer des Landgerichts.

---

1) Die Fassung beruht auf § 12 Abs. 2, 3 VO. Der Paragraph enthält die Umgestaltung des Schwurgerichts in ein großes Schöffengericht.

2) Die VO. hat die Ausdrücke „Periode“, „periodisch“ durch „Tagung“ ersetzt. Vgl. § 12 Abs. 3, § 13 Abs. 1, 2, § 19 Abs. 2, 4 VO.

3) In welchem Umfange die Geschworenen das Richteramt ausüben, ergibt sich aus § 30.

§ 83 (teilw. § 83)*

Vor Beginn des Geschäftsjahrs ernennt der Präsident des Oberlandesgerichts für jede **Tagung** des Schwurgerichts aus der Zahl der Mitglieder des Oberlandesgerichts **oder der in seinem Bezirk angestellten Richter** einen Vorsitzenden des Schwurgerichts.

In gleicher Weise ernennt der Präsident des Landesgerichts für **jede Tagung** des Schwurgerichts aus der Zahl der Mitglieder des Landgerichts **und der in seinem Bezirk angestellten Amtsrichter** einen Stellvertreter des Vorsitzenden, die übrigen richterlichen Mitglieder **und ihre Stellvertreter.**

Wird im Laufe des Geschäftsjahrs eine Schwurgerichtstagung erforderlich, für die richterliche Mitglieder nicht ernannt worden sind, so können sie nachträglich ernannt werden. Ebenso können nachträglich Stellvertreter ernannt werden, wenn eine Vertretung erforderlich wird und die regelmäßigen Vertreter verhindert sind.

Solange noch nicht bestimmt ist, wann das Schwurgericht zusammentritt, erledigt der Vorsitzende der Strafkammer des Landgerichts die **in diesem Gesetze und in der Strafprozeßordnung** dem Vorsitzenden zugewiesenen Geschäfte. **Das gleiche gilt, nachdem die Tagung geschlossen ist.**

---

1) Die Abs. 1 u. 2 entsprechen dem § 13 VO. und dem § 83 alter Fassung.

Abs. 3 regelt einige mit der veränderten Form der Bestellung der richterlichen Mitglieder des Schwurgerichts zusammenhängende Fragen; S. 1 entspricht dem § 13 Abs. 2 VO.; S. 2 beruht auf § 43 VO.

Abs. 4 ergibt sich aus § 12 Abs. 3, § 13, § 19 Abs. 4, § 32 Abs. 1 VO.

2) Die Abs. 1, 2 bringen gegenüber dem bisherigen Recht einige Neuerungen.

Zu Vorsitzenden und Beisitzern des Schwurgerichts und deren Stellvertretern können auch Amtsrichter ernannt werden, und zwar zu Vorsitzenden solche aus dem Oberlandesgerichtsbezirk (da sie der Oberlandesgerichtspräsident ernennt), zu beisitzenden Richtern (die der Landgerichtspräsident ernennt) nur solche aus dem Landgerichtsbezirk. Die Bestimmung hat ihren Grund darin, daß der Schwerpunkt der Strafrechtspflege von dem Landgericht an das Amtsgericht verschoben ist, und daß daher gerade unter den Amtsrichtern die erfahrenen Strafrichter zu suchen sein werden.

Vorsitzende und Mitglieder werden nicht mehr für die einzelne Schwurgerichtstagung, sondern für das ganze Geschäftsjahr im voraus bestimmt. Es hängt das mit den in der Anm. 1 zu § 79 erörterten Umständen zusammen und soll eine Garantie dafür bieten, daß nicht für eine bestimmte Strafsache ein Richter ausgesucht wird. Es ist aber nicht notwendig, für das ganze Geschäftsjahr für alle Tagungen dieselben Richter zu Vorsitzenden, Beisitzern und Stellvertretern zu ernennen. Es ist möglich, für die einzelnen Tagungen verschiedene Personen für die einzelnen Ämter zu ernennen — z. B. „für die erste Tagung", „für die zweite Tagung" usw. —. Nötig ist nur, daß die Ernennung in dieser Weise vor Beginn des Geschäftsjahres erfolgt.

3) Abs. 3 trifft Vorsorge für den Fall, daß mehr Tagungen des Schwurgerichts erforderlich werden, als vorauszusehen war, und für den Fall, daß sowohl der Vorsitzende oder ein Mitglied als auch der ernannte Stellvertreter verhindert ist. In diesen Ausnahmefällen ist nachträgliche Ernennung, die im übrigen nach Abs. 1, 2 erfolgt, zulässig. Dabei muß, wie sich aus Abs. 4 ergibt, die Ernennung des Vorsitzenden spätestens mit der Bestimmung des Zeitpunkts für den Zusammentritt des Schwurgerichts erfolgen.

4) Mit der neu eingeführten Vorausbestimmung des Vorsitzenden hängt auch die Änderung im Eingange des Abs. 4 zusammen (bisher hieß es: „Solange die Ernennung des Vorsitzenden noch nicht erfolgt ist"). Ebenso hängt damit zusammen die Erwähnung des GVG. In Betracht kommen z. B. § 47 in Abs. 4 S. 1 (bisher nur StPO.) und die neue Vorschrift des Abs. 4 S. 2.

§ 84 (neu)*

Für die Geschworenen gelten die auf die Schöffen bezüglichen Vorschriften der §§ 31 bis 57, 77 entsprechend mit den sich aus dem Abs. 2 und den §§ 85 bis 90 ergebenden Maßgaben.

Mindestens die Hälfte der zu einer Tagung heranzuziehenden Geschworenen müssen Männer sein.

---

1) Abs. 1 entspricht dem § 19 Abs. 1 (§ 18) VO.

Abs. 2 regelt eine aus § 45 Abs. 2 sich ergebende Zweifelsfrage. Es können alle sechs Geschworenen Männer, es dürfen aber höchstens drei davon Frauen sein.

2) Vgl. auch § 44 Pr. AGGVG. § 45 daselbst ist gegenstandslos geworden.

3) Wegen der Verteilung der Geschworenen auf die einzelnen Amtsgerichtsbezirke vgl. Anm. 5 zu § 58.

4) Vgl. die Anm. zu § 77.

§ 85 (neu)*

Die Zahl der Hauptgeschworenen ist so zu bestimmen, daß voraussichtlich jeder Hauptgeschworene nur zu einer Tagung des Schwurgerichts im Geschäftsjahr herangezogen wird.

Vgl. § 19 Abs. 2 VO. Die Bestimmung enthält eine Änderung des § 43 Abs. 2. Die erforderliche Zahl der Geschworenen ergibt sich, wenn man die voraussichtliche Zahl der Tagungen mit sechs multipliziert. Für Ausfälle empfiehlt sich ein Zuschlag. Wegen der Hilfsgeschworenen vgl. Anm. zu § 43. Sie treten z. B. ein in den Fällen der §§ 52, 53.

§ 86 (neu)*

Die Reihenfolge, in der die Hauptgeschworenen an den Tagungen des Schwurgerichts teilnehmen, wird für das ganze Geschäftsjahr im voraus durch Auslosung bestimmt; der Präsident des Landgerichts setzt die Geschworenen von der Auslosung mit dem Hinzufügen in Kenntnis, daß ihnen darüber, ob und zu welchem Tage sie einberufen werden, eine weitere Nachricht zugehen werde.

---

1) Vgl. § 19 Abs. 3 VO.

2) Eine Auswahl, wie sie bisher beim Landgericht vorzunehmen war, findet nicht mehr statt. Wegen der Zusammenstellung der Jahresliste vgl. Anm. 5 zu § 77. Die Bestimmung der Geschworenen erfolgt nicht mehr für die einzelne Sache, sondern für die ganze Tagung. Das peremtorische Ablehnungs-

recht ist beseitigt und durch das motivierte Ablehnungsrecht ersetzt worden.

3) Da — anders als beim Schöffengericht und der Strafkammer — der Zeitpunkt der Tagung nicht im voraus festgestellt wird und es vielfach überhaupt zweifelhaft sein wird, ob eine Tagung notwendig werden wird, ist die zweite Nachricht erforderlich. Kommt es zu einer Tagung, so werden auf Anordnung des Präsidenten des Landgerichts diejenigen sechs Geschworenen (sowie etwa nötige Ergänzungsgeschworene), die nach der Reihenfolge der Liste zur Einberufung zunächst heranstehen, geladen.

4) Eine „außerordentliche" Tagung des Schwurgerichts (§ 48) kommt erst in Frage, wenn die ganze Geschworenenliste erschöpft ist. Es ist dann nach § 48 zu verfahren. Wegen der richterlichen Mitglieder vgl. § 83 Abs. 3. Eine nochmalige Beeidigung der Geschworenen, die bereits an einer Tagung teilgenommen haben, ist nicht erforderlich (§ 51).

§ 87 (neu)*

Der Präsident des Landgerichts bestimmt, wann das Schwurgericht zusammentritt, und ordnet die Einberufung der Hauptgeschworenen für die einzelne Tagung nach der Reihenfolge ihrer Auslosung an; zwischen der Zustellung der Ladung und dem Beginne der Tagung soll eine Frist von zwei Wochen liegen.

Vgl. § 19 Abs. 4 VO.

§ 88 (neu)*

Der Präsident des Landgerichts entscheidet über die von den Geschworenen vorgebrachten Ablehnungsgründe sowie darüber, ob ein Geschworener ferner zur Dienstleistung heranzuziehen ist.

Vgl. § 19 Abs. 5 VO.

§ 89 (95)*

Erstreckt sich eine Tagung des Schwurgerichts über den Endtermin des Geschäftsjahrs hinaus, so bleiben die Geschworenen, welche dazu einberufen sind, bis zum Schlusse der Tagung zur Mitwirkung verpflichtet.

Vgl. Anm. 2 zu § 82.

§ 90 (97)

Niemand soll für dasselbe Geschäftsjahr als Geschworener und als Schöffe bestimmt werden.

Ist dies dennoch geschehen, oder ist jemand für dasselbe Geschäftsjahr in mehreren Bezirken zu diesen Ämtern bestimmt worden, so hat der Einberufene das Amt zu übernehmen, zu welchem er zuerst einberufen wird.

§ 91 (98)*

Die Strafkammer des Landgerichts kann bestimmen, daß einzelne Sitzungen des Schwurgerichts nicht am Sitze des Landgerichts, sondern an einem anderen Orte innerhalb des Schwurgerichtsbezirkes abzuhalten seien.

Wird in einem solchen Falle die Zuziehung anderer als der zunächst berufenen Geschworenen erforderlich, so werden die Hilfsschöffen des für den Sitzungsort zuständigen Schöffengerichts nach Maßgabe des § 49 herangezogen.

---

1) Abs. 2 entspricht dem § 19 Abs. 7 S. 3 VO. (Art. II Nr. 35 Entwurf eines Ges. z. Neuordnung der Strafgerichte), der dort infolge eines Redaktionsversehens an eine falsche Stelle gekommen war (Vgl. Anm. zu § 19 VO.).

2) Ist bei dem Amtsgericht des Sitzungsortes ein Schöffengericht nicht errichtet, so treten die Hilfsschöffen desjenigen Schöffengerichts ein, dem der in Betracht kommende Amtsgerichtsbezirk gemäß § 58 zugelegt worden ist. Das Jugendgericht ist nicht das „Schöffengericht" im Sinne des Abs. 2.

§ 92 (99)*

Die Landesjustizverwaltung kann bestimmen, daß die Bezirke mehrerer Landgerichte zu einem Schwurgerichtsbezirke zusammengelegt und die Sitzungen des Schwurgerichts bei einem der Landgerichte abgehalten werden.

In diesem Falle haben das Landgericht, bei welchem die Sitzungen des Schwurgerichts abgehalten werden, und dessen Präsident die ihnen in den §§ 82 bis 91 zugewiesenen Geschäfte für den Umfang des Schwurgerichtsbezirkes wahrzunehmen.

Die Mitglieder des Schwurgerichts mit Einschluß des Stellvertreters des Vorsitzenden können aus der Zahl der im Bezirke des Schwurgerichts angestellten Richter bestimmt werden.

Die Zahl der erforderlichen Hauptgeschworenen wird auf sämtliche Amtsgerichte des Schwurgerichtsbezirkes verteilt.

Die Änderung im Abs. 3 folgt aus § 13 Abs. 1 S. 2, die im Abs. 4 aus § 19 Abs. 7 S. 1 VO. Für Preußen ohne Bedeutung.

Siebenter Titel.

Kammern für Handelssachen.

§ 93 (100)

Soweit die Landesjustizverwaltung ein Bedürfnis als vorhanden annimmt, können bei den Landgerichten für deren Bezirke oder für örtlich abgegrenzte Teile davon Kammern für Handelssachen gebildet werden.

Solche Kammern können ihren Sitz innerhalb des Landgerichtsbezirkes auch an Orten haben, an welchen das Landgericht seinen Sitz nicht hat.

---

1) Wegen der Bestimmung des Vorsitzenden der Kammer für Handelssachen vgl. § 46 Pr. AGGVG. (unten Nr. XVII). Dazu sind ergangen die AV. v. 27. 5. 1920 (JMBl. S. 228) und v. 13. 8. 1921 (JMBl. S. 441). Danach werden in Abänderung früherer Bestimmungen die Vorsitzenden der Kammern für Handelssachen und deren ständige Vertreter vom Justizminister ernannt.

2) Wegen der Errichtung der Kammern vgl. AV. v. 26. 7. 1879 (JMBl. S. 210 — abgedruckt auch bei Müller Justizverw. 6. Aufl. S. 34 —); seither sind zahlreiche neue Kammern eingerichtet worden.

3) Wegen der Ernennung der Handelsrichter vgl. die Anm. zu § 109.

§ 94 (100a)

Ist bei einem Landgericht eine Kammer für Handelssachen gebildet, so tritt für Handelssachen diese Kammer an die Stelle der Zivilkammern nach Maßgabe der folgenden Vorschriften.

§ 95 (101)***

Handelssachen im Sinne dieses Gesetzes sind die bürgerlichen Rechtsstreitigkeiten, in welchen durch die Klage ein Anspruch geltend gemacht wird:

1. gegen einen Kaufmann im Sinne des Handelsgesetzbuchs aus Geschäften, welche für beide Teile Handelsgeschäfte sind;
2. aus einem Wechsel im Sinne der Wechselordnung oder aus einer der im § 363 des Handelsgesetzbuchs bezeichneten Urkunden;
3. **auf Grund des Scheckgesetzes;**
4. aus einem der nachstehend bezeichneten Rechtsverhältnisse:
   a) aus dem Rechtsverhältnisse zwischen den Mitgliedern einer Handelsgesellschaft oder zwischen dieser und ihren Mitgliedern oder zwischen dem stillen Gesellschafter und dem Inhaber des Handelsgeschäfts, sowohl während des Bestehens als auch nach Auflösung des Gesellschaftsverhältnisses, ingleichen aus dem Rechtsverhältnisse zwischen den Vorstehern oder den Liquidatoren einer Handelsgesellschaft und der Gesellschaft oder deren Mitgliedern;
   b) aus dem Rechtsverhältnisse, welches das Recht zum Gebrauche der Handelsfirma betrifft;
   c) aus den Rechtsverhältnissen, welche sich auf den Schutz der Warenbezeichnungen, Muster und Modelle beziehen;
   d) aus dem Rechtsverhältnisse, welches durch den Erwerb eines bestehenden Handelsgeschäfts unter Lebenden zwischen dem bisherigen Inhaber und dem Erwerber entsteht;
   e) aus dem Rechtsverhältnisse zwischen einem Dritten und dem, welcher wegen mangelnden Nachweises der Prokura oder Handlungsvollmacht haftet;

f) aus den Rechtsverhältnissen des Seerechts oder des Rechtes der Binnenschiffahrt, insbesondere aus denen, welche sich auf die Reederei, auf die Rechte und Pflichten des Reeders oder Schiffseigners, des Korrespondentreeders und der Schiffsbesatzung, auf die Bodmerei und die Haverei, auf den Schadensersatz im Falle des Zusammenstoßes von Schiffen, auf die Bergung und Hilfeleistung und auf die Ansprüche der Schiffsgläubiger beziehen;

5. auf Grund des Gesetzes **gegen den unlauteren Wettbewerb vom 7. Juni 1909 (Reichsgesetzbl. S. 499);**

6. aus den §§ 45 bis 48 des Börsengesetzes (Reichsgesetzbl. 1908 S. 215).

---

1) Nr. 3 entspricht dem § 28 des Scheckges. v. 11. 3. 1908 (RGBl. S. 71).

2) Die bisherige Nr. 6 ist weggefallen (vgl. dazu §§ 7, 8 Ges. v. 26. 7. 1918, RGBl. S. 959) und § 227 RAO.

§ 96 (102)***

Die Verhandlung des Rechtsstreits erfolgt vor der Kammer für Handelssachen, wenn der Kläger dies in der Klageschrift beantragt hat.

Ist ein Rechtsstreit nach den Vorschriften der §§ 276, 506 der Zivilprozeßordnung vom Amtsgericht an das Landgericht zu verweisen, so hat der Kläger den Antrag auf Verhandlung vor der Kammer für Handelssachen in der mündlichen Verhandlung vor dem Amtsgerichte zu stellen.

Die Änderung beruht auf Art. I Nr. 2 der VO. v. 13. 2. 1924 (RGBl. I S. 135.)

§ 97 (103)

Wird vor der Kammer für Handelssachen eine nicht vor sie gehörige Klage zur Verhandlung gebracht, so ist der Rechtsstreit auf Antrag des Beklagten an die Zivilkammer zu verweisen.

Gehört die Klage oder die im Falle des § 506 der Zivilprozeßordnung erhobene Widerklage als Klage nicht vor die Kammer für Handelssachen, so ist diese auch von Amts wegen befugt, den Rechtsstreit an die Zivilkammer zu verweisen, solange nicht eine Verhandlung zur Haupsache erfolgt und darauf ein Beschluß verkündet ist. Die Verweisung von Amts wegen kann nicht aus dem Grunde erfolgen, daß der Beklagte nicht Kaufmann ist.

§ 98 (104)

Wird vor der Zivilkammer eine vor die Kammer für Handelssachen gehörige Klage zur Verhandlung gebracht, so ist der Rechtsstreit auf Antrag des Beklagten an die Kammer für Handelssachen zu verweisen. Ein Beklagter, welcher nicht in das Handelsregister eingetragen ist, kann den Antrag nicht darauf stützen, daß er Kaufmann ist.

Der Antrag ist zurückzuweisen, wenn die im Falle des § 506 der Zivilprozeßordnung erhobene Widerklage als Klage vor die Kammer für Handelssachen nicht gehören würde.

Zu einer Verweisung von Amts wegen ist die Zivilkammer nicht befugt.

Die Zivilkammer ist zur Verwerfung des Antrags auch dann befugt, wenn der Kläger ihm zugestimmt hat.

99 (105)

Wird in einem bei der Kammer für Handelssachen anhängigen Rechtsstreit die Klage in Gemäßheit des § 280 der Zivilprozeßordnung durch den Antrag auf Feststellung eines Rechtsverhältnisses erweitert oder eine Widerklage erhoben und gehört die erweiterte Klage oder die Widerklage als Klage nicht vor die Kammer für Handelssachen, so ist der Rechtsstreit auf Antrag des Gegners an die Zivilkammer zu verweisen.

Unter der Beschränkung des § 97 Abs. 2 ist die Kammer zu der Verweisung auch von Amts wegen befugt. Diese Befugnis tritt auch dann ein, wenn durch eine Klageänderung ein Anspruch geltend gemacht wird, welcher nicht vor die Kammer für Handelssachen gehört.

§ 100 (105a)

Die §§ 96 bis 99 finden auf das Verfahren in der Berufungsinstanz vor den Kammern für Handelssachen entsprechende Anwendung.

§ 101 (106)

Der Antrag auf Verweisung des Rechtsstreits an eine andere Kammer ist nur vor der Verhandlung des Antragstellers zur Sache zulässig.

Über den Antrag ist vorab zu verhandeln und zu entscheiden.

§ 102 (107)

Gegen die Entscheidung über Verweisung eines Rechtsstreits an die Zivilkammer oder an die Kammer für Handelssachen findet kein Rechtsmittel statt. Erfolgt die Verweisung an eine andere Kammer, so ist diese Entscheidung für die Kammer, an welche der Rechtsstreit verwiesen wird, bindend. Der Termin zur weiteren mündlichen Verhandlung wird von Amts wegen bestimmt und den Parteien bekanntgemacht.

§ 103 (108)

Bei der Kammer für Handelssachen kann ein Anspruch in Gemäßheit des § 64 der Zivilprozeßordnung nur dann geltend gemacht werden, wenn der Rechtsstreit nach den Bestimmungen der §§ 94, 95 vor die Kammer für Handelssachen gehört.

§ 104 (108a)

Wird die Kammer für Handelssachen als Beschwerdegericht mit einer vor sie nicht gehörigen Beschwerde befaßt, so ist die Beschwerde von Amts wegen an die Zivilkammer zu verweisen. Ebenso hat die Zivilkammer, wenn sie als Beschwerdegericht in einer Handelssache mit einer

Beschwerde befaßt wird, diese von Amts wegen an die Kammer für Handelssachen zu verweisen. Die Vorschriften des § 102 Satz 1, 2 finden entsprechende Anwendung.

Eine Verweisung der Beschwerde an eine andere Kammer findet nicht statt, wenn bei der Kammer, welche mit der Beschwerde befaßt wird, die Hauptsache anhängig ist, oder diese Kammer bereits eine Entscheidung in der Hauptsache erlassen hat.

§ 105 (109)***

Die Kammern für Handelssachen entscheiden in der Besetzung mit einem Mitglied des Landgerichts als Vorsitzenden und zwei Handelsrichtern, **soweit nicht nach den Vorschriften der Prozeßgesetze an Stelle der Kammer der Einzelrichter zu entscheiden hat.**

Sämtliche Mitglieder der Kammer für Handelssachen haben gleiches Stimmrecht.

In Streitigkeiten, welche sich auf das Rechtsverhältnis zwischen Reeder oder Schiffer und Schiffsmannschaft beziehen, kann die Entscheidung in erster Instanz durch den Vorsitzenden allein erfolgen.

---

1) Der Zusatz in Abs. 1 ergibt sich aus Art. I Nr. 1 der VO. v. 13. 2. 1924 (RGBl. I S. 135).

2) Wegen der Bestimmung des Vorsitzenden vgl. § 46 Pr. AGGVG. (unten XVII). Vgl. ferner die Anm. 1 zu § 93.

3) Die Vorschriften über die Ernennung der Handelsrichter sind in der Anm. zu § 109 aufgeführt.

§ 106 (110)

Im Falle des § 93 Abs. 2 kann ein Amtsrichter Vorsitzender der Kammer für Handelssachen sein.

§ 107 (111)

Das Amt der Handelsrichter ist ein Ehrenamt.

Die Handelsrichter, die weder ihren Wohnsitz noch ihre gewerbliche Niederlassung am Sitze der Kammer für Handelssachen haben, erhalten Tage- und Übernachtungsgelder sowie Ersatz der verauslagten Fahrkosten nach den für die Reichsbeamten der Stufe III (§ 2 Abs. 2 der Reisekostenverordnung für die Reichsbeamten, Reichsgesetzbl. 1921 S. 1345, 1923 I S. 981) geltenden Vorschriften.

Handelsrichtern, die ihren Wohnsitz oder ihre gewerbliche Niederlassung am Sitze der Kammer für Handelssachen haben, werden die notwendigen Fahrkosten erstattet, wenn ihr Weg zum Gerichte mehr als zwei Kilometer beträgt.

Abs. 2, 3 sind zugefügt durch Ges. v. 13. 12. 1923 (RGBl. I S. 1185).

§ 108 (112)

Die Handelsrichter werden auf gutachtlichen Vorschlag des zur Vertretung des Handelsstandes berufenen Organs für die Dauer von drei Jahren ernannt; eine wiederholte Ernennung ist nicht ausgeschlossen.

109 (113)

Zum Handelsrichter kann jeder Deutsche ernannt werden, welcher das dreißigste Lebensjahr vollendet hat und als Kaufmann, als Vorstand einer Aktiengesellschaft, als Geschäftsführer einer Gesellschaft mit beschränkter Haftung oder als Vorstand einer sonstigen juristischen Person in das Handelsregister eingetragen ist oder eingetragen war.

Zum Handelsrichter soll nur ernannt werden, wer in dem Bezirke der Kammer für Handelssachen wohnt oder, wenn er als Kaufmann in das Handelsregister eingetragen ist, dort eine Handelsniederlassung hat; bei Personen, die als Vorstand einer Aktiengesellschaft, als Geschäftsführer einer Gesellschaft mit beschränkter Haftung oder als Vorstand einer sonstigen juristischen Person in das Handelsregister eingetragen sind, genügt es, wenn die Gesellschaft oder juristische Person eine Niederlassung in dem Bezirke hat.

Personen, welche infolge gerichtlicher Anordnung in der Verfügung über ihr Vermögen beschränkt sind, können nicht zu Handelsrichtern ernannt werden.

1) Art. I Abs. 2 Ges. v. 11. 7. 1922 (RGBl. I S. 573): „Ebenso können Frauen zu Handelsrichtern . . . . . . ernannt werden." Vgl. dazu die AV. d. Pr. JM. v. 22. 12. 1922 (JMBl. S. 601).

2) Die Vorschriften über die Ernennung der Handelsrichter sind enthalten in den AV. v. 10. 12. 1903 (JMBl. S. 291), 12. 3. 1904 (JMBl. S. 65), 11. 3. 1905 (JMBl. S. 121) und in den RdV. v. 12. 3. 1904 — I 1400 — und v. 3. 4. 1909 — Ia 606 —; sie sind abgedruckt bei Müller „Justizverwaltung", 6. Aufl. S. 34 bis 38. Von Bedeutung ist ferner noch die AV. v. 3. 3. 1921 (JMBl. S. 174) und § 5 der AV. v. 26.7.1879 (JMBl. S. 210); letztere regelt die Verteilung der Geschäfte unter die Kammern und die einzelnen Handelsrichter. Wegen der Bezeichnung: „Handelsgerichtsrat" für die ständigen und „Handelsrichter" für die stellvertretenden Handelsrichter vgl. die AV. v. 14. 6. 1921 (JMBl. S. 45). Die Ernennung erfolgt durch das Staatsministerium (Art. 82 Abs. 1 Pr. Verfassung) — vgl. Anm. zu § 7 AGGVG. —

§ 110 (114)

An Seeplätzen können Handelsrichter auch aus dem Kreise der Schiffahrtskundigen ernannt werden.

§ 111 (115)

Die Handelsrichter sind vor ihrem Amtsantritt auf die Erfüllung der Obliegenheiten des ihnen übertragenen Amtes eidlich zu verpflichten.

Über die Form der Beeidigung vgl. für Preußen die AV. v. 21. 12. 1918 (JMBl. S. 533).

§ 112 (116)

Die Handelsrichter haben während der Dauer ihres Amtes in Beziehung auf dasselbe alle Rechte und Pflichten richterlicher Beamten.

§ 113 (117)

Ein Handelsrichter ist seines Amtes zu entheben, wenn er eine der für die Ernennung erforderlichen Eigenschaften nachträglich verliert.

Die Enthebung erfolgt durch den ersten Zivilsenat des Oberlandesgerichts nach Anhörung des Beteiligten.

§ 114 (118)

Über Gegenstände, zu deren Beurteilung eine kaufmännische Begutachtung genügt, sowie über das Bestehen von Handelsgebräuchen kann die Kammer für Handelssachen auf Grund eigener Sachkunde und Wissenschaft entscheiden.

Achter Titel

Oberlandesgerichte

§ 115 (119)

Die Oberlandesgerichte werden mit einem Präsidenten und der erforderlichen Anzahl von Senatspräsidenten und Räten besetzt.

Wegen der Vertretung der Räte vgl. § 48 Pr. AGGVG. (unten Nr. XVII).

§ 116 (120)

Bei den Oberlandesgerichten werden Zivil- und Strafsenate gebildet.

§ 117 (121)

Die Bestimmungen der §§ 62 bis 69 finden mit der Maßgabe Anwendung, daß zu dem Präsidium stets die beiden ältesten Mitglieder des Gerichts zuzuziehen sind.

Für die Anwendung der Zusätze zu den §§ 62—69, die durch die VO. bedingt sind, ist bei den OLG. kein Raum. Das gilt insbesondere für § 62 Abs. 1 S. 2, § 64 Abs. 2 S. 1 Halbs. 2 und für § 66 Abs. 1 S. 2, Abs. 2 S. 2. Dagegen gilt § 66 Abs. 2 S. 1 auch für die Vertretung des Präsidenten des Oberlandesgerichts in den durch das GVG. bestimmten Geschäften (insbes. § 83).

§ 118 (122)

Zu Hilfsrichtern dürfen nur ständig angestellte Richter berufen werden.

Vgl. dazu § 48 Pr. AGGVG.

§ 119 (123 Ziff. 1, 4)*

Die Oberlandesgerichte sind in bürgerlichen Rechtsstreitigkeiten zuständig für die Verhandlung und Entscheidung über die Rechtsmittel:

1. der Berufung gegen die Endurteile der Landgerichte,
2. der Beschwerde gegen Entscheidungen der Landgerichte.

Für Strafsachen vgl. jetzt §§ 120, 121.

§ 120 (neu)*

Die Oberlandesgerichte sind zur Verhandlung und Entscheidung in erster und letzter Instanz in den Strafsachen zuständig, die gemäß § 134 Abs. 2 von dem Oberreichsanwalt an die Landesstaatsanwaltschaft abgegeben werden, oder in denen das Reichsgericht gemäß § 134 Abs. 3 bei Eröffnung des Hauptverfahrens die Verhandlung und Entscheidung dem Oberlandesgericht überweist. In den von dem Oberreichsanwalt an die Landesstaatsanwaltschaft abgegebenen Sachen trifft das Oberlandesgericht auch die im § 73 Abs. 1 bezeichneten Entscheidungen.

Für den Gerichtsstand gelten in diesen Fällen die allgemeinen Vorschriften. Sind jedoch in einem Lande mehrere Oberlandesgerichte errichtet, so können die im Abs. 1 den Oberlandesgerichten zugewiesenen Aufgaben durch die Landesjustizverwaltung einem oder einigen der Oberlandesgerichte oder dem Obersten Landesgericht übertragen werden. Durch Vereinbarung der beteiligten Landesjustizverwaltungen können diese Aufgaben dem hiernach zuständigen Gericht eines Landes auch für das Gebiet eines anderen Landes übertragen werden.

---

1) Die Bestimmungen ziehen die notwendigen Folgerungen aus §§ 15, 26 VO. (vgl. auch § 40 Abs. 2 a. a. O.), die sich ihrerseits an die VO. v. 12. 12. 1923 (RGBl. I S. 1197) anschließen.

2) Für Preußen sind das Kammergericht und die Oberlandesgerichte in Cassel, Hamm, Breslau, Königsberg bestimmt worden; für Marinesachen ist das KG. für ganz Preußen außer

OLG.-Bez. Königsberg und LG.-Bez. Elbing (hierfür OLG. Königsberg) zuständig; vgl. die AV. v. 10. 1. (Ziff. 1), 7. 2. und 26. 3. 1924 (JMBl. S. 17, 63, 145). Für Schaumburg-Lippe und Lippe ist das OLG. Hamm, in Marinesachen das KG. (anstelle des OLG. Celle); für Anhalt das KG.; für den Bezirk der thüringischen Strafkammer in Sondershausen ist das OLG. Cassel, in Marinesachen das KG. (anstelle der OLG. Naumburg) zuständig. Für den ganzen OLG.-Bezirk Jena und für den OLG.-Bezirk Dresden ist in Marinesachen das KG. zuständig; das Gleiche gilt für Birkenfeld (für andere Sachen vgl. AV. v. 10. 1. 1924 Ziff. 1 vorletzten Absatz). Andererseits ist für den Bezirk des LG. Hechingen das OLG. Stuttgart, für die dem OLG. Jena angeschlossenen Pr. Gebietsteile (A.G-Bezirke Ranis, Ziegenrück, Suhl, Schleusingen, Schmalkalden, Brotterode und Steinbach-Hallenberg) das OLG. Jena (außer Marinesachen) zuständig.

Wegen der im besetzten Gebiet, im Einbruchsgebiet und in gewissen Randgebieten begangenen Straftaten einschlägiger Art vgl. die in Anm. 4 zu § 7 StPO. abgedruckten VO. Danach ist dafür wahlweise OLG. Hamm oder Cassel zuständig.

3) Das Verfahren vor den OLG. bestimmt sich nach den für das RG. in erster Instanz geltenden Vorschriften (§ 26 VO.). Vgl. die Änderungen in § 73 Abs. 1 S. 2, § 120 Abs. 1 S. 2 GVG. und in § 140 Abs. 1, § 178 Abs. 1, § 186 Abs. 4, § 198 Abs. 1, § 200 Abs. 2, § 462 StPO. Ein Rechtsmittel gegen die vom OLG. in erster Instanz erlassenen Beschlüsse und Urteile findet nicht statt.

Die Senate sind in erstinstanzlichen Sachen nach § 122 Abs. 2 in der Hauptverhandlung ausnahmsweise mit 5 Richtern (sonst nur 3) besetzt. Außerhalb der Hauptverhandlung ist der Senat auch in erstinstanzlichen Sachen mit 3 Richtern besetzt; er entscheidet in dieser Besetzung z. B. über die Eröffnung des Hauptverfahrens, über Beschwerden gegen Verfügungen des Untersuchungsrichters und des Amtsrichters im Ermittlungsverfahren und trifft sonstige bei der Voruntersuchung und vor Beginn oder nach Beendigung der Hauptverhandlung notwendig werdende Entscheidungen.

Vgl. auch die Anm. zu § 134.

4) In den Fällen des Abs. 2 S. 2, 3 können alle Richter des erweiterten Bezirks zu Untersuchungsrichtern bestellt werden (§ 186 Abs. 4 StPO.).

§ 121 (teilw. § 123, Ziff. 2, 3, 5)*

Die Oberlandesgerichte sind in Strafsachen ferner zuständig für die Verhandlung und Entscheidung über die Rechtsmittel:

1. der Revision gegen
   a) **die mit der Berufung nicht anfechtbaren Urteile des Amtsrichters;**
   b) **die Urteile der kleinen Strafkammer;**
   c) **die Urteile der großen Strafkammer, wenn in erster Instanz das mit einem Richter und zwei Schöffen besetzte Schöffengericht entschieden hat;**
   d) **die Urteile der großen Strafkammer und der Schwurgerichte,** wenn die Revision ausschließlich auf die Verletzung einer in den Landesgesetzen enthaltenen Rechtsnorm gestützt wird;
2. **der Beschwerde gegen strafrichterliche Entscheidungen, soweit nicht die Zuständigkeit der Strafkammer oder des Reichsgerichts begründet ist.**

---

1) Nr. 1 b—d ist aus § 16 VO., Nr. 1 a aus § 33 Abs. 2 S. 3 VO. entnommen.

Die Fassungsänderung in Nr. 2 ergibt sich daraus, daß die Strafkammer nicht mehr Gericht erster Instanz ist.

Zu Nr. 1 a vgl. § 33 VO. und §§ 313, 334 StPO. Sie weist lediglich diejenige Revision, die anstelle einer unzulässigen Berufung eingelegt wird, dem Oberlandesgericht zu. Die Revision, die anstelle einer zulässigen Berufung eingelegt wird (§ 34 VO.), ist in § 335 StPO. geregelt; diese Revision geht an das Oberlandesgericht nur, wenn in erster Instanz der Amtsrichter allein oder das mit einem Richter und zwei Schöffen besetzte Schöffengericht (Jugendgericht) entschieden hat, dagegen (vorbehaltlich des § 121 Nr. 1 d) an das Reichsgericht, wenn das mit zwei Richtern und 2 Schöffen besetzte Schöffengericht (Jugendgericht) oder das große Jugendgericht entschieden hat.

2) An der Zuständigkeit des Oberlandesgerichts nach § 172 StPO. hat sich nichts geändert.

3) In den Fällen des § 121 Nr. 1 a entscheidet das OLG. auch dann, wenn in erster Instanz (im Falle des Zusammenhangs) das erweiterte Schöffengericht entschieden hat und die Revision nur die Privatklage oder die Übertretung betrifft. Hat dagegen in einer Schwurgerichtssache im Falle des Zusammenhangs das Schwurgericht eine Übertretung mit abgeurteilt, so geht die Revision an das Reichsgericht.

4) Zu § 121 Nr. 1d vgl. § 9 EGGVG. und § 50 Pr. AGGVG. sowie die Anm. dazu (unten XVII). Neu ist, daß das Oberlandesgericht unter den Voraussetzungen der Nr. 1 d nunmehr auch für die Revision gegen Schwurgerichtsurteile zuständig sein kann.

5) Vgl. auch die Anm. zu § 135.
6) Zu Nr. 2 vgl. § 120 Abs. 1 S. 2 und Anm. 3 Abs. 2 zu § 120.

§ 122 (124)*, ***

Die Senate der Oberlandesgerichte entscheiden, soweit nicht nach den Vorschriften der Prozeßgesetze an Stelle des Senats der Einzelrichter zu entscheiden hat, in der Besetzung von drei Mitgliedern mit Einschluß des Vorsitzenden.

Die Strafsenate sind in der Hauptverhandlung erster Instanz mit fünf Mitgliedern einschließlich des Vorsitzenden zu besetzen.

---

1) Die Änderung im Abs. 1 beruht auf Art. I Nr. 1 der VO. v. 13. 2. 1924 (RGBl. I S. 135), die Besetzung mit 3 Mitgliedern und Abs. 2 auf § 1 VO.

2) Abs. 2 gilt nur für die Hauptverhandlung. Außerhalb derselben sind die Senate auch für erstinstanzliche Sachen mit 3 Mitgliedern besetzt.

Neunter Titel

Reichsgericht

Vorbemerkung: 1) Das Reichsgericht ist in erster und letzter Instanz zuständig gemäß Ges. v. 18. 12. 1919 (RGBl. S. 2125) zur Verfolgung von Kriegsverbrechen und Kriegsvergehen und gemäß Ges. v. 24. 3. 1920 (RGBl. S. 341), 12. 5. 1921 (RGBl. S. 508) zur Ergänzung bzw. zur weiteren Ergänzung des Ges. zur Verfolgung von Kriegsverbrechen und Kriegsvergehen. Sie sind nicht mit abgedruckt, da die anhängigen Sachen im wesentlichen erledigt sind.

2) Die Vorschriften des Ges. zum Schutze der Republik v. 21. 7. 1922 (RGBl. I S. 585) über den Staatsgerichtshof zum Schutze der Republik sind abgedruckt im Teil I (materielles Strafrecht). Vgl. ferner VO. v. 29. 7. 1922 (RGBl. I S. 673) über den Staatsgerichtshof zum Schutze der Republik und die VO. v. 1. 8. 1922 (RGBl. I S. 675) über das Verfahren vor dem Staatsgerichtshof zum Schutze der Republik in Verwaltungssachen.

§ 123 (125)

Der Sitz des Reichsgerichts wird durch Gesetz bestimmt.

Ges. v. 11. 4. 1877 (RGBl. S. 415).

§ 124 (126)

Das Reichsgericht wird mit einem Präsidenten und der erforderlichen Anzahl von Senatspräsidenten und Räten besetzt.

§ 125 (127) **

Der Präsident, die Senatspräsidenten und Räte werden auf Vorschlag des **Reichsrats von dem Reichspräsidenten** ernannt.

Zum Mitglied des Reichsgerichts kann nur ernannt werden, wer die Fähigkeit zum Richteramt in einem **deutschen Lande** erlangt und das fünfunddreißigste Lebensjahr vollendet hat.

Das Dienstalter der Mitglieder des Reichsgerichts richtet sich nach der Ernennung. Auf das Dienstalter ist die Zeit anzurechnen, die das Mitglied als Reichsanwalt, als Rechtsanwalt beim Reichsgericht oder als ordentlicher öffentlicher Lehrer des Rechts an einer deutschen Universität tätig gewesen ist.

---

1) Die Änderung im Abs. 1 beruht auf § 43 VO. in Verbindung mit Art. 179 RV. (abgedruckt in Anm. 1 zu § 34 GVG.); Abs. 3 ist durch das Ges. v. 27. 3. 1923 (RGBl. I S. 218) Art. I Nr. 4 eingefügt.

2) Eine Altersgrenze (68. Lebensjahr) besteht nunmehr auch für die Mit glieder des Reichsgerichts (vgl. Art. 1 Nr. II VO. v. 27. 10. 1923, RGBl. I S. 999).

§ 126 (128)

Ist ein Mitglied zu einer Strafe wegen einer entehrenden Handlung oder zu einer Freiheitsstrafe von längerer als einjähriger Dauer rechtskräftig verurteilt, so kann es durch Plenarbeschluß des Reichsgerichts seines Amtes und seines Gehalts für verlustig erklärt werden. Vor der Beschlußfassung sind das Mitglied und der Oberreichsanwalt zu hören.

§ 127 (129)

Ist wegen eines Verbrechens oder Vergehens das Hauptverfahren gegen ein Mitglied eröffnet, so kann seine vorläufige Enthebung vom Amte nach Anhörung des Oberreichsanwalts durch Plenarbeschluß des Reichsgerichts ausgesprochen werden.

Wird gegen ein Mitglied die Untersuchungshaft verhängt, so tritt für ihre Dauer die vorläufige Enthebung von Rechts wegen ein.

Durch die vorläufige Enthebung wird das Recht auf den Genuß des Gehalts nicht berührt.

§ 128 (130)**

Wenn ein Mitglied durch ein körperliches Gebrechen oder durch Schwäche seiner körperlichen oder geistigen Kräfte zur Erfüllung seiner Amtspflichten dauernd unfähig wird, so tritt seine Versetzung in den Ruhestand gegen Gewährung eines Ruhegehalts ein. Dienstunfähigkeit ist nicht Vorbedingung des Anspruchs auf Ruhegehalt, wenn das aus dem Dienste scheidende Mitglied das fünfundsechzigste Lebensjahr vollendet hat.

Das Ruhegehalt beträgt bei vollendeter zehnjähriger oder kürzerer Dienstzeit $^{35}/_{100}$ und steigt nach vollendetem zehnten Dienstjahr mit jedem weiter zurückgelegten Dienstjahr bis zum vollendeten fünfunddreißigsten Dienstjahr um $^{2}/_{100}$ und von da ab bis zum vollendetem fünfzigsten Dienstjahr um $^{1}/_{100}$ des Diensteinkommens.

Bei Berechnung der Dienstzeit wird die Zeit mitgerechnet, während welcher das Mitglied sich im Dienste des Reichs oder im Staats- oder Gemeindedienst eines **deutschen Landes** befunden oder in einem **deutschen Lande** als Anwalt, Advokat, Notar, Patrimonialrichter oder als öffentlicher Lehrer des Rechtes an einer deutschen Universität fungiert hat.

Abs. 2 hat seine jetzige Fassung durch das Ges. v. 18. 6. 1923 (RGBl. I S. 385) Art. 6 erhalten.

§ 129 (131)

Wird die Versetzung eines Mitglieds in den Ruhestand nicht beantragt, obgleich ihre Voraussetzungen vorliegen, so hat der Präsident die Aufforderung zu erlassen, binnen einer bestimmten Frist den Antrag zu stellen. Wird dieser Aufforderung nicht Folge geleistet, so ist die Versetzung in den Ruhestand durch Plenarbeschluß des Reichsgerichts auszusprechen.

Vor der Beschlußfassung sind das Mitglied und der Oberreichsanwalt zu hören.

§ 130 (132)**

Bei dem Reichsgerichte werden Zivil- und Strafsenate gebildet. Ihre Zahl bestimmt **der Reichsminister der Justiz.**

Die Änderung folgt aus Art. 56, 178, 179 RV. (vgl. Anm. 1 zu § 34 GVG.).

§ 131 (133)

Die Bestimmungen der §§ 62 bis 69 finden mit der Maßgabe Anwendung, daß zu dem Präsidium die vier ältesten Mitglieder des Gerichts zuzuziehen sind.

§ 132 (134)

Die Zuziehung von Hilfsrichtern ist unzulässig.

Vgl. aber Art. II Ges. v. 24. 3. 1920 (RGBl. S. 341).

§ 133 (135)***

In bürgerlichen Rechtsstreitigkeiten ist das Reichsgericht zuständig für die Verhandlung und Entscheidung über die Rechtsmittel

1. der Revision gegen die Endurteile der Oberlandesgerichte **sowie gegen die Endurteile der Landgerichte im Falle des § 566 a der Zivilprozeßordnung,**

2. der Beschwerde gegen Entscheidungen der Oberlandesgerichte in dem Falle des § 519 b Abs. 2 der Zivilprozeßordnung.

Die Fassung des § 133 beruht auf Art. I Nr. 3, Art. II Nr. 87 der VO. v. 13. 2. 1924 (RGBl. I S. 135).

§ 134 (teilw. § 136 Abs. 1 Nr. 1)*, **, ***

In Strafsachen ist das Reichsgericht zuständig für die Untersuchung und Entscheidung in erster und letzter Instanz in den Fällen des Hochverrats, des Landesverrats und des Kriegsverrats gegen das Reich sowie der Verbrechen gegen die §§ 1, 3 des Gesetzes gegen den Verrat militärischer Geheimnisse vom 3. Juni 1914 (Reichsgesetzbl. S. 195).

In Landesverratssachen sowie bei Verbrechen gegen die §§ 1, 3 des Gesetzes gegen den Verrat militärischer Geheimnisse kann der Oberreichsanwalt die Strafverfolgung an die Landesstaatsanwaltschaft abgeben. Es sollen nur Strafsachen von minderer Bedeutung abgegeben werden.

Das Reichsgericht kann in den im Abs. 2 bezeichneten Sachen bei der Eröffnung des Hauptverfahrens die Verhandlung und Entscheidung dem Oberlandesgericht überweisen, wenn der Oberreichsanwalt es bei der Einreichung der Anklageschrift beantragt; auf den Antrag findet Abs. 2 Satz 2 entsprechende Anwendung.

---

1) Die Zufügung des Kriegsverrats ergibt sich aus § 4 Abs. 3 Ges. betr. Aufhebung der Militärgerichtsbarkeit v. 17. 8. 1920 (RGBl. S. 229), die Zufügung des Verrats milit. Geheimnisse aus § 18 des Ges. v. 3. 6. 1914 (RGBl. S. 195).

2) Die Abs. 2, 3 beruhen auf § 15 Abs. 1, 3 VO. Vgl. dazu § 120 GVG.

3) Für Jugendsachen ist die Zuständigkeit des RG. und damit auch diejenige der Oberlandesgerichte ausgeschlossen. Statt seiner entscheidet das große Jugendgericht, besetzt mit 2 Richtern und 3 Schöffen (§ 17 JGG.).

4) Unter Landesverrat sind hier nur die Delikte der §§ 87ff. StGB. verstanden.

Für die Übergangszeit ist eine Überweisung gerichtlich anhängiger Landesverrats- und Spionage-Sachen auch noch nach Eröffnung des Hauptverfahrens zulässig, solange mit der Hauptverhandlung noch nicht begonnen worden ist; die Überweisung ist für die Übergangszeit auch während der Voruntersuchung zulässig. Die Bestimmung findet entsprechende Anwendung, wenn die Sache bereits zur Zuständigkeit eines OLG. gehört, aber auf Grund des § 120 Abs. 2 GVG. ein anderes Gericht für zuständig erklärt worden ist. (§ 40 Abs. 2 VO.)

Den Landesverrats- und Spionagesachen sind in § 42 Abs. 2 der VO. die Verbrechen gegen die VO. v. 3. 3. 1923 (RGBl. I S. 159) gleichgestellt worden; diese aus Anlaß des Ruhrkampfes erlassene VO. ist inzwischen durch die VO. v. 27. 9. 1923 (RGBl. I S. 911) wieder aufgehoben worden. Die vor der Aufhebung begangenen Zuwiderhandlungen gegen sie bleiben aber strafbar, dürften aber nach den Dawes-Gesetzen amnestiert sein.

Hochverrats- und Kriegsverratssachen gegen das Reich können nicht an die OLG. abgegeben oder überwiesen werden. Für Hochverrat ist zurzeit anstatt des Reichsgerichts der Staatsgerichtshof zum Schutze der Republik zuständig. (Vgl. § 13 des Ges. zum Schutze der Republik in Teil I dieses Werkes). Kriegsverrat kann auch im Frieden vorkommen (vgl. § 9 MStGB. in Teil I dieses Werkes). Begrifflich fällt auch er (ebenso wie der Verrat milit. Geheimnisse) unter den Landesverrat. Gleichwohl ist die Überweisungsmöglichkeit bei ihm aus besonderen Gründen ausgeschlossen worden.

5) Der Oberreichsanwalt kann eine Sache nur abgeben, solange er nicht die öffentliche Klage erhoben hat (sei es auch nur durch Antrag auf Voruntersuchung). Zulässig ist es auch, daß er in einer abgegebenen Sache, solange diese nicht gerichtlich anhängig geworden ist, die Strafverfolgung zurückübernimmt.

6) Das RG. kann eine Sache nur bei Eröffnung des Hauptverfahrens einem OLG. überweisen (vorbehaltlich der Anm. 4). Eine Überweisung während der Voruntersuchung oder nach Eröffnung des Hauptverfahrens ist — abgesehen von der Übergangszeit (Anm. 4) — nicht zugelassen.

7) Vgl. die Anm. zu § 120.

§ 135 (136 Abs. 1 Nr. 2)*

In Strafsachen ist das Reichsgericht ferner zuständig zur Verhandlung und Entscheidung über das Rechtsmittel der Revision gegen die Urteile der Schwurgerichte und der großen Strafkammer, soweit nicht die Zuständigkeit der Oberlandesgerichte begründet ist.

---

1) Also in der Regel nur insoweit, als in erster Instanz das erweiterte Schöffengericht entschieden hat (§§ 16, 17 VO., § 121 oben) und in Schwurgerichtssachen.

Da aber die Urteile des Schwurgerichts nunmehr begründet werden müssen, hat ihre Nachprüfung eine erheblich größere Bedeutung als bisher.

2) Das Reichsgericht kann auch gemäß § 335 StPO. mit einer Revision befaßt werden, die anstelle einer zulässigen Berufung eingelegt wird, wenn in erster Instanz das erweiterte Schöffengericht entschieden hat (revisio per saltum). Vgl. Anm. 1 zu § 121.

3) Auch wenn in erster Instanz das große oder das erweiterte Jugendgericht entschieden hat, ist das Reichsgericht nunmehr für die Revision zuständig.

4) Die Urteile, die das Oberlandesgericht in erster Instanz erläßt, sind nicht anfechtbar.

§ 136 (137)

Will in einer Rechtsfrage ein Zivilsenat von der Entscheidung eines anderen Zivilsenats oder der vereinigten Zivilsenate oder ein Strafsenat von der Entscheidung eines anderen Strafsenats oder der vereinigten Strafsenate abweichen, so ist über die streitige Rechtsfrage im ersteren Falle eine Entscheidung der vereinigten Zivilsenate, im letzteren Falle eine solche der vereinigten Strafsenate einzuholen.

Einer Entscheidung der Rechtsfrage durch das Plenum bedarf es, wenn ein Zivilsenat von der Entscheidung eines Strafsenats oder der vereinigten Strafsenate oder ein Strafsenat von der Entscheidung eines Zivilsenats oder der vereinigten Zivilsenate oder ein Senat von der früher eingeholten Entscheidung des Plenums abweichen will.

Die Entscheidung der Rechtsfrage durch die vereinigten Senate oder das Plenum ist in der zu entscheidenden Sache bindend. Sie erfolgt in allen Fällen ohne vorgängige mündliche Verhandlung.

Vor der Entscheidung der vereinigten Strafsenate oder der des Plenums sowie in Ehe- und Entmündigungssachen und in Rechtsstreitigkeiten, welche die Feststellung des Rechtsverhältnisses zwischen Eltern und Kindern oder die Anfechtung einer Todeserklärung zum Gegenstande haben, ist der Oberreichsanwalt mit seinen schriftlichen Anträgen zu hören.

Soweit die Entscheidung der Sache eine vorgängige mündliche Verhandlung erfordert, erfolgt sie durch den erkennenden Senat auf Grund einer erneuten mündlichen Verhandlung, zu welcher die Prozeßbeteiligten von Amts wegen unter Mitteilung der ergangenen Entscheidung der Rechtsfrage zu laden sind.

§ 137 (138)

Einer der Strafsenate, der durch den Geschäftsverteilungsplan bestimmt wird, erledigt alle richterlichen Geschäfte in den Strafsachen, die zur Zuständigkeit des Reichsgerichts in erster und letzter Instanz gehören, mit Einschluß der Geschäfte, die im § 73 Abs. 1 der Strafkammer des Landgerichts zugewiesen sind.

Fassung des Ges. v. 27. 3. 1923 (RGBl. I S. 217) Art. I Nr. 5, Art. IV. Besetzung des Senats: § 139.

§ 138 (139)

Zur Fassung von Plenarentscheidungen und von Entscheidungen der vereinigten Zivil- oder Strafsenate ist die Teilnahme von mindestens zwei Dritteilen aller Mitglieder mit Einschluß des Vorsitzenden erforderlich.

Die Zahl der Mitglieder, welche eine entscheidende Stimme führen, muß eine ungerade sein.

Ist die Zahl der anwesenden Mitglieder eine gerade, so hat der Rat, welcher dem Dienstalter nach, und bei gleichem Dienstalter der, welcher der Geburt nach der jüngere ist, oder, wenn dieser Berichterstatter ist, der nächstältere kein Stimmrecht.

Fassung des Ges. v. 27. 3. 1923 (RGBl. I S. 217) Art. I Nr. 6.

§ 139 (140)*

Die Senate des Reichsgerichts entscheiden in der Besetzung von fünf Mitgliedern mit Einschluß des Vorsitzenden. **Der Strafsenat, dem die erstinstanzlichen Sachen zugewiesen sind, entscheidet außerhalb der Hauptverhandlung in einer Besetzung von drei Mitgliedern mit Einschluß des Vorsitzenden.**

Die Änderung im Satz 1 beruht auf § 2 VO. Satz 2 hat seine Fassung durch Art. I Nr. 7 des Ges. v. 27. 3. 1923 (RGBl. I S. 217) erhalten; doch ist die Bezugnahme auf § 23 Abs. 3 StPO. durch § 21 Abs. 1 VO. gegenstandslos geworden.

§ 140 (141)**

Der Geschäftsgang wird durch eine Geschäftsordnung geregelt, welche das Plenum auszuarbeiten und dem Reichsrat zur Bestätigung vorzulegen hat.

---

1) Geschäftsordnung v. 8. 4. 1880 (Zentralbl. S. 190), 25. 7. 1886 (a. a. O. S. 300).

2) Vgl. wegen der Änderung Anm. 1 zu § 34.

Zehnter Titel

Staatsanwaltschaft

§ 141 (142)

Bei jedem Gerichte soll eine Staatsanwaltschaft bestehen.

Vgl. zu § 141 ff. die §§ 58—67 Pr. AGGVG. (unten Nr. XVII).

§ 142 (143)*

Das Amt der Staatsanwaltschaft wird ausgeübt:

1. bei dem Reichsgerichte durch einen Oberreichsanwalt und durch einen oder mehrere Reichsanwälte;
2. bei den Oberlandesgerichten, den Landgerichten und den Schwurgerichten durch einen oder mehrere Staatsanwälte;
3. bei den Amtsgerichten und den Schöffengerichten durch einen oder mehrere **Staatsanwälte oder** Amtsanwälte.

Die Zuständigkeit der Amtsanwälte erstreckt sich nicht auf das amtsrichterliche Verfahren zur Vorbereitung der öffentlichen Klage in den Strafsachen, welche zur Zuständigkeit anderer Gerichte als der **Amtsgerichte** gehören.

---

1) Der Zusatz in Abs. 1 Ziff. 3 ist veranlaßt durch die Übertragung der erstinstanzlichen Zuständigkeit der Strafkammern auf die Schöffengerichte und beruht auf § 43 VO. (Vgl. auch Entwurf eines Ges. z. Neuordnung der Strafgerichte Art. II Nr. 42, 43.)

2) Die Änderung in Abs. 2 beruht auf § 6, § 25 Abs. 1 VO.

3) Über die Geschäftsverteilung zwischen Staatsanwaltschaft und Amtsanwaltschaft bestimmt für Preußen Abschnitt II der AV. v. 24. 1. 1924 (JMBl. S. 45), RdV. v. 25. 3. 1924 (— I 9506 —), AV. v. 5. 9. 1924 (— I 10479 — JMBl. Nr. 33).

Sie ist im wesentlichen so geregelt, daß die Staatsanwaltschaft des Landgerichts die Geschäfte der Staatsanwaltschaft auch bei den Schöffengerichten wahrzunehmen hat, während die Amtsanwaltschaft für das Verfahren vor dem Amtsrichter zuständig ist.

4) Über die Beschäftigung von Gerichtsassessoren bei der Staatsanwaltschaft vgl. die §§ 3—5, 67 Pr. AGGVG., bei der Amtsanwaltschaft § 63 Pr. AGGVG. (unten XVII).

5) Die Bestellung der Amtsanwälte und ihrer Vertreter ist in den §§ 62—66 Pr. AGGVG. geregelt.

6) Für die Vertretung verhinderter Beamter der Staatsanwaltschaft in Geschäften, welche keinen Aufschub gestatten, vgl. § 66 Pr.AGGVG.

7) Wegen der einstweiligen Wahrnehmung von Geschäften der Staatsanwaltschaft bei den Oberlandesgerichten und bei den Landgerichten siehe § 67 Pr.AGGVG.

§ 143 (144)**

Die örtliche Zuständigkeit der Beamten der Staatsanwaltschaft wird durch die örtliche Zuständigkeit des Gerichts bestimmt, für welches sie bestellt sind.

Ein unzuständiger Beamter der Staatsanwaltschaft hat sich den innerhalb seines Bezirkes vorzunehmenden Amtshandlungen zu unterziehen, bei denen Gefahr im Verzug obwaltet.

Können die Beamten der Staatsanwaltschaft verschiedener **Länder** sich nicht darüber einigen, wer von ihnen die Verfolgung zu übernehmen hat, so entscheidet der ihnen gemeinsam vorgesetzte Beamte der Staatsanwaltschaft und in Ermangelung eines solchen der Oberreichsanwalt.

---

1) Die Bearbeitung der Jugendsachen ist bei jeder Staatsanwaltschaft tunlichst in den Händen bestimmter Beamter zu vereinigen. (§ 21 JGG.) Ausnahmen bedürfen in Preußen der Genehmigung des Generalstaatsanwalts. (AV. v. 20. 6. 1923 — JMBl. S. 450 — Nr. II 4.)

2) Ein nicht zuständiger Beamter der Staatsanwaltschaft kann von dem gemeinsamen Oberbeamten mit der Wahrnehmung einzelner staatsanwaltschaftlicher Geschäfte beauftragt werden.

§ 144 (145)

Besteht die Staatsanwaltschaft eines Gerichts aus mehreren Beamten, so handeln die dem ersten Beamten beigeordneten Personen als dessen Vertreter; sie sind, wenn sie für ihn auftreten, zu allen Amtsverrichtungen desselben ohne den Nachweis eines besonderen Auftrags berechtigt.

§ 145 (146)

Die ersten Beamten der Staatsanwaltschaft bei den Oberlandesgerichten und den Landgerichten sind befugt, bei allen Gerichten ihres Bezirkes die Amtsverrichtungen der Staatsanwaltschaft selbst zu übernehmen oder mit ihrer Wahrnehmung einen anderen als den zunächst zuständigen Beamten zu beauftragen.

Amtsanwälte können das Amt der Staatsanwaltschaft nur bei den Amtsgerichten und den Schöffengerichten versehen.

§ 146 (147)

Die Beamten der Staatsanwaltschaft haben den dienstlichen Anweisungen ihres Vorgesetzten nachzukommen.

In den Sachen, für welche das Reichsgericht in erster und letzter Instanz zuständig ist, haben alle Beamten der Staatsanwaltschaft den Anweisungen des Oberreichsanwalts Folge zu leisten.

§ 147 (148)**

Das Recht der Aufsicht und Leitung steht zu:

1. dem **Reichsminister der Justiz** hinsichtlich des Oberreichsanwalts und der Reichsanwälte;
2. der Landesjustizverwaltung hinsichtlich aller staatsanwaltschaftlichen Beamten des betreffenden **Landes**;
3. den ersten Beamten der Staatsanwaltschaft bei den Oberlandesgerichten und den Landgerichten hinsichtlich aller Beamten der Staatsanwaltschaft ihres Bezirkes.

Vgl. wegen der Änderung in Ziff. 1 den § 43 VO. in Verbindung mit Art. 178, 179, 56 RV., abgedruckt oben Anm. 1 zu § 34.

§ 148 (149)*

Der Oberreichsanwalt und die Reichsanwälte sind nichtrichterliche Beamte.

Zu diesen Ämtern sowie zu dem Amte eines Staatsanwalts können nur zum Richteramte befähigte Beamte ernannt werden.

---

1) Die Änderung des Abs. 2 ist eine Folge derjenigen in § 142 Abs. 1 Nr. 3.

2) Da Frauen die Fähigkeit zum Richteramte erlangen können, können sie auch Staatsanwälte werden (Art. I Ges. v. 11. 7. 1922, RGBl. I S. 573). Wegen der Ernennung von Frauen zu Amtsanwälten vgl. Art. I Abs. 2 des genannten Gesetzes.

3) Vgl. auch Anm. 3 zu § 2 GVG.

4) In Forstdiebstahlssachen und Sachen wegen Zuwiderhandlungen gegen das Feld- u. Forstpolizei-Ges. kann das Amt des Amtsanwalts verwaltenden Forstbeamten übertragen werden. (§ 19 Abs. 2 FDiebstG., § 53 Abs. 3 FuFPolG.)

5) Vgl. ferner § 61 Pr.AGGVG. (unten Nr. XVII).

§ 149 (150)**, ***

Der Oberreichsanwalt und die Reichsanwälte werden auf Vorschlag des Reichsrats vom **Reichspräsidenten** ernannt. Für die Versetzung in den Ruhestand und das zu gewährende Ruhegehalt finden die Vorschriften des § 128 entsprechende Anwendung.

Der Oberreichsanwalt und die Reichsanwälte können durch Verfügung **des Reichspräsidenten** jederzeit mit Gewährung des gesetzlichen Wartegeldes einstweilig in den Ruhestand versetzt werden.

---

1) Vgl. wegen der Änderung den § 43 VO. in Verbindung mit Art. 179 RV. (abgedruckt in Anm. 1 zu § 34). Der Eingang des Abs. 2 ist geändert worden, weil er infolge Änderung des Abs. 1 durch die Novelle v. 11. 3. 1921 (RGBl. S. 229) nicht mehr verständlich war. (Vgl. Art. II Nr. 44 Entwurf eines Ges. z. Neuordnung der Strafgerichte.)

2) Wegen der Altersgrenze für den Oberreichsanwalt und für die Reichsanwälte vgl. Art. 1 Nr. II der VO. v. 27. 10. 1923 (RGBl. I S. 999).

3) Für die Staatanwälte und die Amtsanwälte finden sich die dem § 149 entsprechenden Bestimmungen in den §§ 60—62 Pr. AGGVG. (unten XVII).

§ 150 (151)

Die Staatsanwaltschaft ist in ihren Amtsverrichtungen von den Gerichten unabhängig.

§ 151 (152)

Die Staatsanwälte dürfen richterliche Geschäfte nicht wahrnehmen. Auch darf ihnen eine Dienstaufsicht über die Richter nicht übertragen werden.

§ 152 (153)*

Die Beamten des Polizei- und Sicherheitsdienstes sind Hilfsbeamte der Staatsanwaltschaft und sind in dieser Eigenschaft verpflichtet, den Anordnungen der Staatsanwälte ihres Bezirkes und der diesen vorgesetzten Beamten Folge zu leisten.

Die nähere Bezeichnung der Beamtenklassen, auf welche diese Bestimmung Anwendung findet, erfolgt durch die Landesregierungen.

---

1) Die Änderung des Abs. 1 ergibt sich aus derjenigen des § 142 Abs. 1 Nr. 3. Vgl. auch Entwurf eines Ges. zur Neuordnung der Strafgerichte Art. II Nr. 45.

2) Die Bestimmungen über die Bestellung von Hilfsbeamten der Staatsanwaltschaft im Bereiche der staatlichen und der kommunalen Polizei sind in Preußen neuerdings zusammengefaßt worden. Sie sind nunmehr enthalten in den GV. v. 15. 9. 1879 (JMBl. S. 349), 15. 6. und 13. 9. 1923 (JMBl. S. 445, 636), 24. 2. 1924 (JMBl. S. 86). Über die Bestellung von Eisenbahnbeamten zu Hilfsbeamten der Staatsanwaltschaft sind die GV. v. 31. 3., 26. 5. 1923 (JMBl. S. 312, 398) ergangen. Auch die hinsichtlich anderer Beamtenkategorien ergangenen Bestimmungen werden neu zusammengefaßt.

3) Vgl. ferner für Militärstrafsachen § 443 StPO. Danach haben die militärischen Vorgesetzten in Militärstrafsachen die Rechte und Pflichten der Hilfsbeamten der Staatsanwaltschaft.

4) Nach § 8 des Reichskriminalpolizeiges. v. 21. 7. 1922 (RGBl. S. 593) üben die Beamten des Reichskriminalpolizeiamts die Befugnisse der Hilfsbeamten der Staatsanwaltschaft im ganzen Reichsgebiet aus. (Das Amt ist bisher noch nicht errichtet worden.)

5) Nach der neuen Fassung haben die Hilfsbeamten der Staatsanwaltschaft auch den Anordnungen derjenigen Staatsanwälte Folge zu leisten, die nach § 142 Abs. 1 Nr. 3 bei den Amtsgerichten bestellt werden; den Amtsanwälten steht ein Recht zur Anweisung der Hilfsbeamten nach wie vor nicht zu.

Elfter Titel

Gerichtsschreiber

§ 153 (154)**

Bei jedem Gerichte wird eine Gerichtsschreiberei eingerichtet. Die Geschäftseinrichtung bei dem Reichsgerichte wird durch den Reichsminister der Justiz, bei den Landesgerichten durch die Landesjustizverwaltung bestimmt.

---

1) Wegen der Änderung vgl. Art. 56, 178, 179 RV (abgedruckt oben Anm. 1 zu § 34).

2) Ges. v. 11. 7. 1922 (RGBl. I S. 573) Art. I Abs. 2: „Ebenso können Frauen zu ...... Gerichtsschreibern und Gerichtsvollziehern ernannt werden." Art. IX: „Gleichzeitig mit dem Inkrafttreten dieses Gesetzes tritt die Bekanntmachung über die Verwendung weiblicher Hilfskräfte im Gerichtsschreiberdienste vom 14. Dezember 1916 (RGBl. S. 1362) außer Kraft."

3) Vgl. auch Anm. 3 zu § 2.

4) Vgl. §§ 68 — 72 Pr.AGGVG. (unten Nr. XVII).

5) Wegen der Wahrnehmung von Geschäften des Amtsanwalts durch Gerichtsschreiber vgl. § 63 Pr.AGGVG. (unten Nr. XVII).

Zwölfter Titel

Zustellungs- und Vollstreckungsbeamte

§ 154 (155)**

Die Dienst- und Geschäftsverhältnisse der mit den Zustellungen, Ladungen und Vollstreckungen zu betrauenden

Beamten (Gerichtsvollzieher) werden bei dem Reichsgerichte durch den **Reichsminister der Justiz**, bei den Landesgerichten durch die Landesjustizverwaltung bestimmt.

---

1) Vgl. dazu die Anm. zu § 153 und die Anm. 3 zu § 2.

2) Wegen des RG. vgl. Bek. v. 11. 5. 1893 (Zentralbl. S. 159), geändert durch VO. v. 18. 4. 1922 (a. a. O. S. 169).

3) Vgl. §§ 73—76 Pr. AGGVG. (unten Nr. XVII).

4) Gebührenordnung für Gerichtsvollzieher v. 14. 12. 1922 (RGBl. I S. 917) und VO. v. 13. 12. 1923 (RGBl. I S. 1189).

§ 155 (156)***

Der Gerichtsvollzieher ist von der Ausübung seines Amts kraft Gesetzes ausgeschlossen:

I. in bürgerlichen Rechtsstreitigkeiten:

1. wenn er selbst Partei oder gesetzlicher Vertreter einer Partei ist, oder zu einer Partei in dem Verhältnis eines Mitberechtigten, Mitverpflichteten oder Schadensersatzpflichtigen steht;
2. wenn sein Ehegatte Partei ist, auch wenn die Ehe nicht mehr besteht;
3. wenn eine Person Partei ist, mit welcher er in gerader Linie verwandt, verschwägert oder durch **Annahme an Kindes Statt** verbunden, in der Seitenlinie bis zum dritten Grade verwandt oder bis zum zweiten Grade verschwägert ist, auch wenn die Ehe, durch welche die Schwägerschaft begründet ist, nicht mehr besteht;

II. in Strafsachen:

1. wenn er selbst durch die strafbare Handlung verletzt ist;
2. wenn er der Ehegatte des Beschuldigten oder Verletzten ist oder gewesen ist;
3. wenn er mit dem Beschuldigten oder Verletzten in dem vorstehend unter Nr. I 3 bezeichneten Verwandtschafts- oder Schwägerschaftsverhältnisse steht.

Dreizehnter Titel

Rechtshilfe

§ 156 (157)

Die Gerichte haben sich in bürgerlichen Rechtsstreitigkeiten und in Strafsachen Rechtshilfe zu leisten.

Vgl. dazu § 87 Pr. AGGVG. und § 2 FrGG.

Außerdem gilt noch § 38 VO. v. 2. 1. 1849 (Ges.S. S. 1). Danach sollen die Gerichte und die Verwaltungsbehörden sich gegenseitig bei Erledigung der ihnen obliegenden Geschäfte innerhalb ihres Ressorts Unterstützung leisten. (Wegen der Fortgeltung der Vorschrift vgl. Johow Jahrbuch Bd. 10, S. 3 — Beschluß des KG. v. 13. 1. 1902 —).

§ 157 (158)

Das Ersuchen um Rechtshilfe ist an das Amtsgericht zu richten, in dessen Bezirk die Amtshandlung vorgenommen werden soll.

Wegen der Rechtshilfe in Jugendsachen vgl. AV. v. 20. 6. 1923 (JMBl. S. 450) I/2a Abs. 2.

§ 158 (159)

Das Ersuchen darf nicht abgelehnt werden.

Das Ersuchen eines nicht im Instanzenzuge vorgesetzten Gerichts ist jedoch abzulehnen, wenn dem ersuchten Gerichte die örtliche Zuständigkeit mangelt oder die vorzunehmende Handlung nach dem Rechte des ersuchten Gerichts verboten ist.

§ 159 (160)

Wird das Ersuchen abgelehnt oder wird der Vorschrift des § 158 Abs. 2 zuwider dem Ersuchen stattgegeben, so entscheidet das Oberlandesgericht, zu dessen Bezirk das ersuchte Gericht gehört. Eine Anfechtung dieser Entscheidung findet nur statt, wenn sie die Rechtshilfe für unzulässig erklärt und das ersuchende und das ersuchte Gericht den Bezirken verschiedener Oberlandesgerichte angehören. Über die Beschwerde entscheidet das Reichsgericht.

Die Entscheidungen erfolgen auf Antrag der Beteiligten oder des ersuchenden Gerichts ohne vorgängige mündliche Verhandlung.

§ 160 (161)**

Die Herbeiführung der zum Zwecke von Vollstreckungen, Ladungen und Zustellungen erforderlichen Handlungen erfolgt nach Vorschrift der Prozeßordnungen ohne Rücksicht darauf, ob die Handlungen in dem **Lande**, welchem das Prozeßgericht angehört, oder in einem anderen **deutschen Lande** vorzunehmen sind.

§ 161 (162)

Gerichte, Staatsanwaltschaften und Gerichtsschreiber können wegen Erteilung eines Auftrags an einen Gerichtsvollzieher die Mitwirkung des Gerichtsschreibers des Amtsgerichts in Anspruch nehmen, in dessen Bezirk der Auftrag ausgeführt werden soll. Der von dem Gerichtsschreiber beauftragte Gerichtsvollzieher gilt als unmittelbar beauftragt.

§ 162 (163)**

Eine Freiheitsstrafe, welche die Dauer von sechs Wochen nicht übersteigt, ist in dem **Lande** zu vollstrecken, in welchem der Verurteilte sich befindet.

Wegen der Vollstreckung von Gesamtstrafen, an denen Gerichte verschiedener Länder beteiligt sind, ist der Bundesratsbeschluß v. 11. 6. 1885 (Zentralbl. S. 270 und Pr. JMBl. S. 309) ergangen. Wegen der Vollstreckung der neben einer solchen Gesamtstrafe zu vollstreckenden Ersatzfreiheitsstrafe vgl. AV. d. Pr. JM. v. 22. 5. 1900 (JMBl. S. 431); wegen der Kosten der Vollstreckung AV. v. 7. 3. 1907 (JMBl. S. 55), 21. 1. 1924 (JMBl. S. 29). Auf Gesamtstrafen, an denen neben Gerichten der Länder solche des Reichs beteiligt sind, dürften diese Bestimmungen entsprechend anwendbar sein.

Außerdem ist eine Vereinbarung des Reichs und der Länder v. 28. 11. 1923 über die vorläufige Entlassung und die Ausübung des Begnadigungsrechts bei Gesamtstrafen geschlossen worden; vgl. Reichsministerialblatt 1923 S. 1033, Pr.JMBl. S. 737.

§ 163 (164)

Soll eine Freiheitsstrafe in dem Bezirk eines anderen Gerichts vollstreckt oder ein in dem Bezirk eines anderen Gerichts befindlicher Verurteilter zum Zwecke der Strafverbüßung ergriffen und abgeliefert werden, so ist die Staatsanwaltschaft bei dem Landgerichte des Bezirkes um die Ausführung zu ersuchen.

§ 164 (165)**

Im Falle der Rechtshilfe unter den Behörden verschiedener **deutscher Länder** sind die baren Auslagen, welche durch eine Ablieferung oder Strafvollstreckung entstehen, der ersuchten Behörde von der ersuchenden zu erstatten.

Im übrigen werden Kosten der Rechtshilfe von der ersuchenden Behörde nicht erstattet.

Ist eine zahlungspflichtige Partei vorhanden, so sind die Kosten von ihr durch die ersuchende Behörde einzuziehen und der eingezogene Betrag der ersuchten Behörde zu übersenden.

Stempel-, Einregistrierungsgebühren oder andere öffentliche Abgaben, welchen die von der ersuchenden Behörde übersendeten Schriftstücke (Urkunden, Protokolle) nach dem Rechte der ersuchten Behörde unterliegen, bleiben außer Ansatz.

Durch eine Vereinbarung der deutschen Länder sind die Bestimmungen des § 164 teilweise geändert und ergänzt worden (vgl. AV. d. Pr. JM. v. 7. 3. 1907, JMBl. S. 55, und v. 21. 1. 1924, JMBl. S. 29).

§ 165 (166)

Für die Höhe der den geladenen Zeugen und Sachverständigen gebührenden Beträge sind die Bestimmungen maßgebend, welche bei dem Gerichte gelten, vor welches die Ladung erfolgt.

Sind die Beträge nach dem Rechte des Aufenthaltsorts der geladenen Person höher, so können die höheren Beträge gefordert werden.

Bei weiterer Entfernung des Aufenthaltsorts der geladenen Personen ist ihnen auf Antrag ein Vorschuß zu bewilligen.

§ 166 (167)

Ein Gericht darf Amtshandlungen außerhalb seines Bezirkes ohne Zustimmung des Amtsgerichts des Ortes nur vornehmen, wenn Gefahr im Verzug obwaltet. In diesem Falle ist dem Amtsgerichte des Ortes Anzeige zu machen.

§ 167 (168)**

Die Sicherheitsbeamten eines **deutschen Landes** sind ermächtigt, die Verfolgung eines Flüchtigen auf das Gebiet eines anderen **deutschen Landes** fortzusetzen und den Flüchtigen daselbst zu ergreifen.

Der Ergriffene ist unverzüglich an das nächste Gericht oder die nächste Polizeibehörde des **Landes**, in welchem er ergriffen wurde, abzuführen.

§ 168 (169)**

Die in einem **deutschen Lande** bestehenden Vorschriften über die Mitteilung von Akten einer öffentlichen Behörde an ein Gericht dieses **Landes kommen** auch dann zur Anwendung, wenn das ersuchende Gericht einem anderen **deutschen Lande** angehört.

Vierzehnter Titel

Öffentlichkeit und Sitzungspolizei.

§ 169 (170)

Die Verhandlung vor dem erkennenden Gerichte, einschließlich der Verkündung der Urteile und Beschlüsse, ist öffentlich.

1) Die Verhandlung vor dem erkennenden Gericht in Jugendsachen, einschließlich der Verkündung der Entscheidung ist nicht öffentlich (§ 23 JGG.); jedoch haben bestimmte Personen Zutritt (§ 23 Abs. 2, 3 JGG.).

2) Vgl. ferner die §§ 88—89 Pr.AGGVG. (unten Nr. XVII).

§ 170 (171)

In Ehesachen ist die Öffentlichkeit auszuschließen, wenn eine der Parteien es beantragt.

§ 171 (172)

In dem auf die Klage wegen Anfechtung oder Wiederaufhebung der Entmündigung einer Person wegen Geisteskrankheit oder wegen Geistesschwäche eingeleiteten Verfahren (§§ 664, 679 der Zivilprozeßordnung) ist die Öffentlichkeit während der Vernehmung des Entmündigten auszuschließen, auch kann auf Antrag einer der Parteien die Öffentlichkeit der Verhandlung überhaupt ausgeschlossen werden.

Das Verfahren wegen Entmündigung oder Wiederaufhebung der Entmündigung (§§ 645 bis 663, 675 bis 678 der Zivilprozeßordnung) ist nicht öffentlich.

§ 172 (173)

In allen Sachen kann durch das Gericht für die Verhandlung oder für einen Teil davon die Öffentlichkeit ausgeschlossen werden, wenn sie eine Gefährdung der öffentlichen Ordnung, insbesondere der Staatssicherheit, oder eine Gefährdung der Sittlichkeit besorgen läßt.

1) Ges. v. 5. 4. 1888 (RGBl. S. 133), in der Fassung der VO. über Vermögensstrafen und Bußen v. 6. 2. 1924 (RGBl. I S. 44) Art. III: „Soweit bei einer Gerichtsverhandlung die Öffentlichkeit wegen Gefährdung der Staatssicherheit ausgeschlossen war, dürfen Berichte über die Verhandlung durch die Presse nicht veröffentlicht werden. Das Gleiche gilt auch nach der Beendigung des Verfahrens in betreff der Veröffentlichung der Anklageschrift oder anderer amtlicher Schriftstücke des Prozesses.

Zuwiderhandlungen unterliegen der im Artikel II bestimmten Strafe."

(Vgl. unten Anm. zu § 174.)

2) Vgl. auch den durch Art. IV des Ges. v. 5. 4. 1888 eingefügten § 184 b StGB., der Strafe dem androht, der aus Gerichtsverhandlungen, in denen wegen Gefährdung der Sittlichkeit die Öffentlichkeit ausgeschlossen war, ärgerniserregende Mitteilungen macht.

§ 173 (174)

Die Verkündung des Urteils erfolgt in jedem Falle öffentlich.

Durch einen besonderen Beschluß des Gerichts kann für die Verkündung der Urteilsgründe oder eines Teiles davon die Öffentlichkeit ausgeschlossen werden, wenn sie eine Gefährdung der Staatssicherheit oder eine Gefährdung der Sittlichkeit besorgen läßt.

§ 174 (175)

Die Verhandlung über die Ausschließung der Öffentlichkeit findet in nicht öffentlicher Sitzung statt, wenn ein Beteiligter es beantragt oder das Gericht es für angemessen erachtet. Der Beschluß, welcher die Öffentlichkeit ausschließt, muß öffentlich verkündet werden. Bei der Verkündung ist anzugeben, ob die Ausschließung wegen Gefährdung der öffentlichen Ordnung, insbesondere wegen Gefährdung der Staatssicherheit, oder ob sie wegen Gefährdung der Sittlichkeit erfolgt.

Ist die Öffentlichkeit wegen Gefährdung der Staatssicherheit ausgeschlossen, so kann das Gericht den anwesenden Personen die Geheimhaltung von Tatsachen, welche durch die Verhandlung, durch die Anklageschrift oder durch andere amtliche Schriftstücke des Prozesses zu ihrer Kenntnis gelangen, zur Pflicht machen. Der Beschluß ist in das Sitzungsprotokoll aufzunehmen. Gegen ihn findet Beschwerde statt. Die Beschwerde hat keine aufschiebende Wirkung.

Ges. v. 5. 4. 1888 (RGBl. S. 133) in der Fassung der VO. über Vermögensstrafen und Bußen v. 6. 2. 1924 (RGBl. I S. 44) Art. II: „Wer die nach § 174 Abs. 2 GVG. ihm auferlegte Pflicht der Geheimhaltung durch unbefugte Mitteilung verletzt, wird mit Geldstrafe oder mit Haft oder mit Gefängnis bis zu sechs Monaten bestraft."

---

§ 175 (176)

Der Zutritt zu öffentlichen Verhandlungen kann unerwachsenen und solchen Personen versagt werden, welche sich nicht im Besitze der bürgerlichen Ehrenrechte befinden, oder welche in einer der Würde des Gerichts nicht entsprechenden Weise erscheinen.

Zu nicht öffentlichen Verhandlungen kann der Zutritt einzelnen Personen vom Gerichte gestattet werden. Einer Anhörung der Beteiligten bedarf es nicht.

Die Ausschließung der Öffentlichkeit steht der Anwesenheit der die Dienstaufsicht führenden Beamten der Justizverwaltung bei den Verhandlungen vor dem erkennenden Gerichte nicht entgegen.

§ 176 (177)

Die Aufrechthaltung der Ordnung in der Sitzung liegt dem Vorsitzenden ob.

Vgl. für Preußen die AV. v. 30. 6. 1919 (JMBl. S. 358) über die Beteiligung des Staatsanwalts in dem Verfahren zur Aufrechterhaltung der Ordnung in der Sitzung.

§ 177 (178)

Parteien, Beschuldigte, Zeugen, Sachverständige oder bei der Verhandlung nicht beteiligte Personen, welche den zur Aufrechterhaltung der Ordnung erlassenen Befehlen nicht gehorchen, können auf Beschluß des Gerichts aus dem Sitzungszimmer entfernt, auch zur Haft abgeführt und während einer in dem Beschlusse zu bestimmenden Zeit, welche vierundzwanzig Stunden nicht übersteigen darf, festgehalten werden.

Gegen Rechtsanwälte und Verteidiger kann eine Ungebührstrafe nicht mehr festgesetzt werden. Dagegen steht der Anwendung der Bestimmung auf Abgeordnete aus Art. 37 RV. kein Bedenken entgegen.

§ 178 (179)***

Das Gericht kann gegen Parteien, Beschuldigte, Zeugen, Sachverständige oder bei der Verhandlung nicht beteiligte Personen, welche sich in der Sitzung einer Ungebühr schuldig machen, vorbehaltlich der strafgerichtlichen Verfolgung, eine Ordnungsstrafe in Geld oder bis zu drei Tagen Haft festsetzen und sofort vollstrecken lassen.

Die Änderung beruht auf der VO. über Vermögensstrafen und Bußen v. 6. 2. 1924 (RGBl. I S. 44). Die Ordnungsstrafe kann danach in Geld von 1—1000 Goldmark festgesetzt werden (Art. II, Art. XIV Abs. 2 Nr. 3). Die Geldstrafe kann für den Nichtbeitreibungsfall in Freiheitsstrafe umgewandelt werden.

§ 179 (181)

Die Vollstreckung der vorstehend bezeichneten Ordnungsstrafen hat der Vorsitzende unmittelbar zu veranlassen.

§ 180 (182)

Die in den §§ 176 bis 179 bezeichneten Befugnisse stehen auch einem einzelnen Richter bei der Vornahme von Amtshandlungen außerhalb der Sitzung zu.

§ 181 (183)***

Ist in den Fällen der §§ 178 und 180 eine Ordnungsstrafe festgesetzt, so findet binnen der Frist von einer Woche nach der Bekanntmachung der Entscheidung Beschwerde statt, sofern die Entscheidung nicht von dem Reichsgericht oder einem Oberlandesgerichte getroffen ist.

Die Beschwerde hat in dem Falle des § 178 keine aufschiebende Wirkung, in dem Falle des § 180 aufschiebende Wirkung.

Über die Beschwerde entscheidet das Oberlandesgericht.

Das Zitat des in dem bisherigen § 183 bei Erlaß des Gesetzes v. 11. 3. 1921 (RGBl. S. 229) irrtümlich stehen gebliebenen § 180, der durch das genannte Gesetz aufgehoben war, ist jetzt gestrichen worden.

§ 182 (184)

Ist eine Ordnungsstrafe wegen Ungebühr festgesetzt, oder eine Person zur Haft abgeführt, oder eine bei der Verhandlung beteiligte Person entfernt worden, so ist der Beschluß des Gerichts und dessen Veranlassung in das Protokoll aufzunehmen.

§ 183 (185)

Wird eine strafbare Handlung in der Sitzung begangen, so hat das Gericht den Tatbestand festzustellen und der zuständigen Behörde das darüber aufgenommene Protokoll mitzuteilen. In geeigneten Fällen ist die vorläufige Festnahme des Täters zu verfügen.

Fünfzehnter Titel

Gerichtssprache.

§ 184 (186)

Die Gerichtssprache ist deutsch.

---

1) Art. 1 Abs. 4 Pr. Verfassung, Ges. v. 28. 8. 1876 betr. die Geschäftssprache der Behörden, Beamten und politischen Körperschaften des Staats (GesS. S. 389), Art. 144 Nr. 18 des Pr. Ges. v. 21. 9. 1899 (GesS. S. 249) über die freiwillige Gerichtsbarkeit.

2) Vgl. aber für den deutsch gebliebenen Teil des oberschlesischen Abstimmungsgebietes das Ges. v. 11. 6. 1922 (RGBl. II S. 237) über das in Genf geschlossene deutsch-polnische Abkommen über Oberschlesien Art. 140—146 und die AV. d. Pr. JM. dazu v. 21. 6. 1922 (JMBl. S. 237). Danach ist vor den Gerichten dieses Gebietsteils der Gebrauch der polnischen Sprache zulässig.

§ 185 (187)

Wird unter Beteiligung von Personen verhandelt, welche der deutschen Sprache nicht mächtig sind, so ist ein Dolmetscher zuzuziehen. Die Führung eines Nebenprotokolls in der fremden Sprache findet nicht statt; jedoch sollen Aussagen und Erklärungen in fremder Sprache, wenn und soweit der Richter dies mit Rücksicht auf die Wichtigkeit der Sache für erforderlich erachtet, auch in der fremden Sprache in das Protokoll oder in eine Anlage niedergeschrieben werden. In den dazu geeigneten Fällen soll dem Protokoll eine durch den Dolmetscher zu beglaubigende Übersetzung beigefügt werden.

Die Zuziehung eines Dolmetschers kann unterbleiben, wenn die beteiligten Personen sämtlich der fremden Sprache mächtig sind.

Für Preußen vgl. Dolmetscherordnung v. 18. 12. 1899 (JMBl. S. 856) in der Fassung der AV. v. 28. 2. 1922 (JMBl. S. 61); vgl. ferner AV. v. 11. 4. 1923 (JMBl. S. 319) über die Ausbildung von Dolmetschern der polnischen Sprache im Bezirke des Oberlandesgerichts Breslau und AV. v. 13. 7. 1920 (JMBl. S. 380) über die Vergütungen der Dolmetscher. Die Pr. Verwaltungsbestimmungen über das Dolmetscherwesen sind zusammengestellt bei Müller „Justizverw." 6. Aufl. S. 203—215.

§ 186 (188)

Zur Verhandlung mit tauben oder stummen Personen ist, sofern nicht eine schriftliche Verständigung erfolgt, eine Person als Dolmetscher zuzuziehen, mit deren Hilfe die Verständigung in anderer Weise erfolgen kann.

§ 187 (189)

Ob einer Partei, welche taub ist, bei der mündlichen Verhandlung der Vortrag zu gestatten sei, bleibt dem Ermessen des Gerichts überlassen.

Dasselbe gilt in Anwaltsprozessen von einer Partei, die der deutschen Sprache nicht mächtig ist.

§ 188 (190)

Personen, welche der deutschen Sprache nicht mächtig sind, leisten Eide in der ihnen geläufigen Sprache.

§ 189 (191)

Der Dolmetscher hat einen Eid dahin zu leisten:

daß er treu und gewissenhaft übertragen werde.

Ist der Dolmetscher für Übertragungen der betreffenden Art im allgemeinen beeidigt, so genügt die Berufung auf den geleisteten Eid.

Wegen der Form der Beeidigung vgl. die Anm. zu § 51. Vgl. ferner § 19 der Dolmetscherordnung (oben Anm. zu § 185) sowie § 10 der AV. v. 5. 2. 1900 (JMBl. S. 48) in der Fassung der AV. v. 5. 3. 1901 (JMBl. S. 51). Vgl. auch AV. v. 16. 6. 1902 (JMBl. S. 126). Verwaltungsgebühren für die Beeidigung: Tarif B Nr. 4 der AV. v. 26. 3. 1924 (JMBl. S. 135).

§ 190 (192)

Der Dienst des Dolmetschers kann von dem Gerichtsschreiber wahrgenommen werden. Einer besonderen Beeidigung bedarf es nicht.

§ 191 (193)

Auf den Dolmetscher finden die Bestimmungen über Ausschließung und Ablehnung der Sachverständigen entsprechende Anwendung. Die Entscheidung erfolgt durch das Gericht oder den Richter, von welchem der Dolmetscher zugezogen ist.

Vgl. §§ 74, 22—24 StPO. und 406, 41, 42 ZPO.

Sechzehnter Titel

Beratung und Abstimmung

§ 192 (194)

Bei Entscheidungen dürfen Richter nur in der gesetzlich bestimmten Anzahl mitwirken.

Bei Verhandlungen von längerer Dauer kann der Vorsitzende die Zuziehung von Ergänzungsrichtern anordnen, welche der Verhandlung beizuwohnen und im Falle der Verhinderung eines Richters für ihn einzutreten haben.

Die vorstehenden Bestimmungen finden auch auf Schöffen und Geschworene Anwendung.

---

1) Zu Abs. 2. Die Bestellung des Ergänzungsrichters ist Sache der Justizverwaltung. In Schwurgerichtssachen vgl. auch § 83.

2) Vgl. auch § 90 Pr.AGGVG. (unten Nr. XVII).

§ 193 (195)

Bei der Beratung und Abstimmung dürfen außer den zur Entscheidung berufenen Richtern nur die bei demselben Gerichte zu ihrer juristischen Ausbildung beschäftigten Personen zugegen sein, soweit der Vorsitzende deren Anwesenheit gestattet.

§ 194 (196)

Der Vorsitzende leitet die Beratung, stellt die Fragen und sammelt die Stimmen.

Meinungsverschiedenheiten über den Gegenstand, die Fassung und die Reihenfolge der Fragen oder über das Ergebnis der Abstimmung entscheidet das Gericht.

§ 195 (197)

Kein Richter, Schöffe oder Geschworener darf die Abstimmung über eine Frage verweigern, weil er bei der Abstimmung über eine vorhergegangene Frage in der Minderheit geblieben ist.

§ 196 (198)*

Die Entscheidungen erfolgen, soweit das Gesetz nicht ein anderes bestimmt, nach der absoluten Mehrheit der Stimmen.

Bilden sich in Beziehung auf Summen, über welche zu entscheiden ist, mehr als zwei Meinungen, deren keine die Mehrheit für sich hat, so werden die für die größte Summe abgegebenen Stimmen den für die zunächst geringere abgegebenen so lange hinzugerechnet, bis sich eine Mehrheit ergibt.

Bilden sich in einer Strafsache, von der Schuldfrage abgesehen, mehr als zwei Meinungen, deren keine die **erforderliche** Mehrheit für sich hat, so werden die dem Beschuldigten nachteiligsten Stimmen den zunächst minder nachteiligen so lange hinzugerechnet, bis sich **die erforderliche** Mehrheit ergibt. **Bilden sich in der Straffrage zwei**

Meinungen, ohne daß eine die erforderliche Mehrheit für sich hat, so gilt die mildere Meinung. Ergibt sich in dem mit zwei Richtern und zwei Schöffen besetzten Schöffengerichte, von der Schuld- und Straffrage abgesehen, Stimmengleichheit, so gibt die Stimme des Vorsitzenden den Ausschlag.

1) Die Änderungen im Abs. 3 beruhen auf § 20 Abs. 2 VO.

2) Wegen der Änderung, nach der auch in der Straffrage eine Mehrheit von zwei Dritteln der Stimmen erforderlich ist, vgl. die Anm. zu § 263 StPO.

3) Mehr als zwei Meinungen können sich in einer Strafsache bilden, wenn die Strafe oder die Nebenfolge nicht absolut bestimmt ist. Hauptanwendungsfall des Abs. 3 wird daher die Festsetzung einer Freiheitsstrafe sein.

§ 197 (199)*

Die Richter stimmen nach dem Dienstalter, bei gleichem Dienstalter nach dem Lebensalter, Handelsrichter, Schöffen und Geschworene nach dem Lebensalter; der jüngere stimmt vor dem älteren. Die Schöffen und Geschworenen stimmen vor den Richtern. Wenn ein Berichterstatter ernannt ist, so stimmt er zuerst. Zuletzt stimmt der Vorsitzende.

1) Die Neufassung beruht auf § 20 Abs. 1 VO. Für das große Jugendgericht vgl. § 24 Abs. 2 S. 1 JGG. und Anm. dazu.

2) Nach der Neufassung des § gilt also in Zukunft folgendes:

Beim Schöffengericht und bei der kleinen Strafkammer stimmen zuerst die Schöffen, dann der Vorsitzende. Beim erweiterten Schöffengericht stimmt zuerst der Berichterstatter, dann stimmen die Schöffen, zuletzt stimmt der Vorsitzende; ist ein Berichterstatter nicht ernannt, so stimmen zunächst die Schöffen, dann der zugezogene Amtsrichter, zuletzt der Vorsitzende. Bei der großen Strafkammer stimmt zuerst der Berichterstatter, dann stimmen die Schöffen, dann der zweite Beisitzer und zuletzt der Vorsitzende. Beim Schwurgericht stimmt zuerst der Berichterstatter, dann stimmen die Geschworenen, dann der zweite Beisitzer und zuletzt der Vorsitzende.

Die Schöffen und Geschworenen stimmen unter sich nach dem Lebensalter.

§ 198 (200)

Schöffen und Geschworene sind verpflichtet, über den Hergang bei der Beratung und Abstimmung Stillschweigen zu beobachten.

Ein Bruch der Schweigepflicht ist nur unter den Voraussetzungen des Art. II des Ges. v. 5. 4. 1888 (abgedruckt in der Anm. zu § 174) strafbar. Disziplinarbestrafung kommt nicht in Frage. Auch eine Ordnungsstrafe, wie etwa nach § 56, ist nicht angedroht.

Auch bei der Vernehmung als Zeugen dürfen Schöffen und Geschworene über den Hergang bei der Beratung und Abstimmung nichts offenbaren; eine Befreiung von der Verpflichtung, wie sie etwa nach § 54 StPO. für Beamte möglich wäre, kommt nicht in Betracht. Überhaupt dürfen Richter nicht über die Art und Weise, wie ein Richterspruch zustande gekommen ist, als Zeugen vernommen werden.

Siebzehnter Titel

Gerichtsferien.

§ 199 (201)

Die Gerichtsferien beginnen am 15. Juli und endigen am 15. September.

§ 200 (202)***

Während der Ferien werden nur in Feriensachen Termine abgehalten und Entscheidungen erlassen.

Feriensachen sind:

1. Strafsachen;
2. Arrestsachen und die eine einstweilige Verfügung betreffenden Sachen;
3. Meß- und Marktsachen;
4. Streitigkeiten zwischen dem Vermieter und dem Mieter oder Untermieter von Wohnräumen oder anderen Räumen oder zwischen dem Mieter und dem Untermieter solcher Räume wegen Überlassung, Benutzung

oder Räumung sowie wegen Zurückhaltung der von dem Mieter oder dem Untermieter in die Mietsräume eingebrachten Sachen;

5. Streitigkeiten zwischen Dienstherrschaft und Gesinde, zwischen Arbeitgebern und Arbeitern hinsichtlich des Dienst- oder Arbeitsverhältnisses sowie die im § 4 Nr. 1 **bis 4 des Gewerbegerichtsgesetzes in der Fassung der Bekanntmachung vom 29. September 1901 (Reichsgesetzbl. S. 353) und des Gesetzes vom 14. Januar 1922 (Reichsgesetzbl. I S. 155)** und im § 5 Nr. 1 bis 4 des Gesetzes, betreffend Kaufmannsgerichte, vom 6. Juli 1904 (Reichsgesetzbl. S. 266) **in der Fassung des Gesetzes vom 14. Januar 1922 (Reichsgesetzbl. I** S. 155) bezeichneten Streitigkeiten;
6. Ansprüche aus dem außerehelichen Beischlaf;
7. Wechselsachen;
8. **Regreßansprüche aus einem Scheck;**
9. Bausachen, wenn über Fortsetzung eines angefangenen Baues gestritten wird.

In dem Verfahren vor den Amtsgerichten hat das Gericht auf Antrag auch andere Sachen als Feriensachen zu bezeichnen. Werden in einer Sache, die durch Beschluß des Gerichts als Feriensache bezeichnet ist, in einem Termine zur mündlichen Verhandlung einander widersprechende Anträge gestellt, so ist der Beschluß aufzuheben, sofern die Sache nicht besonderer Beschleunigung bedarf.

In dem Verfahren vor den Landgerichten sowie in dem Verfahren in den höheren Instanzen soll das Gericht auf Antrag auch solche Sachen, welche nicht unter die Vorschrift des Abs. 1 fallen, soweit sie besonderer Beschleunigung bedürfen, als Feriensachen bezeichnen. Die Bezeichnung kann vorbehaltlich der Entscheidung des Gerichts durch den Vorsitzenden erfolgen.

---

1) Ziff. 8 entspricht dem § 28 Abs. 3 S. 2 des Scheckges. v. 11. 3. 1908 (RGBl. S. 71).

2) Vgl. ferner § 91 Pr.AGGVG. (unten Nr. XVII).

§ 201 (203)

Zur Erledigung der Feriensachen können bei den Landgerichten Ferienkammern, bei den Oberlandesgerichten und dem Reichsgerichte Feriensenate gebildet werden.

§ 202 (204)

Auf das Kostenfestsetzungsverfahren, das Mahnverfahren, das Zwangsvollstreckungsverfahren und das Konkursverfahren sind die Ferien ohne Einfluß.

V.

Verordnung über die Entschädigung der Schöffen, Geschworenen und Vertrauenspersonen.

Vom 18. März 1924.

(RGBl. I S. 282)

Auf Grund des § 55 Abs. 2 des Gerichtsverfassungsgesetzes wird mit Zustimmung des Reichsrats verordnet:

§ 1

Schöffen, Geschworene und Vertrauenspersonen des zur Auswahl der Schöffen und Geschworenen berufenen Ausschusses erhalten als Entschädigung für den ihnen durch ihre Dienstleistung entstehenden Verdienstausfall für jede angefangene Stunde der durch die Dienstleistung versäumten Arbeitszeit einen Betrag von 0,05 bis zu 0,75 Goldmark. Die Höhe der Entschädigung ist im Einzelfall unter Berücksichtigung der regelmäßigen Erwerbstätigkeit festzusetzen. Die Entschädigung ist für höchstens zehn Stunden für den Tag zu gewähren.

§ 2

Schöffen, Geschworene und Vertrauenspersonen erhalten außerdem

1. für jeden Tag der Dienstleistung ein Tagegeld,
2. für jedes durch die Dienstleistung notwendig gewordene Nachtquartier ein Übernachtungsgeld

nach den Sätzen, die ein Reichsbeamter der Stufe I (vgl. § 2 Abs. 2 der Reisekostenverordnung für die Reichsbeamten vom 14. Oktober 1921 — Reichsgesetzbl. S. 1345—) für eine Dienstreise erhält. Ob das gewöhnliche Tage- und Übernachtungsgeld oder das für teure Orte zu zahlende zu gewähren ist, entscheidet sich nach dem Orte, an dem der Schöffe, Geschworene oder die Vertrauensperson die Dienste zu leisten hat.

Als Tag der Dienstleistung im Sinne des Abs. 1 gilt jeder Tag, an dem der Schöffe, der Geschworene oder die Vertrauensperson dienstlich am Sitzungsorte des Gerichts anwesend ist.

Ob überhaupt und in welcher Höhe Tage- und Übernachtungsgeld zu gewähren ist, bestimmt sich nach den gleichen Vorschriften wie bei Dienstreisen der Reichsbeamten.

---

1) Die Reisekostenverordnung für die Reichsbeamten v. 14. 10. 1921 (RGBl. S. 1345) ist inzwischen mehrfach geändert worden, nämlich durch die VO. v. 16. 2. 1923 (RGBl. II S. 152), 15. 10. 1923 (RGBl. I S. 981) und v. 17. 1. 1924 (Reichsbesoldungsbl. S. 3).

Auf Grund des § 15 der Reisekosten-VO. in Verbindung mit der VO. v. 16. 2. 1923 ist die Höhe der Tage- und Übernachtungsgelder festgesetzt worden durch die VO. v. 17. 1. 1924 (Reichsbesoldungsbl. S. 4). Danach beträgt das Tagegeld bei Reisen nach besonders teuren Orten — welche Orte das sind, ergibt sich aus den Bekanntmachungen des Reichsministers der Finanzen v. 2. 5., 28. 9. 1922 (Zentralbl. S. 187, Reichsbesoldungsbl. S. 8) und v. 14. 7. 1923 (Reichsbesoldungsbl. S. 225) — fünf Goldmark, sonst vier Goldmark, das Uebernachtungsgeld 3,75 Goldmark und 2 Goldmark.

2) Von besonderer Bedeutung ist der neue Abs. 4. Ob danach der Schöffe und Geschworene überhaupt Tagegeld und Übernachtungsgeld und ob er das volle Tagegeld oder nur einen Teilbetrag davon erhält, ist im Einzelfalle nach den für die Reisekosten der Reichsbeamten geltenden Grundsätzen zu entscheiden. Von Bedeutung sind dabei die zur Reisekosten-VO. erlassenen Ausführungsbestimmungen des Reichsmin. der Finanzen v. 6. 12. 1921 (Zentralblatt S. 943) in der Fassung des Erlasses v. 17. 1. 1924 (Reichsbesoldungsbl. S. 3).

3) Vgl. Anm. zu § 3.

§ 3

Schöffen, Geschworene und Vertrauenspersonen erhalten als Fahrkosten

1. bei Wegestrecken, die auf Eisenbahnen, Schiffen oder sonstigen öffentlichen regelmäßigen Verkehrsmitteln zurückgelegt werden oder hätten zurückgelegt werden können, den für die Beförderung zu zahlenden Fahrpreis, jedoch bei Benutzung von Eisenbahnen, Kleinbahnen oder Schiffen nicht mehr als den Fahrpreis für die dritte Wagenklasse oder die zweite Schiffsklasse, einschließlich der Kosten für Beförderung und Versicherung des notwendigen Gepäcks;
2. bei Wegestrecken, die nicht auf diese Art zurückgelegt werden können, für jedes angefangene Kilometer des Hin- und Rückwegs 0,05 Goldmark. Ist der Schöffe, der Geschworene oder die Vertrauensperson durch besondere Umstände genötigt, sich eines Fuhrwerkes zu bedienen, so sind die dadurch erwachsenen Unkosten in angemessenen Grenzen zu ersetzen; dies gilt auch dann, wenn ein eigenes Fuhrwerk benutzt worden ist.

Die Fahrkosten werden nur erstattet, wenn die Wohnung des Schöffen, des Geschworenen oder der Vertrauensperson von der Stelle, wo die Dienste zu leisten sind, mehr als zwei Kilometer entfernt ist.

Nach Abs. 2 kommt es bei der Frage, ob Fahrkosten zu erstatten sind, auf die Entfernung der Wohnung des Schöffen von der Stelle der Dienstleistung an, während sich die Frage, ob Tagegeld zu gewähren ist, danach entscheidet, ob der Wohnort des Schöffen von der Ortsgrenze des Ortes der Dienstleistung mehr als zwei Kilometer entfernt liegt. Tagegelder erhält nur, wer nicht am Orte selbst oder in einem Umkreis von zwei Kilometern, von der Grenze des Dienstleistungsortes gerechnet, wohnt. Fahrkosten dagegen kann auch der am Dienstleistungsorte oder innerhalb der Zwei-Kilometer-Grenze um denselben Wohnende erhalten, wenn seine Wohnung von der Stelle der Dienstleistung mehr als zwei Kilometer entfernt liegt.

§ 4

Die Fahrkosten werden auch für die Reise gewährt, die der Schöffe, der Geschworene oder die Vertrauensperson während der Tagung nach dem Wohnort und zurück macht. Sie dürfen jedoch die Höhe der Bezüge nicht übersteigen, die der Schöffe, der Geschworene oder die Vertrauensperson erhalten haben würde, wenn der Schöffe, der Geschworene oder die Vertrauensperson am Sitzungsorte geblieben wäre.

§ 5

Die Gesamtsumme der dem Schöffen, dem Geschworenen oder der Vertrauensperson zu gewährenden Entschädigung (§§ 1 bis 4) ist auf volle fünf Goldpfennige aufzurunden.

§ 6

Wird die Entschädigung in Reichswährung gezahlt, so ist der Goldmarkbetrag nach dem Satze umzurechnen, den der Reichsminister der Finanzen auf Grund des § 2 Abs. 3 der Aufwertungsverordnung vom 11./18. Oktober 1923 (Reichsgesetzbl. I S.939, 979) als Goldumrechnungssatz festsetzt und fortlaufend veröffentlicht.

Die Zahlung kann auch in anderen als den gesetzlichen Zahlungsmitteln geleistet werden, soweit sie an den öffent-Kassen anzunehmen sind; den Umrechnungssatz bestimmt der Reichsminister der Finanzen.

Für die Umrechnung ist der Tag maßgebend, an dem die Zahlungsanweisung zur Gerichtskasse oder zu einer sonstigen Zahlungsstelle gelangt.

§ 7

Diese Verordnung tritt mit dem 1. April 1924 in Kraft. Mit dem gleichen Zeitpunkt tritt die Verordnung über die Entschädigung der Schöffen, Geschworenen und Vertrauenspersonen vom 8. Juli 1922 (Reichsgesetzbl. I S. 561) in der Fassung der Verordnungen vom 29. Juli 1922 (Reichsgesetzbl. I S. 673), vom 10. November 1922 (Reichsgesetzbl. I S. 847, vom 13. Januar 1923 (Reichsgesetzbl. I S. 57), vom 27. März 1923 (Reichsgesetzbl. I S. 220), vom 5. Juli 1923 (Reichsgesetzbl. I S. 632) und vom 18. August 1923 (Reichsgesetzbl. I S. 811) außer Kraft.

Berlin, den 18. März 1924.

Der Reichsminister der Justiz

Emminger

VI.

Einführungsgesetz zur Strafprozeßordnung.

Vom 1. Februar 1877 (RGBl. S. 346).

In der Fassung des Art. II des Ges. betr. Änderungen des GVG. und der StPO. v. 17. 5. 1898 (RGBl. S. 252) und des § 23 des Vereinsges. v. 19. 4. 1908 (RGBl. S. 151).

§ 1

[Die Strafprozeßordnung tritt im ganzen Umfange des Reichs gleichzeitig mit dem Gerichtsverfassungsgesetze in Kraft.]

Jetzt gegenstandslos. Vgl. § 1 EGGVG.

§ 2

[Die erforderlichen Anordnungen, um die Jahreslisten der Schöffen und der Geschworenen bis zum Tage des Inkrafttretens der Strafprozeßordnung nach den Vorschriften des Gerichtsverfassungsgesetzes herzustellen, insbesondere die Bezeichnung der Behörden, welche hierbei die den Amtsrichtern und den Landgerichten zugewiesenen Geschäfte wahrzunehmen haben, erfolgen durch die Landesjustizverwaltung. Dieselbe kann den Zeitraum, für welchen die in dieser Weise hergestellten Listen Geltung haben sollen, abweichend von dem Gerichtsverfassungsgesetze, jedoch nicht über das zweite Geschäftsjahr, bestimmen.]

Als Übergangsvorschrift gegenstandslos, aber noch von Bedeutung für ähnliche Fälle, da einen allg. Grundsatz des prozeßrechtlichen Übergangsrechts enthaltend.

§ 3

Die Strafprozeßordnung findet auf alle Strafsachen Anwendung, welche vor die ordentlichen Gerichte gehören.

Insoweit die Gerichtsbarkeit in Strafsachen, für welche besondere Gerichte zugelassen sind, durch die Landesgesetzgebung den ordentlichen Gerichten übertragen wird, kann diese ein abweichendes Verfahren gestatten.

Die Landesgesetze können anordnen, daß Forst- und Feldrügesachen durch die Amtsgerichte in einem besonderen Verfahren, sowie ohne Zuziehung von Schöffen verhandelt und entschieden werden.

---

1) Zu Abs. 2 vgl. § 3 EGGVG. (oben III) und §§ 13, 14 GVG. sowie Anm. dazu.

2) Zu Abs. 3 vgl. das Pr. Forstdiebstahlsges. §§ 19—36 und das Pr. Feld- und Forst-Polizeiges. §§ 53—61, 68 in Teil I dieses Werkes.

Von der Befugnis, die in Betracht kommenden Sachen ohne Zuziehung von Schöffen verhandeln und entscheiden zu lassen, hat Preußen in der VO. v. 12. 3. 1924 (GesS. S. 124) auch für die Fälle Gebrauch gemacht, in denen nach der VO. (§ 25 Abs. 1 Nr. 2c GVG.) die Zuständigkeit des Amtsrichters nur durch besonderen Antrag der Staatsanwaltschaft begründet werden könnte. Nach den Pr. Vorschriften gehören diese Sachen auch ohne besonderen Antrag vor den Amtsrichter.

§ 4

[In Ansehung der Landesherren und der Mitglieder der landesherrlichen Familien sowie der Mitglieder der Fürstlichen Familie Hohenzollern finden die Bestimmungen der Strafprozeßordnung nur insoweit Anwendung, als nicht besondere Vorschriften der Hausverfassungen oder der Landesgesetze abweichende Bestimmungen enthalten. Das gleiche gilt in Ansehung der Mitglieder des vormaligen Hannoverschen Königshauses, des vormaligen Kurhessischen und des vormaligen Herzoglich Nassauischen Fürstenhauses.]

Gegenstandslos. Vgl. die Anm. zu § 5 EGGVG.

§ 5

Die prozeßrechtlichen Vorschriften der Reichsgesetze werden durch die Strafprozeßordnung nicht berührt.

Wird in den Fällen des [§ *101*] der Seemannsordnung gegen den Bescheid des Seemannsamtes auf gerichtliche Entscheidung angetragen, so finden auf das weitere Verfahren die §§ *(455—458)* [*jetzt* §§ *415—418*] der Strafprozeßordnung entsprechende Anwendung.

Jetzt §§ 122 ff. der Seemannsordnung v. 2. 6. 1902 (RGBl. S. 175) und VO. v. 13. 3. 1903 (RGBl. S. 42), betr. das Strafverfahren vor den Seemannsämtern. Vgl. auch § 8 des Ges. betr. die Verpflichtung der Kauffahrteischiffe zur Mitnahme heimzuschaffender Seeleute v. 2. 6. 1902 (RGBl. S. 212) und § 13 des Stellenvermittlerges. v. 2. 6. 1910 (RGBl. S. 860). Vgl. unten Nr. XVI.

§ 6

Die prozeßrechtlichen Vorschriften der Landesgesetze treten für alle Strafsachen, deren Entscheidung in Gemäßheit des § 3 nach den Vorschriften der Strafprozeßordnung zu erfolgen hat, außer Kraft, insoweit nicht in der Strafprozeßordnung auf sie verwiesen ist.

Unberührt bleiben die landesgesetzlichen Bestimmungen:

[1. über die Voraussetzungen, unter welchen gegen Mitglieder einer gesetzgebenden Versammlung während der Dauer einer Sitzungsperiode eine Strafverfolgung eingeleitet oder fortgesetzt werden kann;]

2. ......

3. über das Verfahren im Verwaltungswege bei Übertretungen, wegen deren die Polizeibehörden zum Erlaß einer Strafverfügung befugt sind, und bei Zuwiderhandlungen gegen die Vorschriften über die Erhebung öffentlicher Abgaben und Gefälle, insoweit nicht die §§ *(453, 454, 455* und *459—463)* [*jetzt* §§ *413, 414, 415, 419—423*] der Strafprozeßordnung abändernde Bestimmungen treffen.

---

1) Wegen Abs. 2 Nr. 1 vgl. jetzt Art. 37 RV. (abgedruckt unten Anm. 3 zu § 112 StPO.). Dadurch ist Abs. 2 Nr. 1 zunächst gegenstandslos geworden, da Art. 37 RV. die Frage auch für die gesetzgebenden Versammlungen der Länder regelt. Ob die Länder ihrerseits besondere Bestimmungen treffen könnten, ist zweifelhaft. Für Preußen ist es nicht geschehen.

2) Abs. 2 Nr. 2 ist durch § 23 Vereinsges. v. 19. 4. 1908 (RGBl. S. 151 aufgehoben worden.

3) Zu Abs. 2 Nr. 3 vgl. jetzt Pr. Ges. v. 23. 4. 1883 über den Erlaß polizeilicher Strafverfügungen wegen Übertretungen (unten Nr. XIX). Der Vorbehalt bezieht sich nur auf das Verfahren „im Verwaltungswege". Für das gerichtliche Verfahren gelten die Vorschriften der StPO.

Das Verwaltungsstrafverfahren hinsichtlich aller Abgaben, die zugunsten des Reichs erhoben werden, ist durch die §§ 385 ff. RAO. neu geregelt; auch für das gerichtliche Verfahren in diesen Sachen bestehen in §§ 426 ff. RAO. besondere, von den Bestimmungen der StPO. vielfach abweichende Vorschriften.

§ 7

Gesetz im Sinne der Strafprozeßordnung und dieses Gesetzes ist jede Rechtsnorm.

§ 8

[In den am Tage des Inkrafttretens der Strafprozeßordnung anhängigen Strafsachen sind für das weitere Verfahren die Vorschriften der Strafprozeßordnung maßgebend. Die Landesgesetzgebung kann die zur Überleitung des Verfahrens erforderlichen Bestimmungen treffen.

War jedoch vor dem Tage des Inkrafttretens der Strafprozeßordnung ein Endurteil erster Instanz ergangen, so finden auf die Erledigung der Sache bis zur rechtskräftigen Entscheidung die bisherigen Prozeßgesetze Anwendung.]

Als Übergangsvorschrift gegenstandslos, aber noch mit abgedruckt, weil allgemeine Grundsätze des strafprozessualen Übergangsrechts enthaltend und u. U. entsprechender Anwendung fähig.

§ 9

[Wird ein vor dem Tage des Inkrafttretens der Strafprozeßordnung ergangenes Endurteil erster Instanz in der höheren Instanz aufgehoben und die Sache zur nochmaligen Verhandlung in die erste Instanz zurückgewiesen, so regelt sich das weitere Verfahren nach den Vorschriften der Strafprozeßordnung.]

Vgl. Anm. zu § 8.

§ 10

[Für die Wiederaufnahme eines durch rechtskräftiges Urteil geschlossenen Verfahrens sind die Vorschriften der Strafprozeßordnung auch dann maßgebend, wenn das Urteil vor dem Tage des Inkrafttretens der Strafprozeßordnung erlassen oder rechtskräftig geworden war.]

Vgl. Anm. zu § 8.

§ 11

[Die Verfolgung von Beleidigungen und Körperverletzungen findet nur nach den Vorschriften der Strafprozeßordnung statt.

Insoweit diese Verfolgung nach der Gesetzgebung eines Bundesstaates im Wege des Zivilprozesses stattfand, richtet sich die Erledigung eines anhängigen Verfahrens nach den Vorschriften des Einführungsgesetzes zur Zivilprozeßordnung.]

Als Übergangsvorschrift gegenstandslos geworden.

§ 12

[Auf die Strafvollstreckung finden die Vorschriften der Strafprozeßordnung Anwendung, auch wenn die Strafe nach den bisherigen Vorschriften über das Strafverfahren erkannt ist.]

Vgl. Anm. zu § 8.

VII.

Strafprozeßordnung.*)

Vom 22. März 1924 (RGBl. I S. 322).

*) Eine Zusammenstellung der bei der Neufassung der StPO. berücksichtigten gesetzlichen Bestimmungen vgl. in Anm. 3 zu § 43 VO. (oben Nr. II).

Für das Steuerstrafverfahren in Reichsabgabensachen gilt die Strafprozeßordnung nur insoweit, als die Steuergesetze — einschließlich der RAO. — nichts Abweichendes vorschreiben.

Erstes Buch

Allgemeine Bestimmungen

Erster Abschnitt

Sachliche Zuständigkeit der Gerichte

§ 1 (1)

Die sachliche Zuständigkeit der Gerichte wird durch das Gesetz über die Gerichtsverfassung bestimmt.

§ 2 (2)

Zusammenhängende Strafsachen, welche einzeln zur Zuständigkeit von Gerichten verschiedener Ordnung gehören würden, können verbunden bei dem Gericht anhängig gemacht werden, welchem die höhere Zuständigkeit beiwohnt.

Aus Gründen der Zweckmäßigkeit kann durch Beschluß dieses Gerichts die Trennung der verbundenen Strafsachen angeordnet werden.

1) In Jugendsachen gilt § 26 JGG. (unten Nr. X); danach sollen mehrere Sachen gegen denselben Beschuldigten verbunden werden (§ 26 Abs. 1 JGG.).

Andererseits sollen aber Jugendsachen mit Strafsachen gegen Erwachsene nicht verbunden werden, insbesondere, wenn diese zur Zuständigkeit des Schwurgerichts oder des Reichsgerichts gehören (Abs. 2 a. a. O.).

Das Gericht kann Jugendsachen, die in Verbindung mit Strafsachen gegen Erwachsene bei ihm anhängig gemacht worden sind, bis zum Erlaß des Urteils durch Beschluß trennen und an das Jugendgericht verweisen (Abs. 3 a. a. O.).

2) Für Sachen, die Zuwiderhandlungen gegen das Pr. JuJPolG. betreffen, ist die Verbindung auch ohne Zusammenhang zulässig. (Vgl. § 56 a. a. O.) In Forstdiebstahlssachen vgl. §§ 27, 29 FDiebstG.

3) Das Schöffengericht ist gegenüber dem Amtsrichter ein Gericht, welchem im Sinne des Abs. 1 die höhere Zuständigkeit beiwohnt.

4) Vgl. auch § 237 StPO. Die dort zugelassene Verbindung zum Zwecke gleichzeitiger Verhandlung hat aber auf die Zuständigkeit keinen Einfluß.

§ 3 (3)

Ein Zusammenhang ist vorhanden, wenn eine Person mehrerer strafbarer Handlungen beschuldigt wird, oder wenn bei einer strafbaren Handlung mehrere Personen als Täter, Teilnehmer, Begünstiger oder Hehler beschuldigt werden.

§ 4 (4)

Eine Verbindung zusammenhängender oder eine Trennung verbundener Strafsachen kann auch nach Eröffnung der Untersuchung auf Antrag der Staatsanwaltschaft oder des Angeschuldigten oder von Amts wegen durch gerichtlichen Beschluß angeordnet werden.

Zuständig für den Beschluß ist das Gericht, zu dessen Bezirk die übrigen Gerichte gehören. In Ermangelung eines hiernach zuständigen Gerichts erfolgt die Beschlußfassung durch das gemeinschaftliche obere Gericht.

---

§ 1 des Ges. v. 10. 3. 1922 (RGBl. I S. 241) über vorübergehende Rechtspflegemaßnahmen im Hinblick auf das Saargebiet lautet: „Die §§ 4 bis 7 des Strafgesetzbuchs finden auf die im Deutschen Reiche innerhalb des Saargebiets begangenen Straftaten und die im Saargebiete vollzogenen Strafen entsprechende Anwendung.“

§ 5 (5)

Für die Dauer der Verbindung ist der Straffall, welcher zur Zuständigkeit des Gerichts höherer Ordnung gehört, für das Verfahren maßgebend.

Vgl. die Anm. zu § 4.

§ 6 (6)

Das Gericht hat seine sachliche Zuständigkeit in jeder Lage des Verfahrens von Amts wegen zu prüfen.

Vgl. die Anm. zu § 4.

Zweiter Abschnitt.

Gerichtsstand

§ 7 (7)

Der Gerichtsstand ist bei dem Gerichte begründet, in dessen Bezirk die strafbare Handlung begangen ist.

Wird der Tatbestand der strafbaren Handlung durch den Inhalt einer im Inland erschienenen Druckschrift begründet, so ist als das nach Abs. 1 zuständige Gericht nur das Gericht anzusehen, in dessen Bezirk die Druckschrift erschienen ist. Jedoch ist in den Fällen der Beleidigung, sofern die Verfolgung im Wege der Privatklage stattfindet, auch das Gericht, in dessen Bezirk die Druckschrift verbreitet worden ist, zuständig, wenn in diesem Bezirk die beleidigte Person ihren Wohnsitz oder gewöhnlichen Aufenthalt hat.

---

1) Wegen der Anwendbarkeit der StPO. auf die Personen, die früher der Militärgerichtsbarkeit unterstanden haben, vgl. § 3 GAMG. (unten Nr. XIV) und §§ 434 ff. StPO.

2) Für Jugendsachen ist auch das Jugendgericht örtlich zuständig, in dessen Bezirk die vormundschaftsgerichtliche Zuständigkeit für den Beschuldigten begründet ist oder sich der Angeschuldigte zur Zeit der Erhebung der Anklage aufhält. (§ 25 Abs. 1 JGG. — unten Nr. X —.)

Diesen Gerichten gebührt nach § 25 Abs. 2 JGG. der Vorzug vor den anderen zuständigen Gerichten.

3) Bei Zuwiderhandlungen gegen das Pr. FDiebstG. ist der Gerichtsstand der begangenen Tat ausschließlich gegeben — auch für Jugendsachen — Nur wenn der Ort der begangenen Tat nicht zu ermitteln oder die Tat außerhalb Preußens begangen ist, bestimmt sich der Gerichtsstand nach der StPO. und nach dem JGG.

4) VO. v. 13. 7. 1923 (RGBl. I S. 634) zur Verhinderung fremder Einwirkungen auf die deutsche Gerichtsbarkeit (erlassen auf Grund des Art. VI des Notgesetzes v. 24. 2. 1923, RGBl. I S. 147).

„Für alle im besetzten Gebiet oder im Einbruchsgebiet begangenen strafbaren Handlungen, für deren Aburteilung nach den geltenden Vorschriften ein Landesgericht zuständig ist, ist ein Gerichtsstand auch bei dem Gerichte begründet, in dessen Bezirk der Täter ergriffen wird oder sich in Haft befindet. Das Gleiche gilt für strafbare Handlungen, die im unbesetzten Gebiet begangen sind, wenn der Sitz des für den Tatort zuständigen Landesgerichts im besetzten Gebiet oder im Einbruchsgebiet liegt. Durch allgemeine Anordnung der obersten Landesbehörde können daneben auch andere Gerichte für örtlich zuständig erklärt werden."

Dazu sind ergangen:

a) Die Pr. VO. v. 26. 7. 1923 (GesS. S. 370):

„§ 1. Für alle im besetzten Gebiet oder im Einbruchsgebiet begangenen strafbaren Handlungen, für deren Aburteilung nach den geltenden Vorschriften ein preußisches Landesgericht zuständig ist, werden auch die Gerichte an folgenden Orten für zuständig erklärt:

Arnsberg, Bielefeld, Cassel, Elberfeld, Frankfurt a. M., Hagen, Hamm, Hanau, Hannover, Marburg, Münster und Paderborn.

Das Gleiche gilt für strafbare Handlungen, die im unbesetzten Gebiet begangen sind, wenn der Sitz des für den Tatort zuständigen Landesgerichts im besetzten Gebiet oder im Einbruchsgebiete liegt.

§ 2. Wird die strafbare Handlung im Wege der Privatklage verfolgt, so findet diese VO. keine Anwendung."

b) Die gemeinschaftliche VO. v. 31. 8. 1923 (Pr. GesS. S. 458):

„Die in der VO. d. Pr. JM. über den Gerichtsstand für strafbare Handlungen, die im besetzten Gebiet, im Einbruchsgebiete und in gewissen Randgebieten begangen sind, v. 26. 7. 1923 (Pr. GesS. S. 370) geschaffenen Gerichtsstände sind auch für die in dem oldenburgischen Landesteil Birkenfeld begangenen strafbaren Handlungen begründet."

5) Vgl. die Anm. zu § 4.

6) Gerichtsstand für Reichssteuerstrafsachen § 411 Abs. 2, § 427 Abs. 1 RAO.

§ 8 (8)

Der Gerichtsstand ist auch bei dem Gerichte begründet, in dessen Bezirk der Angeschuldigte zur Zeit der Erhebung der Klage seinen Wohnsitz hat.

Hat der Angeschuldigte einen Wohnsitz im Deutschen Reich nicht, so wird der Gerichtsstand auch durch den gewöhnlichen Aufenthaltsort und, wenn ein solcher nicht bekannt ist, durch den letzten Wohnsitz bestimmt.

---

1) Vgl. auch § 439 (besonderer Gerichtsstand für Angehörige der Reichswehr bei dem Gericht, in dessen Bezirk sich der Standort ihres Truppenteils befindet).

2) § 2 Abs. 1 des Ges. v. 10. 3. 1922 (RGBl. I S. 241) bestimmt: „Der § 8 Abs. 2 der StPO. gilt entsprechend, wenn der Angeschuldigte seinen Wohnsitz nicht im Deutschen Reiche außerhalb des Saargebiets hat."

3) Zum Begriff des „gewöhnlichen Aufenthaltsorts" vgl. § 7 Abs. 2 VO. über Fürsorgepflicht v. 13. 2. 1924 (RGBl. I S. 100) (früher § 10 des Ges. über den Unterstützungswohnsitz v. 30. 5. 1908, RGBl. S. 381).

§ 9 (9)

Wenn die strafbare Handlung im Auslande begangen und ein Gerichtsstand in Gemäßheit des § 8 nicht begründet ist, so ist das Gericht zuständig, in dessen Bezirk die Ergreifung erfolgt. Hat eine Ergreifung nicht stattgefunden, so wird das zuständige Gericht vom Reichsgericht bestimmt.

Gleiches gilt, wenn eine strafbare Handlung im Inlande begangen ist, jedoch weder der Gerichtsstand der begangenen Tat noch der Gerichtsstand des Wohnsitzes ermittelt ist.

Der § 2 Abs. 2 des in Anm. 2 zu § 8 angezogenen Gesetzes bestimmt: „Der § 9 der StPO. gilt entsprechend, wenn die Straftat im Deutschen Reiche innerhalb des Saargebiets begangen ist und ein Gerichtsstand in Gemäßheit des § 8 der StPO. außerhalb des Saargebiets nicht begründet ist."

§ 10 (10)

Ist die strafbare Handlung auf einem deutschen Schiffe im Ausland oder in offener See begangen, so ist das Gericht zuständig, in dessen Bezirk der Heimatshafen oder der deutsche Hafen liegt, welchen das Schiff nach der Tat zuerst erreicht.

Heimatshafen § 480 des Handelsgesetzbuchs und § 6 des Ges. v. 22. 6. 1899 (RGBl. S. 319).

§ 11 (11)**

Deutsche, welche das Recht der Exterritorialität genießen, sowie die im Ausland angestellten Beamten des Reichs oder eines **deutschen Landes** behalten in Ansehung des Gerichtsstandes den Wohnsitz, welchen sie in dem Heimatstaate hatten. In Ermangelung eines solchen Wohnsitzes gilt die Hauptstadt des Heimatstaats als ihr Wohnsitz; ist die Hauptstadt in mehrere Gerichtsbezirke geteilt, so wird der als Wohnsitz geltende Bezirk von der Landesjustizverwaltung durch allgemeine Anordnung bestimmt. Gehört ein Deutscher **keinem deutschen Lande** an, so gilt als sein Wohnsitz die Stadt Berlin; ist die Stadt Berlin in mehrere Gerichtsbezirke geteilt, so wird der als Wohnsitz geltende Bezirk von dem **Reichsminister der Justiz** durch allgemeine Anordnung bestimmt.

Auf Wahlkonsuln finden diese Bestimmungen keine Anwendung.

1) Wegen der Änderungen vgl. § 43 VO. in Verbindung mit Art. 56, 178, 179 RV. (abgedruckt oben in Anm. 1 zu § 34 GVG.).
2) Zu Abs. 1 S. 2 vgl. AV. v. 24. 6. 1906 (Pr. JMBl. S. 128). Zu Abs. 1 S. 3 vgl. Bekanntmachung v. 21. 4. 1906 (RGBl. S. 463).

§ 12 (12)

Unter mehreren nach den Vorschriften der §§ 7 bis 11 zuständigen Gerichten gebührt dem der Vorzug, welches die Untersuchung zuerst eröffnet hat.

Jedoch kann die Untersuchung und Entscheidung einem anderen der zuständigen Gerichte durch das gemeinschaftliche obere Gericht übertragen werden.

---

1) Vgl. zu Abs. 1 aber Anm. 2 Abs. 2 zu § 7.
2) Wegen der durch Landesgesetz den ordentlichen Gerichten zugewiesenen Angelegenheiten vgl. § 20 Pr. AGGVG. (unten XVII).

§ 13 (13)

Für zusammenhängende Strafsachen, welche einzeln nach den Vorschriften der §§ 7 bis 11 zur Zuständigkeit verschiedener Gerichte gehören würden, ist ein Gerichtsstand bei jedem Gerichte begründet, welches für eine der Strafsachen zuständig ist.

Sind mehrere zusammenhängende Strafsachen bei verschiedenen Gerichten anhängig gemacht worden, so können sie sämtlich oder zum Teil durch eine den Anträgen der Staatsanwaltschaft entsprechende Vereinbarung dieser Gerichte bei einem unter ihnen verbunden werden. Kommt eine solche Vereinbarung nicht zustande, so entscheidet, wenn die Staatsanwaltschaft oder ein Angeschuldigter hierauf anträgt, das gemeinschaftliche obere Gericht darüber, ob und bei welchem Gerichte die Verbindung einzutreten habe.

In gleicher Weise kann die Verbindung wiederaufgehoben werden.

---

1) Vgl. Anm. zu § 2.

2) Wegen der durch Landesgesetz den ordentlichen Gerichten zugewiesenen Angelegenheiten vgl. § 20 Pr. AGGVG. (unten Nr. XVII).

§ 14 (14)

Besteht zwischen mehreren Gerichten Streit über die Zuständigkeit, so bestimmt das gemeinschaftliche obere Gericht das Gericht, welches sich der Untersuchung und Entscheidung zu unterziehen hat.

---

1) Der § 14 gilt nur für Streitigkeiten zwischen mehreren Gerichten. Besteht am gleichen Gericht Streit unter mehreren Abteilungen, Kammern oder Senaten darüber, welche Abteilung oder Kammer usw. nach der Geschäftsverteilung eine bestimmte Sache zu übernehmen hat, so ist dieser Streit im Aufsichtswege zu schlichten. Vgl. auch Anm. zu § 22 GVG. und zu § 23 Pr. AGGVG. (unten Nr. XVII). Eine auswärtige Strafkammer ist in Ansehung der Zuständigkeit als ein besonderes Gericht anzusehen.

2) Wegen der durch Landesgesetz den ordentlichen Gerichten zugewiesenen Angelegenheiten vgl. § 20 Pr. AGGVG.

§ 15 (15)

Ist das an sich zuständige Gericht in einem einzelnen Falle an der Ausübung des Richteramts rechtlich oder tatsächlich verhindert, oder ist von der Verhandlung vor diesem Gericht eine Gefährdung der öffentlichen Sicherheit zu besorgen, so hat das zunächst obere Gericht die Untersuchung und Entscheidung dem gleichstehenden Gericht eines anderen Bezirkes zu übertragen.

Vgl. Anm. 2 zu § 14.

§ 16 (16)

Der Angeschuldigte muß den Einwand der Unzuständigkeit bis zum Schlusse der Voruntersuchung, falls aber eine solche nicht stattgefunden hat, in der Hauptverhandlung bis zur Verlesung des Beschlusses über die Eröffnung des Hauptverfahrens geltend machen.

Die Worte: „bei dessen Verlust“ hinter „Unzuständigkeit“ sind als überflüssig weggefallen.

§ 17 (17)

Durch eine Entscheidung, welche die Zuständigkeit für die Voruntersuchung feststellt, wird die Zuständigkeit auch für das Hauptverfahren festgestellt.

§ 18 (18)

Nach Eröffnung des Hauptverfahrens darf das Gericht seine Unzuständigkeit nur auf Einwand des Angeklagten aussprechen.

§ 19 (19)

Haben mehrere Gerichte, von denen eins das zuständige ist, durch Entscheidungen, welche nicht mehr anfechtbar sind, ihre Unzuständigkeit ausgesprochen, so bezeichnet das gemeinschaftliche obere Gericht das zuständige Gericht.

Vgl. Anm. 2 zu § 14.

§ 20 (20)

Die einzelnen Untersuchungshandlungen eines unzuständigen Gerichts sind nicht schon dieser Unzuständigkeit wegen ungültig.

§ 21 (21)

Ein unzuständiges Gericht hat sich den innerhalb seines Bezirkes vorzunehmenden Untersuchungshandlyngen zu unterziehen, bei denen Gefahr im Verzug obwaltet.

Dritter Abschnitt

Ausschließung und Ablehnung der Gerichtspersonen

§ 22 (22)

Ein Richter ist von der Ausübung des Richteramts kraft Gesetzes ausgeschlossen:

1. wenn er selbst durch die strafbare Handlung verletzt ist;
2. wenn er Ehegatte oder Vormund der beschuldigten oder der verletzten Person ist oder gewesen ist;
3. wenn er mit dem Beschuldigten oder mit dem Verletzten in gerader Linie verwandt, verschwägert oder durch **Annahme an Kindes Statt** verbunden, in der Seitenlinie bis zum dritten Grade verwandt oder bis bis zum zweiten Grade verschwägert ist, auch wenn die Ehe, durch welche die Schwägerschaft begründet ist, nicht mehr besteht;
4. wenn er in der Sache als Beamter der Staatsanwaltschaft, als Polizeibeamter, als Anwalt des Verletzten oder als Verteidiger tätig gewesen ist;
5. wenn er in der Sache als Zeuge oder Sachverständiger vernommen ist.

---

1) Vgl. ferner den in Anm. 2 zur VO. v. 20. 3. 1924 über Aufhebung der WGV. (unten Nr. IX) abgedruckten § 21 Abs. 4 WGV.

2) Zu Nr. 3 vgl. Art. 33 EGBGB.: „Soweit in dem GVG. . . . . . . der StPO. . . . . an die Verwandtschaft oder

die Schwägerschaft rechtliche Folgen geknüpft sind, finden die Vorschriften des BGB. über Verwandtschaft und Schwägerschaft Anwendung."

§ 23 (23)*

Ein Richter, welcher bei einer durch ein Rechtsmittel angefochtenen Entscheidung mitgewirkt hat, ist von der Mitwirkung bei der Entscheidung in höherer Instanz kraft Gesetzes ausgeschlossen.

Der Untersuchungsrichter darf in den Sachen, in welchen er die Voruntersuchung geführt hat, nicht Mitglied des erkennenden Gerichts sein, auch nicht bei einer außerhalb der Hauptverhandlung erfolgenden Entscheidung der Strafkammer mitwirken.

Der bisherige Abs. 3 ist weggefallen. Die Änderung beruht auf § 21 Abs. 1 der VO. Die Mitwirkung bei der Eröffnung des Hauptverfahrens bildet keinen Ausschließungsgrund mehr für die Teilnahme am Hauptverfahren.

§ 24 (24)

Ein Richter kann sowohl in den Fällen, in denen er von der Ausübung des Richteramts kraft Gesetzes ausgeschlossen ist, als auch wegen Besorgnis der Befangenheit abgelehnt werden.

Wegen Besorgnis der Befangenheit findet die Ablehnung statt, wenn ein Grund vorliegt, welcher geeignet ist, Mißtrauen gegen die Unparteilichkeit eines Richters zu rechtfertigen.

Das Ablehnungsrecht steht der Staatsanwaltschaft, dem Privatkläger und dem Beschuldigten zu. Den zur Ablehnung Berechtigten sind auf Verlangen die zur Mitwirkung bei der Entscheidung berufenen Gerichtspersonen namhaft zu machen.

§ 25 (25)

Die Ablehnung eines Richters wegen Besorgnis der Befangenheit ist in der Hauptverhandlung erster Instanz nur bis zur Verlesung des Beschlusses über die Eröffnung des Hauptverfahrens, in der Hauptverhandlung über die Berufung und die Revision nur bis zum Beginne der Berichterstattung zulässig.

§ 26 (26)

Das Ablehnungsgesuch ist bei dem Gerichte, welchem der Richter angehört, anzubringen; es kann vor dem Gerichtsschreiber zu Protokoll erklärt werden.

Der Ablehnungsgrund ist glaubhaft zu machen; der Eid ist als Mittel der Glaubhaftmachung ausgeschlossen. Zur Glaubhaftmachung kann auf das Zeugnis des abgelehnten Richters Bezug genommen werden.

Der abgelehnte Richter hat sich über den Ablehnungsgrund dienstlich zu äußern.

§ 27 (27)*

Über das Ablehnungsgesuch entscheidet das Gericht, welchem der Abgelehnte angehört.

Wird ein richterliches Mitglied der erkennenden Strafkammer abgelehnt, so entscheidet die Strafkammer in der für Entscheidungen außerhalb der Hauptverhandlung vorgeschriebenen Besetzung. Wird ein richterliches Mitglied des Schwurgerichts abgelehnt, so entscheiden während der Tagung die richterlichen Mitglieder des Schwurgerichts; außerhalb der Tagung entscheidet die Strafkammer.

Wird ein Untersuchungsrichter oder ein Amtsrichter abgelehnt, so entscheidet das Landgericht. Einer Entscheidung bedarf es nicht, wenn der Abgelehnte das Ablehnungsgesuch für begründet hält.

Wird das zur Entscheidung berufene Gericht durch Ausscheiden des abgelehnten Mitglieds beschlußunfähig, so entscheidet das zunächst obere Gericht.

---

1) Die Einfügung des Abs. 2 beruht auf § 21 Abs. 2, § 12 Abs. 3 VO. Abs. 4 war bisher Halbs. 2 des Abs. 1; die Umstellung ist redaktionell.

2) Für das große Jugendgericht vgl. § 24 Abs. 2 S. 2 JGG. (unten Nr. X). Vgl. Anm. daselbst.

3) Zu Abs. 2 vgl. die §§ 76, 81, 82 GVG. Die Beschlußkammer hat auch dann zu entscheiden, wenn der Vorsitzende der kleinen Strafkammer abgelehnt wird. Für den abgelehnten Richter tritt jeweils dessen Stellvertreter für die Entscheidung über die Ablehnung in die Kammer ein. Das gilt auch für das Schwurgericht. Wird beim Schwurgericht auch der Stellvertreter abgelehnt und ist ein weiterer Stellvertreter nicht ernannt, so entscheidet das Oberlandesgericht.

Der Mitwirkung des abgelehnten Richters steht nichts entgegen, wenn das Ablehnungsgesuch ohne Prüfung der Frage nach der Befangenheit einfach aus formalen Gründen zurückgewiesen wird. Nur an der *sachlichen* Prüfung des Gesuchs darf er nicht mitwirken.

Wird bei einer auswärtigen Strafkammer ein Richter abgelehnt, so entscheidet die Strafkammer des Landgerichts, falls nicht die auswärtige Strafkammer auch als Beschlußkammer zu entscheiden in der Lage ist (Hamm, Sondershausen).

4) Abs. 3 gilt auch für das erweiterte Schöffengericht (Jugendgericht), sowohl für den Vorsitzenden wie für den zweiten Amtsrichter; denn beide sind Amtsrichter. Abs. 2 der Anm. 3 gilt auch für das Amtsgericht.

§ 28 (28)

Gegen den Beschluß, durch welchen das Ablehnungsgesuch für begründet erklärt wird, findet kein Rechtsmittel, gegen den Beschluß, durch welchen das Gesuch für unbegründet erklärt wird, findet sofortige Beschwerde statt.

Der Beschluß, durch welchen ein gegen einen erkennenden Richter angebrachtes Ablehnungsgesuch für unbegründet erklärt wird, kann nicht für sich allein, sondern nur mit dem Urteil angefochten werden.

§ 29 (29)

Ein abgelehnter Richter hat vor Erledigung des Ablehnungsgesuchs nur solche Handlungen vorzunehmen, welche keinen Aufschub gestatten.

§ 30 (30)

Das für die Erledigung eines Ablehnungsgesuchs zuständige Gericht hat auch dann zu entscheiden, wenn ein solches Gesuch nicht angebracht ist, ein Richter aber von einem Verhältnis Anzeige macht, welches seine Ablehnung rechtfertigen könnte, oder wenn aus anderer Veranlassung Zweifel darüber entstehen, ob ein Richter kraft Gesetzes ausgeschlossen sei.

§ 31 (31)*

Die Bestimmungen dieses Abschnitts finden auf Schöffen und Gerichtsschreiber entsprechende Anwendung.

Über die Ausschließung oder Ablehnung eines Schöffen entscheidet der Vorsitzende; in der großen Strafkammer entscheiden die richterlichen Mitglieder.

Über die Ausschließung oder Ablehnung eines Gerichtsschreibers entscheidet das Gericht oder der Richter, welchem er beigegeben ist.

---

1) Abs. 2 entspricht dem § 21 Abs. 3 VO.; Abs. 3 war bisher Abs. 2 S. 2.

2) Für das große Jugendgericht vgl. § 24 Abs. 2 S. 2 JGG. (unten Nr. X) und Anm. dazu.

3) Auch im erweiterten Schöffengericht (Jugendgericht) entscheidet der Vorsitzende allein über die Ablehnung eines Schöffen.

4) Ueber die Ablehnung des Gerichtsschreibers entscheidet stets das Gericht als Ganzes, also einschließlich der mitwirkenden Laienrichter.

§ 32 (32)*

Die Bestimmungen über die Ausschließung und Ablehnung der Schöffen finden auf Geschworene entsprechende Anwendung. Die Entscheidungen treffen die richterlichen Mitglieder des Schwurgerichts.

---

1) Die neue Fassung beruht auf § 21 Abs. 4 VO. Die Vorschrift bildet eine Ausnahme von § 82 Abs. 1 GVG.

2) Das peremtorische Ablehnungsrecht ist beseitigt. Auch für Geschworene gibt es nur noch die motivierte Ablehnung. Die Ausschließung war für Geschworene auch bisher schon entsprechend den allgemeinen Bestimmungen geregelt (vgl. § 279 alter Folge). Die Entscheidungen über Ausschließung und Ablehnung von Geschworenen treffen allein die richterlichen Mitglieder des Schwurgerichts; ihre Anfechtung kann stets nur gemäß § 28 Abs. 2 erfolgen.

Vierter Abschnitt

Gerichtliche Entscheidungen und ihre Bekanntmachung

Vgl. § 394 RAO.

§ 33 (33)

Die Entscheidungen des Gerichts werden, wenn sie im Laufe einer Hauptverhandlung ergehen, nach Anhörung der Beteiligten, wenn sie außerhalb einer Hauptverhandlung ergehen, nach schriftlicher oder mündlicher Erklärung der Staatsanwaltschaft erlassen.

In Jugendsachen ist auch der gesetzliche Vertreter zu hören (§ 30 JGG.).

§ 34 (34)

Die durch ein Rechtsmittel anfechtbaren Entscheidungen sowie die, durch welche ein Antrag abgelehnt wird, sind mit Gründen zu versehen.

§ 35 (35)

Entscheidungen, welche in Anwesenheit der davon betroffenen Person ergehen, werden ihr durch Verkündung bekanntgemacht. Auf Verlangen ist ihr eine Abschrift zu erteilen.

Andere Entscheidungen werden durch Zustellung bekanntgemacht.

Dem nicht auf freiem Fuße Befindlichen ist das zugestellte Schriftstück auf Verlangen vorzulesen.

1) In Jugendsachen sollen die Entscheidungen auch dem gesetzlichen Vertreter bekannt gemacht werden (§ 30 JGG). § 35 gilt auch für diese Bekanntmachungen.

2) Wegen der Zustellung an Gefangene vgl. die AV. v. 17. 7. 1923 (JMBl. S. 551) und § 117 Dienst- und Vollzugs-Ordnung, sowie § 15 der AV. v. 1. 2. 1910 (JMBl. S. 43) und die AV. v. 26. 3. 1914 (S. 461), 11. 6. 1918 (S. 208).

3) In Reichssteuerstrafsachen sind das Urteil und andere Entscheidungen dem Finanzamt auch dann zuzustellen, wenn es bei der Verkündung vertreten gewesen ist (§ 432 Abs. 2 RAO.). Für andere Steuerstrafsachen bestimmt das gleiche § 428 StPO.

§ 36 (36)

Entscheidungen, die einer Zustellung oder Vollstreckung bedürfen, sind der Staatsanwaltschaft zu übergeben, welche das Erforderliche zu veranlassen hat. Auf Entscheidungen, die lediglich den inneren Dienst der Gerichte oder die Ordnung in den Sitzungen betreffen, findet diese Bestimmung keine Anwendung.

Der Untersuchungsrichter und der Amtsrichter können Zustellungen aller Art sowie die Vollstreckung von Beschlüssen und Verfügungen unmittelbar veranlassen.

---

1) In Forstdiebstahlssachen werden sämtliche Zustellungen durch den Amtsrichter unmittelbar veranlaßt. Die Formen für den Nachweis der Zustellung bestimmt die Justizverwaltung (§ 12 FDiebstG.).

2) Im Verfahren vor dem Amtsrichter werden in Preußen die Zustellungen vom Amtsrichter veranlaßt, im Verfahren vor den Schöffengerichten durch die Staatsanwaltschaft des Landgerichts (vgl. AV. v. 22. 3. 1924, I 12519).

§ 37 (37)

Auf das Verfahren bei Zustellungen finden die Vorschriften der Zivilprozeßordnung über Zustellungen entsprechende Anwendung.

---

§§ 166 ff., insbesondere §§ 208–213, und § 496 Abs. 4 ZPO. Vgl. auch die AV. d. Pr. JM. v. 1. 2. 1910 (JMBl. S. 43) über die von Amts wegen zu bewirkenden Zustellungen und Bekanntmachungen und die Abänderungen und Ergänzungen dazu in den AV. v. 4. 5. und 19. 8. 1911 (JMBl. S. 191, 327), 26. 3. 1914 (S. 461), 13. 1. 1920 (S. 21). Ferner die AV. v. 2. 5. 1918 (JMBl. S. 151) betr. Vereinfachungen bei Ladungen sowie sonstige Geschäftsvereinfachungen, die AV. v. 30. 11. 1920 (JMBl. S. 670) über die Ladung von Zeugen in Strafsachen und die AV. v. 7. 8. 1922 (JMBl. S. 337) über das Verfahren bei Ladungen zur verantwortlichen Vernehmung im vorbereitenden Verfahren. Über die Zustellung der Ladungen zum Antritt einer Freiheitsstrafe sind die AV. v. 23. 9. 1910 (JMBl. S. 355), 21. 1. 1919 (S. 27) ergangen. Vgl. ferner die AV. v. 13. 2. 1924 (JMBl. S. 69) über Ersatzzustellungen an in Polizeiunterkünften untergebrachte uniformierte Polizeibeamte.

§ 38 (38)

Die bei dem Strafverfahren beteiligten Personen, denen die Befugnis beigelegt ist, Zeugen und Sachverständige unmittelbar zu laden, haben mit der Zustellung der Ladung den Gerichtsvollzieher zu beauftragen.

§ 39 (39)

Für das die öffentliche Klage vorbereitende Verfahren, für die Voruntersuchung und für das Verfahren bei der Strafvollstreckung können durch Anordnung der Landesjustizverwaltung einfachere Formen für den Nachweis der Zustellung zugelassen werden.

§ 40 (40)*

Kann eine Zustellung an einen Beschuldigten, welchem eine Ladung zur Hauptverhandlung noch nicht zugestellt war, nicht in der vorgeschriebenen Weise im Deutschen Reiche bewirkt werden, und erscheint die Befolgung der für Zustellungen im Ausland bestehenden Vorschriften unausführbar oder voraussichtlich erfolglos, so gilt die Zustellung als erfolgt, wenn der Inhalt des zuzustellenden Schriftstücks durch ein deutsches oder ausländisches Blatt bekanntgemacht worden ist und seit dem Erscheinen dieses Blattes zwei Wochen verflossen sind **oder wenn das zuzustellende Schriftstück zwei Wochen an der Gerichtstafel des Gerichts erster Instanz angeheftet gewesen ist.** Die Auswahl des Blattes steht dem die Zustellung veranlassenden Beamten zu.

War die Ladung zur Hauptverhandlung dem Angeklagten schon vorher zugestellt, so gilt eine weitere Zustellung an ihn, wenn sie nicht in der vorgeschriebenen Weise im Deutschen Reiche bewirkt werden kann, als erfolgt, sobald das zuzustellende Schriftstück zwei Wochen an der Gerichtstafel des Gerichts erster Instanz angeheftet gewesen ist. Von Urteilen und Beschlüssen wird nur der entscheidende Teil angeheftet.

Der Zusatz in Abs. 1 beruht auf § 22 VO. Die Änderung gegenüber dem früheren Zustand besteht darin, daß für die öffentliche Zustellung im Strafprozeß jetzt überall die Anheftung des zuzustellenden Schriftstücks an die Gerichtstafel ausreicht. Vgl. auch § 278 StPO.

§ 41 (41)

Zustellungen an die Staatsanwaltschaft erfolgen durch Vorlegung der Urschrift des zuzustellenden Schriftstücks. Wenn mit der Zustellung der Lauf einer Frist beginnt, so ist der Tag der Vorlegung von der Staatsanwaltschaft auf der Urschrift zu vermerken.

Fünfter Abschnitt

Fristen und Wiedereinsetzung in den vorigen Stand

Vgl. RAO. § 394 Abs. 4, § 64.

§ 42 (42)

Bei der Berechnung einer Frist, welche nach Tagen bestimmt ist, wird der Tag nicht mitgerechnet, auf welchen der Zeitpunkt oder das Ereignis fällt, nach welchem der Anfang der Frist sich richten soll.

Vgl. dazu § 187 BGB.

§ 43 (43)

Eine Frist, welche nach Wochen oder Monaten bestimmt ist, endigt mit Ablauf des Tages der letzten Woche oder des letzten Monats, welcher durch seine Benennung oder Zahl dem Tage entspricht, an welchem die Frist begonnen hat; fehlt dieser Tag in dem letzten Monat, so endigt die Frist mit Ablauf des letzten Tages dieses Monats.

Fällt das Ende einer Frist auf einen Sonntag oder allgemeinen Feiertag, so endigt die Frist mit Ablauf des nächstfolgenden Werktags.

Zu Abs. 1 vgl. § 188, zu Abs. 2 § 193 BGB.

§ 44 (44)

Gegen die Versäumung einer Frist kann die Wiedereinsetzung in den vorigen Stand beansprucht werden, wenn der Antragsteller durch Naturereignisse oder andere unabwendbare Zufälle an der Einhaltung der Frist verhindert worden ist. Als unabwendbarer Zufall ist es anzusehen, wenn der Antragsteller von einer Zustellung ohne sein Verschulden keine Kenntnis erlangt hat.

1) Wegen der Wiedereinsetzung gegen die Versäumung der Hauptverhandlung vgl. § 235, § 329 Abs. 2 StPO.

2) Gegen die Versäumung der Antragsfrist (die nicht in der StPO., sondern im StGB. bestimmt ist), gibt es keine Wiedereinsetzung in den früheren Stand.

3) Vgl. auch §§ 415, 421 StPO., § 428 Abs. 1 RAO.

§ 45 (45)

Das Gesuch um Wiedereinsetzung in den vorigen Stand muß binnen einer Woche nach Beseitigung des Hindernisses bei dem Gerichte, bei welchem die Frist wahrzunehmen gewesen wäre, unter Angabe und Glaubhaftmachung der Versäumungsgründe angebracht werden.

Mit dem Gesuch ist zugleich die versäumte Handlung selbst nachzuholen.

1) Vgl. auch § 447 (Militärstrafsachen). An eine Form ist das Gesuch um Wiedereinsetzung nicht gebunden. Die Staatsanwaltschaft ist darüber zu hören.

2) Für Reichssteuerstrafsachen vgl. § 432 Abs. 2 RAO.

3) Vgl. auch §§ 415, 421 StPO., § 428 Abs. 1 RAO.

§ 46 (46)

Über das Gesuch entscheidet das Gericht, welches bei rechtzeitig erfolgter Handlung zur Entscheidung in der Sache selbst berufen gewesen wäre.

Die dem Gesuche stattgebende Entscheidung unterliegt keiner Anfechtung.

Gegen die das Gesuch verwerfende Entscheidung findet sofortige Beschwerde statt.

Vgl. §§ 415, 421 StPO., § 428 RAO.

§ 47 (47)

Durch das Gesuch um Wiedereinsetzung in den vorigen Stand wird die Vollstreckung einer gerichtlichen Entscheidung nicht gehemmt.

Das Gericht kann jedoch einen Aufschub der Vollstreckung anordnen.

Sechster Abschnitt

Zeugen

§ 48 (48)***

Die Ladung der Zeugen geschieht unter Hinweis auf die gesetzlichen Folgen des Ausbleibens.

Die Ladung eines **Soldaten** als Zeugen erfolgt durch Ersuchen der Militärbehörde.

---

1) Die Fassungsänderung des Abs. 2 beruht auf § 43 VO. und paßt den Wortlaut dem Sprachgebrauch des Reichswehrges. v. 23. 3. 1921 (RGBl. S. 329) an.

2) Wegen des Begriffs „Militärbehörde“ vgl. V. v. 4. 11. 1922 (Zentralbl. S. 1029, abgedruckt auch im Pr. JMBl. 1923 S. 33).

3) Zu den „Soldaten“ gehören auch die Offiziere, nicht aber Militärbeamte.

4) Über die Entschädigung der als Zeugen geladenen Wehrmachtsangehörigen vgl. Anm. zu § 71.

5) Von der Ladung eines Beamten ist die vorgesetzte Dienstbehörde zu benachrichtigen, desgl. von der Abbestellung eines geladenen Beamten. AV. d. Pr. JM. v. 17. 5. 1883 (JMBl. S. 155) und v. 19. 2. 1895 (JMBl. S. 56). Wegen der Landjäger vgl. die AV. v. 2. 8. 1924 (JMBl. S. 333), wegen der Kreisärzte und der Kreistierärzte die AV. v. 21. 4. 1906 (S. 112).

6) Vgl. auch die Anm. zu § 37.

§ 49 (neu)**

Der Reichspräsident und der Präsident eines deutschen Landes sind in ihrer Wohnung zu vernehmen. Zur Hauptverhandlung werden sie nicht geladen. Das Protokoll über ihre gerichtliche Vernehmung ist in der Hauptverhandlung zu verlesen.

1) Die Bestimmung beruht auf der in § 43 VO. dem Reichsminister der Justiz erteilten Ermächtigung, den Text der StPO. den bestehenden staatsrechtlichen Verhältnissen anzupassen.

2) Wegen der Staatspräsidenten vgl. die Anm. 2 zu § 34 GVG.

3) Den Prozeßbeteiligten steht ein Recht auf Anwesenheit bei der Vernehmung nicht zu; im übrigen gelten indes die allgemeinen Vorschriften.

§ 50 (49)**

Die Mitglieder der Reichsregierung oder einer Landesregierung sind an ihrem Amtssitz oder, wenn sie sich außerhalb ihres Amtssitzes aufhalten, an ihrem Aufenthaltsorte zu vernehmen.

Die Mitglieder des **Reichsrats oder des Staatsrats eines deutschen Landes** sind während ihres Aufenthalts am Sitze des **Reichsrats oder des Staatsrats** an diesem Sitze, und die Mitglieder **des Reichstags, des Reichswirtschaftsrats oder eines Landtags** während der Tagung und ihres Aufenthalts am Orte der Versammlung an diesem Orte zu vernehmen.

Zu einer Abweichung von den vorstehenden Bestimmungen **bedarf** es:

für die Mitglieder der Reichsregierung der Genehmigung der Reichsregierung,

für die Mitglieder einer Landesregierung der Genehmigung der Landesregierung,

für die Mitglieder des Reichstags, des Reichsrats, des Reichswirtschaftsrats, eines Landtags oder eines Staatsrats der Genehmigung dieser Versammlungen.

---

1) Die Änderungen beruhen auf § 43 VO. in Verbindung mit Art. 56, 178, 179 RV. (abgedruckt in Anm. 1 zu § 34 GVG.). Vgl. auch Art. IV. Nr. 6 des Entwurfs eines Ges. zur Neuordnung der Strafgerichte.

2) Zu den Landesregierungen gehören auch die Senate der freien Städte.

§ 51 (50)***

Ein ordnungsmäßig geladener Zeuge, welcher nicht erscheint, ist in die durch das Ausbleiben verursachten Kosten

sowie zu einer Ordnungsstrafe **in Geld** und für den Fall, daß diese nicht beigetrieben werden kann, zur Strafe der Haft bis zu sechs Wochen zu verurteilen. Auch ist die zwangsweise Vorführung des Zeugen zulässig. Im Falle wiederholten Ausbleibens kann die Strafe noch einmal erkannt werden.

Die Verurteilung in Strafe und Kosten unterbleibt, wenn das Ausbleiben des Zeugen genügend entschuldigt ist. Erfolgt nachträglich genügende Entschuldigung, so werden die gegen den Zeugen getroffenen Anordnungen wieder aufgehoben.

Die Befugnis zu diesen Maßregeln steht auch dem Untersuchungsrichter, dem Amtsrichter im Vorverfahren sowie dem beauftragten und ersuchten Richter zu.

Angehörige der Reichswehr werden durch die Militärbehörde vorgeführt.

---

1) Die Änderung in Abs. 1 beruht auf Art. II, Art. XIV Nr. 3 der VO. v. 6. 2. 1924 über Vermögensstrafen und Bußen (RGBl. I S. 44). Die Ordnungsstrafe beträgt danach mindestens eine und höchstens 1000 Goldmark. Wegen der Bemessung der Ersatzhaftstrafe vgl. Art. II Abs. 4 a. a. O.

2) Abs. 4 war bisher § 14 S. 2 des GAMG. Über den Begriff „Militärbehörde" vgl. V. v. 4. 11. 1922 (Zentralbl. S. 1029, abgedruckt auch im Pr. JMBl. 1923 S. 33).

Zu den „Angehörigen der Reichswehr" gehören neben den „Soldaten" (Offizieren, Unteroffizieren und Mannschaften) auch die Militärbeamten.

Für beschuldigte Reichswehrangehörige gilt Abs. 4 nicht. Vgl. für diese die Anm. zu § 440.

3) Der Staatsanwaltschaft steht ein Recht, gegen einen Zeugen, den sie geladen hat, im Falle des Ausbleibens die im § 51 bezeichneten Maßnahmen zu ergreifen, nicht zu. Dagegen haben in Preußen die Polizeibehörden das Recht, Zeugen unter Zwangsandrohung zu laden (§ 132 Landesverwaltungsgesetz). Wegen der Rechtsmittel gegen eine solche Maßnahme vgl. Entscheidungen des Oberverwaltungsgerichts Bd. 15 S. 423, Bd. 26 S. 386.

4) Dem Nichterscheinen des Zeugen steht es gleich, wenn er sich ohne Erlaubnis vorzeitig entfernt (vgl. § 248 StPO.).

§ 52 (51)***

Zur Verweigerung des Zeugnisses sind berechtigt:

1. der Verlobte des Beschuldigten;

2. der Ehegatte des Beschuldigten, auch wenn die Ehe nicht mehr besteht;
3. wer mit dem Beschuldigten in gerader Linie verwandt, verschwägert oder durch Annahme an Kindes Statt verbunden oder in der Seitenlinie bis zum dritten Grade verwandt oder bis zum zweiten Grade verschwägert ist, auch wenn die Ehe, durch welche die Schwägerschaft begründet ist, nicht mehr besteht.

Die bezeichneten Personen sind vor jeder Vernehmung über ihr Recht zur Verweigerung des Zeugnisses zu belehren. Sie können den Verzicht auf dieses Recht auch während der Vernehmung widerrufen.

Die Pflicht zur Belehrung gilt nur für die nach § 52 zur Zeugnisverweigerung berechtigten Personen, nicht auch für die nach den §§ 53, 54 dazu Berechtigten.

§ 53 (52)

Zur Verweigerung des Zeugnisses sind ferner berechtigt:
1. Geistliche über das, was ihnen bei Ausübung der Seelsorge anvertraut ist;
2. Verteidiger des Beschuldigten über das, was ihnen in dieser ihrer Eigenschaft anvertraut ist;
3. Rechtsanwälte und Ärzte über das, was ihnen bei Ausübung ihres Berufs anvertraut ist.

Die unter Nr. 2, 3 bezeichneten Personen dürfen das Zeugnis nicht verweigern, wenn sie von der Verpflichtung zur Verschwiegenheit entbunden sind.

---

1) Art. 38 Abs. 1 RV: „Die Mitglieder des Reichstags und der Landtage sind berechtigt, über Personen, die ihnen in ihrer Eigenschaft als Abgeordnete Tatsachen anvertrauen, oder denen sie in Ausübung ihres Abgeordnetenberufes solche anvertraut haben, sowie über diese Tatsachen selbst das Zeugnis zu verweigern. Auch in Beziehung auf Beschlagnahme von Schriftstücken stehen sie den Personen gleich, die ein gesetzliches Zeugnisverweigerungsrecht haben."

2) Vgl. ferner Art. 5 Abs. 3 VO. v. 4. 5. 1920 (RGBl. S. 858) über den vorläufigen Reichswirtschaftsrat.

3) Vgl. auch die Anm. zu § 198 GVG.; ferner Art. 125 RV., der das Wahlgeheimnis des Wählers schützt.

§ 54 (53)**

Öffentliche Beamte, auch wenn sie nicht mehr im Dienste sind, dürfen über Umstände, auf welche sich ihre Pflicht zur Amtsverschwiegenheit bezieht, als Zeugen nur mit Genehmigung ihrer vorgesetzten Dienstbehörde oder der ihnen zuletzt vorgesetzt gewesenen Dienstbehörde vernommen werden. **Für die Mitglieder der Reichsregierung bedarf es der Genehmigung der Reichsregierung, für die Mitglieder einer Landesregierung der Genehmigung der Landesregierung.**

Die Genehmigung darf nur versagt werden, wenn die Ablegung des Zeugnisses dem Wohle des Reichs oder eines deutschen Landes Nachteil bereiten würde.

Der Reichspräsident und der Präsident eines deutschen Landes können unter der Voraussetzung des Abs. 2 das Zeugnis verweigern. Dies gilt auch für einen früheren Präsidenten, soweit es sich um Tatsachen handelt, die sich während seiner Amtsführung ereignet haben, oder die ihm infolge seiner Amtsführung bekanntgeworden sind.

1) Wegen der Änderungen im Abs. 1 vgl. Art. 56, 178, 179 RV. (abgedruckt in Anm. 1 zu § 34 GVG.). Abs. 3 ist neu; beide Änderungen beruhen auf der im § 43 VO. dem Reichsminister der Justiz erteilten Ermächtigung, die Vorschriften der StPO. den bestehenden staatsrechtlichen Verhältnissen anzupassen. Vgl. auch Art. IV Nr. 7 des Entwurfs eines Gesetzes zur Neuordnung der Strafgerichte.

2) Wegen der Staatspräsidenten vgl. die Anm. zu § 34 GVG., wegen der Senate der freien Städte die Anm. 2 zu § 50 StPO.

3) Ob die Voraussetzungen des Abs. 3 vorliegen, entscheidet der betr. Präsident oder frühere Präsident nach freiem Ermessen. Die Erklärung, daß er das Zeugnis verweigere, darf das Gericht nicht nachprüfen; es kann auch keine Begründung dafür verlangen, inwiefern die Aussage dem Wohl des Reichs Nachteil bereiten würde.

4) Vgl. auch die AV. d. Pr. JM. v. 14. 5. 1886 (JMBl. S. 137) über die Ladung öffentlicher Beamter als Zeugen. Nach der AV. v. 1. 11. 1880 (JMBl. S. 248) soll die Vernehmung von Schiedsmännern als Zeugen über Mitteilungen, die ihnen bei Ausübung ihres Amtes gemacht worden sind, nur ausnahmsweise erfolgen.

§ 55 (54)

Jeder Zeuge kann die Auskunft auf solche Fragen verweigern, deren Beantwortung ihm selbst oder einem der im § 52 Nr. 1 bis 3 bezeichneten Angehörigen die Gefahr strafgerichtlicher Verfolgung zuziehen würde.

§ 56 (55)

Die Tatsache, auf welche der Zeuge die Verweigerung des Zeugnisses in den Fällen der §§ 52, 53, 55 stützt, ist auf Verlangen glaubhaft zu machen. Es genügt die eidliche Versicherung des Zeugen.

§ 57 (56)

Unbeeidigt sind zu vernehmen:

1. Personen, welche zur Zeit der Vernehmung das sechzehnte Lebensjahr noch nicht vollendet oder wegen mangelnder Verstandesreife oder wegen Verstandesschwäche von dem Wesen und der Bedeutung des Eides keine genügende Vorstellung haben;
2. Personen, welche nach den Bestimmungen der Strafgesetze unfähig sind, als Zeugen eidlich vernommen zu werden;
3. Personen, welche wegen der den Gegenstand der Untersuchung bildenden Tat als Teilnehmer, Begünstiger oder Hehler verdächtig oder bereits verurteilt sind.

Zu Ziff. 2 vgl. § 161 (§§ 153—155) StGB.

§ 58 (57)

Stehen Personen zu dem Beschuldigten in einem Verhältnis, welches sie nach § 52 zur Verweigerung des Zeugnisses berechtigt, so hängt es von dem richterlichen Ermessen ab, ob sie unbeeidigt zu vernehmen oder zu beeidigen sind.

Sie können auch nach der Vernehmung die Beeidigung des Zeugnisses verweigern und sind über dieses Recht zu belehren.

Die Belehrung über das Recht zur Eidesverweigerung ist in der Belehrung über das Recht zur Verweigerung des Zeugnisses nicht enthalten; sie ist vielmehr besonders vorzunehmen.

§ 59 (58)

Jeder Zeuge ist einzeln und in Abwesenheit der später abzuhörenden Zeugen zu vernehmen.

Eine Gegenüberstellung mit anderen Zeugen oder mit dem Beschuldigten findet im Vorverfahren nur dann statt, wenn sie ohne Nachteil für die Sache nicht bis zur Hauptverhandlung ausgesetzt bleiben kann.

§ 60 (59)

Vor der Leistung des Eides hat der Richter den Zeugen in angemessener Weise auf die Bedeutung des Eides hinzuweisen.

Vgl. dazu die AV. d. Pr. JM. über das Verfahren bei der Abnahme von Eiden v. 8. 3. 1922 (JMBl. S. 68) und die darin angezogenen älteren Verfügungen.

§ 61 (60)

Jeder Zeuge ist einzeln und vor seiner Vernehmung zu beeidigen. Die Beeidigung kann jedoch aus besonderen Gründen, namentlich wenn Bedenken gegen ihre Zulässigkeit obwalten, bis nach Abschluß der Vernehmung ausgesetzt werden.

In Forstdiebstahlssachen können bestimmte Personen ein für allemal als Zeugen beeidigt werden (vgl. §§ 23—25 FDiebstG.). Nach § 66 FuFPolG. können Feldhüter, Ehrenfeldhüter und Forsthüter für sämtliche in derselben Gerichtssitzung zu verhandelnden Feld- und Forstpolizeisachen, in welchen sie als Zeugen vernommen werden sollen, in dieser Sitzung durch einmalige Leistung des Zeugeneides im voraus beeidet werden.

§ 62 (61)

Der vor der Vernehmung zu leistende Eid lautet:

daß Zeuge nach bestem Wissen die reine Wahrheit sagen, nichts verschweigen und nichts hinzusetzen werde;

der nach der Vernehmung zu leistende Eid lautet:
daß Zeuge nach bestem Wissen die reine Wahrheit gesagt, nichts verschwiegen und nichts hinzugesetzt habe.

§ 63 (62)

Der Eid beginnt mit den Worten:
„Ich schwöre bei Gott dem Allmächtigen und Allwissenden"
und schließt mit den Worten:
„So wahr mir Gott helfe".

Vgl. wegen des Rechts, den Eid in nichtreligiöser Form zu leisten, und der Belehrung über dieses Recht die Anm. 2 zu § 51 GVG.

§ 64 (63)

Der Eid wird mittels Nachsprechens oder Ablesens der die Eidesnorm enthaltenden Eidesformel geleistet. Der Schwörende soll bei der Eidesleistung die rechte Hand erheben.

Stumme, welche schreiben können, leisten den Eid mittels Abschreibens und Unterschreibens der die Eidesnorm enthaltenden Eidesformel.

Stumme, welche nicht schreiben können, leisten den Eid mit Hilfe eines Dolmetschers durch Zeichen.

§ 65 (64)

Der Eidesleistung wird gleichgeachtet, wenn ein Mitglied einer Religionsgesellschaft, welcher das Gesetz den Gebrauch gewisser Beteuerungsformeln an Stelle des Eides gestattet, eine Erklärung unter der Beteuerungsformel dieser Religionsgesellschaft abgibt.

Vgl. dazu die Anm. 3 zu § 51 GVG.

§ 66 (65)

Die Beeidigung der Zeugen erfolgt, vorbehaltlich der Bestimmungen des § 223, in der Hauptverhandlung.

Sie kann schon in der Voruntersuchung erfolgen, wenn voraussichtlich der Zeuge am Erscheinen in der Hauptverhandlung verhindert oder sein Erscheinen wegen großer Entfernung besonders erschwert sein wird, oder wenn die Beeidigung als Mittel zur Herbeiführung einer wahrheitsgemäßen Aussage erforderlich erscheint.

In dem vorbereitenden Verfahren ist die Beeidigung nur zulässig, wenn Gefahr im Verzug obwaltet, oder wenn die Beeidigung als Mittel zur Herbeiführung einer wahrheitsgemäßen Aussage über eine Tatsache, von der die Erhebung der öffentlichen Klage abhängig ist, erforderlich erscheint.

Erfolgt die Beeidigung im Vorverfahren, so ist der Grund in dem Protokoll anzugeben.

§ 67 (66)

Wird der Zeuge, nachdem er eidlich vernommen worden ist, in demselben Vorverfahren oder in demselben Hauptverfahren nochmals vernommen, so kann der Richter statt der nochmaligen Beeidigung den Zeugen die Richtigkeit seiner Aussage unter Berufung auf den früher geleisteten Eid versichern lassen.

---

1) Das Hauptverfahren umfaßt das gesamte Verfahren von der Eröffnung des Hauptverfahrens bis zur Rechtskraft, also insbesondere auch das Verfahren in der Berufungsinstanz.

2) Der Zeuge muß die Versicherung abgeben (vor oder nach der Aussage); ein Hinweis des Vorsitzenden auf den früher geleisteten Eid reicht nicht aus.

§ 68 (67)**

Die Vernehmung beginnt damit, daß der Zeuge über Vornamen und Zunamen, Alter, Stand oder Gewerbe und Wohnort befragt wird. Erforderlichenfalls sind dem Zeugen Fragen über solche Umstände, welche seine Glaubwürdigkeit in der vorliegenden Sache betreffen, insbesondere über seine Beziehungen zu dem Beschuldigten oder dem Verletzten, vorzulegen.

1) Art. 136 Abs. 3 RV.: „Niemand ist verpflichtet, seine religiöse Überzeugung zu offenbaren. Die Behörden haben nur soweit das Recht, nach der Zugehörigkeit zu einer Religionsgesellschaft zu fragen, als davon Rechte und Pflichten abhängen oder eine gesetzlich angeordnete statistische Erhebung dies erfordert."

Entsprechend dieser Bestimmung darf die früher vorgeschriebene Frage nach dem Religionsbekenntnis nicht mehr gestellt werden. (Vgl. aber Anm. 2 zu § 136.)

2) Wegen der Befragung nach Vorstrafen vgl. die AV. d. Pr. JM. v. 27. 12. 1918 (JMBl. S. 537), 23. 6. 1920 (S. 350).

§ 69 (68)

Der Zeuge ist zu veranlassen, das, was ihm von dem Gegenstande seiner Vernehmung bekannt ist, im Zusammenhang anzugeben. Vor seiner Vernehmung ist dem Zeugen der Gegenstand der Untersuchung und die Person des Beschuldigten, sofern ein solcher vorhanden ist, zu bezeichnen.

Zur Aufklärung und zur Vervollständigung der Aussage sowie zur Erforschung des Grundes, auf welchem die Wissenschaft des Zeugen beruht, sind nötigenfalls weitere Fragen zu stellen.

§ 70 (69)***

Wird das Zeugnis oder die Eidesleistung ohne gesetzlichen Grund verweigert, so ist der Zeuge in die durch die Weigerung verursachten Kosten sowie zu einer Ordnungsstrafe in Geld und für den Fall, daß diese nicht beigetrieben werden kann, zur Strafe der Haft bis zu sechs Wochen zu verurteilen.

Auch kann zur Erzwingung des Zeugnisses die Haft angeordnet werden, jedoch nicht über die Zeit der Beendigung des Verfahrens in der Instanz, auch nicht über die Zeit von sechs Monaten, und bei Übertretungen nicht über die Zeit von sechs Wochen hinaus.

Die Befugnis zu diesen Maßregeln steht auch dem Untersuchungsrichter, dem Amtsrichter im Vorverfahren, sowie dem beauftragten und ersuchten Richter zu.

Sind die Maßregeln erschöpft, so können sie in demselben oder in einem anderen Verfahren, welches dieselbe Tat zum Gegenstande hat, nicht wiederholt werden.

1) Die Veränderung in Abs. 1 ist veranlaßt durch die VO. über Vermögensstrafen und Bußen v. 6. 2. 1924 (RGBl. I S. 44) Art. II, Art. XIV 3. Die Ordnungsstrafe beträgt danach mindestens eine und höchstens eintausend Goldmark. Wegen der Ersatzhaftstrafe vgl. Art. II a. a. O.

2) Wegen der der Polizei zur Erzwingung des Zeugnisses in Kriminalsachen zustehenden Rechte vgl. die Anm. 3 zu § 51.

§ 71 (70)

Jeder von dem Richter oder der Staatsanwaltschaft geladene Zeuge hat nach Maßgabe der Gebührenordnung Anspruch auf Entschädigung aus der Staatskasse für Zeitversäumnis und, wenn sein Erscheinen eine Reise erforderlich macht, auf Erstattung der Kosten, welche durch die Reise und den Aufenthalt am Ort der Vernehmung verursacht werden.

Vgl. Gebührenordnung für Zeugen und Sachverständige in der Fassung der Bekanntmachung v. 13. 3. 1922 (RGBl. I S. 242), des Ges. v. 24. 10. 1922 (RGBl. I S. 806) und der VO. v. 21. 12. 1923 (RGBl. I S. 1239). Wegen der Entschädigung von Angehörigen der Wehrmacht, die als Zeugen vernommen werden, vgl. die AV. d. Pr. JM. v. 7. 10. 1920 (JMBl. S. 536) und wegen Benutzung von Militärfahrkarten bei Reisen in gerichtlichen Angelegenheiten JMBl. 1924 S. 28 (Erlaß des Reichswehrministers v. 13. 12. 1923).

Siebenter Abschnitt

Sachverständige und Augenschein

§ 72 (72)

Auf Sachverständige finden die Vorschriften des sechsten Abschnitts über Zeugen entsprechende Anwendung, soweit nicht in den nachfolgenden Paragraphen abweichende Bestimmungen getroffen sind.

§ 73 (73)

Die Auswahl der zuzuziehenden Sachverständigen und die Bestimmung ihrer Anzahl erfolgt durch den Richter.

Sind für gewisse Arten von Gutachten Sachverständige

öffentlich bestellt, so sollen andere Personen nur dann gewählt werden, wenn besondere Umstände es erfordern.

Über die allgemeine Beeidigung von Sachverständigen treffen § 86 Pr. AGGVG. (unten XVII) und die in der Anm. dazu aufgeführten AV. d. Pr. JM. Bestimmung.

Über die Auswahl von Sachverständigen für bestimmte Angelegenheiten sind zahlreiche Empfehlungen der Justizverwaltung ergangen. Eine Zusammenstellung s. bei Marck u. Kloß, Handbuch der Staatsanwaltschaft, 3. Aufl., S. 208—218, die allerdings nur die bis 1913 erlassenen Bestimmungen enthält. Vgl. auch die Anm. zu § 83.

§ 74 (74)

Ein Sachverständiger kann aus denselben Gründen, welche zur Ablehnung eines Richters berechtigen, abgelehnt werden. Ein Ablehnungsgrund kann jedoch nicht daraus entnommen werden, daß der Sachverständige als Zeuge vernommen worden ist.

Das Ablehnungsrecht steht der Staatsanwaltschaft, dem Privatkläger und dem Beschuldigten zu. Die ernannten Sachverständigen sind den zur Ablehnung Berechtigten namhaft zu machen, wenn nicht besondere Umstände entgegenstehen.

Der Ablehnungsgrund ist glaubhaft zu machen; der Eid ist als Mittel der Glaubhaftmachung ausgeschlossen.

Auch der Nebenkläger hat das Ablehnungsrecht.

§ 75 (75)

Der zum Sachverständigen Ernannte hat der Ernennung Folge zu leisten, wenn er zur Erstattung von Gutachten der erforderten Art öffentlich bestellt ist, oder wenn er die Wissenschaft, die Kunst oder das Gewerbe, deren Kenntnis Voraussetzung der Begutachtung ist, öffentlich zum Erwerb ausübt, oder wenn er zu ihrer Ausübung öffentlich bestellt oder ermächtigt ist.

Zur Erstattung des Gutachtens ist auch der verpflichtet, welcher sich hierzu vor Gericht bereit erklärt hat.

Vgl. die Anm. zu § 73.

§ 76 (76)

Dieselben Gründe, welche einen Zeugen berechtigen, das Zeugnis zu verweigern, berechtigen einen Sachverständigen zur Verweigerung des Gutachtens. Auch aus anderen Gründen kann ein Sachverständiger von der Verpflichtung zur Erstattung des Gutachtens entbunden werden.

Die Vernehmung eines öffentlichen Beamten als Sachverständigen findet nicht statt, wenn die vorgesetzte Behörde des Beamten erklärt, daß die Vernehmung den dienstlichen Interessen Nachteil bereiten würde.

Wegen der Ladung von öffentlichen Beamten als Sachverständigen vgl. die Anm. 5 zu § 48.

§ 77 (77)***

Im Falle des Nichterscheinens oder der Weigerung eines zur Erstattung des Gutachtens verpflichteten Sachverständigen wird dieser zum Ersatze der Kosten und zu einer **Ordnungsstrafe in Geld** verurteilt. Im Falle wiederholten Ungehorsams kann noch einmal auf **eine Ordnungsstrafe** erkannt werden.

Die Änderung ist durch Art. II, Art. XIV 3 der VO. über Vermögensstrafen und Bußen v. 6. 2. 1924 (RGBl. I S. 44) veranlaßt. Die Ordnungsstrafe beträgt in jedem Falle mindestens eine und höchstens eintausend Goldmark.

§ 78 (78)

Der Richter hat, soweit ihm dies erforderlich erscheint, die Tätigkeit der Sachverständigen zu leiten.

§ 79 (79)

Der Sachverständige hat vor Erstattung des Gutachtens einen Eid dahin zu leisten:

daß er das von ihm erforderte Gutachten unparteiisch und nach bestem Wissen und Gewissen erstatten werde.

Ist der Sachverständige für die Erstattung von Gutachten der betreffenden Art im allgemeinen beeidigt, so genügt die Berufung auf den geleisteten Eid.

Wegen des Rechts, den Eid in nichtreligiöser Form zu leisten, und der Belehrung über dieses Recht vgl. die Anm. 2 zu § 51 GVG., wegen des Verfahrens bei der Abnahme des Eides die Anm. zu § 60 StPO., wegen der allgemeinen Beeidigung von Sachverständigen die Anm. zu § 73 StPO., wegen der Berufung auf den früher geleisteten Eid die Anm. 2 zu § 67 StPO.

§ 80 (80)

Dem Sachverständigen kann auf sein Verlangen zur Vorbereitung des Gutachtens durch Vernehmung von Zeugen oder des Beschuldigten weitere Aufklärung verschafft werden.

Zu demselben Zwecke kann ihm gestattet werden, die Akten einzusehen, der Vernehmung von Zeugen oder des Beschuldigten beizuwohnen und an sie unmittelbar Fragen zu stellen.

§ 81 (81)

Zur Vorbereitung eines Gutachtens über den Geisteszustand des Angeschuldigten kann das Gericht auf Antrag eines Sachverständigen nach Anhörung des Verteidigers anordnen, daß der Angeschuldigte in eine öffentliche Irrenanstalt gebracht und dort beobachtet werde.

Dem Angeschuldigten, welcher einen Verteidiger nicht hat, ist ein solcher zu bestellen.

Gegen den Beschluß findet sofortige Beschwerde statt. Sie hat aufschiebende Wirkung.

Die Verwahrung in der Anstalt darf die Dauer von sechs Wochen nicht überschreiten.

---

1) Solange die öffentliche Klage noch nicht erhoben ist, kann — wie der Gebrauch des Wortes „Angeschuldigte" erkennen läßt — die Unterbringung nicht angeordnet werden. Nur das Gericht, nicht auch der Vorsitzende oder der Untersuchungsrichter, kann die Anordnung treffen.

2) Vgl. die AV. d. Pr. JM. v. 20. 10. 1908 (JMBl. S. 368) über die Unterbringung von Angeschuldigten zur Beobachtung auf ihren Geisteszustand in Provinzial-Irrenanstalten.

§ 82 (82)

Im Vorverfahren hängt es von der Anordnung des Richters ab, ob die Sachverständigen ihr Gutachten schriftlich oder mündlich zu erstatten haben.

§ 83 (83)

Der Richter kann eine neue Begutachtung durch dieselben oder durch andere Sachverständige anordnen, wenn er das Gutachten für ungenügend erachtet.

Der Richter kann die Begutachtung durch einen anderen Sachverständigen anordnen, wenn ein Sachverständiger nach Erstattung des Gutachtens mit Erfolg abgelehnt ist.

In wichtigeren Fällen kann das Gutachten einer Fachbehörde eingeholt werden.

Beschluß über Bildung eines Landesgesundheitsrats für Preußen v. 30. 4. 1921 (GesS. S. 369); Beschluß über die Bildung gerichtsärztlicher Ausschüsse in den Provinzen vom gleichen Tage (GesS. S. 372); Ausführungsbestimmungen dazu in Beilage VI zur „Volkswohlfahrt" 1921 S. 457, 458, 462, auszugsweise abgedruckt mit AV. des Pr. JM. vom 6. 4. 1922 (JMBl. S. 119).

§ 84 (84)

Der Sachverständige hat nach Maßgabe der Gebührenordnung Anspruch auf Entschädigung für Zeitversäumnis, auf Erstattung der ihm verursachten Kosten und außerdem auf angemessene Vergütung für seine Mühewaltung.

Wegen der Vergütung vgl. die Anm. zu § 71.

§ 85 (85)

Soweit zum Beweise vergangener Tatsachen oder Zustände, zu deren Wahrnehmung eine besondere Sachkunde erforderlich war, sachkundige Personen zu vernehmen sind, kommen die Vorschriften über den Zeugenbeweis zur Anwendung.

§ 86 (86)

Findet die Einnahme eines richterlichen Augenscheins statt, so ist im Protokoll der vorgefundene Sachbestand festzustellen und darüber Auskunft zu geben, welche Spuren oder Merkmale, deren Vorhandensein nach der besonderen Beschaffenheit des Falles vermutet werden konnte, gefehlt haben.

§ 87 (87)

Die richterliche Leichenschau wird unter Zuziehung eines Arztes, die Leichenöffnung im Beisein des Richters von zwei Ärzten, unter welchen sich ein Gerichtsarzt befinden muß, vorgenommen. Dem Arzte, welcher den Verstorbenen in der dem Tode unmittelbar vorausgegangenen Krankheit behandelt hat, ist die Leichenöffnung nicht zu übertragen. Er kann jedoch aufgefordert werden, der Leichenöffnung anzuwohnen, um aus der Krankheitsgeschichte Aufschlüsse zu geben.

Die Zuziehung eines Arztes kann bei der Leichenschau unterbleiben, wenn sie nach dem Ermessen des Richters entbehrlich ist.

Behufs der Besichtigung oder Öffnung einer schon beerdigten Leiche ist ihre Ausgrabung statthaft.

---

1) Vorschriften über das Verfahren der Gerichtsärzte bei den gerichtlichen Untersuchungen menschlicher Leichen v. 31. 5. 1922, abgedruckt „Volkswohlfahrt" Nr. 12, Jahrgang 1922, mitgeteilt mit RdV. d. Pr. JM. v. 20. 1. 1923, I 12055. Vgl. ferner Müller, Justizverw., 6. Aufl., S. 1177 wegen der Einreichung von Abschriften der Protokolle und Gutachten, welche bei gerichtlichen Gemütszustands- und Leichenuntersuchungen aufgenommen sind.

2) Gerichtsärzte sind in Preußen die Kreisärzte (Ges. v. 16. 9. 1899, GesS. S. 172). Nur vereinzelt sind neben diesen besondere Gerichtsärzte im Hauptamt bestellt. Wegen der Dienstanweisung der Kreisärzte vgl. die AV. v. 27. 4. 1910 (JMBl. S. 149). Vgl. auch Müller, Justizverw., 6. Aufl. S. 1174, 1175.

§ 88 (88)

Vor der Leichenöffnung ist, wenn nicht besondere Hindernisse entgegenstehen, die Persönlichkeit des Verstorbenen, insbesondere durch Befragung von Personen, welche den Verstorbenen gekannt haben, festzustellen. Ist ein Beschuldigter vorhanden, so ist ihm die Leiche zur Anerkennung vorzuzeigen.

§ 89 (89)

Die Leichenöffnung muß sich, soweit der Zustand der Leiche dies gestattet, stets auf die Öffnung der Kopf-, Brust- und Bauchhöhle erstrecken.

§ 90 (90)

Bei Öffnung der Leiche eines neugeborenen Kindes ist die Untersuchung insbesondere auch darauf zu richten, ob es nach oder während der Geburt gelebt habe, und ob es reif oder wenigstens fähig gewesen sei, das Leben außerhalb des Mutterleibes fortzusetzen.

§ 91 (91)

Liegt der Verdacht einer Vergiftung vor, so ist die Untersuchung der in der Leiche oder sonst gefundenen verdächtigen Stoffe durch einen Chemiker oder durch eine für solche Untersuchungen bestehende Fachbehörde vorzunehmen.

Der Richter kann anordnen, daß diese Untersuchung unter Mitwirkung oder Leitung eines Arztes stattzufinden habe.

§ 92 (92)

Bei Münzverbrechen und Münzvergehen sind die Münzen oder Papiere erforderlichenfalls der Behörde vorzulegen, von welcher echte Münzen oder Papiere dieser Art in Umlauf gesetzt werden. Das Gutachten dieser Behörde ist über die Unechtheit oder Verfälschung sowie darüber einzuholen, in welcher Art die Fälschung mutmaßlich begangen worden sei.

Handelt es sich um ausländische Münzen oder Papiere, so kann an Stelle des Gutachtens der ausländischen Behörde das einer deutschen erfordert werden.

Vgl. die AV. des Pr. JM. v. 20. 7. 1921 (JMBl. S. 399) und v. 26. 10. 1922 (JMBl. S. 462). Für die Begutachtung von Verfälschungen von Rentenmarkgeldzeichen ist die Deutsche Rentenbank, für die Begutachtung von Notgeld der Reichsbahn sind die Reichsbahndirektionen zuständig. Vgl. auch die AV. v. 3. 9. 1912 (JMBl. S. 309) und die darin angeführten Verwaltungsbestimmungen über das Verfahren bei Beschlagnahme falscher Münzen und die Behandlung solcher Münzen, sowie Pr. BesBl. 1924 S. 284.

§ 93 (93)

Zur Ermittlung der Echtheit oder Unechtheit eines Schriftstücks sowie zur Ermittlung seines Urhebers kann eine Schriftvergleichung unter Zuziehung von Sachverständigen vorgenommen werden.

Achter Abschnitt

Beschlagnahme und Durchsuchung

Art. 153 Abs. 1,2 RV.: „Das Eigentum wird von der Verfassung gewährleistet. Sein Inhalt und seine Schranken ergeben sich aus den Gesetzen.

Eine Enteignung kann nur zum Wohle der Allgemeinheit und auf gesetzlicher Grundlage vorgenommen werden. Sie erfolgt gegen angemessene Entschädigung, soweit nicht ein Reichsgesetz etwas anderes bestimmt . . . .“

Nach Art. 48 (abgedruckt in Anm. 2 zu § 16 GVG.) kann aber Art. 153 „zur Wiederherstellung der öffentlichen Sicherheit und Ordnung“ zeitweilig außer Kraft gesetzt werden. (Vgl. z. B. VO. v. 28. 2. 1924 — RGBl. I S. 152 — § 2.)

§ 94 (94)

Gegenstände, welche als Beweismittel für die Untersuchung von Bedeutung sein können oder der Einziehung unterliegen, sind in Verwahrung zu nehmen oder in anderer Weise sicherzustellen.

Befinden sich die Gegenstände in dem Gewahrsam einer Person und werden sie nicht freiwillig herausgegeben, so bedarf es der Beschlagnahme.

---

1) Vgl. wegen der Zulässigkeit der Verwertung beschlagnahmter Gegenstände vor Rechtskraft des Einziehungserkenntnisses die Bek. v. 22. 3. 1917 (RGBl. S. 255) „betr. einige die Kriegsverordnungen ergänzende Vorschriften über Einziehung und über Veräußerung beschlagnahmter Gegenstände", in ihrem Geltungsbereich ausgedehnt durch die Ges. bzw. VO. v. 12. 2. 1920 (RGBl. S. 230), 6. 2. 1921 (RGBl. S. 139), 13. 7. 1923 (RGBl. I S. 699), unten Nr. XV, sowie die Anm. dazu. Vgl. auch § 398 Abs. 2 RAO.

2) Vgl. auch Anm. 4 zu § 102 wegen der Beschlagnahme in den Räumen des Reichstags oder eines Landtags.

3) Für Beschlagnahme von Druckschriften, soweit sie nicht auf richterliche Anordnung erfolgen, gelten die besonderen Bestimmungen der §§ 23—26 des Preßgesetzes (vgl. Teil I dieses Werkes); die §§ 27, 28 des Preßgesetzes gelten auch für die richterliche Beschlagnahme.

4) Vgl. ferner § 20 Ges. zum Schutz der Republik (Teil I dieses Werkes).

5) Nach § 16 FDiebstG. sind, wenn der Täter bei Ausführung eines Forstdiebstahls oder gleich danach betroffen oder verfolgt wird, die zur Begehung des Forstdiebstahls geeigneten Werkzeuge, welche er bei sich führt (§ 15 daselbst), in Beschlag zu nehmen.

6) Über Beschlagnahme und Durchsuchung bei Abgeordneten vgl. das von Prof. D. Dr. Kahl erstattete Gutachten, Nr. 5946 bis 5947 der Drucksachen des Reichstags 1923, das allerdings teilweise etwas weit gehen dürfte, insbes. hinsichtlich der Frage, in welcher Weise festgestellt werden soll, inwieweit es sich bei vorgefundenen Papieren um Schriftstücke handelt, die unter die Vorschriften des Art. 37, 38 RV. fallen. Vgl. auch Leipz. Zeitschrift 1923 S. 208.

7) Bei Antragsdelikten ist die Beschlagnahme auch schon vor Stellung des Strafantrags zulässig.

8) Die §§ 94ff. regeln nur die Beschlagnahme im Strafverfahren. Daneben kommt auch eine Beschlagnahme als reine polizeiliche (präventive) Maßnahme nach § 10 II 17 des Allg. Landrechts vor. Für die Berechtigung dazu und die Rechtsmittel dagegen gelten die Vorschriften über polizeiliche Verfügungen.

9) Für den Bereich der RAO. vgl. §§ 395, 397—399 RAO. In § 400 kennt die RAO. ferner eine Beschlagnahme „zur Sicherung einer hinterzogenen Steuer".

§ 95 (95)

Wer einen Gegenstand der vorbezeichneten Art in seinem Gewahrsam hat, ist verpflichtet, ihn auf Erfordern vorzulegen und auszuliefern.

Er kann im Falle der Weigerung durch die im § 70 bestimmten Zwangsmittel hierzu angehalten werden. Gegen Personen, welche zur Verweigerung des Zeugnisses berechtigt sind, finden diese Zwangsmittel keine Anwendung.

Vgl. §§ 52—55. Der Abs. 2 S. 2 gilt auch für Abgeordnete usw., soweit sie ein Zeugnisverweigerungsrecht haben (vgl. Anm. 1—3 zu § 53).

§ 96 (96)**

Die Vorlegung oder Auslieferung von Akten oder anderen in amtlicher Verwahrung befindlichen Schriftstücken durch Behörden und öffentliche Beamte darf nicht gefordert werden, wenn deren oberste Dienstbehörde erklärt, daß das Bekanntwerden des Inhalts dieser Akten oder Schriftstücke dem Wohle des Reichs oder eines deutschen Landes Nachteil bereiten würde.

§ 97 (97)

Schriftliche Mitteilungen zwischen dem Beschuldigten und den Personen, die wegen ihres Verhältnisses zu ihm nach §§ 52, 53 zur Verweigerung des Zeugnisses berechtigt sind, unterliegen der Beschlagnahme nicht, falls sie sich in den Händen der letzteren Personen befinden und diese nicht einer Teilnahme, Begünstigung oder Hehlerei verdächtig sind.

Vgl. Anm. zu § 53.

§ 98 (98)

Die Anordnung von Beschlagnahmen steht dem Richter, bei Gefahr im Verzug auch der Staatsanwaltschaft und den Polizei- und Sicherheitsbeamten zu, welche als Hilfsbeamte der Staatsanwaltschaft ihren Anordnungen Folge zu leisten haben.

Ist die Beschlagnahme ohne richterliche Anordnung erfolgt, so soll der Beamte, welcher die Beschlagnahme angeordnet hat, binnen drei Tagen die richterliche Bestätigung nachsuchen, wenn bei der Beschlagnahme weder der davon Betroffene noch ein erwachsener Angehöriger anwesend war, oder wenn der Betroffene und im Falle seiner Abwesenheit ein erwachsener Angehöriger des Betroffenen gegen die Beschlagnahme ausdrücklichen Widerspruch erhoben hat. Der Betroffene kann jederzeit die richterliche Entscheidung nachsuchen. Solange die öffentliche Klage noch nicht erhoben ist, erfolgt die Entscheidung durch den Amtsrichter, in dessen Bezirk die Beschlagnahme stattgefunden hat.

Ist nach erhobener öffentlicher Klage die Beschlagnahme durch die Staatsanwaltschaft oder einen Polizei- oder Sicherheitsbeamten erfolgt, so ist binnen drei Tagen dem Richter von der Beschlagnahme Anzeige zu machen und sind ihm die in Beschlag genommenen Gegenstände zur Verfügung zu stellen.

Beschlagnahmen in militärischen Dienstgebäuden, zu welchen auch Kriegsfahrzeuge gehören, erfolgen durch Ersuchen der Militärbehörde und auf Verlangen der Zivilbehörde (Richter, Staatsanwaltschaft) unter deren Mitwirkung. Des Ersuchens der Militärbehörde bedarf es jedoch nicht, wenn die Beschlagnahme in Räumen vorzunehmen ist, welche in militärischen Dienstgebäuden ausschließlich von Zivilpersonen bewohnt werden.

---

1) Für Militärstrafsachen vgl. § 443.

2) Vgl. Anm. 3, 4 zu § 94.

3) Wegen des Begriffs der „Militärbehörde" vgl. V. v. 4. 11. 1922 (Zentralbl. S. 1029), abgedruckt auch im Pr. JMBl. 1923 S. 33.

4) Wegen der Hilfsbeamten der Staatsanwaltschaft vgl. Anm. 2 zu § 152 GVG.

5) Vgl. auch § 395 RAO.

6) Zu Abs. 4 vgl. auch die AV. v. 10. 10. 1921 (JMBl. S. 524) über das Verhältnis der Polizei zur Wehrmacht (Abschn. II Nr. 2).

§ 99 (99)

Zulässig ist die Beschlagnahme der an den Beschuldigten gerichteten Briefe und Sendungen auf der Post sowie der an ihn gerichteten Telegramme auf den Telegraphenanstalten; desgleichen ist zulässig an den bezeichneten Orten die Beschlagnahme solcher Briefe, Sendungen und Telegramme, in betreff derer Tatsachen vorliegen, aus welchen zu schließen ist, daß sie von dem Beschuldigten herrühren oder für ihn bestimmt sind, und daß ihr Inhalt für die Untersuchung Bedeutung habe.

1) Vgl. dazu die sehr eingehende AV. d. Pr. JM. v. 17. 7. 1923 (JMBl. S. 538) und die darin angeführten weiteren Verfügungen, sowie die AV. v. 22. 5. 1924 (S. 243), 9. 7. 1924 (S. 275).

2) Art. 117 RV.: „Das Briefgeheimnis, sowie das Post-, Telegraphen- und Fernsprechgeheimnis sind unverletzlich. Ausnahmen können nur durch Reichsgesetz zugelassen werden."

Vgl. dazu auch StGB. § 299, Postges. v. 28. 10. 1871 (RGBl. S. 347) § 5.

Nach Art. 48 RV. kann der Reichspräsident aber die Bestimmung des Art. 117 RV. vorübergehend außer Kraft setzen (Vgl. Anm. 2 zu § 16 GVG.).

3) Vgl. für den Bereich der RAO. § 396 daselbst.

§ 100 (100)

Zu der Beschlagnahme (§ 99) ist nur der Richter, bei Gefahr im Verzug und, wenn die Untersuchung nicht bloß eine Übertretung betrifft, auch die Staatsanwaltschaft befugt. Die letztere muß jedoch den ihr ausgelieferten Gegenstand sofort, und zwar Briefe und andere Postsendungen uneröffnet, dem Richter vorlegen.

Die von der Staatsanwaltschaft verfügte Beschlagnahme tritt, auch wenn sie eine Auslieferung noch nicht zur Folge gehabt hat, außer Kraft, wenn sie nicht binnen drei Tagen von dem Richter bestätigt wird.

Die Entscheidung über eine von der Staatsanwaltschaft verfügte Beschlagnahme sowie über die Eröffnung eines ausgelieferten Briefes oder einer anderen Postsendung erfolgt durch den zuständigen Richter (§ 98).

§ 101 (101)

Von den getroffenen Maßregeln (§§ 99, 100) sind die Beteiligten zu benachrichtigen, sobald dies ohne Gefährdung des Untersuchungszwecks geschehen kann.

Sendungen, deren Eröffnung nicht angeordnet worden, sind dem Beteiligten sofort auszuantworten. Dasselbe gilt, soweit nach der Eröffnung die Zurückbehaltung nicht erforderlich ist.

Der Teil eines zurückbehaltenen Briefes, dessen Vorenthaltung nicht durch die Rücksicht auf die Untersuchung geboten erscheint, ist dem Empfangsberechtigten abschriftlich mitzuteilen.

§ 102 (102)

Bei dem, welcher als Täter oder Teilnehmer einer strafbaren Handlung oder als Begünstiger oder Hehler verdächtig ist, kann eine Durchsuchung der Wohnung und anderer Räume sowie seiner Person und der ihm gehörigen Sachen sowohl zum Zwecke seiner Ergreifung als auch dann vorgenommen werden, wenn zu vermuten ist, daß die Durchsuchung zur Auffindung von Beweismitteln führen werde.

---

1) Art. 115 RV.: „Die Wohnung jedes Deutschen ist für ihn eine Freistätte und unverletzlich. Ausnahmen sind nur auf Grund von Gesetzen zulässig."

2) Der Reichspräsident kann nach Art. 48 RV. die Vorschrift des Art. 115 vorübergehend außer Kraft setzen (vgl. Anm. 2 zu § 16 GVG.).

3) Durchsuchungen, die als präventive, polizeiliche Maßnahme gemäß § 10 II 17 Allg. Landrecht erfolgen, fallen nicht unter die Bestimmungen der §§ 102ff. (Vgl. Anm. 8 zu § 94.) Besondere, auf polizeilicher Grundlage beruhende Rechte zur Durchsuchung sind auch reichsrechtlich vielfach gegeben; vgl. z. B. § 3 des Nahrungsmittelges. (Teil I dieses Werkes), § 8 des Ges. betr. den Verkehr mit Butter v. 15. 6. 1897 (RGBl. S. 475), § 47 der VO. über Handelsbeschränkungen, § 11 der VO. über Preisprüfungsstellen, § 4 der VO. über Auskunftspflicht (abgedruckt im Teil § dieses Werkes), § 5 der VO. zum Schutze des Funkverkehrs v. 8.3.1924 (RGBl. I S. 273), 24. 6. 1924 (S. 670)

4) Art. 38 Abs. 2 RV.: „Eine Durchsuchung oder Beschlagnahme darf in den Räumen des Reichstags oder eines Landtags nur mit Zustimmung des Präsidenten vorgenommen werden."

5) Nach § 127 Abs. 1 Seemannsordnung ist der Kapitän ermächtigt, jederzeit die Sachen der Schiffsleute, welche der Beteiligung an einer strafbaren Handlung verdächtig sind, zu durchsuchen.

6) Durchsuchung bei Abgeordneten: Anm. 6 zu § 94.

§ 103 (103)

Bei andern Personen sind Durchsuchungen nur behufs der Ergreifung des Beschuldigten oder behufs der Verfolgung von Spuren einer strafbaren Handlung oder behufs der Beschlagnahme bestimmter Gegenstände und nur dann zulässig, wenn Tatsachen vorliegen, aus denen zu schließen ist, daß die gesuchte Person, Spur oder Sache sich in den zu durchsuchenden Räumen befinde.

Diese Beschränkung findet keine Anwendung auf die Räume, in welchen der Beschuldigte ergriffen worden ist, oder welche er während der Verfolgung betreten hat, oder in welchen eine unter Polizeiaufsicht stehende Person wohnt oder sich aufhält.

Wegen der Durchsuchung bei Abgeordneten vgl. Anm. 6 zu § 94.

§ 104 (104)

Zur Nachtzeit dürfen die Wohnung, die Geschäftsräume und das befriedete Besitztum nur bei Verfolgung auf frischer Tat oder bei Gefahr im Verzug oder dann durchsucht werden, wenn es sich um die Wiederergreifung eines entwichenen Gefangenen handelt.

Diese Beschränkung findet keine Anwendung auf Wohnungen von Personen, welche unter Polizeiaufsicht stehen, sowie auf Räume, welche zur Nachtzeit jedermann zugänglich oder welche der Polizei als Herbergen oder Versammlungsorte bestrafter Personen, als Niederlagen von Sachen, welche mittels strafbarer Handlungen erlangt sind, oder als Schlupfwinkel des Glückspiels oder gewerbsmäßiger Unzucht bekannt sind.

Die Nachtzeit umfaßt in dem Zeitraum vom ersten April bis dreißigsten September die Stunden von neun Uhr abends bis vier Uhr morgens und in dem Zeitraum vom ersten Oktober bis einunddreißigsten März die Stunden von neun Uhr abends bis sechs Uhr morgens.

§ 105 (105)

Die Anordnung von Durchsuchungen steht dem Richter, bei Gefahr im Verzug auch der Staatsanwaltschaft und den Polizei- und Sicherheitsbeamten zu, welche als Hilfsbeamte der Staatsanwaltschaft ihren Anordnungen Folge zu leisten haben.

Wenn eine Durchsuchung der Wohnung, der Geschäftsräume oder des befriedeten Besitztums ohne Beisein des Richters oder des Staatsanwalts stattfindet, so sind, wenn dies möglich, ein Gemeindebeamter oder zwei Mitglieder der Gemeinde, in deren Bezirk die Durchsuchung erfolgt, zuzuziehen. Die als Gemeindemitglieder zugezogenen Personen dürfen nicht Polizei- oder Sicherheitsbeamte sein.

Die in den vorstehenden Absätzen angeordneten Beschränkungen der Durchsuchung finden keine Anwendung auf die im § 104 Abs. 2 bezeichneten Wohnungen und Räume.

Durchsuchungen in militärischen Dienstgebäuden erfolgen durch Ersuchen der Militärbehörde und auf Verlangen der Zivilbehörde (Richter, Staatsanwaltschaft) unter deren Mitwirkung. Des Ersuchens der Militärbehörde bedarf es jedoch nicht, wenn die Durchsuchung von Räumen vorzunehmen ist, welche in militärischen Dienstgebäuden ausschließlich von Zivilpersonen bewohnt werden.

---

1) Wegen der Hilfsbeamten der Staatsanwaltschaft vgl. Anm. 2 zu § 152 GVG. Der Hilfsbeamte der Staatsanwaltschaft braucht die Durchsuchung nicht persönlich vorzunehmen. Er kann sich anderer Polizeibeamter zu ihrer Ausführung bedienen. Nach Möglichkeit sollen aber die Hilfsbeamten Durchsuchungen und

Beschlagnahmen selbst ausführen. Vgl. die GV. v. 26. 5. 1922 (JMBl. S. 214).

2) Zu Abs. 4 vgl. § 443 und wegen des Begriffs „Militärbehörde" die V. des Reichswehrmin. v. 4. 11. 1922 (Zentralbl. S. 1029, abgedruckt auch im Pr. JMBl. 1923 S. 33.)

3) Besondere Bestimmungen über die Anordnung von Durchsuchungen enthält § 5 der VO. z. Schutze des Funkverkehrs v. 8. 3., 24. 6. 1924 (RGBl. I S. 273, 670). Vgl. auch Anm. 3 zu § 102.

4) Zur Staatsanwaltschaft im Sinne des Abs. 1 gehört auch die Amtsanwaltschaft; die Zuziehung der im Abs. 2 bezeichneten Personen wird aber durch die Anwesenheit des Amtsanwalts nicht entbehrlich.

5) Zu Abs. 3. Zur Durchsuchung in solchen Räumlichkeiten sind also auch solche Polizeibeamte ohne weiteres befugt, die nicht Hilfsbeamte der Staatsanwaltschaft sind.

6) Für den Bereich der RAO. vgl. §§ 401, 402 (403) daselbst.

7) Zu Abs. 4 vgl. die AV. v. 10. 10. 1921 (JMBl. S. 524) über das Verhältnis der Polizei zur Wehrmacht.

8) Über Durchsuchungen, die von Landjägern als Hilfsbeamten der Staatsanwaltschaft vorgenommen werden, vgl. die GV. v. 16. 8. 1922 (JMBl. S. 357).

§ 106 (106)

Der Inhaber der zu durchsuchenden Räume oder Gegenstände darf der Durchsuchung beiwohnen. Ist er abwesend, so ist, wenn dies möglich, sein Vertreter oder ein erwachsener Angehöriger, Hausgenosse oder Nachbar zuzuziehen.

Dem Inhaber oder der in dessen Abwesenheit zugezogenen Person ist in den Fällen des § 103 Abs. 1 der Zweck der Durchsuchung vor deren Beginn bekanntzumachen. Diese Vorschrift findet keine Anwendung auf die Inhaber der im § 104 Abs. 2 bezeichneten Räume.

§ 107 (107)

Dem von der Durchsuchung Betroffenen ist nach deren Beendigung auf Verlangen eine schriftliche Mitteilung zu machen, welche den Grund der Durchsuchung (§§ 102, 103) sowie im Falle des § 102 die strafbare Handlung bezeichnen muß. Auch ist ihm auf Verlangen ein Verzeichnis der in Verwahrung oder in Beschlag genommenen Gegenstände, falls aber nichts Verdächtiges gefunden wird, eine Bescheinigung hierüber zu geben.

§ 108 (108)

Werden bei Gelegenheit einer Durchsuchung Gegenstände gefunden, welche zwar in keiner Beziehung zu der Untersuchung stehen, aber auf die erfolgte Verübung einer anderen strafbaren Handlung hindeuten, so sind sie einstweilen in Beschlag zu nehmen. Der Staatsanwaltschaft ist hiervon Kenntnis zu geben.

§ 109 (109)

Die in Verwahrung oder in Beschlag genommenen Gegenstände sind genau zu verzeichnen und zur Verhütung von Verwechselungen durch amtliche Siegel oder in sonst geeigneter Weise kenntlich zu machen.

Für die Aufbewahrung beschlagnahmter Gegenstände vgl. § 62 d. Geschäftsordg. f. d. Gerichtsschreibereien d. Amtsger., § 27 derj. f. d. Sekretariate der Staatsanwaltschaften (AV. v. 18. 2. 1914, JMBl. S. 193).

Über die Unzulässigkeit der Veräußerung beschlagnahmter Gegenstände vor der Entscheidung über die Einziehung „aus Gründen der Volksversorgung“ nach Wiederkehr geordneter Wirtschaftsverhältnisse spricht sich die AV. v. 14. 2. 1924 (JMBl. S. 71) aus.

Verwertung eingezogener Gegenstände: AV. v. 6. 8. 1924 (JMBl. S. 336); Fischereigeräte: AV. v. 12. 3. 1923 (S. 214), Waffen: AV. v. 19. 3. 1924 (S. 129).

§ 110 (110)

Eine Durchsicht der Papiere des von der Durchsuchung Betroffenen steht nur dem Richter zu.

Andere Beamte sind zur Durchsicht der aufgefundenen Papiere nur dann befugt, wenn der Inhaber die Durchsicht genehmigt. Anderenfalls haben sie die Papiere, deren Durchsicht sie für geboten erachten, in einem Umschlage, welcher in Gegenwart des Inhabers mit dem Amtssiegel zu verschließen ist, an den Richter abzuliefern.

Dem Inhaber der Papiere oder dessen Vertreter ist die Beidrückung seines Siegels gestattet; auch ist er, falls demnächst die Entsiegelung und Durchsicht der Papiere angeordnet wird, wenn dies möglich, aufzufordern, ihr beizuwohnen.

Der Richter hat die zu einer strafbaren Handlung in Beziehung stehenden Papiere der Staatsanwaltschaft mitzuteilen.

Für den Bereich der RAO. vgl. § 402 Abs. 2 daselbst.

§ 111 (111)

Gegenstände, welche durch die strafbare Handlung dem Verletzten entzogen wurden, sind, falls nicht Ansprüche Dritter entgegenstehen, nach Beendigung der Untersuchung und geeignetenfalls schon vorher von Amts wegen dem Verletzten zurückzugeben, ohne daß es eines Urteils hierüber bedarf.

Dem Beteiligten bleibt die Geltendmachung seiner Rechte im Zivilverfahren vorbehalten.

---

1) Ist der Verletzte unbekannt, so sind die beschlagnahmten Sachen als Fundsachen zu behandeln (vgl. § 983 BGB.).

2) Vgl. AV. d. Pr. JM. v. 15. 2. 1922 (JMBl. S. 50) über die Herausgabe von Überführungsstücken. Vgl. auch Anm. zu § 109.

3) Vgl. auch §§ 398, 399 RAO.

Neunter Abschnitt

Verhaftung und vorläufige Festnahme

§ 112 (112)

Der Angeschuldigte darf nur dann in Untersuchungshaft genommen werden, wenn dringende Verdachtsgründe gegen ihn vorhanden sind und entweder er der Flucht verdächtig ist oder Tatsachen vorliegen, aus denen zu schließen ist, daß er Spuren der Tat vernichten oder daß er Zeugen oder Mitschuldige zu einer falschen Aussage oder Zeugen dazu verleiten werde, sich der Zeugnispflicht zu entziehen. Diese Tatsachen sind aktenkundig zu machen.

Der Verdacht der Flucht bedarf keiner weiteren Begründung:

1. wenn ein Verbrechen den Gegenstand der Untersuchung bildet;
2. wenn der Angeschuldigte ein Heimatloser oder Landstreicher oder nicht imstande ist, sich über seine Person auszuweisen;
3. wenn der Angeschuldigte ein Ausländer ist und begründeter Zweifel besteht, daß er sich auf Ladung vor Gericht stellen und dem Urteile Folge leisten werde.

---

1) Art. 114 RV.: „Die Freiheit der Person ist unverletzlich. Eine Beeinträchtigung oder Entziehung der persönlichen Freiheit durch die öffentliche Gewalt ist nur auf Grund von Gesetzen zulässig.

Personen, denen die Freiheit entzogen wird, sind spätestens am darauffolgenden Tage in Kenntnis zu setzen, von welcher Behörde und aus welchen Gründen die Entziehung der Freiheit angeordnet worden ist; unverzüglich soll ihnen Gelegenheit gegeben werden, Einwendungen gegen ihre Freiheitsentziehung vorzubringen."

2) Art. 114 RV. kann unter den Voraussetzungen des Art. 48 RV. „zur Wiederherstellung der öffentlichen Sicherheit und Ordnung" vorübergehend außer Kraft gesetzt werden.

Vgl. auch Anm. 6 (unten) und Anm. 2 zu § 16 GVG.

3) Art. 37 RV.: „Kein Mitglied des Reichstags oder eines Landtags kann ohne Genehmigung des Hauses, dem der Abgeordnete angehört, während der Sitzungsperiode wegen einer mit Strafe bedrohten Handlung zur Untersuchung gezogen oder verhaftet werden, es sei denn, daß das Mitglied bei Ausübung der Tat oder spätestens im Laufe des folgenden Tages festgenommen ist.

Die gleiche Genehmigung ist bei jeder anderen Beschränkung der persönlichen Freiheit erforderlich, die die Ausübung des Abgeordnetenberufs beeinträchtigt.

Jedes Strafverfahren gegen ein Mitglied des Reichstags oder eines Landtags und jede Haft oder sonstige Beschränkung der persönlichen Freiheit, wird auf Verlangen des Hauses, dem der Abgeordnete angehört, für die Dauer der Sitzungsperiode aufgehoben."

Vgl. auch Art. 28 S. 1 RV. (abgedruckt unten in Anm. 3 zu § 161 StPO.).

4) In Militärstrafsachen ist die Verhaftung auch zur Aufrechterhaltung der militärischen Disziplin zulässig; doch gelten für diese Haft besondere Bestimmungen; vgl. §§ 443, 445.

Vgl. auch die AV. v. 19. 10. 1921 (JMBl. S. 524) über das Verhältnis der Polizei zur Wehrmacht.

5) Der für Wuchersachen im § 11 der WGV. vorgesehene besondere Haftgrund ist infolge Aufhebung der WGV. (RGBl. 1924 I S. 371) — vgl. unten Nr. IX — weggefallen.

6) Vgl. auch Ges. betr. die Verhaftung und Aufenthaltsbeschränkung auf Grund des Kriegszustandes und des Belagerungszustandes v. 4. 12. 1916 (RGBl. S. 1329).

7) Vgl. ferner Seemannsordnung v. 2. 6. 1902 (RGBl. S. 175) § 127 Abs. 2—4 (unten Nr. XVI).

8) Für Preußen ist zur möglichsten Einschränkung der Untersuchungshaft die AV. v. 18. 12. 1918 (JMBl. S. 526) und v. 22. 10. 1923 (JMBl. S. 686) erlassen worden.

9) Für den Vollzug der Haft in Jugendsachen stellt § 28 Abs. 1 JGG. besondere Voraussetzungen auf (vgl. dort).

10) Für die zur Vorbereitung der Auslieferung verhängte Haft gelten die Vorschriften des neunten Abschnitts nicht; diese Haft ist weder in ihren Voraussetzungen noch in ihrem Vollzug an die Vorschriften der StPO. gebunden.

Ausländern, die in einem inländischen Strafverfahren festgenommen werden, ist die Benachrichtigung der diplomatischen Vertretung ihres Landes zu gestatten (AV. d. Pr. JM. v. 6.1.1915 [JMBl. S. 4] und v. 14. 8. 1923 [JMBl. S. 588]).

11) Über die Anordnung der Haft zum Zwecke der Strafvollstreckung vgl. § 457 StPO. und § 436 RAO.

§ 113 (113)

Ist die Tat nur mit Haft oder mit Geldstrafe bedroht, so darf die Untersuchungshaft nur wegen Verdachts der Flucht und nur dann verhängt werden, wenn der Angeschuldigte zu den im § 112 Nr. 2 oder 3 bezeichneten Personen gehört, oder wenn er unter Polizeiaufsicht steht, oder wenn es sich um eine Übertretung handelt, wegen deren die Überweisung an die Landespolizeibehörde erkannt werden kann.

§ 114 (114)

Die Verhaftung erfolgt auf Grund eines schriftlichen Haftbefehls des Richters.

In dem Haftbefehl ist der Angeschuldigte genau zu bezeichnen und die ihm zur Last gelegte strafbare Handlung sowie der Grund der Verhaftung anzugeben.

Dem Angeschuldigten ist der Haftbefehl bei der Verhaftung und, wenn dies nicht tunlich ist, spätestens am

Tage nach seiner Einlieferung in das Gefängnis, nach Vorschrift des § 35 bekanntzumachen und zu eröffnen, daß ihm das Rechtsmittel der Beschwerde zustehe.

§ 115 (115)

Der Verhaftete muß spätestens am Tage nach seiner Einlieferung in das Gefängnis durch einen Richter über den Gegenstand der Beschuldigung gehört werden.

---

1) Die Anhörung muß auch dann „am nächsten Tage" erfolgen, wenn dieser Tag ein Sonntag ist.

2) Bei Verhaftung von Wehrmachtsangehörigen ist § 440 zu beachten (Nachricht an die vorgesetzte Dienstbehörde!).

§ 116 (116)

Der Verhaftete soll, soweit möglich, von anderen gesondert und nicht in demselben Raume mit Strafgefangenen verwahrt werden. Mit seiner Zustimmung kann von dieser Vorschrift abgesehen werden.

Dem Verhafteten dürfen nur solche Beschränkungen auferlegt werden, welche zur Sicherung des Zweckes der Haft oder zur Aufrechterhaltung der Ordnung im Gefängnis notwendig sind.

Bequemlichkeiten und Beschäftigungen, die dem Stande und den Vermögensverhältnissen des Verhafteten entsprechen, darf er sich auf seine Kosten verschaffen, soweit sie mit dem Zwecke der Haft vereinbar sind und weder die Ordnung im Gefängnis stören noch die Sicherheit gefährden.

Fesseln dürfen im Gefängnis dem Verhafteten nur dann angelegt werden, wenn es wegen besonderer Gefährlichkeit seiner Person, namentlich zur Sicherung anderer erforderlich erscheint, oder wenn er einen Selbstentleibungs- oder Entweichungsversuch gemacht oder vorbereitet hat. Bei der Hauptverhandlung soll er ungefesselt sein.

Die nach Maßgabe vorstehender Bestimmungen erforderlichen Verfügungen hat der Richter zu treffen. Die in dringenden Fällen von anderen Beamten getroffenen Anordnungen unterliegen der Genehmigung des Richters.

1) Für Jugendliche vgl. § 28 Abs. 2 JGG.

2) Vgl. für Preußen §§ 148 ff. der Dienst- und Vollzugsordnung für die Gefangenenanstalten v. 1. 8. 1923.

§ 117 (117)

Ein Angeschuldigter, dessen Verhaftung lediglich wegen des Verdachts der Flucht angeordnet ist, kann gegen Sicherheitsleistung mit der Untersuchungshaft verschont werden.

§ 118 (118)

Die Sicherheitsleistung ist durch Hinterlegung in barem Gelde oder in Wertpapieren oder durch Pfandbestellung oder mittels Bürgschaft geeigneter Personen zu bewirken.

Die Höhe und die Art der zu leistenden Sicherheit wird von dem Richter nach freiem Ermessen festgesetzt.

Vgl. dazu die AV. d. Pr. JM. v. 3. 1. 1924 (JMBl. S. 5) über die zur Abwendung der Untersuchungshaft geleisteten Sicherheiten.

§ 119 (119)

Der Angeschuldigte, welcher seine Freilassung gegen Sicherheitsleistung beantragt, ist, wenn er nicht im Deutschen Reiche wohnt, verpflichtet, eine im Bezirke des zuständigen Gerichts wohnhafte Person zur Empfangnahme von Zustellungen zu bevollmächtigen.

§ 120 (120)

Der Sicherheitsleistung ungeachtet ist der Angeschuldigte zur Haft zu bringen, wenn er Anstalten zur Flucht trifft, wenn er auf ergangene Ladung ohne genügende Entschuldigung ausbleibt, oder wenn neu hervorgetretene Umstände seine Verhaftung erforderlich machen.

§ 121 (121)

Eine noch nicht verfallene Sicherheit wird frei, wenn der Angeschuldigte zur Haft gebracht, oder wenn der Haftbefehl aufgehoben worden ist, oder wenn der Antritt der erkannten Freiheitsstrafe erfolgt.

Diejenigen, welche für den Angeschuldigten Sicherheit geleistet haben, können ihre Befreiung dadurch herbeiführen, daß sie entweder binnen einer vom Gerichte zu bestimmenden Frist die Gestellung des Angeschuldigten bewirken oder von den Tatsachen, welche den Verdacht einer vom Angeschuldigten beabsichtigten Flucht begründen, rechtzeitig dergestalt Anzeige machen, daß die Verhaftung bewirkt werden kann.

§ 122 (122)

Eine noch nicht frei gewordene Sicherheit verfällt der Staatskasse, wenn der Angeschuldigte sich der Untersuchung oder dem Antritt der erkannten Freiheitsstrafe entzieht.

Vor der Entscheidung sind der Angeschuldigte sowie die, welche für den Angeschuldigten Sicherheit geleistet haben, zu einer Erklärung aufzufordern. Gegen die Entscheidung steht ihnen nur die sofortige Beschwerde zu. Vor der Entscheidung über die Beschwerde ist den Beteiligten und der Staatsanwaltschaft Gelegenheit zur mündlichen Begründung ihrer Anträge sowie zur Erörterung über stattgehabte Ermittlungen zu geben.

Die den Verfall aussprechende Entscheidung hat gegen die, welche für den Angeschuldigten Sicherheit geleistet haben, die Wirkung eines von dem Zivilrichter erlassenen, für vorläufig vollstreckbar erklärten Endurteils, und nach Ablauf der Beschwerdefrist die Wirkungen eines rechtskräftigen Zivilendurteils.

§ 123 (123)

Der Haftbefehl ist aufzuheben, wenn der in ihm angegebene Grund der Verhaftung weggefallen ist, oder wenn der Angeschuldigte freigesprochen oder außer Verfolgung gesetzt wird.

Durch Einlegung eines Rechtsmittels darf die Freilassung des Angeschuldigten nicht verzögert werden.

§ 124 (124)

Die auf die Untersuchungshaft, einschließlich der Sicherheitsleistung, bezüglichen Entscheidungen werden von dem zuständigen Gericht erlassen.

In der Voruntersuchung ist der Untersuchungsrichter zur Erlassung des Haftbefehls und mit Zustimmung der Staatsanwaltschaft auch zur Aufhebung eines solchen sowie zur Freilassung des Angeschuldigten gegen Sicherheitsleistung befugt. Versagt die Staatsanwaltschaft diese Zustimmung, so hat der Untersuchungsrichter, wenn er die beanstandete Maßregel anordnen will, unverzüglich, spätestens binnen vierundzwanzig Stunden, die Entscheidung des Gerichts nachzusuchen.

Die gleiche Befugnis hat nach Eröffnung des Hauptverfahrens in dringenden Fällen der Vorsitzende des erkennenden Gerichts.

§ 125 (125)

Auch vor Erhebung der öffentlichen Klage kann, wenn ein zur Erlassung eines Haftbefehls berechtigender Grund vorhanden ist, vom Amtsrichter auf Antrag der Staatsanwaltschaft oder, bei Gefahr im Verzuge, von Amts wegen ein Haftbefehl erlassen werden.

Zur Erlassung dieses Haftbefehls und der auf die Untersuchungshaft, einschließlich der Sicherheitsleistung, bezüglichen Entscheidungen ist jeder Amtsrichter befugt, in dessen Bezirk ein Gerichtsstand für die Sache begründet ist oder der zu Verhaftende betroffen wird.

Die Bestimmungen der §§ 114 bis 123 finden entsprechende Anwendung.

§ 126 (126)

Der vor Erhebung der öffentlichen Klage erlassene Haftbefehl ist aufzuheben, wenn die Staatsanwaltschaft es beantragt, oder wenn nicht binnen einer Woche nach Vollstreckung des Haftbefehls die öffentliche Klage erhoben und die Fortdauer der Haft von dem zuständigen Richter angeordnet, auch diese Anordnung zur Kenntnis des Amtsrichters gelangt ist.

Wenn zur Vorbereitung und Erhebung der öffentlichen Klage die Frist von einer Woche nicht genügt, so kann sie auf Antrag der Staatsanwaltschaft vom Amtsrichter um eine Woche und, wenn es sich um ein Verbrechen oder Vergehen handelt, auf erneuten Antrag der Staatsanwaltschaft um fernere zwei Wochen verlängert werden.

1) Sonderbestimmungen für die zur Aufrechterhaltung der militärischen Disziplin verhängte Haft enthält § 445 (vgl. dort).

2) Sonderbestimmungen für Jugendsachen enthält § 28 Abs. 4 JGG.; hier ist die Verlängerung der Haftfrist über 4 Wochen hinaus gestattet. Näheres vgl. in der Anm. zu § 28 JGG. (unten Nr. X).

§ 127 (127)

Wird jemand auf frischer Tat betroffen oder verfolgt, so ist, wenn er der Flucht verdächtig ist oder seine Persönlichkeit nicht sofort festgestellt werden kann, jedermann befugt, ihn auch ohne richterlichen Befehl vorläufig festzunehmen.

Die Staatsanwaltschaft und die Polizei- und Sicherheitsbeamten sind auch dann zur vorläufigen Festnahme befugt, wenn die Voraussetzungen eines Haftbefehls vorliegen und Gefahr im Verzug obwaltet.

Bei strafbaren Handlungen, deren Verfolgung nur auf Antrag eintritt, ist die vorläufige Festnahme von der Stellung eines solchen Antrags nicht abhängig.

1) Zu Abs. 2 vgl. für Militärstrafsachen §§ 440, 443. Über das Verhältnis der Polizei zur Wehrmacht, insbesondere über das Festnahmerecht der Polizei gegenüber Reichswehrangehörigen, vgl. die AV. v. 19. 10. 1921 (JMBl. S. 524).

2) Für den Bereich der RAO. vgl. §§ 404 436 daselbst.

§ 128 (128)

Der Festgenommene ist unverzüglich, sofern er nicht wieder in Freiheit gesetzt wird, dem Amtsrichter des Bezirkes, in welchem die Festnahme erfolgt ist, vorzuführen. Der Amtsrichter hat ihn spätestens am Tage nach der Vorführung zu vernehmen.

Hält der Amtsrichter die Festnahme nicht für gerechtfertigt oder ihre Gründe für beseitigt, so verordnet er die Freilassung. Anderenfalls erläßt er einen Haftbefehl, auf welchen die Bestimmungen des § 126 Anwendung finden.

---

1) Die Polizei hat den Festgenommenen ohne jeden ungerechtfertigten Aufschub dem Amtsrichter vorzuführen. Keinesfalls darf, wie die Vergleichung mit § 115, § 128 Abs. 1 S. 2 ergibt, die Vorführung später als am Tage nach der Festnahme erfolgen; das sog. „Übersitzenlassen" ist unzulässig. So auch OLG. Frankfurt a. M. im Recht 1922 Nr. 1744, JWochSchr. 1922 S. 1058/1059 A. M. ohne überzeugende Begründung KG. in der im Ministerialbl. d. Pr. inneren Verwaltung 1924 S. 465 bekanntgegebenen Entscheidung.

2) Vgl. auch § 404 Abs. 2 RAO.

§ 129 (129)

Ist gegen den Festgenommenen bereits die öffentliche Klage erhoben, so ist er entweder sofort oder auf Verfügung des Amtsrichters, welchem er zunächst vorgeführt worden, dem zuständigen Gericht oder Untersuchungsrichter vorzuführen, und haben diese spätestens am Tage nach der Vorführung über Freilassung oder Verhaftung des Festgenommenen zu entscheiden.

Vgl. § 404 Abs. 2 RAO.

§ 130 (130)

Wird wegen Verdachts einer strafbaren Handlung, deren Verfolgung nur auf Antrag eintritt, ein Haftbefehl erlassen, bevor der Antrag gestellt ist, so ist der Antragsberechtigte, von mehreren wenigstens einer, sofort von dem

Erlaß des Haftbefehls in Kenntnis zu setzen. Auf den Haftbefehl finden die Bestimmungen des § 126 gleichfalls Anwendung.

§ 131 (131)

Auf Grund eines Haftbefehls können von dem Richter sowie von der Staatsanwaltschaft Steckbriefe erlassen werden, wenn der zu Verhaftende flüchtig ist oder sich verborgen hält.

Ohne vorgängigen Haftbefehl ist eine steckbriefliche Verfolgung nur dann statthaft, wenn ein Festgenommener aus dem Gefängnis entweicht oder sonst sich der Bewachung entzieht. In diesem Falle sind auch die Polizeibehörden zur Erlassung des Steckbriefs befugt.

Der Steckbrief soll, soweit dies möglich, eine Beschreibung des zu Verhaftenden enthalten und die ihm zur Last gelegte strafbare Handlung sowie das Gefängnis bezeichnen, in welches die Ablieferung zu erfolgen hat.

Über die Bekanntmachung von Steckbriefen sind zahlreiche Verfügungen erlassen. Vgl. Müller, Justizverw., 6. Aufl., S. 1141, 1743. Aus späterer Zeit vgl. für die Regierungsamtsblätter die AV. v. 30. 11. 1912 (JMBl. S. 388), 15. 2. 1913 (S. 53), 31. 3. 1918 (S. 95), 14. 6. 1920 (S. 293); für Fahndungs- oder Zentralpolizeiblatt (niemals in beiden gleichzeitig!) AV. v. 21. 3. 1899 (S. 72), 18. 7. 1914 (S. 641), 18. 9. 1920 (S. 482), 5. 4. 1922 (S. 115); für die Zeitschrift „Die Polizei" und „Der Gendarm" AV. v. 7. 8. 1919 (67), 28. 12. 1920 (S. 771), 30.1.1923 (S. 67). Vgl. auch die AV. v. 30. 7. 1923 (S. 566) über die Vorführung der Diapositive steckbrieflicher Verfolgungen in Lichtspieltheatern.

Über die Aufnahme von Fahndungsersuchen und Steckbriefnachrichten in die Strafregister vgl. Strafregister-VO. §§ 32—35 (unten Nr. XIII b), AV. v. 30. 11. 1904 (JMBl. S. 314) und v. 21.6.1920 (S. 340) Nr. 36. Über Veröffentlichung deutscher Fahndungsersuchen im Auslande vgl. AV. v. 20. 2. 1924 (S. 76) (Tschechoslowakei) und PrJMBl. 1913 S. 327, 1921 S. 454 (Belgien).

§ 132 (132)

Ist jemand auf Grund eines Haftbefehls oder eines Steckbriefs ergriffen worden, und kann er nicht spätestens am Tage nach der Ergreifung vor den zuständigen Richter gestellt werden, so ist er auf sein Verlangen sofort dem nächsten Amtsrichter vorzuführen.

Seine Vernehmung ist spätestens am Tage nach der Ergreifung zu bewirken. Weist er bei der Vernehmung nach, daß er nicht die verfolgte Person oder daß die Verfolgung durch die zuständige Behörde wiederaufgehoben sei, so hat der Amtsrichter seine Freilassung zu verfügen.

Zehnter Abschnitt

Vernehmung des Beschuldigten

Für Reichssteuerstrafsachen vgl. § 407 RAO.

§ 133 (133)

Der Beschuldigte ist zur Vernehmung schriftlich zu laden.

Die Ladung kann unter der Androhung geschehen, daß im Falle des Ausbleibens seine Vorführung erfolgen werde.

1) Vgl. Anm. 1 zu § 162.

2) Vgl. auch die AV. d. Pr. JM. v. 7. 8. 1922 (JMBl. S. 317) über das Verfahren bei Ladungen zur verantwortlichen Vernehmung im vorbereitenden Verfahren und die AV. v. 2. 5. 1918 (JMBl. S. 151) über die Vereinfachung von Ladungen.

§ 134 (134)

Die sofortige Vorführung des Beschuldigten kann verfügt werden, wenn Gründe vorliegen, welche die Erlassung eines Haftbefehls rechtfertigen würden.

In dem Vorführungsbefehle ist der Beschuldigte genau zu bezeichnen und die ihm zur Last gelegte strafbare Handlung sowie der Grund der Vorführung anzugeben.

§ 135 (135)

Der Vorgeführte ist sofort von dem Richter zu vernehmen. Ist dies nicht ausführbar, so kann er bis zu seiner Vernehmung, jedoch nicht über den nächstfolgenden Tag hinaus, festgehalten werden.

§ 136 (136)

Bei Beginn der ersten Vernehmung ist dem Beschuldigten zu eröffnen, welche strafbare Handlung ihm zur Last gelegt wird. Der Beschuldigte ist zu befragen, ob er etwas auf die Beschuldigung erwidern wolle.

Die Vernehmung soll dem Beschuldigten Gelegenheit zur Beseitigung der gegen ihn vorliegenden Verdachtsgründe und zur Geltendmachung der zu seinen Gunsten sprechenden Tatsachen geben.

Bei der ersten Vernehmung des Beschuldigten ist zugleich auf die Ermittelung seiner persönlichen Verhältnisse Bedacht zu nehmen.

---

1) Für Jugendsachen vgl. § 31 JGG.

2) Eine Befragung des Beschuldigten nach der Religion wird in der Regel als zulässig angesehen werden müssen, trotz § 136 Abs. 3 RV. (abgedruckt in Anm. 1 zu § 68), da für den Fall seiner Verurteilung zu Freiheitsstrafe davon Rechte abhängen können (Unterbringung in einer Strafanstalt seines Bekenntnisses). Die Bedürfnisse der Kriminalstatistik können als Rechtfertigung für die Befragung nach der Religion nicht angesehn werden, da es sich dabei nicht um eine gesetzlich angeordnete statistische Erhebung handelt (sie ist durch einen Bundesratsbeschluß angeordnet worden).

Elfter Abschnitt

Verteidigung

§ 137 (137)

Der Beschuldigte kann sich in jeder Lage des Verfahrens des Beistandes eines Verteidigers bedienen.

Hat der Beschuldigte einen gesetzlichen Vertreter, so kann auch dieser selbständig einen Verteidiger wählen.

---

1) Für Jugendsachen vgl. auch § 30 JGG.

2) Vgl. die AV. d. Pr. JM. v. 30. 12. 1918 (JMBl. 1919 S. 4) zur Förderung der Aufgaben der Verteidigung im Strafverfahren, in der Fassung der AV. v. 23. 3. 1921 (S. 226).

3) Für Reichssteuerstrafsachen vgl. auch § 409 RAO.

§ 138 (138)

Zu Verteidigern können die bei einem deutschen Gerichte zugelassenen Rechtsanwälte sowie die Rechtslehrer an deutschen Hochschulen gewählt werden.

Andere Personen können nur mit Genehmigung des Gerichts und, wenn der Fall einer notwendigen Verteidigung vorliegt und der Gewählte nicht zu den Personen gehört, welche zu Verteidigern bestellt werden dürfen, nur in Gemeinschaft mit einer solchen als Wahlverteidiger zugelassen werden.

Für Militärstrafsachen vgl. § 446.

§ 139 (139)

Der als Verteidiger gewählte Rechtsanwalt kann mit Zustimmung des Angeklagten die Verteidigung einem Rechtskundigen, welcher die erste Prüfung für den Justizdienst bestanden hat und darin seit mindestens einem Jahre und drei Monaten beschäftigt ist, übertragen.

§ 140 (140)*

Die Verteidigung ist notwendig in den Sachen, welche vor dem Reichsgericht **oder dem Oberlandesgericht** in erster Instanz oder vor dem Schwurgerichte zu verhandeln sind.

In anderen Sachen ist die Verteidigung notwendig, wenn der Angeschuldigte taub oder stumm ist.

In den vor dem Amtsrichter oder dem Schöffengerichte zu verhandelnden Sachen ist die Verteidigung notwendig, wenn eine Tat den Gegenstand der Untersuchung bildet, die nicht nur wegen Rückfalls ein Verbrechen ist, und der Beschuldigte oder sein gesetzlicher Vertreter die Bestellung eines Verteidigers beantragt.

In den Fällen der Abs. 1 und 2 ist dem Angeschuldigten, der noch keinen Verteidiger gewählt hat, ein Verteidiger von Amts wegen zu bestellen, sobald der Angeschuldigte gemäß § 201 zur Erklärung über die Anklageschrift auf-

gefordert worden ist, oder, wenn eine solche Aufforderung nicht vorgeschrieben ist, sobald dem Angeklagten der Eröffnungsbeschluß zugestellt worden ist. Der Antrag nach Abs. 3 ist binnen einer Frist von drei Tagen zu stellen, nachdem der Angeschuldigte gemäß § 201 zur Erklärung über die Anklageschrift aufgefordert ist.

---

1) Die Änderung in Abs. 1 beruht auf § 26 VO., diejenige in Abs. 3 z. T. auf § 25 Abs. 1 VO.; im übrigen beruht die Fassung auf § 27 VO.

2) Im Verfahren vor dem Amtsrichter ist die Verteidigung nur notwendig, wenn ein Verbrechen des schweren Diebstahls oder der gewerbs- oder gewohnheitsmäßigen Hehlerei oder der Hehlerei des § 258 Abs. 1 Nr. 2 StGB. den Gegenstand der Anklage bildet und der Beschuldigte oder sein gesetzlicher Vertreter es beantragt.

3) Für Jugendsachen vgl. die Sonderbestimmungen des § 29 Abs. 1, 2 JGG. Wegen ihres Verhältnisses zu § 140 StPO. vgl. die Anm. a. a. O.

4) Für die Bestellung des Verteidigers vgl. die §§ 142—145.

5) Abs. 2 enthält eine Erweiterung der „notwendigen Verteidigung" für Taube und Stumme. Während solche Personen bisher im Verfahren vor dem Schöffengericht eines Verteidigers nicht bedurften, ist die Verteidigung für sie jetzt in allen Sachen — auch soweit sie vor dem Amtsrichter und dem Schöffengericht zu verhandeln sind, und ohne Rücksicht auf die Art des Delikts (z. B. auch bei Übertretungen) — notwendig. Das gilt auch für die höheren Instanzen (Berufungs- und Revisionsinstanz).

Zu Abs. 2 gehört auch der Zusatz in Abs. 4 S. 1: „oder, wenn eine solche Aufforderung nicht vorgeschrieben ist, sobald dem Angeklagten der Eröffnungsbeschluß zugestellt worden ist". Denn nur bei Tauben und Stummen ist die Verteidigung auch bei solchen Sachen notwendig, die nicht Verbrechen sind, und bei denen daher der Angeschuldigte zur Erklärung über die Anklageschrift nicht aufgefordert zu werden braucht.

6) Zu Abs. 3, Abs. 4, S. 2: Für das Verfahren vor dem Amtsrichter hat die Bestimmung nur insoweit Bedeutung, als dort Anklage wegen schweren Diebstahls oder eines Verbrechens der Hehlerei nach § 258 Abs. 1 Nr. 2, § 260 StGB. erhoben wird; denn nur in diesen Fällen können Verbrechen, die nicht nur wegen Rückfalls Verbrechen sind, vor den Amtsrichter kommen.

Auf die Besetzung des Schöffengerichts kommt es nicht an; die Vorschrift gilt für das kleine und für das erweiterte Schöffengericht.

Wird der Antrag aus Abs. 4 S. 2 rechtzeitig gestellt, so ist die Verteidigung für das ganze Verfahren, auch in den höheren Instanzen,

nötig; wird er nicht rechtzeitig gestellt, so kann er weder in der ersten noch in einer höheren Instanz nachgeholt werden. Doch ist gegen die Versäumung der Frist Wiedereinsetzung in den vorigen Stand möglich.

Die in erster Instanz erfolgte Bestellung eines Verteidigers behält ihre Wirksamkeit auch für die höheren Instanzen. Ein vor Zustellung der Anklageschrift gestellter Antrag aus Abs. 4 S. 2 ist unbeachtlich.

7) Da im beschleunigten Verfahren vor dem Amtsrichter oder vor dem Schöffengericht eine Anklageschrift und eine Aufforderung zur Erklärung darüber und ein Eröffnungsbeschluß nicht vorgeschrieben ist, erleiden die Vorschriften des § 140 in diesem Verfahren einige Modifikationen. Aus der Eigenart des beschleunigten Verfahrens ergibt sich, daß der Antrag des Abs. 4 S. 2 alsbald nach der mündlichen Erhebung der Anklage gestellt werden muß. Geschieht das, oder wird in der Verhandlung offenbar, daß der Angeklagte taub oder stumm ist, so ist entweder alsbald ein Verteidiger zu bestellen oder die Sache zum Zwecke der Bestellung des Verteidigers zu vertagen.

8) Wegen der Gebühren des bestellten Verteidigers vgl. § 150,

§ 141 (141)

In anderen als in den im § 140 bezeichneten Fällen kann das Gericht und, bei vorhandener Dringlichkeit, der Vorsitzende auf Antrag oder von Amts wegen einen Verteidiger bestellen.

Für Jugendsachen vgl. § 29 JGG. und Anm. dazu.

§ 142 (142)

Die Bestellung des Verteidigers kann schon während des Vorverfahrens erfolgen.

§ 143 (143)

Die Bestellung ist zurückzunehmen, wenn demnächst ein anderer Verteidiger gewählt wird und dieser die Wahl annimmt.

§ 144 (144)

Die Auswahl des zu bestellenden Verteidigers erfolgt durch den Vorsitzenden des Gerichts aus der Zahl der am

Sitze dieses Gerichts wohnhaften Rechtsanwälte. Für das vorbereitende Verfahren erfolgt die Bestellung durch den Amtsrichter.

Auch Justizbeamte, welche nicht als Richter angestellt sind, sowie solche Rechtskundige, welche die vorgeschriebene erste Prüfung für den Justizdienst bestanden haben, können als Verteidiger bestellt werden.

---

1) Zu Abs. 1 vgl. § 39 Abs. 2 der Rechtsanwaltsordnung. Danach stehen im Sinne des § 144 StPO. die im Gerichtsbezirk wohnhaften und bei dem Gericht zugelassenen Rechtsanwälte den am Sitze des Gerichts wohnhaften gleich. Rechtsanwälte dürfen die Verteidigung nicht ablehnen.

2) Nach § 446 StPO. können in Militärstrafsachen als Verteidiger mit ihrer Zustimmung auch Offiziere und gewählte Vertreter der Soldaten auf Antrag des Beschuldigten bestellt werden; den im § 144 Abs. 2 bezeichneten Justizbeamten stehen die bei den Heeres-(Marine-)Anwälten beschäftigten Sekretäre gleich. (Vgl. GAMG. §§ 15—17.)

3) Vgl. für den Staatsgerichtshof zum Schutz der Republik § 6 Abs. 2 der VO. v. 29. 7. 1922 (RGBl. I S. 673).

4) Zu Abs. 2 vgl. auch Anm. 3 zu § 150. Wegen der Bestellung von Referendaren zu Verteidigern vgl. die AV. v. 30. 12. 1918 (JMBl. 1919 S. 4) in der Fassung der AV. v. 23. 3. 1921 (S. 226).

§ 145 (145)

Wenn in einem Falle, in welchem die Verteidigung notwendig oder die Bestellung eines Verteidigers in Gemäßheit des § 141 erfolgt ist, der Verteidiger in der Hauptverhandlung ausbleibt, sich unzeitig entfernt oder sich weigert, die Verteidigung zu führen, so hat der Vorsitzende dem Angeklagten sogleich einen anderen Verteidiger zu bestellen. Das Gericht kann jedoch auch eine Aussetzung der Verhandlung beschließen.

Erklärt der neu bestellte Verteidiger, daß ihm die zur Vorbereitung der Verteidigung erforderliche Zeit nicht verbleiben würde, so ist die Verhandlung zu unterbrechen oder auszusetzen.

Wird durch die Schuld des Verteidigers eine Aussetzung erforderlich, so sind ihm, vorbehaltlich dienstlicher Ahndung, die hierdurch verursachten Kosten aufzuerlegen.

§ 146 (146)

Die Verteidigung mehrerer Beschuldigter kann, insofern dies der Aufgabe der Verteidigung nicht widerstreitet, durch einen gemeinschaftlichen Verteidiger geführt werden.

§ 147 (147)

Der Verteidiger ist nach dem Schlusse der Voruntersuchung und, wenn eine solche nicht stattgefunden hat, nach Einreichung der Anklageschrift bei dem Gerichte zur Einsicht der dem Gerichte vorliegenden Akten befugt.

Schon vor diesem Zeitpunkt ist ihm die Einsicht der gerichtlichen Untersuchungsakten insoweit zu gestatten, als dies ohne Gefährdung des Untersuchungszwecks geschehen kann.

Die Einsicht der Protokolle über die Vernehmung des Beschuldigten, der Gutachten der Sachverständigen und der Protokolle über die gerichtlichen Handlungen, denen der Verteidiger beizuwohnen befugt ist, darf ihm keinesfalls verweigert werden.

Nach dem Ermessen des Vorsitzenden können die Akten, mit Ausnahme der Überführungsstücke, dem Verteidiger in seine Wohnung verabfolgt werden.

Zu Abs. 2 vgl. für Preußen die AV. v. 30. 12. 1918 (JMBl. 1919 S. 4).

§ 148 (148)

Dem verhafteten Beschuldigten ist schriftlicher und mündlicher Verkehr mit dem Verteidiger gestattet.

Solange das Hauptverfahren nicht eröffnet ist, kann der Richter schriftliche Mitteilungen zurückweisen, falls deren Einsicht ihm nicht gestattet wird.

Bis zu demselben Zeitpunkt kann der Richter, sofern die Verhaftung nicht lediglich wegen Verdachts der Flucht gerechtfertigt ist, anordnen, daß den Unterredungen mit dem Verteidiger eine Gerichtsperson beiwohne.

---

1) Für Jugendsachen gilt außerdem § 28 Abs. 3 JGG. Danach ist dem Jugendamt und, wenn der Verhaftete unter Schutz-

aufsicht steht, der bestellten Aufsichtsperson der Verkehr mit dem Verhafteten in dem gleichen Umfange gestattet, wie einem Verteidiger.

2) Vgl. für Preußen ferner die §§ 112, 148 ff. der Dienst- und Vollzugsordnung für die Gefangenanstalten v. 1. 8. 1923.

§ 149 (149)

Der Ehemann einer Angeklagten ist in der Hauptverhandlung als Beistand zuzulassen und auf sein Verlangen zu hören.

Dasselbe gilt von dem gesetzlichen Vertreter eines Angeklagten.

In dem Vorverfahren unterliegt die Zulassung solcher Beistände dem richterlichen Ermessen.

1) Für Jugendsachen vgl. § 29 Abs. 3 JGG., der noch eine andere Art der Beistandschaft eingeführt hat. Zu Abs. 2 vgl. auch § 30 a. a. O.

2) Für Reichssteuerstrafsachen vgl. auch § 409 RAO.

§ 150 (150)

Dem zum Verteidiger bestellten Rechtsanwalte sind für die geführte Verteidigung die Gebühren nach Maßgabe der Gebührenordnung aus der Staatskasse zu bezahlen. Der Rückgriff an den in die Kosten verurteilten Angeklagten bleibt vorbehalten.

---

1) Die Gebührenordnung f. Rechtsanwälte v. 7. 7. 1879 in der Fassung der Bek. v. 20. 5. 1898 (RGBl. S. 692) ist geändert durch Art. IV des Ges. v. 1. 6. 1909 (RGBl. S. 475), Art. IV des Ges. v. 22. 5. 1910 (RGBl. S. 767), Art. II des Ges. v. 8. 11. 1916 (RGBl. S. 1263), Ges. v. 18. 12. 1919 (RGBl. S. 2115), Ges. v. 8. 7. 1921 (RGBl. S. 910), Art. V des Ges. v. 21. 12. 1922 (RGBl. 1923 I S. 1), Art. I des Ges. v. 18. 8. 1923 (RGBl. I S. 813), Art. VI der VO. v. 13. 2. 1924 (RGBl. I S. 135); vgl. auch die auf Grund des Art. III des Ges. v. 18. 8. 1923 erlassene VO. v. 13. 12. 1923 (RGBl. I S. 1188), 27. 6. 1924 (S. 662).

2) Für Privatklagesachen ist noch von Bedeutung das Ges. über die Erstattung von Rechtsanwaltsgebühren in Armensachen v. 6. 2. 1923 (RGBl. I S. 103) in der Fassung des Art. V des Ges. v. 18. 8. 1923 (RGBl. I S. 813) und des Art. VI der VO. v. 13. 12. 1923 (RGBl. I S. 1188).

3) Wegen der Zuordnung von Rechtsbeiständen an arme Beschuldigte ist die AV. v. 12. 6. 1923 (JMBl. S. 435) ergangen. Vgl. auch Anm. zu § 467. Wegen der Übernahme der Kosten der Verteidigung auf die Staatskasse im Falle der Freisprechung (§ 467) vgl. die AV. v. 30. 12. 1918 (JMBl. 1919 S. 4), 28. 7. 1922 (S. 310).

4) In den Sachen, die vor den Oberlandesgerichten in erster Instanz zu verhandeln sind, erhält der Rechtsanwalt die Gebühren nach den für die Verteidigung vor dem Reichsgericht zuständigen Sätzen.

Zweites Buch

Verfahren in erster Instanz

Erster Abschnitt

Öffentliche Klage

§ 151 (151)

Die Eröffnung einer gerichtlichen Untersuchung ist durch die Erhebung einer Klage bedingt.

---

1) Wegen der Verfolgung der Mitglieder des Reichstags oder eines Landtags vgl. Anm. 3 zu § 112.

2) Art. 43 Abs. 3 RV.: „Der Reichspräsident kann ohne Zustimmung des Reichstags nicht strafrechtlich verfolgt werden."

§ 152 (152)

Zur Erhebung der öffentlichen Klage ist die Staatsanwaltschaft berufen.

Sie ist, soweit nicht gesetzlich ein anderes bestimmt ist, verpflichtet, wegen aller gerichtlich strafbaren und verfolgbaren Handlungen einzuschreiten, sofern zureichende tatsächliche Anhaltspunkte vorliegen.

---

1) Ausnahmen vom Verfolgungszwang finden sich in den §§ 153, 154, in § 6, § 9 Abs. 4 und § 32 Abs. 2 JGG. und in dem Ges. v. 18. 1. 1917 (RGBl. S. 58) — ausgedehnt durch die Ges. bzw. VO. v. 12. 2. 1920 (RGBl. S. 230), 6. 2. 1921 (RGBl. S. 139), 13. 7. 1923 (RGBl. I S. 699) —. Vgl. unten XV.

Vgl. ferner §§ 4, 37 StGB. (jedoch Ausnahmen in § 102, § 140 Nr. 1, § 298 das.).

Eine Ausnahme vom Verfolgungszwang bildet auch das Privatklageverfahren. Vgl. § 376 und Anm. dazu.

2) Der Verfolgungszwang besteht auch für die Polizeibehörden (vgl. § 163 StPO., § 346 StGB.).

3) Eine Ausnahme vom Legalitätsprinzip bildet auch § 435 StPO., der für militärische Straftaten (gemäß § 3 EGMStGB.) disziplinarische Ahndung zuläßt und demgemäß in den a. a. O. bezeichneten Fällen der Staatsanwaltschaft die Überweisung zur disziplinarischen Ahndung gestattet.

4) Das Anklagemonopol der Staatsanwaltschaft ist durchbrochen für Steuerstrafsachen (vgl. § 424 StPO. und § 437 RAO.).

Vgl. auch § 388 RAO.

§ 153 (neu)*

Übertretungen werden nicht verfolgt, wenn die Schuld des Täters gering ist und die Folgen der Tat unbedeutend sind, es sei denn, daß ein öffentliches Interesse an der Herbeiführung einer gerichtlichen Entscheidung besteht.

Ist bei einem Vergehen die Schuld des Täters gering und sind die Folgen der Tat unbedeutend, so kann die Staatsanwaltschaft mit Zustimmung des Amtsrichters von der Erhebung der öffentlichen Klage absehen.

Ist die Klage bereits erhoben, so kann das Gericht mit Zustimmung der Staatsanwaltschaft das Verfahren einstellen; der Beschluß kann nicht angefochten werden.

---

1) § 153 gibt den Inhalt des § 23 Abs. 1—3 VO. wieder. § 23 Abs. 4 VO., der die Vorschriften des Abs. 2, 3 für militärische Vergehen (militärische Übertretungen gibt es nicht) ausschließt, ist § 436 geworden (vgl. dort und Anm. 3 zu § 152).

2) An den bisher bestehenden Einschränkungen des Verfolgungszwanges (vgl. Anm. zu § 152) wird nichts geändert.

3) Bei Übertretungen ist unter den Voraussetzungen des Abs. 1 die Verfolgung der Straftat unzulässig. Das gilt auch für die Polizeibehörden; sie dürfen keine polizeiliche Strafverfügung erlassen. Hat die Polizeibehörde die Verfolgbarkeit durch Erlaß einer polizeilichen Strafverfügung bejaht, so wird die Staatsanwaltschaft der Einstellung in der Regel nicht zustimmen dürfen,

ohne der Polizeibehörde Gelegenheit zur Darlegung ihres Standpunktes gegeben zu haben (vgl. Anm. 2 zu § 417).

Praktisch wird allerdings auch die Mußvorschrift des Abs. 1 einer Kannvorschrift dadurch sehr ähnlich, daß sie an die weitere negative Voraussetzung geknüpft ist, daß kein öffentliches Interesse an der Herbeiführung einer gerichtlichen Entscheidung besteht; es wird dadurch die Verfolgung doch in weitem Umfang wieder in das Ermessen der Staatsanwaltschaft (oder der Polizei) gestellt. Ein „öffentliches Interesse“ liegt auch vor, wenn es sich um die Feststellung der Gültigkeit einer Polizeiverordnung handelt; es braucht also nicht ein Interesse gerade an der Bestrafung zu sein, wenn auch eine Anklage, bei der nicht auch die Bestrafung erstrebt wird, natürlich von der Staatsanwaltschaft nicht erhoben werden darf.

Der Zustimmung des Gerichts zur Einstellung bedarf bei Übertretungen weder die Staatsanwaltschaft noch die Polizeibehörde.

4) Bei Vergehen bleibt die Tat, auch wenn die Voraussetzungen des § 153 Abs. 2 an sich vorliegen, verfolgbar. Es liegt im Ermessen der Staatsanwaltschaft, ob sie verfolgen will. Daß ein „öffentliches“ Interesse an der Verfolgung besteht, wie das nach Abs. 1 Voraussetzung für die Verfolgung ist, wird nicht erfordert; es genügt irgendein privates Interesse. Will die Staatsanwaltschaft von der Erhebung der öffentlichen Klage absehen, so bedarf sie der Zustimmung des Gerichts. Auch wenn diese gegeben wird, kann die Staatsanwaltschaft die öffentliche Klage noch erheben, was z. B. vorkommen kann, wenn sie von ihrem vorgesetzten Beamten dazu angewiesen wird. Die Polizeibehörden haben kein Recht, von der Weitergabe einer ein Vergehen betreffenden Sache auf Grund des § 153 Abs. 2 abzusehen. Vgl. aber die GV. v. 29. 5. 1924 (JMBl. S. 258) betr. Strafverfolgung bei geringfügigen Vergehen.

5) Bei der Prüfung, ob die Folgen der Tat unbedeutend gewesen sind, sind auch solche Folgen zu berücksichtigen, die der Täter nicht vorausgesehen hat und nicht voraussehen konnte. Die Schuld kann dann nicht als gering angesehen werden, wenn vorher eine behördliche Warnung erfolgt ist.

Der Ausdruck „Schuld“ ist hier nicht im technischen Sinne (= Vorsatz, Fahrlässigkeit) gebraucht, sondern mehr im Sinne der Strafzumessung zu verstehen; es kommt also darauf an, ob der Fall als „besonders leicht“ (so § 9 Abs. 4 JGG.) anzusehen ist; im Unterschied vom § 9 Abs. 4 JGG. tritt hier zu dem Erfordernis des „besonders leichten Falles“ noch hinzu, daß auch die Folgen unbedeutend sein müssen.

„Täter“ ist auch der Teilnehmer, „Tat“ auch der Versuch.

6) Wegen der Anfechtung der durch die Staatsanwaltschaft auf Grund des § 153 verfügten Einstellungen im Wege des § 172 vgl. dort Anm. 1.

Die Aufsichtsbeschwerde ist stets zulässig.

Entscheidungen in Aufsichtsbeschwerdesachen sind jetzt u. U. gebührenpflichtig nach der auf Grund des Gesetzes über staatliche Verwaltungsgebühren v. 29. 9. 1923 (Pr.GesS. S. 455) und der Allgemeinen Verwaltungsgebührenordnung v. 29. 12. 1923 (Pr.GesS. 1924 S. 1) erlassenen AV. d. Pr. JM. v. 26. 3. 1924 (JMBl. S. 135) über den Erlaß einer Verwaltungsgebührenordnung für Angelegenheiten der Justizverwaltung; vgl. auch die AV. v. 26. 3. 1924 (JMBl. S. 139) über die geschäftliche Behandlung der Verwaltungsgebühren.

7) Die besonderen Vorschriften des JGG. (§ 32, § 9 Abs. 4) sind durch § 153 nach manchen Richtungen hin erweitert worden. Näheres über das Verhältnis der beiden Vorschriften zueinander vgl. in den Anm. zu § 32 JGG. (unten Nr. X.)

8) Das Gericht des Abs. 2 muß das in der Hauptsache zuständige Gericht sein. Sachlich ist stets der Amtsrichter zuständig. Durch die AV. v. 18. 3. 1924 (JMBl. S. 126) ist auf Grund des § 23 AGGVG. (unten Nr. XVII) für Preußen bestimmt worden, daß stets diejenige Abteilung des Amtsgerichts zu entscheiden hat, der die Durchführung des Hauptverfahrens obliegen würde. Der Amtsrichter darf nur zustimmen, wenn die gesetzlichen Voraussetzungen vorliegen, d. h. wenn die Schuld gering ist und die Folgen der Tat unbedeutend sind. Die Ermittelungen sind daher jedenfalls so weit auszudehnen, daß der Richter in der Lage ist, sich über diese Voraussetzungen ein Urteil zu bilden. Die Frage der Opportunität hat der Richter nicht nachzuprüfen; das ist allein Sache der Staatsanwaltschaft.

Gegen die Ablehnung der Zustimmung hat die Staatsanwaltschaft die Beschwerde (§ 304 Abs. 1 StPO.), die an die Strafkammer geht (ebenso Bumke S. 75 Nr. 16, Kiesow, StPO., Anm. 7 zu § 153).

Wird Beschwerde nicht eingelegt oder die eingelegte zurückgewiesen, so hat die Staatsanwaltschaft nunmehr die öffentliche Klage zu erheben.

Der Verletzte hat gegen die Zustimmung des Gerichts keinerlei Rechtsbehelf (vgl. auch Anm. 6). Das will aber nicht besagen, daß seine Interessen hintangesetzt werden dürften; gegen den ausdrücklichen Willen des Verletzten, wenn er nicht auf unvernünftiger Rechthaberei beruht, sollte eine Einstellung nicht erfolgen; es sollte ihm stets Gelegenheit zur Stellungnahme zu der Frage der Einstellung nach § 153 gegeben werden, insbesondere dazu, ob die Folgen der Tat unbedeutend sind.

Besondere Rücksicht ist auf die staatlichen Interessen zu nehmen. Behörden, deren Interessenkreis durch die Straftat berührt wird, ist stets Gelegenheit zur Stellungnahme zu geben, bevor nach § 153 eingestellt oder der Einstellung zugestimmt wird.

Der Beschuldigte hat gegen den die Zustimmung ablehnenden Beschluß des Gerichts die Beschwerde, ebenso wie die Staatsanwaltschaft. Gegen die Zustimmung und gegen die Einstellung hat er keinerlei Rechtsbehelf.

9) Ist die öffentliche Klage erhoben — sei es auch nur durch Antrag auf Voruntersuchung, auf Erlaß eines Strafbefehls oder durch Antrag auf gerichtliche Entscheidung oder mündlich nach § 212 —, so ist nur noch das Gericht zur Einstellung befugt, sowohl bei Übertretungen wie bei Vergehen, falls die Voraussetzungen (geringe Schuld und unbedeutende Folgen) vorliegen; es bedarf aber der Zustimmung der Staatsanwaltschaft, die natürlich nur unter denselben Voraussetzungen erteilt werden darf, unter denen bis zur Erhebung der öffentlichen Klage die Einstellung hätte erfolgen können. Die Frage, ob an der Verfolgung ein öffentliches Interesse bestehe (bei Übertretungen) oder ob sie opportun sei (bei Vergehen), hat auch im Rahmen des Abs. 3 die Staatsanwaltschaft zu entscheiden; das Gericht hat mit diesen Fragen nichts zu tun.

Ob auch der Nebenkläger zustimmen muß, kann zweifelhaft sein und ist wohl zu verneinen (vgl. aber Anm. 8 Abs. 4, 5).

Solange die Staatsanwaltschaft die öffentliche Klage noch zurücknehmen kann (§ 156, § 411 StPO.), ist sie dazu auch dann in der Lage, wenn sie nachträglich die Voraussetzungen des § 153 für gegeben ansieht.

Auch das Berufungsgericht kann noch einstellen, nicht dagegen das Revisionsgericht (streitig; KG. hat die Einstellung auch noch durch das Revisionsgericht für zulässig erachtet). Nach rechtskräftigem Abschluß des Verfahrens ist die Einstellung nicht mehr möglich.

Die Einstellung geschieht durch Beschluß (vgl. Abs. 3 Halbs. 2). Mit ihm ist das Verfahren erledigt; er bewirkt den Verbrauch der Strafklage; sie kann in keiner Form wieder aufgenommen werden, auch nicht, wenn neue Tatsachen und Beweismittel vorliegen (anders § 32 Abs. 4 JGG. — unten Nr. X —).

10) Die Unanfechtbarkeit des Beschlusses nach Abs. 3 ist nur gegeben, wenn das Gericht zulässigerweise eingestellt hat, also z. B. nicht, wenn es bei einem Verbrechen oder wenn es ohne Zustimmung der Staatsanwaltschaft eingestellt hat.

11) Von der Einstellung hat die Staatsanwaltschaft im Falle der Abs. 1, 2 den Antragsteller und den Beschuldigten unter den Voraussetzungen der §§ 170, 171 zu bescheiden. Der Beschluß nach Abs. 3 ist — sofern er nicht in der Hauptverhandlung ergeht und verkündet wird — dem Beschuldigten zuzustellen. Zustellung an den Antragsteller ist nicht erforderlich.

12) Die Kosten des Verfahrens trägt sowohl im Falle der Abs. 1, 2 wie im Falle des Abs. 3 die Staatskasse.

13) Im Privatklageverfahren ist § 153 seiner Natur nach nicht anwendbar. Es ist dafür auch kein Bedürfnis, da der Privatkläger ja in den Tatsacheninstanzen die Privatklage zurücknehmen kann (§ 391 Abs. 1).

§ 154 (teilw. 208)*

Von Erhebung der öffentlichen Klage kann abgesehen werden, wenn die Strafe, zu der die Verfolgung führen kann, neben einer Strafe, zu der der Beschuldigte wegen einer anderen Tat rechtskräftig verurteilt worden ist, oder die er wegen einer anderen Tat zu erwarten hat, nicht ins Gewicht fällt.

Ist die öffentliche Klage bereits erhoben, so kann das Gericht auf Antrag der Staatsanwaltschaft das Verfahren vorläufig einstellen.

Ist das Verfahren mit Rücksicht auf eine wegen einer anderen Tat bereits rechtskräftig erkannte Strafe vorläufig eingestellt worden, so kann es, falls nicht inzwischen Verjährung eingetreten ist, wieder aufgenommen werden, wenn die rechtskräftig erkannte Strafe nachträglich in Wegfall kommt.

Ist das Verfahren mit Rücksicht auf eine wegen einer anderen Tat zu erwartende Strafe vorläufig eingestellt worden, so kann es, falls nicht inzwischen Verjährung eingetreten ist, binnen drei Monaten nach Rechtskraft des wegen der anderen Tat ergehenden Urteils wiederaufgenommen werden.

Hat das Gericht das Verfahren vorläufig eingestellt, so bedarf es zur Wiederaufnahme eines Gerichtsbeschlusses.

---

1) Der § 154 entspricht dem § 24 VO. Ob es systematisch richtig war, ihn seinem ganzen Umfange nach an dieser Stelle einzufügen, soll hier nicht näher untersucht werden.

2) Von dem § 208 alter Fassung unterscheidet er sich nach zwei Richtungen: a) Die Anwendbarkeit der Vorschrift ist nicht von der vorgängigen Erhebung der öffentlichen Klage abhängig; die Staatsanwaltschaft kann davon — und zwar bei Vergehen im Unterschied vom § 153 ohne gerichtliche Zustimmung — bereits im vorbereitenden Verfahren Gebrauch machen. b) Die

Vorschrift ist auch dann noch anwendbar, wenn die andere Straftat bereits abgeurteilt war.

3) Voraussetzung der Anwendung ist, daß die zu erwartende Strafe neben einer Strafe, die der Beschuldigte wegen einer anderen Straftat bereits erhalten oder noch zu erwarten hat, nicht ins Gewicht fällt. Auch bei Verbrechen ist (im Unterschied zu § 153) die Anwendung des § 154 möglich. Wie schwer die Strafe, zu der der Beschuldigte in dem vorläufig einzustellenden Verfahren verurteilt werden könnte, etwa ausfallen wird, ist ohne Belang; es kommt nur auf ihre Bedeutung im Verhältnis zu der anderen Strafe an. Auch eine zu erwartende Zuchthausstrafe oder langjährige Freiheitsstrafe kann im Verhältnis zu der anderen Strafe als nicht ins Gewicht fallend erscheinen; besonders wird das z. B. dann der Fall sein, wenn die Strafe in eine Gesamtstrafe einbezogen werden müßte und für diese das Höchstmaß des § 74 Abs. 3 StGB. bereits erreicht ist.

4) Abs. 1 gilt nur für die Staatsanwaltschaft. In Fällen, in denen dieselbe Person mehrere strafbare Handlungen begangen hat, wird der Anklagezwang gemildert. Die Staatsanwaltschaft kann von der Durchführung des Verfahrens wegen einzelner der dem Beschuldigten zur Last gelegten Taten aus Zweckmäßigkeitsgründen Abstand nehmen; doch ist die einzige Zweckmäßigkeitserwägung, die im Rahmen des § 154 zulässig ist, die Rücksicht auf das Verhältnis der zu erwartenden Strafe zu der Strafe, die wegen der weiter verfolgten Taten zu erwarten oder bereits anderweit erkannt ist.

Sieht die Staatsanwaltschaft von der Erhebung der öffentlichen Klage ab, so kann deren Erhebung auch nicht auf dem Wege des § 172 StGB. erreicht werden, da in diesem Verfahren über Opportunitätsfragen nicht zu entscheiden ist. Aufsichtsbeschwerde ist auch hier zulässig; wegen der Verwaltungsgebühren dabei vgl. Anm. 6 Abs. 3 zu § 153. Die Staatsanwaltschaft kann die Verfolgung jederzeit ohne weiteres wieder aufnehmen; die Abs. 3—5 gelten nur für den Fall, daß nach Erhebung der öffentlichen Klage das Gericht eingestellt hat.

5) Ist die öffentliche Klage einmal erhoben — sei es auch nur durch Antrag auf Voruntersuchung, auf Erlaß eines Strafbefehls, oder durch Antrag auf gerichtliche Entscheidung, oder mündlich nach § 212 —, so tritt § 154 Abs. 2 (in Verbindung mit Abs. 3—5) in Wirkung. Einstellung kann nur noch durch das Gericht erfolgen. Voraussetzung für die vorläufige Einstellung durch das Gericht ist, daß die Staatsanwaltschaft sie beantragt. Das Gleiche gilt für die Wiederaufnahme der Untersuchung. Es handelt sich um Opportunitätsfragen, für die allein die Staatsanwaltschaft zuständig ist. Ist der Antrag gestellt, so hat das Gericht selbständig das Vorliegen der Voraussetzungen zu prüfen. Die Zustimmung des Nebenklägers ist nicht erforderlich; es ist aber auch hier zweckmäßig, seine Interessen nicht zu vernachlässigen, zumal er durch

Anträge auf Wiederaufnahme das eingestellte Verfahren wieder in Gang zu bringen in der Lage wäre.

Die Einstellung ist noch in der Berufungsinstanz, nicht aber in der Revisionsinstanz möglich (vgl. Anm. 9 zu § 153).

Im Privatklageverfahren ist die Einstellung nach § 154 nicht möglich (vgl. Anm. 13 zu § 153).

Die Einstellung erfolgt durch Beschluß. Gegen die Ablehnung der vorläufigen Einstellung steht der Staatsanwaltschaft die Beschwerde zu; desgl. wohl auch dem Beschuldigten. Gegen die Einstellung hat dagegen der Beschuldigte keinerlei Rechtsbehelf; auch der Antragsteller, der zugleich der Verletzte ist, kann dagegen nichts unternehmen, ebensowenig die Staatsanwaltschaft oder der Nebenkläger.

Die Einstellung ist nur eine „vorläufige", hat also einen Verbrauch der Strafklage nicht zur Folge. Die Wiederaufnahme des eingestellten Verfahrens ist aber, wenn die Einstellung gerichtlich erfolgt ist, an die besonderen Voraussetzungen der Abs. 3—5 gebunden.

6) Zu Abs. 3. Die Wiederaufnahme des vom Gericht eingestellten Verfahrens setzt einen Antrag der Staatsanwaltschaft voraus; auch der Nebenkläger wird als zur Stellung des Antrags befugt angesehen werden müssen. Eine Fortführung des Verfahrens aus eigenem Entschluß des Gerichts ohne Antrag ist nicht statthaft. Über den Antrag wird durch Beschluß entschieden. Das Gericht hat dem Antrag stattzugeben, wenn die gesetzlichen Voraussetzungen für die Zulässigkeit vorliegen. Über die Frage der Zweckmäßigkeit entscheidet hier wie überall, wo es sich um Einschränkungen des Legalitätsprinzips handelt, die Staatsanwaltschaft. Die Staatsanwaltschaft (der Nebenkläger) kann gegen die Ablehnung der Wiederaufnahme Beschwerde erheben, nicht aber der Antragsteller, auch nicht, wenn er der Verletzte ist. Gegen den die Fortsetzung des Verfahrens anordnenden Beschluß hat der Beschuldigte dagegen keinerlei Rechtsbehelf; er ist durch den Beschluß nicht beschwert, da die Zulässigkeit der Wiederaufnahme für das weitere Verfahren Prozeßvoraussetzung ist, und daher auch im späteren Verlaufe des Verfahrens, insbesondere bei Erlaß des Urteils, geprüft werden muß.

Eine rechtskräftig erkannte Strafe kann nachträglich in Wegfall kommen durch Freisprechung im Wiederaufnahmeverfahren, durch Amnestie oder Gnadenerlaß. Eine Frist für die Wiederaufnahme der Untersuchung ist nicht gesetzt.

7) Zu Abs. 4. Die Wiederaufnahme der Untersuchung ist auch schon vor Erlaß des anderen Urteils zulässig. Im übrigen vgl. das in Anm. 6 Abs. 1 Gesagte.

8) § 154 gilt (im Unterschied von § 153) auch für militärische Verbrechen und Vergehen. Ebenso gilt er für Jugendsachen ohne Einschränkung.

9) Die Kosten des Verfahrens trägt die Staatskasse. Wird aber das Verfahren fortgesetzt, so bilden sie einen Teil der Kosten des Gesamtverfahrens, und es ist darüber im Urteil zu erkennen. Wegen der Bekanntmachung der Entscheidungen vgl. die Anm. 11 zu § 153.

§ 155 (153)

Die Untersuchung und Entscheidung erstreckt sich nur auf die in der Klage bezeichnete Tat und auf die durch die Klage beschuldigten Personen.

Innerhalb dieser Grenzen sind die Gerichte zu einer selbständigen Tätigkeit berechtigt und verpflichtet; insbesondere sind sie bei Anwendung des Strafgesetzes an die gestellten Anträge nicht gebunden.

§ 156 (154)

Die öffentliche Klage kann nach Eröffnung der Untersuchung nicht zurückgenommen werden.

---

1) D. h. also, solange nicht eine die Voruntersuchung oder das Hauptverfahren eröffnende Entscheidung ergangen ist. Sind nur einzelne Beweiserhebungen angeordnet, bleibt die Zurücknahme zulässig.

2) Vgl. auch § 411 (Strafbefehl), § 414 (Strafverfügung) und § 420 StPO. — §§ 426, 429 RAO. — (Strafbescheid).

§ 157 (155)

Im Sinne dieses Gesetzes ist:

Angeschuldigter der Beschuldigte, gegen welchen die öffentliche Klage erhoben ist,

Angeklagter der Beschuldigte oder Angeschuldigte, gegen welchen die Eröffnung des Hauptverfahrens beschlossen ist.

Zweiter Abschnitt

Vorbereitung der öffentlichen Klage

§ 158 (156)

Anzeigen strafbarer Handlungen oder Anträge auf Strafverfolgung können bei der Staatsanwaltschaft, den Behörden und Beamten des Polizei- und Sicherheitsdienstes und den Amtsgerichten mündlich oder schriftlich angebracht werden. Die mündliche Anzeige ist zu beurkunden.

Bei strafbaren Handlungen, deren Verfolgung nur auf Antrag eintritt, muß der Antrag bei einem Gericht oder der Staatsanwaltschaft schriftlich oder zu Protokoll, bei einer anderen Behörde schriftlich angebracht werden.

1) Vgl. § 435 Abs. 2, § 444 (Militärstrafsachen).

2) In Forstdiebstahlssachen werden die Anzeigen von den Forstschutzbeamten schriftlich (in Form von Verzeichnissen) und periodisch an den Amtsanwalt erstattet (§ 26 FDiebstG.).

3) Für Steuerstrafsachen vgl. § 406 RAO.

§ 159 (157)

Sind Anhaltspunkte dafür vorhanden, daß jemand eines nicht natürlichen Todes gestorben ist, oder wird der Leichnam eines Unbekannten gefunden, so sind die Polizei- und Gemeindebehörden zur sofortigen Anzeige an die Staatsanwaltschaft oder an den Amtsrichter verpflichtet.

Die Beerdigung darf nur auf Grund einer schriftlichen Genehmigung der Staatsanwaltschaft oder des Amtsrichters erfolgen.

1) Die Genehmigung ist der Polizei gegenüber zu erklären — GV. v. 21. 7. 1875 (JMBl. S. 157). Der „Beerdigungsschein" muß diejenigen Angaben enthalten, die erforderlich sind, um die Polizeibehörde in den Stand zu setzen, die ihr nach § 58 Abs. 2 des Personenstandsges. v. 6. 2. 1875 (RGBl. S. 23) obliegende Mitteilung des Sterbefalls an das Standesamt zu machen (AV. v. 4. 5. 1878, JMBl. S. 75). § 59 Nr. 23 des Personenstandsges. verlangt dafür folgende Angaben: „Ort, Tag und Stunde des erfolgten Todes, Vor- und Familiennamen, Religion, Alter, Stand oder Gewerbe, Wohnort und Geburtsort des Verstorbenen."

2) Vgl. auch § 126 Seemannsordnung (unten XVI).

§ 160 (158)

Sobald die Staatsanwaltschaft durch eine Anzeige oder auf anderem Wege von dem Verdacht einer strafbaren Handlung Kenntnis erhält, hat sie behufs ihrer Entschließung darüber, ob die öffentliche Klage zu erheben sei, den Sachverhalt zu erforschen.

Die Staatsanwaltschaft hat nicht bloß die zur Belastung, sondern auch die zur Entlastung dienenden Umstände zu ermitteln und für die Erhebung der Beweise Sorge zu tragen, deren Verlust zu besorgen steht.

---

1) In Strafsachen gegen Angehörige der Reichswehr ist von der Einleitung der Strafverfolgung der höheren Kommandobehörde Nachricht zu geben (§ 441 StPO.). Welches die höhere Kommandobehörde ist, darüber vgl. Anm. zu § 441.

2) In Jugendsachen sind möglichst frühzeitig die Lebensverhältnisse des Beschuldigten sowie alle Umstände zu erforschen, welche zur Beurteilung seiner körperlichen und geistigen Eigenart dienen können. Näheres über diese Ermittelungen vgl. in § 31 JGG.

3) Über „Mitteilungen in Strafsachen" ist in Preußen die AV. v. 29. 4. 1907 (JMBl. S. 359) ergangen, die z. Zt. in der Fassung der AV. v. 7. 11. 1912 (JMBl. S. 375), 16. 3. 1914 (S. 285), 12. 6. 1920 (S. 294), 23. 9. 1920 (S. 508), 27. 1. 1921 (S. 89), 17. 5. 1921 (S. 312), 13. 2. 1922 (S. 46), 22. 5. 1923 (S. 390), 20. 6. 1923 (S. 450), 17. 7. 1923 (S. 542), 19. 1. 1924 (S. 34), 28. 4. 1924 (S. 206) gilt.

4) Vgl. §§ 386, 387, 405 RAO. Danach haben in Reichssteuersachen die Finanzämter bei allen Steuerzuwiderhandlungen den Sachverhalt zu erforschen, soweit nicht nach § 212 unmittelbare Aburteilung im beschleunigten Verfahren erfolgt, auch bei Idealkonkurrenz mit Delikten anderer Art, vorausgesetzt, daß die Strafe aus dem Steuergesetz zu entnehmen ist. Die Staatsanwaltschaft greift erst ein, wenn das Finanzamt die Sache an sie abgibt (§§ 390, 391, 411 RAO.). Vgl. ferner § 163 StPO. (Pflicht der Polizei zur selbständigen Erforschung des Tatbestands strafbarer Handlungen).

5) Über die Aussetzung von Belohnungen in Strafsachen ist die V. v. 2. 5. 1924 (JMBl. S. 244) ergangen.

6) Über Zeugenvernehmung und deren Erzwingung durch Staatsanwaltschaft und Polizei vgl. Anm. 3 zu § 51.

§ 161 (159)

Zu dem im vorstehenden Paragraphen bezeichneten Zwecke kann die Staatsanwaltschaft von allen öffentlichen Behörden Auskunft verlangen und Ermittelungen jeder Art, mit Ausschluß eidlicher Vernehmungen, entweder selbst vornehmen oder durch die Behörden und Beamten des Polizei- und Sicherheitsdienstes vornehmen lassen.

Die Behörden und Beamten des Polizei- und Sicherheitsdienstes sind verpflichtet, dem Ersuchen oder Auftrage der Staatsanwaltschaft zu genügen.

---

1) Vgl. für Militärstrafsachen auch § 443.

2) In Jugendsachen sollen in allen Abschnitten des Verfahrens die Organe der Jugendgerichtshilfe zur Mitarbeit herangezogen werden (§ 22 JGG.).

3) Art. 28 S. 1 RV.: „Der Präsident übt das Hausrecht und die Polizeigewalt im Reichstagsgebäude aus."

4) Bei Aufträgen durch die Staatsanwaltschaft trägt die Staatsanwaltschaft die Verantwortung für die Handlung. Die Polizei darf aber nach allgemeinen Grundsätzen solche Aufträge nicht ausführen, wenn sie die Gesetzwidrigkeit kennt; tut sie es gleichwohl, so trägt sie dafür die Verantwortung, z. B. wenn sie im Auftrag der Staatsanwaltschaft einen Abgeordneten der Bestimmung des Art. 37 RV. zuwider verhaftet.

5) Aufträge kann der Polizeibehörde nur die Staatsanwaltschaft und der Untersuchungsrichter (§ 189) erteilen. Daß § 189 (161) auch für den Amtsrichter im Vorverfahren (§ 165) und für das erkennende Gericht (von der Erhebung der Anklage an) entsprechend gelte, wird nicht angenommen werden können. Jedenfalls hat aber die Polizeibehörde auf Ersuchen dieser Stellen die gewünschte Hilfe zu leisten (vgl. Anm. zu § 87 Pr. AGGVG.).

6) Vgl. auch § 389 RAO.

7) Über das Recht der Polizeibehörden, Zeugen in Strafsachen unter Zwangsandrohung zu laden, vgl. die Anm. 3 zu § 51.

8) Vgl. auch die GV. v. 8. 4. 1922 (JMBl. S. 122), 16. 8. 1922 (S. 357) über die Verwendung von Polizeibeamten außerhalb ihrer Dienstorte.

9) Bei Ersuchen um Vernehmung von Zeugen, Sachverständigen, Beschuldigten, soll der Gegenstand der Vernehmung in dem Ersuchensschreiben angegeben werden. AV. d. Pr. JM. v. 1. 4. 1874 (JMBl. S. 116).

10) Über die Einforderung von Strafakten zur Feststellung des Rückfalls vgl. die AV. v. 30. 6. 1924 (JMBl. S. 271).

§ 162 (160)

Erachtet die Staatsanwaltschaft die Vornahme einer richterlichen Untersuchungshandlung für erforderlich, so stellt sie ihre Anträge bei dem Amtsrichter des Bezirkes, in welchem diese Handlung vorzunehmen ist.

Der Amtsrichter hat zu prüfen, ob die beantragte Handlung nach den Umständen des Falles gesetzlich zulässig ist.

1) Für Jugendsachen vgl. § 19 JGG.

Die Vernehmung des Beschuldigten im vorbereitenden Verfahren gegen einen Jugendlichen, soll — soweit es sich nicht um geringfügige Straftaten handelt — gerichtlich bewirkt werden (AV. v. 20. 6. 1923 — JMBl. S. 450 — II 5).

2) Vgl. für Reichssteuerstrafsachen § 405 Abs. 6 RAO.

3) Vgl. auch Anm. 9 zu § 161.

§ 163 (161)

Die Behörden und Beamten des Polizei- und Sicherheitsdienstes haben strafbare Handlungen zu erforschen und alle keinen Aufschub gestattenden Anordnungen zu treffen, um die Verdunkelung der Sache zu verhüten.

Sie übersenden ihre Verhandlungen ohne Verzug der Staatsanwaltschaft. Erscheint die schleunige Vornahme richterlicher Untersuchungshandlungen erforderlich, so kann die Übersendung unmittelbar an den Amtsrichter erfolgen.

1) Für Militärstrafsachen vgl. § 443.

2) Vgl. Anm. 3, 7, 8 zu § 161.

3) Begeht ein Schiffsmann, während das Schiff sich auf der See oder im Auslande befindet, ein Vergehen oder Verbrechen, so hat der Kapitän unter Zuziehung von Schiffsoffizieren oder anderen glaubhaften Personen alles dasjenige genau aufzuzeichnen, was auf den Beweis der Tat und auf deren Bestrafung Einfluß haben kann. (§ 126 Seemannsordg. v. 2. 6. 1902 — RGBl. S. 175 —; Näheres dort. Vgl. unten Nr. XVI.)

4) Vgl. auch § 392 RAO. Danach hat die Polizei auch Steuerzuwiderhandlungen zu erforschen.

§ 164 (162)

Bei Amtshandlungen an Ort und Stelle ist der Beamte, welcher sie leitet, befugt, Personen, welche seine amtliche Tätigkeit vorsätzlich stören oder sich den von ihm innerhalb seiner Zuständigkeit getroffenen Anordnungen widersetzen, festnehmen und bis zur Beendigung seiner Amtsverrichtungen, jedoch nicht über den nächstfolgenden Tag hinaus, festhalten zu lassen.

Vgl. hierzu Art. 114 RV. (abgedruckt oben Anm. 1 zu § 112).

§ 165 (163)

Wenn Gefahr im Verzug obwaltet, hat der Amtsrichter die erforderlichen Untersuchungshandlungen von Amtswegen vorzunehmen.

Für Militärstrafsachen vgl. § 443, für Jugendsachen § 19 JGG.

§ 166 (164)

Wird der Beschuldigte von dem Amtsrichter vernommen, und beantragt er bei dieser Vernehmung zu seiner Entlastung einzelne Beweiserhebungen, so hat der Amtsrichter sie, soweit er sie für erheblich erachtet, vorzunehmen, wenn der Verlust der Beweise zu besorgen steht oder die Beweiserhebung die Freilassung des Beschuldigten begründen kann.

Der Richter kann, wenn die Beweiserhebung in einem anderen Amtsbezirke vorzunehmen ist, den Amtsrichter des letzteren um ihre Vornahme ersuchen.

§ 167 (165)

In den Fällen der §§ 165, 166 gebührt der Staatsanwaltschaft die weitere Verfügung.

§ 168 (166)

Die Beurkundung der von dem Amtsrichter vorzunehmenden Untersuchungshandlungen und die Zuziehung eines Gerichtsschreibers erfolgt nach den für die Voruntersuchung geltenden Vorschriften.

§ 169 (167)

Für die Teilnahme der Staatsanwaltschaft an den richterlichen Verhandlungen kommen die für die Voruntersuchung geltenden Vorschriften zur Anwendung.

Das gleiche gilt für den Beschuldigten, seinen Verteidiger und die von ihm benannten Sachverständigen, wenn der Beschuldigte als solcher vom Richter vernommen ist oder sich in Untersuchungshaft befindet.

Für Jugendsachen vgl. § 30 JGG. Vgl. auch § 192—195 und Anm. dazu.

§ 170 (168)

Bieten die angestellten Ermittelungen genügenden Anlaß zur Erhebung der öffentlichen Klage, so erhebt die Staatsanwaltschaft sie entweder durch einen Antrag auf gerichtliche Voruntersuchung oder durch Einreichung einer Anklageschrift bei dem Gerichte.

Anderenfalls verfügt die Staatsanwaltschaft die Einstellung des Verfahrens und setzt hiervon den Beschuldigten in Kenntnis, wenn er als solcher vom Richter vernommen oder ein Haftbefehl gegen ihn erlassen war.

Zu Abs. 2 vgl. auch § 411 RAO.

§ 171 (169)

Gibt die Staatsanwaltschaft einem bei ihr angebrachten Antrag auf Erhebung der öffentlichen Klage keine Folge, oder verfügt sie nach dem Abschluß der Ermittelungen die Einstellung des Verfahrens, so hat sie den Antragsteller unter Angabe der Gründe zu bescheiden.

---

1. Unter den Voraussetzungen des § 441 Abs. 2 ist in Strafsachen gegen Angehörige der Reichswehr von der Einstellung der höheren Kommandobehörde Nachricht zu geben.

2) Wegen der Mitteilungspflicht in Jugendsachen vgl. § 27 JGG. und AV. d. Pr. JM. v. 20. 6. 1923 (JMBl. S. 450), 28. 4. 1924 (JMBl. S. 206).

3) Vgl. auch Anm. 3 zu § 160.

4) Gegen die Ablehnung ist einmal der Weg nach § 172 gegeben, zum anderen der Aufsichtsweg (vgl. Anm. 5 zu § 172). Für den ablehnenden Bescheid des vorgesetzten Beamten der Staatsanwaltschaft im Falle des § 172 wird weder eine Verwaltungsgebühr noch eine Gebühr nach dem Gerichtskostengesetz erhoben. Dagegen sind auf eine Aufsichtsbeschwerde ergehende ablehnende

Bescheide nach Tarif A Nr. 3 der Verwaltungsgebührenordnung für die Justizverwaltung v. 26. 3. 1924 (JMBl. S. 135) jetzt verwaltungsgebührenpflichtig. Vgl. auch Anm. zu § 174.

§ 172 (170)

Ist der Antragsteller zugleich der Verletzte, so steht ihm gegen diesen Bescheid binnen zwei Wochen nach der Bekanntmachung die Beschwerde an den vorgesetzten Beamten der Staatsanwaltschaft und gegen dessen ablehnenden Bescheid binnen einem Monat nach der Bekanntmachung der Antrag auf gerichtliche Entscheidung zu.

Der Antrag muß die Tatsachen, welche die Erhebung der öffentlichen Klage begründen sollen, und die Beweismittel angeben, auch von einem Rechtsanwalt unterzeichnet sein. Der Antrag ist bei dem für die Entscheidung zuständigen Gericht einzureichen.

Zur Entscheidung ist in den vor das Reichsgericht gehörigen Sachen das Reichsgericht, in anderen Sachen das Oberlandesgericht zuständig.

---

1) In den Fällen des § 153 ist bei Übertretungen die Frage, ob ein öffentliches Interesse an der Strafverfolgung vorliegt, im Wege des § 172 nicht nachprüfbar, da es sich dabei um eine Opportunitätsfrage handelt; dagegen ist die Frage, ob die Schuld des Täters gering und die Folge unbedeutend sei, nachprüfbar. Bei Vergehen sind diese Fragen aber nicht nachprüfbar; da es hier in das Ermessen der Staatsanwaltschaft gestellt ist, ob sie beim Vorliegen der Voraussetzungen geringer Schuld und unbedeutender Folgen einschreiten will, kann sie dazu nicht im Wege des § 170 gezwungen werden; ist zweifelhaft, ob diese Voraussetzungen vorliegen, so wäre die Nachprüfung gleichwohl nicht möglich, da ja die Einstellung in diesem Falle nur mit Zustimmung des Gerichts erfolgen kann und dadurch die erforderliche richterliche Garantie bereits geschaffen ist. Auch in den Fällen des § 154 kann weder die Einstellung des Verfahrens im Wege des § 172 angegriffen noch die Fortsetzung des Verfahrens in diesem Wege erreicht werden. Näheres vgl. in Anm. 3, 4, 6 zu § 154.

Auch bei Delikten, die mit der Privatklage verfolgt werden können, ist die Frage, ob ein öffentliches Interesse an der Strafverfolgung besteht, im Wege des § 172 nicht nachprüfbar.

2) Das Recht des Verletzten ist höchstpersönlich und geht nicht auf die Erben über.

3) Gegen den ablehnenden Bescheid des Generalstaatsanwalts in erstinstanzlichen Sachen des OLG. kann unmittelbar auf Entschei-

dung des Oberlandesgerichts angetragen werden; ebenso ist gegen die Ablehnung des Oberreichsanwalts in solchen Sachen unmittelbar das Reichsgericht anzurufen; einer vorgängigen Anrufung des Justizministers als des vorgesetzten Beamten der Staatsanwaltschaft bedarf es nicht.

4) Die Beschwerde an den vorgesetzten Beamten der Staatsanwaltschaft muß innerhalb der Frist von zwei Wochen bei diesem eingehen; Einlegung bei der Staatsanwaltschaft, von der der angefochtene Bescheid erlassen wurde, wahrt die Frist nicht.

5) Ein Armenrecht gibt es für den Antrag auf gerichtliche Entscheidung nicht. Auch § 33 Rechtsanwaltsordnung (Beiordnung eines Anwalts) ist nicht anwendbar.

6) Die Aufsichtsbeschwerde an die vorgesetzten Beamten der Staatsanwaltschaft ist von den Vorschriften des § 172 unabhängig und insbesondere an Fristen nicht gebunden. Sie kann auch von anderen Personen als dem Verletzten erhoben werden. Wegen der Verwaltungsgebühren in diesem Verfahren vgl. die Anm. 4 zu § 171.

7) Eine Wiedereinsetzung in den vorigen Stand gibt es zwar gegen Versäumung der einmonatigen Antragsfrist, nicht aber gegen die Versäumung der zweiwöchigen Beschwerdefrist.

8) Für Strafsachen gegen Angehörige der Reichswehr vgl. § 441 Abs. 3.

§ 173 (171)

Auf Verlangen des Gerichts hat ihm die Staatsanwaltschaft die bisher von ihr geführten Verhandlungen vorzulegen.

Das Gericht kann den Antrag unter Bestimmung einer Frist dem Beschuldigten zur Erklärung mitteilen.

Das Gericht kann zur Vorbereitung seiner Entscheidung Ermittelungen anordnen und mit ihrer Vornahme eines seiner Mitglieder, den Untersuchungsrichter oder den Amtsrichter beauftragen.

§ 174 (172)

Ergibt sich kein genügender Anlaß zur Erhebung der öffentlichen Klage, so verwirft das Gericht den Antrag und setzt den Antragsteller, die Staatsanwaltschaft und den Beschuldigten von der Verwerfung in Kenntnis.

Ist der Antrag verworfen, so kann die öffentliche Klage nur auf Grund neuer Tatsachen oder Beweismittel erhoben werden.

Gebühr: § 57 d. Gerichtskostenges. v. 21. 12. 1922 (RGBl. 1923 S. 1 ff.).

§ 175 (173)

Erachtet dagegen das Gericht den Antrag für begründet, so beschließt es die Erhebung der öffentlichen Klage. Die Durchführung dieses Beschlusses liegt der Staatsanwaltschaft ob.

§ 176 (174)

Dem Antragsteller kann vor der Entscheidung über den Antrag die Leistung einer Sicherheit für die durch das Verfahren über den Antrag und durch die Untersuchung der Staatskasse und dem Beschuldigten voraussichtlich erwachsenden Kosten durch Beschluß des Gerichts auferlegt werden. Die Sicherheitsleistung ist durch Hinterlegung in barem Gelde oder in Wertpapieren zu bewirken. Die Höhe der zu leistenden Sicherheit wird von dem Gerichte nach freiem Ermessen festgesetzt. Es hat zugleich eine Frist zu bestimmen, binnen welcher die Sicherheit zu leisten ist.

Wird die Sicherheit binnen der bestimmten Frist nicht geleistet, so hat das Gericht den Antrag für zurückgenommen zu erklären.

Die Vorschrift findet auf einen gemäß § 441 Abs. 3 im Strafverfahren gegen Angehörige der Reichswehr gestellten Antrag keine Anwendung.

§ 177 (175)

Die durch das Verfahren über den Antrag veranlaßten Kosten sind in dem Falle des § 174 und des § 176 Abs. 2 dem Antragsteller aufzuerlegen.

Vgl. Anm. zu § 176.

Dritter Abschnitt

Gerichtliche Voruntersuchung

§ 178 (176)*

Die Voruntersuchung findet in den Strafsachen statt, welche zur Zuständigkeit des Reichsgerichts, **der Oberlandesgerichte** oder der Schwurgerichte gehören.

In den zur Zuständigkeit der Amtsgerichte gehörenden Sachen findet, abgesehen von Übertretungen, eine Voruntersuchung statt:

1. **wenn die Staatsanwaltschaft es beantragt;**
2. **wenn der Angeschuldigte in der Erklärung über die Anklageschrift (§ 201) es beantragt und erhebliche Gründe geltend macht, aus denen eine Voruntersuchung zur Vorbereitung seiner Verteidigung erforderlich erscheint.**

---

1) Die Änderung im Abs. 1 beruht auf § 15, 26 der VO., diejenige im Abs. 2 gibt den § 28 VO. wieder.

2) Die Vorschrift gilt auch für Jugendsachen, sodaß bei ihnen nunmehr — von Übertretungen abgesehen — Voruntersuchung gleichfalls zulässig ist; indes wird sie, da § 28 Abs. 4 JGG. fortbesteht (näheres vgl. dort), praktisch nicht häufig sein und nach dem Sinne des JGG. besser vermieden werden.

Wird gegen einen Jugendlichen die Voruntersuchung beantragt, so hat die Staatsanwaltschaft dem Vormundschaftsgericht und dem Jugendamt Mitteilung zu machen (Näheres vgl. bei § 27 JGG., unten Nr. X).

3) Bei den Oberlandesgerichten kommen nur solche Sachen in Betracht, bei denen bereits der Oberreichsanwalt die Strafverfolgung abgegeben hat.

4) Während bisher die Voruntersuchung in schöffengerichtlichen Sachen schlechthin unzulässig war (abgesehen von dem Falle der Verbindung), ist sie jetzt in allen amtsgerichtlichen Sachen zulässig, außer wenn ausschließlich eine Uebertretung (unter diesen aber auch solche nach § 361 StGB.) den Gegenstand der Untersuchung bildet.

5) Der Angeschuldigte kann nach Abs. 2 Nr. 2 in Verbindung mit § 201 eine Voruntersuchung nur dann durch seinen Antrag herbeiführen, wenn ein Verbrechen — auch wenn es nur ein Rückfallsverbrechen ist — den Gegenstand der Untersuchung

bildet, weil nur in diesem Falle eine Erklärung über die Anklageschrift erfordert wird.

6) Die Voruntersuchung wird auch in amts-(jugend)-gerichtlichen Sachen, soweit sie nicht einem Amtsgericht übertragen wird, von dem Untersuchungsrichter des Landgerichts geführt. Den Schritt, den Untersuchungsrichter vom Landgericht loszulösen, hat die VO. nicht getan.

§ 179 (177)

Der Antrag der Staatsanwaltschaft auf Eröffnung der Voruntersuchung muß den Beschuldigten und die ihm zur Last gelegte Tat bezeichnen.

§ 180 (178)

Der Antrag kann nur wegen Unzuständigkeit des Gerichts oder wegen Unzulässigkeit der Strafverfolgung oder der Voruntersuchung (§ 178), oder weil die in dem Antrag bezeichnete Tat unter kein Strafgesetz fällt, abgelehnt werden. Hierzu bedarf es eines Beschlusses des Gerichts.

Der Angeschuldigte kann vor der Beschlußfassung gehört werden.

§ 181 (179)

Gegen die Verfügung, durch welche auf Antrag der Staatsanwaltschaft die Voruntersuchung eröffnet worden ist, kann der Angeschuldigte aus einem der im § 180 Abs. 1 bezeichneten Gründe Einwand erheben. Über den Einwand entscheidet das Gericht.

Diese Bestimmung findet nicht Anwendung, wenn die Voruntersuchung infolge des Beschlusses des Gerichts eröffnet und der Angeschuldigte vorher gehört worden ist.

§ 182 (180)

Gegen den Beschluß des Gerichts, durch welchen der von dem Angeschuldigten in dem Falle des § 180 Abs. 2 und in dem Falle des § 181 Abs. 1 erhobene Einwand der Unzuständigkeit (§ 16) verworfen wird, steht dem Angeschuldigten die sofortige Beschwerde zu.

Im übrigen kann der Beschluß des Gerichts, durch welchen der Einwand des Angeschuldigten verworfen oder die Eröffnung der Voruntersuchung angeordnet ist, nicht angefochten werden.

§ 183 (181)

Gegen den Beschluß des Gerichts, durch welchen der Antrag der Staatsanwaltschaft oder des Angeschuldigten auf Eröffnung der Voruntersuchung abgelehnt worden ist, findet sofortige Beschwerde statt.

§ 184 (182)

Die Voruntersuchung wird von dem Untersuchungsrichter eröffnet und geführt.

§ 185 (183)

Durch Beschluß des Landgerichts kann auf Antrag der Staatsanwaltschaft die Führung der Voruntersuchung einem Amtsrichter übertragen werden. Um die Vornahme einzelner Untersuchungshandlungen kann der Untersuchungsrichter die Amtsrichter ersuchen. Auf Amtsrichter, welche mit dem Untersuchungsrichter denselben Amtssitz haben, finden diese Bestimmungen keine Anwendung.

§ 186 (184)*

Bei dem Reichsgerichte wird der Untersuchungsrichter für jede Strafsache aus der Zahl der Mitglieder durch den Präsidenten bestellt.

Der Präsident kann auch jedes Mitglied eines anderen deutschen Gerichts und jeden Amtsrichter zum Untersuchungsrichter, oder für einen Teil der Geschäfte des Untersuchungsrichters zu seinem Vertreter bestellen.

Der Untersuchungsrichter und dessen Vertreter können um die Vornahme einzelner Untersuchungshandlungen die Amtsrichter ersuchen.

Auf die zur Zuständigkeit der Oberlandesgerichte gehörigen Strafsachen finden die Vorschriften mit der Maß-

gabe Anwendung, daß der Präsident des Oberlandesgerichts jeden Richter, der in dem dem Oberlandesgerichte zugewiesenen Bezirke (§ 120 Abs. 2 des Gerichtsverfassungsgesetzes) angestellt ist, zum Untersuchungsrichter bestellen kann.

1) Abs. 4 beruht auf §§ 15, 26 VO.

2) Abs. 4 hat nur Bedeutung in den Sachen, in denen die Untersuchung von dem Oberreichsanwalt an die Landesstaatsanwaltschaft abgegeben worden ist.

3) Sind nach § 120 Abs. 2 S. 2, 3 GVG. einem Oberlandesgericht die Aufgaben des § 120 Abs. 1 aaO. auch für den Bezirk anderer Oberlandesgerichte übertragen worden, so hat der Präsident des ersteren die Auswahl unter allen Richtern des erweiterten Bezirks. Der Untersuchungsrichter kann in dem ganzen erweiterten Bezirk tätig werden, ohne der Zustimmung des örtlich zuständigen Amtsrichters (§ 166 GVG.) zu bedürfen.

§ 187 (185)

Bei der Vernehmung des Angeschuldigten, der Zeugen und Sachverständigen sowie bei der Einnahme des Augenscheins hat der Untersuchungsrichter einen Gerichtsschreiber zuzuziehen. In dringenden Fällen kann der Untersuchungsrichter eine von ihm zu beeidigende Person als Gerichtsschreiber zuziehen.

§ 188 (186)

Über jede Untersuchungshandlung ist ein Protokoll aufzunehmen. Das Protokoll ist von dem Untersuchungsrichter und dem zugezogenen Gerichtsschreiber zu unterschreiben.

Das Protokoll muß Ort und Tag der Verhandlung sowie die Namen der mitwirkenden oder beteiligten Personen angeben und ersehen lassen, ob die wesentlichen Förmlichkeiten des Verfahrens beobachtet sind.

Das Protokoll ist den bei der Verhandlung beteiligten Personen, soweit es sie betrifft, behufs der Genehmigung vorzulesen oder zur eigenen Durchlesung vorzulegen. Die erfolgte Genehmigung ist zu vermerken und das Protokoll von den Beteiligten entweder zu unterschreiben oder darin anzugeben, weshalb die Unterschrift unterblieben ist.

Über das Verfahren bei der Einforderung von Strafakten zur Feststellung des Rückfalls ist die AV. v. 30. 6. 1924 (JMBl. S. 271) ergangen.

§ 189 (187)

Die Behörden und Beamten des Polizei- und Sicherheitsdienstes sind verpflichtet, Ersuchen oder Aufträgen des Untersuchungsrichters um Ausführung einzelner Maßregeln oder um Vornahme von Ermittelungen zu genügen.

Für Militärstrafsachen vgl. auch § 443.

§ 190 (188)

Die Voruntersuchung ist nicht weiter auszudehnen, als erforderlich ist, um eine Entscheidung darüber zu begründen, ob das Hauptverfahren zu eröffnen oder der Angeschuldigte außer Verfolgung zu setzen sei.

Auch sind Beweise, deren Verlust für die Hauptverhandlung zu besorgen steht, oder deren Aufnahme zur Vorbereitung der Verteidigung des Angeschuldigten erforderlich erscheint, in der Voruntersuchung zu erheben.

§ 191 (189)

Ergibt sich im Laufe der Voruntersuchung Anlaß zu ihrer Ausdehnung auf eine in dem Antrag der Staatsanwaltschaft nicht bezeichnete Person oder Tat, so hat der Untersuchungsrichter in dringenden Fällen die in dieser Beziehung erforderlichen Untersuchungshandlungen von Amts wegen vorzunehmen.

Die weitere Verfügung gebührt auch in solchen Fällen der Staatsanwaltschaft.

§ 192 (190)

Der Angeschuldigte ist in der Voruntersuchung zu vernehmen, auch wenn er schon vor ihrer Eröffnung vernommen worden ist. Ihm ist hierbei die Verfügung, durch welche die Voruntersuchung eröffnet worden, bekanntzumachen.

Die Vernehmung erfolgt in Abwesenheit der Staatsanwaltschaft und des Verteidigers.

Der gesetzliche Vertreter hat aber in Jugendsachen ein Recht auf Anwesenheit (§ 30 JGG.).

§ 193 (191)

Findet die Einnahme eines Augenscheins statt, so ist der Staatsanwaltschaft, dem Angeschuldigten und dem Verteidiger die Anwesenheit bei der Verhandlung zu gestatten.

Dasselbe gilt, wenn ein Zeuge oder Sachverständiger vernommen werden soll, welcher voraussichtlich am Erscheinen in der Hauptverhandlung verhindert, oder dessen Erscheinen wegen großer Entfernung besonders erschwert sein wird.

Von den Terminen sind die zur Anwesenheit Berechtigten vorher zu benachrichtigen, soweit dies ohne Aufenthalt für die Sache geschehen kann.

Einen Anspruch auf Anwesenheit hat der nicht auf freiem Fuße befindliche Angeschuldigte nur bei solchen Terminen, welche an der Gerichtsstelle des Ortes abgehalten werden, wo er sich in Haft befindet.

Auf die Verlegung eines Termins wegen Verhinderung haben die zur Anwesenheit Berechtigten keinen Anspruch.

1) Für Jugendsachen vgl. § 30 JGG. (Recht des gesetzlichen Vertreters zur Anwesenheit und zur Vorlegung von Fragen).

2) Das Recht zur Anwesenheit hat auch der Nebenkläger und in Privatklagesachen der Privatkläger. Die zur Anwesenheit berechtigten Personen haben das Fragerecht des § 240.

3) Auch der nicht auf freiem Fuße befindliche Angeschuldigte ist von dem Termin zu benachrichtigen, selbst dann, wenn er sich nicht am Gerichtsort in Haft befindet.

§ 194 (192)

Der Richter kann einen Angeschuldigten von der Anwesenheit bei der Verhandlung ausschließen, wenn zu befürchten ist, daß ein Zeuge in seiner Gegenwart die Wahrheit nicht sagen werde.

Für andere zur Anwesenheit Berechtigte gilt die Vorschrift nicht.

§ 195 (193)

Findet die Einnahme eines Augenscheins unter Zuziehung von Sachverständigen statt, so kann der Angeschuldigte beantragen, daß die von ihm für die Hauptverhandlung in Vorschlag zu bringenden Sachverständigen zu dem Termine geladen werden und, wenn der Richter den Antrag ablehnt, sie selbst laden lassen.

Den von dem Angeschuldigten benannten Sachverständigen ist die Teilnahme am Augenschein und an den erforderlichen Untersuchungen insoweit zu gestatten, als dadurch die Tätigkeit der vom Richter bestellten Sachverständigen nicht behindert wird.

Der Angeschuldigte kann die Sachverständigen auch laden lassen, ohne zuvor einen Antrag, sie zu laden, an das Gericht gestellt zu haben. Der Richter braucht die Geladenen nicht zuzulassen, wenn er sie nicht für sachkundig hält.

§ 196 (194)

Die Staatsanwaltschaft kann stets, ohne daß jedoch das Verfahren dadurch aufgehalten werden darf, von dem Stande der Voruntersuchung durch Einsicht der Akten Kenntnis nehmen und die ihr geeignet scheinenden Anträge stellen.

§ 197 (195)

Erachtet der Untersuchungsrichter den Zweck der Voruntersuchung für erreicht, so übersendet er die Akten der Staatsanwaltschaft zur Stellung ihrer Anträge.

Beantragt die Staatsanwaltschaft eine Ergänzung der Voruntersuchung, so hat der Untersuchungsrichter, wenn er dem Antrage nicht stattgeben will, die Entscheidung des Gerichts einzuholen.

Von dem Schlusse der Voruntersuchung ist der Angeschuldigte in Kenntnis zu setzen.

Der Schluß der Voruntersuchung tritt erst mit dem Eingang der Anklageschrift beim Gericht ein.

Vierter Abschnitt

Entscheidung über die Eröffnung des Hauptverfahrens

§ 198 (196)*

Hat eine Voruntersuchung stattgefunden, so **entscheiden in den zur Zuständigkeit des Reichsgerichts oder der Oberlandesgerichte gehörigen Sachen diese Gerichte, sonst das Landgericht darüber,** ob das Hauptverfahren zu eröffnen oder der Angeschuldigte außer Verfolgung zu setzen oder das Verfahren vorläufig einzustellen sei.

Die Staatsanwaltschaft legt zu diesem Zwecke die Akten mit ihrem Antrag dem Gerichte vor. Der Antrag auf Eröffnung des Hauptverfahrens erfolgt durch Einreichung einer Anklageschrift.

---

1) Die Änderung beruht auf § 29 Abs. 1 und auf §§ 15, 26 VO.

2) Das Landgericht (Beschlußkammer) entscheidet also auch in amtsgerichtlichen Sachen (Amtsrichter und Schöffengericht, kleines und großes Jugendgericht), wenn eine Voruntersuchung stattgefunden hat; außerdem in Schwurgerichtssachen.

Außerdem kann die Strafkammer nach § 209 das Hauptverfahren vor dem Amtsgericht eröffnen.

3) Der Antrag auf Zuziehung des zweiten Amtsrichters oder auf Entscheidung durch den Amtsrichter allein ist in den Sachen, in denen eine Voruntersuchung geführt wurde, bei Einreichung der Anklageschrift vor dem Landgericht zu stellen. Dort ist in den Fällen des § 26 GVG. auch der Widerspruch des Angeklagten geltend zu machen.

4) Wegen der vorläufigen Einstellung vgl. §§ 154, 205.

§ 199 (197)*

Erhebt die Staatsanwaltschaft, ohne daß eine Voruntersuchung stattgefunden, die Anklage, so ist die Anklageschrift mit den Akten bei dem Amtsrichter einzureichen.

---

1) Die Änderung beruht auf dem Wegfall der Strafkammer als Gerichts erster Instanz und auf der Einrichtung mehrerer Strafgerichte verschiedener Zuständigkeit bei dem Amtsgericht (§§ 6—11, § 25 Abs. 1 VO.). In den Sachen, die in erster

Instanz nicht bei dem Amtsgericht zu verhandeln sind, sondern beim Schwurgericht, beim Reichsgericht oder bei dem Oberlandesgericht, ist eine Voruntersuchung stets vorgeschrieben. Die Einreichung einer Anklageschrift ohne Voruntersuchung ist nur bei dem Amtsgericht (Jugendgericht) denkbar.

2) § 17 Ges. über die Presse v. 7. 5. 1874 (RGBl. S. 65): „Die Anklageschrift oder andere amtliche Schriftstücke eines Strafprozesses dürfen durch die Presse nicht eher veröffentlicht werden, als bis dieselben in öffentlicher Sitzung kundgegeben worden sind oder das Verfahren sein Ende erreicht hat.“ Zuwiderhandlungen werden nach § 18 a. a. O. mit Geldstrafe oder mit Haft oder mit Gefängnis bis zu 6 Monaten bestraft.

§ 200 (198)*

Die Anklageschrift hat die dem Angeschuldigten zur Last gelegte Tat unter Hervorhebung ihrer gesetzlichen Merkmale und des anzuwendenden Strafgesetzes zu bezeichnen sowie die Beweismittel und das Gericht, vor welchem die Hauptverhandlung stattfinden soll, anzugeben.

In den vor dem Reichsgerichte, **den Oberlandesgerichten oder den Schwurgerichten** zu verhandelnden Strafsachen sind außerdem die wesentlichen Ergebnisse der stattgehabten Ermittelungen in die Anklageschrift aufzunehmen. Das gleiche gilt in den vor dem Schöffengericht **oder dem Amtsrichter** zu verhandelnden Strafsachen, wenn ein Verbrechen den Gegenstand der Anklage bildet.

---

1) Die Änderungen des Abs. 2 beruhen auf §§ 15, 6—11, § 25 Abs. 1, § 26 VO. Vgl. Anm. zu § 199.

2) Das Ermittlungsergebnis muß in amtsgerichtlichen Sachen auch dann in die Anklageschrift aufgenommen werden, wenn ein Verbrechen den Gegenstand der Untersuchung bildet, das nur wegen Rückfalls ein Verbrechen ist. Mit der Frage, ob eine Voruntersuchung stattgefunden hat oder nicht, steht die Notwendigkeit, das Ermittlungsergebnis in die Anklageschrift aufzunehmen, nicht im Zusammenhang. Es kann in amtsgerichtlichen Sachen eine Voruntersuchung stattgefunden haben, ohne daß es der Aufnahme des Ermittlungsergebnisses in die Anklageschrift bedarf, und es kann die Aufnahme des Ermittlungsergebnisses vorgeschrieben sein, ohne daß eine Voruntersuchung stattgefunden hat.

3) Die Anklageschrift hat bei Ausländern auch die Staatsangehörigkeit zu enthalten (AV. d. Pr. JM. v. 17. 2. 1922 [JMBl.

S. 53f). Dagegen sind die Religion des Angeklagten (AV. v. 22. 8. 1922, S. 350) und die etwa bestehende Fürsorgeerziehung (AV. v. 23. 6. 1923, S. 460) nicht zu erwähnen.

4) Die Anklageschrift muß von dem Oberstaatsanwalt oder einem Staatsanwalt, bei amtsrichterlichen Sachen von dem Amtsanwalt unterzeichnet sein, und zwar in demjenigen Stück, das an das Gericht gelangt. Beglaubigung durch einen Bürobeamten, daß die (bei den Handakten der Staatsanwaltschaft zurückbleibende) Urschrift von einem der im vorigen Satz bezeichneten Beamten unterschrieben sei, genügt nicht. (RGSt. 57, 280).

5) Abs. 2 S. 2 ist im beschleunigten Verfahren (§ 212) nicht anwendbar.

§ 201 (199)*

Der Vorsitzende des Gerichts hat die Anklageschrift dem Angeschuldigten mitzuteilen und ihn zugleich aufzufordern, sich innerhalb einer zu bestimmenden Frist zu erklären, ob er die Vornahme einzelner Beweiserhebungen vor der Hauptverhandlung beantragen oder Einwendungen gegen die Eröffnung des Hauptverfahrens vorbringen wolle. **Diese Vorschrift findet in den vor dem Schöffengericht oder dem Amtsrichter zu verhandelnden Sachen nur Anwendung, wenn ein Verbrechen den Gegenstand der Anklage bildet; hat in diesem Falle keine Voruntersuchung stattgefunden, so ist der Angeschuldigte zugleich zur Erklärung darüber aufzufordern, ob er eine Voruntersuchung beantragen wolle.**

Über die Anträge und Einwendungen beschließt das Gericht. **Beantragt der Angeschuldigte eine Voruntersuchung, so hat der Amtsrichter die Akten mit dem Antrag des Angeschuldigten durch Vermittelung der Staatsanwaltschaft dem Landgerichte zur Entscheidung darüber vorzulegen, ob eine Voruntersuchung zu eröffnen sei.** Eine Anfechtung **der Beschlüsse** findet nur nach Maßgabe der Bestimmungen im § 182 Abs. 1 und § 183 statt.

1) Die Änderungen beruhen auf §§ 28, 29, § 25 Abs. 1 VO.; Abs. 1 S. 2 Halbs. 1 gibt den Inhalt des bisherigen § 199 Abs. 4 wieder. Abs. 2 S. 2 entspricht dem § 29 Abs. 2 VO.

2) Für Jugendsachen vgl. auch § 30 JGG.

3) Die Anklageschrift ist überall da mitzuteilen, wo die Aufnahme des Ermittlungsergebnisses in die Anklageschrift nach § 200 geboten ist. Die „Mitteilung" muß schriftlich geschehen.

4) Hat eine Voruntersuchung bereits stattgefunden, so hat die Aufforderung an den Angeklagten zur Erklärung darüber, ob er die Eröffnung einer solchen beantragen wolle, keinen Sinn mehr. Eine solche Aufforderung kommt daher in den Fällen, in denen die Voruntersuchung notwendig ist (Schwurgericht, Reichsgericht, Oberlandesgericht), nicht in Frage, sondern nur im Verfahren vor den Amtsgerichten (Jugendgerichten), und auch in diesem nur, wenn eine Voruntersuchung nicht stattgefunden hat.

5) Da die Voruntersuchung auch in amtsgerichtlichen Sachen beim Landgericht zu führen ist, hat dieses (nicht das Amtsgericht) die Entscheidung über die Eröffnung zu treffen. Die Eröffnung erfolgt auch in diesem Falle durch den Untersuchungsrichter (§ 184).

Lehnt die Strafkammer den Antrag ab, so geht die Sache nach Rechtskraft des Beschlusses wieder an den Amtsrichter. Dieser hat nun wieder über die Eröffnung zu befinden.

Die Eröffnung der Voruntersuchung hat zur Folge, daß das Landgericht nun auch über die Eröffnung des Hauptverfahrens zu beschließen hat. Die Anklage ist nach Schluß der Voruntersuchung bei ihm gemäß § 198 von neuem zu erheben.

6) Soweit nach § 212 im beschleunigten Verfahren vor dem Amtsrichter und dem Schöffengericht eine Anklageschrift nicht eingereicht zu werden braucht, finden §§ 201—211 keine Anwendung.

7) Die Frist zur Erklärung hat der Vorsitzende nach billigem Ermessen unter Berücksichtigung der Umstände des Falles zu bestimmen.

§ 202 (200)

Zur besseren Aufklärung der Sache kann das Gericht eine Ergänzung der Voruntersuchung anordnen.

Hält der Amtsrichter zur besseren Aufklärung der Sache eine Voruntersuchung für nötig, so hat er die Akten mit einer Begründung seiner Auffassung durch Vermittelung der Staatsanwaltschaft dem Landgerichte zur Entscheidung darüber vorzulegen, ob eine Voruntersuchung zu eröffnen sei.

Einzelne Beweiserhebungen kann auch der Amtsrichter anordnen.

Eine Anfechtung **der Beschlüsse** findet nicht statt.

1) Die Änderungen beruhen auf § 29 Abs. 2, § 25 Abs. 1 VO.

2) Eine Anordnung nach Abs. 1 kann der Amts-(Jugend-)richter niemals treffen, da sie voraussetzt, daß eine Voruntersuchung bereits stattgefunden hat. In diesen Fällen ist aber nach § 198 Abs. 1 stets das Landgericht zur Eröffnung des Hauptverfahrens zuständig.

3) Die Eröffnung der Voruntersuchung erfolgt auch im Falle des Abs. 2 (und im Falle des § 201 Abs. 2) durch den Untersuchungsrichter; dagegen kann die Ablehnung nur durch Beschluß der Strafkammer erfolgen. Lehnt das Landgericht ab, so hat nunmehr der Amtsrichter über die Eröffnung des Hauptverfahrens zu entscheiden. Eine Anfechtung der ablehnenden Entscheidung findet nicht statt. Wird die Voruntersuchung eröffnet, so hat das die in Anm. 5 Abs. 3 zu § 201 dargestellte Folge.

4) Im Unterschied von § 201 Abs. 1 S. 2 Halbs. 2 kann der Amtsrichter die Sache dem Landgericht zur Entscheidung über die Eröffnung einer Voruntersuchung auch dann vorlegen, wenn ein Vergehen den Gegenstand der Untersuchung bildet.

5) Einzelne Beweiserhebungen kann der Amtsrichter auch dann noch anordnen, wenn das Landgericht die Eröffnung der Voruntersuchung abgelehnt hat.

§ 203 (201)

Das Gericht beschließt die Eröffnung des Hauptverfahrens, wenn nach den Ergebnissen der Voruntersuchung oder, falls eine solche nicht stattgefunden hat, nach den Ergebnissen des vorbereitenden Verfahrens der Angeschuldigte einer strafbaren Handlung hinreichend verdächtig erscheint.

Für Strafsachen gegen Angehörige der Reichswehr vgl. § 441 Abs. 1.

§ 204 (202)

Beschließt das Gericht, das Hauptverfahren nicht zu eröffnen, so muß aus dem Beschlusse hervorgehen, ob er auf tatsächlichen oder auf Rechtsgründen beruht.

Hat eine Voruntersuchung stattgefunden, so ist auszusprechen, daß der Angeschuldigte außer Verfolgung zu setzen sei.

Der Beschluß ist dem Angeschuldigten bekanntzumachen.

1) Vgl. für Strafsachen gegen Angehörige der Reichswehr wegen militärischer Verbrechen und Vergehen § 441 Abs. 2 (Nachricht an die höhere Kommandobehörde).

2) Vgl. auch Ges. v. 18. 1. 1917 (12. 2. 1920, 6. 2. 1921; RGBl. 1917 S. 58, 1920 S. 230, 1921 S. 139 und VO. v. 13. 3. 1923, RGBl. I S. 699) wegen Ablehnung der Eröffnung und Außerverfolgungsetzung bei unverschuldetem Rechtsirrtum (unten Nr. XV).

§ 205 (203)

Vorläufige Einstellung des Verfahrens kann beschlossen werden, wenn dem weiteren Verfahren Abwesenheit des Angeschuldigten oder der Umstand entgegensteht, daß er nach der Tat in Geisteskrankheit verfallen ist.

Die Einstellung kann der Angeschuldigte, die Ablehnung des Antrags auf Einstellung kann die Staatsanwaltschaft mit der Beschwerde anfechten.

§ 206 (204)

Das Gericht ist bei der Beschlußfassung an die Anträge der Staatsanwaltschaft nicht gebunden.

§ 207 (205)

In dem Beschlusse, durch welchen das Hauptverfahren eröffnet wird, ist die dem Angeklagten zur Last gelegte Tat unter Hervorhebung ihrer gesetzlichen Merkmale und des anzuwendenden Strafgesetzes sowie das Gericht zu bezeichnen, vor welchem die Hauptverhandlung stattfinden soll.

Das Gericht hat zugleich von Amts wegen über die Anordnung oder Fortdauer der Untersuchungshaft zu beschließen.

Der Eröffnungsbeschluß bildet die Grundlage für die Hauptverhandlung. Nur über die im Eröffnungsbeschluß dem Angeklagten zur Last gelegten „Taten" findet die Hauptverhandlung statt. Eine im Eröffnungsbeschluß nicht angeführte „Tat" kann nur unter den Voraussetzungen des § 266 zum Gegenstand derselben Hauptverhandlung gemacht werden. Dagegen ist die rechtliche Qualifikation, die die Tat im Eröffnungsbeschluß gefunden hat, für das Gericht nicht bindend; es kann in der Hauptverhandlung unter den Voraussetzungen des § 265 zu einer anderen rechtlichen Beurteilung übergehen. Vgl. auch Anm. 3 Abs. 3 zu § 29 GVG.

§ 208 (206)

Wenn von der Staatsanwaltschaft beantragt ist, den Angeschuldigten außer Verfolgung zu setzen, von dem Gerichte aber die Eröffnung des Hauptverfahrens beschlossen wird, so hat die Staatsanwaltschaft eine dem Beschluß entsprechende Anklageschrift einzureichen.

Die Bestimmungen des § 201 finden hier gleichfalls Anwendung; es ist jedoch die Aufforderung auf die Erklärung zu beschränken, ob der Angeklagte die Vornahme einzelner Beweiserhebungen vor der Hauptverhandlung beantragen wolle.

§ 209 (207)*

Das Landgericht kann das Hauptverfahren vor den erkennenden Gerichten jeder Ordnung, nicht aber vor dem Reichsgericht eröffnen. Erachtet das Landgericht die Zuständigkeit des Reichsgerichts für begründet, so legt es die Akten durch Vermittelung der Staatsanwaltschaft diesem Gerichte zur Entscheidung vor.

Ebenso hat der Amtsrichter, wenn er findet, daß eine bei ihm eingereichte Sache die Zuständigkeit des Amtsgerichts übersteige, die Akten durch Vermittelung der Staatsanwaltschaft dem Landgerichte zur Entscheidung vorzulegen.

---

1) Zu Abs. 1 vgl. auch § 198 und Anm. 2 daselbst.

Die Änderung im Abs. 2 ergibt sich aus dem Umstande, daß es bei dem Amtsgericht jetzt mehrere Strafgerichte verschiedener Zuständigkeit gibt (§§ 6—10 VO.) und aus § 25 Abs. 1 VO.

2) Das Reichsgericht kann das Hauptverfahren vor jedem deutschen Gericht eröffnen. Entsprechend wird man dem Oberlandesgericht zugestehen müssen, daß es vor jedem Gericht seines Bezirks das Hauptverfahren eröffnen kann; hält es die Zuständigkeit des Reichsgerichts für begründet, ist Abs. 1 S. 2 entsprechend anzuwenden. Einer Erwähnung des Oberlandesgerichts in Abs. 1 S. 1 bedurfte es nicht, da es in erster Instanz stets nur eine abgeleitete Zuständigkeit hat.

3) Vollendet in einer Jugendsache der Angeschuldigte während der Dauer des Verfahrens das 21. Lebensjahr, so kann das Jugendgericht die Sache zum ordentlichen Verfahren verweisen. Die Verweisung erfolgt, wenn die Sache die Zuständigkeit des Amtsgerichts übersteigt und das Hauptverfahren noch nicht eröffnet ist, gemäß § 209 Abs. 2 StPO. (§ 18 JGG.). Vgl. auch Anm. 8 zu § 25 GVG. und Anm. 2 zu § 328 StPO.

4) Die Fassung des Abs. 2 ergibt, daß die Vorschrift keine Anwendung auf den Fall findet, daß der Amtsrichter, der als Einzelrichter mit einer öffentlichen Klage befaßt wird, die Zuständigkeit des Schöffengerichts für begründet erachtet (oder umgekehrt). Hier sind zwei Fälle zu unterscheiden:

a) Das Schöffengericht ist bei dem gleichen Amtsgericht errichtet, wird aber von einem andern Amtsrichter verwaltet: Es ist ebenso zu verfahren, wie in anderen Fällen, in denen eine Sache vor eine andere Abteilung desselben Amtsgerichts gehört. Gesetzlich kann jeder Amtsrichter rechtswirksam jede in die Zuständigkeit dieses Amtsgerichts fallende Handlung vornehmen; Streitigkeiten über die Geschäftsverteilung sind im Aufsichtswege zu erledigen. (Vgl. § 23 Abs. 2 Pr. AGGVG., unten XVII.)

b) Das Schöffengericht ist bei einem anderen Amtsgericht (gemäß § 58 GVG.) errichtet. Dann muß der Amtsrichter sich für (örtlich) unzuständig erklären (vgl. §§ 16—18 StPO.).

§ 210 (209)

Der Beschluß, durch welchen das Hauptverfahren eröffnet worden ist, kann von dem Angeklagten nicht angefochten werden.

Gegen den Beschluß, durch welchen die Eröffnung des Hauptverfahrens abgelehnt oder abweichend von dem Antrag der Staatsanwaltschaft die Verweisung an ein Gericht niederer Ordnung ausgesprochen worden ist, steht der Staatsanwaltschaft die sofortige Beschwerde zu.

Nach der Höhe der Zuständigkeit wird man folgende Ordnung der Strafgerichte aufstellen können: Reichsgericht, Oberlandesgericht, Schwurgericht, Amtsgericht; innerhalb des letzteren: großes Jugendgericht, erweitertes Schöffen-(Jugend)-gericht, kleines Schöffen-(Jugend)-gericht, Amts-(Jugend)-richter.

§ 211 (210)

Ist die Eröffnung des Hauptverfahrens durch einen nicht mehr anfechtbaren Beschluß abgelehnt, so kann die Klage nur auf Grund neuer Tatsachen oder Beweismittel wieder aufgenommen werden.

Im Wege des § 172 kann die Fortführung des Verfahrens von dem Verletzten nicht herbeigeführt werden.

Das Vorliegen der Voraussetzungen des § 211 ist Prozeßvoraussetzung für das weitere Verfahren und daher vom erkennenden Gericht bei der Urteilsfällung nachzuprüfen. Die „Wiederaufnahme" ist formlos und bedarf nicht der Voraussetzungen der §§ 359 ff.

§ 212 (211)*

Vor dem Amtsrichter oder dem Schöffengerichte kann ohne schriftlich erhobene Anklage und ohne eine Entscheidung über die Eröffnung des Hauptverfahrens zur Hauptverhandlung geschritten werden, wenn der Beschuldigte entweder sich freiwillig stellt oder infolge einer vorläufigen Festnahme dem Gerichte vorgeführt oder nur wegen Übertretung verfolgt wird. Der wesentliche Inhalt der Anklage ist in den Fällen der freiwilligen Stellung oder der Vorführung in das Sitzungsprotokoll, anderenfalls in die Ladung des Beschuldigten aufzunehmen.

---

1) Die Änderung des Abs. 1 und der Wegfall des bisherigen § 211 Abs. 2 beruhen auf § 25 Abs. 1 VO. und schließen sich an den Entwurf eines Ges. z. Neuordnung der Strafgerichte v. 29. 5. 1923 Art. IV Nr. 21 an.

2) Gegenüber Jugendlichen findet das Verfahren nach § 212 keine Anwendung (vgl. § 38 Abs. 2 JGG.).

3) Wegen einer möglichst ausgedehnten Anwendung des beschleunigten Verfahrens sind in Preußen die Bestimmungen in Nr. 2 b der AV. v. 10. 1. 1924 (JMBl. S. 17) und die RdV. v. 22. 2. 1924 — I 3078 — über Seemannsgerichte ergangen. Vgl. auch AV. v. 24. 1. 1924 (JMBl. S. 45), zu II Abs. 1, RdV. v. 8. 2. 1924 (I 5338) über die Aburteilung von bandenmäßigen Felddiebstählen, AV. v. 27. 3. 1924 (JMBl. S. 145) (Preistreibereistrafsachen) und AV. v. 22. 7. 1924 (JMBl. S. 283) über den Feld- und Forstschutz. Als besonders geeignet hat sich das beschleunigte Verfahren auch bei den sog. „Marktgerichten" erwiesen.

4) Die freiwillige Stellung kann auch durch eine Ladung ohne Zwangsandrohung durch Gericht oder Staatsanwaltschaft herbeigeführt werden. Es wird dadurch das umständliche Eröffnungsverfahren erspart. Auch in Haftsachen kann man von freiwilliger Stellung sprechen, wenn der Beschuldigte mit seinem

Einverständnis zur alsbaldigen Aburteilung vorgeführt wird. In einfacher liegenden Fällen ist gerade dieses Verfahren sehr ausbaufähig und geeignet, eine wesentliche Beschleunigung und Vereinfachung der Aburteilung herbeizuführen. Für verwickelt liegende Fälle ist es dagegen in jedem Falle ganz ungeeignet.

5) Voraussetzung der Anwendung des beschleunigten Verfahrens ist vielfach, daß der Strafregisterauszug rechtzeitig beschafft werden kann. Um das zu ermöglichen, hat der Pr. JM. in der AV. v. 10. 1. 1924 (vgl. Anm. 3) und ihm folgend der RJM. sowie die JM. von Bayern (bayr. JMBl. S. 20), Württemberg (Amtsbl. d. Württ. JM. S. 130) und Baden (JMBl. S. 81) die Einforderung und Erteilung von Strafnachrichten durch Fernsprecher zugelassen.

Unerläßliche Voraussetzung für die Anwendung des beschleunigten Verfahrens ist es ferner, daß die Persönlichkeit des Beschuldigten einwandfrei festgestellt ist.

6) Sofern eine Voruntersuchung stattgefunden hat, ist das beschleunigte Verfahren schon wegen der Vorschrift des § 198 nicht anwendbar.

Die mündliche Anklage der Staatsanwaltschaft muß in ihrem Inhalt dem § 200 Abs. 1 entsprechen. Dagegen gilt § 200 Abs. 2 S. 2 im Verfahren nach § 212 nicht. Ebenso gelten die Vorschriften der §§ 201—211 in diesem Verfahren nach der positiven Vorschrift des § 212 S. 1 nicht. Auch § 243 Abs. 4 ist nicht anwendbar.

7) Die Vorschriften über die Notwendigkeit der Verteidigung (§ 140) finden auch im beschleunigten Verfahren Anwendung. Stellt sich in diesem heraus, daß der Angeklagte taub oder stumm ist, oder stellt er, wenn ein Verbrechen den Gegenstand der Verhandlung bildet, den Antrag auf Bestellung eines Verteidigers — das muß alsbald nach der mündlichen Erhebung der Anklage geschehen — so ist ein Verteidiger, wenn möglich, sofort zu bestellen, andernfalls die Sache zum Zwecke der Verteidigerbestellung zu vertagen. Vgl. Anm. 7 zu § 140.

8) Vgl. die §§ 386, 391 RAO. für die Festnahme und Vorführung in Reichssteuerstrafsachen.

Fünfter Abschnitt

Vorbereitung der Hauptverhandlung

§ 213 (212)

Der Termin zur Hauptverhandlung wird von dem Vorsitzenden des Gerichts anberaumt.

Vgl. Anm. zu § 226.

§ 214 (213)*

Die zur Hauptverhandlung erforderlichen Ladungen und die Herbeischaffung der als Beweismittel dienenden Gegenstände bewirkt die Staatsanwaltschaft.

Ist anzunehmen, daß die Hauptverhandlung sich auf längere Zeit erstreckt, so kann der Vorsitzende bestimmen, daß sämtliche oder einzelne Zeugen und Sachverständige zu einem späteren Zeitpunkt als dem Beginne der Hauptverhandlung geladen werden.

---

1) Abs. 2 gibt den § 30 VO. wieder.

2) Nachricht von der Anberaumung der Hauptverhandlung an die höhere Kommandobehörde in Strafsachen gegen Angehörige der Reichswehr (§ 441).

3) In Jugendsachen soll auch dem gesetzlichen Vertreter der Termin rechtzeitig bekanntgemacht werden (§ 30 JGG.).

4) Die Vorschrift gilt auch für die Ladung solcher Zeugen usw., die das Gericht, oder der Vorsitzende oder der Angeklagte bezeichnet hat.

5) Der Vorsitzende kann nicht einen Zeugen, den die Staatsanwaltschaft geladen hat, ohne deren Zustimmung abbestellen oder vom Erscheinen entbinden.

6) Über das Verfahren bei Einforderung von Strafakten zur Feststellung des Rückfalls trifft die AV. v. 30. 6. 1924 (JMBl. S. 271) Vorschriften.

§ 215 (214)

Der Beschluß über die Eröffnung des Hauptverfahrens ist dem Angeklagten spätestens mit der Ladung zuzustellen.

§ 216 (215)

Die Ladung eines auf freiem Fuße befindlichen Angeklagten geschieht schriftlich unter der Warnung, daß im Falle seines unentschuldigten Ausbleibens seine Verhaftung oder Vorführung erfolgen werde. Die Warnung kann in den Fällen des § 232 unterbleiben.

Die Ladung des nicht auf freiem Fuße befindlichen Angeklagten erfolgt durch Bekanntmachung des Termins zur Hauptverhandlung in Gemäßheit des § 35. Dabei ist der Angeklagte zu befragen, ob und welche Anträge er in bezug auf seine Verteidigung für die Hauptverhandlung zu stellen habe.

§ 217 (216)

Zwischen der Zustellung der Ladung (§ 216) und dem Tage der Hauptverhandlung muß eine Frist von mindestens einer Woche liegen.

Ist diese Frist nicht eingehalten worden, so kann der Angeklagte die Aussetzung der Verhandlung verlangen, solange mit der Verlesung des Beschlusses über die Eröffnung des Hauptverfahrens nicht begonnen ist.

§ 218 (217)

Neben dem Angeklagten ist der bestellte Verteidiger stets, der gewählte Verteidiger dann zu laden, wenn die Wahl dem Gerichte angezeigt worden ist.

---

1) Eine Ladungsfrist für den Verteidiger ist nicht vorgesehen.
2) „Bestellter Verteidiger" s. §§ 140, 141, § 81 Abs. 2.

§ 219 (218)

Verlangt der Angeklagte die Ladung von Zeugen oder Sachverständigen oder die Herbeischaffung anderer Beweismittel zur Hauptverhandlung, so hat er unter Angabe der Tatsachen, über welche der Beweis erhoben werden soll, seine Anträge bei dem Vorsitzenden des Gerichts zu stellen. Die hierauf ergehende Verfügung ist ihm bekanntzumachen.

Beweisanträge des Angeklagten sind, soweit ihnen stattgegeben ist, der Staatsanwaltschaft mitzuteilen.

§ 220 (219)

Lehnt der Vorsitzende den Antrag auf Ladung einer Person ab, so kann der Angeklagte sie unmittelbar laden lassen. Hierzu ist er auch ohne vorgängigen Antrag befugt.

Eine unmittelbar geladene Person ist nur dann zum Erscheinen verpflichtet, wenn ihr bei der Ladung die gesetzliche Entschädigung für Reisekosten und Versäumnis bar dargeboten oder deren Hinterlegung bei dem Gerichtsschreiber nachgewiesen wird.

Ergibt sich in der Hauptverhandlung, daß die Vernehmung einer unmittelbar geladenen Person zur Aufklärung der Sache dienlich war, so hat das Gericht auf Antrag anzuordnen, daß ihr die gesetzliche Entschädigung aus der Staatskasse zu gewähren sei.

Für die Hinterlegung der Entschädigung für Reisekosten und Versäumnis bei dem Gerichtsschreiber gilt in Preußen die AV. v. 10. 6. 1891 (JMBl. S. 161). Vgl. auch § 40 der Geschäftsordnung f. d. Gerichtsschreibereien der Amtsgerichte, § 36 derjenigen f. d. Gerichtsschreibereien der Landgerichte.

§ 221 (220)

Der Vorsitzende des Gerichts kann auch von Amts wegen die Ladung von Zeugen und Sachverständigen sowie die Herbeischaffung anderer Beweismittel anordnen.

§ 222 (221)

Der Angeklagte hat die von ihm unmittelbar geladenen oder zur Hauptverhandlung zu stellenden Zeugen und Sachverständigen rechtzeitig der Staatsanwaltschaft namhaft zu machen und ihren Wohn- oder Aufenthaltsort anzugeben.

Dieselbe Verpflichtung hat die Staatsanwaltschaft gegenüber dem Angeklagten, wenn sie außer den in der Anklageschrift benannten oder auf Antrag des Angeklagten geladenen Zeugen oder Sachverständigen die Ladung noch anderer Personen, sei es auf Anordnung des Vorsitzenden (§ 221) oder aus eigener Entschließung, bewirkt.

§ 223 (222)

Wenn dem Erscheinen eines Zeugen oder Sachverständigen in der Hauptverhandlung für eine längere oder ungewisse Zeit Krankheit oder Gebrechlichkeit oder andere nicht zu beseitigende Hindernisse entgegenstehen, so kann das Gericht seine Vernehmung durch einen beauftragten oder ersuchten Richter anordnen. Die Vernehmung erfolgt, soweit die Beeidigung zulässig ist, eidlich.

Dasselbe gilt, wenn ein Zeuge oder Sachverständiger vernommen werden soll, dessen Erscheinen wegen großer Entfernung besonders erschwert sein wird.

§ 224 (223)

Von den zum Zwecke dieser Vernehmung anberaumten Terminen sind die Staatsanwaltschaft, der Angeklagte und der Verteidiger vorher zu benachrichtigen, insoweit dies nicht wegen Gefahr im Verzug untunlich ist; ihrer Anwesenheit bei der Vernehmung bedarf es nicht. Das aufgenommene Protokoll ist der Staatsanwaltschaft und dem Verteidiger vorzulegen.

Der nicht auf freiem Fuße befindliche Angeklagte hat einen Anspruch auf Anwesenheit nur bei solchen Terminen, welche an der Gerichtsstelle des Ortes abgehalten werden, wo er sich in Haft befindet.

---

1) In Jugendsachen hat auch der gesetzliche Vertreter ein Recht zur Anwesenheit (§ 30 JGG.).

2) Vgl. die AV. v. 5. 4. 1923 (JMBl. S. 314) über Verzicht der Staatsanwaltschaft auf Terminsnachrichten.

§ 225 (224)

Ist zur Vorbereitung der Hauptverhandlung noch ein richterlicher Augenschein einzunehmen, so finden die Bestimmungen des vorhergehenden Paragraphen gleichfalls Anwendung.

Sechster Abschnitt

Hauptverhandlung

Der 6. Abschnitt gilt jetzt uneingeschränkt auch für die Hauptverhandlung vor den Schwurgerichten; der bisherige 7. Abschnitt ist weggefallen (§ 32 VO.).

§ 226 (225)

Die Hauptverhandlung erfolgt in ununterbrochener Gegenwart der zur Urteilsfindung berufenen Personen sowie der Staatsanwaltschaft und eines Gerichtsschreibers.

Hauptverhandlungen in Jugendsachen sollen von andern Hauptverhandlungen derart gesondert werden, daß eine Berührung des Angeklagten mit anderen Angeklagten vermieden wird (§ 33 JGG.).

§ 227 (226)

Es können mehrere Beamte der Staatsanwaltschaft und mehrere Verteidiger in der Hauptverhandlung mitwirken und ihre Verrichtungen unter sich teilen.

Die mehreren Beamten der Staatsanwaltschaft und die mehreren Verteidiger können sowohl nebeneinander als auch nacheinander tätig werden.

Ununterbrochene Gegenwart desselben Beamten der Staatsanwaltschaft oder desselben Verteidigers ist nicht nötig.

§ 228 (227)

Über Anträge auf Aussetzung einer Hauptverhandlung entscheidet das Gericht. Kürzere Unterbrechungen ordnet der Vorsitzende an.

Eine Verhinderung des Verteidigers gibt, unbeschadet der Bestimmung des § 145, dem Angeklagten kein Recht, die Aussetzung der Verhandlung zu verlangen.

Ist die Frist des § 217 Abs. 1 nicht eingehalten worden, so soll der Vorsitzende den Angeklagten mit der Befugnis, Aussetzung der Verhandlung zu verlangen, bekannt machen.

§ 229 (228)

Eine unterbrochene Hauptverhandlung muß spätestens am vierten Tage nach der Unterbrechung fortgesetzt werden, widrigenfalls mit dem Verfahren von neuem zu beginnen ist.

§ 230 (229)

Gegen einen ausgebliebenen Angeklagten findet eine Hauptverhandlung nicht statt.

Ist das Ausbleiben des Angeklagten nicht genügend entschuldigt, so ist die Vorführung anzuordnen oder ein Haftbefehl zu erlassen.

---

1) In Jugendsachen hat zwar der gesetzliche Vertreter ein Recht auf Anwesenheit in der Hauptverhandlung; notwendig ist aber seine Teilnahme nicht; auch kann nicht Aussetzung der Verhandlung verlangt werden, wenn der gesetzliche Vertreter nicht anwesend ist (§ 30 JGG.).

2) Für die Berufungsinstanz vgl. § 329, für die Revisionsinstanz § 350.

3) Wegen der Gewährung von Vorschüssen an den Angeklagten zur Reise an den Ort des auswärtigen Hauptverhandlungstermins vgl. für Preußen § 99i der Haushaltsvorschriften in der Fassung der Nr. 2 der AV. v. 10. 8. 1921 (JMBl. S. 440).

§ 231 (230)

Der erschienene Angeklagte darf sich aus der Verhandlung nicht entfernen. Der Vorsitzende kann die geeigneten Maßregeln treffen, um die Entfernung zu verhindern; auch kann er den Angeklagten während einer Unterbrechung der Verhandlung in Gewahrsam halten lassen.

Entfernt der Angeklagte sich dennoch oder bleibt er bei der Fortsetzung einer unterbrochenen Hauptverhandlung aus, so kann diese in seiner Abwesenheit zu Ende geführt werden, wenn seine Vernehmung über die Anklage schon erfolgt war und das Gericht seine fernere Anwesenheit nicht für erforderlich erachtet.

---

1) Vgl. zu Abs. 1 Art. 114 RV. (abgedruckt in Anm. 1 zu § 112).

2) Abs. 2 ist nicht anwendbar, wenn der Angeklagte nach seiner Vernehmung über die Anklage verhandlungsunfähig wird (z. B. wegen plötzlicher Erkrankung).

§ 232 (231)

Beim Ausbleiben des Angeklagten kann zur Hauptverhandlung geschritten werden, wenn die den Gegenstand der Untersuchung bildende Tat nur mit Geldstrafe, Haft oder Einziehung, allein oder in Verbindung miteinander, bedroht ist.

In solchen Fällen muß der Angeklagte in der Ladung auf die Zulässigkeit dieses Verfahrens ausdrücklich hingewiesen werden.

In Forstdiebstahls- und in Feld- und Forstpolizeisachen kann die Hauptverhandlung auch dann ohne Anwesenheit des Angeklagten stattfinden, wenn ein Vergehen gegen die §§ 6, 8 FDiebstG. oder gegen die §§ 20, 21 FuFPolG. den Gegenstand der Untersuchung bildet, obwohl diese Vergehen mit Gefängnis bedroht sind. (§ 30 S. 3 FDiebstG., § 57 S. 2 Halbs. 2 FuFPolG.)

§ 233 (232)*

Der Angeklagte kann im Verfahren vor dem Amtsrichter und dem Schöffengericht auf seinen Antrag von der Verpflichtung zum Erscheinen in der Hauptverhandlung entbunden werden. Dies gilt nicht bei Verbrechen, die nicht nur wegen Rückfalls Verbrechen sind.

Wird der Angeklagte von der Verpflichtung zum Erscheinen in der Hauptverhandlung entbunden, so muß er, wenn seine richterliche Vernehmung nicht schon im Vorverfahren erfolgt ist, durch einen beauftragten oder ersuchten Richter über die Anklage vernommen werden.

Von dem zum Zwecke der Vernehmung anberaumten Termine sind die Staatsanwaltschaft und der Verteidiger vorher zu benachrichtigen; ihrer Anwesenheit bei der Vernehmung bedarf es nicht. Das Protokoll über die Vernehmung ist in der Hauptverhandlung zu verlesen.

1) Die Änderung beruht auf § 31 VO.

2) Die neue Vorschrift ist nach zwei Richtungen weiter als die des § 232 alter Fassung: Die Entbindung ist von der Höhe der zu erwartenden Strafe nicht mehr abhängig (doch darf natürlich eine Verurteilung aus einem andern als dem im Eröffnungsbeschluß angeführten Strafgesetz oder gar wegen einer darin nicht angeführten Straftat nicht erfolgen), und sie kann auch aus anderen Gründen als wegen weiter Entfernung z. B. wegen Krankheit, Alter, Unabkömmlichkeit im Beruf oder Geschäft) gewährt werden. Andererseits ist sie enger: sie gilt nicht mehr für Verbrechen (abgesehen von Rückfallsverbrechen), und sie gilt nicht mehr für die Berufungsinstanz.

In der Berufungsinstanz muß also der Angeklagte, wenn er Berufung eingelegt hat, stets selbst erscheinen; sonst ist die Berufung gemäß § 329 sofort zu verwerfen. A. M. Oberlandesgericht Breslau im Beschluß v. 7. 8. 1924 — 18 W. 471/24 —, das aus § 332 StPO. die Anwendbarkeit des § 233 auch für die Berufungsinstanz folgert. In der Revisionsverhandlung braucht der Angeklagte dagegen nie zu erscheinen (§ 350).

3) Da die Entbindung bei Verbrechen nicht mehr möglich ist, kommt sie auch im Verfahren vor dem Schwurgericht, dem Reichsgericht oder dem Oberlandesgericht nicht in Betracht, ebenso nicht im Verfahren vor dem großen Jugendgericht, wohl aber vor dem kleinen oder dem erweiterten Jugendgericht.

4) Bei Übertretungen hat die Vorschrift nur Bedeutung, wenn die Tat mit Überweisung an die Landespolizeibehörde bedroht ist (vgl. § 361 StGB. § 232 StPO.).

5) Wegen der Vertretung eines von der Verpflichtung zum Erscheinen entbundenen Angeklagten vgl. § 234.

6) Zu Abs. 3 vgl. die AV. v. 5. 4. 1923 (Pr. JMBl. S. 314).

7) Auch der von der Verpflichtung zum Erscheinen entbundene Angeklagte ist zur Hauptverhandlung zu laden.

§ 234 (233)

Insoweit die Hauptverhandlung ohne Anwesenheit des Angeklagten stattfinden kann, ist er befugt, sich durch einen mit schriftlicher Vollmacht versehenen Verteidiger vertreten zu lassen.

§ 235 (234)

Hat die Hauptverhandlung ohne Anwesenheit des Angeklagten stattgefunden, so kann er gegen das Urteil binnen einer Woche nach der Zustellung die Wiedereinsetzung in den vorigen Stand unter gleichen Voraussetzungen wie gegen die Versäumung einer Frist nachsuchen.

War jedoch der Angeklagte auf seinen Antrag von der Verpflichtung zum Erscheinen in der Hauptverhandlung entbunden worden, oder hatte er von der Befugnis, sich vertreten zu lassen, Gebrauch gemacht, so findet eine Wiedereinsetzung in den vorigen Stand nicht statt.

Vgl. dazu §§ 44—47 StPO.

§ 236 (235)

Das Gericht ist stets befugt, das persönliche Erscheinen des Angeklagten anzuordnen und durch einen Vorführungsbefehl oder Haftbefehl zu erzwingen.

§ 237 (236)

Das Gericht kann im Falle eines Zusammenhanges zwischen mehreren bei ihm anhängigen Strafsachen ihre Verbindung zum Zwecke gleichzeitiger Verhandlung anordnen, auch wenn dieser Zusammenhang nicht der im § 3 bezeichnete ist.

Vgl. §§ 2—5 StPO. und Anm. dazu. Vgl. auch § 56 Pr. FuFPolG. und § 29 Pr. FDiebstG.

§ 238 (237)

Die Leitung der Verhandlung, die Vernehmung des Angeklagten und die Aufnahme des Beweises erfolgt durch den Vorsitzenden.

Wird eine auf die Sachleitung bezügliche Anordnung des Vorsitzenden von einer bei der Verhandlung beteiligten Person als unzulässig beanstandet, so entscheidet das Gericht.

Vgl. die AV. v. 11. 4. 1923 (Pr. JMBl. S. 323) über die Benutzung der Anklagebank.

§ 239 (238)

Die Vernehmung der von der Staatsanwaltschaft und dem Angeklagten benannten Zeugen und Sachverständigen ist der Staatsanwaltschaft und dem Verteidiger auf deren übereinstimmenden Antrag von dem Vorsitzenden zu überlassen. Bei den von der Staatsanwaltschaft benannten Zeugen und Sachverständigen hat diese, bei den von dem Angeklagten benannten der Verteidiger in erster Reihe das Recht zur Vernehmung.

Der Vorsitzende hat auch nach dieser Vernehmung die ihm zur weiteren Aufklärung der Sache erforderlich scheinenden Fragen an die Zeugen und Sachverständigen zu richten.

§ 240 (239)

Der Vorsitzende hat den beisitzenden Richtern auf Verlangen zu gestatten, Fragen an die Zeugen und Sachverständigen zu stellen.

Dasselbe hat der Vorsitzende der Staatsanwaltschaft, dem Angeklagten und dem Verteidiger sowie den Geschworenen und den Schöffen zu gestatten.

In Jugendsachen auch dem gesetzlichen Vertreter (§ 30 JGG.).

§ 241 (240)

Dem, welcher im Falle des § 239 Abs. 1 die Befugnis der Vernehmung mißbraucht, kann sie von dem Vorsitzenden entzogen werden.

In den Fällen des § 239 Abs. 1 und des § 240 Abs. 2 kann der Vorsitzende ungeeignete oder nicht zur Sache gehörige Fragen zurückweisen.

§ 242 (241)

Zweifel über die Zulässigkeit einer Frage entscheidet in allen Fällen das Gericht.

§ 243 (242)

Die Hauptverhandlung beginnt mit dem Aufruf der Zeugen und Sachverständigen.

Hieran schließt sich die Vernehmung des Angeklagten über seine persönlichen Verhältnisse und die Verlesung des Beschlusses über die Eröffnung des Hauptverfahrens.

Sodann erfolgt die weitere Vernehmung des Angeklagten nach Maßgabe des § 136.

Die Verlesung des Beschlusses und die Vernehmung des Angeklagten geschieht in Abwesenheit der zu vernehmenden Zeugen.

Zu Abs. 2 vgl. AV. d. Pr. JM. v. 27. 12. 1918 (JMBl. S. 537), 23. 6. 1920 (S. 350) über die Einschränkung der Feststellung von Vorstrafen. Wegen der Befragung des Angeklagten über seine Religion vgl. die Anm. zu § 136.

Abs. 4 ist im beschleunigten Verfahren (§ 212) nicht anwendbar.

§ 244 (243)

Nach der Vernehmung des Angeklagten folgt die Beweisaufnahme.

Es bedarf eines Gerichtsbeschlusses, wenn ein Beweisantrag abgelehnt werden soll, oder wenn die Vornahme einer Beweishandlung eine Aussetzung der Hauptverhandlung erforderlich macht.

Das Gericht kann auf Antrag und von Amts wegen die Ladung von Zeugen und Sachverständigen sowie die Herbeischaffung anderer Beweismittel anordnen.

§ 245 (244)*

Die Beweisaufnahme ist auf die sämtlichen vorgeladenen Zeugen und Sachverständigen sowie auf die anderen herbeigeschafften Beweismittel zu erstrecken. Von der Erhebung einzelner Beweise kann jedoch abgesehen werden, wenn die Staatsanwaltschaft und der Angeklagte hiermit einverstanden sind.

In den Verhandlungen **vor dem Amtsrichter und den Schöffengerichten sowie vor den Landgerichten,** sofern die Verhandlung vor letzteren eine Übertretung betrifft oder auf erhobene Privatklage erfolgt, bestimmt das Gericht den Umfang der Beweisaufnahme, ohne hierbei durch Anträge, Verzichte oder frühere Beschlüsse gebunden zu sein.

---

* Die Änderung beruht auf der Umgestaltung der Gerichtsorganisation (§§ 6—11, § 25 Abs. 1 VO.).

§ 246 (245)

Eine Beweiserhebung darf nicht deshalb abgelehnt werden, weil das Beweismittel oder die zu beweisende Tatsache zu spät vorgebracht worden sei.

Ist jedoch ein zu vernehmender Zeuge oder Sachverständiger dem Gegner des Antragstellers so spät namhaft gemacht oder eine zu beweisende Tatsache so spät vorgebracht worden, daß es dem Gegner an der zur Einziehung von Erkundigungen erforderlichen Zeit gefehlt hat, so kann er bis zum Schlusse der Beweisaufnahme die Aussetzung der Hauptverhandlung zum Zwecke der Erkundigung beantragen.

Dieselbe Befugnis haben die Staatsanwaltschaft und der Angeklagte in betreff der auf Anordnung des Vorsitzenden oder des Gerichts geladenen Zeugen oder Sachverständigen.

Über die Anträge entscheidet das Gericht nach freiem Ermessen.

§ 247 (246)

Das Gericht kann den Angeklagten, wenn zu befürchten ist, daß ein Mitangeklagter oder ein Zeuge bei seiner Vernehmung in Gegenwart des Angeklagten die Wahrheit nicht sagen werde, während dieser Vernehmung aus dem Sitzungszimmer abtreten lassen. Der Vorsitzende hat jedoch den Angeklagten, sobald dieser wieder vorgelassen worden, von dem wesentlichen Inhalt dessen zu unterrichten, was während seiner Abwesenheit ausgesagt oder sonst verhandelt worden ist.

In gleicher Weise ist zu verfahren, wenn das Gericht wegen ordnungswidrigen Benehmens des Angeklagten zeitweise dessen Entfernung aus dem Sitzungszimmer angeordnet hat.

---

1) Für Jugendsachen vgl. die Sondervorschrift des § 33 Abs. 2 JGG.

2) Andere Prozeßbeteiligte als den Angeklagten kann das Gericht nicht abtreten lassen, insbesondere nicht den Nebenkläger, den Privatkläger (es sei denn, daß dieser auf Widerklage hin gleichzeitig Angeklagter ist). Daß das Gericht auch einen Zeugen oder einen Sachverständigen abtreten lassen kann, bedurfte keiner besonderen Hervorhebung.

3) Die Vorschrift gilt nur für die Vernehmung, nicht auch für die Beeidigung des Zeugen. Bei der Vernehmung von Sachverständigen findet sie keine Anwendung.

§ 248 (247)

Die vernommenen Zeugen und Sachverständigen dürfen sich nur mit Genehmigung oder auf Anweisung des Vorsitzenden von der Gerichtsstelle entfernen. Die Staatsanwaltschaft und der Angeklagte sind vorher zu hören.

§ 249 (248)

Urkunden und andere als Beweismittel dienende Schriftstücke werden in der Hauptverhandlung verlesen. Dies gilt insbesondere von früher ergangenen Strafurteilen, von Strafliſten und von Auszügen aus Kirchenbüchern und Personenstandsregistern und findet auch Anwendung auf Protokolle über die Einnahme des richterlichen Augenscheines.

Vgl. für Reichssteuerstrafsachen § 406 Abs. 6 RAO.

§ 250 (249)

Beruht der Beweis einer Tatsache auf der Wahrnehmung einer Person, so ist diese in der Hauptverhandlung zu vernehmen. Die Vernehmung darf nicht durch Verlesung des über eine frühere Vernehmung aufgenommenen Protokolls oder einer schriftlichen Erklärung ersetzt werden.

Vgl. die Anm. zu § 249.

§ 251 (250)

Ist ein Zeuge, Sachverständiger oder Mitbeschuldigter verstorben oder in Geisteskrankheit verfallen, oder ist sein Aufenthalt nicht zu ermitteln gewesen, so kann das Protokoll über seine frühere richterliche Vernehmung verlesen werden. Dasselbe gilt von dem bereits verurteilten Mitschuldigen.

In den im § 223 bezeichneten Fällen ist die Verlesung des Protokolls über die frühere Vernehmung statthaft, wenn sie nach Eröffnung des Hauptverfahrens oder wenn sie in dem Vorverfahren unter Beobachtung der Vorschriften des § 193 erfolgt ist.

Die Verlesung kann nur durch Gerichtsbeschluß angeordnet, auch muß ihr Grund verkündet und bemerkt werden, ob die Beeidigung der vernommenen Personen stattgefunden hat. An den Bestimmungen über die Notwendigkeit der Beeidigung wird hierdurch für die Fälle, in denen die nochmalige Vernehmung ausführbar ist, nichts geändert.

Vgl. für Reichssteuerstrafsachen § 406 Abs. 6 RAO. Danach stehen Niederschriften, die das Finanzamt unter Zuziehung eines Schriftführers aufnimmt, richterlichen Protokollen gleich.

§ 252 (251)

Die Aussage eines vor der Hauptverhandlung vernommenen Zeugen, welcher erst in der Hauptverhandlung von seinem Rechte, das Zeugnis zu verweigern, Gebrauch macht, darf nicht verlesen werden.

1) Vgl. die Anm. zu § 251.

2) Es dürfen aber andere Personen als Zeugen über Mitteilungen vernommen werden, die ihnen die das Zeugnis verweigernde Person gemacht hat (z. B. der Polizeibeamte, dem gegenüber die Person früher ausgesagt hat, über das, was sie ihm gegenüber bekundet hat).

§ 253 (252)

Erklärt ein Zeuge oder Sachverständiger, daß er sich einer Tatsache nicht mehr erinnert, so kann der hierauf bezügliche Teil des Protokolls über seine frühere Vernehmung zur Unterstützung seines Gedächtnisses verlesen werden.

Dasselbe kann geschehen, wenn ein in der Vernehmung hervortretender Widerspruch mit der früheren Aussage nicht auf andere Weise ohne Unterbrechung der Hauptverhandlung festgestellt oder gehoben werden kann.

1) Vgl. die Anm. zu § 251.

2) Im Unterschied zu §§ 251, 254 ist nach § 253 die Verlesung auch nichtgerichtlicher Protokolle zulässig.

§ 254 (253)

Erklärungen des Angeklagten, welche in einem richterlichen Protokolle enthalten sind, können zum Zwecke der Beweisaufnahme über ein Geständnis verlesen werden.

Dasselbe kann geschehen, wenn ein in der Vernehmung hervortretender Widerspruch mit der früheren Aussage nicht auf andere Weise ohne Unterbrechung der Hauptverhandlung festgestellt oder gehoben werden kann.

Vgl. die Anm. zu § 251.

§ 255 (254)

In den Fällen der §§ 253, 254 ist die Verlesung und ihr Grund auf Antrag der Staatsanwaltschaft oder des Angeklagten im Protokolle zu erwähnen.

Vgl. die Anm. zu § 251.

§ 256 (255)

Die ein Zeugnis oder ein Gutachten enthaltenden Erklärungen öffentlicher Behörden, mit Ausschluß von Leumundszeugnissen, desgleichen ärztliche Atteste über Körperverletzungen, welche nicht zu den schweren gehören, können verlesen werden.

Ist das Gutachten einer kollegialen Fachbehörde eingeholt worden, so kann das Gericht die Behörde ersuchen, eines ihrer Mitglieder mit der Vertretung des Gutachtens in der Hauptverhandlung zu beauftragen und dem Gerichte zu bezeichnen.

Zu Abs. 2 vgl. die Anm. zu § 83 Abs. 3.

§ 257 (256)

Nach der Vernehmung eines jeden Zeugen, Sachverständigen oder Mitangeklagten sowie nach der Verlesung eines jeden Schriftstücks soll der Angeklagte befragt werden, ob er etwas zu erklären habe.

Für Jugendsachen vgl. § 30 JGG.

§ 258 (257)

Nach dem Schlusse der Beweisaufnahme erhalten die Staatsanwaltschaft und sodann der Angeklagte zu ihren Ausführungen und Anträgen das Wort.

Der Staatsanwaltschaft steht das Recht der Erwiderung zu; dem Angeklagten gebührt das letzte Wort.

Der Angeklagte ist, auch wenn ein Verteidiger für ihn gesprochen hat, zu befragen, ob er selbst noch etwas zu seiner Verteidigung anzuführen habe.

Für Jugendsachen vgl. § 30 JGG.

§ 259 (258)

Einem der Gerichtssprache nicht mächtigen Angeklagten müssen aus den Schlußvorträgen mindestens die Anträge der Staatsanwaltschaft und des Verteidigers durch den Dolmetscher bekanntgemacht werden.

Dasselbe gilt von einem tauben Angeklagten, sofern nicht eine schriftliche Verständigung erfolgt.

§ 260 (259)

Die Hauptverhandlung schließt mit der Erlassung des Urteils. Das Urteil kann nur auf Freisprechung, Verurteilung oder Einstellung des Verfahrens lauten.

Die Einstellung des Verfahrens ist auszusprechen, wenn bei einer nur auf Antrag zu verfolgenden strafbaren Handlung sich ergibt, daß der erforderliche Antrag nicht vorliegt, oder wenn der Antrag rechtzeitig zurückgenommen ist.

---

1) Auch die Straffreierklärung ist im Urteil möglich (§ 468 StPO., § 6, § 9 Abs. 4 JGG.).

2) In Reichssteuerstrafsachen bedarf es, wenn eine Verurteilung wegen Steuerhinterziehung oder Steuergefährdung davon abhängt, ob ein Steueranspruch besteht, oder ob und in welcher Höhe ein Steueranspruch verkürzt oder ein Steuervorteil zu Unrecht gewährt ist, einer Vorentscheidung des Reichsfinanzhofs (oder anderer Finanzgerichte oder Finanzbehörden). Näheres vgl. in § 433 RAO. und in der AV. d. Pr. JM. v. 10. 7. 1922 (JMBl. S. 257).

§ 261 (260)

Über das Ergebnis der Beweisaufnahme entscheidet das Gericht nach seiner freien, aus dem Inbegriffe der Verhandlung geschöpften Überzeugung.

§ 262 (261)

Hängt die Strafbarkeit einer Handlung von der Beurteilung eines bürgerlichen Rechtsverhältnisses ab, so entscheidet das Strafgericht auch über dieses nach den für das Verfahren und den Beweis in Strafsachen geltenden Vorschriften.

Das Gericht ist jedoch befugt, die Untersuchung auszusetzen und einem der Beteiligten zur Erhebung der Zivilklage eine Frist zu bestimmen oder das Urteil des Zivilgerichts abzuwarten.

§ 263 (262)*

Zu einer jeden dem Angeklagten nachteiligen Entscheidung, welche die Schuldfrage **oder die Bemessung der Strafe betrifft,** ist eine Mehrheit von zwei Dritteilen der Stimmen erforderlich.

Die Schuldfrage begreift auch solche von dem Strafgesetze besonders vorgesehene Umstände, welche die Strafbarkeit ausschließen, vermindern oder erhöhen.

Die Schuldfrage begreift nicht die Voraussetzungen des Rückfalls und der Verjährung.

---

1) Die Änderung beruht auf § 20 Abs. 2 S. 1 VO.

2) Die Änderung ist vorgenommen worden, weil im erweiterten Schöffengericht die Zahl der Berufsrichter gleich der der Laienrichter und in der großen Strafkammer sogar größer ist als die der Laienrichter; es erschien daher nötig, eine Majorisierung der Laienrichter durch die Berufsrichter auch in der wichtigen Straffrage auszuschließen. Die Bestimmung ist aber allgemein gefaßt und gilt somit nicht nur für das erweiterte Schöffengericht und die große Strafkammer, sondern auch für das Schwurgericht, das Oberlandesgericht in erster Instanz und das Reichsgericht. (Für das Schöffengericht und die kleine Strafkammer ist die einfache Majorität zugleich eine $^2/_3$ Mehrheit, so daß für diese Gerichtskörper die Vorschrift keine Bedeutung hat; das gleiche gilt für das Oberlandesgericht als Revisionsgericht.) Es bedarf zur Bejahung der Schuldfrage und zu einer dem Angeklagten nachteiligen Entscheidung in der Straffrage folgender Mehrheiten: beim Schöffengericht, bei der kleinen Strafkammer und beim Revisionssenat des Oberlandesgerichts von 2 : 1 Stimmen, beim erweiterten Schöffengericht von 3 : 1, bei der großen Strafkammer, beim großen Jugendgericht, beim Oberlandes-

gericht in erster Instanz und beim Reichsgericht von 4 : 1, beim Schwurgericht von 6 : 3 Stimmen.

3) Zur Straffrage gehört u. a. auch, ob mildernde Umstände oder ein minder schwerer Fall vorliegen, ob Untersuchungshaft anzurechnen sei, ob der Angeklagte gemäß §§ 199, 233 StGB. für straffrei erklärt oder ob gemäß § 6, § 9 Abs. 4 JGG. von Strafe abgesehen werden soll; diese Fragen können daher nur mit qualifizierter Mehrheit verneint werden (Erziehungsmaßnahmen vgl. Anm. 1 zu § 6 JGG.). Nicht dagegen rechnet dazu die Frage der bedingten Strafaussetzung, da diese nicht zur „Bemessung" der Strafe gehört; das gilt sowohl für die bedingte Strafaussetzung nach dem JGG. wie für diejenige im Verwaltungswege.

4) Ihre Ergänzung findet die Vorschrift des § 263 StPO. durch § 196 Abs. 3 GVG.

5) Bei Entscheidungen, die weder die Schuld- noch die Straffrage betreffen (z. B. Verjährung, Amnestie, Strafantrag, ne bis in idem) genügt die einfache Mehrheit.

§ 264 (263)

Gegenstand der Urteilsfindung ist die in der Anklage bezeichnete Tat, wie sie sich nach dem Ergebnisse der Verhandlung darstellt.

Das Gericht ist an die Beurteilung der Tat, welche dem Beschluß über die Eröffnung des Hauptverfahrens zugrunde liegt, nicht gebunden.

Wegen des Grundsatzes „ne bis in idem" vgl. die Anm. zu § 410, Anm. 8 zu § 413 und Vorbem. 3 vor § 419.

§ 265 (264)

Eine Verurteilung des Angeklagten auf Grund eines anderen als des in dem Beschluß über die Eröffnung des Hauptverfahrens angeführten Strafgesetzes darf nicht erfolgen, ohne daß der Angeklagte zuvor auf die Veränderung des rechtlichen Gesichtspunktes besonders hingewiesen und ihm Gelegenheit zur Verteidigung gegeben worden ist.

In gleicher Weise ist zu verfahren, wenn erst in der Verhandlung solche vom Strafgesetze besonders vorgesehene Umstände behauptet werden, welche die Strafbarkeit erhöhen.

Bestreitet der Angeklagte unter der Behauptung, auf die Verteidigung nicht genügend vorbereitet zu sein, neu hervorgetretene Umstände, welche die Anwendung eines schwereren Strafgesetzes gegen den Angeklagten zulassen als des in dem Beschluß über die Eröffnung des Hauptverfahrens angeführten, oder welche zu den im zweiten Absatz bezeichneten gehören, so ist auf seinen Antrag die Hauptverhandlung auszusetzen.

Auch sonst hat das Gericht auf Antrag oder von Amts wegen die Hauptverhandlung auszusetzen, falls dies infolge der veränderten Sachlage zur genügenden Vorbereitung der Anklage oder der Verteidigung angemessen erscheint.

Auf die in § 245 Abs. 2 bezeichneten Verhandlungen findet die Vorschrift des dritten Absatzes nicht Anwendung.

§ 266 (265)

Wird der Angeklagte im Laufe der Hauptverhandlung noch einer anderen Tat beschuldigt, als wegen welcher das Hauptverfahren wider ihn eröffnet worden, so kann sie auf Antrag der Staatsanwaltschaft und mit Zustimmung des Angeklagten zum Gegenstande derselben Aburteilung gemacht werden.

Diese Bestimmung findet nicht Anwendung, wenn die Tat als ein Verbrechen sich darstellt oder ihre Aburteilung die Zuständigkeit des Gerichts überschreitet.

---

1) Im Verhältnis zum Schöffen-(Jugend-)gericht ist der Amts-(Jugend-)richter ein Gericht niederer Zuständigkeit im Sinne des § 266 Abs. 2. Nicht dagegen ist es das gewöhnliche im Verhältnis zum erweiterten Schöffengericht.

2) Abs 2 hat praktische Bedeutung nur im Verfahren vor dem Amts-(Jugend)-richter, da es nur im amtsrichterlichen Verfahren vorkommen kann, daß eine Tat, die nicht Verbrechen ist, die Zuständigkeit des Gerichts übersteigt.

3) Die Zuständigkeit des Amtsrichters übersteigt an sich jede Tat, die nicht nach § 25 Abs. 1 Nr. 1 a b GVG., oder nach § 416 StPO., oder nach FDiebstG. oder FuFPolG. zur unbedingten Zuständigkeit des Amtsrichters gehört. Es wird indes angenommen werden dürfen, daß die Staatsanwaltschaft bei

dem im Abs. 1 vorgesehenen Antrag auch in den Fällen des § 25 Abs. 1 Nr. 2c GVG. die Zuständigkeit des Amtsrichters dadurch begründen kann, daß sie die alsbaldige Aburteilung durch den Amtsrichter beantragt. Bei Verbrechen, wegen derer nach § 26 die Zuständigkeit des Amtsrichters begründet werden könnte, findet die Vorschrift des § 266 nach ihrem Abs. 2 keine Anwendung.

4) In der Berufungsinstanz ist § 266 nicht mehr anwendbar.

§ 267 (266)

Wird der Angeklagte verurteilt, so müssen die Urteilsgründe die für erwiesen erachteten Tatsachen angeben, in welchen die gesetzlichen Merkmale der strafbaren Handlung gefunden werden. Insoweit der Beweis aus anderen Tatsachen gefolgert wird, sollen auch diese Tatsachen angegeben werden.

Waren in der Verhandlung solche vom Strafgesetze besonders vorgesehene Umstände behauptet worden, welche die Strafbarkeit ausschließen, vermindern oder erhöhen, so müssen die Urteilsgründe sich darüber aussprechen, ob diese Umstände für festgestellt oder für nicht festgestellt erachtet werden.

Die Gründe des Strafurteils müssen ferner das zur Anwendung gebrachte Strafgesetz bezeichnen und sollen die Umstände anführen, welche für die Zumessung der Strafe bestimmend gewesen sind. Macht das Strafgesetz die Anwendung einer geringeren Strafe von dem Vorhandensein mildernder Umstände im allgemeinen abhängig, so müssen die Urteilsgründe die hierüber getroffene Entscheidung ergeben, sofern das Vorhandensein solcher Umstände angenommen oder einem in der Verhandlung gestellten Antrag entgegen verneint wird.

Verzichten alle zur Anfechtung Berechtigten auf Rechtsmittel, so genügt die Angabe der für erwiesen erachteten Tatsachen, in welchen die gesetzlichen Merkmale der strafbaren Handlung gefunden werden, und des zur Anwendung gebrachten Strafgesetzes; hierbei kann auf den Eröffnungsbeschluß Bezug genommen werden.

Wird der Angeklagte freigesprochen, so müssen die Urteilsgründe ergeben, ob der Angeklagte für nicht überführt, oder ob und aus welchen Gründen die für erwiesen angenommene Tat für nicht strafbar erachtet worden ist.

1) Abs. 4 findet in Jugendsachen keine Anwendung (§ 47 JGG.).

2) Da bei den Urteilen, die unter Bezugnahme auf den Eröffnungsbeschluß abgefaßt werden, nach Vernichtung der Akten das (länger aufzubewahrende) Urteil unverständlich werden würde, ist in der AV. d. Pr. JM. v. 26. 9. 1922 (JMBl. S. 401) bestimmt worden, daß bei solchen Urteilen der Eröffnungsbeschluß usw. ebensolange wie das Urteil aufzubewahren sei.

§ 268 (267)

Die Verkündung des Urteils erfolgt durch Verlesung der Urteilsformel und Eröffnung der Urteilsgründe am Schlusse der Verhandlung oder spätestens mit Ablauf einer Woche nach dem Schlusse der Verhandlung. Die Eröffnung der Urteilsgründe geschieht durch Verlesung oder durch mündliche Mitteilung ihres wesentlichen Inhalts.

War die Verkündung des Urteils ausgesetzt, so sind die Urteilsgründe vor ihr schriftlich festzustellen.

1) Nach Art. 8 Abs. 2 Pr. Verfassung (abgedruckt oben in Anm. zu § 1 GVG.) werden die Urteile „im Namen des Volkes" verkündet. Vgl. dazu auch AV. d. Pr. JM. v. 11. 12. 1920 (JMBl. S. 721), 15. 6. und 20. 7. 1921 (JMBl. S. 347, 400).

2) Die Religion darf in der Urteilsformel nicht angegeben werden (AV. d. Pr. JM. v. 8. 4. 1921, JMBl. S. 256; vgl. auch die Anm. 3 zu § 200). Wegen der sonstigen in die Urteilsformel aufzunehmenden Angaben über die Person des Angeklagten vgl. Müller, Justizverw., 6. Aufl., S. 1112 Buchstaben d, e.

3) Da in Steuerstrafsachen die Frist für Einlegung der zulässigen Rechtsmittel für die Steuerbehörde stets erst mit der Zustellung des Urteils an sie zu laufen beginnt, auch wenn die Steuerbehörde bei der Verkündung vertreten war, so ist das Urteil ihr stets alsbald zuzustellen. (Vgl. § 429 StPO., § 432 RAO.; vgl. auch AV. d. Pr. JM. v. 13. 2. 1922 JMBl. S. 46).

4) Eine Berichtigung des Urteils, wie im Zivilprozeß, ist nicht zulässig. Offenkundige Schreib- und Fassungsfehler sowie Rechnungsfehler können noch berichtigt werden.

5) Von dem Strafurteil sind nach Verwaltungsanordnungen vielfach Mitteilungen an andere Behörden zu machen. Vgl. für Preußen die AV. d. JM. v. 29. 4. 1907 (JMBl. S. 359), die z. Zt. in der Fassung der AV. v. 7. 11. 1912 (S. 375), 16. 3. 1914 (S. 285), 12. 6. und 23. 9. 1920 (S. 294, 508), 27. 1. und 17. 5.

1921 (S. 89, 312), 13. 2. 1922 (S. 46), 22. 5., 20. 6. und 17. 7. 1923 (S. 390, 450, 542), 19. 1. und 29. 4. 1924 (S. 34, 206) gilt. Neubearbeitung bevorstehend.

§ 269 (269)

Das Gericht darf sich nicht für unzuständig erklären, weil die Sache vor ein Gericht niederer Ordnung gehöre.

Das Oberlandesgericht ist im Verhältnis zum Amts-(Jugend)-gericht und zum Schwurgericht ein Gericht höherer Ordnung. Es muß sich daher der Aburteilung einer zu seiner Kognition gelangenden Tat unterziehen, auch wenn sie sich anstatt als Landesverrat nach dem Ergebnis der Hauptverhandlung als Diebstahl oder als ein sonstiges, nicht zur erstinstanzlichen Zuständigkeit des Reichsgerichts gehörigen Delikts darstellt.

§ 270 (270)*

Stellt sich nach dem Ergebnis der Verhandlung die dem Angeklagten zur Last gelegte Tat als eine solche dar, welche die Zuständigkeit des Gerichts überschreitet, so spricht es durch Beschluß seine Unzuständigkeit aus und verweist die Sache an das zuständige Gericht.

Dieser Beschluß hat die Wirkung eines das Hauptverfahren eröffnenden Beschlusses und muß den Erfordernissen eines solchen entsprechen.

Die Anfechtbarkeit des Beschlusses bestimmt sich nach den Vorschriften des § 210.

Ist der Beschluß von **einem Amtsrichter oder** einem Schöffengericht ergangen, so kann der Angeklagte, **falls nicht eine Voruntersuchung stattgefunden hat**, innerhalb einer bei der Bekanntmachung des Beschlusses zu bestimmenden Frist die Vornahme einzelner Beweiserhebungen vor der Hauptverhandlung beantragen. Über den Antrag entscheidet der Vorsitzende des Gerichts, an welches die Sache verwiesen ist.

---

1) Die Änderung des Abs. 4 beruht auf der neuen Gestaltung der Gerichtsorganisation und auf der Zulassung der Voruntersuchung auch im amtsgerichtlichen Verfahren (vgl. § 25 Abs. 1, § 28 VO.).

2) Vgl. auch § 18 Abs. 2 JGG. und die Anm. zu § 209 StPO.

§ 271 (271)*

Über die Hauptverhandlung ist ein Protokoll aufzunehmen und von dem Vorsitzenden und dem Gerichtsschreiber zu unterschreiben.

Ist der Vorsitzende verhindert, so unterschreibt für ihn der älteste beisitzende Richter. **Ist der Vorsitzende das einzige richterliche Mitglied des Gerichts, so genügt bei seiner Verhinderung die Unterschrift des Gerichtsschreibers.**

---

1) Außer dem Amtsrichter und dem kleinen Schöffengericht kommt nun auch die kleine Strafkammer als nur mit einem richterlichen Mitglied besetztes Gericht in Betracht. Daher war die Änderung erforderlich. Im erweiterten Schöffengericht unterschreibt evtl. der zweite Amtsrichter (Abs. 2 S. 1).

2) Für das große Jugendgericht vgl. § 24 Abs. 2 JGG.

§ 272 (272)

Das Protokoll über die Hauptverhandlung enthält:

1. den Ort und den Tag der Verhandlung;
2. die Namen der Richter, Geschworenen und Schöffen, des Beamten der Staatsanwaltschaft, des Gerichtsschreibers und des zugezogenen Dolmetschers;
3. die Bezeichnung der strafbaren Handlung nach der Anklage;
4. die Namen der Angeklagten, ihrer Verteidiger, der Privatkläger, Nebenkläger, gesetzlichen Vertreter, Bevollmächtigten und Beistände;
5. die Angabe, daß öffentlich verhandelt oder die Öffentlichkeit ausgeschlossen ist.

§ 273 (273)*

Das Protokoll muß den Gang und die Ergebnisse der Hauptverhandlung im wesentlichen wiedergeben und die Beobachtung aller wesentlichen Förmlichkeiten ersichtlich machen, auch die Bezeichnung der verlesenen Schriftstücke sowie die im Laufe der Verhandlung gestellten Anträge, die ergangenen Entscheidungen und die Urteilsformel enthalten.

Aus der Hauptverhandlung vor dem Amtsrichter und dem Schöffengerichte sind außerdem die wesentlichen Ergebnisse der Vernehmungen in das Protokoll aufzunehmen.

Kommt es auf die Feststellung eines Vorganges in der Hauptverhandlung oder des Wortlauts einer Aussage oder einer Äußerung an, so hat der Vorsitzende die vollständige Niederschreibung und Verlesung anzuordnen. In dem Protokoll ist zu bemerken, daß die Verlesung geschehen und die Genehmigung erfolgt ist, oder welche Einwendungen erhoben sind.

---

1) Die Änderung beruht auf § 25 Abs. 1 VO.

2) Die Vorschrift des Abs. 2 beruht auf dem Gedanken, daß die schriftliche Feststellung der Beweisergebnisse für eine Nachprüfung in einer weiteren Tatsacheninstanz von Bedeutung sei. Sie mußte daher auch für das Verfahren vor dem Schöffengericht — obwohl dieses nach der VO. im Wesentlichen an die Stelle der erstinstanzlichen Strafkammer getreten ist — aufrechterhalten bleiben. Sie gilt natürlich auch für das Verfahren vor dem erweiterten Schöffengericht und vor dem Jugendgericht, nicht aber für dasjenige vor dem Schwurgericht.

§ 274 (274)

Die Beobachtung der für die Hauptverhandlung vorgeschriebenen Förmlichkeiten kann nur durch das Protokoll bewiesen werden. Gegen den diese Förmlichkeiten betreffenden Inhalt des Protokolls ist nur der Nachweis der Fälschung zulässig.

§ 275 (275)*

Das Urteil mit den Gründen ist binnen einer Woche nach der Verkündung zu den Akten zu bringen, falls es nicht bereits vollständig in das Protokoll aufgenommen worden ist.

Es ist von den Richtern, welche bei der Entscheidung mitgewirkt haben, zu unterschreiben. Ist ein Richter verhindert, seine Unterschrift beizufügen, so wird dies unter Angabe des Verhinderungsgrundes von dem Vorsitzenden, und bei dessen Verhinderung von dem ältesten beisitzenden Richter unter dem Urteil bemerkt. Der Unterschrift der Schöffen und der Geschworenen bedarf es nicht.

Die Bezeichnung des Tages der Sitzung sowie die Namen der Richter, der Geschworenen, der Schöffen, des Beamten der Staatsanwaltschaft und des Gerichtsschreibers, welche an der Sitzung teilgenommen haben, sind in das Urteil aufzunehmen.

Die Ausfertigungen und Auszüge der Urteile sind von dem Gerichtsschreiber zu unterschreiben und mit dem Gerichtssiegel zu versehen.

---

1) Die Änderungen in Abs. 2,3 folgen aus § 12 Abs. 2 VO. Die Hauptverhandlung vor den Schwurgerichten richtet sich jetzt ausschließlich nach den Vorschriften des 6. Abschnitts. Der bisherige 7. Abschnitt: „Hauptverhandlung vor den Schwurgerichten" ist weggefallen (§ 32 VO.). Dem mußte auch im § 275 Rechnung getragen werden.

2) Wegen der Form des Urteils vgl. die Anm. 1, 2 zu § 268.

Siebenter Abschnitt

Verfahren gegen Abwesende

---

1) Der bisherige 7. Abschnitt ist weggefallen (§ 32 VO.).

2) Für Abwesende, gegen die die öffentliche Klage wegen Fahnenflucht erhoben ist, vgl. § 437 und Anm. 2 daselbst.

3) Für Reichssteuerstrafsachen vgl. § 407 Abs. 4, § 428 Abs. 3, § 438 RAO.

§ 276 (318)

Ein Beschuldigter gilt als abwesend, wenn sein Aufenthalt unbekannt ist oder, wenn er sich im Ausland aufhält und seine Gestellung vor das zuständige Gericht nicht ausführbar oder nicht angemessen erscheint.

§ 277 (319)

Gegen einen Abwesenden kann eine Hauptverhandlung nur dann stattfinden, wenn die den Gegenstand der Untersuchung bildende Tat nur mit Geldstrafe oder Einziehung, allein oder in Verbindung miteinander, bedroht ist.

Für das Verfahren kommen die Vorschriften der §§ 278 bis 284 zur Anwendung.

§ 278 (320)*

Ist der Aufenthalt des Angeklagten unbekannt oder die Befolgung der für Zustellungen im Ausland bestehenden Vorschriften unausführbar oder voraussichtlich erfolglos, so wird der Angeklagte in der Weise zur Hauptverhandlung geladen, daß eine beglaubigte Abschrift der Ladung zwei Wochen an die Gerichtstafel des Gerichts erster Instanz angeheftet wird.

---

1) Die Änderung beruht auf § 22 VO. Vgl. auch § 40 StPO., von dem sich § 278 StPO. aber dadurch unterscheidet, daß die Anheftung an die Gerichtstafel die einzige zugelassene Form der Ladung ist, während dort die öffentliche Bekanntmachung daneben wahlweise zugelassen ist.

An den in den §§ 284, 291, 293, 371 StPO. vorgeschriebenen Bekanntmachungen ist nichts geändert worden.

2) Nach Ablauf der zweiwöchentlichen Anheftungsfrist beginnt die einwöchige Einlassungsfrist (§ 217 Abs. 1).

3) Die Vorschrift, daß die Ladung an der Gerichtstafel erster Instanz anzuheften sei, gilt auch für das Verfahren in den höheren Instanzen.

§ 279 (321)

Die Ladung muß enthalten:

die Angabe des Namens und, soweit dies bekannt, des Vornamens, Alters, Standes, Gewerbes und Wohnorts oder Aufenthaltsorts des Angeklagten, die Bezeichnung der dem Angeklagten zur Last gelegten strafbaren Handlung sowie die Angabe des Tages und der Stunde der Hauptverhandlung.

Zugleich ist die Warnung hinzuzufügen, daß bei unentschuldigtem Ausbleiben des Angeklagten zur Hauptverhandlung werde geschritten werden.

§ 280 (322)

In der Hauptverhandlung kann für den Angeklagten ein Verteidiger auftreten. Auch Angehörige des Angeklagten sind, ohne daß sie einer Vollmacht bedürfen, als Vertreter zuzulassen.

§ 281 (323)

Die Zustellung des Urteils erfolgt nach Maßgabe der Bestimmungen des § 40 Abs. 2.

§ 282 (324)

Die im § 280 bezeichneten Personen können von den dem Beschuldigten zustehenden Rechtsmitteln Gebrauch machen.

§ 283 (325)

Insoweit es nach dem Ermessen des Richters zur Deckung der den Angeschuldigten möglicherweise treffenden höchsten Geldstrafe und der Kosten des Verfahrens erforderlich ist, können einzelne zum Vermögen des Angeschuldigten gehörige Gegenstände mit Beschlag belegt werden. Auf diese Beschlagnahme finden die Bestimmungen der Zivilprozeßordnung über die Vollziehung und die Wirkungen des dinglichen Arrestes entsprechende Anwendung. Die Beschlagnahme ist aufzuheben, wenn ihr Grund weggefallen ist.

§ 284 (326)

Insoweit eine Deckung in Gemäßheit der vorstehenden Bestimmung nicht ausführbar erscheint, kann durch Beschluß des Gerichts das im Deutschen Reiche befindliche Vermögen des Angeschuldigten mit Beschlag belegt werden. Der Beschluß ist durch den Deutschen Reichsanzeiger und nach Ermessen des Gerichts auch durch andere Blätter zu veröffentlichen.

Verfügungen, welche der Angeschuldigte über sein mit Beschlag belegtes Vermögen nach der ersten durch den Deutschen Reichsanzeiger bewirkten Veröffentlichung des Beschlusses vornimmt, sind der Staatskasse gegenüber nichtig.

Die Beschlagnahme des Vermögens ist aufzuheben, sobald ihr Grund weggefallen oder die Deckung der Staatskasse durch eine Beschlagnahme in Gemäßheit des § 283 bewirkt ist.

Die Aufhebung der Beschlagnahme ist durch dieselben Blätter bekanntzumachen, durch welche die Beschlagnahme veröffentlicht worden ist.

---

§ 22 VO. bezieht sich nur auf öffentliche Zustellungen. Die im § 284 vorgesehenen Bekanntmachungen werden dadurch nicht berührt. Auch auf Grund der VO. über die Ermächtigung zur Einschränkung öffentlicher Bekanntmachungen v. 27. 12. 1923 (RGBl. I S. 1252) ist eine einschränkende Anordnung bisher nicht ergangen.

§ 285 (327)

In anderen als den im § 277 bezeichneten Fällen findet gegen einen Abwesenden eine Hauptverhandlung nicht statt. Das gegen den Abwesenden eingeleitete Verfahren hat die Aufgabe, für den Fall seiner künftigen Gestellung die Beweise zu sichern.

Für dieses Verfahren gelten die Bestimmungen der §§ 286 bis 294.

§ 286 (328)

Die Zulassung eines Verteidigers wird durch die Abwesenheit des Beschuldigten nicht ausgeschlossen. Zur Wahl eines Verteidigers sind auch Angehörige des Beschuldigten befugt.

Zeugen und Sachverständige sind eidlich zu vernehmen.

§ 287 (329)

Dem abwesenden Beschuldigten steht ein Anspruch auf Benachrichtigung über den Fortgang des Verfahrens nicht zu.

Der Richter ist jedoch befugt, einem Abwesenden, dessen Aufenthalt bekannt ist, Benachrichtigungen zugehen zu lassen.

§ 288 (330)

Der Abwesende, dessen Aufenthalt unbekannt ist, kann in öffentlichen Blättern zum Erscheinen vor Gericht oder zur Anzeige seines Aufenthaltsorts aufgefordert werden.

§ 289 (331)

Stellt sich erst nach Eröffnung des Hauptverfahrens die Abwesenheit des Angeklagten heraus, so erfolgen die noch erforderlichen Beweisaufnahmen durch einen beauftragten oder ersuchten Richter.

§ 290 (332)*

Liegen gegen den Abwesenden, gegen welchen die öffentliche Klage erhoben ist, Verdachtsgründe vor, welche die Erlassung eines Haftbefehls rechtfertigen würden, so kann sein im Deutschen Reiche befindliches Vermögen durch Beschluß des Gerichts mit Beschlag belegt werden.

Der bisherige Abs. 2 ist weggefallen, weil nach § 25 Abs. 2 VO. die Beschlagnahme des Vermögens nunmehr auch in Sachen zulässig ist, die zur Zuständigkeit des Amtsrichters oder des Schöffengerichts gehören. Die Bestimmung hat ihren Grund in der Erweiterung der Zuständigkeit der Amtsgerichte.

§ 291 (333)

Der die Beschlagnahme verhängende Beschluß ist durch den Deutschen Reichsanzeiger bekanntzumachen und kann nach dem Ermessen des Gerichts auch durch andere Blätter veröffentlicht werden.

Vgl. Anm. zu § 284.

§ 292 (334)***

Mit dem Zeitpunkt der ersten Bekanntmachung in dem Deutschen Reichsanzeiger verliert der Angeschuldigte das Recht, über das in Beschlag genommene Vermögen unter Lebenden zu verfügen.

Der die Beschlagnahme verhängende Beschluß ist der Behörde mitzuteilen, welche für die Einleitung einer Pflegschaft über Abwesende zuständig ist. Diese Behörde hat eine Pflegschaft einzuleiten.

Die Änderung paßt die Vorschrift dem Sprachgebrauch des BGB. an.

Für die Zuständigkeit zur Einleitung der Pflegschaft vgl. § 39 FrGG.

§ 293 (335)

Die Beschlagnahme ist aufzuheben, wenn ihre Gründe weggefallen sind.

Die Aufhebung der Beschlagnahme ist durch dieselben Blätter bekanntzumachen, durch welche die Beschlagnahme selbst veröffentlicht worden war.

Vgl. Anm. zu § 284.

§ 294 (336)

Auf das nach Erhebung der öffentlichen Klage eintretende Verfahren finden im übrigen die Vorschriften über die Voruntersuchung entsprechende Anwendung.

In dem nach Beendigung dieses Verfahrens ergehenden Beschlusse (§ 198) ist zugleich über die Fortdauer oder Aufhebung der Beschlagnahme zu entscheiden.

§ 295 (337)

Das Gericht kann einem abwesenden Beschuldigten sicheres Geleit erteilen; es kann diese Erteilung an Bedingungen knüpfen.

Das sichere Geleit gewährt Befreiung von der Untersuchungshaft, jedoch nur wegen der strafbaren Handlung, für welche es erteilt ist.

Es erlischt, wenn ein auf Freiheitsstrafe lautendes Urteil ergeht, wenn der Beschuldigte Anstalten zur Flucht trifft, oder wenn er die Bedingungen nicht erfüllt, unter welchen ihm das sichere Geleit erteilt worden ist.

Drittes Buch

Rechtsmittel

Erster Abschnitt

Allgemeine Bestimmungen

§ 296 (338)

Die zulässigen Rechtsmittel gegen gerichtliche Entscheidungen stehen sowohl der Staatsanwaltschaft als dem Beschuldigten zu.

Die Staatsanwaltschaft kann von ihnen auch zugunsten des Beschuldigten Gebrauch machen.

§ 297 (339)

Für den Beschuldigten kann der Verteidiger, jedoch nicht gegen dessen ausdrücklichen Willen, Rechtsmittel einlegen.

§ 298 (340)

Der gesetzliche Vertreter eines Beschuldigten, desgleichen der Ehemann einer beschuldigten Frau können binnen der für den Beschuldigten laufenden Frist selbständig von den zulässigen Rechtsmitteln Gebrauch machen.

Auf ein solches Rechtsmittel und auf das Verfahren finden die über die Rechtsmittel des Beschuldigten geltenden Vorschriften entsprechende Anwendung.

In Jugendsachen vgl. § 30 JGG. Vgl. auch § 282 StPO.

§ 299 (341)

Der nicht auf freiem Fuße befindliche Beschuldigte kann die Erklärungen, welche sich auf Rechtsmittel beziehen, zu Protokoll des Gerichtsschreibers des Gerichts geben, in dessen Gefängnis er sich befindet, und, falls das Gefängnis kein gerichtliches ist, des Amtsgerichts, in dessen Bezirk das Gefängnis liegt.

Zur Wahrung einer Frist genügt es, wenn innerhalb der Frist das Protokoll aufgenommen wird.

Für Militärstrafsachen vgl. § 447.

§ 300 (342)

Ein Irrtum in der Bezeichnung des zulässigen Rechtsmittels ist unschädlich.

§ 301 (343)

Jedes von der Staatsanwaltschaft eingelegte Rechtsmittel hat die Wirkung, daß die angefochtene Entscheidung auch zugunsten des Beschuldigten abgeändert oder aufgehoben werden kann.

§ 302 (344)

Die Zurücknahme eines Rechtsmittels sowie der Verzicht auf die Einlegung eines Rechtsmittels kann auch vor Ablauf der Frist zu seiner Einlegung wirksam erfolgen. Ein von der Staatsanwaltschaft zugunsten des Beschuldigten eingelegtes Rechtsmittel kann jedoch ohne dessen Zustimmung nicht zurückgenommen werden.

Der Verteidiger bedarf zur Zurücknahme einer ausdrücklichen Ermächtigung.

§ 303 (345)

Wenn die Entscheidung über das Rechtsmittel auf Grund mündlicher Verhandlung stattzufinden hat, so kann die Zurücknahme nach Beginn der Hauptverhandlung nur mit Zustimmung des Gegners erfolgen.

Zweiter Abschnitt

Beschwerde

§ 304 (346)

Die Beschwerde ist gegen alle von den Gerichten in erster Instanz oder in der Berufungsinstanz erlassenen

Beschlüsse und gegen die Verfügungen des Vorsitzenden, des Untersuchungsrichters, des Amtsrichters und eines beauftragten oder ersuchten Richters zulässig, soweit das Gesetz sie nicht ausdrücklich einer Anfechtung entzieht.

Auch Zeugen, Sachverständige und andere Personen können gegen Beschlüsse und Verfügungen, durch welche sie betroffen werden, Beschwerde erheben.

Gegen Beschlüsse und Verfügungen der Oberlandesgerichte und des Reichsgerichts findet eine Beschwerde nicht statt.

§ 305 (347)

Entscheidungen der erkennenden Gerichte, welche der Urteilsfällung vorausgehen, unterliegen nicht der Beschwerde. Ausgenommen sind Entscheidungen über Verhaftungen, Beschlagnahmen oder Straffestsetzungen, sowie alle Entscheidungen, durch welche dritte Personen betroffen werden.

§ 306 (348)

Die Beschwerde wird bei dem Gerichte, von welchem oder von dessen Vorsitzenden die angefochtene Entscheidung erlassen ist, zu Protokoll des Gerichtsschreibers oder schriftlich eingelegt. Sie kann in dringenden Fällen auch bei dem Beschwerdegericht eingelegt werden.

Erachtet das Gericht oder der Vorsitzende, dessen Entscheidung angefochten wird, die Beschwerde für begründet, so haben sie ihr abzuhelfen; anderenfalls ist die Beschwerde sofort, spätestens vor Ablauf von drei Tagen, dem Beschwerdegerichte vorzulegen.

Die vorstehenden Bestimmungen finden auch auf die Entscheidungen des Amtsrichters im Vorverfahren, des beauftragten oder ersuchten Richters und des Untersuchungsrichters Anwendung.

Für Militärstrafsachen vgl. § 447.

§ 307 (349)

Durch Einlegung der Beschwerde wird der Vollzug der angefochtenen Entscheidung nicht gehemmt.

Jedoch kann das Gericht, der Vorsitzende oder der Richter, dessen Entscheidung angefochten wird, sowie auch das Beschwerdegericht anordnen, daß die Vollziehung der angefochtenen Entscheidung auszusetzen sei.

§ 308 (350)

Das Beschwerdegericht kann dem Gegner des Beschwerdeführers die Beschwerde zur schriftlichen Gegenerklärung mitteilen; es kann etwa erforderliche Ermittlungen anordnen oder selbst vornehmen.

§ 309 (351)

Die Entscheidung über die Beschwerde erfolgt ohne vorgängige mündliche Verhandlung, in geeigneten Fällen nach Anhörung der Staatsanwaltschaft.

Wird die Beschwerde für begründet erachtet, so erläßt das Beschwerdegericht zugleich die in der Sache erforderliche Entscheidung.

§ 310 (352)

Beschlüsse, welche von dem Landgericht in der Beschwerdeinstanz erlassen sind, können, insofern sie Verhaftungen betreffen, durch weitere Beschwerde angefochten werden.

Im übrigen findet eine weitere Anfechtung der in der Beschwerdeinstanz ergangenen Entscheidungen nicht statt.

§ 311 (353)

Für die Fälle der sofortigen Beschwerde gelten die nachfolgenden besonderen Bestimmungen.

Die Beschwerde ist binnen der Frist von einer Woche, welche mit der Bekanntmachung (§ 35) der Entscheidung beginnt, einzulegen. Die Einlegung bei dem Beschwerdegerichte genügt zur Wahrung der Frist, auch wenn der Fall für dringlich nicht erachtet wird.

Das Gericht ist zu einer Abänderung seiner durch Beschwerde angefochtenen Entscheidung nicht befugt.

1) Für Militärstrafsachen vgl. § 447.
2) Für Entscheidungen, die eine Strafaussetzung auf Grund des JGG. betreffen, vgl. § 35 Abs. 2 JGG., für die Entscheidungen des Jugendrichters bei der Strafvollstreckung und bei der Ausführung einer Erziehungsmaßregel § 36 JGG.
3) Für Steuerstrafsachen vgl. § 429 StPO., § 432 Abs. 2 RAO. und AV. d. Pr. JM. v. 13. 2. 1922 (JMBl. S. 46).

Dritter Abschnitt

Berufung

§ 312 (354)*

Die Berufung findet statt gegen die Urteile des Amtsrichters und des Schöffengerichts.

1) Die Änderung beruht auf § 11 Abs. 1, § 25 Abs. 1 VO.
2) Für Jugendsachen vgl. § 35 JGG.
3) Die Berufung ist zulässig in allen Sachen, in denen der Amts-(Jugend)-richter, das kleine und das erweiterte Schöffen-(Jugend)-Gericht und das große Jugendgericht entschieden hat, nicht aber in den Sachen, in denen das Schwurgericht, das Oberlandesgericht und das Reichsgericht entschieden hat. Sie geht an die kleine Strafkammer, wenn der Amts-(Jugend)-richter, an die große Strafkammer, wenn eines der Schöffen-(Jugend)-gerichte entschieden hat (§§ 74, 76 GVG.).

§ 313 (neu)*

Ein Urteil des Amtsrichters kann nicht mit der Berufung angefochten werden, wenn es ausschließlich Übertretungen oder im Privatklageverfahren die im § 374 Nr. 1 bis 6 bezeichneten Vergehen zum Gegenstande hat und der Angeklagte entweder freigesprochen oder ausschließlich zu Geldstrafe verurteilt worden ist. Dies gilt nicht, wenn die Privatklage wegen einer durch die Presse begangenen Beleidigung erhoben worden ist.

1) Der Paragraph beruht auf § 33 Abs. 1 VO. Vgl. dazu auch §§ 334, 340 StPO. und § 121 Nr. 1a GVG.
2) VO. des Reichsmin. d. Justiz v. 18. 3. 1924 (RGBl. I S. 284) auf Grund des § 42 Abs. 5 VO.: „§ 3. Ob und mit welchen Rechtsmitteln ein vor dem 1. 4 1924 erlassenes Urteil des Amts-

richters oder des Schöffengerichts angefochten werden kann, bestimmt sich nach den Vorschriften, die zur Zeit der Verkündung des Urteils gelten."

Dazu ist ferner zu vergleichen § 46 VO.:

„Bei Übertretungen und Vergehen ist die Berufung ausgeschlossen, wenn wegen der Tat freigesprochen oder ausschließlich auf Geldstrafe erkannt worden ist.

Gegen das Urteil findet in diesem Falle die Revision statt; über die Revision entscheidet das Oberlandesgericht.

Auf die Anfechtung von Urteilen, die vor dem 15. 1. 1924 verkündet worden sind, finden die bisherigen Vorschriften Anwendung."

Diese Bestimmung hat v. 15. 1.—31. 3. 1924 gegolten.

3) In den Sachen, die auf Grund der §§ 18, 26 des Ges. über die Beschäftigung Schwerbeschädigter, in der Fassung der Bekanntmachung v. 12. 1. 1923 (RGBl. I S. 57) vor den Schöffengerichten (vgl. Anm. 4 zu § 28) verhandelt werden, ist die Berufung zulässig, da sie wegen der Höhe der angedrohten Buße wie Vergehenssachen zu behandeln sind und nach dem zu § 28 Anm. 4, § 29 Anm. 8 GVG. Dargelegten stets zur Zuständigkeit der Schöffengerichte gehören.

4) Bei Zuwiderhandlungen gegen das Pr. FDiebstG., in dem — abgesehen von den Fällen der §§ 6, 8, in denen Gefängnis angedroht ist — die Geldstrafe in dem Einfachen oder Mehrfachen eines bestimmten Betrages (des Wertes des Entwendeten) besteht und Freiheitsstrafe an erster Stelle nicht angedroht ist, muß im Einzelfalle geprüft werden, ob nach der Höhe der zulässigen Höchststrafe das Delikt als Übertretung oder als Vergehen anzusehen ist.

Die im FuFPolG. normierten Delikte — außer §§ 20, 21 — sind sämtlich Übertretungen; doch ist hier auch Haftstrafe an erster Stelle zulässig, so daß Berufung wenigstens in Frage kommt, wenn auf eine solche Strafe erkannt wird.

5) Nach dem Wortlaut des § 313 kommt der Ausschluß der Berufung nur in den vor dem Amts-(Jugend-)richter — nicht auch in den vor dem Schöffen-(Jugend-)Gericht — abgeurteilten Sachen zur Anwendung.

Die Berufung ist ausgeschlossen, wenn das Urteil ausschließlich eine Übertretung zum Gegenstand hat; ob die Tat im Verfahren vor dem Urteil anders angesehen wurde, ist ohne Belang (z. B. Urteil wegen Mundraubs auf Anklage wegen Diebstahls). Spricht das Urteil aber wegen eines zur Anklage stehenden Vergehens frei und verurteilt gleichzeitig wegen einer (in der Anklage enthaltenen oder später hervorgetretenen) Übertretung, so ist das ganze Urteil berufungsfähig, auch soweit es sich auf die Übertretung bezieht.

6) Bei Vergehen kommt — abgesehen von dem in Anm. 2 erörterten Fall, der nur für die Zeit vom 15. 1.—31. 3. 1924 in Betracht zu ziehen war — ein Ausschluß der Berufung nur bei den im § 374 Nr. 1—6 vorgesehenen Vergehen in Frage, und auch bei diesen nur, wenn sie im Wege der Privatklage verfolgt werden, nicht auch wenn sie durch öffentliche Klage verfolgt werden, und auch nur dann, wenn das Urteil ausschließlich (vgl. Anm. 5) Straftaten dieser Art zum Gegenstand hat. Privatklage ist auch die Widerklage, selbst dann, wenn die Privatklage selbst zurückgenommen wurde (§ 388 Abs. 3). Wird auf die Widerklage zu Freiheitsstrafe, auf die Privatklage nur zu Geldstrafe verurteilt, so ist die Frage, ob etwa das ganze Urteil, oder nur das auf die Widerklage ergangene Urteil berufungsfähig sei, recht zweifelhaft. Ich möchte das letztere annehmen (vgl. unten Anm. 11).

7) Ausschließlich auf Geldstrafe ist auch dann erkannt, wenn bei einer Übertretung des § 361 StGB. gemäß § 27 b StGB. in der Fassung der VO. über Vermögensstrafen und Bußen Geldstrafe anstelle einer an sich verwirkten Freiheitsstrafe verhängt wird. Berufung ist also auch in diesem Falle ausgeschlossen. So auch Oberlandesgericht Kiel v. 9. 4. 1924 (abgedruckt im Pr. JMBl. S. 285).

„Ausschließlich auf Geldstrafe“ ist auch erkannt, wenn neben Geldstrafe eine Nebenstrafe, z. B. die Bekanntmachung des Urteils, eine Einziehung usw. ausgesprochen wird. Gl. M. KG. in der Entscheidung v. 23. 5. 1924 — 1 W 166/24 —; dort wird ausgeführt, daß der Ausdruck „ausschließlich auf Geldstrafe“ sich nur auf die Hauptstrafe beziehe, nicht auch auf Nebenstrafen, und daß daher die Berufung auch dann ausgeschlossen sei, wenn neben der Geldstrafe auf Einziehung oder eine sonstige Nebenstrafe erkannt sei. A. M. Kiesow StPO.

8) Der Freisprechung steht es im Sinne des § 313 gleich, wenn gemäß § 6, § 9 Abs. 4 JGG. von Strafe abgesehen, oder wenn gemäß §§ 199, 233 StGB. ein Angeklagter für straffrei erklärt wird.

9) Ein Irrtum in der Bezeichnung des Rechtsmittels ist unschädlich (§ 300). Bezeichnet ein Angeklagter in den Fällen des § 313 sein Rechtsmittel als Berufung, so ist es gleichwohl als Revision zu behandeln. Die Justizbehörden werden ihn darüber zu belehren und darauf hinzuweisen haben, daß die Revision gemäß § 345 zu rechtfertigen ist. So auch Oberlandesgericht Kiel in der in Anm. 7 zitierten Entscheidung.

10) Der Begriff der „Beleidigung“ im letzten Satz ist der gleiche wie im § 374 Nr. 2 StPO.; vgl. dort.

„Durch die Presse begangen“ ist eine Beleidigung, wenn der Tatbestand der Beleidigung durch den Inhalt einer Druckschrift begründet wird (§ 7 StPO., §§ 20—23 Preßges.). „Beleidigung“

im Sinne der Vorschrift sind die Delikte der §§ 185—187, 189 StGB.

11) Die Berufung ist, wenn die Voraussetzungen des § 313 vorliegen, für alle an dem Verfahren gegen den Angeklagten Beteiligten ausgeschlossen, also außer für den Angeklagten selbst auch für die Staatsanwaltschaft, den Nebenkläger (z. B. Finanzamt), den Ehegatten, den gesetzlichen Vertreter. Beteiligter ist nicht ein Mitverurteilter (auch nicht bei Privatklagen im Falle der Widerklage, wenn sowohl der Angeklagte als auch der Privatkläger verurteilt sind). Bei Mitangeklagten ist vielmehr die Frage der Berufungsfähigkeit für jeden Angeklagten selbständig zu prüfen.

12) Daß § 313 auch in Jugendsachen gilt, wurde bereits erwähnt. Er kommt dabei aber wegen des Ausschlusses der Privatklage gegen Jugendliche im wesentlichen nur für Übertretungen in Betracht und hat auch bei diesen wegen der Bestimmung des § 6 und des § 9 Abs. 4 nur geringe Bedeutung, zumal er auch dann, wenn das Jugendgericht als Schöffengericht erkannt hat, schon nach dem Wortlaut des § 313 (vgl. Anm. 5) ausgeschlossen ist und nur für die wenigen Fälle Bedeutung hat, in denen der Jugendrichter allein entscheiden kann (vgl. Anm. zu § 25).

13) Vgl. die Anm. zu §§ 334, 335 unten.

14) Soweit die Berufung unzulässig ist, findet die Revision statt, die allerdings nicht auf Mängel im Verfahren gestützt werden kann. Nur im Verfahren wegen Forstdiebstahls und in Feld- und Forstrügesachen ist auch die Revision ausgeschlossen.

§ 314 (355)

Die Berufung muß bei dem Gericht erster Instanz binnen einer Woche nach Verkündung des Urteils zu Protokoll des Gerichtsschreibers oder schriftlich eingelegt werden.

Hat die Verkündung des Urteils nicht in Anwesenheit des Angeklagten stattgefunden, so beginnt für diesen die Frist mit der Zustellung.

---

1) Für Militärstrafsachen vgl. § 447.

2) Für Steuerstrafsachen vgl. § 429 StPO., § 432 Abs. 2 RAO. und AV. d. Pr. JM. v. 13. 2. 1922 (JMBl. S. 46).

3) Vgl. auch die AV. d. Pr. JM. v. 3. 1. 1919 (JMBl. S. 13), 25. 6. 1924 (JMBl. S. 263) betr. Belehrung über Rechtsmittel in Strafsachen, sowie Abs. 2 der AV. v. 11. 2. 1922 (JMBl. S. 45).

§ 315 (356)

Der Beginn der Frist zur Einlegung der Berufung wird dadurch nicht ausgeschlossen, daß gegen ein auf Ausbleiben des Angeklagten ergangenes Urteil eine Wiedereinsetzung in den vorigen Stand nachgesucht werden kann.

Stellt der Angeklagte ein Gesuch um Wiedereinsetzung in den vorigen Stand, so wird die Berufung dadurch gewahrt, daß sie sofort für den Fall der Verwerfung jenes Gesuchs rechtzeitig eingelegt wird. Die weitere Verfügung in bezug auf die Berufung bleibt dann bis zur Erledigung des Gesuchs um Wiedereinsetzung in den vorigen Stand ausgesetzt.

Die Einlegung der Berufung ohne Verbindung mit dem Gesuch um Wiedereinsetzung in den vorigen Stand gilt als Verzicht auf die letztere.

§ 316 (357)

Durch rechtzeitige Einlegung der Berufung wird die Rechtskraft des Urteils, soweit es angefochten ist, gehemmt.

Dem Beschwerdeführer, welchem das Urteil mit den Gründen noch nicht zugestellt war, ist es nach Einlegung der Berufung sofort zuzustellen.

Vgl. AV. d. Pr. JM. v. 11. 2. 1922 (JMBl. S. 45) über die Zustellung von Strafurteilen nach Einlegung der Berufung oder der Revision.

§ 317 (358)

Die Berufung kann binnen einer weiteren Woche nach Ablauf der Frist zur Einlegung des Rechtsmittels oder, wenn zu dieser Zeit das Urteil noch nicht zugestellt war, nach dessen Zustellung bei dem Gericht erster Instanz zu Protokoll des Gerichtsschreibers oder in einer Beschwerdeschrift gerechtfertigt werden.

---

1) Für Militärstrafsachen vgl. § 447.
2) Für Steuerstrafsachen vgl. § 429 StPO., § 432 Abs. 2 RAO.

§ 318 (359)

Die Berufung kann auf bestimmte Beschwerdepunkte beschränkt werden. Ist dies nicht geschehen oder eine Rechtfertigung überhaupt nicht erfolgt, so gilt der ganze Inhalt des Urteils als angefochten.

§ 319 (360)

Ist die Berufung verspätet eingelegt, so hat das Gericht erster Instanz das Rechtsmittel als unzulässig zu verwerfen.

Der Beschwerdeführer kann binnen einer Woche nach Zustellung des Beschlusses auf die Entscheidung des Berufungsgerichts antragen. In diesem Falle sind die Akten an das Berufungsgericht einzusenden; die Vollstreckung des Urteils wird jedoch hierdurch nicht gehemmt.

Vgl. AV. d. Pr. JM. v. 3. 1. 1919 (JMBl. S. 13), 25. 6. 1924 (JMBl. S. 263) betr. Belehrung über Rechtsmittel in Strafsachen, sowie Abs. 2 der AV. v. 11. 2. 1922 (JMBl. S. 45).

§ 320 (361)

Ist die Berufung rechtzeitig eingelegt, so hat nach Ablauf der Frist zur Rechtfertigung der Gerichtsschreiber ohne Rücksicht darauf, ob eine Rechtfertigung stattgefunden hat oder nicht, die Akten der Staatsanwaltschaft vorzulegen. Diese stellt, wenn die Berufung von ihr eingelegt ist, dem Angeklagten die Schriftstücke über Einlegung und Rechtfertigung der Berufung zu.

§ 321 (362)

Die Staatsanwaltschaft übersendet die Akten an die Staatsanwaltschaft bei dem Berufungsgerichte. Diese übergibt die Akten binnen einer Woche dem Vorsitzenden des Gerichts.

§ 322 (363)

Erachtet das Berufungsgericht die Bestimmungen über die Einlegung der Berufung nicht für beobachtet, so kann es das Rechtsmittel durch Beschluß als unzulässig verwerfen. Anderenfalls entscheidet es darüber durch Urteil.

Der Beschluß kann durch sofortige Beschwerde angefochten werden.

§ 323 (364)

Auf die Vorbereitung der Hauptverhandlung finden die Vorschriften der §§ 214, 216 bis 225 Anwendung. In der Ladung ist der Angeklagte auf die Folgen des Ausbleibens ausdrücklich hinzuweisen.

Die Ladung der in erster Instanz vernommenen Zeugen und Sachverständigen kann nur dann unterbleiben, wenn deren wiederholte Vernehmung zur Aufklärung der Sache nicht erforderlich erscheint.

Neue Beweismittel sind zulässig.

Bei der Auswahl der zu ladenden Zeugen und Sachverständigen ist auf die von dem Angeklagten zur Rechtfertigung der Berufung benannten Personen Rücksicht zu nehmen.

Der Termin zur Hauptverhandlung soll in Jugendsachen auch dem gesetzlichen Vertreter rechtzeitig bekannt gemacht werden (§ 30 JGG.).

§ 324 (365)

Nachdem die Hauptverhandlung nach Vorschrift des § 243 Abs. 1 begonnen hat, hält ein Berichterstatter in Abwesenheit der Zeugen einen Vortrag über die Ergebnisse des bisherigen Verfahrens. Das Urteil erster Instanz ist stets zu verlesen.

Sodann erfolgt die Vernehmung des Angeklagten und die Beweisaufnahme.

§ 325 (366)

Bei der Berichterstattung und der Beweisaufnahme können Schriftstücke verlesen werden; Protokolle über Aussagen der in der Hauptverhandlung erster Instanz vernommenen Zeugen und Sachverständigen dürfen, abgesehen von den §§ 251, 253 ohne die Zustimmung der Staatsanwaltschaft und des Angeklagten nicht verlesen werden, wenn die wiederholte Vorladung der Zeugen oder Sachverständigen erfolgt ist oder von dem Angeklagten rechtzeitig vor der Hauptverhandlung beantragt worden war.

§ 326 (367)

Nach dem Schlusse der Beweisaufnahme werden die Staatsanwaltschaft sowie der Angeklagte und sein Verteidiger mit ihren Ausführungen und Anträgen, und zwar der Beschwerdeführer zuerst, gehört. Dem Angeklagten gebührt das letzte Wort.

§ 327 (368)

Der Prüfung des Gerichts unterliegt das Urteil nur, soweit es angefochten ist.

§ 328 (369)*

Insoweit die Berufung für begründet befunden wird, hat das Berufungsgericht unter Aufhebung des Urteils in der Sache selbst zu erkennen.

Leidet das Urteil an einem Mangel, welcher die Revision wegen Verletzung einer Rechtsnorm über das Verfahren begründen würde, so kann das Berufungsgericht unter Aufhebung des Urteils die Sache, wenn die Umstände des Falles es erfordern, zur Entscheidung an die erste Instanz zurückverweisen.

Hat das Gericht erster Instanz mit Unrecht seine Zuständigkeit angenommen, so hat das Berufungsgericht unter Aufhebung des Urteils die Sache an das zuständige Gericht zu verweisen.

---

1) Der letzte Teil des Abs. 3 ist weggefallen, weil die Strafkammer nach §§ 6—11 VO. niemals mehr in erster Instanz zuständig sein kann.

2) Vgl. auch § 18 Abs. 2 JGG., die Anm. 8 zu § 25 GVG. und die Anm. 3 zu § 209 StPO. Die Verweisung zum ordentlichen Verfahren geschieht in der Weise, daß die Strafkammer das erste Urteil aufhebt und die Sache an das zuständige ordentliche Gericht verweist; bis zur Anberaumung des Termins vor

diesem wird dann gegebenenfalls der Antrag auf Entscheidung durch den Amtsrichter allein ebenso gestellt werden können, wie wenn die Sache bereits in erster Instanz zum ordentlichen Verfahren verwiesen worden wäre. In derselben Weise wird auch der Antrag auf Zuziehung des zweiten Amtsrichters gestellt werden können (Anm. 7 zu § 29 GVG.).

§ 329 (370)

Ist bei dem Beginne der Hauptverhandlung weder der Angeklagte noch in den Fällen, wo solches zulässig, ein Vertreter des Angeklagten erschienen und das Ausbleiben nicht genügend entschuldigt, so ist, insoweit der Angeklagte die Berufung eingelegt hat, diese sofort zu verwerfen, insoweit die Staatsanwaltschaft die Berufung eingelegt hat, über diese zu verhandeln oder die Vorführung oder Verhaftung des Angeklagten anzuordnen.

Der Angeklagte kann binnen einer Woche nach der Zustellung des Urteils die Wiedereinsetzung in den vorigen Stand unter den in den §§ 44, 45 bezeichneten Voraussetzungen beanspruchen.

Eine Entbindung des Angeklagten von der Pflicht zum Erscheinen ist für die Hauptverhandlung in der Berufungsinstanz nicht mehr möglich. (Vgl. § 233 und Anm. dazu.)

§ 330 (371)

Ist von einer der im § 298 bezeichneten Personen die Berufung eingelegt worden, so hat das Gericht auch den Angeklagten zu der Hauptverhandlung vorzuladen und kann ihn bei seinem Ausbleiben zwangsweise vorführen lassen.

§ 331 (372)

War das Urteil nur von dem Angeklagten oder zu seinen Gunsten von der Staatsanwaltschaft oder von einer der im § 298 bezeichneten Personen angefochten worden, so darf das Urteil nicht zum Nachteil des Angeklagten abgeändert werden.

§ 332 (373)

Im übrigen finden die im sechsten Abschnitt des zweiten Buches über die Hauptverhandlung gegebenen Vorschriften Anwendung.

Vierter Abschnitt

Revision

§ 333 (374)

Die Revision findet statt gegen die Urteile der Landgerichte und der Schwurgerichte.

---

1) Auch soweit in erster Instanz das Schöffengericht und der Amtsrichter erkannt hat, ist in Zukunft die Revision unbeschränkt gegeben (vgl. jedoch Anm. 4 zu § 334). Der Ausschluß der Rüge formeller Mängel im bisherigen § 380 ist weggefallen und nur für die beiden neu geschaffenen Fälle unmittelbarer Revision (§§ 334, 335 — vgl. dort) beibehalten worden (§ 35 Abs. 1 VO.).

2) Für Schwurgerichtssachen ist die besondere Vorschrift des bisherigen § 379 weggefallen (§ 35 Abs. 1 VO.).

3) Gegen Urteile der Oberlandesgerichte findet Revision nicht statt.

§ 334 (neu)*

Gegen die Urteile des Amtsrichters ist die Revision insoweit zulässig, als nach § 313 die Berufung ausgeschlossen ist.

---

1) Die Vorschrift beruht auf § 33 Abs. 2 S. 1 VO. Vgl. dazu auch § 121 Ziff. 1 a GVG., der die Zuständigkeit regelt. (Vgl. dort insbes. Anm. 3.)

2) Die Akten hat der Amtsanwalt, wenn er selbst Revision eingelegt hat, durch Vermittlung des Oberstaatsanwalts, anderenfalls unmittelbar dem Generalstaatsanwalt vorzulegen (AV. d. Pr. JM. v. 5. 2. 1924, JMBl. S. 62, Abschnitt II).

3) Vgl. ferner § 313 und die Anm. dazu.

4) Im Verfahren wegen Zuwiderhandlungen gegen das FDiebstG. — außer in den Fällen der §§ 6, 8 das. — und gegen das FuFPolG. — außer in den Fällen der §§ 20, 21 — ist die Revision ausgeschlossen, auch soweit Berufung nicht gegeben ist (vgl. Anm. 4 zu § 313).

5) Ueber die Revision entscheidet stets das Oberlandesgericht.

§ 335 (neu)*

Ein Urteil, gegen das die Berufung zulässig ist, kann statt mit der Berufung mit der Revision angefochten werden.

Über die Revision entscheidet das Gericht, das zur Entscheidung berufen wäre, wenn die Revision nach durchgeführter Berufung eingelegt worden wäre.

Legt gegen das Urteil ein Beteiligter Revision und ein anderer Beteiligter Berufung ein, so wird, solange die Berufung nicht zurückgenommen oder als unzulässig verworfen ist, die Revision als Berufung behandelt. Die Revisionsanträge und deren Begründung sind gleichwohl in der vorgeschriebenen Form und Frist anzubringen und dem Gegner zuzustellen (§§ 344 bis 347). Gegen das Berufungsurteil findet Revision nach den allgemein geltenden Vorschriften statt.

---

1) Abs. 1 entspricht dem § 34 Abs. 1 S. 1 VO., Abs. 2 dem Abs. 2, Abs. 3 dem Abs. 3 a. a. O.

2) Die Sprungrevision kommt nur in Frage, wenn die Berufung zulässig ist (§§ 312, 313 StPO.). Sie geht an das Gericht, das nach §§ 121, 135 GVG. zuständig wäre, wenn die Revision nach durchgeführter Berufung eingelegt wäre, an das Reichsgericht also nur, wenn in erster Instanz das erweiterte Schöffengericht, das erweiterte oder das große Jugendgericht entschieden hat. Ist z. Zt. der Einlegung des Rechtsmittels die schriftliche Urteilsbegründung noch nicht bei den Akten, so wird man es aus praktischen Gründen für zulässig erachten müssen, daß „Berufung" und „Revision" eingelegt und erst später mitgeteilt wird, ob das Rechtsmittel als Berufung oder als Revision behandelt werden soll. Die Frist für die Anbringung der Revisionsanträge darf aber dadurch nicht hinausgeschoben werden.

3) Hat ein Teil Sprungrevision, der andere Teil Berufung eingelegt, so ist auch die Revision als Berufung zu behandeln. Das gilt aber nur, solange die Berufung nicht zurückgenommen oder als unzulässig verworfen wird; geschieht das, so ist die Revision nunmehr als solche (nicht als Berufung) weiter zu behandeln; die Partei, die die Revision eingelegt hat, ist nicht etwa in der Lage, nach Zurücknahme der Berufung des andern Teils oder Verwerfung derselben wegen Unzulässigkeit nun seinerseits die Weiterbehandlung seiner Revision als Berufung zu verlangen.

Nur für den Fall der Zurücknahme oder Verwerfung der Berufung (als unzulässig) ist die Sondervorschrift des Abs. 3 S. 2

von Bedeutung; wird die Berufung durchgeführt, so ist eine Unterlassung der Anbringung der Revisionsanträge und der Revisionsbegründung unschädlich; wird aber die Berufung zurückgenommen oder als unzulässig verworfen, so ist die Revision, wenn sie nicht rechtzeitig und formrichtig begründet wird, als unzulässig zu verwerfen.

Ob zuerst die Berufung oder zuerst Revision eingelegt wird, ist für die Anwendung des Abs. 3 ohne Bedeutung. Ebenso ist es gleichgültig, ob Revision und Berufung denselben Gegenstand haben oder einen verschiedenen (Beispiel: Berufung wegen des Strafmaßes, Revision wegen des Schuldspruchs).

Wird die Berufung als unzulässig verworfen (ob durch Beschluß oder durch Urteil, ist gleichgiltig), so darf das Berufungsgericht auf die Revision nicht erkennen. Die Revision ist als solche weiterzuverfolgen, sobald das die Berufung als unzulässig verwerfende Erkenntnis rechtskräftig ist.

4) Wird nach durchgeführter Berufung ein Urteil erlassen, so kann auch diejenige Partei, die Sprungrevision eingelegt hatte, das Urteil mit der Revision angreifen.

5) Wegen der formellen Behandlung der Sprungrevision vgl. Anm. 2 zu § 334.

6) Nach § 32 Pr. FDiebstG. und nach § 59 Pr. FuFPolG. erleiden die Vorschriften des § 334 insofern eine Ausnahme, als auch insoweit, als nach den gen. Gesetzen die Berufung zulässig ist (vgl. Anm. 4 zu § 313), anstelle der Berufung Revision nicht eingelegt werden kann. Nur in den Fällen der §§ 6, 8 FDiebstG., §§ 20, 21 FuFPolG. ist Berufung und Revision unbeschränkt zulässig, also auch § 335 anwendbar.

7) „Beteiligter“ im Sinne des § 335 Abs. 3 ist nur, wer selbst ein Rechtsmittel für oder gegen den Angeklagten einlegen kann. Beteiligter ist daher nicht ein Mitangeklagter. Legt einer der Mitangeklagten Revision, der andere Berufung ein, so sind beide Rechtsmittel getrennt durchzuführen. Vgl. auch Anm. 11 zu § 313.

8) Auch in Jugendsachen ist § 335 anwendbar.

9) Vgl. AV. d. Pr. JM. v. 3. 1. 1919 (JMBl. S. 13), 25. 6. 1924 (S. 263) betr. Belehrung über Rechtsmittel in Strafsachen, sowie Abs. 2 der AV. v. 11. 2. 1922 (JMBl. S. 45).

§ 336 (375)

Der Beurteilung des Revisionsgerichts unterliegen auch die Entscheidungen, welche dem Urteil vorausgegangen sind, sofern es auf ihnen beruht.

§ 337 (376)

Die Revision kann nur darauf gestützt werden, daß das Urteil auf einer Verletzung des Gesetzes beruhe.

Das Gesetz ist verletzt, wenn eine Rechtsnorm nicht oder nicht richtig angewendet worden ist.

In Militärstrafsachen kann die Revision auch darauf gestützt werden, daß eine allgemeine militärische Dienstvorschrift nicht oder nicht richtig angewendet worden sei (§ 448).

§ 338 (377)*

Ein Urteil ist stets als auf einer Verletzung des Gesetzes beruhend anzusehen:

1. wenn das erkennende Gericht nicht vorschriftsmäßig besetzt war;
2. wenn bei dem Urteil ein Richter, Geschworener oder Schöffe mitgewirkt hat, welcher von der Ausübung des Richteramts kraft des Gesetzes ausgeschlossen war;
3. wenn bei dem Urteil ein Richter, Geschworener oder Schöffe mitgewirkt hat, nachdem er wegen Besorgnis der Befangenheit abgelehnt war und das Ablehnungsgesuch entweder für begründet erklärt war oder mit Unrecht verworfen worden ist;
4. wenn das Gericht seine Zuständigkeit mit Unrecht angenommen hat;
5. wenn die Hauptverhandlung in Abwesenheit der Staatsanwaltschaft oder einer Person, deren Anwesenheit das Gesetz vorschreibt, stattgefunden hat;
6. wenn das Urteil auf Grund einer mündlichen Verhandlung ergangen ist, bei welcher die Vorschriften über die Öffentlichkeit des Verfahrens verletzt sind;
7. wenn das Urteil keine Entscheidungsgründe enthält;
8. wenn die Verteidigung in einem für die Entscheidung wesentlichen Punkte durch einen Beschluß des Gerichts unzulässig beschränkt worden ist.

In Nr. 1 ist unvorschriftsmäßige Besetzung der Geschworenenbank als besonderer Revisionsgrund weggefallen, da es eine selbständige Geschworenenbank nicht mehr gibt (§ 12 VO.); der Fall der unvorschriftsmäßigen Besetzung der Geschworenenbank wird daher bereits von dem verbleibenden Teil der Nr. 1 gedeckt. Die Änderung in Nr. 3 beruht auf § 21 Abs. 4, § 35 Abs. 2 VO.

§ 339 (378)

Die Verletzung von Rechtsnormen, welche lediglich zugunsten des Angeklagten gegeben sind, kann von der Staatsanwaltschaft nicht zu dem Zwecke geltend gemacht werden, um eine Aufhebung des Urteils zum Nachteile des Angeklagten herbeizuführen.

§ 340 (380 teilw.)*

In den Fällen, in denen die Revision an Stelle der Berufung stattfindet (§ 334) oder statt der Berufung eingelegt wird (§ 335), kann die Revision wegen Verletzung einer Rechtsnorm über das Verfahren nur auf Verletzung der Vorschrift des § 358 gestützt werden.

1) Die Aufhebung des bisherigen § 380 für den Regelfall beruht auf § 35 Abs. 1 VO., die Aufrechterhaltung für die Fälle, in denen die Revision anstelle einer (zulässigen oder unzulässigen) Berufung eingelegt wird, auf § 33 Abs. 2 S. 2 und § 34 Abs. 1 S. 2 VO.

2) Wegen des Begriffs der „Rechtsnorm über das Verfahren" bleibt die umfangreiche Literatur und Rechtsprechung zu dem bisherigen § 380 verwertbar.

§ 341 (381)

Die Revision muß bei dem Gerichte, dessen Urteil angefochten wird, binnen einer Woche nach Verkündung des Urteils zu Protokoll des Gerichtsschreibers oder schriftlich eingelegt werden.

Hat die Verkündung des Urteils nicht in Anwesenheit des Angeklagten stattgefunden, so beginnt für diesen die Frist mit der Zustellung.

---

1) Die Springrevision (§§ 334, 335) wird stets bei dem Amtsrichter eingelegt, auch wenn das Schöffengericht erkannt hat. Vgl. auch Anm. 2 zu § 334.

2) Für Militärstrafsachen vgl. § 447.

3) Für Steuerstrafsachen vgl. § 429 StPO., § 432 Abs. 2 RAO. und AV. d. Pr. JM. v. 13. 2. 1922 (JMBl. S. 46).

4) Vgl. auch die AV. d. Pr. JM. v. 3. 1. 1919 (JMBl. S. 13), 25. 6. 1924 (JMBl. S. 263) betr. Belehrung über Rechtsmittel in Strafsachen.

§ 342 (382)

Der Beginn der Frist zur Einlegung der Revision wird dadurch nicht ausgeschlossen, daß gegen ein auf Ausbleiben des Angeklagten ergangenes Urteil eine Wiedereinsetzung in den vorigen Stand nachgesucht werden kann.

Stellt der Angeklagte ein Gesuch um Wiedereinsetzung in den vorigen Stand, so wird die Revision dadurch gewahrt, daß sie sofort für den Fall der Verwerfung jenes Gesuchs rechtzeitig eingelegt und begründet wird. Die weitere Verfügung in bezug auf die Revision bleibt dann bis zur Erledigung des Gesuchs um Wiedereinsetzung in den vorigen Stand ausgesetzt.

Die Einlegung der Revision ohne Verbindung mit dem Gesuch um Wiedereinsetzung in den vorigen Stand gilt als Verzicht auf die letztere.

§ 343 (383)

Durch rechtzeitige Einlegung der Revision wird die Rechtskraft des Urteils, soweit es angefochten ist, gehemmt.

Dem Beschwerdeführer, welchem das Urteil mit den Gründen noch nicht zugestellt war, ist es nach Einlegung der Revision zuzustellen.

Vgl. dazu AV. d. Pr. JM. v. 11. 2. 1922 (JMBl. S. 45) über die Zustellung von Strafurteilen nach Einlegung der Revision.

§ 344 (384)

Der Beschwerdeführer hat die Erklärung abzugeben, inwieweit er das Urteil anfechte und dessen Aufhebung beantrage (Revisionsanträge), und die Anträge zu begründen.

Aus der Begründung muß hervorgehen, ob das Urteil wegen Verletzung einer Rechtsnorm über das Verfahren oder wegen Verletzung einer anderen Rechtsnorm angefochten wird. Ersterenfalls müssen die den Mangel enthaltenden Tatsachen angegeben werden.

§ 345 (385)

Die Revisionsanträge und deren Begründung sind spätestens binnen einer weiteren Woche nach Ablauf der Frist zur Einlegung des Rechtsmittels oder, wenn zu dieser Zeit das Urteil noch nicht zugestellt war, nach dessen Zustellung bei dem Gerichte, dessen Urteil angefochten wird, anzubringen.

Seitens des Angeklagten kann dies nur in einer von dem Verteidiger oder einem Rechtsanwalt unterzeichneten Schrift oder zu Protokoll des Gerichtsschreibers geschehen.

1) Für Militärstrafsachen vgl. § 447.

2) Für Reichssteuerstrafsachen vgl. § 432 Abs. 2 RAO. und AV. d. Pr. JM. v. 13. 2. 1922 (JMBl. S. 46).

3) Vgl. ferner Anm. 4 zu § 341, sowie die AV. d. Pr. JM. v. 12. 2. 1923 (JMBl. S. 105) über die Bereitstellung der Akten zur Einsicht während der Revisionsbegründungsfrist.

§ 346 (386)

Ist die Revision verspätet eingelegt, oder sind die Revisionsanträge nicht rechtzeitig oder nicht in der im § 345 Abs. 2 vorgeschriebenen Form angebracht worden, so hat das Gericht, dessen Urteil angefochten wird, das Rechtsmittel durch Beschluß als unzulässig zu verwerfen.

Der Beschwerdeführer kann binnen einer Woche nach Zustellung des Beschlusses auf die Entscheidung des Revisionsgerichts antragen. In diesem Falle sind die Akten an das Revisionsgericht einzusenden; die Vollstreckung des Urteils wird jedoch hierdurch nicht gehemmt.

1) Handelt es sich um ein Urteil, das die Strafkammer in erster Instanz erlassen hatte, so hat auch nach dem 1. 4. 1924 die Beschlußkammer die Entscheidung nach Abs. 1 zu treffen

(§ 42 Abs. 3 S. 1 VO.). Vgl. auch Anm. 7 zu § 359, Anm. 4 zu § 462 StPO. und insbes. Anm. 4 zu § 74 GVG.

2) Bei der Springrevision (§§ 334, 335) entscheidet stets der Amtsrichter, auch wenn das Schöffengericht erkannt hat. Es handelt sich um eine Entscheidung außerhalb der Hauptverhandlung (§ 30 Abs. 2 GVG.).

3) Zu Abs. 2 vgl. Anm. 4 zu § 341.

§ 347 (387)

Ist die Revision rechtzeitig eingelegt und sind die Revisionsanträge rechtzeitig und in der vorgeschriebenen Form angebracht, so ist die Revisionsschrift dem Gegner des Beschwerdeführers zuzustellen. Diesem steht frei, binnen einer Woche eine schriftliche Gegenerklärung einzureichen. Der Angeklagte kann letztere auch zu Protokoll des Gerichtsschreibers abgeben.

Nach Eingang der Gegenerklärung oder nach Ablauf der Frist erfolgt durch die Staatsanwaltschaft die Einsendung der Akten an das Revisionsgericht.

---

1) Für Militärstrafsachen vgl. § 447.

2) Wegen der Einsendung der Akten an das Revisionsgericht vgl. Anm. 2 zu § 334.

3) Für Steuerstrafsachen vgl. Anm. 2 zu § 345.

§ 348 (388)

Findet das Gericht, an welches die Einsendung der Akten erfolgt ist, daß die Verhandlung und Entscheidung über das Rechtsmittel zur Zuständigkeit eines anderen Gerichts gehöre, so hat es durch Beschluß seine Unzuständigkeit auszusprechen.

Dieser Beschluß, in welchem das zuständige Revisionsgericht zu bezeichnen ist, unterliegt einer Anfechtung nicht und ist für das in ihm bezeichnete Gericht bindend.

Die Abgabe der Akten erfolgt durch die Staatsanwaltschaft.

§ 349 (389)

Erachtet das Revisionsgericht die Bestimmungen über die Einlegung der Revision oder die über die Anbringung der Revisionsanträge nicht für beobachtet, so kann es das Rechtsmittel durch Beschluß als unzulässig verwerfen. Das gleiche ist der Fall, wenn das Reichsgericht über die Revision zu entscheiden hat und die Revision einstimmig für offensichtlich unbegründet erklärt wird.

Andernfalls wird über das Rechtsmittel durch Urteil entschieden.

§ 350 (390)

Der Angeklagte oder auf dessen Verlangen der Verteidiger ist von dem Tage der Hauptverhandlung zu benachrichtigen. Der Angeklagte kann in dieser erscheinen oder sich durch einen mit schriftlicher Vollmacht versehenen Verteidiger vertreten lassen.

Der nicht auf freiem Fuße befindliche Angeklagte hat keinen Anspruch auf Anwesenheit.

---

1) Für Straffachen gegen Angehörige der Reichswehr vgl. § 441 Abs. 1.

2) Für Jugendsachen vgl. § 30 JGG.

§ 351 (391)

Die Hauptverhandlung beginnt mit dem Vortrag eines Berichterstatters.

Hierauf werden die Staatsanwaltschaft sowie der Angeklagte und sein Verteidiger mit ihren Ausführungen und Anträgen, und zwar der Beschwerdeführer zuerst, gehört. Dem Angeklagten gebührt das letzte Wort.

§ 352 (392)

Der Prüfung des Revisionsgerichts unterliegen nur die gestellten Revisionsanträge und, insoweit die Revision auf Mängel des Verfahrens gestützt wird, nur die Tatsachen, welche bei Anbringung der Revisionsanträge bezeichnet worden sind.

Eine weitere Begründung der Revisionsanträge als die im § 344 Abs. 2 vorgeschriebene, ist nicht erforderlich und, wenn sie unrichtig ist, unschädlich.

§ 353 (393)

Insoweit die Revision für begründet erachtet wird, ist das angefochtene Urteil aufzuheben.

Gleichzeitig sind die dem Urteil zugrunde liegenden Feststellungen aufzuheben, sofern sie durch die Gesetzesverletzung betroffen werden, wegen deren die Aufhebung des Urteils erfolgt.

§ 354 (394)**

Erfolgt die Aufhebung des Urteils nur wegen Gesetzesverletzung bei Anwendung des Gesetzes auf die dem Urteil zugrunde liegenden Feststellungen, so hat das Revisionsgericht in der Sache selbst zu entscheiden, sofern ohne weitere tatsächliche Erörterungen nur auf Freisprechung oder auf Einstellung oder auf eine absolut bestimmte Strafe zu erkennen ist, oder das Revisionsgericht in Übereinstimmung mit dem Antrag der Staatsanwaltschaft die gesetzlich niedrigste Strafe für angemessen erachtet.

In anderen Fällen ist die Sache zur anderweiten Verhandlung und Entscheidung an das Gericht, dessen Urteil aufgehoben ist, oder an ein demselben **deutschen Lande** angehöriges, benachbartes Gericht gleicher Ordnung zurückzuverweisen.

Die Zurückverweisung kann an ein Gericht niederer Ordnung erfolgen, wenn die noch in Frage kommende strafbare Handlung zu dessen Zuständigkeit gehört.

---

1) Urteile, die die Strafkammer nach § 44 VO. anstelle des Schwurgerichts erlassen hat, gelten als Urteile des Schwurgerichts (VO. v. 18. 3. 1924, RGBl. I S. 284). Wird ein solches zwischen dem 15. 1. und 31. 3. 1924 ergangenes Urteil oder ein vor dem 15. 1. 1924 ergangenes Schwurgerichtsurteil vom Revisionsgericht aufaufgehoben, so erfolgt gleichwohl die Zurückverweisung an das Schwurgericht nur dann, wenn das Schwurgericht auch nach den neuen Bestimmungen (§ 80 GVG.) noch zuständig ist; ist das nicht der Fall, so findet die neue Hauptverhandlung vor dem Schöffengericht statt (§ 42 Abs. 3 VO.).

2) Zu Abs. 3 vgl. die Anm. zu § 209.

§ 355 (395)

Wird ein Urteil aufgehoben, weil das Gericht der vorigen Instanz sich mit Unrecht für zuständig erachtet hat, so verweist das Revisionsgericht gleichzeitig die Sache an das zuständige Gericht.

§ 356 (396)

Die Verkündung des Urteils erfolgt nach Maßgabe des § 268.

§ 357 (397)

Erfolgt zugunsten eines Angeklagten die Aufhebung des Urteils wegen Gesetzesverletzung bei Anwendung des Strafgesetzes, und erstreckt sich das Urteil, soweit es aufgehoben wird, noch auf andere Angeklagte, welche die Revision nicht eingelegt haben, so ist zu erkennen, als ob sie gleichfalls die Revision eingelegt hätten.

§ 358 (398)

Das Gericht, an welches die Sache zur anderweiten Verhandlung und Entscheidung verwiesen ist, hat die rechtliche Beurteilung, welche der Aufhebung des Urteils zugrunde gelegt ist, auch seiner Entscheidung zugrunde zu legen.

War das Urteil nur von dem Angeklagten oder zu seinen Gunsten von der Staatsanwaltschaft oder von einer der im § 298 bezeichneten Personen angefochten worden, so darf das neue Urteil eine härtere Strafe als die in dem ersteren erkannte nicht verhängen.

Viertes Buch

Wiederaufnahme eines durch rechtskräftiges Urteil geschlossenen Verfahrens

§ 359 (399)*

Die Wiederaufnahme eines durch rechtskräftiges Urteil geschlossenen Verfahrens zugunsten des Verurteilten findet statt:

1. wenn eine in der Hauptverhandlung zu seinen Ungunsten als echt vorgebrachte Urkunde fälschlich angefertigt oder verfälscht war;
2. wenn durch Beeidigung eines zu seinen Ungunsten abgelegten Zeugnisses oder abgegebenen Gutachtens der Zeuge oder Sachverständige sich einer vorsätzlichen oder fahrlässigen Verletzung der Eidespflicht schuldig gemacht hat;
3. wenn bei dem Urteil ein Richter, Geschworener oder Schöffe mitgewirkt hat, welcher sich in Beziehung auf die Sache einer Verletzung seiner Amtspflichten schuldig gemacht hat, sofern diese Verletzung mit einer im Wege des gerichtlichen Strafverfahrens zu verhängenden öffentlichen Strafe bedroht und nicht vom Verurteilten selbst veranlaßt ist;
4. wenn ein zivilgerichtliches Urteil, auf welches das Strafurteil gegründet ist, durch ein anderes rechtskräftig gewordenes Urteil aufgehoben ist;
5. wenn neue Tatsachen oder Beweismittel beigebracht sind, welche allein oder in Verbindung mit den früher erhobenen Beweisen die Freisprechung des Angeklagten oder in Anwendung eines milderen Strafgesetzes eine geringere Bestrafung zu begründen geeignet sind. In den **vor dem Amtsrichter oder dem Schöffengerichte** verhandelten Sachen können nur solche Tatsachen oder Beweismittel beigebracht werden, welche der Verurteilte in dem früheren Verfahren einschließlich der Berufungsinstanz nicht gekannt hatte oder ohne Verschulden nicht geltend machen konnte.

---

1) Die Änderung in Ziff. 5 beruht darauf, daß beim Amtsgericht nunmehr zwei Strafgerichte verschiedener Zuständigkeit bestehen (§§ 6—10 und § 25 Abs. 1 VO.).

2) Wegen der erleichterten Wiederaufnahmemöglichkeit für Urteile der Wuchergerichte vgl. VO. über die Aufhebung der WGV., unten IX.

3) Wegen der Wiederaufnahme gegen Urteile der außerordentlichen Kriegsgerichte aus der Zeit vor dem Inkrafttreten der RV. vgl. Ges. v. 10. 5. 1920 (RGBl. S. 962):

„§ 1. Gegenüber Urteilen der außerordentlichen Kriegsgerichte, die nicht auf Grund des Art. 48 der RV., sondern auf Grund der früher geltenden gesetzlichen Vorschriften über den Kriegs- und Belagerungszustand eingesetzt worden sind, findet die Wiederaufnahme des Verfahrens nach den Vorschriften der StPO. statt. Ueber Anträge auf Wiederaufnahme des Verfahrens entscheidet die Strafkammer.

Die Wiederaufnahme zugunsten des Verurteilten findet auch dann statt, wenn Tatsachen oder Beweismittel beigebracht werden, die es notwendig erscheinen lassen, die Sache im ordentlichen Verfahren nachzuprüfen. Die Vorschrift des (§ 403) [*jetzt 363*] der StPO. bleibt unberührt. § 2 . . ."

4) Soweit auf Grund des Art. 48 RV. bisher außerordentliche Gerichte eingesetzt worden sind, sind Vorschriften ähnlich den zu 3 bezeichneten entweder in der VO. des Reichspräsidenten oder in den Ausführungsbestimmungen dazu getroffen worden (vgl. z. B. VO. v. 30. 5. 1920 und AusfBest. dazu v. 30. 5. 1920, RGBl. S. 1147, 1148, VO. v. 29. 3. 1921, RGBl. S. 371, VO. v. 2. 10. 1923, RGBl. I S. 929.

5) Für die Wiederaufnahme in alten militär- und marinegerichtlichen Sachen vgl. § 20, 21 GAMG. (unten Nr. XIV).

6) Für die Wiederaufnahme in Sachen, in denen vor dem 1. 4. 1924 die Strafkammer in erster Instanz entschieden hat, trifft § 42 Abs. 4 VO. Bestimmung.

7) Vgl. Anm. 4 zu § 74 GVG.

8) Die „Wiederaufnahme" eines nach §§ 154, 211 eingestellten Verfahrens ist an die Voraussetzungen und Formen des Vierten Buches nicht gebunden.

§ 360 (400)

Durch den Antrag auf Wiederaufnahme des Verfahrens wird die Vollstreckung des Urteils nicht gehemmt.

Das Gericht kann jedoch einen Aufschub sowie eine Unterbrechung der Vollstreckung anordnen.

§ 361 (401)

Der Antrag auf Wiederaufnahme des Verfahrens wird weder durch die erfolgte Strafvollstreckung noch durch den Tod des Verurteilten ausgeschlossen.

Im Falle des Todes sind der Ehegatte, die Verwandten auf- und absteigender Linie sowie die Geschwister des Verstorbenen zu dem Antrag befugt.

§ 362 (402)

Die Wiederaufnahme eines durch rechtskräftiges Urteil geschlossenen Verfahrens zuungunsten des Angeklagten findet statt:

1. wenn eine in der Hauptverhandlung zu seinen Gunsten als echt vorgebrachte Urkunde fälschlich angefertigt oder verfälscht war;
2. wenn durch Beeidigung eines zu seinen Gunsten abgelegten Zeugnisses oder abgegebenen Gutachtens der Zeuge oder Sachverständige sich einer vorsätzlichen oder fahrlässigen Verletzung der Eidespflicht schuldig gemacht hat;
3. wenn bei dem Urteil ein Richter, Geschworener oder Schöffe mitgewirkt hat, welcher sich in Beziehung auf die Sache einer Verletzung seiner Amtspflichten schuldig gemacht hat, sofern diese Verletzung mit einer im Wege des gerichtlichen Strafverfahrens zu verhängenden öffentlichen Strafe bedroht ist;
4. wenn von dem Freigesprochenen vor Gericht oder außergerichtlich ein glaubwürdiges Geständnis der strafbaren Handlung abgelegt wird.

§ 363 (403)

Eine Wiederaufnahme des Verfahrens zum Zwecke der Änderung der Strafe innerhalb des durch dasselbe Gesetz bestimmten Strafmaßes findet nicht statt.

Vgl. VO. über die Aufhebung der WGV. — unten Nr. IX — Anm. 2 zu Art. II.

§ 364 (404)

Ein Antrag auf Wiederaufnahme des Verfahrens, welcher auf die Behauptung einer strafbaren Handlung gegründet werden soll, ist nur dann zulässig, wenn wegen dieser Handlung eine rechtskräftige Verurteilung ergangen ist, oder wenn die Einleitung oder Durchführung eines Strafverfahrens aus anderen Gründen als wegen Mangels an Beweis nicht erfolgen kann.

§ 365 (405)

Die allgemeinen Bestimmungen über Rechtsmittel finden auch bei dem Antrag auf Wiederaufnahme des Verfahrens Anwendung.

Für Jugendsachen vgl. § 30 JGG.

§ 366 (406)

In dem Antrag müssen der gesetzliche Grund der Wiederaufnahme des Verfahrens sowie die Beweismittel angegeben werden.

Von dem Angeklagten und den im § 361 Abs. 2 bezeichneten Personen kann der Antrag nur mittels einer von dem Verteidiger oder einem Rechtsanwalt unterzeichneten Schrift oder zu Protokoll des Gerichtsschreibers angebracht werden.

Für Militärstrafsachen vgl. § 447.

§ 367 (407)

Über die Zulassung des Antrags auf Wiederaufnahme des Verfahrens entscheidet das Gericht, dessen Urteil mit dem Antrag angefochten wird. Wird ein in der Revisionsinstanz erlassenes Urteil aus anderen Gründen als auf Grund des § 359 Nr. 3 oder des § 362 Nr. 3 angefochten, so entscheidet das Gericht, gegen dessen Urteil die Revision eingelegt war.

Die Entscheidung erfolgt ohne mündliche Verhandlung.

---

1) Art. II Abs. 3 VO. v. 20. 3. 1924 (RGBl. I S. 371): „Wird ein Urteil eines Wuchergerichts mit dem Antrag auf Wiederaufnahme des Verfahrens angefochten, so entscheidet darüber, ob der Antrag zulässig und begründet ist, die Strafkammer. Die erneute Hauptverhandlung findet vor dem Amtsgericht statt. Abs. 1 S. 2 gilt entsprechend." Abs. 1 S. 2 lautet: „Solange der Termin zur Hauptverhandlung noch nicht bestimmt ist, kann

die Staatsanwaltschaft beantragen, daß die Hauptverhandlung vor dem Amtsrichter allein stattfinde oder daß ein zweiter Amtsrichter zugezogen werde." Wegen der Fortgeltung der erleichterten Voraussetzungen für die Wiederaufnahme vgl. unten Nr. IX, Anm. zu Art. II.

2) VO. v. 18. 3. 1924 (RGBl. I S. 284) § 1: „Soweit auf Grund des § 44 VO. v. 4. 1. 1924 die Strafkammer anstelle des Schwurgerichts entschieden hat, gelten die Urteile der Strafkammer als solche des Schwurgerichts."

Über die Zulassung der Wiederaufnahme entscheidet nach § 82 GVG. die Strafkammer. Wird die Wiederaufnahme angeordnet, so entscheidet aber — einerlei, ob es sich um ein vor dem 15. 1. 1924 ergangenes Schwurgerichtsurteil oder um ein Urteil handelt, das in der Zeit v. 15. 1.—31. 3. 1924 die Strafkammer anstelle des Schwurgerichts erlassen hat — das Schwurgericht nur dann, wenn es auch nach den neuen Zuständigkeitsbestimmungen (vgl. § 80 GVG.) zuständig ist; andernfalls entscheidet das Schöffengericht. (Vgl. § 42 Abs. 4 VO.).

3) Vgl. ferner Anm. 3—7 zu § 359 StPO. und Anm. 4 zu § 74 GVG.

§ 368 (408)

Ist der Antrag nicht in der vorgeschriebenen Form angebracht, oder ist darin kein gesetzlicher Grund der Wiederaufnahme geltend gemacht oder kein geeignetes Beweismittel angeführt, so ist der Antrag als unzulässig zu verwerfen.

Anderenfalls ist er dem Gegner des Antragstellers unter Bestimmung einer Frist zur Erklärung zuzustellen.

§ 369 (409)

Wird der Antrag an sich für zulässig befunden, so beauftragt das Gericht mit Aufnahme der angetretenen Beweise, soweit dies erforderlich ist, einen Richter.

Dem Ermessen des Gerichts bleibt es überlassen, ob die Zeugen und Sachverständigen eidlich vernommen werden sollen.

Hinsichtlich der Berechtigung der Beteiligten zur Anwesenheit bei der Beweisaufnahme kommen die für die Voruntersuchung gegebenen Vorschriften zur Anwendung.

Nach Schluß der Beweisaufnahme sind die Staatsanwaltschaft und der Angeklagte unter Bestimmung einer Frist zur ferneren Erklärung aufzufordern.

§ 370 (410)

Der Antrag auf Wiederaufnahme des Verfahrens wird ohne mündliche Verhandlung als unbegründet verworfen, wenn die darin aufgestellten Behauptungen keine genügende Bestätigung gefunden haben, oder wenn in den Fällen des § 359 Nr. 1, 2 oder des § 362 Nr. 1, 2 nach Lage der Sache die Annahme ausgeschlossen ist, daß die in diesen Bestimmungen bezeichnete Handlung auf die Entscheidung Einfluß gehabt hat.

Anderenfalls verordnet das Gericht die Wiederaufnahme des Verfahrens und die Erneuerung der Hauptverhandlung.

§ 371 (411)

Ist der Verurteilte bereits verstorben, so hat ohne Erneuerung der Hauptverhandlung das Gericht nach Aufnahme des etwa noch erforderlichen Beweises entweder die Freisprechung zu erkennen oder den Antrag auf Wiederaufnahme abzulehnen.

Auch in anderen Fällen kann das Gericht, bei öffentlichen Klagen jedoch nur mit Zustimmung der Staatsanwaltschaft, den Verurteilten sofort freisprechen, wenn dazu genügende Beweise bereits vorliegen.

Mit der Freisprechung ist die Aufhebung des früheren Urteils zu verbinden.

Die Aufhebung ist auf Verlangen des Antragstellers durch den Deutschen Reichsanzeiger bekanntzumachen und kann nach dem Ermessen des Gerichts auch durch andere Blätter veröffentlicht werden.

Vgl. Anm. zu §§ 278, 284.

§ 372 (412)

Alle Entscheidungen, welche aus Anlaß eines Antrags auf Wiederaufnahme des Verfahrens von dem Gericht in erster Instanz erlassen werden, können mit der sofortigen Beschwerde angefochten werden.

§ 373 (413)

In der erneuten Hauptverhandlung ist entweder das frühere Urteil aufrechtzuerhalten oder unter seiner Aufhebung anderweit in der Sache zu erkennen.

Ist die Wiederaufnahme des Verfahrens nur von dem Verurteilten oder zu seinen Gunsten von der Staatsanwaltschaft oder von einer der im § 298 bezeichneten Personen beantragt worden, so darf das neue Urteil eine härtere Strafe als die in dem früheren erkannte nicht verhängen.

Fünftes Buch

Beteiligung des Verletzten bei dem Verfahren

Erster Abschnitt

Privatklage

§ 374 (414)

Im Wege der Privatklage können vom Verletzten verfolgt werden, ohne daß es einer vorgängigen Anrufung der Staatsanwaltschaft bedarf,

1. das Vergehen des Hausfriedenbruchs im Falle des § 123 des Strafgesetzbuchs;
2. die Vergehen der Beleidigung in den Fällen der §§ 185 bis 187, 189 des Strafgesetzbuchs, wenn nicht eine der im § 197 bezeichneten politischen Körperschaften beleidigt ist;
3. die Vergehen der Körperverletzung in den Fällen der §§ 223, 223a Abs. 1 und des § 230 des Strafgesetzbuchs, sofern nicht die Körperverletzung mit Übertretung einer Amts-, Berufs- oder Gewerbspflicht begangen worden ist;
4. das Vergehen der Bedrohung im Falle des § 241 des Strafgesetzbuchs;

5. das Vergehen der Verletzung fremder Geheimnisse im Falle des § 299 des Strafgesetzbuchs;
5. das Vergehen der Sachbeschädigung im Falle des § 303 des Strafgesetzbuchs;
7. alle nach dem Gesetze gegen den unlauteren Wettbewerb strafbaren Vergehen;
8. alle Verletzungen des literarischen, künstlerischen und gewerblichen Urheberrechts, soweit sie als Vergehen strafbar sind.

Die gleiche Befugnis steht denen zu, welchen in den Strafgesetzen das Recht, selbständig auf Bestrafung anzutragen, beigelegt ist.

Hat der Verletzte einen gesetzlichen Vertreter, so wird die Befugnis zur Erhebung der Privatklage durch diesen und, wenn Korporationen, Gesellschaften und andere Personenvereine, welche als solche in bürgerlichen Rechtsstreitigkeiten klagen können, die Verletzten sind, durch dieselben Personen wahrgenommen, durch welche sie in bürgerlichen Rechtsstreitigkeiten vertreten werden.

---

1) Gegen einen Jugendlichen ist die Privatklage unzulässig (§ 38 Abs. 1 S. 1 JGG.). Vgl. aber Anm. zu §§ 376, 388.

2) Zu Abs. 1 Nr. 7 vgl. § 22 Abs. 3, 4 Ges. gegen den unlauteren Wettbewerb und Anm. dazu (Teil I dieses Werkes).

3) Vgl. auch § 426 (§§ 424, 425) StPO.

§ 375 (415)

Sind wegen derselben strafbaren Handlung mehrere Personen zur Privatklage berechtigt, so ist bei Ausübung dieses Rechtes ein jeder von dem anderen unabhängig. Hat jedoch einer der Berechtigten die Privatklage erhoben, so steht den übrigen nur der Beitritt zu dem eingeleiteten Verfahren, und zwar in der Lage zu, in welcher es sich zur Zeit der Beitrittserklärung befindet.

Jede in der Sache selbst ergangene Entscheidung äußert zugunsten des Beschuldigten ihre Wirkung auch gegenüber solchen Berechtigten, welche die Privatklage nicht erhoben haben.

§ 376 (416)

Die öffentliche Klage wird wegen der im § 374 bezeichneten strafbaren Handlungen von der Staatsanwaltschaft nur dann erhoben, wenn dies im öffentlichen Interesse liegt.

Gegen Jugendliche auch dann, wenn ein berechtigtes Interesse des Verletzten dies rechtfertigt (Ersatz für die gegen Jugendliche nicht gegebene Privatklage); § 38 Abs 1 S. 3 JGG.

§ 377 (417)

In dem Verfahren auf erhobene Privatklage ist die Staatsanwaltschaft zu einer Mitwirkung nicht verpflichtet; es ist ihr jedoch der zur Hauptverhandlung bestimmte Termin bekanntzumachen.

Auch kann die Staatsanwaltschaft in jeder Lage der Sache bis zum Eintritt der Rechtskraft des Urteils durch eine ausdrückliche Erklärung die Verfolgung übernehmen. In der Einlegung eines Rechtsmittels ist die Übernahme der Verfolgung enthalten.

Übernimmt die Staatsanwaltschaft die Verfolgung, so richtet sich das weitere Verfahren nach den Bestimmungen, welche im zweiten Abschnitt dieses Buches für den Anschluß des Verletzten als Nebenkläger gegeben sind.

§ 378 (418)

Der Privatkläger kann im Beistand eines Rechtsanwalts erscheinen oder sich durch einen mit schriftlicher Vollmacht versehenen Rechtsanwalt vertreten lassen. Im letzteren Falle können die Zustellungen an den Privatkläger mit rechtlicher Wirkung an den Anwalt erfolgen.

§ 379 (419)

Der Privatkläger hat für die der Staatskasse und dem Beschuldigten voraussichtlich erwachsenden Kosten unter denselben Voraussetzungen Sicherheit zu leisten, unter welchen in bürgerlichen Rechtsstreitigkeiten der Kläger auf Verlangen des Beklagten Sicherheit wegen der Prozeßkosten zu leisten hat.

Die Sicherheitsleistung ist durch Hinterlegung in barem Gelde oder in Wertpapieren zu bewirken.

Für die Höhe der Sicherheit und die Frist zu ihrer Leistung sowie für die Bewilligung des Armenrechts gelten dieselben Bestimmungen wie in bürgerlichen Rechtsstreitigkeiten.

---

1) Vgl. §§ 108—127 ZPO. in der Fassung der Bekanntmachung v. 13. 5. 1924 (RGBl. I S. 437).

2) Wegen des Ges. über die Erstattung der Rechtsanwaltsgebühren in Armensachen vgl. Anm. 2 zu § 150.

§ 380 (420)*

Wegen Hausfriedensbruchs, Beleidigung, **leichter vorsätzlicher oder fahrlässiger Körperverletzung, Bedrohung, Sachbeschädigung und** Verletzung **fremder Geheimnisse (§ 299 des Strafgesetzbuchs)** ist die Erhebung der Klage erst zulässig, nachdem von einer durch die Landesjustizverwaltung zu bezeichnenden Vergleichsbehörde die Sühne erfolglos versucht worden ist. Der Kläger hat die Bescheinigung hierüber mit der Klage einzureichen.

Die Landesjustizverwaltung kann bestimmen, daß die Vergleichsbehörde ihre Tätigkeit von der vorherigen Einzahlung eines angemessenen Kostenvorschusses abhängig machen darf.

Die Vorschriften des Abs. 1, 2 finden keine Anwendung, wenn der amtliche Vorgesetzte gemäß den §§ 196, 232 Abs. 3 des Strafgesetzbuchs befugt ist, Strafantrag zu stellen.

Wohnen die Parteien nicht in demselben Gemeindebezirke, so kann nach näherer Anordnung der Landesjustizverwaltung von einem Sühneversuch abgesehen werden.

---

1) Die Neufassung beruht auf § 36 VO.

2) Preußische Schiedsmannsordnung v. 29. 3. 1879 (GesS. S. 321); in der Fassung des Ges. v. 31. 7. 1895 (GesS. S. 413),

des Ges. v. 22. 9. 1899 (GesS. S. 284) und der VO. v. 12. 3. 1924 (GesS. S. 129), abgedruckt unten unter Nr. XVIII. Weitere Änderungen stehen bevor.

3) Wird die Sühnebescheinigung mit der Klage nicht eingereicht, so ist die Privatklage ohne Weiteres als unzulässig zurückzuweisen. Die Nachbringung der Sühnebescheinigung zu gestatten, empfiehlt sich nicht, da dann der Sühneversuch in der Regel zu einer leeren Form wird.

4) Eines Sühneversuchs bedarf es nach Abs. 1 nicht, wenn die Privatklage wegen gefährlicher Körperverletzung (§ 223a StGB.) erhoben wird, wenn Privatklage in den Fällen des § 374 Nr. 7, 8 erhoben wird und endlich bei Beleidigungen oder Körperverletzungen, die gegen eine Behörde, einen Beamten, einen Religionsdiener oder ein Mitglied der bewaffneten Macht, während sie in der Ausübung ihres Berufs begriffen sind, oder in Beziehung auf ihren Beruf begangen sind, und zwar selbst dann, wenn der Beamte usw. selbst die Privatklage erhebt und die Behörde, die den Antrag stellen könnte, einen solchen weder gestellt hat noch beabsichtigt.

5) Eine Anordnung nach Abs. 2 ist in Preußen bisher nicht ergangen, ist aber geplant. Eine entsprechende Gesetzesvorlage ist z. Zt. des Abschlusses dieses Werkes im Landtag in erster Lesung durchberaten.

Wird eine von der Landesjustizverwaltung vorgesehene Vorschußleistung nicht erfüllt, so kann der Schiedsmann seine Tätigkeit verweigern und damit die Erhebung der Privatklage unmöglich machen.

6) Eine Anordnung nach Abs. 4 ist in Preußen durch die Not-VO. v. 12. 3. 1924 z. Schiedsmannsordnung erlassen worden, trägt aber nur provisorischen Charakter. Eine Änderung, die den Sühneversuch auch für den Fall, daß die Parteien nicht in demselben Gemeindebezirk wohnen, nötig macht, ist in Vorbereitung und in dem zu Anm. 5 Abs. 1 erwähnten Gesetzesvorschlag enthalten.

7) Über die Vornahme des Sühneversuchs bei Privatklagen gegen Studierende in Preußen verhält sich die AV. v. 22. 8. 1879 (JMBl. S. 251).

§ 381 (421)

Die Erhebung der Klage geschieht zu Protokoll des Gerichtsschreibers oder durch Einreichung einer Anklageschrift. Die Klage muß den im § 200 Abs. 1 bezeichneten Erfordernissen entsprechen. Mit der Anklageschrift sind zwei Abschriften einzureichen.

§ 382 (422)

Ist die Klage vorschriftsmäßig erhoben, so teilt das Gericht sie dem Beschuldigten unter Bestimmung einer Frist zur Erklärung und der Staatsanwaltschaft zur Kenntnisnahme mit.

Auch andern Behörden ist u. U. Mitteilung zu machen. Vgl. die in Anm. 5 zu § 268 zitierte AV.

§ 383 (423)

Nach Eingang der Erklärung des Beschuldigten oder Ablauf der Frist entscheidet das Gericht darüber, ob das Hauptverfahren zu eröffnen oder die Klage zurückzuweisen sei, nach Maßgabe der Bestimmungen, welche bei einer von der Staatsanwaltschaft unmittelbar erhobenen Anklage Anwendung finden.

§ 384 (424)

Das weitere Verfahren richtet sich nach den Bestimmungen, welche für das Verfahren auf erhobene öffentliche Klage gegeben sind.

Vor dem Schwurgerichte kann eine Privatklagesache nicht gleichzeitig mit einer auf öffentliche Klage anhängig gemachten Sache verhandelt werden.

§ 385 (425)

Insoweit in dem Verfahren auf erhobene öffentliche Klage die Staatsanwaltschaft zuzuziehen und zu hören ist, wird in dem Verfahren auf erhobene Privatklage der Privatkläger zugezogen und gehört. Desgleichen sind alle Entscheidungen, welche dort der Staatsanwaltschaft bekanntgemacht werden, hier dem Privatkläger bekanntzugeben.

Es werden jedoch die auf richterliche Anordnung ergehenden Ladungen nicht durch die Staatsanwaltschaft, sondern durch den Gerichtsschreiber bewirkt.

Zwischen der Zustellung der Ladung des Privatklägers zur Hauptverhandlung und dem Tage der letzteren muß eine Frist von mindestens einer Woche liegen.

Das Recht der Akteneinsicht kann der Privatkläger nur durch seinen Anwalt ausüben.

§ 386 (426)

Der Vorsitzende des Gerichts bestimmt, welche Personen als Zeugen oder Sachverständige zur Hauptverhandlung geladen werden sollen.

Dem Privatkläger wie dem Angeklagten steht das Recht der unmittelbaren Ladung zu.

§ 387 (427)

In der Hauptverhandlung kann auch der Angeklagte im Beistand eines Rechtsanwalts erscheinen oder sich auf Grund einer schriftlichen Vollmacht durch solchen vertreten lassen.

Die Bestimmung des § 139 findet auf den Anwalt des Klägers wie auf den des Angeklagten Anwendung.

Das Gericht ist befugt, das persönliche Erscheinen des Klägers sowie des Angeklagten anzuordnen, auch den Angeklagten vorführen zu lassen.

§ 388 (428)

Hat der Verletzte die Privatklage erhoben, so kann der Beschuldigte bis zur Beendigung der Schlußvorträge (§ 258) in erster Instanz mittels einer Widerklage die Bestrafung des Klägers beantragen, wenn er von diesem gleichfalls durch ein Vergehen verletzt worden ist, das im Wege der Privatklage verfolgt werden kann und mit dem den Gegenstand der Klage bildenden Vergehen im Zusammenhange steht.

Über Klage und Widerklage ist gleichzeitig zu erkennen.

Die Zurücknahme der Klage ist auf das Verfahren über die Widerklage ohne Einfluß.

1) Der Ausschluß der Privatklage gegen einen Jugendlichen steht der Erhebung einer Widerklage nicht entgegen (§ 38 Abs. 1 S. 2 JGG.).

2) Abs. 1 hat seine gegenwärtige Fassung durch das Ges. z. weiteren Entlastung der Gerichte v. 8. 7. 1922 (RGBl. S. 569) erhalten.

§ 389 (429)

Findet das Gericht nach verhandelter Sache, daß die für festgestellt zu erachtenden Tatsachen eine solche strafbare Handlung darstellen, auf welche das in diesem Abschnitt vorgeschriebene Verfahren keine Anwendung erleidet, so hat es durch Urteil, welches diese Tatsachen hervorheben muß, die Einstellung des Verfahrens auszusprechen.

Die Verhandlungen sind in diesem Falle der Staatsanwaltschaft mitzuteilen.

§ 390 (430)*

Dem Privatkläger stehen, **vorbehaltlich des § 313**, die Rechtsmittel zu, welche in dem Verfahren auf erhobene öffentliche Klage der Staatsanwaltschaft zustehen. Dasselbe gilt von dem Antrag auf Wiederaufnahme des Verfahrens in den Fällen des § 362. Die Bestimmung des § 301 findet auf das Rechtsmittel des Privatklägers Anwendung.

Revisionsanträge und Anträge auf Wiederaufnahme des durch ein rechtskräftiges Urteil geschlossenen Verfahrens kann der Privatkläger nur mittels einer von einem Rechtsanwalt unterzeichneten Schrift anbringen.

Die in den §§ 320, 321, 347 angeordnete Vorlage und Einsendung der Akten erfolgt wie im Verfahren auf erhobene öffentliche Klage an und durch die Staatsanwaltschaft. Die Zustellung der Berufungs- und Revisionsschriften an den Gegner des Beschwerdeführers wird durch den Gerichtsschreiber bewirkt.

---

* Die Änderung beruht auf § 33 Abs. 1 VO. Vgl. Anm. 2, 6–12, 14 zu § 313.

§ 391 (431)

Die Privatklage kann bis zur Verkündung des Urteils erster Instanz und, soweit zulässige Berufung eingelegt ist, bis zur Verkündung des Urteils zweiter Instanz zurückgenommen werden.

Als Zurücknahme gilt es im Verfahren erster und, soweit der Angeklagte die Berufung eingelegt hat, im Verfahren zweiter Instanz, wenn der Privatkläger in der Hauptverhandlung weder erscheint noch durch einen Rechtsanwalt vertreten wird, oder in der Hauptverhandlung oder einem anderen Termin ausbleibt, obwohl das Gericht sein persönliches Erscheinen angeordnet hatte oder eine Frist nicht einhält, welche ihm unter Androhung der Einstellung des Verfahrens gesetzt war.

Soweit der Privatkläger die Berufung eingelegt hat, ist sie im Falle der vorbezeichneten Versäumungen unbeschadet der Bestimmung des § 301 sofort zu verwerfen.

Der Privatkläger kann binnen einer Woche nach der Versäumung die Wiedereinsetzung in den vorigen Stand unter den in den §§ 44, 45 bezeichneten Voraussetzungen beanspruchen.

---

1) Soweit die Berufung nach § 313 unzulässig ist, kann nach Erlaß des Urteils erster Instanz die Privatklage nicht mehr zurückgenommen werden.

2) Vgl. wegen der vom Amtsgericht zu machenden Mitteilungen die Anm. 5 zu § 268.

§ 392 (432)

Die zurückgenommene Privatklage kann nicht von neuem erhoben werden.

§ 393 (433)

Der Tod des Privatklägers hat die Einstellung des Verfahrens zur Folge.

War jedoch die Privatklage darauf gestützt, daß der Beschuldigte wider besseres Wissen in Beziehung auf den anderen eine unwahre Tatsache behauptet oder verbreitet habe, welche ihn verächtlich zu machen oder in der öffentlichen Meinung herabzuwürdigen geeignet ist, so kann die Klage nach dem Tode des Klägers von den Eltern, den Kindern oder dem Ehegatten des letzteren fortgesetzt werden.

Die Fortsetzung ist von dem Berechtigten bei Verlust des Rechtes binnen zwei Monaten, vom Tode des Privatklägers an gerechnet, bei Gericht zu erklären.

§ 394 (434)

Die Zurücknahme der Privatklage und der Tod des Privatklägers sowie die Fortsetzung der Privatklage sind dem Beschuldigten bekanntzumachen.

Zweiter Abschnitt

Nebenklage

§ 395 (435)

Wer nach Maßgabe der Bestimmung des § 374 als Privatkläger aufzutreten berechtigt ist, kann sich der erhobenen öffentlichen Klage in jeder Lage des Verfahrens als Nebenkläger anschließen. Der Anschluß kann behufs Einlegung von Rechtsmitteln auch nach ergangenem Urteil geschehen.

Die gleiche Befugnis steht dem zu, welcher durch einen Antrag auf gerichtliche Entscheidung (§ 172) die Erhebung der öffentlichen Klage herbeigeführt hat, wenn die strafbare Handlung gegen sein Leben, seine Gesundheit, seine Freiheit, seinen Personenstand oder seine Vermögensrechte gerichtet war.

---

1) Für Strafsachen gegen Angehörige der Reichswehr vgl. § 441 Abs. 3; danach kann unter den Voraussetzungen des § 395 Abs. 2 auch die höhere Kommandobehörde als Nebenklägerin in Betracht kommen.

2) Für. Reichssteuerstrafsachen vgl. § 432, 437 RAO., für andere Steuerstrafsachen § 427 StPO. Vgl. dazu die Anm. 3 zu § 268.

§ 396 (436)

Die Anschlußerklärung ist bei dem Gerichte schriftlich einzureichen.

Das Gericht hat über die Berechtigung des Nebenklägers zum Anschluß nach Anhörung der Staatsanwaltschaft zu entscheiden.

Zu einer Sicherheitsleistung ist der Nebenkläger nicht verpflichtet.

§ 397 (437)*

Der Nebenkläger hat nach erfolgtem Anschluß die Rechte des Privatklägers.

---

* Der bisherige Abs. 2 ist infolge des Wegfalls des peremtorischen Ablehnungsrechts beim Schwurgericht (§ 21 Abs. 4 VO.) überflüssig geworden.

§ 398 (438)

Der Fortgang des Verfahrens wird durch den Anschluß nicht aufgehalten.

Die bereits anberaumte Hauptverhandlung sowie andere Termine finden an den bestimmten Tagen statt, auch wenn der Nebenkläger wegen der Kürze der Zeit nicht mehr geladen oder benachrichtigt werden konnte.

§ 399 (439)

Entscheidungen, welche schon vor dem Anschluß ergangen und der Staatsanwaltschaft bekanntgemacht waren, bedürfen keiner Bekanntmachung an den Nebenkläger.

Die Anfechtung solcher Entscheidungen steht auch dem Nebenkläger nicht mehr zu, wenn für die Staatsanwaltschaft die Frist zur Anfechtung abgelaufen ist.

§ 400 (440)

Ist in der Hauptverhandlung weder der Nebenkläger noch ein Anwalt des Nebenklägers erschienen, so wird das Urteil dem ersteren zugestellt.

§ 401 (441)

Der Rechtsmittel kann sich der Nebenkläger unabhängig von der Staatsanwaltschaft bedienen.

Wird auf ein nur von dem Nebenkläger eingelegtes Rechtsmittel die angefochtene Entscheidung aufgehoben, so liegt der Betrieb der Sache wiederum der Staatsanwaltschaft ob.

Die Einschränkung des Berufungsrechts, der nach § 313 StPO. u. U. die Privatklage unterliegt, gilt nicht für den Nebenkläger (trotz § 397). Der Nebenkläger hat vielmehr die Rechtsmittel in demselben Umfang wie die Staatsanwaltschaft.

§ 402 (442)

Die Anschlußerklärung verliert durch Widerruf sowie durch den Tod des Nebenklägers ihre Wirkung.

Vgl. die Anm. zu § 441.

§ 403 (443)

Die Befugnis, sich einer öffentlichen Klage nach den Bestimmungen der §§ 395 bis 402 als Nebenkläger anzuschließen, steht auch dem zu, welcher berechtigt ist, die Zuerkennung einer Buße zu verlangen.

Wer die Zuerkennung einer Buße in einem auf erhobene öffentliche Klage anhängigen Verfahren beantragen will, muß sich zu diesem Zwecke der Klage als Nebenkläger anschließen.

Für den Antrag auf Zuerkennung eines Werterſatzes nach § 68 Pr. FuFPolG. vgl. Anm. zu dem gen. Paragraphen (Teil I dieses Werkes). Der Antrag kann auch im Strafbefehlsverfahren gestellt werden. Der Antrag auf Zuerkennung des Wertersatzes ist als Anschließung anzusehen. Er kann im Vorverfahren bei der Polizei oder Staatsanwaltschaft gestellt werden und ist alsdann dem Gericht bei Einreichung des Antrags auf Erlaß des Strafbefehls vorzulegen.

§ 404 (444)

Der Antrag auf Zuerkennung einer Buße kann bis zur Verkündung des Urteils erster Instanz gestellt werden.

Der Antrag kann bis zur Verkündung des Urteils zurückgenommen, ein zurückgenommener Antrag nicht erneuert werden.

Wird der Angeklagte freigesprochen oder das Verfahren eingestellt oder die Sache ohne Urteil erledigt, so gilt auch der Antrag ohne weitere Entscheidung für erledigt.

Der Anspruch auf Buße kann von den Erben des Verletzten nicht erhoben oder fortgesetzt werden.

Nach Art. IV der VO. über Vermögensstrafen und Bußen (vgl. Teil I des Werkes) beträgt bei einer dem Verletzten zu zahlenden Buße der Mindestbetrag drei Goldmark, der Höchstbetrag zehntausend Goldmark.

§ 405 (445)

Der Nebenkläger hat den Betrag, welchen er als Buße verlangt, anzugeben.

Auf einen höheren Betrag der Buße als den beantragten darf nicht erkannt werden.

§ 406 (446)

Die Bestimmungen der §§ 404, 405 finden auf den Fall entsprechende Anwendung, daß von dem die Buße Beanspruchenden die Privatklage erhoben wird.

Sechstes Buch

Besondere Arten des Verfahrens

Erster Abschnitt

Verfahren bei amtsrichterlichen Strafbefehlen

§ 407 (447)*

Bei Übertretungen und Vergehen kann die Strafe durch schriftlichen Strafbefehl des Amtsrichters ohne vorgängige Verhandlung festgesetzt werden, wenn die Staatsanwaltschaft schriftlich hierauf anträgt.

Durch einen Strafbefehl darf jedoch keine andere Strafe als Geldstrafe oder Freiheitsstrafe von höchstens **drei Monaten** sowie eine etwa verwirkte Einziehung **oder die Bekanntmachung der Entscheidung** festgesetzt werden.

Die Überweisung des Beschuldigten an die Landespolizeibehörde darf in einem Strafbefehle nicht ausgesprochen werden.

Die Staatsanwaltschaft kann bei dem Antrag auf Erlaß des Strafbefehls zugleich den im § 25 Abs. 1 Nr. 2 c des Gerichtsverfassungsgesetzes bezeichneten Antrag für den Fall stellen, daß der Amtsrichter die Sache zur Hauptverhandlung bringt oder der Beschuldigte Einspruch erhebt.

---

1) Von dem bisherigen § 447, der seine Fassung durch Art. III Nr. 7 des Ges. z. Entl. d. Ger. v. 11. 3. 1921 (RGBl. S. 229) erhalten hatte, ist der bisherige Abs. 4 durch § 47 JGG. aufgehoben worden. Abs. 1 S. 2 ist überflüssig geworden, weil die gesamte Zuständigkeit erster Instanz für Übertretungen und Vergehen nunmehr beim Amtsgerichte liegt. Die Änderungen im Abs. 2 beruhen auf § 37 Abs. 1, der neue Abs. 4 beruht auf § 8 Abs. 1 Nr. 3, § 37 Abs. 2, § 43 VO. Die Voraussetzungen für die Zulässigkeit des Strafbefehls sind durch die VO. nicht geändert worden; es ist nur die Höchstgrenze der Freiheitsstrafe, auf die im Wege des Strafbefehls erkannt werden kann, von 6 Wochen auf 3 Monate erhöht und die Anordnung der Bekanntmachung des Strafurteilsspruches im Strafbefehl, die schon bisher usuell vielfach als zulässig angesehen wurde, gesetzlich sanktioniert worden.

2) Die Hauptverhandlung findet, wenn der Beschuldigte Einspruch erhebt oder der Amtsrichter Bedenken findet, die Strafe ohne Hauptverhandlung festzusetzen (§§ 411, 408), bei demjenigen Gericht statt, das im ordentlichen Verfahren zuständig sein würde, vor dem Amtsrichter allein also nur bei Uebertretungen und bei solchen Vergehen, die mit keiner höheren Strafe als Gefängnis von höchstens sechs Monaten bedroht sind (§ 25 Abs. 1 Nr. 1, 2b); es kann aber auch in den Fällen des § 25 Abs. 1 Nr. 2c die Zuständigkeit des Amtsrichters dadurch begründet werden, daß ein entsprechender Antrag bei Einreichung des Antrags auf Strafbefehl gestellt wird. Später kann der Antrag nicht mehr nachgeholt werden, es sei denn, daß die Staatsanwaltschaft nach § 411 die Klage fallen läßt und von

neuem erhebt; wird der Antrag auf Verhandlung vor dem Amtsrichter bei einem Vergehen, das mit höherer Strafe als mit 6 Monaten Gefängnis bedroht ist, nicht mit dem Antrag auf Erlaß des Strafbefehls gestellt, so findet eine etwaige Hauptverhandlung vor dem Schöffengericht statt. Zuständig für den Erlaß eines derartigen Strafbefehls ist nur das Amtsgericht, bei dem das Schöffengericht gebildet wird. Ob bei diesem der Strafbefehlsrichter oder der Vorsitzende des Schöffengerichts entscheidet, ist Sache der Geschäftsverteilung.

3) Der Antrag auf Zuziehung eines zweiten Amtsrichters (§ 29 Abs. 2 GVG.) ist nicht erwähnt und daher im Strafbefehlsverfahren als unzulässig anzusehen. Schwierigere und verwickelte Sachen sollen nicht durch Strafbefehl erledigt werden. Will die Staatsanwaltschaft — z. B. weil die Sache sich als schwieriger erweist, als bei Stellung des Antrags auf Strafbefehl angenommen wurde — nach Einlegung des Einspruchs die Zuständigkeit des erweiterten Schöffengerichts noch begründen, so bleibt ihr nichts übrig, als gemäß § 411 die Klage fallen zu lassen und im ordentlichen Wege — unter Stellung des Antrags auf Zuziehung des zweiten Amtsrichters — von neuem zu erheben (vgl. AV. d. Pr. JM. v. 7. 6. 1924, JMBl. S. 250).

4) Gegen einen Jugendlichen darf in einem Strafbefehl nur Geldstrafe, die an Stelle der Geldstrafe tretende Freiheitsstrafe sowie Einziehung ausgesprochen werden. Die VO. hat daran nichts geändert (§ 39 JGG.). Auch die Bekanntmachung des Straferkenntnisses, die durch die VO. sonst zugelassen worden ist, darf gegen einen Jugendlichen durch Strafbefehl nicht ausgesprochen worden.

Die Hauptverhandlung findet stets vor dem Jugendgericht, nicht vor dem Jugendrichter allein statt; ausgenommen sind nur Forstdiebstahlssachen und Feld- und Forstrügesachen, auch soweit es sich um Vergehen gegen § 8 FDiebstG. oder § 21 FuFPolG. handelt (vgl. Anm. 13 zu § 25 GVG.). Eines Antrags der Staatsanwaltschaft bedarf es in beiden Fällen nicht. Wegen der Zuziehung eines zweiten Jugendrichters vgl. vorstehend Anm. 3 und Anm. 7 zu § 29 GVG.

5) Nach dem Pr. FDiebstG. findet ein eigenartiges Strafbefehlsverfahren statt (vgl. §§ 26—30). Die öffentliche Klage kann bei allen Zuwiderhandlungen gegen das genannte Gesetz — mit Ausnahme derjenigen gegen die §§ 6, 8 — nur durch Antrag auf Strafbefehl erhoben werden. Die Anträge werden listenmäßig gesammelt und periodisch gestellt. Das Einspruchsverfahren ist durch die VO. v. 12. 3. 1924 (GesS. S. 127) demjenigen der StPO. angeglichen worden. Es besteht nur noch eine Sondervorschrift für die Verbindung der Hauptverhandlung über mehrere, dieselbe Liste betreffende Einsprüche (§ 29). In den

Fällen der §§ 6, 8 des Ges. ist ein Strafbefehl jetzt gleichfalls zulässig; die Sondervorschriften des FDiebstG. finden aber darauf keine Anwendung (§ 30).

Nach § 57 des Pr. FuFPolG. in der Fassung der VO. v. 12. 3. 1924 ist — abgesehen von den Fällen der §§ 20, 21 — auch in Feld- und Forstrügesachen der Antrag auf Erlaß eines Strafbefehls jetzt die einzige Form, in der die Staatsanwaltschaft die öffentliche Klage erheben kann; doch ist in diesen Fällen auch der Erlaß einer polizeilichen Strafverfügung zulässig, was nach FDiebstG. nicht der Fall ist. Besondere Bestimmungen für das Strafbefehlsverfahren des FuFPolG. gelten nicht.

Da alle Zuwiderhandlungen gegen die beiden Gesetze zur ausschließlichen Zuständigkeit des Amtsrichters gehören, bedarf es auch in den Fällen des § 8 FDiebstG. und des § 21 FuFPolG., in denen Gefängnis von mehr als 6 Monaten angedroht ist, eines Antrages gemäß § 407 Abs. 4 StPO. nicht.

Im Verfahren auf Grund des FDiebstG. ist im Strafbefehl auf Werterſatz zu erkennen, im Verfahren auf Grund des FuFPolG. kann darauf erkannt werden (§ 27 FDiebstG., § 68 FuFPolG.).

6) In Haftsachen ist, wenn der Beschuldigte einen Verteidiger hat, dieser von dem Erlaß eines Strafbefehls gegen den Beschuldigten zu benachrichtigen, damit er dessen Rechte wahrnehmen kann (AV. d. Pr. JM. v. 5. 3. 1924 — JMBl. S. 104 —).

§ 408 (448)

Der Antrag ist auf eine bestimmte Strafe zu richten. Der Amtsrichter hat ihm zu entsprechen, wenn der Erlassung des Strafbefehls Bedenken nicht entgegenstehen.

Findet der Amtsrichter Bedenken, die Strafe ohne Hauptverhandlung festzusetzen, so ist die Sache zur Hauptverhandlung zu bringen. Dasselbe gilt, wenn der Amtsrichter eine andere als die beantragte Strafe festsetzen will und die Staatsanwaltschaft bei ihrem Antrag beharrt.

Beim Vorliegen unverschuldeten Rechtsirrtums hat das Gericht unter den Voraussetzungen der Gesetze v. 18. 1. 1917 (RGBl. S. 58), 12. 2. 1920 (S. 230), 6. 2. 1921 (S. 139) und der VO. v. 13. 6. 1923 (RGBl. I S. 699) den Antrag abzulehnen.

§ 409 (449)

Der Strafbefehl muß außer der Festsetzung der Strafe die strafbare Handlung, das angewendete Strafgesetz und die Beweismittel bezeichnen, auch die Eröffnung enthalten, daß er vollstreckbar werde, wenn der Beschuldigte nicht binnen einer Woche nach der Zustellung bei dem Amtsgerichte schriftlich oder zu Protokoll des Gerichtsschreibers Einspruch erhebe.

Auf den Einspruch kann vor Ablauf der Frist verzichtet werden.

Für Militärstrafsachen vgl. § 447, für Forstdiebstahlssachen §§ 27, 28 FDiebstG.

§ 410 (450)

Ein Strafbefehl, gegen welchen nicht rechtzeitig Einspruch erhoben worden ist, erlangt die Wirkung eines rechtskräftigen Urteils.

Der Grundsatz „ne bis in idem" gilt für eine Verurteilung durch Strafbefehl nur dann, wenn die Verhandlung zur gleichen rechtlichen Beurteilung des Tatbestandes führt, nicht aber, wenn die Tat unter einem andern rechtlichen Gesichtspunkt, als er im Strafbefehl angenommen wurde, verfolgt werden kann, der eine höhere Strafbarkeit begründet. Vgl. auch Anm. 8 zu § 413 und Vorbem. 3 vor § 419.

§ 411 (451)*

Bei rechtzeitigem Einspruch wird zur Hauptverhandlung geschritten, sofern nicht bis zu ihrem Beginne die Staatsanwaltschaft die Klage fallen läßt oder der Einspruch zurückgenommen wird.

Der Angeklagte kann sich in der Hauptverhandlung durch einen mit schriftlicher Vollmacht versehenen Verteidiger vertreten lassen.

Bei der Urteilsfällung ist das Gericht an den in dem Strafbefehl enthaltenen Ausspruch nicht gebunden.

---

1) Einstellung gemäß § 153 ist noch zulässig; sie erfolgt gemäß § 153 Abs. 3 mit Zustimmung der Staatsanwaltschaft durch das Gericht.

2) Im Abs. 1 mußten die Worte: „vor dem Schöffengerichte" gestrichen, und im Abs. 3 mußte „Schöffengericht" durch „Gericht"

ersetzt werden, da in Zukunft beim Amtsgericht mehrere Strafgerichte zur Verhandlung über den Einspruch in Betracht kommen (vgl. Anm. 2 zu § 407).

§ 412 (452)

Bleibt der Angeklagte ohne genügende Entschuldigung in der Hauptverhandlung aus, und wird er auch nicht durch einen Verteidiger vertreten, so wird der Einspruch ohne Beweisaufnahme durch Urteil verworfen.

Ein Angeklagter, welchem gegen den Ablauf der Einspruchsfrist Wiedereinsetzung in den vorigen Stand gewährt worden war, kann sie nicht mehr gegen das Urteil beanspruchen.

„Wiedereinsetzung in den vorigen Stand" gegen das Urteil vgl. § 235, gegen die Versäumung der Einspruchsfrist § 44 StPO.

Zweiter Abschnitt

Verfahren nach vorangegangener polizeilicher Strafverfügung

§ 413 (453)

Wo nach den Bestimmungen der Landesgesetze die Polizeibehörden befugt sind, eine in den Strafgesetzen angedrohte Strafe durch Verfügung festzusetzen, erstreckt sich diese Befugnis nur auf Übertretungen.

Auch kann die Polizeibehörde keine andere Strafe als Haft bis zu vierzehn Tagen oder Geldstrafe und die Haft, welche für den Fall, daß die Geldstrafe nicht beigetrieben werden kann, an ihre Stelle tritt, sowie eine etwa verwirkte Einziehung verhängen.

Die Strafverfügung muß außer der Festsetzung der Strafe die strafbare Handlung, das angewendete Strafgesetz und die Beweismittel bezeichnen, auch die Eröffnung enthalten, daß der Beschuldigte, sofern er nicht eine nach den Gesetzen zugelassene Beschwerde an die höhere Polizeibehörde ergreife, gegen die Strafverfügung binnen einer Woche nach der Bekanntmachung bei der

Polizeibehörde, welche diese Verfügung erlassen hat, oder bei dem zuständigen Amtsgericht auf gerichtliche Entscheidung antragen könne.

Die Strafverfügung wirkt in betreff der Unterbrechung der Verjährung wie eine richterliche Handlung.

---

1) Die bei Übertretungen zulässige Geldstrafe ist durch die VO. über Vermögensstrafen und Bußen v. 6. 2. 1924 (RGBl. I S. 44) auf 150 Goldmark festgesetzt worden. Die in Preußen bisher geltende einschränkende Bestimmung ist beseitigt.

2) Für Jugendliche gelten die besonderen Bestimmungen des § 40 Abs. 1—3 JGG.; vgl. unten Nr. X. Nach § 30 JGG. sollen Strafverfügungen in Jugendsachen auch dem gesetzlichen Vertreter mitgeteilt werden. Wird gegen einen Jugendlichen eine polizeiliche Strafverfügung erlassen und dagegen Antrag auf gerichtliche Entscheidung gestellt, so entscheidet darüber ausnahmsweise der Jugendrichter allein; vgl. § 416 und Anm. dazu.

3) Für die durch die Presse begangenen Übertretungen ist nach § 29 Preßges. (vgl. Teil I dieses Werkes) die Ahndung durch pol. Strafverfügung ausgeschlossen; die Gerichte sind dafür ausschließlich zuständig.

4) Ein eigenartiges, reichsrechtlich geordnetes Verwaltungsstrafverfahren findet nach den §§ 122—127 der Seemannsordnung, nach § 8 des Ges. betr. die Verpflichtung der Kauffahrteischiffe zur Mitnahme heimzuschaffender Seeleute und nach § 13 des Stellenvermittlergesetzes, in Verbindung mit der VO. vom 13. 3. 1903, statt (vgl. unten Nr. XVI).

Nach § 5 Abs. 2 EGStPO. finden, wenn gegen den Bescheid des Seemannsamts auf gerichtliche Entscheidung angetragen wird, die §§ 415—418 StPO. entsprechende Anwendung.

5) Ein anderes eigenartiges, reichsrechtlich geordnetes Verwaltungsstrafverfahren ist ferner durch die VO. über die Bestrafung von Zuwiderhandlungen gegen die Paßvorschriften vom 6. 4. 1923 (RGBl. I S. 249) geschaffen worden.

§ 3 lautet:

„Die mit der Grenzüberwachung oder Paßnachschau betrauten Polizeibehörden sind befugt, nach näheren Anweisungen der Landeszentralbehörden die für Zuwiderhandlungen gemäß § 1 Ziff. 1—5 und 12 angedrohten Geld- und Haftstrafen, sowie die an die Stelle einer nicht beitreibbaren Geldstrafe tretende Freiheitsstrafe nach § 453 Abs. 3, 4, §§ 454—458 der StPO. *(jetzt § 413 Abs. 3, 4, §§ 414—418)* durch Verfügung festzusetzen und die festgesetzte Geldstrafe sofort zu vollstrecken.

Soweit die Grenzüberwachung oder Paßnachschau von Zollbehörden ausgeübt wird, ist für den Erlaß der etwa notwendig werdenden Anweisungen der Landeszentralbehörden die Zustimmung der Reichsfinanzverwaltung erforderlich."

Die in Betracht kommenden Delikte sind Vergehen, die mit mehr als 6 Monaten Gefängnis bedroht sind. Gleichwohl ist für sie, wenn die gerichtliche Entscheidung nach vorangegangener polizeilicher Strafverfügung erfolgt, gemäß § 416 StPO. die Zuständigkeit des Amtsrichters allein begründet, ohne daß es eines Antrags nach § 25 Abs. 1, Nr. 2 c, Abs. 2 GVG. bedarf.

Die einschränkenden Bestimmungen des Pr. Ges. v. 23. 4. 1883 finden auf die Befugnis zur Festsetzung der Strafen auf Grund dieser Bestimmungen keine Anwendung. Es kann vielmehr Geldstrafe von 3—10000 Goldmark (vgl. Art. III Abs. 1 Nr. 1 der VO. über Vermögensstrafen und Bußen v. 6. 2. 1924 — RGBl. I S. 44), Haft bis zu 6 Wochen und als Ersatzstrafe auch Gefängnisstrafe in den gesetzlichen Grenzen festgesetzt werden, soweit nicht die Landeszentralbehörde etwas anderes bestimmt hat.

6) Das Pr. Ges. v. 23. 4. 1883 über den Erlaß polizeilicher Strafverfügungen ist unten unter Nr. XIX abgedruckt.

7) Bei der Vollstreckung der durch pol. Strafverfügung festgesetzten Geldstrafen haben die Behörden der deutschen Länder einander entsprechend dem Ges. über den Beistand bei Einziehung von Abgaben und Vollstreckung von Vermögensstrafen v. 9. 6. 1895 (RGBl. S. 256) zu unterstützen. Für die Vollstreckung der durch pol. Strafverfügung festgesetzten Haftstrafen gilt diese Bestimmung nicht; indes ist eine Erweiterung des Ges. nach dieser Richtung geplant.

Da neuerdings auch eine Reichspolizei (Eisenbahnpolizei, Strom- bzw. Wasserstraßenpolizei, Reichskriminalpolizei, von denen allerdings zurzeit erst die Eisenbahnpolizei praktische Bedeutung hat) in Betracht kommt, werden auf die von dieser festgesetzten Strafverfügungen die Bestimmungen des Ges. v. 9. 6. 1895 entsprechend anzuwenden sein (vgl. RG. Zivilsachen Bd. 107, Anh. S. 1 ff.).

8) Der Grundsatz „ne bis in idem" gilt für pol. Strafverfügungen nur beschränkt (vgl. Anm. zu § 410 und Vorbem. 3 vor § 419).

§ 414 (454)

Der Antrag auf gerichtliche Entscheidung kann bei der Polizeibehörde schriftlich oder mündlich, bei dem Amtsgerichte schriftlich oder zu Protokoll des Gerichtsschreibers angebracht werden.

Die Polizeibehörde übersendet, falls sie nicht die Strafverfügung zurücknimmt, die Akten an die zuständige Staatsanwaltschaft, welche sie dem Amtsrichter vorlegt.

1) Für Militärstrafsachen vgl. § 447.

2) Der Staatsanwaltschaft steht eine Befugnis, die Vorlegung beim Gericht zu unterlassen und das Verfahren einzustellen, nicht zu; auch kann sie nicht, wie nach § 411 Abs. 2, die „Klage fallen lassen" oder zurücknehmen, da sie sie nicht erhoben hat. Das gilt auch für den Fall, daß sie den § 153 (Einschränkung des Verfolgunszwanges) für anwendbar hält. Eine Einstellung nach § 153 ist daher nur gemäß § 153 Abs. 3 zulässig; da die Polizeibehörde aber selbständig die Voraussetzungen des § 153 Abs. 1 zu prüfen hat, wird die Staatsanwaltschaft in der Regel nicht zustimmen dürfen, ohne der Polizeibehörde Gelegenheit zur Darlegung ihres Standpunktes gegeben zu haben.

3) Zur Zurücknahme der Strafverfügung ist die Polizeibehörde nach Übersendung der Akten an das Gericht nicht mehr befugt. Vgl. die bei Müller, Justizverw., 6. Aufl. S. 1758 1759 Nr. 23b, c abgedruckten RdV., insbes. die RdV. v. 27. 5. 1902 — I 3937 —; die Aufsichtsbehörden sind befugt, die nachgeordneten Polizeibehörden bis zu dem gen. Zeitpunkt zur Milderung oder zur Zurücknahme von pol. Strafverfügungen anzuweisen (ebenda Nr. 23e).

§ 415 (455)

Gegen die Versäumung der Antragsfrist ist unter den in den §§ 44, 45 bezeichneten Voraussetzungen Wiedereinsetzung in den vorigen Stand zulässig. Das Gesuch ist bei einer der im § 414 Abs. 1 genannten Behörden anzubringen.

Über das Gesuch entscheidet der Amtsrichter.

Die Bestimmungen des § 46 Abs. 2, 3 finden hier gleichfalls Anwendung.

Für Militärstrafsachen vgl. § 447.

§ 416 (456)*

Ist der Antrag rechtzeitig angebracht, so wird zur Hauptverhandlung **vor dem Amtsrichter** geschritten, ohne daß es der Einreichung einer Anklageschrift oder einer Entscheidung über die Eröffnung des Hauptverfahrens bedarf.

Bis zum Beginne der Hauptverhandlung kann der Antrag zurückgenommen werden.

1) Die Änderung beruht auf § 7 VO. Da danach für Übertretungen stets der Amtsrichter zuständig ist, kommt eine Verhandlung vor dem Schöffengericht auf Grund einer polizeilichen Strafverfügung nicht mehr in Frage.

2) Das gilt auch, wenn gegen einen Jugendlichen eine Strafverfügung erlassen war; es entscheidet, wenn Antrag auf gerichtliche Entscheidung gestellt wird, hier ausnahmsweise der Jugendrichter allein (vgl. Anm. 2 zu § 413).

3) Auch wenn wegen Zuwiderhandlungen gegen die Paßvorschriften die Strafe auf Grund der VO. v. 6. 4. 1923 durch polizeiliche Strafverfügung festgesetzt wird, entscheidet, falls Antrag auf gerichtliche Entscheidung gestellt wird, stets der Amtsrichter allein, obwohl es sich dabei um Vergehen handelt, die mit mehr als sechs Monaten Gefängnis bedroht sind; eines besonderen Antrags auf Entscheidung durch den Amtsrichter bedarf es nicht (vgl. Anm. 5 zu § 413). § 416 ist nach § 3 Abs. 1 VO. v. 6. 4. 1923 unmittelbar anwendbar.

4) In den Fällen, in denen ein Strafbescheid auf Grund der Seemannsordnung (vgl. Anm. 4 zu § 413 StPO.) usw. festgesetzt wird, würde der Amtsrichter nach § 25 GVG. ohnehin stets allein zu entscheiden haben, da die in Betracht kommenden strafbaren Handlungen die Grenze des § 25 Abs. 1, Nr. 1, 2b GVG. nicht übersteigen.

§ 417 (457)*

Das Verfahren **vor dem Amtsrichter** ist dasselbe wie im Falle einer von der Staatsanwaltschaft erhobenen und zur Hauptverhandlung verwiesenen Anklage.

Der Angeklagte kann sich durch einen mit schriftlicher Vollmacht versehenen Verteidiger vertreten lassen.

Bei der Urteilsfällung ist das Gericht an den Ausspruch der Polizeibehörde nicht gebunden.

Vgl. die Anm. zu § 416.

§ 418 (458)

Stellt sich nach dem Ergebnisse der Hauptverhandlung die Tat des Angeklagten als eine solche dar, bei welcher die Polizeibehörde zum Erlaß einer Strafverfügung nicht befugt war, so hat das Gericht die letztere durch Urteil aufzuheben, ohne in der Sache selbst zu entscheiden.

Dritter Abschnitt

Verfahren bei Zuwiderhandlungen gegen die Vorschriften über die Erhebung öffentlicher Abgaben und Gefälle

1) Für den Geltungsbereich der RAO. sind nach § 449 RAO. die Vorschriften der §§ 419—429 nicht anwendbar. Es gelten vielmehr die besonderen Vorschriften der §§ 385—443 (insbes. §§ 426—442) RAO.

2) Für landesrechtlich festgesetzte Abgaben und andere öffentliche Abgaben können die Vorschriften der RAO. über das Strafverfahren für anwendbar erklärt werden (§ 17 Abs. 2 Finanzausgleichsges. in der Fassung der Bekanntmachung v. 23. 6. 1923 (RGBl. I S. 494). In Preußen ist davon, soweit mir bekannt ist, kein Gebrauch gemacht worden.

3) Wegen des Grundsatzes „ne bis in idem" gilt für Strafbescheide der Verwaltungsbehörden dasselbe wie für Strafbefehle (Anm. zu § 410) und für pol. Strafverfügungen (Anm. 8 zu § 413).

§ 419 (459)

Strafbescheide der Verwaltungsbehörden wegen Zuwiderhandlungen gegen die Vorschriften über die Erhebung öffentlicher Abgaben und Gefälle dürfen nur Geldstrafen sowie eine etwa verwirkte Einziehung festsetzen.

Der Strafbescheid muß außerdem die strafbare Handlung, das angewendete Strafgesetz und die Beweismittel bezeichnen, auch die Eröffnung enthalten, daß der Beschuldigte, sofern er nicht eine nach den Gesetzen zugelassene Beschwerde an die höhere Verwaltungsbehörde ergreife, gegen den Strafbescheid binnen einer Woche nach der Bekanntmachung bei der Verwaltungsbehörde, welche ihn erlassen, oder bei der, welche ihn bekanntgemacht hat, auf gerichtliche Entscheidung antragen könne.

Der Strafbescheid wirkt in betreff der Unterbrechung der Verjährung wie eine richterliche Handlung.

1) In Jugendsachen sollen Strafbescheide auch dem gesetzlichen Vertreter mitgeteilt werden (§ 30 JGG.).

2) Auch für das Verwaltungsstrafverfahren gilt das oben in Anm. 7 zu § 413 erwähnte Gesetz v. 9. 6. 1895 für die gegenseitige Beistandleistung der Behörden verschiedener Länder; die Amtsgerichte haben auf Ersuchen Zeugen und Sachverständige eidlich zu vernehmen.

3) Für Reichssteuersachen vgl. § 386 Abs. 2, § 412 Abs. 1, 2, 4 (Abs. 3 ist durch das JGG. aufgehoben), § 413 RAO.

§ 420 (460)

Wird auf gerichtliche Entscheidung angetragen, so übersendet die Verwaltungsbehörde, falls sie nicht den Strafbescheid zurücknimmt, die Akten an die zuständige Staatsanwaltschaft, welche sie dem Gerichte vorlegt.

---

1) Vgl. Anm. 2 zu § 414.

2) Für Reichssteuerstrafsachen vgl. § 414 Abs. 4, §§ 426, 427, 429 RAO.

§ 421 (461)

Für die Wiedereinsetzung in den vorigen Stand finden die Bestimmungen des § 415 entsprechende Anwendung.

Vgl. auch § 428 RAO.

§ 422 (462)*

Ist der Antrag rechtzeitig angebracht, so wird zur Hauptverhandlung geschritten, ohne daß es der Einreichung einer Anklageschrift oder einer Entscheidung über die Eröffnung des Hauptverfahrens bedarf.

Die Staatsanwaltschaft kann den im § 25 Abs. 1 Nr. 2c des Gerichtsverfassungsgesetzes vorgesehenen Antrag auch noch bei Vorlage der Akten an das Gericht stellen; auf Verlangen der Verwaltungsbehörde hat sie dies zu tun.

Bis zum Beginne der Hauptverhandlung kann der Antrag zurückgenommen werden.

---

1) Im Abs. 1 sind die Worte: „vor dem zuständigen Gericht" als überflüssig gestrichen worden. Der neue Abs. 2 gibt den § 38 **VO. wieder.**

2) Vgl. wegen des Antrags auf Entscheidung durch den Amtsrichter und auf Zuziehung eines zweiten Amtsrichters Anm. 2, 3 zu § 407. Vgl. auch Anm. 10 zu § 25 GVG. Soll nachträglich — z. B. weil sich die Sache als schwieriger erweist, als zunächst angenommen wurde — die Zuziehung eines zweiten Amtsrichters, oder soll nachträglich Entscheidung durch den Amtsrichter beantragt werden, so bleibt nichts übrig, als daß die Verwaltungsbehörde, solange das noch zulässig ist, den Strafbescheid zurücknimmt, und daß alsdann die öffentliche Klage — unter Stellung entsprechenden Antrags — erhoben wird.

3) Die Bestimmung des Abs. 2 wird entsprechend auch für das gerichtliche Verfahren wegen Steuerzuwiderhandlungen im Bereiche der RAO. zu gelten haben. § 427 Abs. 2 RAO. ist gegenstandslos geworden. Näheres vgl. im „Recht" 1924 S. 201/202.

4) Abs. 3 bezieht sich nur auf den in Abs. 1, nicht auch auf den in Abs. 2 bezeichneten Antrag.

5) Für Reichssteuersachen vgl. §§ 428, 430, 431 RAO.

6) In Reichssteuerstrafsachen ist, wenn eine Verurteilung wegen Steuerhinterziehung oder Steuergefährdung davon abhängt, ob ein Steueranspruch besteht, oder ob und in welcher Höhe ein Steueranspruch verkürzt oder ein Steuervorteil zu Unrecht gewährt ist, eine Vorabentscheidung des Reichsfinanzhofs oder eines anderen Finanzgerichts oder einer Finanzbehörde erforderlich. Diese Vorentscheidung über den Steueranspruch ist Urteilsvoraussetzung. Näheres vgl. in § 433 RAO. und in der AV. v. 10. 7. 1922 (JMBl. S. 257).

§ 423 (463)*

Ist die in einem vollstreckbaren Strafbescheide festgesetzte Geldstrafe von dem Beschuldigten nicht beizutreiben und deshalb ihre Umwandlung in eine Freiheitsstrafe erforderlich, so ist diese Umwandlung nach Anhörung der Staatsanwaltschaft und des Beschuldigten durch gerichtliche Entscheidung auszusprechen, ohne daß der Strafbescheid einer Prüfung des Gerichts unterliegt.

Über die Umwandlung entscheidet der Amtsrichter.

Gegen die Entscheidung findet sofortige Beschwerde statt.

---

1) Die Änderung des Abs. 2 ist darauf zurückzuführen, daß die Strafkammer als Gericht erster Instanz nicht mehr in Betracht kommt und daß auch in Schöffensachen die Entscheidungen außerhalb der Hauptverhandlung — dazu gehört auch die Umwandlung der Steuergeldstrafe in Freiheitsstrafe — der Amtsrichter allein

zu treffen hat (§ 22 Abs. 4, § 30 Abs. 2 GVG., §§ 6—11, § 25 Abs. 1 VO.).

2) Auch im Bereiche der RAO. ist jetzt stets der Amtsrichter zuständig (§ 435 S. 2 RAO.), aber u. U. der Amtsrichter am Sitz des Schöffengerichts. Näheres vgl. „Recht" 1924 S. 201/202. Über die Verpflichtung des Reichsfiskus zur Tragung der Kosten für die Vollstreckung von Ersatzfreiheitsstrafen auf Grund der RAO. vgl. die AV. v. 28. 2. 1923 (JMBl. S. 167).

3) Vgl. auch § 40 Abs. 4 JGG., der unberührt bleibt.

§ 424 (464)

Hat die Verwaltungsbehörde einen Strafbescheid nicht erlassen, und lehnt die Staatsanwaltschaft den an sie gerichteten Antrag auf Verfolgung ab, so ist die Verwaltungsbehörde befugt, selbst die Anklage zu erheben.

In einem solchen Falle hat sie einen Beamten ihres Verwaltungszweigs oder einen Rechtsanwalt als ihren Vertreter zu bestellen und in der Anklage namhaft zu machen.

§ 425 (465)

Die Staatsanwaltschaft ist zu einer Mitwirkung in jeder Lage des Verfahrens berechtigt.

Bei der Hauptverhandlung muß sie vertreten sein; auch hat sie die gerichtlich angeordneten Ladungen dazu zu bewirken.

Alle im Laufe des Verfahrens ergehenden Entscheidungen sind ihr bekanntzumachen.

§ 426 (466)

Im übrigen regelt sich das Verfahren auf die von der Verwaltungsbehörde erhobene Anklage nach den für die Privatklage gegebenen Bestimmungen.

§ 427 (467)

Hat der Beschuldigte gegen einen Strafbescheid auf gerichtliche Untersuchung angetragen, oder hat die Staatsanwaltschaft die Anklage erhoben, so kann die Verwaltungsbehörde sich der Verfolgung anschließen, und sie hat alsdann gleichwie bei einer von ihr erhobenen Anklage einen Vertreter zu bestellen.

In diesem Falle kommen die für den Anschluß des Verletzten als Nebenkläger gegebenen Bestimmungen zur Anwendung.

Zu Abs. 2 vgl. §§ 395 ff. StPO.

§ 428 (468)

Wenn die Verwaltungsbehörde die Anklage erhoben oder sich der Verfolgung angeschlossen hat, so sind ihr das Urteil und alle sonstigen Entscheidungen zuzustellen, auch wenn sie bei deren Verkündung vertreten gewesen ist.

Vgl. § 35 StPO. und Anm. dazu.

§ 429 (469)

Die Fristen zur Einlegung von Rechtsmitteln beginnen für die Verwaltungsbehörde erst mit der Zustellung.

Zur Anbringung von Revisionsanträgen und zur Gegenerklärung auf solche steht der Verwaltungsbehörde eine Frist von einem Monat zu.

Vgl. § 432 RAO.

Vierter Abschnitt

Verfahren bei Einziehungen und Vermögensbeschlagnahmen

1) Der bisherige vierte Abschnitt: „Verfahren gegen Abwesende, welche sich der Wehrpflicht entzogen haben", hat durch Aufhebung der allgemeinen Wehrpflicht (§ 1 Wehrges. v. 23. 3. 1921 — RGBl. S. 329 —) seine Bedeutung verloren und ist daher in der Neufassung weggelassen worden.

2) Für Reichssteuerstrafsachen vgl. auch § 408 Abs. 2, § 412 Abs. 4, § 413.

§ 430 (477)*

In den Fällen, in welchen nach § 42 des Strafgesetzbuchs oder nach anderweiten gesetzlichen Bestimmungen auf Einziehung, Vernichtung oder Unbrauchbarmachung von Gegenständen selbständig erkannt werden kann, ist der Antrag, sofern die Entscheidung nicht in Verbindung mit einem Urteil in der Hauptsache erfolgt, seitens der Staatsanwaltschaft oder des Privatklägers bei dem Gerichte zu stellen, welches für den Fall der Verfolgung einer bestimmten Person zuständig sein würde.

An die Stelle des Schwurgerichts tritt das Schöffengericht.

---

1) Die Änderung ist durch den Wegfall der Strafkammer als Gerichts erster Instanz bedingt (§ 39 VO., vgl. auch §§ 6—10 VO.).

2) Auch das erweiterte Schöffengericht kann entscheiden, wenn die Staatsanwaltschaft es beantragt.

§ 431 (478)

Die Verhandlung und Entscheidung erfolgt in einem Termin, auf welchen die Bestimmungen über die Hauptverhandlung entsprechende Anwendung finden.

Personen, welche einen rechtlichen Anspruch auf den Gegenstand der Einziehung, Vernichtung oder Unbrauchbarmachung haben, sind, soweit dies ausführbar erscheint, zu dem Termine zu laden.

Sie können alle Befugnisse ausüben, welche einem Angeklagten zustehen, sich auch durch einen mit schriftlicher Vollmacht versehenen Verteidiger vertreten lassen. Durch ihr Nichterscheinen wird das Verfahren und die Urteilsfällung nicht aufgehalten.

§ 432 (479)

Die Rechtsmittel gegen das Urteil stehen der Staatsanwaltschaft, dem Privatkläger und den im § 431 bezeichneten Personen zu.

§ 433 (480)***

Auf die im § 93 des Strafgesetzbuchs vorgesehene Beschlagnahme des Vermögens eines Angeschuldigten finden die Bestimmungen der §§ 291 bis 293 entsprechende Anwendung.

---

§ 140 StGB., der in der bisherigen Fassung noch zitiert war, ist durch die Aufhebung der allgemeinen Wehrpflicht gegenstandslos geworden (vgl. Vorbem. zu § 430).

Fünfter Abschnitt

Besondere Vorschriften über das Verfahren bei militärischen Straftaten für Strafsachen gegen Angehörige der Reichswehr und für Militärstrafsachen.

§ 434 (Art. I § 1 Abs. 1, Art. II § 2, § 3 Abs. 1 GAMG.)

Eine Militärgerichtsbarkeit besteht nur für Strafverfahren in Kriegszeiten und gegen die Angehörigen der Reichsmarine, die an Bord von in Dienst gestellten Kriegsschiffen eingeschifft sind.

Soweit eine Militärgerichtsbarkeit nicht besteht, gelten für militärische Straftaten sowie für Strafsachen gegen Angehörige der Reichswehr und für Militärstrafsachen die folgenden besonderen Vorschriften:

---

1) Soweit eine Militärgerichtsbarkeit besteht, bleibt die Militärstrafgerichtsordnung in Kraft.

2) Die Änderungen sind nur redaktionell. Der ganze Abschnitt ist methodisch neu gegliedert und nach einheitlichen Gesichtspunkten zusammengestellt worden. Die dadurch bedingten redaktionellen Änderungen sind zwar im Druck hervorgehoben, aber nicht besonders erklärt worden.

3) Art. 106 RV.: „Die Militärgerichtsbarkeit ist aufzuheben, außer in Kriegszeiten und an Bord der Kriegsschiffe. Das Nähere regelt ein Reichsgesetz."

4) Wegen der Kommandierung von Marineangehörigen, gegen die der Verdacht einer gerichtlich zu ahndenden Straftat besteht, an Bord vgl. V. v. 25. 8. 1920 (Marineverordnungsblatt S. 429 — abgedruckt auch im JMBl. S. 509 ff.).

Erster Titel

Vorschriften für militärische Straftaten

§ 435 (§ 7 GAMG.)

Die Entscheidung, ob eine militärische Straftat gemäß § 3 des Einführungsgesetzes zum Militästrafgesetzbuche disziplinarisch zu ahnden ist, steht dem militärischen Disziplinarvorgesetzten, sofern aber ein Untergebener oder eine nicht der Reichswehr angehörige Person verletzt ist, der Staatsanwaltschaft zu. Gegen die Verfügung der Staatsanwaltschaft, durch welche die Straftat der disziplinarischen Ahndung überwiesen wird, kann der Verletzte binnen einer Woche nach Zustellung die Entscheidung des Landgerichts anrufen.

Die Behörde, bei der eine Anzeige oder ein Strafantrag eingegangen ist, hat dem Disziplinarvorgesetzten sofort Nachricht zu geben. Ist das Hauptverfahren eröffnet, so ist die Straftat gerichtlich abzuurteilen. Der militärische Disziplinarvorgesetzte hat stets das Recht, gerichtliche Aburteilung zu verlangen.

1) § 3 EGMStGB. in der Fassung des Art. II des Ges. vom 25. 4. 1917 (RGBl. S. 381) ist im Teil I des Werkes abgedruckt. Vgl. dort.

2) Die Entscheidung des Landgerichts (Abs. 1 S. 2) erfolgt durch die Strafkammer (Beschlußkammer) ohne mündliche Verhandlung. Ihre Entscheidung ist nicht anfechtbar (zweifelhaft!).

3) Vgl. auch die Ausführungsvorschriften vom 3. 9. 1920 (Heeresverordnungsblatt S. 799, Zentralbl. S. 1535; vgl. auch Pr. JMBl. S. 509).

§ 436 (neu)*

Bei militärischen Vergehen finden die Vorschriften des § 153 Abs. 2, 3 über die Befugnis, von der Erhebung der öffentlichen Klage abzusehen oder das Verfahren einzustellen, keine Anwendung.

1) Der Paragraph beruht auf § 23 Abs. 4 VO.

2) Eine entsprechende Vorschrift für § 154 gibt es nicht; dieser Paragraph ist daher unbeschränkt auch auf militärische Straftaten (Verbrechen und Vergehen) anwendbar.

3) Militärische Übertretungen gibt es nicht. Bei Übertretungen und nicht militärischen Vergehen, die von Soldaten begangen werden, findet § 153 Anwendung; die Ausnahme des § 436 gilt nur für militärisch geartete Vergehen, auch wenn der Täter nicht oder nicht mehr Soldat ist.

§ 437 (§ 12 GAMG.)*

Ein Abwesender, gegen den die öffentliche Klage wegen Fahnenflucht erhoben ist, kann durch Beschluß des Gerichts für fahnenflüchtig erklärt werden.

Für die Bekanntmachung und die Aufhebung des Beschlusses gelten die §§ 291, 293.

---

1) Die Änderungen sind redaktionell.

2) Wegen der Fahnenfluchtserklärung vgl. auch § 21 Abs. 2 Nr. 2c, § 22 Abs. 2 S. 2 des Wehrgesetzes v. 23. 3. 1921 (RGBl. S. 329).

Die Vorschriften zwingen dazu, die Fahnenfluchtserklärung nach Möglichkeit zu beschleunigen. Vgl. über Einzelheiten die RdV. des Pr. JM. v. 12. 7. 1921 (I 5414).

3) Das „Gericht" ist das für die Erhebung der öffentlichen Klage örtlich und sachlich zuständige Gericht.

4) Ein Fahnenflüchtiger, der im Inland weder Wohnsitz noch dauernden Aufenthalt hat, verliert die deutsche Staatsangehörigkeit mit dem Ablauf von zwei Jahren (vgl. Staatsangehörigkeitsgesetz v. 22. 7. 1913 — RGBl. S. 583 — § 26 Abs. 2 S. 1).

Zweiter Titel

Vorschriften für Strafsachen gegen Angehörige der Reichswehr und für Militärstrafsachen

§ 438 (§§ 5, 8, § 9 Abs. 5 GAMG.)***

In Strafverfahren gegen Angehörige der Reichswehr gelten die besonderen Vorschriften der §§ 439 bis 441.

---

1) Der Sprachgebrauch ist der Terminologie des Reichswehrgesetzes v. 23. 3. 1921 (RGBl. S. 329) angepaßt worden.

2) „Angehörige der Reichswehr" sind nach § 1 Abs. 1 Wehrges. Soldaten und Militärbeamte; „Soldaten" sind die Offiziere, Deckoffiziere, Unteroffiziere und Mannschaften. Die Vorschriften über Strafverfahren gegen Angehörige der Reichswehr (§§ 439

bis 441) gelten, wenn und solange der Beschuldigte der Reichswehr angehört, ohne Rücksicht darauf, ob er ihr bei Begehung der Straftat bereits angehört hat oder nicht.

3) Der Begriff der „Militärstrafsache“ ist in § 442 definiert.

4) Über das Verhältnis der Polizei zur Wehrmacht vgl. die AV. d. Pr. JM. v. 10. 10. 1921 (JMBl. S. 524).

5) Über die Stellen, bei denen weggelegte Strafakten der alten Militärgerichte aufbewahrt werden, gibt Auskunft AV. d. Pr. JM. v. 10. 5. 1921 (JMBl. S. 306), 18. 3. 1924 (S. 127).

§ 439 (§ 5 GAMG.)

Ein Gerichtsstand ist auch bei dem Gerichte begründet, in dessen Bezirke sich der Standort des Truppenteils befindet, dem der Beschuldigte angehört.

1) Der Gerichtsstand des § 439 ist jetzt in der Regel auch zugleich derjenige des Wohnsitzes, da die allgemeine Wehrpflicht ja weggefallen ist (vgl. § 9 BGB).

2) Maßgebend ist der Standort z. Zt. der Erhebung der öffentlichen Klage (§ 8 StPO.). Zu vgl. auch § 441 Abs. 1 S. 2. Eine nach Erhebung der öffentlichen Klage erfolgende Versetzung ist auf den Gerichtsstand ohne Einfluß.

§ 440 (§ 9 Abs. 5 GAMG.)

Von der Festnahme ist der vorgesetzten Dienstbehörde unverzüglich Nachricht zu geben.

1) „Festnahme“ ist jede tatsächliche Entziehung der persönlichen Freiheit auf Grund einer dazu berechtigenden gesetzlichen Vorschrift durch eine dazu berechtigte Person, insbes. diejenige auf Grund eines Haftbefehls oder auf Grund einer vorläufigen Festnahme.

2) Wer im Bereich der Justizverwaltung die Nachricht zu geben hat, bestimmt für Preußen die AV. v. 23. 9. 1920 (JMBl. S. 508), 27. 1., 20. 7. und 25. 11 1921 (S. 89, 399, 590).

Außerhalb des Bereichs der Justizverwaltung hat die festnehmende Behörde die Nachricht zu geben. Die Nachricht ist der vorgesetzten Dienstbehörde des Reichswehrangehörigen zu geben.

3) Ueber die Festnahme von Soldaten durch die Polizei sind Bestimmungen des Pr. Min. d. Inn. (nach Vereinbarung mit dem Reichswehrminister) ergangen. Vgl. Pr. JMBl. 1921 S. 524. Inhaltlich gleiche Vorschriften bestehen auch in den andern Ländern.

4) Ueber das Festnahmerecht des militärischen Vorgesetzten vgl. § 443.

§ 180 Abs. 3 Militärstrafgerichtsordnung (Festnahme von Offizieren) gilt für das bürgerliche Strafverfahren nicht, hat also durch die Aufhebung der Militärgerichtsbarkeit seine Bedeutung fast völlig verloren.

§ 441 (§ 8 GAMG.)

Von der Einleitung der Strafverfolgung, der Eröffnung des Hauptverfahrens und der Anberaumung einer Hauptverhandlung ist der höheren Kommandobehörde des Beschuldigten Nachricht zu geben. Von dem Eingang der Nachricht über die Einleitung einer Strafverfolgung an ist eine Versetzung des Beschuldigten aus dem Bereiche der Strafverfolgungsbehörde nur noch mit deren Zustimmung zulässig.

Bei militärischen Verbrechen und Vergehen ist außerdem der höheren Kommandobehörde des Beschuldigten die Verfügung der Staatsanwaltschaft über die Ablehnung der Strafverfolgung oder die Einstellung des Verfahrens nebst den Gründen zuzustellen. Die Zustellung kann durch Vorlage der Akten erfolgen.

In den Fällen des Abs. 2 stehen die Rechte des Verletzten nach § 172 auch dem Befehlshaber der höheren Kommandobehörde zu. Der Antrag auf gerichtliche Entscheidung kann statt von einem Rechtsanwalte von einem Heeres- (Marine-) Anwalt unterzeichnet werden. Die §§ 176, 177 finden auf den von dem Befehlshaber gestellten Antrag keine Anwendung.

Was unter „höhere Kommandobehörde" zu verstehen ist, bestimmt der Reichswehrminister.

---

1) Was unter „höhere Kommandobehörde" zu verstehen sei, hat auf Grund des Abs. 4 der Reichswehrminister durch Erlaß v. 3. 9. 1920 (Heeresverordnungsbl. S. 799 — auch abgedruckt im Pr. JMBl. S. 513 —) bestimmt.

2) Wer die Nachrichten nach Abs. 1, 2 zu geben hat, bestimmt für Pr. die AV. d. JM. v. 23. 9. 1920 (JMBl. S. 508), 27. 1., 20. 7. und 25. 11. 1921 (S. 89, 399, 590). Vgl. dort.

3) Zu Abs. 1 S. 2 vgl. Anm. 2 zu § 439.

4) Zu Abs. 2 vgl. § 171.

5) Zu Abs. 3. Der Befehlshaber der höheren Kommandobehörde kann unter den Voraussetzungen des § 172 und den besonderen des § 441 Abs. 3 die Strafverfolgung eines militärischen Verbrechens oder Vergehens (das sind Verbrechen und Vergehen gegen das MStGB.) auch gegen den Willen der Staatsanwaltschaft herbeiführen. Er hat die Rechte des Verletzten bei solchen Verbrechen und Vergehen. Daß er den Antrag auf Strafverfolgung gestellt hatte, ist nicht erforderlich. Ob der Täter noch Soldat ist oder nicht, ist ohne Belang. Für Delikte anderer Art — auch wenn sie von Angehörigen der Reichswehr begangen werden — gelten die Vorschriften nicht.

Für den Fall der Verwerfung des Antrags trägt die Staatskasse die Kosten, die durch den Antrag entstehen (Ausnahme von § 177), und demgemäß kann auch eine Sicherheitsleistung für diese Kosten und für diejenigen des Strafverfahrens (§ 177) dem Befehlshaber nicht auferlegt werden. Nicht gesagt ist, daß auch die Vorschrift des § 472, der es gestattet, dem die Strafverfolgung herbeiführenden Verletzten die Kosten des Verfahrens aufzuerlegen, keine Anwendung finde; diese Vorschrift bleibt daher anwendbar; wird der Angeschuldigte oder Angeklagte, gegen den der Befehlshaber die Strafverfolgung gemäß §§ 441, 172 ff. herbeigeführt hat, freigesprochen oder außer Verfolgung gesetzt, so können dem Reichsmilitärfiskus die Kosten auferlegt werden.

Schließt der Befehlshaber sich der öffentlichen Klage, nachdem er deren Erhebung herbeigeführt hat, gemäß § 395 als Nebenkläger an, so ist der Tod des jeweiligen Befehlshabers (§ 402) natürlich ohne Belang, da er ja nicht für seine Person, sondern als Inhaber des Amtes den Antrag stellt.

§ 442 (Abs. 1 bisher § 6 Abs. 1, 9 Abs. 1—4, 10, 11 SAMG.; Abs. 2 bisher § 6 Abs. 2 SAMG.)***

In Militärstrafsachen gelten die besonderen Vorschriften der §§ 443 bis 448.

Militärstrafsachen sind Strafverfahren, die von Angehörigen der **Reichswehr** während ihrer Zugehörigkeit zur **Reichswehr** oder zum bisherigen aktiven Heere oder zur bisherigen aktiven Marine begangene Straftaten betreffen.

---

1) Vgl. zu Abs. 2 Anm. 1 zu § 438.

Der Abs. 2 enthält die Definition des Begriffs der „Militärstrafsache“. Ob der Beschuldigte im Zeitpunkt der Anwendung einer der Bestimmungen der §§ 443—448 noch Angehöriger der Reichswehr ist oder nicht, ist ohne Belang.

2) Vgl. auch noch § 26 Abs. 1 S. 3 GAMG. (Verbot der Bildung besonderer Gerichtskörper für Militärstrafsachen.)

3) Über das Verhältnis der Polizei zur Wehrmacht vgl. die AV. d. Pr. JM. v. 10. 10. 1921 (JMBl. S. 524).

4) Wegen beschleunigter Behandlung der Militärstrafsachen vgl. die Ziff. III der AV. v. 25. 11. 1921 (JMBl. S. 590).

§ 443 (§ 9 Abs. 4 GAMG.)

Die militärischen Vorgesetzten haben die gleichen Rechte und Pflichten wie die Polizei- und Sicherheitsbeamten, welche als **Hilfsbeamte der Staatsanwaltschaft deren** Anordnungen Folge zu leisten haben. **Sie sind insbesondere verpflichtet,** die Ersuchen der Staatsanwaltschaft, des Untersuchungsrichters und der Gerichte auszuführen.

Untersuchungshandlungen dürfen sie ohne Ersuchen nur vornehmen, wenn diese keinen Aufschub gestatten.

---

1) Wegen der besonderen Stellung der „Hilfsbeamten der Staatsanwaltschaft" vgl. § 98 Abs. 1, § 105 Abs. 1 (Beschlagnahme und Durchsuchung). Wegen der Rechte und Pflichten der Polizei im Strafverfahren §§ 161, 163, 189 und für die vorläufige Festnahme § 127.

2) Ausführungsbest. des Reichswehrmin. v. 3. 9. 1920 (Heeresverordnungsbl. S. 799, Zentralbl. S. 1535; vgl. auch Pr. JMBl. S. 509).

§ 444 (§ 6 Abs. 1 GAMG.)

Anzeigen strafbarer Handlungen und Anträge auf Strafverfolgung können auch bei den Disziplinarvorgesetzten des Beschuldigten angebracht werden. Mündliche Anzeigen und Anträge sind zu Protokoll zu nehmen.

Der Disziplinarvorgesetzte hat **von der Anzeige oder dem Antrag** die Staatsanwaltschaft oder, wenn die schleunige Vornahme einer richterlichen Untersuchungshandlung erforderlich erscheint, den Amtsrichter sofort zu benachrichtigen. **Das gleiche gilt, wenn sich sonst der Verdacht einer strafbaren Handlung ergibt.** Die Pflicht zur Benachrichtigung entfällt, wenn der militärische Vorgesetzte das Recht hat, die strafbare Handlung disziplinarisch zu ahnden.

1) Vgl. § 158 und Anm. 2 zu § 443.

2) Der „Disziplinarvorgesetzte“ braucht nicht der nächste zu sein; es kann auch ein weiterer Disziplinarvorgesetzter sein.

3) Das Recht disziplinarischer Ahndung bestimmt sich nach § 3 Abs. 2, 3 EGMStGB. (abgedruckt im Teil I dieses Werkes).

§ 445 (§ 9 Abs. 1—3 GAMG.)

Die Anordnung der Untersuchungshaft ist beim Vorliegen dringenden Tatverdachts auch dann zulässig, wenn die Aufrechterhaltung der militärischen Disziplin dies fordert.

In diesem Falle hat das Gericht nach Ablauf je eines Monats zu prüfen, ob der Haftbefehl aufrechtzuerhalten ist; die Dauer der Untersuchungshaft ist auf die Strafe voll anzurechnen.

---

1) Abs. 1. Fluchtverdacht oder Verdunkelungsgefahr ist als Voraussetzung für den Erlaß des Haftbefehls nicht nötig; es genügt die Rücksicht auf die Aufrechterhaltung der Disziplin. Ob solche Rücksichten zu nehmen sind, wird im allgemeinen die Militärbehörde entscheiden müssen. Der Richter wird eine entsprechende Stellungnahme der Militärbehörde in der Regel nicht nachzuprüfen haben. Da die Vorschrift nur für Militärstrafsachen gilt, muß der Beschuldigte wenigstens z. Zt. der Begehung der Straftat der Reichswehr angehört haben.

2) Abs. 2. Zweifelhaft kann sein, ob durch § 445 Abs. 2 der § 126 außer Kraft gesetzt wird, sodaß also die Haft auch über die Fristen des § 126 hinein ohne Verlängerung weiter liefe. So ist indes die Vorschrift wohl nicht gemeint; § 126 bleibt vielmehr anwendbar. Nur wenn die Haft über die dort bestimmte Monatsfrist hinaus fortgesetzt wird, tritt § 445 Abs. 2 in Wirksamkeit – als besonderer, für diese außerordentliche Haft vorgesehener Schutz des Angeschuldigten oder Angeklagten —. Im Unterschied vom § 126 verliert aber der Haftbefehl nicht nach der im § 445 Abs. 2 vorgesehenen Frist ohne weiteres seine Wirkung, sondern das jeweils mit der Sache befaßte Gericht hat nur allmonatlich die Fortdauer der besonderen Voraussetzungen dieses Haftbefehls nachzuprüfen und darüber Beschluß zu fassen.

Halbs. 2, der eine Erweiterung des § 60 StGB. enthält, wird der zu weit gehenden Anwendung dieser Haft wohl entgegenwirken (vgl. auch § 450). Die Anrechnung der Untersuchungshaft des § 445 braucht (im Unterschied zu § 60 StGB., jedoch entsprechend § 450) nicht im Urteil ausgesprochen zu werden; doch ist es zweckmäßig, dies gleichwohl zu tun, um

Zweifeln über die Anrechnung vorzubeugen; wird es unterlassen, so ist es aber unschädlich; Zweifel über die Anrechnung sind nach § 458 zu lösen.

3) Entschädigung für unschuldig erlittene Untersuchungshaft ist auch für die Haft nach § 445 zu gewähren.

4) Vgl. Anm. 3 zu § 442.

§ 446 (§ 10 GAMG.)

Als Verteidiger können mit ihrer Zustimmung auch Offiziere und gewählte Vertreter der Soldaten gewählt oder auf Antrag des **Beschuldigten bestellt werden.**

Den im § 144 Abs. 2 bezeichneten Justizbeamten stehen die bei den Heeres- (Marine-) Anwälten beschäftigten Sekretäre gleich.

Vgl. zu § 2 die §§ 15—18 GAMG.

§ 447 (§ 11 GAMG.)

Erklärungen über die Einlegung oder die Rechtfertigung von Rechtsmitteln, Gesuche auf Wiedereinsetzung in den vorigen Stand, Anträge auf Wiederaufnahme des Verfahrens, Einsprüche gegen Strafbefehle sowie **Anträge auf gerichtliche Entscheidung** gegenüber einer **polizeilichen Strafverfügung** kann der Beschuldigte oder Verurteilte auch zu Protokoll des nächsten mit Disziplinarstrafgewalt versehenen Vorgesetzten, eines Heeres- (Marine-) Anwalts oder eines bei einem solchen beschäftigten Sekretärs, ferner, wenn er sich in militärischem Gewahrsame befindet, zu Protokoll des mit der Aufsicht über das Gefängnis betrauten Offiziers oder Beamten anbringen. Revisionsanträge und deren Begründung **können** jedoch von dem Angeklagten außer in der Form des § 345 Abs. 2 nur zu Protokoll eines Heeres- (Marine-) Anwalts oder eines bei einem solchen beschäftigten Sekretärs angebracht werden.

In den Fällen des Abs. 1 genügt es zur Wahrung einer Frist, wenn innerhalb der Frist das Protokoll aufgenommen wird.

1) Der „nächste“ Vorgesetzte dürfte nicht der unmittelbar nächste sondern der dem Beschuldigten zunächst erreichbare sein; immerhin muß es *sein* Vorgesetzter sein.

2) Nur der Beschuldigte oder Verurteilte genießt die Vergünstigungen des § 447, nicht auch ein Privatkläger, Nebenkläger, der in einer Militärstrafsache beteiligt ist. Für die Zurücknahme von Rechtsmitteln und für den Verzicht auf solche gilt die Vergünstigung auch für den Beschuldigten nicht; beide werden daher erst wirksam, wenn sie beim Gericht eingehen (von Bedeutung für § 450 — Anrechnung der Untersuchungshaft! —). — Vgl. dazu Ausführungsbest. des Reichswehrministers v. 3. 9. 1920 (Zentralbl. S. 1535, Heeresverordnungsbl. S. 799; vgl. auch Pr. JMBl. S 509).

3) Zu beachten ist der Unterschied in der Form der Anbringung der Revisionsanträge und des Antrags auf Wiederaufnahme des Verfahrens, für die nach allgemeinen Vorschriften (§ 345 Abs. 2, § 366 Abs. 2) dieselben Formvorschriften gelten, während § 447 für den Wiederaufnahmeantrag wesentlich stärkere Erleichterungen bringt, als für die Anbringung der Revisionsanträge.

4) Wegen der Heeres-(Marine-)Anwälte und ihrer Sekretäre vgl. §§ 15—18 GAMG.

§ 448 (§ 11 Abs. 3 GAMG.)

Die Revision kann auch darauf gestützt werden, daß eine allgemeine militärische Dienstvorschrift nicht oder nicht richtig angewendet worden ist.

„Allgemeine“ Dienstvorschriften sind solche, die für die gesamte Wehrmacht, mindestens aber für das Heer oder für die Marine gelten, nicht aber Bestimmungen, die nur von örtlichen Befehlshabern erlassen sind.

Siebentes Buch

Strafvollstreckung und Kosten des Verfahrens

Erster Abschnitt

Strafvollstreckung

§ 449 (481)

Strafurteile sind nicht vollstreckbar, bevor sie rechtskräftig geworden sind.

§ 450 (482)

Auf die zu vollstreckende Freiheitsstrafe ist unverkürzt die Untersuchungshaft anzurechnen, welche der Angeklagte erlitten hat, seit er auf Einlegung eines Rechtsmittels verzichtet oder das eingelegte Rechtsmittel zurückgenommen hat, oder seitdem die Einlegungsfrist abgelaufen ist, ohne daß er eine Erklärung abgegeben hat.

---

1) Vgl. auch § 445 Abs. 2 Halbs. 2 StPO. und § 60 StGB.

2) Wegen der Anrechnung von Schutzhaft auf die Strafhaft vgl. § 12 Ges. v. 4. 12. 1916 (RGBl. S. 1329).

§ 451 (483)*, ***

Die Strafvollstreckung erfolgt durch die Staatsanwaltschaft auf Grund einer von dem Gerichtsschreiber zu erteilenden, mit der Bescheinigung der Vollstreckbarkeit versehenen, beglaubigten Abschrift der Urteilsformel.

Den Amtsanwälten steht die Strafvollstreckung nur **insoweit zu, als die Landesjustizverwaltung sie ihnen übertragen hat.**

Für die zur Zuständigkeit der **Amtsgerichte** gehörigen Sachen kann **durch** Anordnung der Landesjustizverwaltung die Strafvollstreckung den Amtsrichtern übertragen werden.

---

1) Der Abs. 2 läßt jetzt in Anpassung an das Ges. zur Entlastung der Gerichte v. 11 3. 1921 (RGBl. S. 229) im Unterschied vom früheren Recht eine Übertragung der Strafvollstreckung auf Amtsanwälte zu. (Vgl. unten Anm. 3.) Die Änderung im Abs. 3 folgt aus § 25 Abs. 1, §§ 6—10 VO.

2) In Preußen ist durch Nr. I Abs. 1 S. 1 der AV. v. 14. 8. 1879 (JMBl. S. 237) in der Fassung der Nr I 4 der AV. v. 24. 1. 1924 (JMBl. S. 45) die Strafvollstreckung für diejenige Sachen, in denen der Amtsrichter ohne Schöffen (das Rhein- oder Elbschiffahrtsgericht) in erster Instanz erkannt hat, dem Amtsrichter übertragen worden; ebenso bleibt der Amtsrichter zuständig zur Vollstreckung in den Sachen, in denen bis zum 1. 4. 1924 das Schöffengericht entschieden hat, während in den Sachen, in denen nach dem 31. 3. 1924 die Schöffengerichte entscheiden, die Vollstreckung bei der Staatsanwaltschaft verbleibt.

3) Art. VI des Ges. z. Entlastung der Gerichte v. 11. 3. 1921 (RGBl. S. 229) bestimmt:

§ 1. III. „Die Landesjustizverwaltungen werden ermächtigt, die Strafvollstreckung mit Ausnahme der Entscheidungen über Aufschub und Unterbrechung der Strafvollstreckung sowie der richterlichen Entscheidungen gemäß (§§ 490—494) *[jetzt 458—462]* StPO. Gerichtsschreibern, Amtsanwälten oder bei der Staatsanwaltschaft hierfür zu bestellenden Beamten zu übertragen."

§ 3. „Über Einwendungen gegen Maßnahmen zur Strafvollstreckung, die von den in § 1 Nr. III bezeichneten Beamten getroffen worden sind, entscheidet der Staatsanwalt oder der Amtsrichter, an dessen Statt der Beamte entschieden hat."

Für Preußen vgl. dazu §§ 1—15 der AV. v. 28. 5. 1923 („Entlastungsverfügung") (JMBl. S. 401) (AV. v. 19. 7. 1924, S. 281) mit RdV. v. 28. 5. 1923 (abgedruckt daselbst).

§ 15 der AV. v. 28. 5. 1923 lautet:

„Zur selbständigen Wahrnehmung geeignet sind die Geschäfte der Strafvollstreckung, auch soweit die Bestrafung auf Grund landesrechtlicher Strafbestimmungen (insbesondere des FDiebstG.) erfolgt ist.

Ausgenommen hiervon sind:

a) die Strafvollstreckung auf Grund des Jugendgerichtsgesetzes,

b) die Entscheidung über Aufschub und Unterbrechung der Strafvollstreckung auf Grund der (§§ 487, 488) *[jetzt 455, 456]* StPO.,

c) die Stellung von Anträgen, die Äußerung und — soweit sie den Justizbehörden übertragen ist — die Entscheidung in Gnadensachen (Strafaufschub, Strafunterbrechung, Strafteilung, bedingte Strafaussetzung, Straferlaß und Strafumwandlung) — AV. v. 22. 12. 1911 (JMBl. S. 448), 6. 7. 1918 (S. 281), 19. 6. 1919 (S. 341), 26. 8. 1919 (S. 405), 19. 10. 1920 (S. 564), 15. 6. 1921 (S. 349) und 29. 6. 1921 (S. 369),

d) die Stellung von Anträgen auf gerichtliche Entscheidung sowie die Äußerung auf gestellte Anträge in den Fällen der (§§ 490 bis 494) *[jetzt 458—462]* StPO., *[des § 10 Abs. 2 des Geldstrafengesetzes v. 21. 12. 1921 — RGBl. S. 1604 —]* und des § 28 Abs. 2, des § 28 b und des § 29 Abs. 6 des StGB. in der Fassung *[des Geldstrafengesetzes v. 27. 4. 1923 (RGBl. S. 254)]* (jetzt VO. über Vermögensstrafen und Bußen v. 6. 2. 1924, RGBl. I S. 44), sowie die Entscheidung der Vollstreckungsbehörde oder des Gerichts in diesen Fällen.

Falls Zweifel an der Zulässigkeit der Strafvollstreckung bestehen, findet § 9 Abs. 1 a, Abs. 2 entsprechende Anwendung.

Nicht zur Strafvollstreckung gehört die Entscheidung über die Zurückgabe von Gegenständen, die aus Anlaß einer Strafsache in amtlichen Gewahrsam gelangt sind (z. B. im Falle des § 111 StPO.).

Soweit eine Übertragung erfolgt ist, hat die Vorlegung nach § 5 zu unterbleiben."

In diesem Umfange ist die Strafvollstreckung gemäß § 3 der AV. v. 28. 5. 1923 übertragen:

a) allgemein den Justizoberinspektoren, Justizinspektoren, Dolmetscheroberinspektoren und planmäßigen Kalkulatoren;

b) soweit ihre Eignung durch besondere Anordnung des Landgerichtspräsidenten oder des Oberstaatsanwalts anerkannt ist, den Oberamtsanwälten, Justizobersekretären, Justizsekretären und Dolmetschersekretären (unter bestimmten Voraussetzungen) und für den Fall von Vertretungen den Aktuaren.

4) § 13 S. 2 GAMG. bestimmt: „Arreststrafen sind auf Ersuchen der bürgerlichen Vollstreckungsbehörden von den Militärbehörden zu vollstrecken, ebenso sonstige Freiheitsstrafen bis zu 6 Wochen, solange die Verurteilten Militärpersonen sind." Dazu gehören auch Ordnungsstrafen. Arreststrafen sind danach auch dann, wenn der Verurteilte nicht oder nicht mehr Angehöriger der Reichswehr ist, von den Militärbehörden zu vollstrecken. „Strafvollstreckungsbehörde" bleibt die Staatsanwaltschaft oder der Amtsrichter; die Militärbehörde ist nur Strafvollzugsbehörde.

Wegen des Begriffs der „Militärbehörden" vgl. die V. v. 4. 11. 1922 (Zentralbl. S. 1029; abgedruckt auch im Pr. JMBl. 1923 S. 33).

5) In Jugendsachen steht die Strafvollstreckung dem Jugendrichter zu (§ 36 JGG.). Der Jugendrichter ist dabei unabhängig und nur dem Gesetz unterworfen, während der Amtsrichter, dem die Strafvollstreckung gemäß § 451 Abs. 3 durch die Landesjustizverwaltung übertragen wird, insoweit lediglich an die Stelle der Staatsanwaltschaft tritt und wie diese an Anweisungen gebunden ist und im Aufsichtswege korrigiert werden kann. (AV.v. 20. 6. 1923 — JMBl. S. 450 — Nr. II 6.)

6) Für die Ausführung einer Erziehungsmaßregel, auf die das Jugendgericht erkannt hat, vgl. § 7 Abs. 3 und § 36 JGG. Vgl. auch AV. d. Pr. JM. v. 20. 6. 1923 (JMBl. S. 450) zu II 1.

7) Gegen Fürsorgezöglinge sollen Freiheitsstrafen nur nach Anhörung der Fürsorgeerziehungsbehörde vollstreckt werden (§ 37 JGG.).

8) Nach § 33 Pr. FDiebstG. erfolgt die Vollstreckung der auf Grund des genannten Gesetzes ergangenen Urteile und Strafbefehle durch den Amtsrichter. Er ist dabei, auch soweit § 36 JGG. eingreift (vgl. oben Anm. 5), Verwaltungsorgan. § 33 FDiebstG. geht dem § 36 JGG. vor.

9) Über die Strafvollstreckung in Reichssteuerstrafsachen vgl. die §§ 423—425 (für das Verwaltungsstrafverfahren) und die §§ 436, 439, 440 RAO. (für das gerichtliche Strafverfahren), sowie § 443 RAO. (betr. Niederschlagungen).

10) Über die Vollstreckung von Strafen in Militärstrafsachen und gegen Angehörige der Reichswehr sind die AV. v. 23. 9.,

7. 10., 30. 10. 1920 (JMBl. S. 509, 536, 592, 593), 13. 7. 1921 (S. 386), 27. 5. 1922 (S. 200) ergangen.

§ 452 (484)**

In Sachen, in denen das Reichsgericht in erster Instanz erkannt hat, steht das Begnadigungsrecht dem Reiche zu.

1) Art. 49 Abs. 1 RV.: „Der Reichspräsident übt für das Reich das Begnadigungsrecht aus.
Reichsamnestien bedürfen eines Reichsgesetzes."
2) Soweit das Oberlandesgericht anstelle des Reichsgerichts in erster Instanz entscheidet, steht das Begnadigungsrecht dem Lande zu.

§ 453 (485)**

Todesurteile bedürfen zu ihrer Vollstreckung keiner Bestätigung. Die Vollstreckung ist jedoch erst zulässig, wenn die Entschließung **der zur Ausübung des Gnadenrechts berufenen Stelle** ergangen ist, von dem Begnadigungsrechte keinen Gebrauch machen zu wollen.

An schwangeren oder geisteskranken Personen darf ein Todesurteil nicht vollstreckt werden.

1) Vgl. Anm. zu § 452.
2) Für Preußen bestimmt Art. 54 der Verfassung:
„Das Staatsministerium übt namens des Volkes das Recht der Begnadigung aus.
Zugunsten eines Ministers, der wegen seiner Amtshandlungen verurteilt worden ist, kann dieses Recht nur auf Antrag des Landtags ausgeübt werden.
Allgemeine Straferlasse und die Niederschlagung einer bestimmten Art gerichtlich anhängiger Strafsachen oder einer einzelnen gerichtlich anhängigen Strafsache dürfen nur auf Grund eines Gesetzes ausgesprochen werden."

§ 454 (486)

Die Vollstreckung der Todesstrafe erfolgt in einem umschlossenen Raume.

Bei der Vollstreckung müssen zwei Mitglieder des Gerichts erster Instanz, ein Beamter der Staatsanwaltschaft, ein Gerichtsschreiber und ein Gefängnisbeamter zugegen sein. Der Gemeindevorstand des Orts, wo die Hinrichtung stattfindet, ist aufzufordern, zwölf Personen aus den Vertretern oder aus anderen achtbaren Mitgliedern der Gemeinde abzuordnen, um der Hinrichtung beizuwohnen.

Außerdem ist einem Geistlichen von dem Religionsbekenntnisse des Verurteilten und dem Verteidiger und nach dem Ermessen des die Vollstreckung leitenden Beamten auch anderen Personen der Zutritt zu gestatten.

Über den Hergang ist ein Protokoll aufzunehmen, welches von dem Beamten der Staatsanwaltschaft und dem Gerichtsschreiber zu unterzeichnen ist.

Der Leichnam des Hingerichteten ist seinen Angehörigen auf ihr Verlangen zur einfachen, ohne Feierlichkeiten vorzunehmenden Beerdigung zu verabfolgen.

§ 455 (487)

Die Vollstreckung einer Freiheitsstrafe ist aufzuschieben, wenn der Verurteilte in Geisteskrankheit verfällt.

Dasselbe gilt bei anderen Krankheiten, wenn von der Vollstreckung eine nahe Lebensgefahr für den Verurteilten zu besorgen steht.

Die Strafvollstreckung kann auch dann aufgeschoben werden, wenn sich der Verurteilte in einem körperlichen Zustande befindet, bei welchem eine sofortige Vollstreckung mit der Einrichtung der Strafanstalt unverträglich ist.

---

1) Die deutschen Länder haben — in Erweiterung und Ergänzung ähnlicher früherer Vereinbarungen — unter dem 7. 6. 1923 eine Vereinbarung über „Grundsätze für den Vollzug von Freiheitsstrafen" geschlossen, die im RGBl. 1923 II S. 263 bekannt gemacht worden ist. Preußen hat dazu die Dienst- und Vollzugsordnung v. 1. 8. 1923 erlassen (als Sonderdruck erschienen, im JMBl. nicht abgedruckt). Vgl. dazu die AV. v. 10. 10. 1923, JMBl. S. 671. Reichsgesetzliche Bestimmungen über den Vollzug von Freiheitsstrafen bestehen nur in den §§ 15—18, 22 StGB. (Teil I dieses Werkes) und im § 16 JGG. (unten X).

2) Wegen der Vollstreckung von Festungshaft vgl. §§ 159—181 Dienst- und Vollzugsordnung, wegen der Verbüßungsanstalten die AV. v. 23. 7. 1921 (JMBl. S. 410), 13. 2. 1922 (S. 46).

3) Gegen ausgeschiedene Offiziere ist die Vollstreckung von Stubenarrest nicht mehr durchführbar (AV. d. Pr. JM. v. 13. 6. 1922, JMBl. S. 220). Im übrigen vgl. wegen der Strafvollstreckung in Militärstrafsachen und gegen Angehörige der Reichswehr die Anm. 10 zu § 451. Vgl. ferner AV. v. 15. 12. 1921 (JMBl. S. 660) über die Unterbringung kranker Strafgefangener der Reichswehr.

4) Über die Berechnung der Strafzeit bei Anrechnung der Untersuchungshaft (§ 60 StGB., § 450 StPO.) vgl. AV. d. Pr. JM. v. 10. 1. 1923 (JMBl. S. 25).

5) Über die Vollziehung der Strafhaft gegen Schwangere ist die AV. v. 23. 10. 1922 (JMBl. S. 442) ergangen.

§ 456 (488)

Auf Antrag des Verurteilten kann die Vollstreckung aufgeschoben werden, sofern durch die sofortige Vollstreckung dem Verurteilten oder seiner Familie erhebliche, außerhalb des Strafzwecks liegende Nachteile erwachsen.

Der Strafaufschub darf den Zeitraum von vier Monaten nicht übersteigen.

Seine Bewilligung kann an eine Sicherheitsleistung oder andere Bedingungen geknüpft werden.

Neben dem in § 455 geregelten Fall kommt ein Aufschub der Strafe (und die Unterbrechung der Strafvollstreckung) im Gnadenwege in Betracht. Darüber ist in Preußen die AV. v. 22. 12. 1911 (JMBl. S. 448) in der Fassung der AV. v. 15. u. 17. 7. 1915 (S. 134, 135), 14. 3. 1917 (S. 85), 15. 3. u. 6. 7. 1918 (S. 68, 281), 19. 4. 1920 (S. 163) ergangen. Sie ist unten unter Nr. XX gh abgedruckt. Ein sehr beschränktes Beurlaubungsrecht hat nach § 141[5] der Dienst- und Vollzugsordnung auch der Strafanstaltsvorsteher (bis zu 7 Tagen). Vgl. auch AV. d. Pr. JM. v. 11. 1. 1922 (JMBl. S. 14) über die Beurlaubung von Wehrmachtsangehörigen aus der Strafhaft.

Auch die bedingte Strafaussetzung ist eine Form des Strafaufschubs oder der Strafunterbrechung im Gnadenwege (vgl. die preußischen Bestimmungen darüber unten unter Nr. XX a—f); anders nur im JGG., wo sie gesetzlich geregelt ist.

§ 457 (489)

Die Staatsanwaltschaft ist befugt, behufs Vollstreckung einer Freiheitsstrafe einen Vorführungs- oder Haftbefehl zu erlassen, wenn der Verurteilte auf die an ihn ergangene Ladung zum Antritt der Strafe sich nicht gestellt hat oder der Flucht verdächtig ist.

Auch kann von der Staatsanwaltschaft zu demselben Zwecke ein Steckbrief erlassen werden, wenn der Verurteilte flüchtig ist oder sich verborgen hält.

Diese Befugnisse stehen im Falle des § 451 Abs. 3 auch dem Amtsrichter zu.

---

1) Auch die „Rechtspfleger" (vgl. Anm. 3 zu § 451) haben diese Befugnisse. Sie könnten zwar ausgeschlossen werden; doch ist das in Preußen nicht geschehen.

2) Vgl. auch § 436 RAO. über das Festnahmerecht der Finanzamtsbeamten wegen uneinbringlicher Steuerstrafen.

3) Über die Zustellung der Ladungen zum Antritt einer Freiheitsstrafe sind die AV. v. 23. 9. 1910 (JMBl. S. 355), 21. 1. 1919 (S. 27) ergangen.

4) Über die Berechnung der Strafzeit bei Festnahme nach § 457 vgl. Nr. 3 der AV. d. Pr. JM. v. 10. 1. 1923 (JMBl. S. 25).

§ 458 (490)

Wenn über die Auslegung eines Strafurteils oder über die Berechnung der erkannten Strafe Zweifel entstehen, oder wenn Einwendungen gegen die Zulässigkeit der Strafvollstreckung erhoben werden, so ist die Entscheidung des Gerichts herbeizuführen.

Dasselbe gilt, wenn nach Maßgabe des § 455 Einwendungen gegen die Ablehnung eines Antrags auf Aufschub der Strafvollstreckung erhoben werden.

Der Fortgang der Vollstreckung wird hierdurch nicht gehemmt; das Gericht kann jedoch einen Aufschub oder eine Unterbrechung der Vollstreckung anordnen.

§ 459 (491)

Kann eine verhängte Geldstrafe nicht beigetrieben werden und ist die Festsetzung der für diesen Fall eintretenden Freiheitsstrafe unterlassen worden, so ist die Geldstrafe nachträglich von dem Gericht in die entsprechende Freiheitsstrafe umzuwandeln.

Vgl. § 28 StGB. (Fassung der VO. über Vermögensstrafen und Bußen) und § 16 JGG. (unten Nr. X).

Vgl. auch § 423 StPO., §§ 435, 436 RAO. und die AV. v. 28. 2. 1923 (JMBl. S. 167) über die Kosten der Vollstreckung von Ersatzfreiheitsstrafen auf Grund der RAO.

§ 460 (492)

Ist jemand durch verschiedene rechtskräftige Urteile zu Strafen verurteilt worden, und sind dabei die Vorschriften über die Zuerkennung einer Gesamtstrafe (§ 79 des Strafgesetzbuchs) außer Betracht geblieben, so sind die erkannten Strafen durch eine nachträgliche gerichtliche Entscheidung auf eine Gesamtstrafe zurückzuführen.

Über die Vollstreckung von Gesamtstrafen, bei denen verschiedene deutsche Länder beteiligt sind, vgl. die auf einer Vereinbarung der deutschen Länder beruhende AV. v. 8. 9. 1885 (JMBl. S. 309) (dazu die bei Müller Justizverw. 6. Aufl. S. 1715—1716 zu 7 abgedruckten Verfügungen); über die Verteilung der Kosten in solchen Fällen bestimmt die AV. v. 7. 3. 1907 (JMBl. S. 55), über die Vollstreckung einer neben einer solchen Gesamtstrafe hilfsweise erkannten Freiheitsstrafe die AV. v. 22. 5. 1900 (JMBl. S. 431).

Über die vorläufige Entlassung und die Ausübung des Begnadigungsrechts bei Gesamtstrafen, an denen verschiedene deutsche Länder oder neben einem deutschen Land das Reich beteiligt sind, vgl. die AV. v. 28. 11. 1923 (JMBl. S. 737).

§ 461 (493)

Ist der Verurteilte nach Beginn der Strafvollstreckung wegen Krankheit in eine von der Strafanstalt getrennte Krankenanstalt gebracht worden, so ist die Dauer des Aufenthalts in der Krankenanstalt in die Strafzeit einzurechnen, wenn nicht der Verurteilte mit der Absicht, die Strafvollstreckung zu unterbrechen, die Krankheit herbeigeführt hat.

Die Staatsanwaltschaft hat im letzteren Falle eine Entscheidung des Gerichts herbeizuführen.

Über die Frage, wie zu verfahren sei, wenn Untersuchungs- und Strafgefangene infolge von Krankheit der Behandlung in einer vom Gefängnisse getrennten Krankenanstalt bedürfen, ist die AV. d. Pr. JM. v. 20. 3. 1907 (JMBl. S. 327) ergangen; vgl. auch die AV. v. 14. 2. 1922 (JMBl. S. 46) und die (nicht veröffentlichte) RdV. v. 6. 12. 1923 (VIII 1228). Über die Unterbringung kranker Strafgefangener der Reichswehr bestimmt AV. v. 15. 12. 1921 (JMBl. S. 660).

§ 462 (494)*

Die bei der Strafvollstreckung notwendig werdenden gerichtlichen Entscheidungen (§§ 458 bis 461) werden von dem Gericht erster Instanz ohne mündliche Verhandlung erlassen.

Vor der Entscheidung ist der Staatsanwaltschaft und dem Verurteilten Gelegenheit zu geben, Anträge zu stellen und zu begründen.

Kommt es auf die Festsetzung einer Gesamtstrafe an (§ 460), und waren die verschiedenen hierdurch abzuändernden Urteile von verschiedenen Gerichten erlassen, so steht die Entscheidung dem Gerichte zu, welches die schwerste Strafart oder bei Strafen gleicher Art die höchste Strafe erkannt hat, falls hiernach aber mehrere Gerichte zuständig sein würden, dem, dessen Urteil zuletzt ergangen ist. War das hiernach maßgebende Urteil von einem Gerichte höherer Instanz erlassen, so setzt das Gericht erster Instanz, und war eines der Strafurteile von dem Reichsgericht **oder einem Oberlandesgericht** in erster Instanz erlassen, das Reichsgericht **oder das Oberlandesgericht** die Gesamtstrafe fest.

Gegen diese Entscheidungen findet, insofern sie nicht von dem Reichsgericht **oder einem Oberlandesgericht** erlassen sind, sofortige Beschwerde statt.

---

1) Die Änderungen folgen aus §§ 15, 26 VO.

2) Wegen der Anhörung des gesetzlichen Vertreters in Jugendsachen vgl. § 30 JGG.

3) Gegen Entscheidungen des Jugendrichters bei der Strafvollstreckung und bei der Ausführung von Erziehungsmaßregeln findet nach § 36 Abs. 2 JGG. sofortige Beschwerde statt.

4) Ist das Urteil nach den vor dem 1. 4. 1924 in Geltung gewesenen Vorschriften von der Strafkammer in erster Instanz erlassen worden, so entscheidet auch nach dem 1. 4. 1924 die Strafkammer (Beschlußkammer). Vgl. dazu die Anm. 4 zu § 74 GVG.

§ 463 (495)

Die Vollstreckung der über eine Vermögensstrafe oder eine Buße ergangenen Entscheidung erfolgt nach den Vorschriften über die Vollstreckung der Urteile der Zivilgerichte.

---

1) Geldstrafen und Werterſatzgelder, die auf Grund des Pr. FDiebstG. verhängt worden sind, fließen dem Beschädigten zu.

2) Vgl. auch die §§ 27, 27 c, 28, 28 a, 28 b, 29 StGB. in der Fassung der VO. über Vermögensstrafen und Bußen v. 6. 2. 1924 (RGBl. I S. 44). Näheres vgl. im Teil I dieses Werkes.

3) Wegen der Aussetzung der Vollstreckung der Ersatzfreiheitsstrafe vgl. § 14 JGG. (unten X).

4) Über die Vollstreckung gerichtlicher Entscheidungen in Strafsachen wegen Zuwiderhandlungen gegen Zoll- oder Reichssteuergesetze vgl. die AV. d. Pr. JM. v. 9. 5. 1921 (JMBl. S. 303); vgl. auch AV. v. 28. 2. 1923 (JMBl. S. 167) über die Kosten der Vollstreckung von Ersatzfreiheitsstrafen auf Grund der RAO.

Zweiter Abschnitt

Kosten des Verfahrens

Die Kostenvorschriften der StPO. gelten sinngemäß auch für das Verwaltungsstrafverfahren nach der RAO. Näheres vgl. in §§ 419–422 RAO.

Für das gerichtliche Verfahren in Reichssteuerstrafsachen vgl. die §§ 440, 441 RAO.

§ 464 (496)

Jedes Urteil, jeder Strafbefehl und jede eine Untersuchung einstellende Entscheidung muß darüber Bestimmung treffen, von wem die Kosten des Verfahrens zu tragen sind.

Die Höhe der Kosten und Auslagen, die ein Beteiligter einem anderen Beteiligten zu erstatten hat, wird auf

Antrag eines Beteiligten durch den Gerichtsschreiber festgesetzt. Auf das Verfahren und auf die Vollstreckung der Entscheidung finden die Vorschriften der Zivilprozeßordnung entsprechende Anwendung.

Zu Abs. 2 vgl. §§ 103ff., § 794 Nr. 2, §§ 795ff. ZPO. in der Fassung der Bekanntmachung v. 13. 5. 1924 (RGBl. I S. 437).

§ 465 (497)

Die Kosten, mit Einschluß der durch die Vorbereitung der öffentlichen Klage und die Strafvollstreckung entstandenen, hat der Angeklagte zu tragen, wenn er zu Strafe verurteilt wird.

Stirbt ein Verurteilter vor eingetretener Rechtskraft des Urteils, so haftet sein Nachlaß nicht für die Kosten.

Öffentliche Aufforderungen mittels der Presse zur Aufbringung der wegen einer strafbaren Handlung erkannten Geldstrafen und Kosten, sowie öffentliche Bescheinigungen mittels der Presse über den Empfang der zu solchen Zwecken gezahlten Beiträge sind verboten (§ 16 Abs. 1 Preßges.). Zuwiderhandlungen werden gemäß § 16 Abs. 1, § 18 Abs. 1 Nr. 1 a. a. O. bestraft.

§ 466 (498)

Wenn ein Angeklagter in einer Untersuchung, welche mehrere strafbare Handlungen umfaßt, nur in Ansehung eines Teiles derselben verurteilt wird, durch die Verhandlung der übrigen Straffälle aber besondere Kosten entstanden sind, so ist er von deren Tragung zu entbinden.

Mitangeklagte, welche in bezug auf dieselbe Tat zu Strafe verurteilt sind, haften für die Auslagen als Gesamtschuldner. Dies gilt nicht von den durch die Strafvollstreckung oder die Untersuchungshaft entstandenen Kosten.

§ 467 (499)

Einem freigesprochenen oder außer Verfolgung gesetzten Angeschuldigten sind nur solche Kosten aufzuerlegen, welche er durch eine schuldbare Versäumnis verursacht hat.

Die dem Angeschuldigten erwachsenen notwendigen Auslagen können der Staatskasse auferlegt werden.

---

1) Wegen Übernahme der Kosten der Verteidigung auf die Staatskasse vgl. die AV. v. 30. 12. 1918 (JMBl. 1919 S. 4) und v. 28. 7. 1922 (JMBl. S. 310); vgl. auch AV. v. 12. 6. 1923 (JMBl. S. 435).

2) Wegen der Gebühren der Rechtsanwälte vgl. Anm. 1, 2 zu § 150 StPO.

3) Wegen des Verfahrens bei Festsetzung der dem Beschuldigten aus der Staatskasse zu erstattenden notwendigen Auslagen vgl. die bei Müller, Justizverw., 6. Aufl. S. 1411 unten bis S. 1413 abgedruckten Verfügungen des Pr. JM., geändert durch die AV. v. 9. 5. 1922 (JMBl. S. 175).

§ 468 (500)

Bei wechselseitigen Beleidigungen oder Körperverletzungen wird die Verurteilung eines oder beider Teile in die Kosten dadurch nicht ausgeschlossen, daß einer oder beide für straffrei erklärt werden.

Ein Angeklagter, gegen den gemäß § 6 oder § 9 Abs. 4 JGG. von Strafe abgesehen worden ist, steht für die Pflicht zur Tragung der Auslagen (nicht auch der gerichtlichen Gebühren) einem Angeklagten gleich, der zu Strafe verurteilt worden ist (§ 41 JGG.).

§ 469 (501)

Ist ein, wenn auch nur außergerichtliches Verfahren durch eine wider besseres Wissen gemachte oder auf grober Fahrlässigkeit beruhende Anzeige veranlaßt worden, so kann das Gericht dem Anzeigenden, nachdem er gehört worden, die der Staatskasse und dem Beschuldigten erwachsenen Kosten auferlegen.

War noch kein Gericht mit der Sache befaßt, so erfolgt die Entscheidung auf den Antrag der Staatsanwaltschaft durch das Gericht, welches für die Eröffnung des Hauptverfahrens zuständig gewesen wäre.

Gegen die Entscheidung findet sofortige Beschwerde statt.

§ 470 (502)

Erfolgt eine Einstellung des Verfahrens wegen Zurücknahme des Antrags, durch welchen es bedingt war, so hat der Antragsteller die Kosten zu tragen.

§ 471 (503)

In einem Verfahren auf erhobene Privatklage hat der Verurteilte auch die dem Privatkläger erwachsenen notwendigen Auslagen zu erstatten.

Das Gericht kann, wenn den Anträgen des Privatklägers nur zum Teil entsprochen ist, die im Verfahren entstandenen Auslagen sowie die dem Privatkläger und dem Beschuldigten erwachsenen notwendigen Auslagen angemessen verteilen.

Wird der Beschuldigte außer Verfolgung gesetzt oder freigesprochen, oder wird das Verfahren eingestellt, so fallen dem Privatkläger die Kosten des Verfahrens sowie die dem Beschuldigten erwachsenen notwendigen Auslagen zur Last.

Mehrere Privatkläger haften als Gesamtschuldner. Das gleiche gilt hinsichtlich der Haftung mehrerer Beschuldigter für die dem Privatkläger erwachsenen notwendigen Auslagen.

Die nach den Bestimmungen dieses Paragraphen zu erstattenden Auslagen umfassen auch die Entschädigung für die durch notwendige Reisen oder durch die notwendige Wahrnehmung von Terminen entstandene Zeitversäumnis; die für die Entschädigung von Zeugen geltenden Vorschriften finden entsprechende Anwendung. Hat sich der Gegner der erstattungspflichtigen Partei eines Rechtsanwalts bedient, so sind die Gebühren und Auslagen des Anwalts insoweit inbegriffen, als solche nach der Bestimmung des § 91 der Zivilprozeßordnung die unterliegende Partei der obsiegenden zu erstatten hat.

Fassung des Art. III Nr. 1 des Ges. v. 21. 12. 1922 (RGBl. 1923 I S. 1).

§ 472 (405)

Wird in dem Falle des § 175 der Angeschuldigte außer Verfolgung gesetzt oder freigesprochen, oder das Verfahren eingestellt, so finden auf den Antragsteller die Bestimmungen des § 471 Abs. 2 bis 5 entsprechende Anwendung. Das Gericht kann jedoch nach Befinden der Umstände den Antragsteller von der Tragung der Kosten ganz oder teilweise entbinden.

Vor der Entscheidung über den Kostenpunkt ist der Antragsteller zu hören, sofern er nicht als Nebenkläger aufzutreten berechtigt war.

§ 473 (505)

Die Kosten eines zurückgenommenen oder erfolglos eingelegten Rechtsmittels treffen den, der es eingelegt hat. War das Rechtsmittel von der Staatsanwaltschaft eingelegt, so können die dem Beschuldigten erwachsenen notwendigen Auslagen der Staatskasse auferlegt werden. Hatte das Rechtsmittel teilweisen Erfolg, so kann das Gericht die Gebühr ermäßigen und die entstandenen Auslagen angemessen verteilen.

Dasselbe gilt von den Kosten, welche durch einen Antrag auf Wiederaufnahme des durch ein rechtskräftiges Urteil geschlossenen Verfahrens verursacht worden sind.

Die Kosten der Wiedereinsetzung in den vorigen Stand fallen dem Antragsteller zur Last, soweit sie nicht durch einen unbegründeten Widerspruch des Gegners entstanden sind.

Fassung des Art. III Nr. 2 des Ges. v. 21. 12. 1922 (RGBl. 1923 I S. 1).

§ 474 (506)

In den zur Zuständigkeit des Reichsgerichts in erster Instanz gehörigen Sachen sind die von der Staatskasse zu tragenden Kosten der Reichskasse aufzuerlegen.

---

1) Soweit das Oberlandesgericht jetzt anstelle des Reichsgerichts entscheidet, gilt diese Vorschrift natürlich nicht; die

Kosten sind in diesen Sachen der Staatskasse aufzuerlegen. Nach einer zwischen dem Reich und Preußen geschlossenen Vereinbarung, die auf die andern Länder ausgedehnt werden soll, trägt das Reich die Kosten in diesen Sachen insoweit, als sie bis zum Ablauf einer Woche nach dem Tage des Eingangs der Akten bei der Landesstaatsanwaltschaft erwachsen sind, soweit sie nicht nach dem Eingang bei der Landesstaatsanwaltschaft von dieser veranlaßt sind. Umgekehrt tragen, wenn eine Sache von der Landesstaatsanwaltschaft wieder an den Oberreichsanwalt abgegeben wird, entsprechend die Länder die Kosten. Die Bestimmung dient der Vermeidung unnötiger Verrechnungen. (RdV. d. Pr. JM. v. 26. 8. 1924, I 4683).

2) Über die Einziehung und Verrechnung der für die Geschäfte des Reichsgerichts in Ansatz kommenden Kosten bestimmt die AV. d. Pr. JM. v. 17. 5. 1922 (JMBl. S. 186), nachträglich geändert durch die AV. v. 24. 7. 1922 (S. 278).

VIII.

Verordnung zur Überleitung anhängiger Strafverfahren.

Vom 18. März 1924 (RGBl. I).

Auf Grund des § 42 Abs. 5 der Verordnung über Gerichtsverfassung und Strafrechtspflege vom 4. Januar 1924 (Reichsgesetzbl. I S. 15) verordne ich:

§ 1

Soweit auf Grund der Verordnung vom 4. Januar 1924 die Strafkammer anstelle des Schwurgerichts entschieden hat, gelten die Urteile der Strafkammer im Sinne des § 42 Abs. 3, 4 der Verordnung als Urteile des Schwurgerichts.

Die Strafkammer entschied anstelle des Schwurgerichts auf Grund des § 44 VO. in der Zeit v. 15. 1.—31. 3. 1924.

§ 2

Für die Verhandlung und Entscheidung über die Berufung gegen die vor dem 1. April 1924 erlassenen Urteile des Schöffengerichts und des Amtsrichters ist die kleine Strafkammer, für die Verhandlung und Entscheidung über die Berufung gegen die vor dem 1. April 1924 erlassenen Urteile des Jugendgerichts ist die große Strafkammer zuständig. Die Vorschrift des § 42 Abs. 2 der Verordnung vom 4. Januar 1924 bleibt unberührt.

1) Der Amtsrichter entschied anstelle des alten Schöffengerichts in der Zeit vom 15. 1.—31. 3. 1924 (§ 44 VO.); Urteile der Schöffengerichte kommen daher nur für die Zeit bis zum 15. 1. 1924 in Frage.

2) Der gesetzgeberische Grund für die Vorschrift des § 2 liegt darin, daß nach der VO. die zur Zuständigkeit des Schöffen-

gerichts alter Art gehörigen Sachen in die Zuständigkeit des Amtsrichters übergegangen sind und daß gegen dessen Urteile die Berufung stets an die kleine Strafkammer geht. Nur die Jugendgerichte entscheiden auch nach dem 1. 4. 1924 in allen Sachen als Schöffengerichte (Ausnahmen s in den Anm. zu § 25 GVG.) — auch wenn sonst der Amtsrichter allein entscheiden würde —; die Berufung gegen ihre Urteile geht daher stets an die große Strafkammer. Diesem Rechtszustand war auch für die Übergangszeit Rechnung zu tragen.

§ 3

Ob und mit welchen Rechtsmitteln ein vor dem 1. April 1924 erlassenes Urteil des Amtsrichters oder des Schöffengerichts angefochten werden kann, bestimmt sich nach den Vorschriften, die zur Zeit der Verkündung des Urteils gelten.

1) Vgl. Anm. 1 zu § 2.

2) Die Beschränkungen der Berufung, die durch die VO. eingeführt worden sind, gelten nur für solche Urteile, die nach dem Inkrafttreten der VO. erlassen worden sind. Urteile der Schöffengerichte oder des Amtsrichters, die vor dem 15. 1. 1924 erlassen worden sind, können daher unbeschränkt mit der Berufung angefochten werden, selbst wenn sie Übertretungen betrafen und nur auf Geldstrafe oder auf Freisprechung lauteten Andererseits können — über die Bestimmungen des § 313 StPO. hinaus — Urteile des Amtsrichters, die in der Zeit vom 15. 1.—31. 3. 1924 ergangen sind, mit der Berufung auch dann nicht angefochten werden, wenn sie Vergehn betrafen und wenn wegen der Tat freigesprochen oder nur auf Geldstrafe erkannt worden ist (§ 46 VO.).

3) Sprungrevision anstelle einer zulässigen Berufung ist, wenn das Urteil vor dem 1. 4. 1924 ergangen ist, nicht möglich; soweit dagegen die Berufung gegen ein in der Zeit vom 15. 1.—31. 3. ergangenes Urteil unzulässig ist (Anm. 2) ist die Revision anstelle der Berufung zulässig.

§ 4

Diese Verordnung tritt mit dem 1. April 1924 in Kraft.

Berlin, den 18. März 1924.

Der Reichsminister der Justiz

Emminger

IX.

Verordnung über die Aufhebung der Wuchergerichtsverordnung.

Vom 20. März 1924 (RGBl. I S. 371).

Auf Grund des Artikel VI Abs. 1 der Verordnung zur Ausführung des Artikel VI Abs. 3 des Notgesetzes vom 13. Juli 1923 (Reichsgesetzbl. I S. 699) verordnet die Reichsregierung, nach Zustimmung des Reichsrats, was folgt:

Artikel I

Die Wuchergerichtsverordnung vom 13. Juli 1923 (Reichsgesetzbl. I S. 724) tritt am 1. April 1924 außer Kraft.

Artikel II

Die am 1. April 1924 bei den Wuchergerichten anhängigen Strafsachen gehen in der Lage, in der sie sich befinden, auf die Amtsgerichte über. Solange der Termin zur Hauptverhandlung noch nicht bestimmt ist, kann die Staatsanwaltschaft beantragen, daß die Hauptverhandlung vor dem Amtsrichter allein stattfinde oder daß ein zweiter Amtsrichter zugezogen werde.

Eine begonnene Hauptverhandlung ist nach den bisherigen Vorschriften zu Ende zu führen.

Wird ein Urteil eines Wuchergerichts mit dem Antrag auf Wiederaufnahme des Verfahrens angefochten, so entscheidet darüber, ob der Antrag zulässig und begründet ist, die Strafkammer. Die erneute Hauptverhandlung findet vor dem Amtsgerichte statt; Abs. 1 Satz 2 gilt entsprechend.

1) Obwohl durch Art. I die WGV. in ihrer Gesamtheit aufgehoben worden ist, wird aus Art. II Abs. 3 geschlossen werden müssen, daß die Vorschriften über die Wiederaufnahme einer durch Urteil des WG. erledigten Verfahrens mit der in Art. II Abs. 3 bestimmten Maßgabe bestehen bleiben, wie es ja auch der Billigkeit entspricht. Das wird insbesondere auch von § 21 Abs. 2 WGV. gelten müssen, in dem die erleichterten Voraussetzungen für die Wiederaufnahme bestimmt sind. Das gleiche gilt für Abs. 4 das.

2) § 21 WGV. lautet:

„Über Anträge auf Wiederaufnahme des Verfahrens entscheidet die Strafkammer.

Die Wiederaufnahme zugunsten des Verurteilten findet auch dann statt, wenn aus tatsächlichen oder rechtlichen Gründen die Nachprüfung der Sache im ordentlichen Verfahren notwendig erscheint. Die Vorschrift des 403 (*jetzt* § *363*) StPO. bleibt unberührt.

Die erneute Hauptverhandlung findet vor der Strafkammer statt. Auf Antrag des Staatsanwalts ist die Sache zur neuerlichen Verhandlung vor das Schöffengericht zu verweisen, wenn nach den Vorschriften des GVG. die Sache zur Zuständigkeit des Schöffengerichts gehört oder der Staatsanwalt für sie die Zuständigkeit des Schöffengerichts hätte begründen können.

Ein Richter oder Schöffe, der an dem Urteil des Wuchergerichts mitgewirkt hat, ist von der Mitwirkung bei der Entscheidung über die Wiederaufnahme und in der erneuten Hauptverhandlung kraft Gesetzes ausgeschlossen."

X.

Jugendgerichtsgesetz.

Vom 16. Februar 1923 (RGBl. I S. 135).

Erster Abschnitt

§ 1

Ein Jugendlicher im Sinne dieses Gesetzes ist, wer über vierzehn, aber noch nicht achtzehn Jahre alt ist.

Die Berechnung des Lebensalters bestimmt sich nach § 187 Abs. 2 S. 2 BGB. Vgl. RGStr. Bd. 35 S. 37.

§ 2

Wer eine mit Strafe bedrohte Handlung begeht, ehe er vierzehn Jahre alt geworden ist, ist nicht strafbar.

---

1) Das Alter der Strafunmündigkeit, das bisher nach § 55 StGB. auf das 12. Lebensjahr festgesetzt war, ist durch § 2 nunmehr auf das 14. Lebensjahr hinaufgesetzt, und zwar mit Wirkung für das gesamte beim Inkrafttreten des JGG. geltende Reichs- und Landesstrafrecht und mit Rückwirkung auf die vor dem Inkrafttreten des JGG. begangenen Straftaten. Wegen der Behandlung der Strafen, die vor dem Inkrafttreten des JGG. gegen Personen, die zur Zeit der Tat noch nicht 14 Jahre alt waren, erkannt, aber noch nicht vollstreckt waren, und wegen der Tilgung der Vermerke über Verurteilungen solcher Personen im Strafregister vgl. § 45.

2) Wie sich aus dem (sonst entbehrlichen) § 4 und der Entstehungsgeschichte ergibt, bildet die Strafunmündigkeit nicht einen persönlichen Strafausschließungsgrund, sondern einen Schuldausschließungsgrund (Fehlen der Zurechnungsfähigkeit). Ergibt sich die Strafunmündigkeit erst in der Hauptverhandlung, so muß Freisprechung (nicht Einstellung des Verfahrens) erfolgen.

§ 3

Ein Jugendlicher, der eine mit Strafe bedrohte Handlung begeht, ist nicht strafbar, wenn er zur Zeit der Tat nach seiner geistigen oder sittlichen Entwicklung unfähig war, das Ungesetzliche der Tat einzusehen oder seinen Willen dieser Einsicht gemäß zu bestimmen.

---

1) Auch hier gilt das in Anm. 2 zu § 2 Gesagte. Im Falle der Freisprechung hat jedoch das Gericht zu prüfen, ob Erziehungsmaßregeln erforderlich sind. Vgl. § 5 Abs. 3.

2) Die amtliche Begründung bemerkt zu §3: „Die fehlende Einsichtsfähigkeit soll nicht schlechthin, sondern nur dann die Strafe ausschließen, wenn sie in einer noch nicht abgeschlossenen oder gehemmten Entwicklung, in mangelnder seelischer Reife ihren Grund hat; und neben dem Verstandesmangel soll auch ein Mangel in der Willensbildung, soweit er auf mangelnder Reife beruht, zum Ausschluß der Strafbarkeit führen."

Ob die Voraussetzungen des § 3 vorliegen, ist nicht abstrakt, sondern unter Berücksichtigung der konkreten, abzuurteilenden Tat und nach den im Zeitpunkt der Tat bestehenden Verhältnissen zu entscheiden.

3) Die Staatsanwaltschaft kann auf Grund des § 3 das Verfahren nur mit Zustimmung des Jugendrichters einstellen. Vgl. § 32 Abs. 1.

§ 4

Die Strafbarkeit des Anstifters und Gehilfen, des Begünstigers und Hehlers wird durch die Vorschriften der §§ 2, 3 nicht berührt.

Anstifter und Gehilfe, Begünstiger und Hehler sind also zu bestrafen, auch wenn die Haupt- oder Vortat nach §§ 2, 3 straflos bleibt. Damit ist, wie die amtliche Begründung bemerkt, die bisher bestehende Streitfrage im bejahenden Sinne entschieden. Die Begründung bemerkt hierzu weiter:

„Darauf, ob der Anstifter, Gehilfe, Begünstiger oder Hehler gewußt hat, daß der Angestiftete usw. strafunmündig oder nicht im Besitze des Unterscheidungsvermögens gewesen ist, oder ob ihm dies unbekannt geblieben ist, kommt es, wie die Fassung des § 4 ergibt, nicht an."

Der Anstifter und Gehilfe werden freilich dann, wenn sie gewußt haben, daß der Angestiftete oder Unterstützte nicht strafmündig sei, nicht als Anstifter oder Gehilfe, sondern als mittelbare Täter zu bestrafen sein.

§ 5

Hat ein Jugendlicher eine mit Strafe bedrohte Handlung begangen, so hat das Gericht zu prüfen, ob Erziehungsmaßregeln erforderlich sind.

Hält das Gericht Erziehungsmaßregeln für erforderlich, so hat es entweder selbst die Erziehungsmaßregel anzuordnen oder auszusprechen, daß Erziehungsmaßregeln erforderlich sind, ihre Auswahl und Anordnung aber dem Vormundschaftsgericht überlassen bleibt. Das Vormundschaftsgericht muß alsdann eine Erziehungsmaßregel anordnen. Die Fürsorgeerziehung soll das Gericht nur dann selbst anordnen, wenn in erster Instanz die Zuständigkeit dafür auch außerhalb des Strafverfahrens begründet ist.

Die vorstehenden Bestimmungen finden auch Anwendung, wenn das Gericht den Täter nach § 3 freispricht.

---

1) § 5 setzt voraus, daß der Jugendliche den objektiven Tatbestand einer strafbaren Handlung verwirklicht hat.

2) Darauf, ob der Täter im strafrechtlichen Sinne verantwortlich ist, kommt es nicht an. Vgl. Abs. 3.

3) Hält das Gericht Erziehungsmaßnahmen für erforderlich, so hat es weiter noch zu prüfen, ob daneben noch eine Strafe geboten ist. Die amtl. Begründung sagt hierzu: „Verneint es diese Frage, was die Regel bilden wird, so ist von einer Bestrafung nach § 6 abzusehen. Eine Bestrafung des Jugendlichen kommt daher nur in Betracht, wenn das Gericht entweder neben einer Erziehungsmaßregel noch eine Strafe für erforderlich erachtet, oder wenn nach Auffassung des Gerichts keine Erziehungsmaßregel, wohl aber eine Strafe am Platze ist.

Bei der Beantwortung der Frage, wann dies der Fall ist, wird zwar auch in erster Linie auf die Persönlichkeit des Täters und den Eindruck Rücksicht zu nehmen sein, den die Anordnung und die Durchführung der Erziehungsmaßregel auf ihn voraussichtlich machen werden. Wie bei der Zumessung der Strafe können aber diese Erwägungen nicht allein entscheiden. Es wird der Eindruck mit in Betracht zu ziehen sein, den ein Absehen von Strafe und der Ersatz der Strafe durch eine Erziehungsmaßregel auf die Allgemeinheit macht; auch auf einen berechtigten Anspruch des Verletzten auf Genugtuung wird das Gericht Rücksicht zu nehmen haben."

4) Die Auswahl der Erziehungsmaßregel ist dem freien Ermessen des Vormundschaftsgerichts überlassen. Das Strafgericht kann dem Vormundschaftsgericht keine näheren Anweisungen mit bindender Kraft geben.

5) Die Fürsorgeerziehung soll das Gericht nur dann selbst anordnen, wenn das Amtsgericht, bei dem das Jugendgericht zusammentritt, gleichzeitig auch als Vormundschaftsgericht die Fürsorgeerziehung anordnen könnte (so die Begründung). Vgl. hierzu auch die AV. des Pr. JM. v. 28. 4. 1924 (JMBl. S. 206) unter I.

§ 6

Hält das Gericht Erziehungsmaßregeln für ausreichend, so ist von Strafe abzusehen.

---

1) Die Frage, ob Erziehungsmaßregeln erforderlich sind und ob sie ausreichen, gehört nicht zur Schuld- und auch nicht zur Straffrage. Erziehungsmaßregeln sind keine Strafen. Die Frage ist daher mit absoluter Stimmenmehrheit, nicht mit Zweidrittelmehrheit zu entscheiden. Das Gleiche gilt für die Frage, ob das Gericht selbst die Erziehungsmaßregel auswählen und anordnen, oder ob es ihre Auswahl und Anordnung dem Vormundschaftsgericht überlassen will. Will das Gericht die Erziehungsmaßregel selbst auswählen und bilden sich über ihre Art mehr als zwei Meinungen, so ist § 196 Abs. 3 GVG. entsprechend anzuwenden.

2) Der Urteilstenor wird etwa dahin zu fassen sein, daß der Angeklagte der strafbaren Handlung schuldig sei, jedoch von einer Strafe abgesehen und die (näher zu bezeichnende) Erziehungsmaßregel angeordnet werde (bzw. Erziehungsmaßregeln für erforderlich gehalten, ihre Anordnung und Auswahl aber dem Vormundschaftsgericht überlassen würden). Durch Strafbefehl können Erziehungsmaßregeln nicht angeordnet werden. Wird von Strafe abgesehen, so liegt keine für einen späteren Rückfall in Betracht kommende Verurteilung vor. Hinsichtlich der Kostenfrage vgl. § 41.

3) Über die Befugnis der Staatsanwaltschaft, mit Rücksicht auf eine bereits angeordnete Erziehungsmaßnahme mit Zustimmung des Jugendrichters von der Erhebung der Klage abzusehen, und die Einstellung des Verfahrens nach erhobener Anklage vgl. § 32 Abs. 2.

§ 7

Als Erziehungsmaßregeln sind zulässig:

1. **Verwarnung,**
2. **Überweisung in die Zucht der Erziehungsberechtigten oder der Schule,**
3. **Auferlegung besonderer Verpflichtungen,**

4. Unterbringung,
5. Schutzaufsicht,
6. Fürsorgeerziehung.

Die Reichsregierung kann mit Zustimmung des Reichsrats auch andere Erziehungsmaßregeln für zulässig erklären.

Die Voraussetzungen, die Ausführung und Aufhebung sowie das Erlöschen der Schutzaufsicht und der Fürsorgeerziehung bestimmen sich nach dem Reichsgesetz für Jugendwohlfahrt. Für die anderen Erziehungsmaßregeln bestimmt das Erforderliche die Reichsregierung mit Zustimmung des Reichsrats; sie dürfen auch nach Vollendung des achtzehnten Lebensjahres bis zum Eintritt der Volljährigkeit ausgeführt werden.

---

1) Erziehungsmaßregeln haben nicht den Charakter der Strafe. Sie sind daher nicht im Strafregister zu vermerken und kommen für die Begründung des Rückfalls nicht in Betracht. Eine Änderung oder Aufhebung im Gnadenweg findet nicht statt. Vgl. auch Anm. 1 zu § 6 und unten Anm. 8.

2) Andere als die im Abs. 1 aufgeführten oder gemäß Abs. 2 für zulässig erklärten Erziehungsmaßregeln sind auf Grund des JGG. nicht zulässig. Die dem Vormundschaftsgericht als solchem nach dem BGB. zustehenden Befugnisse bleiben unberührt.

3) Die Verwarnung ist ähnlich dem früheren „Verweis" des § 57 Abs. 1 Nr. 4 StGB. (alte Fassung). Die Form der Verwarnung, ob mündlich (was sich in erster Linie empfiehlt) oder schriftlich, ist dem Ermessen des vollziehenden Richters überlassen. Die Erteilung der Verwarnung ist — ebenso wie die Vollziehung der anderen Erziehungsmaßregeln — erst nach Rechtskraft der sie anordnenden Entscheidung zulässig.

4) Als „Schule", deren Zucht der Täter überwiesen werden kann, kommt, wie die amtliche Begründung hervorhebt, auch die Fortbildungsschule in Betracht.

5) Die amtliche Begründung nennt als Beispiele von Auflagen im Sinne der Nr. 3 die Wiedergutmachung des angerichteten Schadens oder die Zahlung einer Geldbuße an die Staatskasse (vgl. Anm. 5 zu § 35); ferner bemerkt sie, daß solche Auflagen, die den Grundgedanken der Reichsverfassung durchbrechen, selbstverständlich unzulässig seien.

6) Ausführungsbestimmungen im Sinne des Abs. 2 sind von der Reichsregierung bisher nicht erlassen worden.

7) Zu Abs. 3 S. 1 vgl. die §§ 56ff. des Jugendwohlfahrtsgesetzes.

3) Ausführungsbestimmungen im Sinne des Abs. 3 S. 2 sind bisher nicht ergangen. Für Preußen ist über die Durchführung der Erziehungsmaßregeln durch AV. d. JM. v. 20. 6. 1923 (JMBl. S. 450) unter Nr. II, 1 folgendes bestimmt: „Aus dem Begriff der Erziehungsmaßregel darf gefolgert werden, daß der mit der Ausführung einer solchen Maßregel betraute Jugend- oder Vormundschaftsrichter bei einer Änderung der für die Anordnung maßgebend gewesenen tatsächlichen Voraussetzungen die getroffene Maßnahme ändern oder aufheben kann. Eine Änderung oder Aufhebung einer Erziehungsmaßregel im Gnadenwege findet nicht statt."

§ 8

Vor dem Urteil kann das Gericht vorläufige Anordnungen über die Erziehung und Unterbringung treffen. Vor der Entscheidung ist das Jugendamt zu hören. Von der Anhörung kann abgesehen werden, wenn sie wegen Gefahr im Verzuge untunlich ist; in diesem Falle ist das Jugendamt nachträglich zu hören.

Im Urteil hat sich das Gericht darüber auszusprechen, ob die vorläufige Anordnung wegfallen oder bis zur endgültigen Entscheidung über die Anordnung einer Erziehungsmaßregel bestehen bleiben soll.

---

1) Die Befugnisse des Vormundschaftsgerichts als solchen, dem es in erster Linie obliegen wird, das Erforderliche zu veranlassen, bleiben unberührt. Dem Jugendgericht ist, wie die amtliche Begründung bemerkt, die Befugnis des § 8 „nur aushilfsweise gegeben."

2) Die Entscheidung nach Abs. 1 kann auf Antrag oder von Amts wegen, außerhalb oder innerhalb der Hauptverhandlung, ergehen.

3) Inwieweit die Prozeßbeteiligten und der gesetzliche Vertreter des Beschuldigten zu hören sind, bestimmt sich nach § 33 StPO. und §§ 18, 30 JGG.

§ 9

Hat ein Jugendlicher eine mit Strafe bedrohte Handlung begangen, so gelten für die Strafbemessung folgende Vorschriften:

Statt auf Todesstrafe oder auf lebenslanges Zuchthaus ist auf Gefängnis von einem bis zu zehn Jahren, statt auf lebenslange Festungshaft ist auf Festungshaft von einem bis zu zehn Jahren zu erkennen.

Sind andere Strafen angedroht, so ist die Strafe zwischen dem gesetzlichen Mindestbetrage der anzuwendenden Strafart und der Hälfte des Höchstbetrags der angedrohten Strafe zu bestimmen. Ist Zuchthausstrafe angedroht, so tritt an ihre Stelle Gefängnisstrafe.

Ist die Tat ein Vergehen oder eine Übertretung, so kann in besonders leichten Fällen von Strafe abgesehen werden.

Auf Verlust der bürgerlichen Ehrenrechte überhaupt oder einzelner bürgerlicher Ehrenrechte, auf Überweisung an die Landespolizeibehörde sowie auf Zulässigkeit von Polizeiaufsicht darf nicht erkannt werden.

---

1) § 9 ist an die Stelle des § 57 StGB. (alte Fassung) getreten.

2) Früher bestimmte sich die Mindeststrafe nach der „angedrohten" Strafart, jetzt nach der „anzuwendenden" Strafart. Daher beträgt jetzt dann, wenn Zuchthaus angedroht ist, die Mindeststrafe nicht mehr 1 Jahr Gefängnis, sondern 1 Tag Gefängnis.

3) Ist Geldstrafe in unbeschränkter Höhe angedroht (wie z. B. im § 12 Abs. 2 der Preistreibereiverordnung oder im § 9 des Ges. z. Schutze der Republik), so ist die Beschränkung auf die Hälfte des Höchstbetrages bedeutungslos.

4) Neben den Milderungen des Abs. 3 kommt § 27b StGB. in der Fassung der VO. v. 6. 2. 1924 zur Anwendung, wonach bei einem Vergehen oder einer Übertretung, für die an sich Geldstrafe überhaupt nicht oder nur neben Freiheitsstrafe zulässig ist, an Stelle einer an sich verwirkten Freiheitsstrafe von weniger als drei Monaten auf Geldstrafe zu erkennen ist, wenn der Strafzweck durch eine Geldstrafe erreicht werden kann.

§ 10

Das Gericht kann die Vollstreckung einer Freiheitsstrafe im Urteil aussetzen, damit der Verurteilte sich durch gute Führung während einer Probezeit Straferlaß verdienen kann. Dies soll insbesondere dann geschehen, wenn der sofortige Strafvollzug eine Erziehungsmaßregel gefährden würde.

Wird die Vollstreckung der Strafe nicht ausgesetzt, so müssen die Urteilsgründe sich darüber aussprechen, ob die

Strafe vollstreckt oder die Entscheidung über die Aussetzung vorbehalten werden soll.

---

1) Die in den §§ 10—15 geregelte bedingte Strafaussetzung ist — im Unterschied von der sonst vorkommenden bedingten Strafaussetzung — nicht eine auf Grund delegierten Gnadenrechts geübte Verwaltungsmaßnahme, sondern eine Rechtseinrichtung, ein Akt der Rechtsprechung. Die AV. des Preuß. Justizministers v. 20. 6. 1923 (JMBl. S. 450) bestimmt unter Nr. II, 2 hierzu folgendes: „Die bedingte Aussetzung von Freiheitsstrafen, die nach den bestehenden Bestimmungen — auch wenn die Gerichte dazu ermächtigt sind — nur im Verwaltungswege auf Grund übertragenen Gnadenrechts geübt wird, ist durch die §§ 10—15 JGG. bei Straftaten jugendlicher Personen und unter den Voraussetzungen des § 13 Abs. 1 JGG. auch bei Straftaten Erwachsener den Gerichten als richterliche Amtshandlung zugewiesen worden; die Gerichte sind bei ihrer Anwendung an Verwaltungsanordnungen nicht mehr gebunden. Soweit die bedingte Strafaussetzung im JGG. eine gesetzliche Regelung gefunden hat, ist die den Gerichten übertragene Befugnis zur Aussetzung im Gnadenwege überflüssig geworden; insoweit wird daher die den Gerichten durch die AV. v. 19. 10. 1920 (JMBl. S. 565), 15. und 29. 6. 1921 (JMBl. S. 349, 370) und 3. 5. 1922 (JMBl. S. 157) erteilte Ermächtigung zurückgenommen und die bedingte Strafaussetzung im Gnadenwege wieder von dem Justizminister ausgeübt.

Die am 30. 6. 1923 im Aussetzungsverfahren laufenden Strafsachen sind nach den bisherigen Bestimmungen zu erledigen, solange nicht gemäß § 11 JGG. eine bedingte Strafaussetzung im Sinne des JGG. angeordnet wird.

Gesuche um bedingte Strafaussetzung sind, wenn eine Aussetzung nach den Vorschriften des JGG. in Frage kommt, als Gnadengesuche nur dann zu behandeln, wenn das Gericht durch nicht mehr anfechtbare Entscheidung die Aussetzung abgelehnt hat; im übrigen sind solche Gesuche, wenn in ihnen lediglich um Aussetzung der Strafvollstreckung gebeten wird, von der Justizbehörde, bei der sie eingehen, unmittelbar dem erkennenden Gericht zu übersenden. Die Vorschrift des § 24 der AV. v. 19. 10. 1920 in der Fassung der AV. v. 15. 6. 1921 findet mit der Maßgabe entsprechende Anwendung, daß die im Abs. 2 S. 4 vorgesehene Anzeige von dem Beauftragten für Gnadensachen zu erstatten ist.

In der gemäß § 29 der AV. v. 19. 10. 1920 zu fertigenden Zusammenstellung sind auch diejenigen Fälle zu berücksichtigen, in denen die Aussetzung auf Grund des JGG. erfolgt, ohne daß es ihrer besonderen Hervorhebung bedarf. Das gleiche gilt bei der Zählung der Geschäfte des Beauftragten für

Gnadensachen (RdV. v. 12. 1. und 6. 6. 1922 — I 6534 und 4061 —)."

2) Irgendwelche Beschränkung nach der Art der Straftat und der Art oder Höhe der erkannten Freiheitsstrafe sieht das Gesetz nicht vor. Bei Geldstrafe ist eine bedingte Strafaussetzung nicht zulässig, wohl aber bezüglich der Ersatzfreiheitsstrafe (§ 14).

3) Der Ausspruch der bedingten Strafaussetzung ist im Falle des § 10 in den Urteilstenor mit aufzunehmen und mit zu verkünden.

4) Die Aussetzung kann für die ganze Freiheitsstrafe oder für einen Teil gewährt werden.

§ 11

Werden nach Erlaß des Urteils Umstände bekannt, die eine Aussetzung der Vollstreckung der erkannten Freiheitsstrafe angezeigt erscheinen lassen, so kann die Vollstreckung nachträglich ausgesetzt werden. Die Strafaussetzung wird nicht dadurch ausgeschlossen, daß im Urteil die Aussetzung abgelehnt oder mit der Vollstreckung der Strafe bereits begonnen worden ist.

---

1) Ob die Umstände sich vor oder nach Erlaß des Urteils ereignet haben, ist gleichgültig, sofern sie nur dem erkennenden Gericht, d. h. sämtlichen Mitgliedern des Gerichts vor dem Erlaß des Urteils nicht bekannt gewesen sind.

2) Zuständig ist der Jugendrichter. § 34.

§ 12

Die Probezeit ist mindestens auf zwei und höchstens auf fünf Jahre zu bemessen. Ist sie auf weniger als fünf Jahre bemessen, so kann sie nachträglich bis auf fünf Jahre verlängert werden.

Dem Verurteilten können für die Dauer der Probezeit, und zwar auch über den Eintritt der Volljährigkeit hinaus, besondere Pflichten auferlegt, auch kann er unter Schutzaufsicht gestellt werden. Die Anordnungen können auch nachträglich getroffen oder geändert werden. Für die Ausführung der Schutzaufsicht gelten die Vorschriften des Reichsgesetzes für Jugendwohlfahrt; für die Zeit nach erreichter Volljährigkeit gelten sie entsprechend.

Während der Probezeit ruht die Verjährung der Strafvollstreckung.

Führt sich der Verurteilte während der Probezeit schlecht, so kann die Vollstreckung der Strafe angeordnet werden. Das gleiche gilt, wenn nachträglich Umstände bekannt werden, die, wenn sie bereits zur Zeit der Aussetzung der Strafe bekannt gewesen wären, bei Würdigung des Wesens der Aussetzung zur Versagung dieser Vergünstigung geführt haben würden.

Zu den Ermittlungen über die Führung des Verurteilten während der Probezeit ist das Jugendamt nach Möglichkeit zuzuziehen.

---

1) Die Probezeit muß auf eine bestimmte Frist bemessen werden. Bedingte Strafaussetzung auf unbestimmte Zeit oder „bis auf weiteres" wäre unzulässig und unwirksam. Eine Unterbrechung oder ein Ruhen des Laufes der Probezeit ist dem Gesetz unbekannt.

2) Die amtliche Begründung erwähnt als besondere Pflichten beispielsweise die Pflicht zur Enthaltsamkeit von geistigen Getränken, zum Anschluß an einen Mäßigkeitsverein, zur Anzeige von Aufenthaltsänderungen, zur Übernahme und zum Nachweis einer festen Beschäftigung, zum Ersatz des angerichteten Schadens usw. In der Praxis hat sich als besonders wichtig die Auferlegung einer Geldbuße zugunsten der Staatskasse erwiesen. (Vgl. dazu auch Anm. 5 zu § 7 und Anm. 5 zu § 35).

3) Zuständig für die Anordnung nach Abs. 2 Satz 2 ist der Jugendrichter; vgl. § 34.

4) Das „Ruhen" bedeutet, daß die Zeit, während welcher die Bewährungsfrist läuft, in die Verjährungsfrist nicht eingerechnet wird. Einer im Gnadenweg gewährten bedingten Strafaussetzung kommt diese Wirkung nicht zu.

§ 13

Wird der Verurteilte, bevor über seine Bewährung entschieden ist, von neuem zu Strafe verurteilt, so bestimmt das Gericht in dem neuen Urteil, ob die frühere Strafe vollstreckt werden oder ausgesetzt bleiben soll. Die neue Strafe kann auch dann ausgesetzt werden, wenn der Verurteilte, als er die neue Tat beging, nicht mehr jugendlich war.

Lautet das neue Urteil auf Freiheitsstrafe, so darf der Wegfall oder die Fortdauer der früheren Strafaussetzung nur bestimmt werden, wenn die gleiche Entscheidung auch für die neue Strafe ergeht.

Ordnet das Gericht an, daß die frühere Strafe ausgesetzt bleibt, so kann es bestimmen, daß die alte Probezeit nicht vor der neuen abläuft. Es kann auch eine der im § 12 Abs. 2 vorgesehenen Anordnungen treffen oder eine nach dieser Vorschrift getroffene Anordnung ändern.

Hat das Gericht in dem neuen Urteil nicht bestimmt, ob die frühere Strafe vollstreckt werden oder ausgesetzt bleiben soll, so wird darüber nachträglich entschieden; dabei kann die Entscheidung über die Aussetzung der neuen Strafe geändert werden.

Das Gericht kann sich, falls es nicht auf Freiheitsstrafe erkennt, der Entscheidung darüber enthalten, ob die frühere Strafe vollstreckt werden oder ausgesetzt bleiben soll; in diesem Falle gilt § 12 Abs. 4.

Ist die frühere Strafe nicht ausgesetzt worden, so kann die Aussetzung in dem neuen Urteil nachträglich bewilligt (§ 11) werden. Die Abs. 2, 4 gelten entsprechend.

Als Urteil im Sinne vorstehender Bestimmungen gilt auch der Strafbefehl.

---

1) § 13 bezieht sich nur auf den Fall, daß bei der neuen Verurteilung nicht eine Gesamtstrafe gebildet wird. Denn durch die Bildung einer Gesamtstrafe würde die auf die frühere Strafe sich beziehende Strafaussetzung ohne weiteres gegenstandslos und die Frage der bedingten Strafaussetzung wäre für die Gesamtstrafe erneut selbständig zu prüfen.

2) Erkennt das Gericht der zweiten Straftat nur auf eine Erziehungsmaßregel, so findet § 13 keine Anwendung.

3) Zuständig für die nachträgliche Entscheidung nach Abs. 4 ist der Jugendrichter; vgl. § 34.

§ 14

Ist auf Geldstrafe erkannt worden, so ist, sobald die Ersatzfreiheitsstrafe vollstreckt werden kann, darüber zu entscheiden, ob die Vollstreckung der Ersatzfreiheitsstrafe ausgesetzt werden soll. § 11 Satz 2 und die §§ 12 und 13 gelten entsprechend.

---

1) Ein auf Geldstrafe lautendes Urteil liegt auch vor, wenn in Anwendung des § 27b StGB. anstelle einer an sich verwirkten Freiheitsstrafe auf Geldstrafe erkannt worden ist.

2) Vollstreckbar ist die Ersatzfreiheitsstrafe, wenn entweder der Versuch der Beitreibung der Geldstrafe erfolglos geblieben ist oder wenn mit Sicherheit vorauszusehen ist, daß sie aus dem beweglichen Vermögen des Verurteilten nicht beigetrieben werden kann. Vgl. § 28a StGB.

3) Zuständig für die Entscheidung über die Aussetzung der Ersatzfreiheitsstrafe ist der Jugendrichter; vgl. § 34.

4) Die Aussetzung der Ersatzfreiheitsstrafe steht nach S. 2 im Falle einer späteren Verurteilung der Aussetzung einer primären Freiheitsstrafe gleich.

§ 15

Nach Ablauf der Probezeit wird die Strafe erlassen, wenn sich der Verurteilte bewährt hat.

Hat der Verurteilte sich nicht bewährt, so wird die Vollstreckung der Strafe angeordnet.

Für den Erlaß ist der Jugendrichter zuständig. Ist eine frühere Aussetzung nach § 13 aufrechterhalten worden, so entscheidet hinsichtlich dieser der für die frühere Strafe als Vollstreckungsrichter zuständige Jugendrichter; vgl. § 34.

§ 16

Der Strafvollzug gegen einen Jugendlichen ist so zu bewirken, daß seine Erziehung gefördert wird.

Beim Vollzuge der Freiheitsstrafen werden Jugendliche von erwachsenen Gefangenen vollständig getrennt gehalten.

Freiheitsstrafen von einem Monat oder mehr sollen in besonderen, ausschließlich für Jugendliche bestimmten Anstalten oder Abteilungen von Anstalten vollstreckt werden.

Verbüßt ein Jugendlicher in einer besonderen Anstalt oder in einer besonderen Abteilung einer Anstalt eine Freiheitsstrafe, so kann er mit Genehmigung der Aufsichtsbehörde bis zur Vollendung des einundzwanzigsten

Lebensjahrs in der Anstalt oder in der Abteilung verbleiben.

Das Weitere über den Strafvollzug bestimmt die Reichsregierung mit Zustimmung des Reichsrats; dabei ist auf eine Mitwirkung des Jugendamts bei dem Strafvollzuge Bedacht zu nehmen.

---

1) Ausführungsvorschriften des Reiches sind bisher nicht ergangen.

2) Für Preußen vgl. §§ 143—147 der Dienst- und Vollzugsordnung für die Gefangenanstalten.

Zweiter Abschnitt

§ 17

Straftaten von Personen, die zur Zeit der Erhebung der Anklage jugendlich sind, gehören zur Zuständigkeit der Jugendgerichte. Jugendgerichte sind die Schöffengerichte. Würde die Straftat nach den allgemeinen Vorschriften zur Zuständigkeit des Reichsgerichts oder der Schwurgerichte gehören, so besteht das Jugendgericht aus zwei Richtern und drei Schöffen.

Für Personen, die zur Zeit der Tat jugendlich waren, zur Zeit der Erhebung der Anklage aber nicht mehr jugendlich, jedoch noch jünger als einundzwanzig Jahre sind, kann die Staatsanwaltschaft die Zuständigkeit des Jugendgerichts dadurch begründen, daß sie bei ihm Anklage erhebt.

---

1) AV. d. Pr. JM. v. 20. 6. 1923 — JMBl. S. 450 — Abschnitt I Nr. 1 Abs. 1:

„Bildung der Jugendgerichte.

Auf Grund des § 57a GVG. (jetzt 58 GVG.) in der Fassung des Artikels I Nr. 7 des Gesetzes zur Entlastung der Gerichte v. 11. 3. 1921 — RGBl. S. 229 — wird folgendes bestimmt:

Die Ermächtigung, für den Bezirk mehrerer Amtsgerichte einem von ihnen die Entscheidung der Jugendsachen ganz oder zum Teil zuzuweisen, wird den Präsidenten der Oberlandesgerichte übertragen. Die für dieses Gericht erforderliche Zahl von Haupt- und Hilfsschöffen und die Verteilung der Zahl auf die einzelnen Amtsgerichtsbezirke bestimmt der Präsident des Landgerichts."

Vgl. dazu aber AV. v. 28. 4. 1924 (JMBl. S. 206) Abschnitt I Nr. 1:

„Die den Präsidenten der Oberlandesgerichte in Abschnitt I Nr. 1 Abs. 1 S. 1 der AV. v. 20. 6. 1923 übertragene Ermächtigung wird auf solche Jugendsachen beschränkt, die zur Zuständigkeit des großen Jugendgerichts gehören. Die für das laufende Geschäftsjahr getroffenen weitergehenden Anordnungen bleiben bestehen."

Die Verfügung entspricht dem tatsächlichen Zustande in Preußen. Es ist, abgesehen von den großen Jugendgerichten, von der Befugnis des § 58 GVG. für die Jugendgerichte nur ganz vereinzelt noch Gebrauch gemacht worden, so daß also Jugendgerichte mit voller Zuständigkeit im allgemeinen bei allen Amtsgerichten bestehen.

2) Der Satz, daß Jugendgerichte die Schöffengerichte sind, ist durch die VO. nicht berührt worden. Näheres vergl. bei Hartung, „Recht" 1924 S. 193ff. Die Jugendgerichte entscheiden daher auch da, wo im ordentlichen Verfahren der Amtsrichter entscheidet (§§ 25, 26 GVG.), mit Schöffen. Daß der Jugendrichter ohne Zuziehung von Schöffen entscheidet, ist nicht möglich; auch durch einen Antrag der Staatsanwaltschaft kann seine Zuständigkeit nicht begründet werden. Eine Ausnahme gilt nach § 416 StPO. (vgl. Anm. dazu) nur im Verfahren nach vorangegangener polizeilicher Strafverfügung. Außerdem besteht nach Pr. Landesrecht eine Ausnahme für das Verfahren wegen Forstdiebstahls und in Feld- und Forstrügesachen; in diesem entscheidet nach den Sondervorschriften in §§ 19, 20 FDiebstG und §§ 53, 55 FuFPolG. in der Fassung des Ges. v. 1. 7. 1923 (GesS. S. 291) und der VO. v. 12. 3. 1924 (GesS. S. 127) — vgl. Teil I dieses Werkes — stets der Amtsrichter allein; und das trifft — da die Bestimmungen des zweiten Abschnitts des JGG. im Bereiche dieser beiden Gesetze nur insoweit gelten, als sie selbst nichts anderes bestimmen — ohne weiteres auch für die Jugendgerichte zu. Die Befugnis zum Erlaß dieser Sondervorschriften gibt § 3 EGStPO.

3) Nach der VO. und § 29 Abs. 2 GVG. ist nunmehr auf Antrag der Staatsanwaltschaft auch die Zuziehung eines zweiten Amtsrichters zur Hauptverhandlung vor dem Jugendgericht zulässig. Der abweichenden Meinung von Kiesow StPO. in Anm. 1 zu § 17 JGG. und in Anm. 6 zu § 29 GVG. kann nicht zugestimmt werden. Seine Ansicht, daß unter „Schöffengericht" im § 17 nur das zur Zeit des Inkrafttretens des JGG. bestehende Schöffengericht verstanden werden könne, ist irrig. Wenn im § 18 Abs. 1 JGG. gesagt ist, daß die Vorschriften des GVG. für Jugendsachen insoweit Anwendung zu finden haben, als das

JGG. selbst nichts abweichendes bestimmt hat, so ist damit das GVG. in seiner jeweils geltenden Fassung gemeint. Kiesow selbst sieht sich genötigt, dieser Auffassung Rechnung zu tragen; denn für den Umfang der Zuständigkeit des großen Jugendgerichts wendet er die neuen Vorschriften an. Man kann aber nicht in einem Falle die neuen Bestimmungen des GVG. für anwendbar erklären, im anderen ihre Anwendbarkeit verneinen.

Die Zuziehung des zweiten Richters hat auch in Jugendsachen zur Folge, daß in der Revisionsinstanz das Reichsgericht zuständig wird, während für das gewöhnliche Jugendgericht (ein Richter und zwei Schöffen) in der Revisionsinstanz das Oberlandesgericht zuständig ist. Auch für das große Jugendgericht ist — im Unterschied von dem bisherigen Rechtszustand — das Reichsgericht jetzt für die Revision zuständig. Denn nach § 121 Nr. 1c GVG. ist das Oberlandesgericht für die Revision „gegen die Urteile der großen Strafkammer zuständig, wenn in erster Instanz das mit einem Richter und zwei Schöffen besetzte Schöffengericht entschieden hat", und nach § 135 GVG. ist das Reichsgericht für die Revision gegen die Urteile „der großen Strafkammer zuständig, soweit nicht die Zuständigkeit der Oberlandesgerichte begründet ist". Näheres im „Recht" 1924 S. 193 ff.

Für die Zuständigkeit in der Berufungsinstanz vgl. Anm. 3 zu § 19.

4) Die Zuständigkeit des Reichsgerichts in erster Instanz ist jetzt erschöpfend in § 134 GVG. geregelt; vgl. jedoch für Hochverratssachen auch das Ges. zum Schutz der Republik. Die Zuständigkeit des Staatsgerichtshofs z. Schutze der Republik geht der des Jugendgerichts vor.

5) Die Zuständigkeit des Schwurgerichts ist in §§ 24, 80 GVG. geregelt. Die durch die VO. bewirkte Einschränkung der Zuständigkeit des Schwurgerichts wirkt ohne weiteres auch auf die Zuständigkeit des großen Jugendgerichts. Gl. A. Kiesow, StPO.

6) AV. v. 20. 6. 1923 (JMBl. S. 450) Abschnitt II Nr. 3:

„Erhebung der öffentlichen Klage.

Die Staatsanwaltschaft hat gegen Personen, die zur Zeit der Tat jugendlich waren, zur Zeit der Erhebung der Anklage aber nicht mehr jugendlich, jedoch noch jünger als 21 Jahre sind, Anklage grundsätzlich bei dem Jugendgericht zu erheben, wenn nach den persönlichen Verhältnissen des Beschuldigten Erziehungsmaßregeln noch angezeigt und nicht aussichtslos erscheinen, und wenn anzunehmen ist, daß das Verfahren vor der Vollendung des 21. Lebensjahres beendet werden wird."

7) Außerhalb der Hauptverhandlung entscheidet auch beim großen und beim erweiterten Jugendgericht der Amtsrichter als Einzelrichter (§ 30, § 22 Abs. 4 GVG.). Welcher Amtsrichter das ist, bestimmt die Geschäftsverteilung, desgl. welcher als zweiter Richter in der Hauptverhandlung mitzuwirken hat.

8) Unter den Schöffen kann auch beim großen Jugendgericht nur eine Frau sein (§ 45 Abs. 2 S. 3 GVG.).

Das Jugendgericht ist ein einheitliches Gericht. Wo bei einem Amtsgericht ein großes Jugendgericht besteht, ist für dieses nicht etwa eine besondere Schöffenliste zu bilden. Die Auslosung für das gewöhnliche Jugendgericht und für das große Jugendgericht erfolgt gemeinsam aus einer einheitlichen Liste. Dieselben Schöffen können am gleichen Tage nacheinander im gewöhnlichen und im großen Jugendgericht mitwirken.

9) In denjenigen Sachen, die zur Zuständigkeit des großen Jugendgerichts gehören, sind die Amtsverrichtungen der Staatsanwaltschaft in Preußen von der Staatsanwaltschaft des Landgerichts zu übernehmen (RdV. v. 30. 7. 1923 — I 4370 —).

10) Statt „Anklage" wird auch jetzt — nachdem die Voruntersuchung in Jugendsachen zugelassen ist (vgl. unten Anm. 2 zu § 28) — im § 17 nicht „öffentliche Klage" gelesen werden dürfen.

11) Ein Beschuldigter, der einer nach Vollendung des 18. Lebensjahres begangenen Straftat beschuldigt wird, kann niemals vor das Jugendgericht kommen. Ebenso nicht eine Person, die zwar zur Zeit der Tat jugendlich war, zur Zeit der Erhebung der Anklage aber älter als 21 Jahre ist. Ist gegen einen Beschuldigten, der zur Zeit der Tat das 18. Lebensjahr nicht vollendet hatte, vor der Vollendung des 21. Jahres Klage vor dem Jugendgericht erhoben, so bleibt es zuständig, wenn der Angeschuldigte im Laufe des Verfahrens das 21. Lebensjahr vollendet, solange das Gericht nicht selbst die Verweisung ausspricht.

§ 18

Soweit nicht in diesem Gesetz Abweichendes bestimmt ist, gelten für die Sachen, die zur Zuständigkeit der Jugendgerichte gehören (Jugendsachen) die Vorschriften des Gerichtsverfassungsgesetzes und der Strafprozeßordnung.

Vollendet der Angeschuldigte während der Dauer des Verfahrens das einundzwanzigste Lebensjahr, so kann das Gericht die Sache zum ordentlichen Verfahren verweisen. Ist das Gericht im ordentlichen Verfahren nicht zuständig, so ist die Sache nach § 207 *[jetzt 209]* Abs. 2 der Strafprozeßordnung dem Landgerichte zur Entscheidung vorzulegen oder nach den §§ 270, 369 *[jetzt 328]* Abs. 3 der Strafprozeßordnung an das zuständige Gericht zu verweisen.

---

1) Zu Abs. 2. Die Verweisung ist nur in erster Instanz und in der Berufungsinstanz, nicht mehr in der Revisionsinstanz möglich. Sie erfolgt durch Beschluß. Eines Antrags bedarf es nicht.

Ist die Sache in erster Instanz anhängig, so geht sie, wenn im ordentlichen Verfahren die Zuständigkeit des Amtsgerichts begründet ist, an die im ordentlichen Verfahren zur Entscheidung berufene Abteilung des Amtsgerichts über, und zwar in den Fällen des § 25 Abs. 1 Nr. 1, 2a, b GVG. an den Amtsrichter, im übrigen an das Schöffengericht; bis zur Anberaumung der Hauptverhandlung vor dem letzteren kann aber in den Fällen des § 25 Abs. 1 Nr. 2c, § 26 GVG. noch der Antrag auf Entscheidung durch den Amtsrichter allein gestellt werden. (Die Vorschriften in § 42 Abs. 1 S. 2, Abs. 3 S. 2 Halbs. 2, Abs. 4 S. 4 der VO. und des Art. II Abs. 1 S. 2, Abs. 3 S. 2 Halbs. 2 VO v. 20. 3. 1924 — RGBl. I S. 371 —, oben Nr. IX, sind entsprechender Anwendung fähig.) Ob in gleicher Weise auch noch der Antrag auf Zuziehung eines zweiten Richters gestellt werden könnte, kann zweifelhaft sein, da er nach Anm. 3 zu § 17 auch im Verfahren vor dem Jugendgericht hätte gestellt werden können; dennoch wird man auf Grund der vorstehend zitierten gesetzlichen Vorschriften annehmen müssen, daß er im Verfahren vor dem ordentlichen Gericht noch nachgeholt werden kann. Näheres Hartung „Recht" 1924 S. 193ff.

2) Gehört die Sache zur Zuständigkeit des Schöffengerichts, befindet sich aber bei dem Amtsgericht, bei dem das Jugendgericht errichtet ist, ein gewöhnliches Schöffengericht nicht, so ist es nach der Verweisung der Sache in das ordentliche Verfahren örtlich unzuständig, sofern nicht der Antrag auf Entscheidung durch den Amtsrichter allein gestellt werden kann und gestellt wird.

3) Ist im ordentlichen Verfahren die Zuständigkeit des Schwurgerichts oder des Reichsgerichts begründet, so ist nach § 209 Abs. 2 o der § 270 StPO. zu verfahren.

4) Erfolgt die Verweisung in der Berufungsinstanz, so muß die Strafkammer nach § 328 Abs. 3 StPO. das Urteil aufheben und die Sache an das zuständige Gericht verweisen. Der Antrag auf Entscheidung durch den Amtsrichter allein oder auf Zuziehung eines zweiten Amtsrichters kann bis zur Anberaumung der Hauptverhandlung vor dem ordentlichen Gericht erster Instanz gestellt werden, wenn die Sache zur Zuständigkeit der Amtsgerichte gehört.

5) Gegen die Verweisung ist — sofern sie nicht in der Hauptverhandlung erfolgt — einfache Beschwerde zulässig.

§ 19

Der Vorsitzende des Jugendgerichts (Jugendrichter) hat auch die Amtshandlungen vorzunehmen, die nach der Strafprozeßordnung der Amtsrichter zu erledigen hat.

Ist ein Amtsgericht mit mehreren Richtern besetzt, so sollen die Geschäfte des Jugendrichters und des Vormundschaftsrichters demselben Richter übertragen werden. Das Nähere bestimmt die oberste Landesbehörde.

Jugendsachen sollen besonderen Strafkammern zugewiesen werden.

---

1) Vgl. wegen des Grundgedankens, daß der Jugendrichter zugleich der Vormundschaftsrichter sein soll, noch die §§ 25, 49 unten.

2) AV. d. Pr. JM. v. 20. 6. 1923 — JMBl. S. 450 — Abschnitt I Nr. 2: „Auf Grund des § 19 Abs. 2 JGG. wird folgendes bestimmt:

„Zuständigkeit und Geschäftsverteilung.

a) Strafsachen:

Die Zuständigkeit des Jugendgerichts und des Jugendrichters in Strafsachen ergibt sich aus dem II. Abschnitt des Jugendgerichtsgesetzes und aus dem Preußischen Ges. v. 1. 7. 1923 (GesS. S. 291) zur Abänderung des Forstdiebstahlsgesetzes und des Feld- und Forstpolizeigesetzes. Sie umfaßt auch das Verfahren bei amtsrichterlichen Strafbefehlen und das gerichtliche Verfahren nach vorangegangener polizeilicher Strafverfügung und bei Zuwiderhandlungen gegen die Vorschriften über die Erhebung öffentlicher Abgaben und Gefälle (§§ 419—429 StPO. und 426—442 RAO.).

Durch die Geschäftsverteilung ist dem Jugendrichter auch die Rechtshilfe in Jugendsachen zuzuweisen, soweit das Ersuchen um Rechtshilfe wegen der besonderen Art der auszuführenden Amtshandlung ausdrücklich an das Jugendgericht gerichtet wird.

b) Vormundschaftssachen:

Ist ein Amtsgericht mit mehreren Richtern besetzt, so sind die Geschäfte des Jugendrichters und des Vormundschaftsrichters demselben Richter zu übertragen. Sind bei einem Amtsgericht die Geschäfte des Vormundschaftsrichters mehreren Richtern zugewiesen, so sind einem oder einigen von ihnen zugleich die Geschäfte des Jugendrichters zu übertragen.

Dem Jugendrichter sollen in der Regel auch diejenigen vormundschaftsgerichtlichen Geschäfte zugewiesen werden, die mit einer Anordnung gemäß § 1631 Abs. 2 S. 2, § 1666 BGB. oder einer entsprechenden Anordnung auf Grund der §§ 1800, 1838, 1915 BGB. oder mit der Schutzaufsicht (vgl. JWG. v. 9. 7. 1922 — RGBl. I S. 633 — §§ 56 bis 61) oder mit der Fürsorgeerziehung zusammenhängen.

Wird gegen eine Person, die zur Zeit der Tat das 18. Lebensjahr nicht vollendet hatte, wegen eines Verbrechens, wegen eines

Vergehens oder wegen einer Übertretung gegen § 361 Nr 3—8 StGB. die öffentliche Klage erhoben, so sind bei dem Amtsgericht, bei dem die vormundschaftsgerichtliche Zuständigkeit für den Angeschuldigten begründet ist, die Geschäfte des Vormundschaftsrichters von dem Jugendrichter zu bearbeiten, auch wenn die Klage nicht bei dem Jugendgericht sondern bei einer anderen Abteilung des Amtsgerichts oder bei einem anderen Gericht erhoben wird; werden vormundschaftsgerichtliche Geschäfte bei dem Amtsgerichte bereits geführt, so gehen sie auf den Jugendrichter über, es sei denn, daß sie — falls die Klage nicht bei dem Amtsgericht der vormundschaftsgerichtlichen Zuständigkeit oder in dessen Bezirk erhoben wird — gemäß § 46 FrGG., § 49 JGG. anden Jugend-(Vormundschafts-)richter des Amtsgerichts, bei dem oder in dessen Bezirk das Strafverfahren geführt wird, abgegeben werden.

Abs. 3 findet im Verfahren gegen eine Person, die zur Zeit der Tat das 18. Lebensjahr nicht vollendet hatte, auch Anwendung.:

α) wenn ein amtsrichterlicher Strafbefehl beantragt, oder im Verfahren nach vorangegangener polizeilicher Strafverfügung oder bei Zuwiderhandlungen gegen die Vorschriften über die Erhebung öffentlicher Abgaben und Gefälle ein Antrag auf gerichtliche Entscheidung dem Gericht vorgelegt oder ein Antrag auf Festsetzung einer Freiheitsstrafe an Stelle einer Geldstrafe (§ 40 Abs. 2 JGG., § 423 StPO., § 435 RAO.) gestellt wird;

β) wenn vor Erhebung der öffentlichen Klage gegen den Beschuldigten Haftbefehl erlassen oder für ihn gemäß § 8 Abs. 1 JGG. eine vorläufige Anordnung über die Erziehung oder die Unterbringung beantragt wird;

γ) wenn die Staatsanwaltschaft das Verfahren einstellen will, weil der Beschuldigte zur Zeit der Tat nach seiner geistigen oder sittlichen Entwicklung unfähig war, das Ungesetzliche der Tat einzusehen oder seinen Willen dieser Einsicht gemäß zu bestimmen (§ 3 JGG.);

δ) wenn die Staatsanwaltschaft von der Erhebung der Klage absehen will, weil sie Erziehungsmaßregeln für ausreichend hält (§ 6 JGG.), oder weil sie annimmt, daß das Gericht gemäß § 9 Abs. 4 JGG. von Strafe absehen werde.

Hat der Beschuldigte minderjährige Geschwister, so wird in jedem Falle zu erwägen sein, ob nicht auch für sie die vormundschaftsgerichtlichen Geschäfte von dem nach Abs. 1—3 zuständigen Jugend-(Vormundschafts-)richter zu bearbeiten sein werden; eine getrennte Geschäftsführung wird zumeist nicht angezeigt sein.

Hat das Strafverfahren — außer im Falle des § 3 JGG. — die Unschuld des Beschuldigten ergeben oder dargetan, daß gegen ihn ein begründeter Verdacht nicht vorliegt, so geht die

Bearbeitung der vormundschaftsgerichtlichen Geschäfte wieder auf den ordentlichen Vormundschaftsrichter über; unter der gleichen Voraussetzung wird, wenn vormundschaftsgerichtliche Geschäfte infolge des Strafverfahrens von einem anderen Gericht an den Jugend- (Vormundschafts-) richter abgegeben worden waren, zumeist die Wiederabgabe zulässig sein."

3) Abs. 1 gilt auch im vorbereitenden Verfahren, wenn der Beschuldigte zur Zeit der Tat jugendlich war, sowohl für Maßnahmen, die sich unmittelbar gegen den Beschuldigten richten (z. B. Haftbefehl, verantwortliche Vernehmung), als auch für sonstige Ermittelungshandlungen, für letztere jedoch nur insoweit, als nicht die Sache mit einer Strafsache gegen einen Erwachsenen verbunden ist.

4) Für den zweiten Richter im erweiterten und im großen Jugendgericht gelten die Vorschriften des § 19 Abs. 2 nicht.

5) In der Berufungsinstanz ist stets die große Strafkammer zuständig, da ja die Jugendsachen stets Schöffensachen sind. Nur im Verfahren nach vorangegangener polizeilicher Strafverfügung und in Forstdiebstahls- und in Feld- und Forstrügesachen ist die kleine Strafkammer zuständig, da bei ihnen in erster Instanz stets der Amtsrichter (Jugendrichter) allein entscheidet. (§ 58 FuFPolG., § 19 Abs. 3 FDiebstG.)

6) Alle Vorschriften, die für das Verfahren vor dem Jugendgericht gelten, sind auch in der Berufungsinstanz zu beobachten, wenn dort über eine Berufung gegen ein Urteil des Jugendgerichts zu verhandeln ist.

7) Die Vorschriften des § 313 über die Einschränkung der Berufung gelten für das Verfahren in Jugendsachen nur beschränkt. Vgl. die Anm. 5, 12 zu § 313. Ein Urteil, in dem neben Geldstrafe eine Erziehungsmaßnahme angeordnet wird, ist eine Verurteilung „ausschließlich zu Geldstrafe". Berufung ist also gegen ein solches Urteil nicht zulässig.

Einem freisprechenden Urteil wird ein Urteil gleichzuachten sein, nach dem auf Grund des § 6 oder des § 9 Abs. 4 JGG. von Strafe abgesehen wird.

8) Vgl. auch die Anm. zu § 35, die sich mit den Rechtsmitteln gegen Entscheidungen über Erziehungsmaßnahmen und bedingte Strafaussetzung befassen.

§ 20

Die Schöffen (Jugendschöffen) werden auf Vorschlag des Jugendamts für die Dauer eines Geschäftsjahrs von dem im § 40 des Gerichtsverfassungsgesetzes vorgesehenen Ausschuß gewählt und in eine besondere Jahresliste aufgenommen. Es sind soviel Schöffen zu wählen, daß jeder Hauptschöffe zu höchstens zehn ordentlichen Sitzungstagen herangezogen wird.

Die oberste Landesbehörde kann bestimmen, daß von der Wahl besonderer Jugendschöffen abzusehen ist, wenn anzunehmen ist, daß ein Jugendgericht weniger als zehn Sitzungen jährlich abhalten wird.

---

1) Die AV. d. Pr. JM. v. 24. 4. 1924 (JMBl. S. 206) bestimmt in Abschnitt I Nr. 2—4:

„Abschnitt I Nr. 1 Abs. 2 der AV. v. 20. 6. 1923 wird aufgehoben. In Zukunft sind besondere Jugendschöffen bei allen Jugendgerichten zu wählen. Dabei wird an solchen Orten, an denen das Jugendgericht voraussichtlich weniger als 10 Sitzungen im Jahr abhalten wird, die Wahl nach Möglichkeit auf solche Persönlichkeiten zu richten sein, die am Gerichtssitz selbst oder in dessen näherer Umgebung wohnen (vgl. RdV. v. 7. 3. 1924 — I. 3582 —).

Nach § 18 JGG. finden die Vorschriften des GVG. auf die Sachen, die zur Zuständigkeit der Jugendgerichte gehören, insoweit Anwendung, als das JGG. selbst nichts Abweichendes bestimmt. Nach § 20 JGG. werden die Jugendschöffen auf Vorschlag des Jugendamtes gewählt. Diese Vorschläge bilden also die Grundlage für die Auswahl. Es wird daher, nachdem inzwischen durch das Gesetz zur Vereinfachung der Urliste v. 11. 7. 1923 (RGBl. I S. 647) die Vorlegung einer beschränkten Urliste zugelassen worden ist, der Standpunkt vertreten werden können, daß in den Gemeinden, die eine beschränkte Urliste vorlegen, zu Jugendschöffen vorgeschlagene Personen nicht deshalb von der Wahl auszuschließen sind, weil sie in dieser Liste nicht aufgeführt sind.

An den allgemeinen Voraussetzungen für die Berufung zum Schöffenamt (§§ 31—35 GVG.) ist durch das JGG. nichts geändert worden. Soweit die zu Jugendschöffen vorgeschlagenen Personen in der Urliste enthalten sind, wird dies regelmäßig als Nachweis der Schöffenfähigkeit genügen; soweit das nicht der Fall ist, wird sich der Ausschuß über die Schöffenfähigkeit der auszuwählenden Personen anderweit Gewißheit verschaffen müssen.

Die Jugendämter klagen darüber, daß von den Gerichten vielfach eine übermäßig große Zahl von Vorschlägen für die Auswahl der Jugendschöffen verlangt werden. Für das praktische Bedürfnis wird es in der Regel genügen, wenn der Vorschlag des Jugendamts die dreifache Zahl der zu wählenden Jugendschöffen umfaßt."

2) Wegen des Jugendamts vgl. Anm. zu § 51.

3) Im übrigen gelten für die Auswahl der Jugendschöffen die allgemeinen Vorschriften. Wegen der Schöffen im großen Jugendgericht vgl. Anm. 8 zu § 17.

§ 21

Die Bearbeitung der Jugendsachen ist bei jeder Staatsanwaltschaft tunlichst in den Händen bestimmter Beamter zu vereinigen.

1) Ausnahmen bedürfen in Preußen nach Abschn. II Nr. 4 der AV. v. 20. 6. 1923 (JMBl. S. 450) der Genehmigung des Generalstaatsanwalts.

2) Die Vorschrift des § 21 gilt für alle Strafsachen, in denen eine Person verfolgt wird, die zur Zeit der Tat jugendlich war, es sei denn, daß sie mit einer Strafsache gegen einen Erwachsenen ausnahmsweise verbunden ist; sie gilt auch für das vorbereitende Verfahren und für die Voruntersuchung.

3) Vgl. die Anm. 9 zu § 17.

§ 22

In allen Abschnitten des Verfahrens in Jugendsachen sollen die Organe der Jugendgerichtshilfe zur Mitarbeit herangezogen werden.

1) Die Bestimmung enthält eine Erweiterung des § 161 StPO. Vgl. aber Anm. zu §§ 42, 51. Danach kann es (nicht in Preußen) vorkommen, daß eine Jugendgerichtshilfe nicht vorhanden ist.

2) Die Vorschrift gilt, wenn der Täter zur Zeit der Tat jugendlich war, auch für das vorbereitende Verfahren und auch dann, wenn die Sache mit einer Strafsache gegen einen Erwachsenen trotz § 26 Abs. 2 verbunden ist.

§ 23

Die Verhandlung vor dem erkennenden Gericht einschließlich der Verkündung der Entscheidungen ist nicht öffentlich.

Dem gesetzlichen Vertreter des Angeklagten, dem Verletzten und seinem gesetzlichen Vertreter sowie dem Jugendamt ist der Zutritt zu gestatten. Erwachsenen Angehörigen (§ 52 Abs. 2 des Strafgesetzbuchs) des Angeklagten und, falls der Jugendliche unter Schutzaufsicht steht, der bestellten Aufsichtsperson, ferner den Vertretern von Vereinigungen, die sich mit der Jugendfürsorge beschäftigen, soll in der Regel, anderen Personen kann der Zutritt gestattet werden.

Beamte der Justizverwaltung, welche die Dienstaufsicht führen, sind zur Anwesenheit berechtigt.

---

1) Die Vorschrift enthält eine Ausnahme von dem Grundsatz des § 169 GVG. Sie gilt nur für das Verfahren vor dem Jugendgericht, nicht auch für das Verfahren vor anderen Strafgerichten, wenn bei ihnen einmal eine Jugendsache verhandelt wird; vor dem Jugendgericht gilt sie auch für die Verkündung des Urteils.

Die Gestattung des Zutritts ist Sache des Gerichts, nicht des Vorsitzenden (vgl. § 175 Abs. 2 GVG.).

2) Strafschutz genießt die Vorschrift nicht. Das Ges. betr. die unter Ausschluß der Öffentlichkeit stattfindenden Gerichtsverhandlungen v. 5. 4. 1888 (RGBl. S. 133) und § 184b StGB. finden keine Anwendung. Vgl. aber § 17 Preßges. (Teil I dieses Werkes); danach dürfen auch im Verfahren vor dem Jugendgericht die Anklageschrift und andere amtliche Schriftstücke erst nach rechtskräftigem Abschluß des Verfahrens durch die Presse veröffentlicht werden.

3) Vgl. hinsichtlich des Jugendamts die Anm. zu §§ 42, 51. Es übt sein Recht zur Teilnahme an der Verhandlung durch Beauftragte aus, die sich als solche ausweisen müssen. Das Gleiche gilt für die Vereinigungen, die sich mit der Jugendfürsorge beschäftigen.

Auch den Eltern muß — wie sich zwingend aus § 32 Abs. 2 S. 2 ergibt — der Zutritt gestattet werden, obwohl das im § 23 ausdrücklich nicht gesagt ist. Der Ehemann fällt unter Abs. 2 S. 2 (vgl. § 52 Abs. 2 StGB.). Er hat insofern aber eine andere Stellung als sonstige Angehörige, da er berechtigt ist, als Beistand aufzutreten und als solcher Anspruch auf Zutritt hat (§ 149 Abs. 1 StPO.).

Den zur Anwesenheit Berechtigten kann die Anwesenheit unter keiner Voraussetzung — auch nicht nach §§ 172, 173, 175 GVG. — versagt werden. Ein Verstoß begründet die Revision.

Der Begriff der „Angehörigen" ergibt sich aus § 52 Abs. 2 StGB. Erwachsene sind volljährige Personen. „Aufsichtsperson": § 58 JWG.

4) Zu Abs. 3 vgl. § 175 Abs. 3, § 193 GVG.

§ 24

Für das große Jugendgericht (§ 17 Abs. 1 Satz 3) gelten folgende besondere Vorschriften:

[Die Schöffen stimmen vor den Richtern.] Über die Ausschließung oder Ablehnung eines richterlichen Mitglieds entscheidet die Strafkammer, [über die Ausschließung oder Ablehnung eines Schöffen der Vorsitzende. Das Protokoll über die Hauptverhandlung unterschreibt im Falle der Behinderung des Vorsitzenden für ihn das andere richterliche Mitglied].

---

1) Die Vorschrift ist eingefügt worden, weil es beim Erlaß des JGG. im GVG. und in der StPO. an einer entsprechenden Vorschrift fehlte. Jetzt sind in § 197 GVG. und in §§ 31, 271 StPO. die nötigen Vorschriften enthalten. § 24 ist daher jetzt gegenstandslos. Lediglich Abs. 1 S. 2 erster Teil, der ausspricht, daß § 27 Abs. 3 StPO. auch für das große Jugendgericht gilt, hat noch die Bedeutung (im Text der StPO. hat man eine entsprechende klarstellende Vorschrift für das erweiterte Schöffengericht nicht für erforderlich erachtet, da die Anwendung des § 27 Abs. 3 selbstverständlich erschien — vgl. Anm. 4 zu § 27 StPO. —).

Das Urteil muß auch der zweite Richter mit unterschreiben (§ 275 Abs. 2 StPO.).

§ 25

Für Jugendsachen ist auch das Jugendgericht örtlich zuständig, in dessen Bezirk die vormundschaftsgerichtliche Zuständigkeit für den Beschuldigten begründet ist oder sich der Angeschuldigte zur Zeit der Erhebung der Anklage aufhält.

Sind mehrere Jugendgerichte örtlich zuständig, so soll die Anklage bei einem der nach Abs. 1 zuständigen erhoben werden, wenn nicht besondere Gründe die Erhebung der Anklage bei einem anderen Jugendgerichte rechtfertigen.

---

1) Der Paragraph verfolgt den bereits bei § 19 erörterten Gedanken der Personeneinheit zwischen Jugend- und Vormundschaftsrichter weiter (vgl. die Anm. zu § 19). Er wird ergänzt durch § 49 (vgl. dort). Vgl. auch § 27 JGG. und Anm. dazu, sowie § 57 Abs. 3, § 65 Abs. 7 JWG.

2) Die vormundschaftsgerichtliche Zuständigkeit ist geregelt in § 36, § 43 Abs. 1 FrGG. (§ 44 FrGG. bleibt außer Betracht). Maßgebend ist die Zuständigkeit zur Zeit der Erhebung der öffentlichen Klage. Ob zu dieser Zeit vormundschaftsgerichtliche Geschäfte für den Angeschuldigten gerade geführt werden, ist ohne Belang. Werden vormundschaftsgerichtliche Geschäfte, wozu

auch eine Pflegschaft, eine Beistandschaft, ein Verfahren wegen Fürsorgeerziehung, eine Schutzaufsicht, ein auf Erteilung einer vormundschaftsgerichtlichen Genehmigung abzielendes Verfahren gehören, zur Zeit der Klageerhebung für den Angeschuldigten geführt, so ist das Gericht, in dessen Bezirk die Angelegenheit schwebt, das Gericht der vormundschaftsgerichtlichen Zuständigkeit im Sinne des § 25.

3) In Forstdiebstahlssachen (nicht aber auch in Feld- und Forstrügesachen) ist nach § 21 (§ 20) auch in Jugendsachen der Gerichtsstand nur bei demjenigen Amtsgericht begründet, in dessen Bezirk die Zuwiderhandlung begangen ist. (Näheres vgl. a. a. O. — Teil I dieses Werkes.)

4) Die besonderen Gerichtsstände des § 25 gelten nur für das Verfahren vor dem Jugendgericht, nicht dagegen für das Verfahren vor sonstigen Strafgerichten, wenn bei ihnen einmal eine Jugendsache verhandelt wird.

5) Ob besondere Gründe die Erhebung der Klage bei einem anderen als dem im Abs. 1 vorgesehenen Jugendgericht rechtfertigen, unterliegt der Nachprüfung des Gerichts, bei dem die Klage erhoben wird.

6) Statt „Anklage" ist jetzt im § 26 überall „öffentliche Klage" zu lesen (vgl. Anm. 2 zu § 28).

§ 26

Mehrere Sachen gegen denselben Beschuldigten sollen verbunden werden.

Jugendsachen sollen mit Strafsachen gegen Erwachsene nicht verbunden werden; dies gilt insbesondere, wenn diese Strafsachen zur Zuständigkeit des Reichsgerichts oder der Schwurgerichte gehören.

Nach Erhebung der Anklage können bis zum Erlasse des Urteils erster Instanz Jugendsachen von Strafsachen gegen Erwachsene durch Gerichtsbeschluß getrennt und an das Jugendgericht verwiesen werden.

---

1) Die Vorschrift ergänzt und ändert die §§ 2—5, 13, 36, 237, StPO.

2) Für Forstdiebstahlssachen vgl. § 29 (§ 20) FDiebstG., für Feld- und Forstrügesachen § 56 (§ 55) FuFPolG., deren Vorschriften für ihren Geltungsbereich denen des § 26 JGG. vorgehen.

3) Abs. 1, 2 gelten auch für das vorbereitende Verfahren und für die Voruntersuchung. Abs. 1 gilt nur für das Jugendverfahren, Abs. 2, 3 gelten für Jugendsachen, auch wenn sie nicht beim Jugendgericht anhängig sind.

4) Strafsachen gegen Erwachsene im Sinne der Abs. 2, 3 sind solche Strafsachen, die nicht vor das Jugendgericht gebracht werden können (§§ 17, 18), sowie solche Sachen gegen Beschuldigte, die zur Zeit der Begehung der Straftat jugendlich, zur Zeit der Erhebung der öffentlichen Klage aber nicht mehr jugendlich sind, wenn sie tatsächlich vor einem anderen Gericht als dem Jugendgericht erhoben werden. Jugendsachen vgl. §§ 17, 18 Abs. 1. Für die Trennung gilt § 4 StPO. Das Jugendgericht ist an den Beschluß nur gebunden, wenn es wirklich (örtlich und sachlich) zuständig ist. Statt „Anklage" ist jetzt „öffentliche Klage" zu lesen.

§ 27

Die Staatsanwaltschaft hat dem Vormundschaftsgericht und dem Jugendamte Mitteilung zu machen, wenn gegen einen Jugendlichen die Voruntersuchung beantragt oder die Anklage wegen eines Verbrechens, eines Vergehens oder einer Übertretung gegen § 361 Nr. 3 bis 8 des Strafgesetzbuchs erhoben wird, oder wenn die Staatsanwaltschaft es sonst für geboten erachtet. Über den weiteren Gang des Verfahrens sind Vormundschaftsgericht und Jugendamt zu unterrichten. Die oberste Landesbehörde kann weitergehende Vorschriften erlassen.

Das Vormundschaftsgericht und das Jugendamt haben der Staatsanwaltschaft Nachricht zu geben, wenn ihnen bekannt ist oder bekannt wird, daß gegen den Beschuldigten noch ein anderes Strafverfahren anhängig ist.

---

1) AV. d. Pr. JM. v. 20. 6. 1923 — JMBl. S. 450 — Abschnitt I Ziff. 3: „Auf Grund des § 27 Abs. 1 S. 3 JGG. wird folgendes bestimmt:

Mitteilungen.

Die AV. v. 29. 4. 1907 — JMBl. S. 359 — in der Fassung der AV. v. 17. 5. 1921 — JMBl. S. 312 — wird wie folgt geändert:

a) In Ziffer 20 wird die Zahl „12" durch die Zahl „14" ersetzt.

b) Als Ziffer 20a wird folgende Bestimmung neu eingefügt:
„Im Verfahren gegen eine Person, die zur Zeit der Tat das 18. Lebensjahr nicht vollendet hatte, ist dem Vormundschaftsgericht und dem Jugendamt Mitteilung zu machen,

a) wenn wegen eines Verbrechens, wegen eines Vergehens oder wegen einer Übertretung gegen § 361 Nr. 3 bis 8 StGB. die öffentliche Klage erhoben, oder ein amtsrichterlicher Strafbefehl beantragt, oder im Verfahren nach vorangegangener polizeilicher Strafverfügung, oder bei Zuwiderhandlungen gegen die Vorschriften über die Erhebung öffentlicher Abgaben und Gefälle ein Antrag auf gerichtliche Entscheidung dem Gericht vorgelegt, oder ein Antrag auf Festsetzung einer Freiheitsstrafe an Stelle einer Geldstrafe (§ 40 Abs. 2 JGG., § 423 StPO., § 435 RAO.) gestellt wird;

β) wenn vor Erhebung der öffentlichen Klage gegen den Beschuldigten Haftbefehl erlassen oder für ihn gemäß § 8 Abs. 1 JGG. eine vorläufige Anordnung über die Erziehung oder die Unterbringung beantragt wird;

γ) wenn die Staatsanwaltschaft das Verfahren einstellen will, weil der Beschuldigte zur Zeit der Tat nach seiner geistigen oder sittlichen Entwicklung unfähig war, das Ungesetzliche der Tat einzusehen oder seinen Willen dieser Einsicht gemäß zu bestimmen (§ 3 JGG.);

δ) wenn die Staatsanwaltschaft von der Erhebung der Klage absehen will, weil sie Erziehungsmaßregeln für ausreichend hält (§ 6 JGG.) oder weil sie annimmt, daß das Gericht gemäß § 9 Abs. 4 JGG. von Strafe absehen werde;

ε) wenn die Staatsanwaltschaft die Mitteilung aus einem anderen Grunde für geboten erachtet.

Über den weiteren Gang des Verfahrens sind Vormundschaftsgericht und Jugendamt zu unterrichten.

c) Die bisherige Ziffer 20a erhält die Bezeichnung 20b."

2) AV. v. 28. 4. 1924 (JMBl. S. 206):

„III. Mitteilungspflicht der Staatsanwaltschaft.

Die AV. v. 29. 4. 1907 — JMBl. S. 359 ff. — über Mitteilungen in Strafsachen, in der Fassung der AV. v. 17. 5. 1921 (S. 312) und der Nr. I, 3 der AV. v. 20. 6. 1923 (S. 450) wird wie folgt geändert:

1. Ziff. 20 erhält folgende Fassung:

„Erscheinen Personen, die das 20. Lebensjahr noch nicht vollendet haben, als der Verwahrlosung verfallen oder von der nahen Gefahr einer solchen bedroht, so ist dem zur Stellung des Antrages auf Einleitung der Fürsorgeerziehung zuständigen Jugendamt, bei Gefahr im Verzuge auch dem Vormundschaftsgericht, Mitteilung zu machen."

2. Ziff. 20a erhält folgenden Abs. 3:

„Hat das Jugendgericht auf Fürsorgeerziehung erkannt, so ist dem zur Ausführung der Fürsorgeerziehung verpflichteten Kommunalverband eine Abschrift des Urteils mit Gründen unverzüglich nach Rechtskraft zu übersenden. Außerdem sind ihm die Strafakten, sobald sie entbehrlich sind, zur Kenntnisnahme vorzulegen."

3) Wegen des Jugendamtes vgl. die Anm. zu § 51. Wegen der Anhörung oder Benachrichtigung des Jugendamtes vgl. auch noch die Bestimmungen in § 8 Abs. 1 S. 2, § 31 Abs. 3, § 32 Abs. 1, § 34 S. 2.

4) § 27 gilt auch, wenn die Klage bei einem anderen Gericht als dem Jugendgericht erhoben wird. Andererseits gilt er nach seiner Fassung nur, wenn der Angeschuldigte zur Zeit der Erhebung der öffentlichen Klage jugendlich war; in dieser Beziehung geht die AV. v. 20. 6. 1923 über den Wortlaut des Ges. hinaus; indes sind ihre Bestimmungen dann nicht mehr anzuwenden, wenn der Angeschuldigte zur Zeit der Erhebung der öffentlichen Klage das 21. Lebensjahr bereits vollendet hatte.

5) Die Voruntersuchung ist gegen einen Jugendlichen jetzt auch selbständig — ohne Verbindung mit einer Strafsache gegen einen Erwachsenen — zulässig.

§ 28

Untersuchungshaft ist nur zu vollziehen, wenn ihr Zweck nicht durch andere Maßregeln, insbesondere durch eine Anordnung nach § 8 erreicht werden kann. Darüber, ob die Untersuchungshaft zu vollziehen ist, sowie darüber, welche Maßregel an ihre Stelle tritt, entscheidet das Gericht, das den Haftbefehl erlassen hat; in dringenden Fällen kann der Jugendrichter, in dessen Bezirk die Untersuchungshaft vollzogen werden soll, die Entscheidung treffen.

Muß ein Jugendlicher in der Untersuchungshaft mit anderen Gefangenen in einem Raume untergebracht werden, so ist Vorsorge zu treffen, daß er nicht sittlich gefährdet wird. Mit Erwachsenen darf ein Jugendlicher in einem Raume nur untergebracht werden, wenn dies durch seinen körperlichen oder geistigen Zustand geboten ist.

Dem Jugendamt und, falls der Verhaftete unter Schutzaufsicht steht, der bestellten Aufsichtsperson, ist der Verkehr mit dem Verhafteten in dem gleichen Umfang gestattet wie einem Verteidiger (§ 148 der Strafprozeßordnung).

Ist vor Erhebung der öffentlichen Klage die Untersuchungshaft wegen eines Verbrechens angeordnet worden, [das nicht schon nach dem § 27 Nr. 7 und 8 des Gerichtsverfassungsgesetzes zur Zuständigkeit der Schöffengerichte gehört,] so kann der Jugendrichter auf Antrag der Staatsanwaltschaft die Haftfrist über die im § 126 der Strafprozeßordnung vorgesehene Dauer verlängern. Hat der Beschuldigte keinen Verteidiger, so ist ihm für das Verfahren über die Fortdauer der Haft ein Verteidiger zu bestellen. Verlängert der Jugendrichter die Haftfrist, so bestimmt er zugleich, wann seine Entscheidung von neuem einzuholen ist.

---

1) Die Abs. 1—3 ändern nicht die Voraussetzungen der Untersuchungshaft (für diese bleiben die §§ 112, 113 StPO. maßgebend); sie betreffen nur den Vollzug des Haftbefehls. Abs. 1, 3, 4 beziehen sich auf alle Personen, für die die Zuständigkeit des Jugendgerichts in Frage kommen kann, auch wenn sie zu der Zeit, zu der die Anwendung in Frage steht, nicht mehr jugendlich sind. Abs. 2 (vgl. dazu § 116 StPO.) bezieht sich nur auf Personen, die zu der Zeit, zu der die Anwendung der Vorschrift in Frage kommt, noch jugendlich sind, und nur solange sie jugendlich sind. In dieser Begrenzung gelten die Bestimmungen in allen Stadien des Verfahrens und ohne Rücksicht darauf, ob die Sache vor dem Jugendgericht oder vor einem anderen Strafgericht zur Verhandlung gelangt; Abs. 4 gilt nur bis zur Erhebung der öffentlichen Klage.

Der Zweck der Untersuchungshaft wird z. B. durch eine vorläufige Unterbringung in Fürsorgeerziehung oder in einer Anstalt öffentlicher oder privater Art (§ 8), durch Hausarrest unter Überwachung durch Angehörige oder Arbeitgeber oder durch Auferlegung einer Meldepflicht erreicht werden können. Auch während des Vollzugs ist der Ersatz der Untersuchungshaft durch andere Maßnahmen möglich. Kommt eine andere Maßnahme nicht in Betracht, so muß die Untersuchungshaft als solche vollzogen werden. Die Kosten der Ersatzmaßnahmen, insbesondere einer Unterbringung, sind Kosten des Strafverfahrens und fallen der Staatskasse, vorbehaltlich des Rückgriffs auf den Beschuldigten im Falle der Verurteilung, zur Last. Zuständig zur Entscheidung der Frage, ob die Untersuchungshaft vollzogen oder eine Ersatzmaßnahme angewendet werden soll, ist „das Gericht, das den Haftbefehl erlassen hat", aber nur solange es für den betr. Verfahrensabschnitt das zuständige Gericht ist; tritt das Verfahren in einen neuen Abschnitt ein, so wird das Gericht zuständig, an das das Verfahren übergeht; denn es ist nunmehr das Gericht, das die Haft angeordnet hat (durch den Beschluß über Haftfortdauer).

2) Abs. 4, der eine Erweiterung des § 126 StPO. enthält, war bestimmt, die nach den bisherigen Vorschriften gegen

Jugendliche nicht mögliche Voruntersuchung (die für die zur Zuständigkeit der Schöffengerichte gehörigen Sachen ausgeschlossen war) zu ersetzen. Da jetzt Voruntersuchung im Verfahren vor den Amtsgerichten und demgemäß auch im Jugendverfahren allgemein zugelassen ist, falls es sich um ein Verbrechen oder ein Vergehen handelt, könnte die Annahme vertretbar erscheinen, daß die Vorschrift des § 28 Abs. 4 JGG. obsolet geworden sei. Da indes die Vorschrift mit dem veränderten Rechtszustand vereinbar ist, wird man diese Folgerung nicht ziehen dürfen, vielmehr annehmen müssen, daß § 28 Abs. 4 seine Geltung behalten hat. Die Praxis wird, um bei Verbrechen die Haftfortdauer zu erreichen, voraussichtlich dem Mittel des § 28 Abs. 4 JGG. — trotz des Satzes 2 — wohl meistens vor dem Antrag auf Anordnung der Voruntersuchung den Vorzug geben.

Schwierigkeiten macht dabei die im § 28 Abs. 4 vorgesehene Einschränkung, nach der die Erstreckung der Haftfrist über die im § 126 StPO. vorgesehene Dauer hinaus bei Verbrechen, „die schon nach § 27 Nr. 7, 8 GVG. zur Zuständigkeit des Schöffengerichts gehören," ausgeschlossen ist. Da der bisherige § 27 GVG. weggefallen ist, wird man annehmen müssen, daß damit die Einschränkung gegenstandslos geworden ist und daß § 28 Abs. 4 JGG. nunmehr für alle Verbrechen gilt. Die außerdem mögliche Annahme, daß der § 27 Nr. 7, 8 GVG. im Rahmen des § 28 Abs. 4 JGG. fortbestehe, oder daß im Sinne dieser Vorschrift an seine Stelle der neue § 26 GVG. getreten sei, dürfte ernstlich nicht in Betracht kommen.

Näheres vgl. bei Hartung „Recht" 1924 S. 195. A. M. Kiesow, StPO., Anm. zu § 28.

3) Eine notwendige Voruntersuchung gibt es nach dem JGG. auch jetzt nicht. Auch in den Sachen, die zur Zuständigkeit des großen Jugendgerichts gehören, ist die Voruntersuchung trotz § 17 Abs. 1 S. 2 JGG., § 178 StPO. nicht notwendig.

4) Wegen des Jugendamts vgl. die Anm. zu §§ 42, 51.

§ 29

In den vor dem großen Jugendgerichte (§ 17 Abs. 1 Satz 3) zu verhandelnden Sachen hat der Jugendrichter dem Angeschuldigten, der keinen Verteidiger hat, einen Verteidiger zu bestellen, sobald die im § [199] (*jetzt 201*) der Strafprozeßordnung vorgeschriebene Aufforderung stattgefunden hat.

Auch in anderen Fällen soll dem Beschuldigten, der keinen Verteidiger hat, ein Verteidiger bestellt werden, wenn dies aus besonderen Gründen, namentlich bei verwickelter Sach- oder Rechtslage, angemessen erscheint.

Das Gericht kann dem Beschuldigten in allen Fällen und in jeder Lage des Verfahrens einen Beistand bestellen; im Falle des Abs. 2 kann an Stelle des Verteidigers ein Beistand bestellt werden. Den Beistand bestellt der Vorsitzende, im vorbereitenden Verfahren der Jugendrichter. Das Jugendamt ist auf sein Verlangen zum Beistand zu bestellen; der gesetzliche Vertreter soll nur ausnahmsweise zum Beistand bestellt werden. Der Beistand hat die Rechte eines Verteidigers.

---

1) Der Paragraph ist eingefügt worden, weil es bisher im Verfahren vor den Schöffengerichten eine notwendige Verteidigung überhaupt nicht gegeben hat. Nachdem aber durch die VO. dieser Zustand geändert worden ist, wird nunmehr zu fragen sein, in welchem Verhältnis § 140 StPO. zu § 29 JGG. steht.

§ 140 StGB. wird insoweit, als er über § 29 JGG. hinausgeht, auch für das Jugendverfahren angewendet werden müssen. Es wird danach folgendes zu gelten haben: § 29 Abs. 1 JGG. schließt den § 140 Abs. 1 StPO. aus. Dagegen gelten § 140 Abs. 2 (Abs. 4 S. 1) und Abs. 3 (Abs. 4 S. 2) nunmehr auch im Jugendverfahren vor dem kleinen und vor dem erweiterten Jugendgericht. § 29 Abs. 2 JGG. gilt nur noch für Vergehen und für solche Verbrechen, die nur wegen Rückfalls Verbrechen sind, desgleichen für andere Verbrechen, wenn die Antragsfrist von 3 Tagen nach § 140 Abs. 4 S. 2 versäumt wurde; auch in diesen Ausnahmefällen ist er nicht mehr anwendbar, wenn der Angeschuldigte taub oder stumm ist. Näheres bei Hartung, „Recht" 1924 S. 195 Abschn. I 1 k

Soweit danach § 29 noch Bedeutung hat, gilt er nur für das Verfahren vor dem Jugendgericht.

2) Zu Abs. 1. Wegen der Zuständigkeit des großen Jugendgerichts vgl. Anm. 4, 5 zu § 17 JGG.

3) Zu Abs. 2. §§ 141, 142 StPO. bleiben neben den § 29 Abs. 2 JGG. unberührt, werden aber kaum eine praktische Bedeutung daneben haben.

4) Neben § 29 JGG., §§ 140—142 StPO. vgl. auch noch den besonderen Fall der notwendigen Verteidigung in § 28 Abs. 4 S. 2 JGG. Auch § 81 Abs. 2 StPO. bleibt unberührt.

5) Zu Abs. 3. § 149 StPO bleibt unberührt. Der Abs. 3 des § 29 JGG. läßt die Bestellung eines Beistandes zu und gibt ihm die Rechte eineες Verteidigers — z. B. § 53 Abs. 1 Nr. 2, §§ 97, 147, 148, § 169 Abs. 2, §§ 193, 224, § 240 Abs. 2, §§ 258,

297, § 345 Abs. 2, § 365 StPO. — (nicht aber auch zu dessen Pflichten).

6) Wegen der Jugendämter vgl. Anm. zu § 51.

7) Vgl. auch § 47 und Anm. 3 dazu.

§ 30

Die Rechte des Beschuldigten zur Anwesenheit bei Amtshandlungen, auf Gehör und zur Vorlegung von Fragen stehen auch dem gesetzlichen Vertreter zu. Entscheidungen, die dem Beschuldigten bekannt zu machen sind, insbesondere Urteile, sollen auch dem gesetzlichen Vertreter bekanntgemacht werden; das gleiche gilt von Strafverfügungen und Strafbescheiden. In den Fällen, in denen dem Angeschuldigten die Anklageschrift mitzuteilen ist, soll sie auch dem gesetzlichen Vertreter mitgeteilt werden. Ort und Zeit der Hauptverhandlung sollen dem gesetzlichen Vertreter rechtzeitig bekanntgemacht werden.

1) Wegen der dem gesetzlichen Vertreter durch § 30 verliehenen Rechte vgl. insbesondere die §§ 33, 35, 114, 169, 170, 193, 195, 201, 204, 214, 215, 219, 224, 225, 230, 240, 257, 258, 298, 323, 350, 405, 413, 419, 462 StPO. Aus dem JGG. selbst kommen die Vorschriften der §§ 8, 10—15, § 28 Abs. 1, § 32 in Betracht.

2) Die nach der StPO. dem gesetzlichen Vertreter zustehenden Rechte (§ 137 Abs. 2 — Wahl eines Verteidigers für den Beschuldigten —, § 149 Abs. 2 — gesetzl. Vertreter als Beistand —, § 365 — Antrag auf Wiederaufnahme —) werden durch § 30 JGG. nicht berührt; die im § 30 begründeten Rechte treten neben sie.

3) § 414 Abs. 2 RAO. ist durch § 30 JGG. gegenstandslos geworden.

4) Die Vorschrift des § 30 gilt für alle Sachen, in denen der Beschuldigte zur Zeit der Tat jugendlich war, auch für das vorbereitende Verfahren, ohne Unterschied, ob die Sache vor dem Jugendgericht oder vor einem anderen Strafgericht verhandelt wird. Sie gelten solange, als für den Beschuldigten eine gesetzliche Vertretung besteht, also in der Regel nicht über das 21. Lebensjahr hinaus.

§ 31

Bei Ermittlungen sind möglichst frühzeitig die Lebensverhältnisse des Beschuldigten sowie alle Umstände zu erforschen, welche zur Beurteilung seiner körperlichen und geistigen Eigenart dienen können. In geeigneten Fällen soll eine ärztliche Untersuchung des Beschuldigten herbeigeführt werden.

Die Eltern des Beschuldigten sind, wenn es ohne erhebliche Schwierigkeiten geschehen kann, zu hören. In der Hauptverhandlung wird ihnen auf ihr Verlangen das Wort erteilt; ein Fragerecht steht ihnen nicht zu.

Zur Erforschung der im Abs. 1 bezeichneten Umstände ist das Jugendamt nach Möglichkeit zuzuziehen. Ort und Zeit der Hauptverhandlung sind ihm bekanntzumachen. In der Hauptverhandlung wird ihm auf Verlangen das Wort erteilt; ein Fragerecht steht ihm nicht zu.

Bei Fürsorgezöglingen ist der Fürsorgeerziehungsbehörde Gelegenheit zur Äußerung zu geben.

---

1) Der Paragraph ergänzt den § 130 StPO.

2) AV. d. Pr. JM. v. 20. 6. 1923 (JMBl. S. 450) Abschnitt II Nr. 5:

„Ist die Vernehmung des Beschuldigten im vorbereitenden Verfahren gegen einen Jugendlichen erforderlich, so empfiehlt es sich, soweit es sich nicht um geringfügige Straftaten handelt, die Vernehmung gerichtlich bewirken zu lassen."

3) AV. d. Pr. JM. v. 28. 4. 1924 (JMBl. S. 206) zu II 2 bestimmt:

„In Jugendsachen ist bereits bei der ersten verantwortlichen Vernehmung des Beschuldigten, spätestens aber bis zur Hauptverhandlung, das religiöse Bekenntnis des Minderjährigen festzustellen und aktenkundig zu machen. (Für die polizeilichen Ermittlungen vgl. die V. d. Min. d. Inn. v. 10. 1. 1922 — MBl. i. V. S. 94 —)."

4) Zu Abs. 2. Eltern sind auch die uneheliche Mutter und bei Adoptierten die Adoptiveltern. Es sind beide Eltern zu hören, auch wenn die Ehe geschieden ist, auch wenn ihnen die elterliche Gewalt entzogen ist. Zur Hauptverhandlung sind sie zu laden. Eine Fragerecht steht ihnen nur zu, wenn sie zugleich die gesetzliche Vertretung des Beschuldigten haben. Die Anhörung wird in der Regel in der Form der Zeugenvernehmung geschehen; doch ist dies nicht notwendig.

5) Wegen des Jugendamts und der Jugendgerichtshilfe vgl. §§ 42, 51 und Anm. dazu.

6) Zu Abs. 4. Fürsorgeerziehungsbehörde: § 70 JWG., §§ 1, 18—26, 31, 32, 35 PrAGJWG. v. 29. 3. 1924 (GesS. S. 180).

7) Das in Anm. 4 zu § 30 Gesagte gilt auch für § 31 Abs. 1, Abs. 2 S. 1 und Abs. 4.

Abs. 2 S. 2, Abs. 3, S. 2, 3 gelten auch, wenn die Hauptverhandlung nicht vor dem Jugendgericht stattfindet.

§ 32

Die Staatsanwaltschaft kann auf Grund des § 3 das Verfahren nur mit Zustimmung des Jugendrichters einstellen; vorher soll tunlichst das Jugendamt gehört werden.

Mit Zustimmung des Jugendrichters kann die Staatsanwaltschaft von der Erhebung der Klage absehen, wenn bereits eine Erziehungsmaßregel angeordnet worden ist und weitere Maßnahmen nicht erforderlich sind, oder wenn anzunehmen ist, daß das Gericht nach § 9 Abs. 4 von Strafe absehen wird. Ist die Klage bereits erhoben, so kann das Gericht mit Zustimmung der Staatsanwaltschaft die Einstellung des Verfahrens beschließen.

Die Verfügung der Staatsanwaltschaft (Abs. 1, Abs. 2 Satz 1) und der Beschluß des Gerichts (Abs. 2 Satz 2) sind auch dem Vormundschaftsgericht und dem Jugendamte sowie dem bekanntzumachen, der den Antrag auf Erhebung der öffentlichen Klage gestellt hat. Gegen den Beschluß des Gerichts steht der Staatsanwaltschaft kein Rechtsmittel, dem Beschuldigten und dem Antragsteller, wenn er zugleich der Verletzte ist, die sofortige Beschwerde zu.

Ist das Verfahren durch einen nicht mehr anfechtbaren Beschluß des Gerichts eingestellt worden, so kann die Klage nur auf Grund neuer Tatsachen oder Beweismittel wieder erhoben werden.

---

1) Zu Abs. 1 S. 1. Stimmt das Gericht nicht zu, so hat die Staatsanwaltschaft dagegen kein Rechtsmittel; sie muß vielmehr die öffentliche Klage erheben.

Für die Einstellung gelten § 170 Abs. 2, § 171 StPO. Ob auch §§ 172ff. StPO. gelten, kann zweifelhaft sein. Da eine gerichtliche Stelle bereits mitgewirkt hat, dürfte der Weg des § 172 nicht zulässig sein. (Gleicher Ansicht Hellwig Anm. 2, A. M. Kiesow, JGG. Anm. 1 b.)

Wegen der Nachricht an das Jugendamt vgl. die in Anm. 1 zu § 27 abgedruckte AV. des Pr. JM.

2) Zweifelhaft ist, in welchem Verhältnis die durch die VO. neu eingeführte Einschränkung des Verfolgungszwanges (§ 153 StPO.) zu § 32 Abs. 2—4 JGG. steht (vgl. darüber Hartung „Recht" 1924 S. 193ff.). § 153 StPO. wird insoweit für anwendbar erachtet werden müssen, als er über § 32 JGG. hinausgeht. (A. A. Bumke Anm. 8 zu § 23 VO., Kiesow Anm. 13 zu § 153 StPO.)

Bei Vergehen deckt sich die Regelung im wesentlichen, insbesondere, was die formelle Seite betrifft. In den materiellen Voraussetzungen geht aber § 32 etwas weiter als § 153, da er auch Anwendung findet, wenn eine Erziehungsmaßregel angeordnet worden ist und weitere Maßnahmen nicht erforderlich erscheinen. Auch ist der Begriff des „besonders leichten Falles" nicht völlig inhaltsgleich mit den Voraussetzungen des § 153. Ein besonders leichter Fall kann z. B. schon angenommen werden, wenn nur die Schuld gering ist (ohne Rücksicht auf die Folgen), während nach § 153 zu der geringen Schuld die Geringfügigkeit der Folgen stets hinzutreten muß (praktisch ist aber dieser Unterschied kaum von Bedeutung). Jedenfalls geht § 153 bei Vergehen nach keiner Richtung über § 32 hinaus.

Anders bei Übertretungen. Hier ist die Regelung in § 153 in zwei Beziehungen weiter als diejenige des § 32. Während es nach § 32 in das Ermessen der Staatsanwaltschaft gestellt ist, ob sie verfolgen will, darf sie nach § 153 nicht verfolgen, es sei denn, daß sie trotz des Vorliegens der Voraussetzungen ein öffentliches Interesse an der Verfolgung für gegeben hält. Praktisch wird allerdings das Ergebnis das Gleiche sein. Bedeutungsvoller ist der andere Unterschied: Nach § 32 Abs. 2 kann die Staatsanwaltschaft von der Erhebung der öffentlichen Klage nur mit Zustimmung des Gerichts absehen; nach § 153 Abs. 1 stellt sie das Verfahren ein, ohne das Gericht fragen zu müssen. In diesen Punkten geht nunmehr § 153 Abs. 1 dem § 32 Abs. 2 vor. Wegen der materiellen Voraussetzungen gilt auch bei Übertretungen das für Vergehen Gesagte; soweit sie nach § 32 Abs. 2 über diejenigen des § 153 Abs. 1 hinausgehen, kann die Staatsanwaltschaft nach § 32 von der Erhebung der Klage absehen. Soweit die Staatsanwaltschaft nach § 153 wegen geringer Schuld und unbedeutender Folgen einstellt, kann die Erhebung der öffentlichen Klage gemäß § 172 StPO. erzwungen werden (nicht aber mit der Begründung, daß trotz geringer Schuld und unbedeutender Folgen öffentliches Interesse vorliege); nach § 32 ist dieser Weg ausgeschlossen, da hier eine reine Opportunitätsfrage vorliegt und eine unabhängige richterliche Stelle bereits mitwirkt. Die Aufsichtsbeschwerde ist natürlich in beiden Fällen gegeben.

Einige Unterschiede bestehen auch für die durch Gerichtsbeschluß mit Zustimmung der Staatsanwaltschaft erfolgende Einstellung. Während nach § 32 Abs. 3 S. 2 der Beschuldigte und der Antragsteller, wenn er der Verletzte ist, gegen die Einstellung sofortige Beschwerde einlegen können, ist der Beschluß nach § 153 Abs. 3 Halbs. 2 der Anfechtung entzogen; während nach § 32 Abs. 4 nach gerichtlicher Einstellung die Fortsetzung des Verfahrens auf Grund neuer Tatsachen und Beweismittel zulässig ist, bewirkt die gerichtliche Einstellung nach § 153 den Verbrauch der Strafklage. In beiden Fällen wird § 153 jetzt vorgehen. Die beiden Bestimmungen des § 32 behalten aber ihre Bedeutung für die Fälle. in denen zwar nach § 32, nicht aber auch nach § 153 die Einstellung gerechtfertigt ist.

3) § 154 StPO. findet auch im Jugendverfahren ohne Einschränkung Anwendung.

4) Soweit hiernach § 32 noch gilt, sind Abs. 1 und Abs. 2 für alle Sachen anwendbar, in denen der Beschuldigte zur Zeit der Tat jugendlich war. Abs. 2 S. 2 gilt auch, wenn die Klage ausnahmsweise nicht beim Jugendgericht erhoben ist.

5) § 32 bietet keine Handhabe zur Aussetzung der Strafverfolgung auf Wohlverhalten; denn der Umstand, daß sich eine angeordnete Erziehungsmaßnahme als unzulänglich erweist, ist keine neue Tatsache, die die Fortsetzung des Verfahrens gestattet. Auch im Falle des Abs. 2 S. 1 wird die Staatsanwaltschaft aus diesem Grunde das Verfahren nicht weiter betreiben dürfen; denn auch in diesem Falle ist es Voraussetzung für die Fortsetzung des Verfahrens, daß die für die Einstellung maßgebend gewesenen Gründe sich nachträglich als nicht stichhaltig erweisen; das Verhalten des Beschuldigten nach der Einstellung ist dafür ohne Bedeutung; seine Berücksichtigung würde in die Untersuchung ein außerhalb der Sache liegendes Motiv hineintragen. (A. M. Hellwig, Franke zu § 32 JGG.)

§ 33

Hauptverhandlungen in Jugendsachen sollen von anderen Hauptverhandlungen derart gesondert werden, daß eine Berührung des Angeklagten mit erwachsenen Angeklagten vermieden wird.

Ist von einzelnen Erörterungen ein nachteiliger Einfluß auf den Angeklagten zu befürchten, so kann das Gericht anordnen, daß der Angeklagte für die Dauer der Erörterungen das Sitzungszimmer verläßt. Sobald der Angeklagte wieder vorgelassen ist, soll ihn der Vorsitzende über den wesentlichen Inhalt des inzwischen Verhandelten unterrichten.

1) Zu Abs. 1 vgl. § 26 Abs. 2, 3, § 28 Abs. 2, die denselben Grundgedanken verfolgen. Die Bestimmung ist nur im Jugendverfahren anwendbar, gilt aber dort auch für das Berufungsgericht. Dem Grundgedanken der Vorschrift entspricht es, wenn sie auch auf andere Termine als Hauptverhandlungen entsprechend angewendet wird.

2) Abs. 2 baut den Gedanken der §§ 194, 247 StPO. im Interesse des Jugendlichen weiter aus. §§ 194, 247 StPO. bleiben daneben bestehen.

Die Anordnung steht dem „Gericht", nicht dem Vorsitzenden zu. „Erörterungen" sind auch die Schlußvorträge der Staatsanwaltschaft und des Verteidigers; auch die Urteilsbegründung kann dazu gehören. Die Vorschrift gilt nur für die Hauptverhandlung in Jugendsachen, ist aber für Termine im Vorverfahren, an denen der Beschuldigte teilzunehmen berechtigt ist, entsprechend anwendbar.

§ 34

Der Jugendrichter entscheidet über die Aussetzung der Ersatzfreiheitsstrafe, die nachträgliche Aussetzung und die Fortdauer der Aussetzung sowie über die Bewährung und trifft die Entscheidungen, die während einer Probezeit ergehen. Vor der Entscheidung ist, wenn dies ohne Verzögerung geschehen kann, auch das Jugendamt zu hören.

---

1) Die Bestimmung gilt nur, wenn das Jugendgericht erkannt hat, nicht aber, wenn ein anderes Gericht geurteilt hat (so auch Franke JGG.; vgl. auch amtliche Begründung. A. M. Kiesow JGG., Hellwig JGG.). Vgl. auch § 36.

Hat nach den bisherigen Vorschriften die Strafkammer in erster Instanz erkannt, so ist für den Erlaß von Entscheidungen der im § 34 bezeichneten Art nunmehr die beschließende Strafkammer (nicht das Schöffengericht) zuständig. § 42 Abs. 4 S. 1 VO. enthält einen allgemeinen Gedanken, der entsprechender Anwendung auf alle nach dem Urteil der Strafkammer in derselben Instanz etwa noch zu erlassenden Entscheidungen fähig ist (vgl. die Anm. 4 zu § 74 GVG.).

2) Wegen der Jugendämter vgl. Anm. zu §§ 42, 51.

3) In Betracht kommen die Entscheidungen nach § 11, § 12 Abs. 1 S. 2, Abs. 2 S. 2, Abs. 4, § 13 Abs. 4, 5, § 14 (§§ 39, 40), § 15.

4) Anhörung der Staatsanwaltschaft, des Verurteilten und seines gesetzlichen Vertreters: § 18 Abs. 1 JGG., § 462 Abs. 2 StPO. in Verbindung mit § 30 JGG. Die Entscheidung ergeht

durch begründeten Beschluß, der dem Verurteilten und der Staatsanwaltschaft bekannt zu machen ist; Bekanntmachung an den gesetzlichen Vertreter s. § 30, Jugendamt, Vormundschaftsgericht § 27.

§ 35

Ein Urteil, in dem eine Erziehungsmaßregel angeordnet worden ist, kann nicht deshalb angefochten werden, weil eine andere oder eine weitere Erziehungsmaßregel hätte angeordnet werden sollen, oder weil die Auswahl und Anordnung der Erziehungsmaßregel dem Vormundschaftsgericht überlassen worden ist. Die Vorschrift gilt nicht, wenn die Fürsorgeerziehung angeordnet worden ist.

Gegen Entscheidungen, die eine Strafaussetzung betreffen (§§ 10 bis 15), findet, wenn sie für sich allein angefochten werden, die sofortige Beschwerde statt; das gleiche gilt, wenn ein Urteil nur deshalb angefochten wird, weil die Vollstreckung der Strafe nicht ausgesetzt worden ist. Die Entscheidungen über die Dauer der Probezeit, die für ihre Dauer getroffenen Anordnungen (§ 12 Abs. 2) sowie die Entscheidung, daß sich das Gericht einer Entscheidung über die Fortdauer der Strafaussetzung enthalte (§ 13 Abs. 5), sind nicht anfechtbar.

---

1) Die neuen Vorschriften über den Ausschluß der Berufung und über die Sprungrevision (§§ 313, 334, 335 StPO.) gelten auch in Jugendsachen. Vgl. aber Anm. 7 zu § 19 JGG., Anm. 5, 12 zu § 313 StPO.

2) Der Paragraph gilt auch, wenn das Urteil nicht von einem Jugendgericht gefällt wurde. Es kommt nur darauf an, daß die Bestimmungen des Teils I über Erziehungsmaßnahmen und über die bedingte Strafaussetzung angewendet worden sind. Ob das im Verfahren vor dem Jugendgericht oder vor einem anderen Gericht geschehen ist, ist ohne Belang. Selbstverständlich gilt der Abs. 2 nicht, wenn die Strafaussetzung im Gnadenwege (sei es auch durch das Gericht nach der AV. v. 19. 10. 1920) erfolgt ist.

Die Vorschrift des Abs. 1 führt dazu, daß in der Berufungsinstanz die ausgeschlossenen Beschwerdepunkte auch nicht von Amts wegen berücksichtigt werden können.

Das Jugendgericht hat also über die Einzelheiten der für erforderlich erachteten Erziehungsmaßnahmen — abgesehen von der Fürsorgeerziehung — praktisch allein die Entscheidung; bleibt die Entscheidung, soweit sie den Angeklagten schuldig spricht und Erziehungsmaßnahmen für notwendig erklärt, unangefochten, so kann, sofern nicht Fürsorgeerziehung angeordnet ist, das Urteil hinsichtlich der Erziehungsmaßregeln keinesfalls geändert werden. Kiesow (Anm. 2 Abs. 2) spricht von einer „relativen Rechtskraft" des Urteils des JGG. in dieser Hinsicht; durch die Art der Regelung werde erreicht, daß die schwierige Frage, ob und wann die Änderung der vom Vorderrichter ausgewählten Erziehungsmaßnahme eine reformatio in peius enthalte, niemals aufgeworfen werden könne.

3) Die Frage, wer das zulässige Rechtsmittel einlegen kann, regelt sich allein nach der StPO. Es kann nicht aus § 7 Abs. 3 der Schluß gezogen werden, daß auch die in § 65 Abs. 6 JWG. genannten Personen und Behörden zur Einlegung des Rechtsmittels gegen ein die Fürsorgeerziehung anordnendes Strafurteil berechtigt seien. Ebenso richtet sich die Durchführung der Rechtsmittel gegen ein die Fürsorgeerziehung anordnendes Strafurteil allein nach den Grundsätzen der StPO., nicht nach denjenigen der JWG. Auf eine Verletzung des § 5 Abs. 2 S. 3 JGG. kann ein Rechtsmittel überhaupt nicht gestützt werden, da sie eine Sollvorschrift ist.

4) AV. d. Pr. JM. v. 28. 4. 1924 (JMBl. S. 206) Abschnitt II Nr. 3:

„Ist durch Urteil des Jugendgerichts die Fürsorgeerziehung angeordnet worden, so hat die Staatsanwaltschaft in allen zweifelhaften Fällen dem zur Ausführung der Fürsorgeerziehung verpflichteten Kommunalverband nach Möglichkeit Gelegenheit zu geben, zur Frage der Einlegung oder Durchführung von Rechtsmitteln Stellung zu nehmen."

5) Ein Urteil, durch das der Angeklagte wegen mangelnder Einsicht freigesprochen oder durch das er zwar schuldig erklärt, in dem aber gemäß § 9 Abs. 4 von Strafe und von Erziehungsmaßnahmen abgesehen wird, kann von dem Angeklagten und zu seinen gunsten von anderen Beteiligten nicht angefochten werden. Auch die Wiederaufnahme des Verfahrens zugunsten desselben ist nicht zulässig. (A. M. Kiesow Anm. 4.)

Eine Anfechtung nach Abs. 1 ist auch nicht mit der Begründung möglich, daß das Gericht die Auswahl oder Anordnung der Erziehungsmaßnahme dem Vormundschaftsgericht nicht überlassen, sondern selbst vorgenommen habe.

6) Abs. 1 bezieht sich nur auf Urteile (durch Strafbefehl, Strafverfügung oder Strafbescheid können Erziehungsmaßnahmen nie angeordnet werden). Gegen vorläufige Anordnungen über die Erziehung oder Unterbringung ist nur die einfache Beschwerde (§ 304 StPO.) und auch diese nur bis zur Eröffnung des Hauptverfahrens (§ 305 StPO.) zulässig, weitere Beschwerde nur, wenn die Maßregel auf Grund eines Haftbefehls als Ersatz für den Vollzug der Haft angeordnet wird (§ 310 StPO.).

7) Abs. 2 findet nur Anwendung, wenn das Urteil in der Schuld- und in der Straffrage (durch Berufung oder Revision) nicht angefochten wird, die Anfechtung sich vielmehr auf Fragen der bedingten Strafaussetzung beschränkt. Die selbständige Anfechtung in dieser Frage ist nur gegeben, wenn die bedingte Strafaussetzung (oder ihre Ablehnung) in vollem Umfange angegriffen wird, nicht dagegen, wenn es sich um ihre Einzelheiten handelt.

Die sofortige Beschwerde nach Abs. 2 kann auch gegen Strafbefehle vorkommen, denn auch in einem solchen kann bedingte Strafaussetzung gewährt (oder widerrufen) werden. (Vgl. Anm. 4 zu § 39.)

Tatsachen, die einmal ohne Erfolg zum Zwecke der Herbeiführung bedingter Strafaussetzung geltend gemacht worden sind, können nach rechtskräftiger Erledigung des Antrags nicht von neuem vorgebracht werden.

8) Die bei der bedingten Strafaussetzung dem Verurteilten gemäß §§ 5—7, § 12 Abs. 2 als besondere Pflicht auferlegte Zahlung einer Geldbuße, die in der Praxis eine steigende Bedeutung gewinnt, hat zu der Streitfrage geführt, ob eine solche Buße zugunsten anderer Rechtspersönlichkeiten als des Staates auferlegt werden kann. Kiesow JGG. vertritt in Anm. 9 c zu § 2 den Standpunkt, die Auferlegung könne „zum öffentlichen Nutzen, z. B. in die Armenkasse oder in die Staatskasse“ erfolgen. Dem ist nicht zuzustimmen. Die Geldbuße als Erziehungsmaßnahme ist der Geldstrafe sehr verwandt. Ebenso wie die Geldstrafe muß sie in die Staatskasse fließen, falls nicht das Gesetz selbst etwas anderes bestimmt. Dies ausdrücklich auszusprechen, war für die Geldbuße ebensowenig erforderlich, wie es für die Geldstrafe geschehen ist. Daß die Geldstrafe in die Staatskasse, und *nur* in diese fließt (soweit nicht das Gesetz selbst einen anderen Empfangsberechtigten bestimmt), ist auch nirgends ausdrücklich bestimmt worden, sondern folgt einfach aus der Justizhoheit. In der Geldstrafe konkretisiert sich der staatliche Strafanspruch. Was für die Geldstrafe gilt, muß auch für die Geldbuße gelten, die als besondere Erziehungsmaßnahme auferlegt wird. Vgl. auch RdV. d. Pr. JM. v. 16. 6. 1923 — I 4101 —. Für diese Auslegung spricht auch die amtliche Begründung zu § 7, die als besondere Pflicht, die „Auferlegung einer Geldbuße *zugunsten der Staatskasse*“ nennt.

§ 36

Die Strafvollstreckung steht dem Jugendrichter zu. Das gleiche gilt von der Ausführung einer Erziehungsmaßregel, die das Gericht angeordnet hat, sofern es sich nicht um Fürsorgeerziehung oder um Schutzaufsicht über einen Minderjährigen handelt.

Gegen die Entscheidungen des Jugendrichters findet sofortige Beschwerde nach den Vorschriften der Strafprozeßordnung statt.

---

1) AV. d. Pr. JM. v. 20. 6. 1923 — JMBl. S. 350 — Abschnitt II Nr. 6:

„Soweit die Strafvollstreckung dem Jugendrichter zugewiesen ist, wird Ziffer 1 der AV. v. 14. 8. 1879 (JMBl. S. 237) als gegenstandslos aufgehoben. Der Jugendrichter ist auch bei der Strafvollstreckung unabhängig und nur dem Gesetz unterworfen. An Stelle der Aufsichtsbeschwerde findet nunmehr die Rechtsbeschwerde, für die bisher im Strafvollstreckungsverfahren nur im Rahmen des § 494 (*jetzt 462*) Abs. 4 StPO. Raum war, gegen alle die Strafvollstreckung und die Ausführung einer Erziehungsmaßregel betreffenden Entscheidungen des Jugendrichters statt." Vgl. aber Anm. 8 zu § 451 StPO.

2) Die Vorschrift des Ges. zur Entlastung der Gerichte v. 11. 3. 1921, nach der die Strafvollstreckung auf Gerichtsschreiber und Amtsanwälte übertragen werden kann, findet auf Sachen, in denen das Jugendgericht erkannt hat, keine Anwendung (vgl. § 451 StPO. und Anm. dazu, sowie § 15 der AV. d. Pr. JM. v. 28. 5. 1923 — JMBl. S. 401 — in Anm. 3 zu § 451 StPO. abgedruckt).

3) Die Vorschrift des Abs. 1 S. 1 (Strafvollstreckung) bezieht sich auf alle Sachen, in denen das Jugendgericht in erster Instanz erkannt hat. Hat ein anderes Gericht das Urteil gefällt, so gelten die allgemeinen Vorschriften der StPO. über die Strafvollstreckung.

4) Das Gleiche gilt aber auch, wenn ein anderes Gericht als das Jugendgericht in erster Instanz erkannt hat. (Franke JGG. ist gleicher Ansicht; a. M. Kiesow, Hellwig JGG.) Praktisch wird es bei richtiger Handhabung der Vorschriften des JGG. kaum vorkommen, daß ein anderes Strafgericht ais das Jugendgericht Erziehungsmaßnahmen anordnet (vgl. besonders § 25 Abs. 2); kommt es aber einmal vor, so kann die Vollziehung des Erkenntnisses nicht auseinandergerissen werden.

4) Ausführung der Schutzaufsicht und der Fürsorgerziehung § 7 Abs. 3 JGG., § 60, §§ 69—71 JWG., §§ 18—26 PrAGJWG.

5) „Entscheidung" im Sinne des Abs. 2 ist jede Handlung des Richters, durch die über einen Antrag befunden oder ein Streit geschlichtet wird; es fällt darunter auch die Ablehnung eines Strafaufschubsgesuchs.

§ 37

Gegen Fürsorgezöglinge sollen Freiheitsstrafen nur nach Anhörung der Fürsorgeerziehungsbehörde vollstreckt werden.

1) Die Tragweite der Vorschrift ist zweifelhaft; sie wird stets dann als anwendbar angesehen werden müssen, wenn der Verurteilte die Tat, wegen deren die Verurteilung erfolgt ist, als Jugendlicher begangen hat; darauf, welches Gericht — ob das Jugendgericht oder ein anderes — in erster Instanz erkannt hat, kommt es nicht an. Wann, aus welchem Grunde und in welchem Verfahren die Fürsorgeerziehung angeordnet wurde, ist ohne Belang; es kommt nur darauf an, ob der Verurteilte zu der Zeit, zu der die Vollstreckung in Erwägung gezogen wird, in Fürsorgeerziehung sich befindet.

2) Ein Rechtsmittel für den Fall, daß das Gericht über Einwendungen gegen die Vollstreckung hinweggeht, steht der Fürsorgeerziehungsbehörde nicht zu.

3) Fürsorgeerziehungsbehörde: vgl. Anm. 6 zu § 31.

§ 38

Privatklage gegen einen Jugendlichen ist unzulässig. Dies steht der Erhebung einer Widerklage nicht entgegen. Wegen einer strafbaren Handlung, die nach den allgemeinen Vorschriften im Wege der Privatklage verfolgt werden könnte, wird gegen einen Jugendlichen die öffentliche Klage auch dann erhoben, wenn ein berechtigtes Interesse des Verletzten dies rechtfertigt.

§ [211] (*jetzt 212*) der Strafprozeßordnung findet gegenüber Jugendlichen keine Anwendung.

---

1) Die Vorschriften beider Absätze beziehen sich auf Jugendliche. Nach Vollendung des 18. Lebensjahres ist bzw. wird die Privatklage und das Verfahren nach § 212 StPO. zulässig, auch wenn der Beschuldigte zur Zeit der Tat oder zur Zeit der Erhebung der Privatklage jugendlich war.

2) Vor das Jugendgericht kann eine Privatklage nicht kommen, da der Privatkläger nicht den Antrag aus § 17 Abs. 2 JGG. stellen kann. Das Verfahren nach § 212 StPO. könnte dagegen, wenn der Jugendliche das 18. Lebensjahr vollendet hat oder im Laufe des Verfahrens vollendet, vor dem Jugendgericht stattfinden; praktisch wird das aber kaum vorkommen, schon weil die Jugendgerichte Schöffengerichte sind und vor diesen das Verfahren nach § 212 selten möglich ist.

3) Nur die Privatklage gegen den Jugendlichen, nicht auch die von dem gesetzlichen Vertreter für den Jugendlichen erhobene Privatklage ist unzulässig; wird sie erhoben, so ist Widerklage möglich.

4) Gegen die Ablehnung der Verfolgung im ordentlichen Verfahren steht dem Verletzten, abgesehen von der Aufsichtsbeschwerde

an die vorgesetzten Beamten der Staatsanwaltschaft, keinerlei Rechtsbehelf zu; insbesondere ist ihm der Weg des § 172 StPO. verschlossen.

5) Eine nach Abs. 1 unzulässige Privatklage kann die Staatsanwaltschaft gemäß § 377 StPO. übernehmen, nicht nur wenn ein öffentliches Interesse vorliegt, sondern auch, wenn ein berechtigtes Interesse des Verletzten es rechtfertigt.

6) Auf die Verjährung der Strafverfolgung ist Abs. 1 ohne Einfluß. § 69 Abs. 1 S. 1 StGB. ist nicht anwendbar.

7) Nur die Privatklage, nicht auch die Nebenklage gegen einen Jugendlichen ist unzulässig.

8) „Berechtigtes Interesse" vgl. § 193 StGB., § 824 BGB., § 34 FrGG., § 11 Grundbuchordnung, § 76 Zwangsversteigerungsgesetz. Auch die Übernahme einer anhängigen Privatklage ist nach § 38 S. 2 zulässig.

§ 39

In einem Strafbefehle darf gegen einen Jugendlichen nur Geldstrafe, die an Stelle der Geldstrafe tretende Freiheitsstrafe sowie Einziehung ausgesprochen werden.

---

1) Die Beschränkung der Befugnis zum Erlaß eines Strafbefehls gilt nur, wenn der Beschuldigte zur Zeit des Erlasses (d. h. der Unterzeichnung) des Strafbefehls das 18. Lebensjahr noch nicht vollendet hatte. In diesem Falle ist der Antrag auf Erlaß des Strafbefehls beim Jugendgericht einzureichen. Wird Einspruch eingelegt, so findet die Verhandlung vor dem Jugendgericht statt.

Hat der Beschuldigte die Tat zwar in jugendlichem Alter begangen, aber zur Zeit des Erlasses des Strafbefehls das 18. Lebensjahr bereits vollendet, so ist der Strafbefehl ohne diese Beschränkung zulässig. Die Staatsanwaltschaft kann nach § 17 Abs. 2 den Antrag sowohl bei dem Jugendgericht als auch beim ordentlichen Gericht stellen, solange der Beschuldigte noch nicht 21 Jahre alt ist. Hat sie ihn beim ordentlichen Gericht gestellt, so kann sie nach Einspruch nicht mehr beantragen, daß die Sache vor dem Jugendgericht verhandelt werde.

2) Soweit hiernach im Verfahren vor dem Jugendgericht Freiheitsstrafe überhaupt im Strafbefehl festgesetzt werden kann, findet die Vorschrift des § 407 StPO. in der Fassung, die sie durch § 37 VO. und durch die Bek. v. 22. 3. 1924 erhalten hat, Anwendung.

3) Die neue Bestimmung im § 407 StPO., nach der im Strafbefehl nunmehr auch die Bekanntmachung der Entscheidung angeordnet werden kann, ist gegen Jugendliche nicht anwendbar.

4) Da Freiheitsstrafe in einem Strafbefehl des Jugendgerichts nur gegen einen Beschuldigten festgesetzt werden kann, der zur

Zeit des Erlasses des Strafbefehls das 18. Lebensjahr vollendet hat, kann nur in diesem Falle im Strafbefehl selbst eine Entscheidung über bedingte Strafaussetzung vorkommen (vgl. aber auch § 13). Anfechtung dieser Entscheidung § 35 Anm. 7.

§ 40

In einer Strafverfügung darf gegen einen Jugendlichen nur Geldstrafe und Einziehung festgesetzt werden.

Darüber, wie die Geldstrafe in Haft umgewandelt werden soll, entscheidet auf Antrag der Polizeibehörde, welche die Strafe festgesetzt hat, der Jugendrichter, in dessen Bezirk ein Gerichtsstand für die Übertretung begründet gewesen wäre.

Die §§ 14 und 15 finden Anwendung. Vor der Entscheidung sind der Jugendliche und, wenn dies ohne Verzögerung geschehen kann, das Jugendamt zu hören. Gegen den Beschluß steht der Polizeibehörde und dem Jugendlichen die sofortige Beschwerde zu.

Ist eine durch Strafbescheid festgesetzte Geldstrafe in Freiheitsstrafe umzuwandeln, so finden die §§ 14 und 15 Anwendung.

---

1) Dem veränderten Rechtszustand ist durch das Pr. Ges. v. 31. 5. 1923 (GesS. S. 271) Rechnung getragen worden. § 1 des Ges., betr. den Erlaß polizeilicher Strafverfügungen wegen Übertretungen ist durch das genannte Gesetz dem § 40 JGG. entsprechend geändert worden. (Vgl. unten Nr. XIX).

2) Auch die in § 40 Abs. 1 JGG. angeordnete Beschränkung gilt nur, solange der Beschuldigte noch nicht 18 Jahre alt ist. Hat er die Tat zwar als Jugendlicher begangen, ist er aber zur Zeit des Erlasses der Strafverfügung nicht mehr jugendlich, so ist die Strafverfügung unbeschränkt nach den dafür sonst bestehenden Bestimmungen zulässig. Wird Antrag auf gerichtliche Entscheidung gestellt, so entscheidet, wenn der Beschuldigte zur Zeit der Anbringung des Antrags das 18. Lebensjahr noch nicht vollendet hatte, das Jugendgericht, und zwar nach § 416 StPO. ausnahmsweise ohne Zuziehung von Schöffen.

Hat der Beschuldigte dagegen zwar die Tat vor Vollendung des 18. Lebensjahres begangen, den Antrag auf gerichtliche Entscheidung aber erst nachher gestellt, so liegt es in der Hand der Staatsanwaltschaft, die Sache dem Jugendgericht (das auch in diesem Falle ohne Schöffen entscheidet) oder dem ordentlichen Gericht vorzulegen. Vgl. aber Anm. 6 zu § 17.

3) Abs. 2 gilt nur, wenn gegen einen Jugendlichen eine Strafverfügung erlassen war, einerlei, ob er zu der Zeit, zu der die Strafumwandlung beantragt wird, noch jugendlich ist oder nicht. Vor der Entscheidung ist der Jugendliche zu hören und soll sein gesetzlicher Vertreter (§ 30) gehört werden; die Staatsanwaltschaft braucht nicht mitzuwirken. Zuständig ist der Jugendrichter, bei dem im Falle gerichtlicher Aburteilung die örtliche Zuständigkeit begründet gewesen wäre. Entscheidung durch Beschluß; Rechtsmittel sofortige Beschwerde (§ 462 Abs. 4 StPO.); auch die Polizeibehörde kann sie erheben (§ 435 Abs. 2 ist zu beachten!).

4) In Strafbescheiden dürfen nach den bestehenden Bestimmungen Freiheitsstrafen an erster Stelle überhaupt nicht festgesetzt werden. Daher bedurfte es einer dem § 39 und dem § 40 Abs. 1 entsprechenden Bestimmung dafür nicht. Die Umwandlung der Geldstrafe in Freiheitsstrafe erfolgt gleichfalls schon nach den allgemeinen Bestimmungen (§ 423 StPO. § 435 RAO.) durch das Gericht.

Abs. 4 gilt auch, wenn der Beschuldigte zwar zur Zeit der Begehung der Tat jugendlich war, aber zur Zeit des Erlasses des Strafbescheides das 18. Lebensjahr bereits vollendet hatte. Ob das Jugendgericht (Jugendrichter) oder das ordentliche Gericht für die Umwandlung zuständig ist, richtet sich nach § 17 (vgl. auch Anm. 2, 6). Näheres Hartung, „Recht" 1924, S. 193 ff. Maßgebend ist die Zeit der Stellung des Antrags auf Umwandlung. § 40 Abs. 4 gilt auch im ordentlichen Verfahren, wenn die Tat von dem Verurteilten in jugendlichem Alter begangen war.

§ 41

Ein Angeklagter, gegen den gemäß § 6 und § 9 Abs. 4 von Strafe abgesehen worden ist, steht für die Pflicht zur Tragung der Auslagen einem Angeklagten gleich, der zu Strafe verurteilt worden ist.

Eine Gebühr darf nicht erhoben werden, auch nicht die in § 52 Abs. 3 des deutschen Gerichtskostengess. (in der Fassung der Bekanntmachung v. 21. 12. 1922 — RGBl. 1923 I S. 12 —) bestimmte Gebühr für Straffreierklärung. Die Vorschrift gilt nicht nur im Verfahren vor dem Jugendgericht, sondern auch dann, wenn ein anderes Strafgericht die Entscheidung fällt.

§ 42

Die Jugendämter haben die Tätigkeit, die ihnen dieses Gesetz zuweist (Jugendgerichtshilfe), im Benehmen mit den Vereinigungen auszuüben, die sich mit der Jugendfürsorge beschäftigen. Über das Zusammenwirken der Jugendämter mit diesen Vereinigungen können die Landesregierungen nähere Vorschriften erlassen.

1) Der Paragraph enthält in S. 1 die Begriffsbestimmung der Jugendgerichtshilfe; diese ist nach § 3 Nr. 5 JWG. Aufgabe der Jugendämter (vgl. Art. 3 EGJWG.).

2) Das „Benehmen" mit den Vereinigungen kann entweder in der losen Form des § 6 JWG. geschehen („das Jugendamt hat die freiwillige Tätigkeit zur Förderung der Jugendwohlfahrt zu unterstützen, anzuregen und zur Mitarbeit heranzuziehen"); sie kann aber nach § 11 S. 1 JWG. auch festere Formen annehmen („das Jugendamt kann die Erledigung einzelner Geschäfte und Gruppen von Geschäften ... Vereinigungen für Jugendhilfe widerruflich übertragen").

3) S. 3 ändert den § 11 S. 2 JWG. ab. Die Reichsregierung kann also für das Gebiet der Jugendgerichtshilfe Bestimmungen über das Zusammenwirken zwischen Jugendamt und freien Vereinigungen nicht erlassen. In Preußen fehlt es bisher an Bestimmungen. Vgl. aber Anm. 4.

4) Zu beachten ist § 8 EGJWG. (in der Fassung des Art. 1 der VO. v. 14. 2. 1924, RGBl. I S. 110) Nr. 3, danach kann die oberste Landesbehörde von der Durchführung der Aufgaben des § 3 Nr. 5—8 JWG. — also auch der Gerichtshilfe (§ 3 Nr. 5) befreien. Vgl. dazu den Erlaß d. Min. f. Volkswohlfahrt v. 15. 5. 1924 — III F 1127 —, abgedruckt in der „Volkswohlfahrt" 1924 S. 223. (Vgl. auch Anm. zu § 51.)

Dritter Abschnitt

§ 43

Die §§ 2 und 45 Abs. 1 treten mit der Verkündung in Kraft; im übrigen tritt das Gesetz mit dem 1. Juli 1923 in Kraft. Die Anordnungen, welche erforderlich sind, um die Besetzung der Gerichte bis zum Inkrafttreten dieses Gesetzes nach dessen Vorschriften herbeizuführen, trifft die oberste Landesbehörde.

§ 44

Die am Tage des Inkrafttretens dieses Gesetzes anhängigen Voruntersuchungen sind zu schließen, wenn sämtliche Angeschuldigten am Tage des Inkrafttretens dieses Gesetzes noch jugendlich sind; die Akten sind an die nach diesem Gesetze zuständige Staatsanwaltschaft abzugeben. Befanden sich die jugendlichen Angeschuldigten in Untersuchungshaft, so kann die Haftfrist nach Maßgabe des § 28 Abs. 4 verlängert werden.

Die am Tage des Inkrafttretens dieses Gesetzes in erster Instanz anhängigen Strafsachen gehen in der Lage, in der sie sich befinden, auf das Jugendgericht über, wenn sämtliche Beschuldigte am Tage des Inkrafttretens dieses Gesetzes noch jugendlich sind; eine bereits begonnene Hauptverhandlung ist jedoch nach den bisherigen Vorschriften zu Ende zu führen. Die zur Überleitung des Verfahrens erforderlichen Bestimmungen trifft die oberste Landesbehörde. Wem eine Entscheidung bekanntzumachen ist, auf welche Weise die Entscheidung durch ein Rechtsmittel angefochten werden kann und welches Gericht über das Rechtsmittel entscheidet, bestimmt sich nach den bisherigen Vorschriften, wenn die Entscheidung vor dem Inkrafttreten dieses Gesetzes oder auf Grund einer nach den bisherigen Vorschriften zu Ende geführten Hauptverhandlung erlassen worden ist.

Zu Abs. 2 S. 2 vgl. I 4 der AV. v. 20. 6. 1923 (JMBl. S. 450). Die Vorschrift ist als reine Übergangsvorschrift jetzt wohl im wesentlichen bedeutungslos.

§ 45

Gegen Personen, die zur Zeit der Tat noch nicht vierzehn Jahre alt waren, dürfen Strafen nicht vollstreckt werden. Vermerke über Verurteilungen solcher Personen sind im Strafregister zu tilgen; soweit der Vermerk zu tilgen ist, findet § 5 des Gesetzes über beschränkte Auskunft aus dem Strafregister und die Tilgung von Strafvermerken vom 9. April 1920 (Reichsgesetzbl. S. 507) Anwendung.

Gegen Personen, die zur Zeit der Tat vierzehn, aber noch nicht achtzehn Jahre alt waren, darf die Landespolizeibehörde die Befugnis aus der Überweisung an die

Landespolizeibehörde nicht mehr ausüben. Ein gegen solche Personen vor dem Inkrafttreten dieses Gesetzes durch eine nicht mehr anfechtbare Entscheidung festgesetzter Verweis wird nach den bisherigen Vorschriften vollstreckt.

Zu Abs. 1 vgl. I 3 der AV. d. Pr. JM. v. 17. 7. 1923 (JMBl. S. 542).

§ 46

Soweit im Strafregister die Strafe des Verweises vermerkt ist, ist der Strafvermerk zu tilgen. § 45 Abs. 1 Satz 2 Halbs. 2 findet Anwendung.

§ 47

Die §§ 55 bis 57 des Strafgesetzbuchs, [der § 73 Nr. 3 des Gerichtsverfassungsgesetzes und die §§ 268, 447 *(jetzt 407)* Abs. 4 der Strafprozeßordnung] werden aufgehoben. [Im § 140 Abs. 2 Nr. 1 der Strafprozeßordnung werden die Worte „oder das sechzehnte Lebensjahr noch nicht vollendet hat" gestrichen.] Der § [266] *(jetzt 267)* Abs. 4 der Strafprozeßordnung findet in Jugendsachen keine Anwendung.

[Der § 298 der Strafprozeßordnung erhält die Fassung:

„Hatte ein Angeklagter zur Zeit der Tat noch nicht das achtzehnte Lebensjahr vollendet, so muß die Nebenfrage gestellt werden, ob er zur Zeit der Tat nach seiner geistigen und sittlichen Entwicklung fähig war, das Ungesetzliche der Tat einzusehen und seinen Willen dieser Einsicht gemäß zu bestimmen.

Ist ein Angeklagter taubstumm, so muß die Nebenfrage gestellt werden, ob er bei Begehung der Tat die zur Erkenntnis ihrer Strafbarkeit erforderliche Einsicht besessen hat."]

1) Soweit sie sich auf GVG. und StPO. beziehen, sind der Abs. 1 S. 1, 2 jetzt gegenstandslos, da in der neuen Fassung des GVG. und der StPO. berücksichtigt. Dagegen hat S. 3 noch Bedeutung. Abs. 2 ist durch die Umgestaltung des Schwurgerichts gegenstandslos geworden. § 298 StPO. ist durch die VO. aufgehoben worden.

2) Abs. 1 S. 3 gilt auch, wenn eine Sache gegen eine Person, die sowohl zur Zeit der Tat als auch zur Zeit der Erhebung der Anklage jugendlich war (§§ 17, 18) ausnahmsweise einmal nicht vor dem Jugendgericht verhandelt wird.

3) Nach S. 2 besteht — abgesehen von dem Verfahren vor dem großen Jugendgericht, dem Schwurgericht, dem Reichsgericht

oder dem Oberlandesgericht in erster Instanz, und abgesehen von dem Fall, daß der Angeschuldigte taub oder stumm ist — für Jugendliche keine notwendige Verteidigung mehr (vgl. § 29).

§ 48

Im § 52 Abs. 3 des Gerichtskostengesetzes in der Fassung der Bekanntmachung vom 21. Dezember 1922 (RGBl. 1923 I S. 12) fallen die Worte „Ist auf Verweis erkannt oder" weg.

§ 49

Der § 46 Abs. 1 des Gesetzes über die Angelegenheiten der freiwilligen Gerichtsbarkeit in der Fassung der Bekanntmachung vom 20. Mai 1898 (RGBl. S. 771) erhält folgenden zweiten Satz:

„Als ein wichtiger Grund ist es in der Regel anzusehen, wenn ein unter Vormundschaft stehender Minderjähriger wegen einer strafbaren Handlung vor einem anderen Gericht angeklagt ist."

Vgl. dazu § 19 Abs. 2, § 25 JGG. nebst Anm.

§ 50

Die Reichsabgabenordnung vom 13. Dezember 1919 (RGBl. S. 1993) wird dahin geändert:

1. der § 412 Abs. 3 fällt weg;
2. der § 424 Abs. 3 fällt weg; in dem letzten Absatz wird die Anführung „§ 412 Abs. 4" geändert in „§ 412 Abs. 3".

§ 51

[Bis zum Inkrafttreten des Reichsgesetzes für Jugendwohlfahrt gelten folgende Bestimmungen:

I. Die in diesem Gesetze den Jugendämtern zugewiesenen Rechte und Pflichten ruhen. Die Landesregierungen können jedoch bestimmen, daß sie von anderen Behörden oder von Vereinigungen, die sich mit der Jugendfürsorge beschäftigen, wahrgenommen werden.

II. Die Fürsorgeerziehung wird nach Maßgabe der Gesetze des Landes ausgeführt, dem das Jugendgericht angehört.

III. Das Gericht kann den Täter neben oder an Stelle anderer Erziehungsmaßregeln unter Schutzaufsicht stellen. Über die Voraussetzungen, die Ausführung und die Beendigung der Schutzaufsicht bestimmt die Reichsregierung mit Zustimmung des Reichsrats.]

1) Das JWG. ist am 1. 4. 1924 mit Ausnahme des V. Abschnitts, von dem nur der für die Durchführung von Erziehungsmaßnahmen wichtige § 55 bestehen geblieben ist, in Kraft getreten. Vgl. VO. v. 6. 7. und 13. 8. 1923 (RGBl. I S. 554, 819) und v. 14. 2. 1924 (RGBl. I S. 110). Vgl. ferner Pr. AGJWG. v. 29. 3. 1924 (GesS. S. 180), Ausführungsanweisung des Min. f. Volkswohlfahrt dazu v. 29. 3. 1924 („Volkswohlfahrt" S. 167) und AV. d. Pr. JM. v. 19. 3. 1924 (JMBl. S. 127).

2) Die Vorschriften über Jugendämter finden sich in den §§ 3—11 JWG. Vgl. aber Art. 8 Nr. 1 EGJWG. v. 9. 7. 1922 (RGBl. I S. 647) in der Fassung des Art. 1 der VO. v. 14. 2. 1924 (RGBl. I S. 110). Danach kann die oberste Landesbehörde den Gemeindebehörden oder Gemeindeverbänden die Befugnis erteilen, statt der Einrichtung von Jugendämtern die dem Jugendamt obliegenden Aufgaben einer andern nach Maßgabe des Gemeindeverfassungsrechts gebildeten Amtsstelle der Selbstverwaltung oder einer andern geeigneten Amtsstelle zu übertragen, die erforderlichenfalls eine auf die Jugendwohlfahrt hinweisende Zusatzbezeichnung zu führen hat. Vgl. dazu die §§ 2—11 des Pr. AGJWG.

3) Nach Art. 8 Nr. 3 EGJWG. in der Fassung der VO. v. 14. 2. 1924 kann die oberste Landesbehörde von der Durchführung der im § 3 Nr. 5—8 JWG. dem Jugendamt übertragenen Aufgaben — darunter auch der Jugendgerichtshilfe (§ 3 Nr. 5 JWG. — vgl. auch EGJWG. Art. 3 —) Befreiung erteilen. Vgl. dazu Erlaß des Pr. Min. f. Volkswohlfahrt v. 15. 5. 1924 — III F. 1127 — („Volkswohlfahrt" S. 223). Da nach diesem Erlaß die Durchführung der Jugendgerichtshilfe — sei es durch das Jugendamt, sei es durch eine andere kommunale Einrichtung, sei es durch freie Vereinigungen — unter allen Umständen gewährleistet ist, wird für Preußen die Frage, welcher Rechtszustand beim Fehlen einer die Jugendgerichtshilfe wahrnehmenden Stelle eintritt, nicht praktisch werden. Man wird annehmen müssen, daß beim Fehlen einer solchen Stelle die Bestimmungen, die eine Mitwirkung des Jugendamts vorschreiben, nicht ausführbar sind und daß so zu verfahren ist, als ob die auf das Jugendamt bezügliche Vorschrift nicht vorhanden wäre.

4) Wegen der Fürsorgeerziehung vgl. die §§ 62—76 JWG. in Verbindung mit Art. 8 Nr. 8 EGJWG. in der Fassung des Art. 1 der VO. v. 14. 2. 1924 sowie §§ 18—26, 31 Pr. AGJWG.

5) Wegen der Schutzaufsicht vgl. §§ 56—61 JWG. Vgl. ferner Art. 8 Nr. 7 EGJWG. in der Fassung des Art. 1 der VO. v. 14. 2. 1924; danach darf die Schutzaufsicht auf ein Jugendamt nur mit seinem Einverständnis übertragen werden.

6) Vgl. auch §§ 6, 42 und Anm. dazu.

XI.

Gesetz betreffend die Entschädigung der im Wiederaufnahmeverfahren freigesprochenen Personen.

Vom 20. Mai 1898 (RGBl. S. 345).

§ 1

Personen, welche im Wiederaufnahmeverfahren freigesprochen oder in Anwendung eines milderen Strafgesetzes mit einer geringeren Strafe belegt werden, können Entschädigung aus der Staatskasse verlangen, wenn die früher erkannte Strafe ganz oder teilweise gegen sie vollstreckt worden ist. Das Wiederaufnahmeverfahren muß die Unschuld des Verurteilten bezüglich der ihm zur Last gelegten Tat oder bezüglich eines die Anwendung eines schwereren Strafgesetzes begründenden Umstandes ergeben oder doch dargetan haben, daß ein begründeter Verdacht gegen den Angeklagten nicht mehr vorliegt.

Außer dem Verurteilten haben diejenigen, denen gegenüber er kraft Gesetzes unterhaltspflichtig war, Anspruch auf Entschädigung.

Der Anspruch auf Entschädigung ist ausgeschlossen, wenn der Verurteilte die frühere Verurteilung vorsätzlich herbeigeführt oder durch grobe Fahrlässigkeit verschuldet hat. Die Versäumung der Einlegung eines Rechtsmittels ist nicht als eine Fahrlässigkeit zu erachten.

Das Gesetz bezieht sich nur auf die im Wiederaufnahmeverfahren vor den bürgerlichen Strafgerichten verhandelten Sachen. Es findet jedoch nach § 21 des Ges., betr. die Aufhebung der Militärgerichtsbarkeit v. 17. 8. 1920 (unter XIV abgedruckt) auf militärgerichtliche Sachen mit geringen Abweichungen entsprechende Anwendung; ferner nach § 12 der VO. über den Staatsgerichtshof zum Schutze der Republik v. 29. 7. 1922 (RGBl. I S. 673) auch auf die von dem genannten Staatsgerichtshof abgeurteilten Sachen.

§ 2

Gegenstand des dem Verurteilten zu leistenden Ersatzes ist der für ihn durch die Strafvollstreckung entstandene Vermögensschaden.

Unterhaltsberechtigten ist insoweit Ersatz zu leisten, als ihnen durch die Strafvollstreckung der Unterhalt entzogen worden ist.

---

1) Nur der durch die Strafvollstreckung entstandene Schaden wird ersetzt, nicht jeder durch die Strafverfolgung überhaupt entstandene.

2) Bei der Berechnung des Schadens sind die durch die Verpflegung im Gefängnis erzielten Ersparnisse in Abzug zu bringen. Über die Berechnung der Abzüge vgl. für Preußen RdV. des JM. v. 6. 10. 1905 (I 2899), 24. 4. 1923 (I 3075).

§ 3

Die Entschädigung wird aus der Kasse desjenigen Bundesstaates gezahlt, bei dessen Gerichte das Strafverfahren in erster Instanz anhängig war.

Bis zum Betrage der geleisteten Entschädigung tritt die Kasse in die Rechte ein, welche dem Entschädigten gegen Dritte um deswillen zustehen, weil durch deren rechtswidrige Handlungen seine Verurteilung herbeigeführt war.

Im Falle des § 6 und in den in Anm. 1 zu § 1 angeführten Sonderfällen hat die Reichskasse die Entschädigung zu zahlen.

§ 4

Über die Verpflichtung der Staatskasse zur Entschädigung wird durch besonderen Beschluß des im Wiederaufnahmeverfahren erkennenden Gerichts Bestimmung getroffen.

Der Beschluß ist von dem Gerichte gleichzeitig mit dem Urteile zu fassen, aber nicht zu verkünden, sondern durch Zustellung bekanntzumachen. Der Beschluß unterliegt nicht der Anfechtung durch Rechtsmittel. Er tritt außer Kraft, wenn das Urteil aufgehoben wird.

---

1) Der Beschluß wird mit einfacher Mehrheit gefaßt (RGStr. Bd. 39 S. 293).

2) Die Beschlußfassung erfolgt von Amts wegen und auch dann, wenn die Entschädigungspflicht verneint wird.

3) Der Beschluß ist dem Verurteilten selbst zuzustellen, nicht seinem Verteidiger, sofern dieser nicht besondere Vollmacht für das Entschädigungsverfahren hat.

4) In Preußen hat alsdann der Generalstaatsanwalt, dem der Oberstaatsanwalt gegebenenfalls von der Aufhebung des Urteils Nachricht zu geben hat, die Wiedereinziehung der etwa schon geleisteten Entschädigung zu betreiben. AV. des JM. v. 22. 11. 1898, Ziff. V (JMBl. S. 280).

§ 5

Wer auf Grund des die Verpflichtung der Staatskasse zur Entschädigung aussprechenden Beschlusses einen Anspruch geltend macht, hat diesen Anspruch bei Vermeidung des Verlustes binnen drei Monaten nach Zustellung des Beschlusses durch Antrag bei der Staatsanwaltschaft zu verfolgen. Der Antrag ist bei der Staatsanwaltschaft desjenigen Landgerichts zu stellen, in dessen Bezirke das Urteil ergangen ist.

Über den Antrag entscheidet die oberste Behörde der Landesjustizverwaltung. Eine Ausfertigung der Entscheidung ist dem Antragsteller nach den Vorschriften der Zivilprozeßordnung zuzustellen.

Gegen die Entscheidung ist die Berufung auf den Rechtsweg zulässig. Die Klage ist binnen einer Ausschlußfrist von drei Monaten nach Zustellung der Entscheidung zu erheben. Für die Ansprüche auf Entschädigung sind die Zivilkammern der Landgerichte ohne Rücksicht auf den Wert des Streitgegenstandes ausschließlich zuständig.

Bis zur endgültigen Entscheidung über den Antrag ist der Anspruch weder übertragbar, noch der Pfändung unterworfen.

1) Das weitere Verfahren ist in Preußen durch die AV. v. 22. 11. 1898 (JMBl. S. 280) geregelt.

2) Von einer Berufung auf den Rechtsweg ist in Preußen dem Justizminister alsbald Anzeige zu erstatten. Vgl. Ziff. IV der in Anm. 1 genannten AV.

§ 6

In den zur Zuständigkeit des Reichsgerichts in erster Instanz gehörigen Sachen ist statt der Staatskasse die Reichskasse ersatzpflichtig.

In diesen Fällen tritt an die Stelle der Staatsanwaltschaft des Landgerichts die Staatsanwaltschaft bei dem Reichsgericht, an die Stelle der obersten Behörde der Landesjustizverwaltung der Reichskanzler.

An die Stelle des Reichskanzlers ist der Reichsminister der Justiz getreten (vgl. § 5 des Übergangsgesetzes v. 4. 3. 1919 — RGBl. S. 285 — und Art. 56, 178, 179 der Reichsverfassung).

XII.

Gesetz betreffend die Entschädigung für unschuldig erlittene Untersuchungshaft.

Vom 14. Juli 1904 (RGBl. S. 321).

In der sich aus § 22 des Gesetzes betr. Aufhebung der Militärgerichtsbarkeit vom 17. August 1920 (unter XIV abgedruckt) ergebenden Fassung.

§ 1

Personen, die im Strafverfahren freigesprochen oder durch Beschluß des Gerichts außer Verfolgung gesetzt sind, können für erlittene Untersuchungshaft Entschädigung aus der Staatskasse verlangen, wenn das Verfahren ihre Unschuld ergeben oder dargetan hat, daß gegen sie ein begründeter Verdacht nicht vorliegt.

Außer dem Verhafteten haben diejenigen, denen gegenüber er kraft Gesetzes unterhaltspflichtig war, Anspruch auf Entschädigung.

---

1) Auf die vom Staatsgerichtshof zum Schutze der Republik abgeurteilten Sachen findet das Gesetz nach § 12 der V. v. 29. 7. 1922 (RGBl. I S. 673) entsprechende Anwendung.

2) Wenn das Verfahren durch Verfügung der Staatsanwaltschaft eingestellt ist, findet das Gesetz keine Anwendung. Jedoch kann in diesen Fällen die Justizverwaltung aus Billigkeitsgründen eine Entschädigung gewähren. Für Preußen vgl. hierüber die RdV. v. 23. 11. 1904 — I 7599 —.

3) Die Außerverfolgungsetzung ist nicht im streng technischen Sinn des § 204 StPO. zu verstehen, sondern es werden mitumfaßt, wie die Motive bemerken, auch die Fälle, in denen „die Eröffnung der Voruntersuchung oder des Hauptverfahrens ab-

gelehnt worden ist, und zwar im letzteren Fall ohne Unterschied, ob eine Voruntersuchung vorausgegangen ist oder nicht."

4) In den Fällen der §§ 9 und 10 sowie in dem in Anm. 1 erwähnten Fall tritt an die Stelle der Staatskasse die Reichskasse.

§ 2

Der Anspruch auf Entschädigung ist ausgeschlossen, wenn der Verhaftete die Untersuchungshaft vorsätzlich herbeigeführt oder durch grobe Fahrlässigkeit verschuldet hat. Die Versäumung der Einlegung eines Rechtsmittels ist nicht als eine Fahrlässigkeit zu erachten.

Der Anspruch kann ausgeschlossen werden, wenn die zur Untersuchung gezogene Tat des Verhafteten eine grobe Unredlichkeit oder Unsittlichkeit in sich geschlossen hat oder in einem die freie Willensbestimmung ausschließenden Trunkenheitszustande begangen worden ist oder wenn aus den Tatumständen erhellt, daß der Verhaftete die Verübung eines Verbrechens oder Vergehens vorbereitet hatte.

Der Anspruch kann auch dann ausgeschlossen werden, wenn der Verhaftete zur Zeit der Verhaftung sich nicht im Besitze der bürgerlichen Ehrenrechte befand oder unter Polizeiaufsicht stand, oder wenn gegen den Verhafteten auf Grund des § 181 a oder des § 362 des Strafgesetzbuchs innerhalb der letzten zwei Jahre auf Überweisung an die Landes-Polizeibehörde rechtskräftig erkannt worden ist. Das gleiche gilt, wenn der Verhaftete mit Zuchthaus bestraft worden ist und seit der Verbüßung der Strafe drei Jahre noch nicht verflossen sind.

§ 3

Gegenstand des dem Verhafteten zu leistenden Ersatzes ist der für ihn durch die Untersuchungshaft entstandene Vermögensschaden. Hat vor dem Erlasse des Haftbefehls eine Vorführung oder eine vorläufige Festnahme stattgefunden, so erstreckt sich der Entschädigungsanspruch auch auf die dem Haftbefehle vorausgegangene Zeit der Haft.

Unterhaltsberechtigten ist insoweit Ersatz zu leisten, als ihnen durch die Verhaftung der Unterhalt entzogen worden ist.

1) Nur der durch die Haft entstandene Schaden wird ersetzt, nicht auch der sonstige, durch das Strafverfahren überhaupt etwa entstandene.

2) Bei der Berechnung des Schadens sind die Ersparnisse, die durch die Verpflegung im Gefängnis erzielt sind, in Abzug zu bringen. Über die Berechnung der Abzüge vgl. für Preußen RdV. des JM. v. 6. 10. 1905 — I 2899 —.

§ 4

Über die Verpflichtung der Staatskasse zur Entschädigung wird von dem Gerichte gleichzeitig mit seinem den Verhafteten freisprechenden Urteile durch besonderen Beschluß Bestimmung getroffen.

Wird auf ein gegen das Urteil eingelegtes Rechtsmittel von neuem auf Freisprechung erkannt, so ist von dem erkennenden Gerichte nach Maßgabe des Abs. 1 von neuem Beschluß zu fassen.

Der Beschluß ist nicht zu verkünden, sondern durch Zustellung bekanntzumachen, sobald das freisprechende Urteil rechtskräftig geworden ist. Er unterliegt nicht der Anfechtung durch Rechtsmittel. Wird die Entschädigungsverpflichtung der Staatskasse ausgesprochen, so soll der Beschluß auch den Unterhaltsberechtigten, die nicht dem Hausstande des Verhafteten angehören, mitgeteilt werden, sofern ihr Aufenthalt dem Gerichte bekannt ist.

Diese Vorschriften finden entsprechende Anwendung, wenn der Verhaftete durch Beschluß des Gerichts außer Verfolgung gesetzt wird.

---

1) Der Beschluß ist von Amts wegen zu fassen und auch in dem Fall, daß die Entschädigungspflicht verneint wird.

2) Die Beschlußfassung erfolgt mit einfacher Mehrheit.

3) Die Zustellung hat an den Verurteilten selbst zu erfolgen, nicht an seinen Verteidiger, sofern diesem nicht für das Entschädigungsverfahren ausdrücklich Vollmacht erteilt ist.

§ 5

Der die Entschädigungsverpflichtung der Staatskasse aussprechende Beschluß tritt außer Kraft, wenn zuungunsten des Freigesprochenen die Wiederaufnahme des

Verfahrens angeordnet oder wenn gegen den außer Verfolgung Gesetzten nach Wiederaufnahme der Klage das Hauptverfahren eröffnet wird. War die Entschädigung schon gezahlt, so kann das Gezahlte zurückgefordert werden.

In Preußen hat sich der Justizminister die Entscheidung darüber, ob die gezahlte Entschädigung schon vor der rechtskräftigen Erledigung des wiederaufgenommenen Verfahrens zurückgefordert werden soll, vorbehalten. Der Generalstaatsanwalt hat mit möglichster Beschleunigung an den Justizminister zu berichten. Vgl. AV. v. 27. 8. 1904 (JMBl. S. 239)

§ 6

Wer auf Grund des die Entschädigungsverpflichtung der Staatskasse aussprechenden Beschlusses einen Anspruch geltend macht, hat diesen Anspruch bei Vermeidung des Verlustes binnen sechs Monaten nach Zustellung des Beschlusses durch Antrag bei der Staatsanwaltschaft des Landgerichts zu verfolgen, in dessen Bezirke das Verfahren in erster Instanz anhängig war.

Über den Antrag entscheidet die oberste Behörde der Landesjustizverwaltung. Eine Ausfertigung der Entscheidung ist dem Antragsteller nach den Vorschriften der Zivilprozeßordnung zuzustellen.

Gegen die Entscheidung ist die Berufung auf den Rechtsweg zulässig. Die Klage ist binnen einer Ausschlußfrist von drei Monaten nach Zustellung der Entscheidung zu erheben. Für die Ansprüche auf Entschädigung sind die Zivilkammern der Landgerichte ohne Rücksicht auf den Wert des Streitgegenstandes ausschließlich zuständig.

Bis zur rechtskräftigen Entscheidung über den Antrag ist der Anspruch nicht übertragbar.

Das weitere Verfahren ist in Preußen durch die AV. v. 27. 8. 1904 (JMBl. S. 239) im Anschluß an die AV. v. 22. 11. 1898 (JMBl. S. 280) geregelt.

§ 7

Die Entschädigung wird aus der Kasse des Bundesstaats gezahlt, bei dessen Gerichte das Strafverfahren in erster Instanz anhängig war.

Bis zum Betrage der geleisteten Entschädigung tritt die Kasse in die Rechte ein, welche dem Entschädigten gegen Dritte um deswillen zustehen, weil durch deren rechtswidrige Handlungen die Untersuchungshaft herbeigeführt war.

§ 8

Ist zuungunsten des Freigesprochenen die Wiederaufnahme des Verfahrens beantragt oder gegen den außer Verfolgung Gesetzten die Klage wiederaufgenommen worden, so kann die Entscheidung der obersten Behörde der Landesjustizverwaltung (§ 6 Abs. 2) sowie die Zahlung der Entschädigung (§ 7 Abs. 1) ausgesetzt werden.

In Preußen hat im Falle des § 8 der Oberstaatsanwalt von der Einreichung des Wiederaufnahmeantrags oder der wiederaufgenommenen Klage sowie demnächst von der Entscheidung des Gerichts dem Justizminister durch Vermittelung des Generalstaatsanwalts unverzüglich Anzeige zu erstatten, und der Generalstaatsanwalt, falls die festgesetzte Entschädigung noch nicht ausbezahlt ist, sofort die vorläufige Aussetzung der Zahlung anzuordnen. Vgl. AV. v. 27. 8. 1904 (JMBl. S. 239).

§ 9

In den zur Zuständigkeit des Reichsgerichts in erster Instanz gehörigen Sachen ist statt der Staatskasse die Reichskasse ersatzpflichtig.

In diesen Fällen tritt an die Stelle der Staatsanwaltschaft des Landgerichts die Staatsanwaltschaft bei dem Reichsgericht, an die Stelle der obersten Behörde der Landesjustizverwaltung der Reichskanzler.

An die Stelle des Reichskanzlers ist jetzt der Reichsminister der Justiz getreten. Vgl. § 5 des Übergangsgesetzes v. 1. 3. 1919 (RGBl. S. 285) und Art. 56, 178, 179 der Reichsverfassung.

§ 10

Soweit die Untersuchungshaft im militärgerichtlichen Verfahren stattgefunden hat, tritt an die Stelle der Staatskasse die Reichskasse und an die Stelle der obersten Behörde der Landesjustizverwaltung die oberste Militärverwaltungsbehörde. Der Antrag auf Geltendmachung eines Entschädigungsanspruchs gemäß § 6 Abs. 1 ist bei der Staatsanwaltschaft des Landgerichts zu stellen, in dessen Bezirk der Antragsteller seinen Wohnsitz oder in Ermangelung eines solchen seinen Aufenthalt hat. Hat er im Deutschen Reiche weder Wohnsitz noch Aufenthalt, so wird das zuständige Landgericht vom Reichsgerichte bestimmt.

Die Fassung beruht auf § 22 des Ges. betr. Aufhebung der Militärgerichtsbarkeit v. 17. 8. 1920 (RGBl. S. 1579).

§ 11

In den zur Zuständigkeit der Konsulargerichte gehörigen Sachen findet dieses Gesetz mit folgenden Maßgaben Anwendung:

An die Stelle der Staatsanwaltschaft des Landgerichts tritt der Konsul. Für die Ansprüche auf Entschädigung ist das Reichsgericht in erster und letzter Instanz zuständig.

§ 12

Die Vorschriften dieses Gesetzes finden auf Angehörige eines auswärtigen Staates nur insoweit Anwendung, als nach einer im Reichsgesetzblatt enthaltenen Bekanntmachung durch die Gesetzgebung dieses Staates oder durch Staatsvertrag die Gegenseitigkeit verbürgt ist.

Die Gegenseitigkeit ist verbürgt in Dänemark, Norwegen und Schweden lt. Bek. v. 3. 5. 1906 (RGBl. S. 465), in Ungarn lt. Bek. v. 28. 10. 1913 (RGBl. S. 747), in der Freien Stadt Danzig lt. Bek. v. 18. 9. 1920 (RGBl. S. 1683), in Österreich und der Tschechoslowakischen Republik lt. Bek. v. 19. 12. 1922 (RGBl. I S. 966). Andere Staatsangehörige haben keinen Anspruch auf Entschädigung. Um einer versehentlichen Unterlassung der Prüfung der Staatsangehörigkeit vorzubeugen, ist für Preußen angeordnet, daß in den auf Grund dieses Gesetzes ergehenden Beschlüssen der verhaftet Gewesene nach seiner Staatsangehörigkeit bezeichnet wird und die Staatsanwaltschaft auch schon in der Anklageschrift stets die Staatsangehörigkeit (nicht nur den ausländischen Geburtsort) des verhafteten Angeschuldigten anzugeben hat, wenn dieser nicht Deutscher ist. Vgl. RdV. d. JM. v. 12. 4. 1906 — I 2249 —

XIII a.

Gesetz über beschränkte Auskunft aus dem Strafregister und die Tilgung von Strafvermerken.

Vom 9. April 1920 (RGBl. S. 507).

In der Fassung des Art. X der VO. über Vermögensstrafen und Bußen v. 6. 2. 1924 (RGBl. I S. 44).

§ 1

Über Verurteilungen, die in das Strafregister aufgenommen sind, ist nach Ablauf einer bestimmten Frist nur noch beschränkt Auskunft zu erteilen.

Ist nach Eintritt des Zeitpunkts, von dem ab nur beschränkt Auskunft zu erteilen ist, eine weitere Frist abgelaufen, so wird der Vermerk im Strafregister getilgt.

Diese Vorschriften gelten, unbeschadet der Bestimmungen des § 8, nicht für Verurteilungen zum Tode und zu Zuchthaus.

Die Tilgung von Strafvermerken im Strafregister ist mehrfach auch aus besonderen Anlässen durch andere Vorschriften angeordnet worden, insbesondere im Zusammenhang mit den Änderungen der Strafregisterverordnung und mit Amnestien; vgl. z. B. § 3 des Reichsges. über die Gewährung von Straffreiheit v. 4. 8. 1920 (RGBl. S. 1487), § 1 Abs. 4 des Reichsges. über Straffreiheit für politische Straftaten v. 21. 7. 1922 (RGBl. I S. 595), § 6 des preuß. Ges. über die Gewährung von Straffreiheit v. 26. 7. 1922 (GesS. S. 192); vgl. ferner §§ 45, 46 JGG. (unter X abgedruckt) über die Tilgung der Strafvermerke bei Verurteilungen Jugendlicher, die z. Zt. der Tat noch nicht 14 Jahre alt waren, und der Verweisvermerke.

§ 2

Bei mehreren Verurteilungen einer Person ist über alle Verurteilungen unbeschränkt Auskunft zu erteilen, solange über eine der Verurteilungen unbeschränkt Auskunft erteilt werden muß. Die Tilgung eines Vermerkes im Strafregister darf bei mehreren Verurteilungen einer Person erst erfolgen, wenn für alle Verurteilungen die Voraussetzungen der Tilgung vorliegen.

Lautet die Verurteilung, über die unbeschränkt Auskunft erteilt werden muß oder die im Strafregister noch nicht getilgt werden kann, nur [auf Verweis oder] auf Geldstrafe, allein oder in Verbindung miteinander oder mit Nebenstrafen, so finden die Vorschriften des Abs. 1 keine Anwendung.

1) Die Worte „auf Verweis" sind hinfällig geworden, da der Verweis als Strafe beseitigt ist und alle Verweisvermerke zu tilgen sind (§ 46 JGG.).

2) Die Bestimmung, daß eine auf Geldstrafe — einerlei wie hoch — lautende Verurteilung der beschränkten Auskunft oder Tilgung nicht entgegensteht, ist neu und beruht auf Art. VI Nr. 1 des Geldstrafengesetz. v. 27. 4. 1923, jetzt Art. X der VO. über Vermögensstrafen und Bußen v. 6. 2. 1924. Bis dahin galt dies nur für Geldstrafen von höchstens 500 Mark. Geldstrafen, die an Stelle einer an sich verwirkten Freiheitsstrafe gemäß § 27b StGB. erkannt worden sind, sind reine Geldstrafen.

§ 3

Hat der Verurteilte die bürgerlichen Ehrenrechte oder einzelne Rechte oder Fähigkeiten verloren, so kommen ihm die Vergünstigungen des § 1 nicht zugute, solange er diese Rechte und Fähigkeiten nicht wiedererlangt hat.

Das gleiche gilt, solange über einen Verurteilten eine Steckbriefnachricht im Strafregister niedergelegt ist.

Die Vergünstigungen des § 1 kommen einem Verurteilten für eine Verurteilung solange nicht zugute, als sich aus dem Inhalte des Strafregisters ergibt, daß die Vollstreckung noch nicht erledigt ist.

Solange also eine Bewährungsfrist infolge einer bedingten Strafaussetzung läuft, tritt beschränkte Auskunftserteilung oder Tilgung nicht ein.

§ 4

Über Verurteilungen, die der beschränkten Auskunft unterliegen, wird nur den Gerichten, den Behörden der Staatsanwaltschaft sowie auf ausdrückliches Ersuchen den obersten Reichs- oder Landesbehörden Auskunft erteilt. Ist hiernach Auskunft zu erteilen, so ist darin besonders hervorzuheben, daß die Verurteilung der beschränkten Auskunft unterliegt.

Soweit über eine Verurteilung, die der beschränkten Auskunft unterliegt, keine Auskunft erteilt werden darf, sind Anfragen in gleicher Weise zu beantworten wie in den Fällen, in denen ein Vermerk nicht vorhanden ist.

Diese Vorschriften gelten entsprechend für die Auskunft aus den polizeilichen Listen; bei der Ausstellung polizeilicher Führungszeugnisse bleiben Verurteilungen, die der beschränkten Auskunft unterliegen, außer Betracht.

§ 5

Ein Vermerk, der im Strafregister zu tilgen ist, wird aus dem Register entfernt und vernichtet; enthält das Register außerdem Vermerke, die bestimmungsgemäß darin verbleiben müssen, so wird der zu tilgende Vermerk unkenntlich gemacht. Ebenso wird der Vermerk über die Verurteilung aus den polizeilichen Listen entfernt oder darin unkenntlich gemacht.

Ist der Vermerk über eine Verurteilung im Strafregister getilgt worden, so gilt die Verurteilung nicht mehr als Bestrafung im Sinne solcher Vorschriften, die für den Fall, daß der Täter bereits bestraft ist, eine schwerere Strafe oder andere Rechtsnachteile androhen.

Die rückfallbegründende Eigenschaft geht erst mit dem tatsächlichen Vollzug der Tilgung verloren, nicht schon mit der Tilgungsreife. So RGStr. Bd. 56 S. 75 (anders im Falle des § 11 Abs. 2, wo die Tilgungsreife maßgebend ist; von diesem Fall handelt RGStr. Bd. 57 S. 390).

§ 6

Die Frist, nach deren Ablauf beschränkt Auskunft zu erteilen ist, beträgt

1. fünf Jahre, wenn [auf Verweis oder] auf Geldstrafe oder auf Freiheitsstrafe von höchstens drei Monaten, allein oder in Verbindung miteinander oder mit Nebenstrafen, erkannt worden ist, mit Ausnahme der Fälle, in denen auf Überweisung an die Landespolizeibehörde oder auf die Zulässigkeit von Polizeiaufsicht erkannt worden ist;
2. zehn Jahre in allen übrigen Fällen.

Die Frist der Nr. 1 beginnt mit dem im Strafregister vermerkten Tage der Verurteilung.

Die Frist der Nr. 2 beginnt mit dem Tage, an dem die Strafe vollstreckt, verjährt oder erlassen ist; ist auf Überweisung an die Landespolizeibehörde oder auf die Zulässigkeit von Polizeiaufsicht erkannt worden, so beginnt die Frist erst, wenn diese Maßregeln erledigt sind. Ist die Strafe nach einer Probezeit erlassen, so wird deren Dauer, auf volle Monate abgerundet, auf die Frist der Nr. 2 angerechnet.

War der Verurteilte zur Zeit der Tat noch nicht achtzehn Jahre alt, so verkürzt sich die Frist von fünf Jahren auf drei Jahre und die Frist von zehn Jahren auf sechs Jahre.

---

1) Wegen des Verweises vgl. Anm. 1 zu § 2.

2) Die Fassung des Abs. 1 beruht auf Art. VI des Geldstrafenges. v. 27. 4. 1923, jetzt Art. X der VO. über Vermögensstrafen und Bußen v. 6. 2. 1924. Die kurze 5-(bzw. 3-)jährige Tilgungsfrist, die bis zum 1. 5. 1923 nur für Geldstrafen bis zu 500 Reichsmark galt, gilt jetzt für alle Geldstrafen ohne Rücksicht auf ihre Höhe — auch für die auf Grund des § 27b StGB. erkannten —, und zwar rückwirkend auch für alle vor dem 1. 5. 1923 eingetragenen Geldstrafen.

§ 7

Die Frist, nach deren Ablauf ein Strafvermerk zu tilgen ist, beträgt

1. fünf Jahre, wenn [auf Verweis oder] auf Geldstrafe oder auf Haft oder auf Gefängnis oder Festungshaft

von höchstens einer Woche, allein oder in Verbindung miteinander oder mit Nebenstrafen, erkannt worden ist, mit Ausnahme der Fälle, in denen auf Überweisung an die Landespolizeibehörde oder auf die Zulässigkeit von Polizeiaufsicht erkannt worden ist;

2. zehn Jahre in allen übrigen Fällen.

Die Frist beginnt mit dem Tage, von dem ab nur noch beschränkt Auskunft zu erteilen ist.

War der Verurteilte zur Zeit der Tat noch nicht achtzehn Jahre alt, so verkürzt sich die Frist von fünf Jahren auf drei Jahre und die Frist von zehn Jahren auf sechs Jahre.

---

1) Wegen des Verweises vgl. Anm. 1 zu § 2.

2) Die Fassung des Abs. 1 Nr. 1 beruht auf Art. VI des Geldstrafenges. v. 27. 4. 1923, jetzt Art. X der VO. über Vermögensstrafen und Bußen v. 6. 2. 1924. Danach gilt die kurze 5-(bzw. 3-)jährige Frist, die früher nur für Geldstrafen bis zu 5000 Reichsmark galt, jetzt für alle Geldstrafen ohne Rücksicht auf ihre Höhe — auch für die auf Grund des § 27b StGB. erkannten — und zwar rückwirkend auch für alle vor dem 1. 5. 1923 eingetragenen Geldstrafen.

§ 8

Die Landesjustizverwaltung kann in Fällen, in denen die Voraussetzungen der beschränkten Auskunft oder der Tilgung nicht vorliegen, diese Maßnahmen anordnen, wenn dadurch staatliche Interessen nicht gefährdet werden.

Hat der Verurteilte die bürgerlichen Ehrenrechte oder einzelne Rechte oder Fähigkeiten verloren, so sollen die Maßnahmen nicht angeordnet werden, solange er diese Rechte und Fähigkeiten nicht wiedererlangt hat.

Zuständig für die Anordnung ist die oberste Justizverwaltungsbehörde des Landes, in dessen Bezirk das Strafregister geführt wird, und für das Register, das beim Reichsjustizministerium geführt wird, der Reichsminister der Justiz.

Wird angeordnet, daß eine Verurteilung der beschränkten Auskunft unterliegen soll, so beginnt die Frist für die Tilgung des Strafvermerkes mit dem Tage der Anordnung.

§ 9

Vermerke über Verurteilungen im Ausland sind im Sinne dieses Gesetzes Vermerken über Verurteilungen im Inland gleichzuachten.

§ 10

Bei der Verwertung von Auszügen aus ausländischen Strafregistern ist so zu verfahren, wie wenn die in dem Auszug enthaltenen Vermerke in einem inländischen Strafregister enthalten wären. Die Vorschriften des § 11 Abs. 2 sind entsprechend anzuwenden.

Bei der Verwertung von Auszügen aus Strafregistern des Saargebiets gilt § 10 entsprechend. Vgl. § 4 des Reichsges. v. 10. 3. 1924 (RGBl. I S. 241).

§ 11

Das Gesetz tritt mit dem 1. Juli 1920 in Kraft.

Bei Verurteilungen, die schon vor dem Inkrafttreten dieses Gesetzes in das Strafregister aufgenommen worden sind, berechnen sich die Fristen so, wie wenn das Gesetz schon zur Zeit der Aufnahme des Vermerkes in das Register in Kraft gewesen wäre. Ist in den Fällen des § 6 Nr. 2 aus dem Register nicht zu ersehen, wann die Strafe vollstreckt worden ist, so ist die Frist vom Tage der Verurteilung an zu berechnen; sie verlängert sich jedoch in diesem Falle um die Dauer der erkannten Freiheitsstrafe. Das gleiche gilt in den Fällen des § 6 Nr. 2, wenn nach dem Inhalt des Registers anzunehmen ist, daß eine Strafe erst nach einer Probezeit erlassen worden ist und die Dauer dieser Probezeit aus dem Register nicht zu ersehen ist. Ist aus dem Register nicht zu ersehen, ob der Verurteilte zur Zeit der Tat schon achtzehn Jahre alt war, so sind die kürzeren Fristen anzuwenden, wenn der Verurteilte zur Zeit der Verurteilung noch nicht neunzehn Jahre alt war; andernfalls greifen die längeren Fristen Platz.

Verurteilungen, die vor dem Inkrafttreten dieses Gesetzes im Strafregister gelöscht worden sind, unterliegen der beschränkten Auskunft. Die Frist für ihre Tilgung beginnt mit dem Tage, an dem die Löschung angeordnet worden ist.

Zu Abs. 2 S. 1: Für die Frage der Rückfallbegründung ist der Fristablauf, die Tilgungsreife maßgebend, nicht der tatsächliche Vollzug der Tilgung (RGStr. Bd. 57 S. 390). Vgl. Anm. zu § 5.

XIII b.

Strafregisterverordnung.

Vom 12. Juni 1920 (Zentralbl. S. 909).

In der Fassung der VO. v. 2. 6. 1922 (Zentralbl. S. 325), 17. 5. 1923 (Zentralbl. S. 364) und 24. 11. 1923 (Reichsminist.-Bl. S. 1091).

Die Texte sämtlicher Verordnungen sind auch im pr. JMBl. abgedruckt; vgl. JMBl. 1920 S. 318; 1922 S. 279; 1923 S. 542; 1924 S. 30. Für Preußen sind insbesondere zu beachten die Ausführungsverfügung des Justizministers v. 21. 6. 1920 (JMBl. S. 340), die AV. v. 25. 7. 1922 zur Änderung der Ausführungsverfügung v. 21. 6. 1920 (JMBl. 1922 S. 280) sowie die AV. des JM. zur Änderung und Ergänzung der Vorschriften über das Strafregister v. 17. 7. 1923 und 19. 1. 1924 (JMBl. 1923 S. 542 und 1924 S. 30); vgl. ferner (insbesondere wegen der polizeilichen Listen) die AV. des preuß. Min. d. Inn. v. 17. 6. 1920, 31. 10. 1922 und 4. 10. 1923 (MBl. i. V. 1920 S. 244; 1922 S. 1078; 1923 S. 1007).

Auf Grund des Artikel 77 der Verfassung des Deutschen Reichs wird von der Reichsregierung mit Zustimmung des Reichsrats folgendes verordnet:

I. Strafregisterbehörden.

§ 1

Das Strafregister für eine Person wird in dem Bezirke geführt, in dem ihr Geburtsort liegt. Die Landesregierungen bestimmen, welche Behörden die Strafregister führen. Die Aufsicht und Leitung steht der Landesjustizverwaltung oder der von ihr bestimmten Behörde zu.

Über Personen, deren Geburtsort außerhalb des Reichsgebiets gelegen, zweifelhaft oder nicht zu ermitteln ist, sowie über juristische Personen und Personenvereinigungen wird das Strafregister bei dem Reichsjustizministerium oder der von ihm bestimmten Behörde geführt. Die Leitung und Aufsicht hat der Reichsminister der Justiz oder die von ihm bestimmte Behörde.

Der Reichsminister der Justiz wird bekanntmachen, welche Behörden die Strafregister führen.

Vgl. die Bekanntmachung der Strafregisterbehörden durch Erlasse des Reichsministers der Justiz v. 6. 8. 1920 (Zentralbl. S. 1360; auch Pr. JMBl. S. 443), v. 22. 12. 1920 (Zentralbl. S. 1733; auch Pr. JMBl. 1921 S. 71), v. 7. 5. 1921 (Zentralbl. S. 392) und v. 7. 7. 1924 (Reichsministerialbl. S. 255).

II. Mitteilungen an das Strafregister.

§ 2

Dem Strafregister sind die Verurteilungen mitzuteilen, die durch Urteil oder Strafbefehl eines deutschen Gerichts oder durch Strafverfügung oder Strafbescheid einer deutschen Behörde ausgesprochen werden und auf Todesstrafe, auf Freiheitsstrafe oder auf Geldstrafe von mehr als fünfzig Goldmark lauten. Verurteilungen zu Geldstrafen sind nicht mitzuteilen, wenn die Strafe wegen einer Übertretung verhängt ist. Verurteilungen, die geeignet sind, bei Aburteilung einer späteren Straftat die Anwendung einer besonderen Strafdrohung wegen Rückfalls zu begründen, sind auch dann mitzuteilen, wenn sie Übertretungen betreffen oder wegen eines Vergehens auf Geldstrafe bis zu fünfzig Goldmark lauten.

Enthält eine Entscheidung mehrere Verurteilungen einer Person, von denen nur ein Teil registerpflichtig ist, so sind alle Verurteilungen mitzuteilen.

Mitteilungen über Verurteilungen im Ausland sind ohne Rücksicht auf Art und Höhe der Strafe in die Strafregister aufzunehmen, wenn sie sich auf Deutsche oder auf solche Ausländer beziehen, die im Reichsgebiete geboren sind oder wohnen.

---

1) Nach der jetzigen Fassung sind z. B. stets registerpflichtig: „Die wegen Felddiebstahls nach §§ 18, 19 des Pr. Feld- und Forstpolizeigesetzes erkannten Strafen (nicht aber solche wegen sonstiger Übertretungen des Feld- und Forstpolizeigesetzes); ferner die Geldstrafen auf Grund des Pr. Forstdiebstahlsgesetzes und solcher Steuergesetze, die die Höhe der Strafe nach dem Einfachen, dem Mehrfachen oder einem Bruchteil eines bestimmten Betrags (z. B. des Betrags der hinterzogenen Steuer) oder in ähnlicher Weise berechnen. Auf Geldstrafen, die wegen solcher Übertretungen bereits vor dem 1. 5. 1923 rechtskräftig erkannt worden sind, bezieht sich diese Vorschrift nicht. Ihrer nachträglichen Mitteilung bedarf es nicht."

Vgl. die AV. des Pr. JM. v. 27. 7. 1923 (JMBl. S. 542) unter II 2, und wegen der wichtigsten Rückfallvergehen die Anm. 1 zur AV. v. 21. 6. 1920 (JMBl. S. 341) sowie Anm. 3 zu § 26 GVG.

2) Geldstrafen, die auf Grund des § 27b StGB. an Stelle einer an sich verwirkten Freiheitsstrafe erkannt sind, sind wie gewöhnliche Geldstrafen zu behandeln.

3) Über die Registerbehandlung der Geldstrafen, die nicht auf Goldmark lauten — das sind alle vor dem 8. 12. 1923 erkannten Geldstrafen — bestimmt Art. II Abs. 2 und 3 der Verordnung v. 24. 11. 1923 (Reichsministerialbl. S. 1091) folgendes: „Für Verurteilungen zu Geldstrafen, die nicht auf Goldmark lauten, bleiben die bisherigen Vorschriften in Kraft. Verurteilungen zu Geldstrafen bis zu einhundertfünfzig Millionen Mark, die seit dem 20. 10. 1923 ergangen sind, sind dem Strafregister nicht mehr mitzuteilen, es sei denn, daß die Verurteilung geeignet ist, bei Aburteilung einer späteren Straftat die Anwendung einer besonderen Strafdrohung wegen Rückfalls zu begründen. Im Strafregister eingetragene Vermerke über Verurteilungen, die nach Abs. 2 Satz 2 nicht mehr einzutragen wären, sind im Strafregister zu tilgen."

Die „bisherigen Vorschriften", die danach insoweit maßgebend bleiben, sind enthalten in der Verordnung v. 17. 5. 1923 (Reichsministerialbl. S. 364). Die einschlägigen Bestimmungen lauten: „Art. I Nr. 1: Dem Strafregister sind die Verurteilungen mitzuteilen, die durch Urteil oder Strafbefehl eines deutschen Gerichts oder durch Strafverfügung oder Strafbescheid einer deutschen Behörde ausgesprochen werden und auf Todesstrafe, auf Freiheitsstrafe oder auf Geldstrafe von mehr als fünftausend Mark lauten. Verurteilungen zu Geldstrafen sind nicht mitzuteilen, wenn die Strafe wegen einer Übertretung verhängt ist. Verurteilungen, die geeignet sind bei Aburteilung einer späteren

Straftat die Anwendung einer besonderen Strafdrohung wegen Rückfalls zu begründen, sind auch dann mitzuteilen, wenn sie Übertretungen betreffen oder wegen eines Vergehens auf Geldstrafe bis zu fünftausend Mark lauten.

Art. II: Diese Verordnung tritt mit Wirkung vom 1. 5. 1923 in Kraft.

Die im Strafregister seit dem 1. 5. 1923 eingetragenen Vermerke über Verurteilungen zu Geldstrafen sind zu tilgen, wenn die Verurteilung nach den Vorschriften des Artikels I dieser Verordnung nicht in das Strafregister einzutragen wäre."

Für die vor dem 1. 5. 1923 eingetragenen Geldstrafenvermerke sind noch die Bestimmungen der Strafregisterverordnung in der Fassung v. 12. 6. 1920 und der Abänderungsverordnung v. 2. 6. 1922 (siehe oben in der Überschrift) maßgebend, von denen die erstere schlechtweg alle Geldstrafen bis zu 150 Mark (Reichsmark) — einerlei ob wegen Übertretung oder wegen Vergehen erkannt — für registerfrei erklärt, und die letztere (nachdem inzwischen die Übertretungsstrafgrenze auf 1500 Mark erhöht war) alle wegen Übertretungen erkannten Geldstrafen ausnahmslos registerfrei läßt und bei den wegen Vergehens erkannten Geldstrafen die 150 Mark überschreitenden für registerpflichtig erklärt.

4) Für die vor dem 1. 7. 1923 erkannten Verweisstrafen — seitdem kann auf Verweisstrafen nicht mehr erkannt werden — hat § 46 JGG. die Tilgung angeordnet.

5) Erziehungsmaßregeln auf Grund des Jugendgerichtsgesetzes sind keine Strafen und nicht registerpflichtig. Vgl. für Preußen AV. d. JM. v. 17. 7. 1923 (JMBl. S. 542).

§ 3

Dem Strafregister sind die Beschlüsse der Landespolizeibehörden mitzuteilen, die auf Grund der Überweisung eines Verurteilten an die Landespolizeibehörde ergehen oder durch die ein Ausländer auf Grund einer Verurteilung aus dem Reichsgebiete verwiesen wird.

§ 4

Ist auf Freiheitsstrafe von mehr als drei Monaten oder neben einer Freiheitsstrafe auf Überweisung an die Landespolizeibehörde oder auf die Zulässigkeit von Polizeiaufsicht erkannt, so ist dem Strafregister der Tag mitzuteilen, an dem die Freiheitsstrafe verbüßt ist.

In anderen als den im Abs. 1 bezeichneten Fällen ist bei registerpflichtigen Verurteilungen dem Strafregister Mitteilung zu machen, wenn sich die Strafvollstreckung infolge Strafaufschubs oder aus anderen Gründen solange verzögert, daß nur noch drei Monate bis zu dem Zeitpunkt fehlen, von dem ab über die Verurteilung nur noch beschränkt Auskunft zu erteilen wäre. Erledigt sich später die Vollstreckung, so ist dies ebenfalls dem Strafregister mitzuteilen.

§ 5

Dem Strafregister ist Mitteilung zu machen, wenn dem Verurteilten eine Bewährungsfrist bewilligt worden ist, und zwar unter Angabe des Tages der Bewilligung, oder wenn die Bewährungsfrist verlängert oder widerrufen worden ist.

Dies gilt auch für Verurteilungen, die nicht registerpflichtig sind.

Die §§ 5 und 6 sind anzuwenden, einerlei ob die Aussetzung der Strafvollstreckung oder der Erlaß der Strafe nach Ablauf der Bewährungsfrist im Weg der Gnade (durch Gericht oder Justizminister) oder auf Grund des Jugendgerichtsgesetzes bewilligt wird.

§ 5a

Dem Strafregister ist Mitteilung zu machen, wenn der Verurteilte auf Grund des § 23 des Strafgesetzbuchs vorläufig entlassen worden ist, und zwar unter Angabe des Tages der Entlassung, oder wenn die vorläufige Entlassung widerrufen worden ist.

§ 6

Dem Strafregister ist Mitteilung zu machen:

1. wenn eine registerpflichtige Strafe im Gnadenweg erlassen oder gemildert worden ist oder wenn einem Verurteilten die bürgerlichen Ehrenrechte oder einzelne Rechte oder Fähigkeiten, die er infolge der Verurteilung verloren hat, wieder verliehen worden sind;

2. wenn eine registerpflichtige Verurteilung infolge Wiederaufnahme des Verfahrens rechtskräftig aufgehoben worden ist.

Vgl. die Anm. zu § 5.

§ 7

Dem Strafregister ist Mitteilung zu machen:

1. wenn auf Grund des § 8 des Gesetzes über beschränkte Auskunft aus dem Strafregister und die Tilgung von Strafvermerken vom 9. April 1920 (RGBl. S. 507) angeordnet worden ist, daß über eine Verurteilung nur noch beschränkt Auskunft zu erteilen ist;
2. wenn auf Grund des genannten § 8 die Tilgung eines Strafvermerkes angeordnet worden ist.

§ 8

Dem Strafregister sind mitzuteilen:

1. Entscheidungen eines deutschen Gerichts oder einer deutschen Strafverfolgungsbehörde, durch die jemand freigesprochen oder außer Verfolgung gesetzt oder ein Strafverfahren eingestellt oder die Eröffnung des Hauptverfahrens abgelehnt wird, weil der Beschuldigte nicht zurechnungsfähig war, oder durch die ein Strafverfahren vorläufig eingestellt wird, weil der Beschuldigte nach der Tat geisteskrank geworden ist;
2. Entscheidungen eines deutschen Gerichts, durch die jemand wegen Geisteskrankheit, Geistesschwäche oder Trunksucht entmündigt wird;
3. die Aufhebung der Entmündigung auf Anfechtungsklage (§§ 672, 684 Abs. 4 der Zivilprozeßordnung);
4. die Wiederaufhebung der Entmündigung nach §§ 675, 685, 686 Abs. 4 der Zivilprozeßordnung.

§ 9

Die Landesregierungen können die Behörden ihres Landes anweisen, den Strafregistern zu Zwecken der

Strafrechtspflege oder der Polizei noch andere Mitteilungen zu machen.

§ 10

Zur Mitteilung ist verpflichtet:

1. bei Entscheidungen und sonstigen Nachrichten in Strafsachen die Behörde, welche die Strafvollstreckung zu veranlassen hat, oder nach näherer Bestimmung der Landesregierung die Staatsanwaltschaft;
2. in den Fällen des § 3 die Landespolizeibehörde, die den Beschluß erlassen hat;
3. in den Fällen des § 8 Nr. 1 die Strafverfolgungsbehörde;
4. in den Fällen des § 8 Nr. 2 bis 4 die Staatsanwaltschaft, bei Entmündigung wegen Trunksucht das Gericht.

Die Mitteilungen geschehen bei Entscheidungen binnen zwei Wochen nach Eintritt der Rechtskraft, und soweit die Entscheidung einer Rechtskraft nicht fähig ist, binnen zwei Wochen nach ihrem Erlasse, bei anderen Tatsachen binnen zwei Wochen nach ihrem Eintritt.

§ 11

Zu den Mitteilungen sind Vordrucke nach den anliegenden Mustern zu verwenden.

Es sind bestimmt:

das Muster A (Strafnachricht) für die Mitteilungen nach § 2 Abs. 1, 2 und § 8 Nr. 1, 2;
das Muster B für die Mitteilungen nach § 3;
das Muster C für die Mitteilungen nach § 4;
das Muster D für die Mitteilungen nach § 5;
das Muster E für die Mitteilungen nach §§ 5a, 6, 7, § 8 Nr. 3, 4.

In den Fällen des § 5a, des § 6 Nr. 2 und des § 8 sind die Muster entsprechend handschriftlich abzuändern.

Die Muster sind hier nicht mitabgedruckt.

§ 12

Die Vordrucke sind vollständig auszufüllen. Lassen sich einzelne Tatsachen weder aus den Akten noch durch nachträgliche Erhebungen zweifelsfrei feststellen, so ist hierauf hinzuweisen.

Der Familienname, bei Frauen der Geburtsname, ist in größeren Buchstaben zu schreiben. Etwaige Beinamen sind beizufügen.

Ist der Geburtsort eine Stadt von mehr als 100000 Einwohnern, so ist möglichst auch Stadtteil und Straße anzugeben.

Als Tag der Entscheidung gilt der Tag der Entscheidung erster Instanz oder, wenn die Entscheidung in höherer Instanz in der Hauptsache geändert worden ist, der Tag der Entscheidung höherer Instanz.

War der Täter zur Zeit der Tat noch nicht achtzehn Jahre alt, so ist dies in der Strafnachricht in der Spalte „Bemerkungen" durch das Wort „jugendlich" kenntlich zu machen.

§ 13

Führt der Betroffene befugt oder unbefugt mehrere Familiennamen, so ist für jeden Namen eine Mitteilung zu machen.

Bestehen Zweifel über die Richtigkeit des in die Mitteilung aufgenommenen Geburtsorts, oder handelt es sich um einen Zigeuner, so ist außer der Mitteilung an das Strafregister des Geburtsorts eine zweite Mitteilung an das Strafregister zu senden, das bei dem Reichsjustizministerium geführt wird.

Auf jeder Mitteilung ist anzugeben, für welchen anderen Namen oder wohin weitere Mitteilungen gemacht worden sind.

§ 14

Stellt sich in einem gerichtlichen Verfahren oder bei einer Strafverfolgungsbehörde heraus, daß der Name einer Person in einer registerpflichtigen Entscheidung falsch angegeben ist oder daß registerpflichtige Vorgänge in das zuständige Strafregister nicht aufgenommen sind, so ist alsbald zu veranlassen, daß das Strafregister ergänzt oder berichtigt wird.

III. Führung der Strafregister.

§ 15

Die Strafregisterbehörde hat die Mitteilungen, bevor diese in das Strafregister aufgenommen werden, daraufhin zu prüfen, ob die vorgeschriebenen Angaben richtig und vollständig sind; soweit nötig, sind zur Prüfung die Standesregister heranzuziehen.

Ergeben sich erhebliche Mängel, welche die Strafregisterbehörde nicht selbst beseitigen kann, so ist der Vermerk mit kurzer Begründung an die mitteilende Behörde zur Prüfung und Berichtigung zurückzusenden.

§ 16

Die Mitteilungen werden im Strafregister alphabetisch geordnet. Bei Frauen ist der Geburtsname maßgebend.

§ 17

Mitteilungen nach § 2, § 4 Abs. 2 Satz 1, § 5 Abs. 2 und § 8 Nr. 1, 2 werden in das Strafregister eingelegt.

Mitteilungen nach § 4 Abs. 2 Satz 1 werden aus dem Strafregister entfernt und vernichtet, wenn eine Nachricht nach § 4 Abs. 2 Satz 2 eingeht; dabei ist diese Nachricht mitzuvernichten.

Mitteilungen nach § 5 Abs. 2 werden aus dem Strafregister entfernt und vernichtet, wenn die Bewährungsfrist widerrufen oder die Mitteilung sonst gegenstandslos geworden ist, oder wenn seit dem Ablauf der Bewährungsfrist drei Monate verstrichen sind.

§ 18

Mitteilungen nach § 3 sind auf die im Strafregister bereits vorhandene Mitteilung über die zugrunde liegende

Verurteilung oder in eine Strafliste (§ 20) als neue fortlaufende Nummer zu übertragen und dann zu vernichten.

§ 19

Mitteilungen nach § 4 Abs. 1, § 5 Abs. 1, § 5a, § 6 Nr. 1, § 7 Nr. 1 und § 8 Nr. 4 sind bei der Entscheidung, auf die sie sich beziehen, in der Spalte „Bemerkungen" einzutragen und dann zu vernichten.

In den Fällen des § 6 Nr. 2, § 7 Nr. 2 und § 8 Nr. 3 ist der Vermerk über die Verurteilung oder die Entmündigung aus dem Strafregister zu entfernen und zu vernichten; enthält das Strafregister noch andere Vermerke, so wird der Vermerk unkenntlich gemacht. Die Mitteilung nach § 6 Nr. 2, § 7 Nr. 2 oder § 8 Nr. 3 ist mitzuvernichten.

§ 20

Mehrere Mitteilungen nach § 2 Abs. 1, 2, § 8 Nr. 1, 2, welche dieselbe Person betreffen, sind in einem Umschlag mit Namensaufschrift gemeinsam aufzubewahren oder in eine Strafliste zu übertragen.

Zur Strafliste ist das Muster A zu verwenden; eine schon vorhandene Mitteilung nach Muster A kann benutzt werden. Soweit nötig, wird die Strafliste auf einem beigefügten Bogen fortgesetzt.

Weichen die Angaben über die Person in den einzelnen Mitteilungen erheblich von einander ab, so werden auf der Vorderseite der Strafliste entsprechende Vermerke mit roter Tinte gemacht.

Mitteilungen über Verurteilungen im Ausland werden in die Strafliste nicht übertragen, sondern sind im Strafregister gesondert zu verwahren. Es kann jedoch über Verurteilungen im Ausland eine besondere Strafliste geführt werden.

§ 21

Vermerke über Personen, deren Tod dem Strafregister glaubhaft nachgewiesen wird, werden aus dem Strafregister entfernt.

Ferner werden entfernt Vermerke über Personen, die über 80 Jahre alt sind. Dies gilt nicht, wenn dem Strafregister bekannt ist, daß der Betroffene noch lebt, oder wenn seit der letzten im Strafregister vermerkten Verurteilung noch nicht fünf Jahre verstrichen sind.

§ 22

Ein Strafvermerk, der auf Grund des § 5 des Gesetzes über beschränkte Auskunft aus dem Strafregister und die Tilgung von Strafvermerken vom 9. April 1920 RGBl. S. 507) zu tilgen ist, ist zu vernichten oder unkenntlich zu machen, wenn sich bei der Bearbeitung eines Registerblatts wegen einer eingegangenen Anfrage oder Mitteilung oder bei einer allgemeinen Durchsicht des Strafregisters ergibt, daß die Voraussetzungen der Tilgung vorliegen. Der Vermerk soll jedoch erst dann aus dem Strafregister entfernt oder in dem Strafregister unkenntlich gemacht werden, wenn seit Ablauf der gesetzlichen Frist weitere drei Monate verflossen sind.

§ 23

Ein Vermerk, der zu Unrecht aus dem Strafregister entfernt worden ist, darf nur mit Genehmigung der Aufsichtsbehörde in das Strafregister wieder aufgenommen werden.

Bis die Aufsichtsbehörde entschieden hat, wird eine entsprechende Vormerkung in das Strafregister eingelegt.

§ 24

Das Strafregister ist verschlossen aufzubewahren.

§ 25

Läuft nach dem Inhalt des Strafregisters für einen Verurteilten eine Bewährungsfrist, so hat das Strafregister, wenn während der Probezeit eine Strafnachricht eingeht, hiervon die Behörde, welche die Bewilligung der Bewährungsfrist mitgeteilt hat, sofort zu benachrichtigen, und zugleich die Behörde, welche die Strafnachricht eingesandt hat, in Kenntnis zu setzen, daß eine Bewährungsfrist läuft. Das gleiche gilt, wenn eine Steckbriefnachricht, ein Ersuchen um Auskunftserteilung oder eine andere Mitteilung eingeht, die auf eine anhängige Untersuchung schließen läßt.

Wird die Bewährungsfrist widerrufen und läuft noch eine andere Bewährungsfrist, so hat das Strafregister die Behörde, welche die andere Bewährungsfrist mitgeteilt hat, von dem Widerrufe zu benachrichtigen.

Ob die Bewährungsfrist im Gnadenweg oder auf Grund des Jugendgerichtsgesetzes bewilligt ist, ist gleichgültig.

IV. Auskunft aus dem Strafregister.

§ 26

Gerichten, Strafverfolgungsbehörden, höheren Verwaltungsbehörden und Polizeibehörden ist über den Inhalt des Strafregisters auf jedes Ersuchen, das eine bestimmte Person betrifft, kostenfrei Auskunft zu erteilen.

Welche Behörden als höhere Verwaltungsbehörden und als Polizeibehörden im Sinne dieser Vorschrift anzusehen sind, bestimmen die Landesregierungen, bei Reichsbehörden der Reichsminister der Justiz. Der Reichsminister der Justiz kann im Einvernehmen mit den beteiligten Landesregierungen bestimmen, daß auch anderen Behörden oder Stellen Auskunft aus dem Strafregister zu erteilen ist. Der Reichsminister der Justiz wird die Behörden und Stellen bekanntmachen, denen hiernach Auskunft aus den Strafregistern zu erteilen ist.

Bei der Auskunftserteilung sind Verurteilungen im Ausland nur zu berücksichtigen, wenn sie nach Art und Höhe der Strafe registerpflichtig wären.

Die jetzt maßgebende Zusammenstellung der Behörden und Stellen, denen Auskunft zu erteilen ist, enthält die Bekanntmachung des Reichsmin. d. Justiz v. 3. 12. 1923 (Reichsministerialbl. S. 1093; JMBl. 1924 S. 30).

§ 27

Das Ersuchen (§ 26) ist auf einem Vordruck F an das zuständige Strafregister zu richten.

Das Strafregister erteilt die Auskunft durch Ausfüllung des Vordrucks. Abweichungen in den Angaben über die Person sind auf Grund des Strafregisters mit roter Tinte zu berichtigen, fehlende Angaben zu ergänzen. Ersuchen, die nicht auf dem vorgeschriebenen Vordruck gestellt werden, können zurückgewiesen werden. Die Urschrift des Strafregisters darf nicht versandt werden.

Anfragen, die zur Zuständigkeit eines anderen Strafregisters gehören, sind an dieses abzugeben. Ist das zuständige Strafregister nicht bekannt, so ist die Anfrage mit einer kurzen Bemerkung zurückzusenden.

Auf Verlangen ist die Auskunft telegraphisch zu erteilen. Die entstehenden Telegrammgebühren hat die ersuchende Stelle zu erstatten, soweit nicht die Landesjustizverwaltungen für die in ihrem Bezirke geführten Strafregister oder der Reichsminister der Justiz für das im § 1 Abs. 2 bezeichnete Strafregister etwas anderes bestimmen. Sind Vorstrafen telegraphisch mitgeteilt, so ist eine schriftliche Auskunft nachzusenden.

Auch Auskunftserteilung durch Fernsprecher ist mit Rücksicht auf den Ausbau des beschleunigten Verfahrens jetzt fast überall zugelassen (z. B. von Preußen, Bayern, Württemberg, Baden; ebenso auch für das Strafregister beim Reichsjustizministerium). Vgl. die Anm. zu § 212 StPO.

§ 28

Ist eine Person wegen eines Vergehens, das mit keiner schwereren Strafe als mit Freiheitsstrafe bis zu sechs Monaten bedroht ist, oder wegen einer Übertretung wiederholt verurteilt, so brauchen von jeder Art dieser strafbaren Handlungen nur die drei letzten Verurteilungen in die Auskunft aufgenommen zu werden, sofern nicht die ersuchende Behörde ausdrücklich einen vollständigen Auszug verlangt. Bei den übrigen gleichartigen Verurteilungen genügt die Angabe ihrer Zahl.

Ist auf Überweisung an die Landespolizeibehörde oder auf die Zulässigkeit von Polizeiaufsicht erkannt, so ist die Verurteilung stets vollständig in den Auszug aufzunehmen.

§ 29

Privatpersonen wird Auskunft aus dem Strafregister nicht erteilt.

§ 30

Inwieweit ausländischen Behörden kostenfrei oder gegen eine Gebühr Auskunft aus dem Strafregister zu geben ist, bestimmen, soweit nicht das Reich besondere Vereinbarungen trifft, die Landesregierungen, für das bei dem Reichsjustizministerium geführte Strafregister der Reichsminister der Justiz.

In Mitteilungen an Behörden ausländischer Staaten, mit denen ein Austausch von Strafnachrichten besteht, sind, soweit nichts anderes bestimmt ist, auch solche Verurteilungen aufzunehmen, die nach Art und Höhe der Strafe nicht registerpflichtig wären oder die der beschränkten Auskunft unterliegen. In der Auskunft ist hervorzuheben, daß die Verurteilung nach den deutschen Vorschriften nicht registerpflichtig ist oder daß sie der beschränkten Auskunft unterliegt; bei Vermerken, die vor dem 1. Juli 1920 im Strafregister gelöscht sind, ist die Tatsache der Löschung zu vermerken.

Über die Auskunftserteilung an Behörden der Tschechoslowakischen Republik vgl. Art. 21 des mit dieser geschlossenen Vertrags über die Auslieferung und die sonstige Rechtshilfe in Strafsachen v. 8. 5. 1922 (RGBl. 1923 II S. 48) und AV. des Preuß. Justizministers v. 22. 11. 1923 (JMBl. S. 726).

V. Ausländische Strafarten.

§ 31

Für die Anwendung der Vorschriften über die Erteilung von Auskunft aus dem Strafregister und die Tilgung von Strafvermerken sind bei Verurteilungen im Ausland die ausländischen Strafarten der deutschen Strafart gleichzustellen, der sie nach ihrer Stellung in dem fremden Strafensystem am meisten entsprechen.

Der Reichsminister der Justiz kann hierüber nähere Bestimmungen erlassen.

Vgl. den Erlaß des Reichsministers der Justiz v. 12. 6. 1920 (Zentralbl. S. 928, abgedruckt auch im Pr. JMBl. S. 340).

VI. Steckbriefnachrichten und Suchvermerke.

§ 32

Im Strafregister können Steckbriefnachrichten niedergelegt werden. § 15 gilt entschrechend.

Erledigt sich der Steckbrief, so ist dies dem Strafregister mitzuteilen.

§ 33

Das Strafregister hat sofort nach Eingang einer Steckbriefnachricht zu prüfen, ob Vermerke über den Verfolgten vorhanden sind. Ergibt sich, daß ein anderes Strafregister zuständig ist, so hat es die Steckbriefnachricht an dieses abzugeben und der verfolgenden Behörde hiervon Mitteilung zu machen.

Ist nach dem Inhalt des Strafregisters anzunehmen, daß der Verfolgte sich in Haft befindet, oder ist sein Aufenthalt sonst bekannt, so hat das Strafregister die Steckbriefnachricht mit der entsprechenden Auskunft der verfolgenden Behörde zurückzusenden. Ist der Aufenthalt des Verfolgten nicht bekannt, liegt aber aus der letzten Zeit eine Strafnachricht oder ein Ersuchen einer anderen Behörde um Auskunft über den Verfolgten vor, so hat das Strafregister dies der verfolgenden Behörde unter Zurückbehaltung der Steckbriefnachricht mitzuteilen.

Ebenso ist zu verfahren, wenn später der Aufenthalt des Verfolgten bekannt wird oder von einer anderen Behörde eine Strafnachricht oder eine sonstige Mitteilung oder ein Ersuchen um Auskunftserteilung eingeht.

Liegen von verschiedenen Behörden Steckbriefnachrichten vor, welche dieselbe Person betreffen, so ist jeder Behörde von der Nachricht der anderen Behörden Mitteilung zu machen. Entsprechendes gilt, wenn Steckbriefnachrichten von derselben Behörde unter verschiedenen Aktenzeichen vorliegen.

§ 34

Solange der Aufenthalt des Verfolgten nicht bekannt ist, wird die Steckbriefnachricht im Strafregister aufbewahrt.

Sie wird vernichtet, wenn eine Mitteilung über die Erledigung des Steckbriefs eingeht.

Sind seit der Niederlegung der Steckbriefnachricht drei Jahre verflossen, so wird sie zurückgesandt.

§ 35

Die Vorschriften der §§ 32 bis 34 über Steckbriefnachrichten finden auf Suchvermerke entsprechende Anwendung.

VII. Vordrucke.

§ 36

Die Vordrucke für die Strafnachricht (A), für das Ersuchen um Auskunftserteilung (F) und für die Steckbriefnachricht (G) dürfen höchstens 255 Millimeter hoch und 192 Millimeter breit, und müssen mindestens 240 Millimeter hoch und 177 Millimeter breit sein. Mitteilungen auf Vordrucken, die diese Grenzen nicht einhalten, kann das Strafregister zurückweisen.

Für die übrigen Muster (B bis E) genügt ein kleineres Format.

Die Vordrucke für die Strafnachricht (A) müssen aus starkem, dauerhaftem, weißem Papier sein. Die Steckbriefnachrichten (G) müssen rot sein.

VIII. Schlußbestimmungen.

§ 37

Die Ausführungsbestimmungen werden, soweit nicht die Reichsregierung mit Zustimmung des Reichsrats Vorschriften trifft, von den Landesregierungen, für das bei dem Reichsjustizministerium geführte Strafregister von dem Reichsminister der Justiz erlassen.

Vgl. die in der Anmerkung zur Überschrift aufgeführten Ausführungsverordnungen.

§ 38

Unberührt bleiben die Vorschriften des Reichs und der Länder über sonstige Mitteilungen in Strafsachen. Unberührt bleiben insbesondere die Vorschriften, wonach bestimmten ausländischen Regierungen die Verurteilungen ihrer Staatsangehörigen vertragsmäßig in bestimmter Form mitzuteilen sind.

Die Staaten, mit denen ein regelmäßiger Austausch von Strafnachrichten stattfindet, sind in der AV. d. Pr. JM. v. 11. 7. 1923 (JMBl. S. 531) aufgeführt (ergänzt durch AV. v. 2. 4. 1924 — JMBl. S. 153 —).

§ 39

Die Verordnung tritt mit dem 1. Juli 1920 in Kraft. Gleichzeitig tritt die Verordnung des Bundesrats über die Strafregister vom 16. Mai 1918 (Zentralbl. für das Deutsche Reich S. 164) außer Kraft.

Für die Mitteilung der im militärgerichtlichen Verfahren ergangenen Entscheidungen bleiben bis zum Inkrafttreten des Gesetzes, betreffend Aufhebung der Militärgerichtsbarkeit, die bisherigen Vorschriften in Geltung.

§ 40

Die in dem Strafregister niedergelegten Vermerke über Verurteilungen, die nach den neuen Vorschriften nicht mehr registerpflichtig wären, sind zu vernichten oder, falls das Strafregister außerdem Vermerke enthält, die bestimmungsgemäß darin verbleiben müssen, unkenntlich zu machen.

§ 41

Die bereits vorhandenen oder hergestellten Vordrucke der bisherigen Muster können aufgebraucht werden; die bisherigen Vordrucke für die Strafnachricht A sind jedoch nur für solche Mitteilungen zu verwenden, die nach Annahme der mitteilenden Behörde auf eine Strafliste zu übertragen sind.

Sind Eintragungen, die nach den Vorschriften dieser Verordnung auf dem Muster A in der Spalte „Bemerkungen" zu vermerken sind, auf ein Registerblatt des bisherigen Musters A zu setzen, so sind sie, falls nicht ein neues Registerblatt nach dem neuen Muster A angelegt wird, mit roter Tinte unter den Vermerk zu setzen, auf den sie sich beziehen.

XIV.

Gesetz betr. Aufhebung der Militärgerichtsbarkeit.

Vom 17. August 1920 (RGBl. S. 1579).

In der Fassung des Art. V Ges. z. Entlastung der Gerichte v. 11. 3. 1921 (RGBl. S. 229) und des Art. 12 der VO. v. 27. 10. 1923 (RGBl. I S. 999).

Vgl. dazu Art. 106 RV. (abgedruckt in Anm. 3 zu § 434 StPO.).

Artikel I

§ 1

Abs. 1 [jetzt StPO. § 434 Abs. 1].

Abs. 2. In allen Fällen, in denen das MStGB. oder die Disziplinarstrafordnung strengen Arrest vorsieht, tritt an dessen Stelle die Strafe des mittleren Arrests.

Vgl. im einzelnen den Text des MStGB. (Teil I dieses Werkes).

Artikel II

§ 2

Soweit die Aufhebung erfolgt ist, gelten die nachfolgenden Bestimmungen.

Vgl. jetzt auch § 443 Abs. 2.

§ 3

Auf die bisher der Militärgerichtsbarkeit unterworfenen Personen finden, soweit dieses Gesetz nicht etwas anderes bestimmt, die allgemein gültigen Vorschriften über die Zuständigkeit der Gerichte und das Strafverfahren Anwendung.

[§ 34 Ziffer 9 des Gerichtsverfassungsgesetzes wird aufgehoben.]

Der Abs. 1 ist jetzt in die §§ 24—26, 28, 80, 134 GVG., die die Zuständigkeit der ordentlichen Gerichte regeln, und in die StPO. eingearbeitet worden.

Abs. 2, der Militärpersonen für schöffenfähig erklärte, steht nicht unter dem Vorbehalt des § 2. Die Aufhebung des § 34 Nr. 9 GVG. ist vielmehr endgültig, hat allerdings für die Militärpersonen, die unter Militärgerichtsbarkeit stehen, keine praktische Bedeutung; in der Neufassung des GVG. ist die Änderung berücksichtigt.

§ 4

Durch §§ 6—10 VO. gegenstandslos geworden und jetzt in § 24 Nr. 2, Nr. 3a und c, § 25 Nr. 2b, § 134 Abs. 1 GVG. enthalten.

§ 5

Jetzt §§ 438, 439 StPO.

§ 6

Abs. 1 jetzt § 442 Abs. 1, § 444 StPO.; Abs. 2 jetzt § 442 Abs. 2 StPO.

§ 7

Jetzt § 435 StPO.

§ 8

Jetzt §§ 438, 441 StPO.

§ 9

Abs. 1—3 jetzt § 442 Abs. 1, § 445 StPO.; Abs. 4 jetzt § 442 Abs. 1, § 443 StPO.; Abs. 5 jetzt §§ 438, 440 StPO.

§ 10

Jetzt § 442 Abs. 1, 446 StPO.

§ 11

Abs. 1, 2 jetzt § 442 Abs. 1, § 447 StPO.; Abs. 3 jetzt § 442 Abs. 1, § 448 StPO.

§ 12

Jetzt § 437 StPO.

§ 13

§ 15 MStGB. und § 45 desselben Gesetzes, soweit er auf § 15 verweist, werden aufgehoben. Arreststrafen sind auf Ersuchen der bürgerlichen Strafvollstreckungsbehörden von den Militärbehörden zu vollstrecken, ebenso sonstige Freiheitsstrafen bis zu sechs Wochen, solange die Verurteilten Militärpersonen sind.

1) S. 1 hat — da er unter dem Vorbehalt des § 2 („soweit die Aufhebung erfolgt") steht — noch eine (sehr beschränkte) Bedeutung für die Fälle, in denen eine Militärgerichtsbarkeit noch besteht; vgl. §§ 15, 45 MStGB. und Anm. dazu in Teil I dieses Werkes.

2) Zu S. 2 vgl. auch Anm. 4 zu § 451 StPO. und den Erlaß des Reichswehrministers v. 1. 10. 1920 (Heeresverordnungsbl. S. 878 — auch abgedruckt im Pr.JMBl. S. 536) und v. 1. 6. 1921 (Heeresverordnungsbl. S. 228, Pr.JMBl. S. 386). Vgl. auch die AV. d. Pr. JM. v. 27. 5. 1922 (JMBl. S. 200) über die Erhebung von Haftkosten bei Strafvollstreckung in militärischen Anstalten, die AV. d. Pr. JM. v. 13. 6. 1922 (S. 220) über die Vollstreckung von einfachem Stubenarrest gegen frühere Offiziere, sowie die AV. d. Pr. JM. v. 15. 12. 1921 (JMBl. S. 660) über die Unterbringung kranker Strafgefangener des Reichsheeres.

3) „Militärbehörde": VO. des Reichswehrministers v. 4. 11. 1922 (Heeresverordnungsbl. S. 491, Pr. JMBl. 1923 S. 33).

§ 14

[§ 50 Abs. 4, § 69 Abs. 5, § 77 Abs. 2 der StPO. und § 380 Abs. 4, § 390 Abs. 4, § 409 Abs. 3 der ZPO. werden aufgehoben.]

Auf Satz 1 bezieht sich die generalis clausula des § 2 nicht. Die darin enthaltenen Gesetzesänderungen sind daher endgültig und gelten auch nicht für diejenigen Personen fort, die einer Militärgerichtsbarkeit unterstehen. Sie sind in dem neu veröffentlichten Texte der StPO. und der ZPO. berücksichtigt.

Die Paragraphen der StPO. sind in der alten Numerierung aufgeführt.

Satz 2 des § 14 ist jetzt § 51 Abs. 4 StPO. geworden.

Artikel IIa

Die Stellung der Heeres- und Marineanwälte

§ 15

In der Wehrmacht werden Heeres-(Marine-)Anwälte angestellt, denen Sekretäre beigegeben werden. Welchen Kommandostellen derartiges Personal zuzuordnen ist, entscheidet der Reichswehrminister.

§ 16

Die Heeres-(Marine-)Anwälte sind nicht richterliche Beamte. Sie müssen die Befähigung zum Richteramte haben und können durch hierzu Befähigte vertreten und ersetzt werden.

Ihre Ernennung erfolgt durch den Reichspräsidenten auf Vorschlag des Reichswehrministers auf Lebenszeit.

Die Ernennung der Sekretäre erfolgt durch den Reichswehrminister gleichfalls auf Lebenszeit.

§ 17

Den Heeres-(Marine-)Anwälten liegt außer der ihnen durch Gesetze anderweit zugewiesenen Tätigkeit die Beratung des Befehlshabers, dem sie zugeteilt sind, in allen militärstraf- und disziplinarrechtlichen Angelegenheiten ob. Im Verwaltungswege können ihnen ferner sonstige dienstliche Verrichtungen auf juristischem Gebiet im Bereich der Militärverwaltung übertragen werden.

Soweit sie als Gutachter, Mitglieder von Disziplinarkammern oder Verhandlungsführer in Wehrberufsachen tätig sind, sind sie von den Weisungen des Befehlshabers, dem sie zugeordnet sind, unabhängig.

Im übrigen werden die Dienstverhältnisse der Heeres-(Marine-)Anwälte und der Sekretäre durch das Reichswehrministerium bestimmt.

Durch Gesetze zugewiesene Tätigkeit: z. B. § 447 StPO.

§ 18

Über Gebührenansprüche der vor dem Heeres-(Marine-)Anwalt erschienenen Zeugen und Sachverständigen wird im Verwaltungswege Bestimmung getroffen.

Artikel III

Übergangs- und Schlußbestimmungen

§ 19

Die zur Zeit des Inkrafttretens dieses Gesetzes vor Militärgerichten schwebenden Verfahren gehen in der Lage, in der sie sich in dieser Zeit befinden, auf die bürgerlichen Strafverfolgungsbehörden oder Gerichte über. Ist die Straftat außerhalb der durch den Friedensvertrag bestimmten Grenzen des Reichs oder im Saargebiete begangen, so ist der Gerichtsstand auch bei dem bürgerlichen Gerichte begründet, in dessen Bezirk die militärische Stelle ihren Sitz hatte, welche das Verfahren auf die bürgerlichen Behörden übergeleitet hat.

Ist im militärgerichtlichen Verfahren bereits die Anklage erhoben oder eine Strafverfügung zugestellt, so bedarf es der Eröffnung des Hauptverfahrens nicht. An die Stelle des Beschlusses über diese Eröffnung tritt die militärgerichtliche Anklage- oder Strafverfügung. [In den Fällen des § 29 des Gerichtsverfassungsgesetzes in der Fassung des Artikel I des Gesetzes vom 21. Oktober 1917 gilt das Hauptverfahren als vor dem Schöffengericht eröffnet, wenn der Staatsanwalt dies bei Übersendung der Akten beantragt.]

Ist bereits ein militärgerichtliches Urteil ergangen, so treten für den Fall seiner Anfechtung, wenn die sachliche Zuständigkeit der [Strafkammern,] Schwurgerichte oder des Reichsgerichts gegeben ist, diese Gerichte an die Stelle der Oberkriegsgerichte. Sie entscheiden nach den Vorschriften über das Verfahren in erster Instanz. Das militärgerichtliche Urteil ist zu verlesen. An die Stelle des Reichsmilitärgerichts tritt das Reichsgericht. Wenn die Berufung gegen ein kriegsgerichtliches Urteil nicht innerhalb der gesetzlichen Frist oder nicht auf dem vorgeschriebenen Wege eingelegt ist, so ist das Verfahren durch Beschluß einzustellen. Die Entscheidung kann der Hauptverhandlung vorbehalten bleiben. Gegen den Beschluß ist sofortige Beschwerde zulässig. War das Urteil nur vom Angeklagten oder zugunsten des Angeklagten angefochten, so darf eine härtere Strafe, als die in dem angefochtenen Urteil erkannte, nicht verhängt, auch dürfen die einer Gesamtstrafe zugrunde liegenden Einzelstrafen nicht höher, als in dem angefochtenen Urteil geschehen, bemessen werden. Ist das Urteil nur in der Straffrage angegriffen, so tritt an die Stelle des Schwurgerichts die Strafkammer.

Ist in den Fällen, in denen bereits ein militärgerichtliches Urteil ergangen ist, die sachliche Zuständigkeit der [Schöffengerichte] gegeben, so treten an die Stelle der Oberkriegsgerichte die Strafkammern als Gerichte zweiter Instanz. Für das Verfahren sind die Bestimmungen der StPO. über die Berufung gegen die [schöffen]gerichtlichen Urteile maßgebend.

---

1) Zu § 19 vgl. „Recht" 1924 S. 203. Der Paragraph hat — soweit er als reine Übergangsvorschrift für die z. Z. der Aufhebung der Militärgerichtsbarkeit anhängig gewesenen Militärstrafsachen in Betracht kommt — keine praktische Bedeutung mehr. Dagegen ist er noch von Bedeutung für die Fälle des § 24 (vgl. dort Abs. 1 S. 2), z. B. dann, wenn ein Marineangehöriger, gegen den bei einem Bordgericht ein Strafverfahren anhängig ist, von Bord kommandiert wird. Für diese Fälle gilt das Folgende:

2) Abs. 2 S. 3 ist durch den Wegfall des bisherigen § 29 GVG. gegenstandslos geworden. Aus den Bestimmungen des § 25 GVG. (in Verbindung mit den daselbst in Anm. 9, 11 zitierten Bestimmungen) kann geschlossen werden, daß bis zur Anberaumung des Termins vor dem infolge des Übergangs zuständigen Gericht

der Antrag auf Entscheidung durch den Amtsrichter gestellt werden kann; das Gleiche gilt nach § 29 GVG. und den daselbst unter Anm. 8, 9 angeführten Bestimmungen für den Antrag auf Zuziehung eines zweiten Richters. (A. M. Kiesow, StPO. Anm. 2 zu § 19 GAMG.)

3) Da die Strafkammer als Gericht erster Instanz seit dem 1. 4. 1924 nicht mehr in Betracht kommt, ist ihre Erwähnung im Abs. 3 S. 1 gegenstandslos geworden. Dagegen behält ihre Erwähnung im letzten Satz ihre Bedeutung, und zwar wird es für die Hauptverhandlung stets die große Strafkammer sein müssen, die entscheidet; S. 2 kann insoweit keine Anwendung finden, es müssen vielmehr die Vorschriften des Abs. 4 angewendet werden. A. M. Kiesow StPO. Anm. 3 Abs. 2 zu § 19 GAMG. Sein Standpunkt kann nicht gebilligt werden. Es trifft nicht zu, daß die Bestimmung des Abs. 3 letzter Satz ihren Grund nur in der Trennung der Entscheidung über Schuld- und Straffrage im alten Schwurgericht gehabt habe. Sie hatte auch den Zweck, für die regelmäßig einfach liegende Straffrage den großen Apparat des Schwurgerichts zu vermeiden. Dieser Grund besteht fort.

4) Im Abs. 4 wird, entsprechend der Änderung der Gerichtsorganisation, statt „Schöffengerichte" nunmehr „Amtsgerichte" statt „schöffengerichtlichen" nunmehr „amtsgerichtlichen" zu lesen sein. In zweiter Instanz entscheidet die kleine Strafkammer nur in den Fällen des § 25 Abs. 1 Nr. 1, 2b; im übrigen entscheidet die große Strafkammer. Näheres, insbesondere über die Revision in diesen Fällen, s. bei Hartung, „Recht" 1924 S. 203, 204.

§ 20

Zur Entscheidung über Anträge auf Wiederaufnahme eines durch rechtskräftiges militärgerichtliches Urteil geschlossenen Verfahrens ist das Landgericht (Strafkammer) zuständig, in dessen Bezirk sich der Wohnsitz und in Ermangelung eines solchen der Aufenthaltsort des Angeklagten zur Zeit des Antrags befindet. Hat der Angeklagte im Deutschen Reich weder Wohnsitz noch Aufenthalt, so wird das zuständige Landgericht vom Reichsgericht bestimmt.

In dem die Wiederaufnahme des Verfahrens und die Erneuerung der Hauptverhandlung anordnenden Beschluß ist zugleich das Gericht zu bezeichnen, bei dem diese stattfinden soll. Ist das angefochtene Urteil in einer höheren Instanz ergangen, so erfolgt die Bezeichnung des Gerichts durch das Reichsgericht.

Über die Anträge auf Wiederaufnahme entscheidet auch ferner die Strafkammer (Beschlußkammer). Die erneute Hauptverhandlung findet vor dem zuständigen ordentlichen (bürgerlichen) Gericht statt. Solange der Termin zur Hauptverhandlung noch nicht bestimmt ist, wird bei den zur Zuständigkeit der Amtsgerichte gehörigen Sachen der Antrag auf Entscheidung durch den Amtsrichter allein oder auf Zuziehung des zweiten Richters gestellt werden können, wenn die Voraussetzungen der §§ 25, 26, 29 GVG. dafür vorliegen. (Näheres Hartung im „Recht" 1924 S. 203, 204).

§ 21

Das Gesetz über die Entschädigung der im Wiederaufnahmeverfahren freigesprochenen Personen v. 20. 5. 1898 (RGBl. S. 345) findet auf die im militärgerichtlichen Verfahren verurteilten Personen mit folgender Maßgabe entsprechende Anwendung:

An die Stelle der Staatskasse tritt die Reichskasse, und an die Stelle der obersten Behörde der Landesjustizverwaltung die oberste Militärverwaltungsbehörde. Der Anspruch auf Entschädigung ist bei der Staatsanwaltschaft des Landgerichts zu erheben, in dessen Bezirk der Antragsteller seinen Wohnsitz und in Ermangelung eines solchen seinen Aufenthalt hat. Hat er im Deutschen Reiche weder Wohnsitz noch Aufenthalt, so wird das zuständige Landgericht vom Reichsgericht bestimmt.

Näheres vgl. oben Nr. XI.

§ 22

§ 10 des Gesetzes, betreffend die Entschädigung für unschuldig erlittene Untersuchungshaft, vom 14. Juli 1904 (Reichsgesetzbl. S. 321) erhält folgende Fassung:

. . . .

Der neue Text ist oben unter Nr. XII abgedruckt.

§ 23

Die Vollstreckbarkeitsbescheinigung gemäß [§ 483] *(jetzt § 451)* Abs. 1 StPO. erteilt, wenn das zu vollstreckende

Urteil ein militärgerichtliches ist, der Gerichtsschreiber des Landgerichts, in dessen Bezirk die Strafe vollstreckt wird.

Die bei der Strafvollstreckung notwendig werdenden gerichtlichen Entscheidungen ([§§ 490 bis 493] — *jetzt §§ 458 bis 461* — StPO.) werden, wenn das der Strafvollstreckung zugrunde liegende Urteil ein militärgerichtliches ist, gemäß [§ 494] (*jetzt § 462*) StPO. von der Strafkammer des Landgerichts erlassen, in dessen Bezirk die Strafe vollstreckt wird.

Die Strafkammer (Beschlußkammer) bleibt auch nach dem 1. 4. 1924 zuständig. Vgl. auch die Anm. 4 zu § 74 GVG.

§ 24

Für das Verfahren in Kriegszeiten und gegen die an Bord von Kriegsschiffen eingeschifften Angehörigen der Reichsmarine (§ 1 dieses Gesetzes) gelten bis zur anderweiten Regelung die bisherigen Bestimmungen. Bei Aufhören dieser Verhältnisse findet § 19 entsprechende Anwendung. Die §§ 433 Abs. 2 und 435 Abs. 2 der Militärstrafgerichtsordnung bleiben unberührt. Nur tritt an die Stelle des Gerichtsherrn des immobilen Verbandes die zuständige Staatsanwaltschaft.

Findet in Kriegszeiten oder gegen die an Bord von in Dienst gestellten Kriegsschiffen eingeschifften Angehörigen der Reichsmarine, da die Voraussetzungen der §§ 5 oder 6 des Einführungsgesetzes zur Militärstrafgerichtsordnung nicht vorliegen, das ordentliche Verfahren statt, so tritt bis zur anderweiten Regelung das Reichsgericht an die Stelle des Reichsmilitärgerichts.

---

1) Vgl. Anm. 1—4 zu § 19.

2) § 433 Abs. 2 der Militärstrafgerichtsordnung:

„War jedoch ein Urteil bereits ergangen, so hat über die Bestätigung der bis dahin zuständige Befehlshaber nach Maßgabe dieses Titels zu befinden. Wird die Bestätigung versagt, so ist das Urteil dem Angeklagten nach dessen Übertritt in den immobilen Verband bekanntzumachen (§ 137). Gegen das Urteil ist binnen der gesetzlichen Frist (§ 379) die Berufung zulässig. Die Frist läuft auch für den Gerichtsherrn vom Tage der Bekanntmachung des

Urteils an den Angeklagten. Die gerichtsherrlichen Befugnisse gehen in einem solchen Falle auf den Gerichtsherrn des immobilen Verbandes über."

3) § 435 Abs. 2 a. a. O.:

„Auf die bei Eintritt der Demobilmachung noch nicht bestätigten Urteile finden die im § 433 Abs. 2 für den Fall der Versagung der Bestätigung gegebenen Bestimmungen Anwendung."

4) Die §§ 5, 6 des Einführungsgesetzes zur Militärstrafgerichtsordnung lauten:

„§ 5. Die in der Militärstrafgerichtsordnung für das „Feld" gegebenen Vorschriften gelten:

1. für die Dauer des mobilen Zustandes des Heeres, der Marine oder einzelner Teile des Heeres oder der Marine;

2. für die Besatzung eines festen Platzes, solange derselbe vom Feinde bedroht ist. Der Eintritt sowie die Beendigung dieses Zustandes ist vom Gouverneur oder Kommandanten dienstlich bekanntzumachen.

§ 6. Die in der Militärstrafgerichtsordnung für das Verhältnis „an Bord" gegebenen Vorschriften finden Anwendung:

1. auf die zum Dienste in außerheimischen Gewässern bestimmten Schiffe vom Zeitpunkte des Antritts der Reise bis zur Rückkehr in die heimischen Gewässer;

außerdem

2. auf alle Schiffe, solange sie sich im Kriegszustande befinden."

§ 25

Wegen der dem Reichsmilitärgerichte durch Gesetz oder Verordnung übertragenen besonderen Geschäfte trifft der Reichspräsident Bestimmung.

Wegen der dem Präsidenten des Reichsmilitärgerichts übertragenen Ausübung des Begnadigungsrechts vgl. die VO. des Reichspräsidenten v. 3. 11. 1920 (RGBl. S. 1866), wegen der dem Reichsmilitärgericht obliegenden Entscheidung über die Entschädigung für Schutzhaft die VO. des Reichspräsidenten v. 30. 3. 1921 (RGBl. S. 448) (jetzt wohl bedeutungslos) (vgl. auch VO. v. 11. 4. 1920 — RGBl. S. 479 —, 24. 3. 1921 — S. 253 —, 24. 3. 1921 — S. 254 —, 26. 3. 1921 — S. 343 –, 29. 3. 1921 — S. 456 —, 23. 12. 1923 — RGBl. 1924 I S. 8 —, die sämtlich aufgehoben sind, und die noch geltende VO. v. 28. 2. 1924 — RGBl. I S. 152), und wegen des beim Reichsmilitärgericht bestehenden Disziplinarhofs für richterliche Militärjustizbeamte die VO. des Reichspräsidenten v. 29. 3. 1922 (RGBl. I S. 334).

§ 26

[Die bei den aufgehobenen Militärjustizverwaltungen und Militärgerichten planmäßig angestellten Beamten sollen ihrer Berufsbildung entsprechend tunlichst im Dienste des Reichs oder der Länder anderweitig verwendet werden, und zwar die richterlichen Militärjustizbeamten und die Mitglieder der Militäranwaltschaft vorzugsweise als Richter oder als Beamte der Staatsanwaltschaft, die Militärgerichtsschreiber, soweit sie nicht bei den Gerichten Verwendung finden, nach Möglichkeit bei der Staatsanwaltschaft. § 23 des Reichsbeamtengesetzes findet entsprechende Anwendung.] **Besondere Schöffengerichte, Strafkammern oder Strafsenate zur Aburteilung militärischer Straftaten dürfen nicht gebildet werden.**

[Die Verwendung der Militärjustizbeamten erfolgt nach Maßgabe des Bedürfnisses zur Stellenbesetzung durch das Reich oder durch die Länder, von deren Landesregierungen oder früheren Landesherren die Beamten in Ausübung der Kontingentshoheit angestellt sind oder in denen sie vor ihrer Übernahme in den Militärjustizdienst angestellt waren.

Eine Verwendung nach vorstehenden Bestimmungen (Abs. 1 und 2) müssen sich auch die richterlichen Militärjustizbeamten gefallen lassen. Darüber jedoch, ob ein Amt von dem Beamten angenommen werden muß, entscheidet unter Ausschluß des Rechtswegs auf seinen Antrag ein beim Reichswehrministerium zu bildender Ausschuß, bestehend aus je einem Mitglied des Reichswehrministeriums, des Reichsjustiz- und des Reichsfinanzministeriums sowie drei Militärjustizbeamten seiner Rangstufe unter dem Vorsitz des Reichswehrministers oder eines von ihm zu ernennenden Stellvertreters.

Soweit die im Abs. 1 bezeichneten Beamten nicht anderweit angestellt oder in den endgültigen Ruhestand versetzt werden, sind sie in den einstweiligen Ruhestand zu versetzen und bleiben zur Verfügung des Reichswehrministeriums. Sie sind während dieser Zeit zur Annahme eines ihnen gemäß Abs. 1 und 2 übertragenen Amtes nach Maßgabe des Abs. 3 verpflichtet.

Für die Berechnung des Wartegeldes der auf Grund dieses Gesetzes in den einstweiligen Ruhestand versetzten Beamten gelten die für die übrigen Reichsbeamten bestehenden Vorschriften.]

---

§ 26 ist durch Art. 12 der VO. v. 27. 10. 1923 (RGBl. I S. 999) geändert worden; die bisherigen Abs. 5—7 sind gestrichen worden; an ihre Stelle ist der jetzige Abs. 5 getreten.

Von praktischer Bedeutung ist nur noch der letzte Satz des Abs. 1

§ 27

[Die Beamten, die auf Grund des § 26 in den einstweiligen Ruhestand versetzt werden, können das Mietverhältnis in Ansehung der Räume, die sie für sich oder ihre Familie an dem bisherigen Stand- oder Wohnort gemietet haben, mit Rücksicht auf ihre einstweilige Verabschiedung zum Zwecke der Änderung des Wohnorts unter Einhaltung der gesetzlichen Frist kündigen. Die Kündigung kann nur zu dem ersten Termin erfolgen, für den sie zulässig ist. Abweichende Vereinbarungen stehen der Geltendmachung dieses Kündigungsrechts nicht entgegen.]

§ 28

[Das Verfahren wegen strafbarer Handlungen, durch welche Leib oder Leben von nicht der Wehrmacht angehörigen Personen verletzt ist, wegen Hoch- und Landesverrats sowie wegen der damit zusammenhängenden strafbaren Handlungen — § 3 der Reichsstrafprozeßordnung — richtet sich von der Verkündung dieses Gesetzes an nach dessen Vorschriften. Im übrigen tritt das Gesetz am 1. Oktober 1920 in Kraft.]

Ausführungsbestimmungen erläßt die Reichsregierung mit Zustimmung des Reichsrats.

§ 29

Die den Ländern aus der Durchführung dieses Gesetzes erwachsenden persönlichen und sächlichen Mehrkosten werden ihnen vom Reiche erstattet.

XV.

a) Bekanntmachung über die Verfolgung von Zuwiderhandlungen gegen Vorschriften über wirtschaftliche Maßnahmen.

Vom 18. Januar 1917 (RGBl. S. 58).

§ 1

Bei Zuwiderhandlungen gegen Vorschriften, die auf Grund des § 3 des Gesetzes über die Ermächtigung des Bundesrats zu wirtschaftlichen Maßnahmen usw. vom 4. August 1914 (RGBl. S. 327) ergangen sind oder noch ergehen, kann die Staatsanwaltschaft, solange die öffentliche Klage nicht erhoben ist, bei dem Gerichte die Einstellung des Verfahrens beantragen, wenn der Beschuldigte in unverschuldetem Irrtum über das Bestehen oder die Anwendbarkeit der übertretenen Vorschrift die Tat für erlaubt gehalten hat.

Über den Antrag entscheidet der Amtsrichter; der Beschluß ist unanfechtbar. Der Beschluß, durch den das Verfahren eingestellt wird, ist dem Beschuldigten bekanntzumachen.

Ist das Verfahren eingestellt, so kann es nur auf Grund neuer Tatsachen oder Beweismittel aufgenommen werden.

§ 2

Ist die öffentliche Klage erhoben, und erachtet das Gericht die Voraussetzungen des § 1 für gegeben, so hat es die Eröffnung des Hauptverfahrens abzulehnen oder, wenn Voruntersuchung geführt ist, den Angeschuldigten außer

Verfolgung zu setzen; ist Strafbefehl beantragt, so hat das Gericht den Antrag abzulehnen.

Ergibt die Hauptverhandlung, daß die Voraussetzungen des § 1 vorliegen, so ist der Angeklagte freizusprechen.

§ 3

Diese Verordnung tritt mit dem Tage der Verkündung in Kraft. Der [Reichskanzler] bestimmt den Zeitpunkt des Außerkrafttretens.

Jetzt: Reichsminister der Justiz: Art. 179, 56 RV. (abgedruckt in der Anm. zu § 34 GVG.).

b) Bekanntmachung betr. einige die Kriegsverordnungen ergänzende Vorschriften über Einziehung und über Veräußerung beschlagnahmter Gegenstände.

Vom 22. März 1917 (RGBl. S. 255).

Art. I.

Ist in Strafvorschriften, die auf Grund des § 3 des Gesetzes über die Ermächtigung des Bundesrats zu wirtschaftlichen Maßnahmen usw. vom 4. August 1914 (RGBl. S. 327) ergangen sind oder ergehen werden, die Einziehung oder die Verfallerklärung von Gegenständen zugelassen, so kann in Fällen, in denen die Verfolgung oder die Verurteilung einer bestimmten Person nicht ausführbar ist, auf die Einziehung oder die Verfallerklärung selbständig erkannt werden.

Art. II.

1. Gegenstände, die auf Grund der im Artikel I bezeichneten Strafvorschriften zur Sicherung einer Einziehung sichergestellt oder beschlagnahmt werden, können vor der Entscheidung über die Einziehung veräußert werden, wenn sie dem Verderben ausgesetzt sind oder wenn die Veräußerung aus Gründen der Volksversorgung notwendig erscheint. Der Erlös tritt an die Stelle der Gegenstände.

2. Die Anordnung der Veräußerung steht dem Richter zu. Im Ermittlungsverfahren können die Staatsanwaltschaft und die Hilfsbeamten der Staatsanwaltschaft die Veräußerung anordnen, soweit sie die Sicherstellung oder die Beschlagnahme angeordnet haben. Hat der Betroffene

gegen die Beschlagnahme die richterliche Entscheidung nachgesucht, so kann der Richter anordnen, daß die Veräußerung auszusetzen sei.

Die Anordnung der Veräußerung ist dem Betroffenen bekanntzumachen. Die Bekanntmachung darf unterbleiben, wenn sie untunlich ist.

3. Soweit die Gegenstände nicht nach bestehenden Vorschriften einer bestimmten Stelle anzubieten oder zu überlassen sind, können sie nach Anhörung eines Sachverständigen freihändig zu angemessenem Preise verkauft werden. Der Verkauf zum Höchstpreis ist ohne Anhörung eines Sachverständigen zulässig.

Vgl. dazu die AV. d. Pr. JM. v. 14. 2. 1924 (JMBl. S. 71) über die Veräußerung beschlagnahmter Gegenstände. „Aus Gründen der Volksversorgung" wird danach eine Veräußerung beschlagnahmter Gegenstände nach Wiederherstellung geordneter wirtschaftlicher Zustände nur noch ganz ausnahmsweise in Frage kommen können.

Art. III.

Die Verordnung tritt mit dem Tage der Verkündung in Kraft.

c) Verordnung über Ausdehnung einzelner Verordnungen für die Kriegswirtschaft auf die Übergangswirtschaft.

Vom 12. Februar 1920 (RGBl. S. 230).

Vgl. ferner Art. III der Verordnung zur Ausführung des Art. VI Abs. 3 des Notgesetzes v. 13. 7. 1923 (unter e abgedruckt) sowie § 6 des Ges. zur Sicherung der Brotversorgung im Wirtschaftsjahr 1923/24 v. 23. 6. 1923 (RGBl. I S. 410) in Verbindung mit § 49 des Ges. über die Regelung des Verkehrs mit Getreide aus der Ernte 1922 v. 4. 7. 1922 (RGBl. I S. 549).

Art. I.

Die Vorschriften der Verordnung über die Verfolgung von Zuwiderhandlungen gegen Vorschriften über wirtschaftliche Maßnahmen vom 18. Januar 1917 (RGBl. S. 58) finden Anwendung:

1. bei Zuwiderhandlungen gegen Vorschriften, die auf Grund des Gesetzes über eine vereinfachte Form der Gesetzgebung für die Zwecke der Übergangswirtschaft vom 17. April 1919 (RGBl. S. 394) ergangen sind oder noch ergehen werden;
2. bei Zuwiderhandlungen gegen Vorschriften, die auf Grund der die wirtschaftliche Demobilmachung betreffenden Befugnisse nach Maßgabe der Verordnung der Reichsregierung über den Erlaß von Strafbestimmungen durch das Reichsamt für die wirtschaftliche Demobilmachung vom 27. November 1918 und des Erlasses, betreffend Auflösung des Reichsministeriums für wirtschaftliche Demobilmachung, vom 26. April 1919 (RGBl. 1918 S. 1339; 1919 S. 438) ergangen sind oder noch ergehen werden;

3. bei Zuwiderhandlungen gegen Vorschriften, die vom Rate der Volksbeauftragten oder von der Reichsregierung in der Zeit vom 9. November 1918 bis zum 9. Februar 1919 erlassen sind.

Art. II.

Ist in einer der im Artikel I Nr. 1, 2, 3 bezeichneten Vorschriften die Einziehung oder die Verfallerklärung von Gegenständen zugelassen, so finden die Vorschriften der Verordnung, betreffend einige die Kriegsverordnungen ergänzende Vorschriften über Einziehung und über Veräußerung beschlagnahmter Gegenstände, vom 22. März 1917 (RGBl. S. 255) Anwendung.

Art. III.

Der Art. enthält Änderungen der Verordnung vom 3. 5. 17 (RGBl. S. 393).

Art. IV.

Diese Verordnung tritt mit dem Tage der Verkündung in Kraft.

Der Reichsminister der Justiz bestimmt, wann und in welchem Umfang sie außer Kraft tritt.

d) Gesetz über den Erlaß von Verordnungen für die Zwecke der Übergangswirtschaft.

Vom 6. Februar 1921 (RGBl. S. 139). Auszugsweise.

§ 1

. . . .

§ 2

Bei Zuwiderhandlungen gegen Vorschriften, die auf Grund des Gesetzes über die vereinfachte Form der Gesetzgebung für die Zwecke der Übergangswirtschaft vom 3. August 1920 (RGBl. S. 1493) oder dieses Gesetzes ergangen sind oder noch ergehen werden, finden die Vorschriften der Verordnung über die Verfolgung von Zuwiderhandlungen gegen Vorschriften über wirtschaftliche Maßnahmen vom 18. Januar 1917 (RGBl. S. 58) und der Verordnung, betreffend einige die Kriegsverordnungen ergänzende Vorschriften über Einziehung und über Veräußerung beschlagnahmter Gegenstände, vom 22. März 1917 (RGBl. S. 255) Anwendung.

§ 3

Dieses Gesetz tritt am 1. April 1921 außer Kraft. Schon vorher ist es von der Reichsregierung außer Kraft zu setzen, sobald der Reichstag es beschließt.

e) Verordnung zur Ausführung des Art. VI Abs. 3 des Notgesetzes.

Vom 13. Juli 1923 (RGBl. I S. 699). Auszugsweise.

Artikel I

Am 15. August 1923 treten die folgenden, nachstehend bekanntgemachten Verordnungen in Kraft:

1. Preistreibereiverordnung;
2. Verordnung gegen verbotene Ausfuhr lebenswichtiger Gegenstände;
3. Verordnung über Handelsbeschränkungen;
4. Verordnung über den Verkehr mit Vieh und Fleisch;
5. Verordnung über Notstandsversorgung;
6. Verordnung über Preisprüfungsstellen;
7. Verordnung über Auskunftspflicht;
8. Wuchergerichtsverordnung.

Artikel II

. . . .

Artikel III

Bei Verbrechen und Vergehen gegen die im Artikel I genannten Verordnungen finden die Vorschriften der Verordnung über die Verfolgung von Zuwiderhandlungen gegen Vorschriften über wirtschaftliche Maßnahmen vom 18. Januar 1917 (RGBl. S. 58) und der Verordnung, betreffend einige die Kriegsverordnungen ergänzende Vorschriften über Einziehung und über Veräußerung beschlagnahmter Gegenstände, vom 22. März 1917 (RGBl. S. 255) Anwendung.

XVI.

a) Seemannsordnung.

Vom 2. Juni 1902 (RGBl. S. 175).

Auszugsweise.

§ 5

Seemannsämter mit den durch dieses Gesetz ihnen zugewiesenen Befugnissen und Obliegenheiten sind im Reichsgebiete die landesrechtlich, [in den Schutzgebieten die vom Reichskanzler bestellten Behörden, im Auslande die Konsulate des Reichs für Hafenplätze.

Die Einrichtung der Seemannsämter im Reichsgebiete steht den Landesregierungen nach Maßgabe der Landesgesetze zu. Ihre Geschäftsführung unterliegt der Oberaufsicht des Reichs. Bei der Entscheidung in den im § 122 bezeichneten Fällen müssen die Seemannsämter innerhalb des Reichsgebiets mit einem Vorsitzenden und zwei schiffahrtskundigen Beisitzern besetzt sein.

Abs. 3 . . . . . .

Der eingeklammerte Teil ist durch den Verlust der Kolonien gegenstandslos geworden.

§ 122

In den Fällen des § 93 Abs. 1, 2 und der §§ 95, 96, 107, 114 bis 116, 118, 119 erfolgt die Untersuchung und Entscheidung durch das Seemannsamt, im Falle des § 93 Abs. 2 jedoch nur, wenn dieses seinen Sitz außerhalb des Reichsgebiets hat, und in den Fällen der §§ 118, 119 nur, wenn es seinen Sitz im Inlande hat.

Durch § 122 wird kein ausschließlicher Gerichtsstand des Seemannsamts begründet. Es ist zulässig, eine Sache, für die die Zuständigkeit des Seemannsamts begründet ist, statt an dieses alsbald vor die ordentlichen Gerichte zu bringen (RG. 39 S. 130).

§ 123

Das Seemannsamt hat den Angeschuldigten verantwortlich zu vernehmen und den Tatbestand mit möglichster Beschleunigung festzustellen. Eine Vereidigung von Zeugen findet nicht statt. Nach Abschluß der Untersuchung ist ein mit Gründen versehener Bescheid zu erteilen, welcher zu verkünden und dem Angeschuldigten im Falle seiner Abwesenheit in Ausfertigung zuzustellen ist. Wird eine Strafe festgesetzt, so ist die Dauer der für den Fall des Unvermögens an Stelle der Geldstrafe tretenden Freiheitsstrafe zu bestimmen. Der Bescheid wirkt in betreff der Unterbrechung der Verjährung wie eine richterliche Handlung.

Das Verfahren vor dem Seemannsamt ist gebührenfrei.

Im Inlande finden auf dasselbe die Vorschriften der §§ [170] *(jetzt 169)*, [173 bis 176] *(jetzt 171 bis 175)* des Gerichtsverfassungsgesetzes über die Öffentlichkeit entsprechende Anwendung.

Im übrigen wird das Verfahren vor dem Seemannsamte durch Verordnung des [Bundesrats] geregelt. Die Verordnung ist dem Reichstage bei seinem nächsten Zusammentritte zur Kenntnisnahme vorzulegen.

---

1) Zu Abs. 4. Jetzt: Reichsregierung mit Zustimmung des Reichsrats (Art. 179 Abs. 2 RV.).

2) Die VO. s. unten Nr. XVI d.

§ 124

Gegen den Bescheid des Seemannsamts kann der Beschuldigte innerhalb einer zehntägigen Frist von der Verkündung oder der Zustellung ab auf gerichtliche Entscheidung antragen. Der Antrag ist bei dem Seemannsamte zu Protokoll oder schriftlich anzubringen. Dasselbe hat dem Antragsteller auf Verlangen eine Bescheinigung über den Antrag zu erteilen.

Verläßt das Schiff vor Ablauf der Frist den Hafen, so kann der Schiffsmann auch bei dem Kapitän zu Protokoll oder schriftlich innerhalb der Frist Einspruch einlegen. Dem Schiffsmann ist auf Verlangen eine Bescheinigung über den erhobenen Einspruch einzuhändigen. Der Kapitän hat, sobald es geschehen kann, den Einspruch in das Schiffstagebuch einzutragen und den Antrag dem Seemannsamte zu übersenden. Die Verjährung ruht von der Einlegung des Einspruchs bis zum Eingange des Antrags beim Seemannsamte.

Hat das Seemannsamt seinen Sitz im Inlande, so ist für das weitere Verfahren dasjenige Gericht örtlich zuständig, in dessen Bezirke dieser Sitz belegen ist. Hat es seinen Sitz im Auslande, so ist dasjenige Gericht örtlich zuständig, in dessen Bezirke sich der inländische Heimatshafen oder in Ermangelung eines solchen der Registerhafen des Schiffes befindet; fehlt es an einem hiernach zuständigen deutschen Gerichte, so wird das Gericht von dem Reichsgerichte bestimmt.

---

1) Auf das nach Anbringung des Antrages auf gerichtliche Entscheidung folgende weitere Verfahren finden nach § 5 Abs. 2 EGStPO. die §§ 415—418 der StPO. entsprechende Anwendung.

2) Wird Antrag auf gerichtliche Entscheidung gestellt, so gelangt die Sache nach § 416 StPO. stets zur Entscheidung des Amtsrichters. Auch ohne § 416 StPO. würde der Amtsrichter allein zu entscheiden haben, da keines der in Betracht kommenden Delikte die Grenze des § 25 Nr. 1, 2b überschreitet.

§ 125

Der Bescheid des Seemannsamts ist in betreff der Beitreibung der Geldstrafe vorläufig vollstreckbar.

Die Vollstreckung der Strafbescheide der inländischen Seemannsämter erfolgt durch die landesgesetzlich hierzu bestimmten Behörden. Die Vollstreckung der von einem Seemannsamt im Ausland erlassenen Strafbescheide erfolgt gebührenfrei durch dieses selbst, wobei der Kapitän den auf Beitreibung der Geldstrafe gerichteten Anordnungen des Seemannsamts Folge zu leisten hat; die Vorschriften der §§ 811, 850 der Zivilprozeßordnung über die Unpfändbarkeit von Sachen und Ansprüchen finden entsprechende Anwendung.

Die im Abs. 2 bezeichneten inländischen Vollstreckungsbehörden haben auf Ersuchen auch die von einem Seemannsamt außerhalb ihres Amtsbereichs erlassenen Strafbescheide gegen die innerhalb ihres Amtsbereichs befindlichen Personen zu vollstrecken. Auf die Erledigung des Ersuchens finden die Vorschriften des Gesetzes über den Beistand bei Einziehung von Abgaben und Vollstreckung von Vermögensstrafen vom 9. Juni 1895 (RGBl. S. 256) entsprechende Anwendung.

§ 126

Begeht ein Schiffsmann, während das Schiff sich auf See oder im Auslande befindet, ein Vergehen oder Verbrechen, so hat der Kapitän unter Zuziehung von Schiffsoffizieren und anderen glaubhaften Personen alles dasjenige genau aufzuzeichnen, was auf den Beweis der Tat und auf deren Bestrafung Einfluß haben kann. Insbesondere ist in den Fällen der Tötung oder schweren Körperverletzung die Beschaffenheit der Wunden genau zu beschreiben, auch zu vermerken, wie lange der Verletzte etwa noch gelebt hat, ob und welche Heilmittel angewendet sind und welche Nahrung der Verletzte zu sich genommen hat.

§ 127

Der Kapitän ist ermächtigt, jederzeit die Sachen der Schiffsleute, welche der Beteiligung an einer strafbaren Handlung verdächtig sind, zu durchsuchen.

Der Kapitän ist ferner ermächtigt, denjenigen Schiffsmann, der sich einer der im § 70 Nr. 3 und im § 93 Abs. 2, 3 bezeichneten strafbaren Handlung schuldig macht, festzunehmen. In den Fällen des § 70 Nr. 3 ist er hierzu verpflichtet, wenn das Entweichen des Täters zu besorgen steht. In den Fällen des § 93 Abs. 2, 3 ist von einer Einsperrung abzusehen, sofern sich das Schiff auf hoher See befindet.

Der Täter ist unter Mitteilung der aufgenommenen Verhandlungen an dasjenige Seemannsamt, bei welchem es zuerst geschehen kann, abzuliefern. Wenn im Auslande das Seemannsamt aus besonderen Gründen die Übernahme ablehnt, so hat der Kapitän die Ablieferung bei demjenigen Seemannsamte zu bewirken, bei welchem es anderweit zuerst geschehen kann.

In dringenden Fällen ist der Kapitän, wenn im Ausland ein Seemannsamt nicht rechtzeitig angegangen werden kann, ermächtigt, den Täter der fremden Behörde behufs dessen Übermittelung an eine zuständige deutsche Behörde zu übergeben. Hiervon hat er bei demjenigen Seemannsamte, bei welchem es zuerst geschehen kann, Anzeige zu machen.

§ 138

Wenn in anderen Gesetzen auf Vorschriften verwiesen wird, welche durch dieses Gesetz außer Kraft gesetzt sind, so treten die entsprechenden Vorschriften dieses Gesetzes an deren Stelle.

b) Gesetz betr. die Verpflichtung der Kauffahrteischiffe zur Mitnahme heimzuschaffender Seeleute.

Vom 2. Juni 1902 (RGBl. S. 212).

Auszugsweise.

§ 8

Wer sich der Erfüllung einer ihm nach § 1 obliegenden Verpflichtung entzieht, wird mit Geldstrafe bis zu einhundertundfünfzig Mark oder mit Haft bestraft. Für die Festsetzung der Strafe und für das weitere Verfahren kommen die in den §§ 5, 122 bis 125 der Seemannsordnung enthaltenen Vorschriften zur Anwendung.

---

§ 1 lautet: „Jedes deutsche Kauffahrteischiff, welches von einem außerdeutschen Hafen nach einem deutschen Hafen oder nach einem Hafen des Kanals, Großbritanniens, des Sundes oder des Kattegatts oder nach einem außerdeutschen Hafen der Nordsee oder der Ostsee bestimmt ist, ist verpflichtet, deutsche Seeleute, welche außerhalb des Reichsgebiets sich in hilfsbedürftigem Zustande befinden oder wegen einer nach den Reichsgesetzen strafbaren Handlung an die heimischen Behörden abgeliefert werden sollen, behufs ihrer Zurückbeförderung nach Deutschland auf schriftliche Anweisung des Seemannsamts gegen eine Entschädigung (§ 5) nach seinem Bestimmungshafen mitzunehmen. Das gleiche gilt, wenn das Schiff nach einem anderen außerdeutschen Hafen bestimmt ist, von welchem aus die Weiterbeförderung nach einem der vorbezeichneten Häfen erfolgen kann. Deutsche Häfen im Sinne dieses Absatzes sind nur die Häfen des Reichsgebiets.

In Ansehung ausländischer Seeleute, welche unmittelbar nach einem Dienste auf einem deutschen Kauffahrteischiff außerhalb des Reichsgebiets sich in einem hilfsbedürftigen Zustande befinden, liegt den nach deren Heimatslande bestimmten deutschen Kauffahrteischiffen eine gleiche Verpflichtung ob.

Zur Erfüllung dieser Verpflichtungen kann der Kapitän vom Seemannsamte zwangsweise angehalten werden.

c) Stellenvermittlergesetz.

Vom 2. Juni 1910 (RGBl. S. 860).

Auszugsweise.

§ 13

Mit Geldstrafe bis zu 150 Mark oder mit Haft wird bestraft:

. . . .

3. ein Kapitän, der im Inland den Bestimmungen einer zuständigen Behörde, im Ausland den Anordnungen eines Seemannsamts zuwider Stellenvermittler oder Gewerbetreibende der im § 3 Abs. 1 bezeichneten Art an Bord läßt oder an Bord duldet;
4. ein Kapitän, der es unterläßt, dafür zu sorgen, daß ein Abdruck dieses Gesetzes im Volkslogis zugänglich ist (§ 11).

In den Fällen des Abs. 1 Nr. 3, 4 sind im Ausland für die Festsetzung der Strafe und für das weitere Verfahren die Vorschriften der §§ 5, 122 bis 125 der Seemannsordnung anzuwenden.

d) Verordnung betreffend das Strafverfahren vor den Seemannsämtern.

Vom 13. März 1903 (RGBl. S. 42).

§ 1

Die Einleitung des Strafverfahrens auf Grund des § 122 der Seemannsordnung erfolgt unbeschadet der Vorschriften der §§ 5, 12 dieser Verordnung durch Beschluß des Seemannsamts.

§ 2

In den Fällen, in welchen die Entscheidung unter Zuziehung von Beisitzern ergeht (§ 5 Abs. 2 der Seemannsordnung), steht die Beschlußfassung über die Einleitung des Strafverfahrens dem Vorsitzenden zu. Der Vorsitzende hat auch die Obliegenheiten wahrzunehmen, welche in den §§ 3, 4, 6, 7, 15, 16 dieser Verordnung dem Seemannsamte zugewiesen sind.

§ 3

Der Beschluß über die Einleitung des Strafverfahrens (§ 1) ist zu den Akten des Seemannsamts zu bringen. Er soll die Bezeichnung des Angeschuldigten, des Schiffes und des Heimatshafens, in Ermangelung eines solchen des Registerhafens, der strafbaren Handlung, der verletzten Strafvorschrift, der etwaigen Beweismittel sowie gegebenen Falles des Antragstellers enthalten.

§ 4

Der Einleitungsbeschluß ist dem Angeschuldigten zuzustellen (§ 16). Der Angeschuldigte ist zur mündlichen

Verhandlung vor dem Seemannsamte schriftlich mit der Aufforderung zu laden, die zu seiner Verteidigung dienenden Beweismittel mit zur Stelle zu bringen oder dem Seemannsamte so zeitig anzuzeigen, daß sie zum Termine für die mündliche Verhandlung herbeigeschafft werden können. Die Ladung muß ferner die Eröffnung enthalten, daß im Falle des Ausbleibens des Angeschuldigten in seiner Abwesenheit gegen ihn verhandelt werden könne (§ 11).

Ist der Angeschuldigte auf dem Seemannsamt anwesend, so kann die Ladung durch mündliche Bestellung ersetzt werden.

§ 5

Ist der Angeschuldigte auf dem Seemannsamt anwesend und stehen der mündlichen Verhandlung Hindernisse nicht entgegen, so kann sofort, ohne vorgängigen Einleitungsbeschluß (§ 1), in die Verhandlung eingetreten werden.

§ 6

Der Angeschuldigte kann sich in jeder Lage des Verfahrens des Beistandes eines Verteidigers bedienen. Das Seemannsamt kann Personen, die nicht Rechtsanwälte sind, als Verteidiger zurückweisen. Hat das Seemannsamt seinen Sitz außerhalb des Reichsgebiets, so ist die Zulassung eines Verteidigers von dem Ermessen des Seemannsamts abhängig.

§ 7

Der Termin zur mündlichen Verhandlung ist möglichst nahe anzusetzen. Das Seemannsamt hat die erforderlichen Beweismittel herbeizuschaffen.

§ 8

Die zur Entscheidung zugezogenen Beisitzer des Seemannsamts sind, falls dies nicht bereits bei ihrer Bestellung ein für allemal geschehen ist, von dem Vorsitzenden auf die Erfüllung der Obliegenheiten ihres Amtes eidlich zu verpflichten.

§ 9

Die Leitung der mündlichen Verhandlung, die Vernehmung des Angeschuldigten sowie die Aufnahme des Beweises erfolgt, wenn unter Zuziehung von Beisitzern verhandelt wird, durch den Vorsitzenden. Der Vorsitzende hat den Beisitzern auf Verlangen zu gestatten, an die zur Vernehmung erschienenen Personen Fragen zu stellen. Ungeeignete oder nicht zur Sache gehörige Fragen kann der Vorsitzende zurückweisen.

§ 10

In der mündlichen Verhandlung ist der Angeschuldigte über die ihm zur Last gelegte strafbare Handlung zu vernehmen. Soweit erforderlich, ist der Tatbestand durch Beweisaufnahme festzustellen. Nach deren Abschluß ist dem Angeschuldigten das Wort zu seinen Ausführungen und Anträgen zu erteilen.

§ 11

Ist der Angeschuldigte gehöriger Ladung ungeachtet nicht erschienen, so kann in seiner Abwesenheit gegen ihn verhandelt werden. Das Seemannsamt kann jedoch das persönliche Erscheinen des Angeschuldigten anordnen und ihn im Wege polizeilichen Zwanges vorführen lassen.

§ 12

Macht sich in der mündlichen Verhandlung ein Kapitän oder Schiffsmann einer Zuwiderhandlung gegen § 115 der Seemannsordnung schuldig, so kann die Festsetzung einer Strafe wegen dieser Zuwiderhandlung ohne Einleitung eines besonderen Verfahrens (§ 1) erfolgen.

Der Zuwiderhandelnde ist jedoch zuvor auf das Strafbare seines Verhaltens hinzuweisen; auch ist ihm zur Erklärung darüber Gelegenheit zu geben.

§ 13

Die mündliche Verhandlung schließt mit dem Erlasse des Bescheids. Wird unter Zuziehung von Beisitzern verhandelt, so wird der Bescheid mit Stimmenmehrheit festgestellt.

Der Bescheid muß auf Festsetzung einer Strafe, Freisprechung oder Einstellung des Verfahrens lauten. Die Einstellung des Verfahrens ist zu beschließen, wenn sich herausstellt, daß es an dem erforderlichen Strafantrage fehlt oder wenn der Strafantrag zurückgenommen wird.

Dem Angeschuldigten, gegen welchen eine Strafe festgesetzt wird, sind die baren Auslagen des Verfahrens aufzuerlegen.

Der Zeitpunkt der Verkündung und der Zustellung des Bescheids ist zu den Akten zu vermerken.

§ 14

Über die mündliche Verhandlung vor dem Seemannsamt ist ein Protokoll aufzunehmen, welches die Namen der an der Verhandlung Beteiligten enthalten, den Gang und die Ergebnisse der Verhandlung, insbesondere auch der Vernehmungen, im wesentlichen wiedergeben und die Entscheidung im Wortlaut anführen muß. Die Protokollführung ist, sofern sie nicht durch den leitenden Beamten erfolgt, einem vereidigten Protokollführer oder einem Beisitzer des Seemannsamts zu übertragen. Das Protokoll ist von dem leitenden Beamten und, sofern es von einem anderen geführt wird, auch von diesem zu unterzeichnen.

§ 15

Trägt der Angeschuldigte gegen den Bescheid auf gerichtliche Entscheidung an, so hat das Seemannsamt den Zeitpunkt des Eingangs des Antrags zu vermerken und ohne Rücksicht darauf, ob die Frist gewahrt ist, die Akten der Staatsanwaltschaft bei dem für die weitere Verhandlung zuständigen Gerichte vorzulegen.

§ 16

Die Zustellungen im Verfahren vor dem Seemannsamt erfolgen, wenn dieses seinen Sitz im Reichsgebiete hat, nach den Vorschriften der Zivilprozeßordnung über die Zustellungen von Amts wegen (§§ 208 bis 212 der Zivilprozeßordnung) mit der Maßgabe, daß die Obliegenheiten des Vorsitzenden des Prozeßgerichts und des Gerichtsschreibers von dem Seemannsamte wahrgenommen werden, und daß die Zustellung auch durch einen Beamten des Seemannsamts vollzogen werden kann.

[Hat das Seemannsamt seinen Sitz in einem Schutzgebiete, so erfolgen die Zustellungen nach den in dem Schutzgebiete für Zustellungen in bürgerlichen Rechtsstreitigkeiten geltenden Vorschriften mit der Maßgabe, daß die Obliegenheiten der bei der Zustellung mitwirkenden Beamten von dem Seemannsamte wahrgenommen werden.]

Hat das Seemannsamt seinen Sitz im Auslande, so erfolgen die Zustellungen an Personen im Auslande nach den für Zustellungen durch die Konsuln geltenden Vorschriften mit der Maßgabe, daß das Seemannsamt bei Zustellungen außerhalb seines Bezirkes die erforderlichen Ersuchungsschreiben erläßt. Zustellungen an Personen im Reichsgebiet erfolgen durch die Gerichtsvollzieher; der § |162| *(jetzt 161)* des Gerichtsverfassungsgesetzes findet entsprechende Anwendung. [Zustellungen an Personen in den Schutzgebieten erfolgen durch Ersuchen der zur Ausübung der Gerichtsbarkeit ermächtigten Beamten.]

Die Zustellung kann auch durch Aushändigung des Schriftstücks gegen einen Empfangsschein derjenigen Person erfolgen, für welche das Schriftstück bestimmt ist.

§ 17

[Diese Verordnung tritt am 1. April 1903 in Kraft.]

XVII.

Ausführungsgesetz zum Deutschen Gerichtsverfassungsgesetz.

Vom 24. April 1878 (GesS. S. 230).

In der Fassung des § 1 Abs. 4 des Ges. v. 29. 5. 1879 (GesS. S. 389) betr. die Rechtsverhältnisse der Studierenden und die Disziplin auf den Landesuniversitäten usw., des Art. I des Ges. v. 16. 5. 1887 (GesS. S. 135) betr. Ergänzungen des AGGVG., des § 8 des Ges. v. 31. 5. 1897 (GesS. S. 157) betr. die Regelung der Richtergehälter, des Art. 130 des PrFrGG. v. 21. 9. 1899 (GesS. S. 276), des Ges. v. 24. 2. 1913 (GesS. S. 25) betr. die Dienstverhältnisse der Beamten der Amtsanwaltschaft, des Ges. v. 6. 5. 1920 (GesS. S. 158) über die Dauer des Vorbereitungsdienstes der Gerichtsreferendare, des § 41 Nr. 64 des Ges. v. 23. 6. 1920 (GesS. S. 367) über die Aufhebung der Standesvorrechte des Adels und die Auflösung der Hausvermögen, des § 34e des Ges. v. 17. 12. 1920 (GesS. 1921 S. 135) über das Diensteinkommen der unmittelbaren Staatsbeamten, des § 1 des Ges. v. 14. 2. 1923 (GesS. S. 42) zur Änderung des AGGVG. usw., des Ges. v. 29. 9. 1923 (GesS. S. 457) zur Abänderung des AGGVG. usw., des Art. XIV Abs. 2 Nr. 3 der Reichsverordnung über Vermögensstrafen und Bußen v. 6. 2. 1924 (RGBl. I S. 44).

Erster Titel

Richteramt

§ 1

Die Prüfungen, durch deren Ablegung die Fähigkeit zum Richteramt erlangt wird, und der Vorbereitungsdienst der Referendare erfolgen nach den Vorschriften des Gesetzes vom 6. Mai 1869. An die Stelle der Appellationsgerichte treten die Oberlandesgerichte.

---

1) Das Ges. v. 6. 5. 1869 (GesS. S. 656) ist in § 6 geändert worden durch das Ges. v. 6. 5. 1920 (GesS. S. 158), durch das die Dauer des Vorbereitungsdienstes auf 3 Jahre festgesetzt wurde. Im übrigen vgl. die geltende Fassung bei Müller, Justizverw. 6. Aufl. S. 96, 97. Von den Prüfungen handeln die §§ 2—4, 9—10, von dem Vorbereitungsdienst die §§ 7, 8. Auf Grund der im § 14 des Gesetzes enthaltenen Ermächtigung hat der Pr. JM. mit der AV. v. 11. 8. 1923 (JMBl. S. 588) die „Ausbildungsordnung" erlassen; sie ist nachträglich geändert worden durch die AV. v. 27. 3./6. 5. 1924 (JMBl. S. 134, 210).

2) An gesetzlichen Grundlagen für die Erlangung der Fähigkeit zum Richteramt kommen ferner in Betracht §§ 1—3 GVG., das Ges. über die Zulassung der Frauen zu den Ämtern und Berufen der Rechtspflege, das Ges. über die Ausbildung von Kriegsteilnehmern zum Richteramt und das Ges. betr. eine Ergänzung der Vorschriften über den juristischen Vorbereitungsdienst. (Vgl. Anm. 1—3 zu § 2 GVG.)

3) Der bisherige S. 3 ist durch das Ges. v. 6. 5. 1920 (GesS. S. 158) gestrichen worden.

§ 2

Referendare, welche im Vorbereitungsdienste seit mindestens einem Jahr und drei Monaten beschäftigt sind, können im Falle des Bedürfnisses durch die Justizverwaltung mit der zeitweiligen Wahrnehmung richterlicher Geschäfte bei den Amtsgerichten beauftragt werden.

Denselben kann nach näherer Anordnung der Justizverwaltung durch den Amtsrichter, welchem sie zur Ausbildung überwiesen sind, die Erledigung einzelner richterlicher Geschäfte übertragen werden.

Zur Urteilsfällung, zur Beurkundung einer Verfügung von Todes wegen, zur Beurkundung eines Ehevertrags, zur Entscheidung über Durchsuchungen, Beschlagnahmen und Verhaftungen, sowie zu den Geschäften des Amtsrichters bei Bildung der Schöffengerichte und Schwurgerichte sind Referendare nicht befähigt.

1) Die jetzige Fassung des Abs. 1 beruht auf dem Ges. v. 29. 9. 1923 (GesS. S. 457).

2) Zu Abs. 2 vgl. Müller, Justizverw., 6. Aufl., S. 96.

3) Abs. 3 hat seine jetzt geltende Fassung durch Art. 130 Nr. II des Ges. v. 21. 9. 1899 (GesS. S. 249) erhalten.

§ 3

Die Gerichtsassessoren werden nach ihrer Ernennung einem Amtsgericht oder Landgericht oder mit ihrer Zustimmung einer Staatsanwaltschaft zur unentgeltlichen Beschäftigung überwiesen. Die Bezeichnung des Gerichts oder der Staatsanwaltschaft erfolgt durch den Justizminister.

Die Versetzung der Gerichtsassessoren von dem Orte, an welchem sie einem Gericht oder einer Staatsanwaltschaft zur unentgeltlichen Beschäftigung überwiesen sind, ist, vorbehaltlich der Vorschriften in § 4, nur mit ihrer Zustimmung zulässig.

§ 4

Die Gerichtsassessoren sind verpflichtet, auf Anordnung des Justizministers die Verwaltung einer Amtsrichterstelle, die Stellung eines Hilfsrichters oder eines Hilfsarbeiters bei der Staatsanwaltschaft zu übernehmen. In diesen Fällen ist ihnen eine Entschädigung nach allgemein festzustellenden Grundsätzen sowie Ersatz der Reisekosten nach Maßgabe [der Verordnung vom 15. April 1876 (Gesetz-Samml. S. 107)] zu gewähren.

Nach Beendigung des ihnen erteilten Auftrags treten sie bei demjenigen Gerichte oder derjenigen Staatsanwaltschaft wieder ein, wohin sie vor dem erhaltenen Auftrage überwiesen waren.

---

1) Die Grundsätze für die Entschädigung enthält das Beamten-Diensteinkommensgesetz, das auf Grund des Ges. v. 31. 3. 1924 (GesS. S. 198) unter dem 13. 5. 1924 (GesS. S. 487) neu bekanntgemacht ist. Die in dieser Bekanntmachung enthaltenen Bezüge sind auf Grund der darin enthaltenen Ermächtigung durch den Finanzminister mehrmals geändert worden (vgl. Pr. Besoldungsblatt 1924 S. 201, 234).

2) Für die Reisekosten gilt jetzt das Ges. über die Reisekosten der Staatsbeamten v. 3. 1. 1923 (GesS. S. 3). Ausführungsbestimmungen dazu v. 17. 1. 1923 (JMBl. S. 48) und Pr. BesBl. 1924 S. 17.

3) Wegen der Beschäftigung der Gerichtsassessoren bei Amtsanwaltschaften vgl. § 63.

§ 5

Bei den Landgerichten und bei den Strafkammern an den Sitzen der Amtsgerichte sind die Gerichtsassessoren zur Wahrnehmung richterlicher Geschäfte nur befugt, wenn sie als Hilfsrichter bestellt sind.

§ 6

[Die Befugnis der Gerichtsassessoren, sich als Rechtsanwälte niederzulassen oder bei Rechtsanwälten zu beschäftigen, wird, soweit die Anwaltsordnung Bestimmungen nicht trifft, gesetzlich geregelt.]

Die erforderlichen Bestimmungen sind im 1. Abschnitt der Rechtsanwaltsordnung, insbesondere in den §§ 1—4, 8—13 und 25, enthalten.

§ 7

Die Richter, einschließlich der Handelsrichter, werden [vom Könige] ernannt.

Art. 82 Pr. V.: „Die Befugnisse, die nach den früheren Gesetzen, Verordnungen und Verträgen dem Könige zustanden, gehen auf das Staatsministerium über.“ Vgl. auch Art. 52 Pr. V.: „Das Staatsministerium ernennt die unmittelbaren Staatsbeamten.“ Nach Art. 52 ist aber Delegation auf nachgeordnete Stellen möglich und in größtem Umfange erfolgt. Die Bedeutung des § 7 AGGVG. liegt darin, daß er die Delegation ausschließt. In welcher Form das Staatsministerium seine Befugnis ausübt, ist seine Sache; insbesondere ist es in der Lage, zu bestimmen, daß der Ressortminister das Staatsministerium nach außen vertritt.

§ 8

§ 9

---

1) § 8 (Amtstitel der Landrichter und der Amtsrichter) ist durch § 34 Buchst. e des Ges. v. 17. 12. 1920 (GesS. 1921 S. 152) auf-

gehoben worden. Zur Zeit gilt die AV. v. 3. 6. 1920 (JMBl. S. 267) über die Amtsbezeichnungen der Justizbeamten und RdV. v. 31. 3. 1924 — I 6529 —. Vgl. auch Beamtendiensteinkommensgesetz (oben Anm. zu § 5).

2) § 9 (enthaltend Bestimmungen über die Besoldung der Richter) ist aufgehoben durch § 8 des Ges. v. 31. 5. 1897 (GesS. S. 157). Zur Zeit gilt das Beamtendiensteinkommensgesetz in der Fassung v. 12. 5. 1923 (GesS. S. 167). Vgl. Anm. zu § 5.

§ 10

Die Gehälter der Landrichter und der Amtsrichter sind nach gleichen Grundsätzen zu bemessen.

§ 11

Andere Vergütungen, als die auf Gesetz beruhenden Gehälter und Entschädigungen oder auf Stiftungen beruhende Bezüge, dürfen den Richtern für richterliche Geschäfte nicht gewährt werden.

Unterstützungen in Fällen eines außerordentlichen Bedürfnisses werden von dieser Vorschrift nicht betroffen.

Zweiter Titel

Gerichtsbarkeit

§ 12

[Die nachstehend bezeichneten Gerichte werden aufgehoben:

1. das Obertribunal;
2. in dem Geltungsbereiche der Verordnung vom 2. Januar 1849 die Appellationsgerichte, die Stadtgerichte und Kreisgerichte, sowie die Kommerz- und Admiralitätskollegien, einschließlich der Deputationen, Kommissionen und Grundbuchämter, die Fabrikengerichtsdeputationen in Westfalen und die Grundbuchämter in Bergen a. R., Greifswald, Grimmen und Stralsund;
3. in dem Bezirke des Appellationsgerichtshofes zu Köln: der Appellationsgerichtshof, die Landgerichte, Handelsgerichte und Friedensgerichte;
4. in dem Bezirke des Appellationsgerichts zu Celle: das Appellationsgericht, die Obergerichte und Amtsgerichte einschließlich der Grundbuchämter;

5. in den Bezirken der Appellationsgerichte zu Kiel, Kassel und Wiesbaden:
   die Appellationsgerichte, die Kreisgerichte und Amtsgerichte einschließlich der Grundbuchämter;
6. in dem Bezirke des Appellationsgerichts zu Frankfurt a. M.:
   das Appellationsgericht, das Stadtgericht, das Stadtamt, das Landjustizamt, das Rügegericht, das Fiskalat und die Transskriptions- und Hypothekenbehörde.]

§ 13

[Die den Universitätsgerichten und den Kirchspielsgerichten im Lande Hadeln zustehende Gerichtsbarkeit in nicht streitigen Rechtsangelegenheiten wird aufgehoben.]

Abs. 2 aufgehoben durch § 1 Abs. 4 Ges. v. 29. 5. 1879 (GesS. S. 389).

§ 14

[Die Schöffengerichte in dem Bezirke des Justizsenats zu Ehrenbreitstein sollen, sobald das Fortschreiten der Grundbuchregulierung dieses gestattet, aufgehoben werden. Der Justizminister ist ermächtigt, für die Zwischenzeit die erforderlichen Änderungen der Instruktion vom 15. Dezember 1853 zu treffen, den Zeitpunkt der Aufhebung der Schöffengerichte zu bestimmen und die Zuständigkeit der Schultheißen und Schöffen, im Auftrage der Gerichte Siegelungen, Inventuren, Taxen und Mobiliarversteigerungen vorzunehmen, anderweit zu regeln.]

Die Regelung ist im Art. 123 Pr. FrGG. v. 21. 9. 1899 (GesS. S. 249) erfolgt.

§ 15

[Die Zuständigkeit der Verwaltungsbehörden in der Provinz Hannover für die auf die Führung des Schiffsregisters bezüglichen Geschäfte wird aufgehoben.]

§ 16

[Die Gerichtsbarkeit der in dem § 12 Nr. 2 bis 6 und in den §§ 13, 14 bezeichneten Gerichte in den Angelegenheiten, welche zu der ordentlichen streitigen Gerichtsbarkeit nicht gehören, geht in dem Umfange, in welchem sie in den einzelnen Landesteilen bisher bestanden hat, auf die in Gemäßheit des Deutschen Gerichtsverfassungsgesetzes zu bildenden ordentlichen Gerichte nach näherer Bestimmung des gegenwärtigen Gesetzes über. Dasselbe gilt hinsichtlich der im § 15 bezeichneten Angelegenheiten.]

§ 17

[Die Zuständigkeit der ordentlichen Gerichte für das Hinterlegungswesen wird durch ein besonderes Gesetz bestimmt.

Die Gerichtsbarkeit erster und zweiter Instanz in den durch die Gesetze für das Herzogtum Lauenburg vom 14. August 1872 und 7. Dezember 1874 dem Kreisgericht in Ratzeburg zugewiesenen Rechtsstreitigkeiten wird durch Königliche Verordnung geregelt.]

---

1) Zu Abs. 1. Es gilt jetzt die Hinterlegungsordnung v. 21. 4. 1913 (GesS. S. 225 in der Fassung der Ges. v. 8. 7. 1920 (GesS. S. 385) und v. 9. 6. 1923 (GesS. S. 277).

2) Zu Abs. 2. Die vorbehaltenen Bestimmungen sind in dem Ges. v. 1. 2. 1879 (GesS. S. 14) enthalten. Abs. 2 ist damit gegenstandslos geworden.

§ 18

[Der Geheime Justizrat wird unter entsprechender Anwendung des Artikels III des Gesetzes vom 26. April 1851 bei dem Oberlandesgerichte zu Berlin gebildet. Die Gerichtsbarkeit letzter Instanz in den zur Zuständigkeit des Geheimen Justizrats gehörenden Rechtsstreitigkeiten wird durch ein besonderes Gesetz bestimmt, insofern dieselbe nicht in Gemäßheit des § 3 des Einführungsgesetzes zum Deutschen Gerichtsverfassungsgesetze dem Reichsgericht übertragen wird.]

Der Geheime Justizrat ist durch die VO. v. 30. 11. 1918 (GesS. S. 185) praktisch beseitigt, und damit ist § 18 gegenstandslos geworden.

§ 19

[Die bisher dem Obertribunal zustehende Gerichtsbarkeit letzter Instanz

1. in den Rechtsstreitigkeiten, welche in erster Instanz zur Zuständigkeit der Generalkommissionen oder der die Stelle derselben vertretenden Spruchkollegien gehören,
2. in den Rechtsstreitigkeiten, auf welche das Gesetz vom 19. Mai 1851, betreffend das Verfahren in den nach der Gemeinheitsteilungsordnung zu behandelnden Teilungen und Ablösungen in den Landesteilen des linken Rheinufers, Anwendung findet,

3. in den durch die Gesetze für das Herzogtum Lauenburg vom 14. August 1872 und vom 7. Dezember 1874 bezeichneten Rechtsstreitigkeiten

wird durch ein besonderes Gesetz geregelt, sofern diese Gerichtsbarkeit nicht in Gemäßheit des § 3 des Einführungsgesetzes zum Deutschen Gerichtsverfassungsgesetze dem Reichsgericht übertragen wird.]

Die in Nr. 1, 2 bezeichneten Gegenstände sind durch die Reichs-VO. v. 26. 9. 1879 (RGBl. S. 287) auf Antrag Preußens gemäß § 3 EGGVG. (vgl. dort) dem Reichsgericht übertragen worden. Wegen Nr. 3 vgl. das in der Anm. zu § 17 zitierte Gesetz.

§ 20

In den durch Landesgesetz den ordentlichen Gerichten übertragenen Angelegenheiten erfolgt die Bestimmung des örtlich zuständigen Gerichts, soweit nicht die Vorschriften der deutschen Prozeßordnungen Anwendung finden, durch das gemeinschaftliche obere Gericht, wenn Streit oder Ungewißheit darüber besteht, welches von mehreren Gerichten örtlich zuständig ist oder wenn ein gemeinschaftlicher Gerichtsstand zu bestellen ist. In Ermangelung eines gemeinschaftlichen oberen Gerichts erfolgt die Bestimmung durch den Justizminister.

Ist das zuständige Gericht in einem einzelnen Falle an der Ausübung des Richteramts rechtlich oder tatsächlich verhindert, so erfolgt die Bestimmung des örtlich zuständigen Gerichts durch das zunächst höhere Gericht, in Ermangelung eines solchen durch den Justizminister.

Eine Anfechtung der Entscheidung findet nicht statt.

Im Sinne der Vorschriften der Abs. 1, 2 gilt als das dem Landgericht im Instanzenzuge vorgeordnete Gericht das Oberlandesgericht, zu dessen Bezirke das Landgericht gehört.

---

1) Fassung des Art. 130 III des Pr. FrGG. v. 21. 9. 1899 (GesS. S. 276).

2) Abs. 2 hat durch Art. 2 des Ges. v. 19. 7. 1919 (GesS. S. 115) eine Erweiterung für die besetzten Gebiete erfahren.

3) Vgl. §§ 5, 199 FrGG. Im Gegensatz zu den auf reichsrechtlicher Grundlage beruhenden Angelegenheiten der frei-

willigen Gerichtsbarkeit ist im Rahmen des § 20 nicht das Kammergericht (vgl. Art. 7, 8 Pr. FrGG. v. 21. 9. 1899 — GesS. S. 250 —), sondern das Oberlandesgericht zuständig.

4) Vgl. zu § 20 die §§ 12—15, 19 StPO.

Dritter Titel

Amtsgerichte

§ 21

Die Sitze und Bezirke der Amtsgerichte werden durch Königliche Verordnung bestimmt.

Dieselben können nach dem 1. Oktober 1882 nur durch Gesetz verändert werden.

Veränderungen solcher Gemeinde- oder Gutsbezirksgrenzen, welche zugleich die Grenzen von Amtsgerichtsbezirken bilden, ziehen von selbst die Veränderung der letzteren Grenzen nach sich.

1) Die Bestimmung der Amtsgerichtssitze ist durch die VO. v. 26. 7. 1878 (GesS. S. 275), 5. 7. und 10. 11. 1879 (GesS. S. 393, 627) erfolgt. Zahlreiche spätere Ergänzungen.

2) Abs. 2 hat eine Erweiterung erfahren durch Art. 1 des Ges. v. 19. 7. 1919 (GesS. S. 115) Art. 1, soweit Änderungen von Gerichtsbezirken aus Anlaß des Friedensvertrages von Versailles notwendig sind. Auch vorübergehende Änderungen der Sitze und Bezirke von Gerichten sind darin für die besetzten Gebiete zugelassen.

§ 22

Die Abhaltung von Gerichtstagen außerhalb des Gerichtssitzes kann durch den Justizminister angeordnet werden.

Die Verwaltungsbestimmungen über die Gerichtstage sind zusammengestellt bei Müller, „Justizverwaltung“, 6. Aufl., S. 9—12.

§ 23

Bei den mit mehreren Richtern besetzten Amtsgerichten werden die Geschäfte nach örtlich abgegrenzten Bezirken oder, wenn das Interesse der Rechtspflege dies erfordert, nach Gattungen oder nach Gattungen und Bezirken verteilt. Die Verteilung erfolgt durch das Präsidium des Landgerichts im voraus auf die Dauer eines Geschäftsjahres nach den von dem Justizminister festgestellten Grundsätzen.

Die Gültigkeit der Handlung eines Amtsrichters wird dadurch nicht berührt, daß die Handlung nach der Geschäftsverteilung von einem der anderen Amtsrichter vorzunehmen gewesen wäre.

---

1) Grundsätze der im § 23 Abs. 1 S. 2 bezeichneten Art sind z. B. in den bei „Müller, Justizverwaltung", 6. Aufl., S. 6—8, abgedruckten Verfügungen enthalten. Neuerdings sind ergangen die AV. v. 20. 6. 1923 (JMBl. S. 450) Abschnitt I Nr. 2 (Geschäftsverteilung in Jugend-(straf-)sachen und Vormundschaftssachen), AV. v. 6. und 18. 3. 1924 (JMBl. S. 93, 126) (Verwendung der Amtsgerichtsräte, die zugleich Landgerichtsräte oder Landgerichtsdirektoren sind) und AV. v. 27. 3. 1924 (JMBl. S. 145) (betr. Preistreibereistrafsachen).

2) Streitigkeiten über die Geschäftsverteilung sind im Aufsichtswege zu erledigen. Rechtsmittel finden nicht statt. Vgl. Anm. 1 zu § 14 StPO.

§ 24

Mehrere Richter desselben Amtsgerichts vertreten sich wechselseitig in der durch das Präsidium des Landgerichts im voraus bestimmten Reihenfolge.

Die Vertretung der Amtsrichter durch Richter benachbarter Amtsgerichte kann von der Justizverwaltung im Voraus angeordnet werden. Eine solche Anordnung muß erfolgen bei Amtsgerichten, welche nur mit einem Richter besetzt sind. Diese Vertretung erstreckt sich nicht auf den Fall der rechtlichen Verhinderung eines Richters in Angelegenheiten, auf welche der § 36 der Deutschen Zivilprozeßordnung oder der § 15 der Deutschen Strafprozeßordnung Anwendung findet.

Angelegenheiten, auf welche die bezeichneten Vorschriften der Deutschen Prozeßordnungen keine Anwendung finden, können, wenn die Vertretung nicht durch Richter desselben Amtsgerichts erfolgen kann, von dem Landgericht einem anderen Amtsgerichte zugewiesen werden.

Fassung des Abs. 3 geändert durch Art. 130 IV Pr. FrGG. v. 21. 9. 1899 (GesS. S. 276).

§ 25

Aufgehoben Art. 130 I FrGG. v. 21. 9. 1899 (GesS. S. 276).

§ 26

Die Amtsgerichte sind zuständig für die Angelegenheiten, welche bisher durch Einzelrichter zu erledigen waren.

Folgende Angelegenheiten gehören zur Zuständigkeit der Amtsgerichte auch insoweit, als sie bisher durch die Kollegialgerichte erster Instanz zu erledigen waren:

1. das Verlassenschaftswesen [einschließlich der Ausstellung gerichtlicher Erbbescheinigungen];
2. die Vollziehung, Beurkundung und Bestätigung von Handlungen der nicht streitigen Gerichtsbarkeit, [einschließlich der Dispensation von Veräußerungsverboten].

1) Zu Abs. 2 Nr. 1 vgl. § 72 ff. FrGG. Die Nr. 1 hat aber noch Bedeutung für die auf Preußischen Vorschriften beruhenden einschlägigen Sachen (z. B. Art. 79 AGBGB.).

Vgl. auch unten § 70 (sowie Art. 147 EGBGB.).

Die Ausstellung von Erbscheinen ist jetzt reichsrechtlich geordnet.

2) Eine Zusammenstellung der Sachen, welche nach Landesrecht den Amtsgerichten obliegen s. bei Schlegelberger FrGG., 2. Aufl., S. 26—28. Vgl. auch Kayser, Reichsjustizgesetze, 7. Aufl., Anm. zu § 26.

Über die Gründe, aus denen § 26 aufrechterhalten werden mußte, gibt die Begründung zu Art. 128 der Regierungsvorlage des Pr. FrGG. Auskunft (Abg.-Haus I. Session 1899, Drucksache Nr. 35, S. 78); daselbst eine Zusammenstellung der in Betracht kommenden Gegenstände.

§ 27

Der Paragraph, der den Gerichtsstand der vormals reichsständischen Familien in Angelegenheiten der nichtstreitigen Gerichtsbarkeit aufrecht erhielt, ist durch § 41 Nr. 64 des Ges. v. 23. 6.

1920 (GesS. S. 367) über die Aufhebung der Standesvorrechte des Adels und die Auflösung der Hausvermögen aufgehoben worden.

§ 28

Aufgehoben durch Art. 130 I Pr. FrGG. v. 21. 9. 1899 (GesS. S. 276).

§ 29

Die den Gerichten zustehende Verwaltung oder Beaufsichtigung von Stiftungen liegt den Amtsgerichten ob. Durch den Justizminister kann das Landgericht oder das Oberlandesgericht mit der Verwaltung oder Beaufsichtigung beauftragt werden.

Wegen der Rechtsverhältnisse der Stiftungen vgl. §§ 80 ff. BGB., Art. 1—5 AGBGB.

Vgl. auch Art. 2 Abs. 2 Ges. v. 19. 7. 1919 (GesS. S. 115). Unter dem 10. 7. 1924 (GesS. S. 575) ist aus Anlaß der durch die Geldentwertung verursachten starken Wertminderung des Kapitals vieler Stiftungen ein Ges. über Änderungen von Stiftungen ergangen.

Vgl. ferner AV. d. Pr. JM. v. 3. 6. 1907 (JMBl. S. 400): „Wird bei einem Amtsgerichte die Genehmigung einer Familienstiftung nachgesucht, so hat das Amtsgericht vor Erteilung der Genehmigung die Entscheidung des Oberlandesgerichtspräsidenten darüber einzuholen, ob wegen Übertragung der Verwaltung oder der Beaufsichtigung an das Landgericht oder das Oberlandesgericht an mich zu berichten ist." Vgl. ferner Müller, Justizverw., 6. Aufl., S. 18f.

Wegen der Umwandlung von Teilen aufgelöster Fideikommisse usw. in Stiftungen vgl. § 9b VO. v. 30. 12. 1920 (GesS. 1921 S. 77), § 18 Ges. v. 23. 6. 1920 (GesS. S. 367), § 18 Abs. 1 VO. v. 19. 11. 1920 (GesS. S. 463).

§§ 30—32

Aufgehoben Art. 130 I Pr. FrGG. v. 21. 9. 1899 (GesS. S. 276).

Vierter Titel

Schöffengerichte

§ 33

Zu dem Amte eines Schöffen sollen außer den im § 34 des Deutschen Gerichtsverfassungsgesetzes bezeichneten Beamten nicht berufen werden:

[1. die vortragenden Räte der Ministerien,] [einschließlich des Generalinspektors des Katasters;]

[2. die Provinzialsteuerdirektoren;]

[3. der Dirigent der Direktion für die Verwaltung der direkten Steuern in Berlin;]

4. die Mitglieder des Oberverwaltungsgerichts, sowie die ständigen Mitglieder der [Bezirksverwaltungsgerichte und des Verwaltungsgerichts für die Stadt Berlin.]

---

1) Vgl. § 34 GVG. und Anm. dazu.

2) Die „vortragenden Räte der Ministerien" heißen jetzt „Ministerialräte". Gemeint sind im § 33 nur die Räte der Preußischen, nicht auch diejenigen der Reichsministerien. Indes wird auch bei diesen aus Zweckmäßigkeitsgründen von der Auswahl zum Schöffenamt in der Regel abzusehen sein.

3) Die Dienstbezeichnung des „Generalinspektors des Katasters", die früher einem vortragenden Rat des Finanzministeriums verliehen wurde, ist beseitigt.

4) § 33 Nr. 2, 3 sind durch den Übergang der Finanzverwaltung auf das Reich gegenstandslos geworden. Auf die Vorstände der Landesfinanzämter können sie nicht bezogen werden.

5) An die Stelle der Bezirksverwaltungsgerichte und des Verwaltungsgerichts für die Stadt Berlin ist nach § 153 des Ges. über die allgemeine Landesverwaltung v. 30. 7. 1883 (GesS. S. 195) der Bezirksausschuß getreten. Für den Bezirksausschuß der neuen Stadtgemeinde Berlin vgl. § 1 Abs. 2, § 39 des Ges. v. 27. 4. 1920 (GesS. S. 123). Wegen der ständigen Mitglieder des Bezirksausschusses vgl. § 28 Abs. 2 des Ges. über die allgemeine Landesverwaltung. Gemeint sind nur die ernannten Mitglieder, im Gegensatz zu den gewählten (Erlaß des Min. d. Innern v. 20. 12. 1883 — Ministerialblatt der Pr. inneren Verwaltung 1884 S. 6 —).

§ 34

Der als Beisitzer des Ausschusses für die Auswahl der Schöffen eintretende Staatsverwaltungsbeamte wird von dem Regierungspräsidenten [Landdrosten] bestellt. Zugleich ist ein Stellvertreter zu bestellen.

---

1) Landdrosten gibt es nicht mehr. Wegen der Bestellung des Staatsverwaltungsbeamten vgl. den Erlaß des Min. d. Innern v. 18. 10. 1879 (Ministerialblatt der Pr. inneren Verwaltung 1880 S. 51). Danach muß die Bestellung jährlich erneuert werden.

2) Wegen des Zeitpunktes der Sitzung des Ausschusses wird sich der Amtsrichter mit dem Staatsverwaltungsbeamten zu verständigen haben (AV. v. 8. 12. 1884 — JMBl. S. 280 —).

§ 35

Die [Vertrauensmänner] des Ausschusses werden durch die Kreisvertretungen, in den Hohenzollernschen Landen durch die Amtsvertretungen, in der Provinz Hannover durch die [Amtsvertretungen] und durch die zu einem Kollegium vereinigten Magistrate und Bürgervorsteher der einem [Amtsverbande] nicht angehörigen Städte gewählt.

Erstreckt sich der Bezirk des Amtsgerichts über mehrere wahlberechtigte Verbände, so ist die von jedem einzelnen Verbande zu wählende Anzahl der [Vertrauensmänner] unter Berücksichtigung der Einwohnerzahl durch den Amtsrichter zu bestimmen.

Die Vorschriften der §§ 32—35 des Deutschen Gerichtsverfassungsgesetzes über die Berufung zum Schöffen- und Geschworenenamte finden auf die zu wählenden [Vertrauensmänner] entsprechende Anwendung. Die Wahl erfolgt, sofern mindestens zwei Personen zu wählen sind, nach den Grundsätzen der Verhältniswahl, andernfalls nach der absoluten Mehrheit der Stimmen.

---

1) Durch das Ges. v. 25. 4. 1922 (RGBl. I S. 465) über die Heranziehung der Frauen zum Schöffen- und Geschworenenamte ist im GVG. §§ 40, 55 das Wort „Vertrauensmänner" überall durch „Vertrauenspersonen" ersetzt und dadurch zum Ausdruck gebracht worden, daß nunmehr auch Frauen zu diesen Ämtern gewählt werden können. Es ist daher auch im Pr. AGGVG. statt „Vertrauensmänner" nun überall „Vertrauenspersonen" zu lesen.

2) Die Amtsverfassung ist in der Provinz Hannover durch die Kreisverfassung ersetzt worden (Kreisordnung v. 6. 5. 1884 —

GesS. S. 181 —). Die Wahl der Vertrauenspersonen erfolgt daher nunmehr in Hannover durch die Kreisvertretungen, in den einem Landkreise nicht angehörigen Städten durch die Vereinigten Magistrate und Bürgervorsteher.

3) Abs. 3 S. 2 ist zugefügt durch das Ges. v. 3. 3. 1922 (Ges. S. 49). Wegen der Ausführung der Verhältniswahl vgl. die GV. d. Pr. JM. und des Pr. Ministers des Innern v. 21. 5. 1922 (JMBl. S. 214). Danach sind bei der Auswahl die Bestimmungen des § 16 des Ges. v. 18. 7. 1919 (GesS. S. 118) anwendbar.

4) Der Ausschuß ist alljährlich neu zu wählen. (Vgl. den in Anm. 1 zu § 34 angezogenen Erlaß des M. d. Innern.)

§ 36

[Den Vertrauensmännern und den Schöffen werden, sofern sie außerhalb ihres Aufenthaltsorts einen Weg bis zur Entfernung von mehr als zwei Kilometern zurückzulegen haben, an Reisekosten gewährt:

1. bei Reisen, welche auf Eisenbahnen oder Dampfschiffen gemacht werden können, für jedes angefangene Kilometer des Hinweges und des Rückweges zehn Pfennige;
2. bei Reisen, welche nicht auf Eisenbahnen oder Dampfschiffen zurückgelegt werden können, für jedes angefangene Kilometer des Hinweges und des Rückweges zwanzig Pfennige;

im ganzen jedoch mindestens drei Mark.

Mußte der Vertrauensmann oder Schöffe innerhalb seines Aufenthaltsorts einen Weg bis zur Entfernung von mehr als zwei Kilometern zurücklegen, so sind ihm als Reiseentschädigung für jedes angefangene Kilometer des Hinweges und des Rückweges zwanzig Pfennige zu gewähren.]

---

§§ 36, 45 sind für Schöffen und Geschworene bereits infolge des Reichsges. v. 29. 7. 1913 und der VO. des Bundesrats v. 9. 8. 1913 (RGBl. S. 617, 618) außer Kraft getrten. (AV. d. Pr. JM. v. 12. 8. 1913, JMBl. S. 303). Für die Vertrauenspersonen ist der § 36 infolge des Ges. v. 5. 2. 1922 (RGBl. S. 207) gegenstandslos geworden. Zur Zeit ist die Entschädigung durch §§ 55, 84 GVG. und durch die VO. über die Entschädigung der Schöffen, Geschworenen und Vertrauenspersonen (oben V) geregelt.

Fünfter Titel

Landgerichte

§ 37

Die Sitze und Bezirke der Landgerichte werden durch Gesetz bestimmt.

Werden bei der ersten Bildung oder bei einer späteren Veränderung der Amtsgerichtsbezirke die Grenzen der Landgerichtsbezirke überschritten, so zieht eine solche Überschreitung von selbst die Veränderung der beteiligten Landgerichtsbezirke nach sich.

---

1) Das im Abs. 1 vorgesehene Gesetz ist erlassen unter dem 4. 3. 1878 (GesS. S. 109). Spätere Ergänzungen: Ges. v. 12. 2. 1884 (GesS. S. 63), 7. 4. 1885 (S. 107), 3. 4. 1888 (S. 51), 8. 5. 1892 (S. 104), 16. 9. 1899 (S. 391), 7. 11. 1904 (S. 281), 23. 4. 1906 (S. 173), 9. 7. 1910 (S. 109), 27. 4. 1912 (S. 53), 4. 9., 29. 10., 24. 12. 1919 (S. 145, 168, 198), 23. 6. 1920 (S. 349), 13. 2., 17. 3. 1923 (S. 41, 70).

2) § 37 hat eine Erweiterung erfahren durch das Ges. v. 19. 7. 1919 (Ges.S. S. 115) Art. 1 hinsichtlich solcher Änderungen von Gerichtsbezirken, die durch die Ausführung des Friedensvertrags von Versailles notwendig werden. Auch vorübergehende Änderungen der Sitze und der Bezirke der Gerichte sind für die besetzten Gebiete darin zugelassen. Die Änderungen erfolgen durch den Justizminister.

§ 38

Die [Amtsrichter] sind verpflichtet, bei dem Landgerichte, in dessen Bezirk sie angestellt sind, die Vertretung eines Richters für einzelne Sitzungen oder Geschäfte zu übernehmen.

Die Einberufung der Vertreter erfolgt durch den Präsidenten des Landgerichts nach einer jährlich vor Beginn des Geschäftsjahres durch das Präsidium des Landgerichts festzusetzenden Reihenfolge.

Für Einberufungen, welche während der Gerichtsferien erfolgen, ist die für das Geschäftsjahr festgestellte Reihenfolge nicht maßgebend.

Die Einberufung ist nur dann statthaft, wenn die Vertretung des verhinderten Mitgliedes durch ein Mitglied des Landgerichts nicht möglich ist.

Zu Abs. 1. Gemeint sind nur die festangestellten „Amtsgerichtsräte". Wegen der Assessoren (auch soweit sie die Dienstbezeichnung „Amtsrichter" führen) vgl §§ 3—5.

§ 39

Die Landgerichte sind in bürgerlichen Rechtsstreitigkeiten ohne Rücksicht auf den Wert des Streitgegenstandes ausschließlich zuständig:

1. für die Ansprüche der Staatsbeamten gegen den Landesfiskus aus ihrem Dienstverhältnisse;
2. für die Ansprüche gegen den Landesfiskus wegen Verschuldung von Staatsbeamten;
3. für die Ansprüche gegen öffentliche Beamte wegen Überschreitung ihrer amtlichen Befugnisse oder wegen pflichtwidriger Unterlassung von Amtshandlungen;
4. für die Ansprüche gegen den Landesfiskus in betreff der Verpflichtung zur Entrichtung [einer Erbschaftssteuer oder] einer Stempelabgabe.

[Die Vorschriften über die Voraussetzungen der Zulässigkeit des Rechtsweges für diese Ansprüche bleiben unberührt.]

---

1) Zu Nr. 1—3 vgl. § 71 GVG.

2) Zu Nr. 4: Fassung des Art. 130 V des Pr. FrGG. v. 21. 9. 1899 (GesS. S. 277). Vgl. das Pr. Stempelsteuerges. in der Fassung der Bekanntmachung v. 30. 6. 1909 (GesS. S. 535). Der auf die Erbschaftssteuer bezügliche Teil der Nr. 4 ist durch den Wegfall der Preußischen Erbschaftssteuer gegenstandslos geworden.

3) Abs. 2 ist gegenstandslos geworden (vgl. Ges. v. 16. 11. 1920 — GesS. 1921 S. 65 — betr. die Beseitigung der Konfliktserhebung usw.).

§ 40

---

§ 40 ist durch Art. 130 I Pr. FrGG. v. 21. 9. 1899 (GesS. S. 276) aufgehoben worden.

§ 41

Soweit nicht andere Bestimmungen getroffen sind, gehören zur Zuständigkeit der Landgerichte alle Angelegenheiten, für welche bisher die aufgehobenen Kollegialgerichte erster Instanz zuständig waren.

Die Vorschriften über die Erledigung einzelner Geschäfte durch den Präsidenten oder den Gerichtsschreiber bleiben in Kraft.

Vgl. wegen der Zuständigkeit der Landgerichte nach diesem Paragraphen Schlegelberger FrGG., 2. Aufl., S. 28. Vgl. auch Kayser, Reichsjustizgesetze, 7. Aufl., Anm. zu § 41.

§ 42

Die in diesem Gesetze den Landgerichten zugewiesenen Angelegenheiten werden von den Zivilkammern erledigt.

§ 43

Die gerichtliche Beglaubigung amtlicher Unterschriften zum Zwecke der Legalisation im diplomatischen Wege erfolgt durch den Präsidenten des Landgerichts; sie kann von dem Justizminister auch dem zur Führung der Aufsicht bei einem Amtsgerichte berufenen Richter übertragen werden.

Fassung des Art. 130 VI Pr. FrGG. v. 21. 9. 1899 (GesS. S. 277). Über den Geschäftsgang bei der Legalisation von Urkunden verhält sich die AV. v. 21. 2. 1923 (JMBl. S. 152).

Für Berlin-Mitte ist gemäß Halbs. 2 die Befugnis zur Legalisation dem Amtsgerichtspräsidenten übertragen — AV. v. 4. 9. 1900 (JMBl. S. 559) —

Sechster Titel

Schwurgerichte

§ 44

Die Vorschriften des § 33 über die Berufung zum Schöffenamte finden auch auf das Geschworenenamt Anwendung.

§ 45

[Den Geschworenen werden Reisekosten nach Maßgabe der Vorschriften des § 36 Abs. 1 gewährt.]

Vgl. Anm. zu § 36.

Siebenter Titel

Kammer für Handelssachen

§ 46

Die Vorsitzenden der Kammern für Handelssachen werden mindestens auf die Dauer eines Geschäftsjahres durch den Justizminister bestimmt.

Vgl. §§ 105, 106 GVG. Wegen der Bestimmung des Vorsitzenden der Kammer f. Handelssachen vgl. die in der Anm. zu § 93 GVG. zitierten AV.

Achter Titel

Oberlandesgerichte

§ 47

Die Sitze und Bezirke der Oberlandesgerichte werden durch Gesetz bestimmt.

Vgl. Anm. 1, 2 zu § 37. Später ist eine Ergänzung (für Düsseldorf) erfolgt durch das Ges. v. 2. 1. 1905 (GesS. S. 5).

§ 48

Die [Amtsrichter] und die [Landrichter] sind verpflichtet, bei dem Oberlandesgerichte, in dessen Bezirk sie angestellt sind, die Vertretung eines Richters für einzelne Sitzungen oder Geschäfte zu übernehmen.

Die Einberufung der Vertreter erfolgt durch den Präsidenten des Oberlandesgerichts nach einer jährlich vor Beginn des Geschäftsjahres durch das Präsidium des Oberlandesgerichts festzusetzenden Reihenfolge.

Für Einberufungen, welche während der Gerichtsferien erfolgen, ist die für das Geschäftsjahr festgestellte Reihenfolge nicht maßgebend.

Die Einberufung ist nur dann statthaft, wenn die Vertretung des verhinderten Mitgliedes durch ein Mitglied des Oberlandesgerichts nicht möglich ist.

Vgl. dazu § 118 GVG. Abs. 1 hat nur die endgültig angestellten „Amtsgerichtsräte" und „Landgerichtsräte" im Auge. Die älteren Gerichtsassessoren, die die Dienstbezeichnung „Amtsrichter" oder „Landrichter" führen, sind nicht gemeint.

§ 49

Zur Zuständigkeit der Oberlandesgerichte gehören:

[1. alle Angelegenheiten, für welche bisher die Appellationsgerichte als Gerichte erster Instanz zuständig waren, vorbehaltlich der in dem § 29 enthaltenen Vorschriften;

2. die bisher zur Zuständigkeit des Kreisgerichts in Ratzeburg gehörenden Familienfideikommißsachen und die Lehnssachen in Schleswig;]

3. die Verhandlung und Entscheidung über die Rechtsmittel in den Angelegenheiten, welche nach den Vorschriften dieses Gesetzes in erster Instanz zur Zuständigkeit der Landgerichte gehören.

---

1) Nr. 1 (vgl. auch Art. 18 Pr. AG. zur Grundbuchordnung — v. 26. 9. 1899, GesS. S. 307) hatte Bedeutung im wesentlichen nur für Familienfideikommißsachen (vgl. Ges. v. 5. 3. 1855 — GesS. S. 175) und für Lehenssachen. Sie ist jetzt ebenso wie Nr. 2 gegenstandslos geworden, da nach der Zwangsauflösungs-VO. v. 19. 11. 1920 (GesS. S. 463) alle die Fideikommisse, Erb-Stammgüter, Lehen usw. betreffenden Angelegenheiten jetzt den auf Grund der genannten VO. gebildeten Auflösungsämtern (bei den Oberlandesgerichten) übertragen worden sind.

Im einzelnen vgl. Modersohn, „Die Auflösung der Familienfideikommisse und anderen Familiengüter in Preußen", Berlin (Vahlen) 1921, und Seelmann-Kläffel, „Das Recht der Familienfideikommisse und anderen Familiengüter", Berlin (Vahlen) 1920. Nr. 2 ist in der Fassung des Art. 130 VII des Pr. FrGG. v. 21. 9. 1899 (GesS. S. 277) abgedruckt.

2) Zu Nr. 3 vgl. §§ 26, 41.

§ 50

Das [Oberlandesgericht] in Berlin ist ausschließlich zuständig für die Verhandlung und Entscheidung:

[1. über die nicht zur Zuständigkeit des Reichsgerichts gehörenden Revisionen gegen Urteile der Strafkammern in erster Instanz;]

2. über die Revisionen gegen Urteile der Strafkammern in der Berufungsinstanz und über alle Beschwerden gegen Entscheidungen der Strafkammern, sofern eine nach Landesrecht strafbare Handlung den Gegenstand der Untersuchung bildet.

In den unter Nr. 2 bezeichneten Beschwerdesachen findet bei Zweifeln über die Zuständigkeit der [§ 388] *(jetzt § 348)* der Deutschen Strafprozeßordnung entsprechende Anwendung.

---

1) § 50 beruht auf der in § 9 EGGVG. gegebenen Ermächtigung. Vgl. auch §§ 121 (insbes. Nr. 1 d), 135 GVG.

2) Abs. 1 Nr. 1 ist durch den Wegfall der Strafkammer als Gerichts erster Instanz gegenstandslos geworden. Nr. 2 füllt die dadurch entstandene Lücke im Wesentlichen aus.

3) Die Grenze nach der Zuständigkeit des Reichsgerichts hin bilden die §§ 135, 121 GVG., insbesondere § 121 Nr. 1 d. Danach ist das Reichsgericht bei Urteilen der großen Strafkammern zuständig, wenn in erster Instanz ein anderes als das mit einem Richter und zwei Schöffen besetzte Schöffengericht entschieden hat (also z. B. wenn das erweiterte Schöffengericht, das erweiterte oder das große Jugendgericht entschieden hat). Aber auch in solchen Sachen ist die Zuständigkeit der Oberlandesgerichte begründet, wenn die Revision „ausschließlich auf die Verletzung einer in den Landesgesetzen enthaltenen Rechtsnorm gestützt wird."

Man wird annehmen müssen, daß — soweit hiernach nach Reichsrecht die Oberlandesgerichte zuständig sind, — auch in Zukunft nach § 50 AGGVG. das Kammergericht zuständig bleibt, auch wenn, was unter Umständen denkbar wäre, zwar nicht „eine nach Landesrecht strafbare Handlung den Gegenstand der Untersuchung bildet", aber gleichwohl die Revision ausschließlich auf die Verletzung einer in den Landesgesetzen enthaltenen Rechtsnorm gestützt wird. Insofern behält also § 50 Abs. 1 Nr. 1 noch eine gewisse Bedeutung. In Sachen, in denen in erster Instanz das erweiterte Schöffengericht oder das erweiterte oder das große Jugendgericht entschieden hat, ist ein anderes Oberlandesgericht als das Kammergericht in Preußen danach niemals zuständig.

4) „Landesrecht" bildet den Gegensatz zu „Reichsrecht". Auch preuß. Partikularrecht ist „Landesrecht".

5) „Ausschließlich" auf die Verletzung einer in den Landesgesetzen enthaltenen Rechtsnorm ist die Revision nicht gestützt, wenn auch nur in einem Nebenpunkte, z. B. wegen eines prozessualen Verstoßes, die Verletzung einer reichsrechtlichen Norm gerügt wird. Nach RG. (G.-Arch. 45, 29) ist die Zuständigkeit des Reichsgerichts auch dann gegeben, wenn von zwei Mitangeklagten der eine die Revision auf Verletzung reichsrechtlicher, der andere sie auf die Verletzung landesrechtlicher Normen stützt. Die Entscheidung ist sehr bedenklich. Richtiger dürfte es sein, in einem solchen Falle das Reichsgericht über die eine, das Kammergericht über die andere Revision entscheiden zu lassen. Liegt die Sache so, daß bei demselben Angeklagten ein Beteiligter (als solche kommen der Angeklagte, sein gesetzlicher Vertreter, sein Ehegatte, die Staatsanwaltschaft und ein Nebenkläger in Betracht) seine Revision ausschließlich auf die Verletzung einer landesrechtlichen, der andere auf die Verletzung reichsrechtlicher Normen stützt, so ist das Reichsgericht zuständig.

6) Der Satz „sofern . . . . bildet" bezieht sich — was nach dem Wortlaut vielleicht angenommen werden könnte — nicht nur auf Beschwerdesachen, sondern auch auf Revisionen.

7) Die Abgrenzung der Zuständigkeit des Kammergerichts nach der Seite der Oberlandesgerichte hin, wird durch Nr. 2 des § 50 bestimmt. Sie tritt ein, wenn „eine nach Landesrecht strafbare Handlung den Gegenstand der Untersuchung bildet." Nach der vom Kammergericht festgehaltenen Ansicht ist das bei Blankettgesetzen, bei denen die Strafbestimmung im Reichsrecht enthalten ist (z. B. §§ 327, 328 StGB.), auch dann der Fall, wenn „der gesetzliche Tatbestand der strafbaren Handlung durch eine landesrechtliche Vorschrift bestimmt" werde. Diese Stellungnahme des Kammergerichts ist indes sehr bestritten. Nach der Gegenansicht kommt es darauf an, ob die maßgebende Strafbestimmung im Reichsrecht oder im Landesrecht enthalten ist. Im einzelnen vgl. wegen der Streitfrage Löwe-Rosenberg, 15. Aufl., Anm. 10b zu § 9 EGGVG.

Ob im Einzelfalle das Revisions- oder Beschwerdegericht Fragen zu beurteilen hat, die dem Landesrecht angehören, oder ob es ausschließlich Fragen aus dem Reichsrecht zu entscheiden hat, ist ohne Belang. Auch wenn lediglich eine Verletzung einer im allgemeinen Teil des StGB. enthaltenen Vorschrift gerügt wird, oder wenn die Beschwerde sich um eine rein tatsächliche Frage dreht, hat unter den Voraussetzungen des § 50 Abs. 1 Nr. 2 das Kammergericht an Stelle des Oberlandesgerichts zu befinden.

8) Hat die Untersuchung mehrere strafbare Handlungen zum Gegenstand, so ist das Kammergericht an Stelle des Oberlandes-

gerichts zuständig, wenn auch nur eine der Handlungen nach Landesrecht strafbar ist. Ist indes über die nach Landesrecht strafbare Handlung nicht mehr zu entscheiden, z. B. weil hinsichtlich ihrer Revision nicht eingelegt ist, so entfällt die Zuständigkeit des Kammergerichts. Bei Idealkonkurrenz zwischen einer reichsgesetzlichen und einer landesgesetzlichen Strafvorschrift ist das Kammergericht zuständig, auch wenn die Strafe aus der reichsrechtlichen Vorschrift zu entnehmen ist.

9) Ist zweifelhaft, ob eine nach Landesrecht oder eine nach Reichsrecht strafbare Handlung vorliegt — z. B. ob ein gewöhnlicher Diebstahl oder Mundraub, oder ob ein Feld- oder Forstdiebstahl vorliegt —, so ist das Kammergericht dann zuständig, wenn die Anwendbarkeit der landesrechtlichen Strafvorschrift entweder in der angefochtenen Entscheidung angenommen oder in der Revisionsbegründung oder in der Beschwerde in Anspruch genommen wird. (Zweifelhaft!)

10) Nachdem durch die VO. und die Neufassung der StPO. die Springrevision eingeführt worden ist (§§ 33, 34 VO., §§ 334, 335 StPO.), wird man annehmen müssen, daß auch die Springrevision unter den Voraussetzungen des § 50 an das Kammergericht geht (so auch Beschluß des KG. v. 23. 5. 1924 in der Sache 1. W. 166/24 und Götte in „Richterzeitung" 1924 S. 297). Immerhin wird eine Anpassung des § 50 an die Vorschriften der VO. zur Klarstellung der Rechtslage zweckmäßig sein.

11) Das Oberlandesgericht Berlin führt gemäß dem Königlichen Erlaß v. 1. 9. 1879 (GesS. S. 587) die Bezeichnung „Kammergericht".

§§ 51—56

Aufgehoben durch den Art. 130 I des Pr. FrGG. v. 21. 9. 1899 (GesS. S. 276).

§ 57

Die in den §§ 20, 29, 49, 87, 93, 94 den Oberlandesgerichten zugewiesenen Angelegenheiten werden von den Zivilsenaten erledigt.

Fassung des Art. 130 VIII Pr. FrGG. v. 21. 9. 1899 (GesS. S. 277).

Neunter Titel

Staatsanwaltschaft

§ 58

[Die bestehenden staatsanwaltschaftlichen Behörden werden aufgehoben.] [Die Zuständigkeit derselben in den Angelegenheiten, welche durch die deutschen Prozeßordnungen nicht betroffen werden, geht, insoweit nicht besondere Bestimmungen gegeben sind, in dem Umfange, in welchem sie in den einzelnen Landesteilen bisher bestanden hat, auf die Staatsanwaltschaften bei den ordentlichen Landesgerichten über.]

S. 1 ist gegenstandslos geworden.

Praktische Bedeutung dürfte auch die Vorschrift des S. 2 nicht mehr haben. Ich habe Angelegenheiten, auf die sich die Vorschrift beziehen könnte, nicht ermitteln können. Die in der amtlichen Begründung angeführten Bestimmungen, die schon damals im Wesentlichen nur den Bezirk des ehemaligen Appellationsgerichts in Köln betrafen, sind durch die spätere Gesetzgebung überholt. Daß noch sonstige Vorschriften in Betracht kommen, ist nicht wahrscheinlich.

§ 59

§ 59 ist aufgehoben worden durch § 34e des Ges. v. 17. 12. 1920 (GesS. 1921 S. 152). Vgl. Anm. 1 zu §§ 8, 9.

§ 60

Die [Ober-]staatsanwälte und die [Staatsanwälte] werden [vom Könige] ernannt.

1) Die Oberstaatsanwälte führen jetzt die Amtsbezeichnung „Generalstaatsanwälte". Vgl. Anm. 1 zu §§ 8, 9.

2) Wegen der Ernennung vgl. die Anm. zu § 7.

3) Unter den „Staatsanwälten" sind hier nur die endgültig anzustellenden verstanden, die jetzt die Dienstbezeichnung „Staatsanwaltschaftsrat" führen, nicht die jetzt als „Staatsanwalt" bezeichneten ständigen Hilfsarbeiter.

§ 61

Die [Ober-]staatsanwälte und die Staatsanwälte sind nicht richterliche Beamte.

Vgl. Anm. 1, 3 zu § 60.

§ 62

Die Amtsanwälte werden von dem Justizminister ernannt. Der Justizminister kann die Ernennungsbefugnis den [Ober-]staatsanwälten übertragen.

Diejenigen Amtsanwälte, welche eine in dem Besoldungsetat aufgeführte Stelle bekleiden, werden gegen festes Gehalt auf Lebenszeit, die übrigen auf Kündigung angestellt.

---

1) Fassung des Ges. v. 24. 2. 1913 (GesS. S. 25) Art. I Nr. 1.
2) Vgl. Anm. 1 zu § 60.
3) Über die Zulassung, Ausbildung und Beschäftigung von Anwärtern des Amtsanwaltsdienstes ist die AV. v. 25. 9. 1923 (JMBl. S. 643), über die Ernennung und Kündigung von Amtsanwälten die AV. v. 16. 6. 1923 (JMBl. S. 442) ergangen.
4) Geschäftsanweisung für die Amtsanwälte v. 28. 5. 1879 (JMBl. S. 260) geändert und ergänzt wie folgt: Art. 59 durch AV. v. 28. 11. 1895 (S. 414), Art. 71 durch AV. v. 29. 9. 1897 (S. 249), Art. 85, 87 durch AV. v. 14. 2. 1921 (S. 106), Art. 102 durch AV. v. 11. 2. 1880 (S. 33), Art. 117—119 durch AV. v. 16. 12. 1906 (S. 561), Art. 117 durch AV. v. 27. 11. 1923 (S. 734) und 5. 2. 1924 (S. 62), Art. 117, 120 durch AV. v. 29. 5. 1922 (S. 202), Art. 120, 124 durch AV. v. 1. 8. 1912 (S. 279), Art. 122, 123 durch AV. v. 16. 12. 1906 (S. 561), Art. 125a durch AV. v. 9. 5. 1911 (S. 105) und 18. 2. 1914 (S. 193), Art. 128 durch AV. v. 5. 12. 1922 (S. 553), Muster Nr. 1 durch AV. v. 29. 5. 1922 (S. 202) und v. 27. 11. 1923 (S. 734).
Die Vorschrift ist vielfach veraltet und der Änderung der Gerichtsverfassung, die am 1. 4. 1924 eingetreten ist, nicht angepaßt.

§ 63

[Staatsanwälte,] Gerichtsassessoren, sofern sie nicht gleichzeitig mit richterlichen Geschäften in Strafsachen betraut sind, Referendare und Gerichtsschreiber sind verpflichtet, die Geschäfte des Amtsanwalts zu übernehmen.

---

1) Die jetzige Fassung hat der Paragraph durch das Ges. v. 24. 2. 1913 (GesS. S. 25) Art. I Nr. 1 erhalten.
2) Unter den „Staatsanwälten" sind hier die ständig angestellten, die jetzt die Dienstbezeichnung „Staatsanwaltschaftsrat" führen, zu verstehen. Die jetzt als „Staatsanwalt" bezeichneten ständigen Hilfsarbeiter gehören unter die „Gerichtsassessoren".

§ 64

Vorsteher der Gemeindeverwaltung am Sitze des Amtsgerichts sind verpflichtet, die Geschäfte eines Amtsanwalts zu übernehmen, sofern nicht die örtliche Polizeiverwaltung [Königlichen] Behörden übertragen ist. Wird von der Gemeindebehörde eine andere geeignete Person in Vorschlag gebracht, welche zur Übernahme dieser Geschäfte bereit ist, so fällt die Verpflichtung des Vorstehers der Gemeindeverwaltung fort.

Neben dem Vorsteher der Gemeindeverwaltung ist auf Antrag der Gemeindebehörde eine von dieser vorgeschlagene geeignete Person zum Stellvertreter des Amtsanwalts zu bestellen. Über die Verteilung der Geschäfte entscheidet der Vorsteher der Gemeindeverwaltung.

In den Fällen dieses Paragraphen ist vor der Ernennung des Amtsanwalts der Regierungspräsident zu hören.

Abs. 3 ist durch Ges. v. 24. 2. 1913 (GesS. S. 25) Art. I Nr. 2 zugefügt worden.

§ 65

Die Kosten, welche aus der Führung der Amtsanwaltsgeschäfte erwachsen, fallen in jedem Falle dem Staate zur Last. Die nach § 64 ernannten Amtsanwälte erhalten für ihre persönliche Mühewaltung und zur Deckung der sächlichen Kosten eine als Pauschquantum festzusetzende Entschädigung.

§ 66

Im Falle der Verhinderung eines Beamten der Staatsanwaltschaft ist für Geschäfte, welche keinen Aufschub gestatten, nötigenfalls von dem Vorstande des Gerichts ein Vertreter zu bestellen.

Zur Übernahme einer solchen Vertretung sind die Beamten des Gerichts, einschließlich der Richter, verpflichtet.

§ 67

Mit der einstweiligen Wahrnehmung von Geschäften der Staatsanwaltschaft bei den Oberlandesgerichten und den Landgerichten können nur zum Richteramte befähigte Personen beauftragt werden.

Zehnter Titel

Gerichtsschreiber

§ 68

Die Dienstverhältnisse der Gerichtsschreiber werden durch Gesetz, die Geschäftsverhältnisse derselben durch den Justizminister bestimmt.

---

1) Das Ges. v. 3. 3. 1879 (GesS. S. 99) gilt in der Fassung des Art. 131 des Pr. FrGG. v. 21. 9. 1899 (GesS. S. 277) (Änderung des § 5) und der auf Grund des § 31 des Ges. v. 17. 12. 1920 (GesS. 1921 S. 135) erlassenen AV. v. 6. 7. 1921 (JMBl. S. 374). Vgl. wegen der Rechtsverhältnisse der Gerichtsschreiber ferner Art. 3 Ges. v. 19. 7. 1919 (GesS. S. 115), Ges. v. 16. 12. 1920 (GesS. 1921 S. 131), Ges. v. 11. 9. 1922 (RGBl. I S. 573) (Zulassung von Frauen).

2) Die Gerichtsschreiberordnung v. 5. 6. 1913 (JMBl. S. 179) ist wie folgt geändert und ergänzt worden: § 1 Abs. 1 Ziff. 4 aufgehoben durch AV. v. 14. 7. 1919 (S. 369), § 2 Abs. 2 geändert durch AV. v. 13. 1. 1919 (S. 18), § 8 Abs. 4 durch RdV. v. 2. 7. 1913 (I 7625), § 9 Abs. 1 durch AV. v. 14. 7. 1919 (S. 369), § 13 durch AV. v. 21. 1. 1924 (S. 28), § 16 durch AV. v. 28. 10. 1919 (S. 527) und 10. 11. 1920 (S. 615), § 22 Abs. 5 durch AV. v. 14. 7. 1919 (S. 369), § 24 durch AV. v. 28. 10. 1919 (S. 527) und 10. 11. 1920 (S. 615), § 26 durch AV. v. 16. 8. 1923 (S. 599), 25. 1. 1924 (S. 48), § 32 durch AV. v. 8. 5. 1923 (S. 367).

3) Wegen der Übertragung von Geschäften des Richters oder Staatsanwalts auf Gerichtsschreiber vgl. Anm. 3 zu § 451 StPO.

4) Die Geschäftsordnungen der Gerichtsschreibereien und der Sekretariate der Staatsanwaltschaft sind durch die AV. v. 22. 3. 1924 — I 12466 — (nicht im JMBl. veröffentlicht — vgl. aber JMBl. S. 142 —) der neuen Gerichtsverfassung entsprechend geändert worden.

§ 69

Aufgehoben durch Art. 130 I Pr. FrGG. v. 21. 9. 1899 (GesS. S. 276).

§ 70

Die Gerichtsschreiber bei den Amtsgerichten sind zuständig, Wechselproteste aufzunehmen sowie Siegelungen,

Entsiegelungen und Inventuren vorzunehmen. Sie sollen sich solchen Geschäften nur auf Anordnung des Richters unterziehen.

---

1) Abs. 2 ist aufgehoben durch Art. 130 I Pr. FrGG. (vgl. Anm. zu § 69).

2) Die Grundlage für die Fortgeltung des § 70 bildet hinsichtlich der Siegelungen, Entsiegelungen und Inventuren der Vorbehalt in Art. 147 EGBGB. Die Vorschrift bildet eine Ausnahme zu § 72 FrGG. Vgl. auch § 1960 BGB., Art. 37, Art. 38 Abs. 2 Pr. FrGG. Vgl. auch § 74 unten.

3) Wegen des Wechselprotestes vgl. Art. 87 Wechselordnung. Danach sind Protestbeamte Notare, Gerichtsbeamte oder Postbeamte. Ihre Zuständigkeit darf nicht ausgeschlossen werden. Danach ist insbesondere der Richter der freiw. Gerichtsbarkeit zur Protesterhebung zuständig. Die Landesgesetze können aber noch andere „Gerichtsbeamte" für zuständig erklären. Das ist im § 70 (und im § 74) AGGVG. geschehn. Wegen der Gerichtsschreibergehilfen vgl. § 5 des Ges. v. 3. 3. 1879 (GesS. S. 99) in der Fassung des Art. 131 des Pr. FrGG. v. 21. 9. 1899 (GesS. S. 277). Vgl. auch § 26 Gerichtsschreiberordnung (oben Anm. 2 zu § 68). Wegen des Scheckprotestes vgl. § 16 Scheckges.

§ 71

Die Gerichtsschreiber bei den Amtsgerichten sind verpflichtet, in gerichtlichen Angelegenheiten, welche von den deutschen Prozeßordnungen nicht betroffen werden, Gesuche zu Protokoll zu nehmen. Das Protokoll ist erforderlichenfalls der zuständigen Stelle zu übersenden.

---

§ 71 enthält eine landesrechtliche Abänderung des § 11 FrGG. die nach § 194 das. zulässig ist.

§ 72

[Die im Bezirke des Appellationsgerichtshofes zu Köln bestehenden Bestimmungen, nach welchen den Gerichtsschreibern die Vornahme von öffentlichen Versteigerungen im Auftrage der Parteien zusteht, werden aufgehoben.]

Elfter Titel

Gerichtsvollzieher

§ 73

Die Dienst- und Geschäftsverhältnisse der Gerichtsvollzieher werden durch den Justizminister bestimmt.

---

1) Gerichtsvollzieherordnung v. 23. 3. 1914 (JMBl. S. 289). Sie ist durch folgende Verfügungen geändert und ergänzt worden: § 2 Abs. 1 durch AV. v. 4. 12. 1923 (JMBl. S. 746), § 10 durch AV. v. 28. 10. 1919 (S. 70) und 10. 11. 1920 (S. 615), § 16 Abs. 3 durch AV. v. 3. 4. 1916 (S. 70), § 17 durch AV. v. 23. 11. 1914 (S. 811) und 27. 11. 1915 (S. 281), § 18 durch AV. v. 14. 6. 1923 (S. 439), § 20 Abs. 3 durch AV. v. 16. 12. 1919 (S. 631), § 30 durch AV. v. 14. 9. 1922 (S. 378) und 5. 2. 1924 (S. 57), § 34 Abs. 4 durch AV. v. 18. 10. 1915 (I 4857), § 40 Abs. 3 durch AV. v. 23. 11. 1914 (S. 811), § 40 Abs. 6 durch RdV. v. 18. 10. 1915 (I 4857), § 47 durch AV. v. 11. 11. 1922 (S. 483), § 54 durch AV. v. 20. 6. 1923 (S. 454) und 14. 6. 1923 (S. 439), § 56 durch AV. v. 20. 6. 1923 (S. 454) und 5. 2. 1924 (S. 57), § 58 durch AV. v. 23. 6. 1922 (S. 236), § 59 Abs. 5 durch AV. v. 9. 1. 1924 (S. 12), § 59 Abs. 7 durch AV. v. 31. 7. 1916 (S. 219), § 61 durch AV. v. 20. 8. und 13. 11. 1923 (S. 608, 717) sowie 5. 2. 1924 (S. 57), § 62 Abs. 3, 4 durch AV. v. 20. 8. 1923 (S. 608), § 62 Abs. 4 und § 63 Abs. 1 durch AV. v. 2. 7. 1920 (S. 364), § 64 durch AV. v. 3. 4. 1922 (S. 113), § 65 durch AV. v. 2. 7. 1920 (S. 364), § 66 durch AV. v. 30. 9. 1921 (S. 512) — vgl. auch AV. v. 14. 4. 1923 (S. 332) —, § 67 durch AV. v. 14. 5. 1917 (S. 166) (wohl nur für die Kriegszeit gültig gewesen), § 68 durch AV. v. 3. 4. 1922 (S. 113, 170), 13. 5. 1922 (S. 182), 6. 3. 1923 (S. 201), 20. 3. 1923 (S. 243), § 69 durch RdV. v. 22. 3. 1911 (I 4454) und AV. v. 19. 9. 1923 (S. 637), 9. 1., 31. 1. und 5. 2. 1924 (S. 12, 52, 57), § 70 Abs. 2 durch AV. v. 20. 3. 1922 (S. 96) und 23. 4. 1924 (S. 181), Muster 3 durch AV. v. 20. 8. 1923 (S. 608) und 5. 2. 1924 (S. 57) — vgl. auch AV. v. 30. 9. 1921 (S. 512) —.

2) Geschäftsanweisung für die Gerichtsvollzieher v. 24. 3. 1914 (JMBl. S. 343), geändert wie folgt: § 34 durch AV. v. 19. 5. 1923 (S. 383), § 94 durch AV. v. 10. 12. 1918 (S. 501), 23. 6. 1919 (S. 351) und 11. 12. 1919 (S. 614), § 98 und 102 durch AV. v. 23. 6. 1922 (S. 236), § 134 durch AV. v. 14. 6. 1923 (S. 439). Vgl. ferner AV. v. 17. 4. 1915 (S. 76) und v. 3. 7. 1920 (S. 364).

§ 74

Die Gerichtsvollzieher sind zuständig:

1. Wechselproteste aufzunehmen;
2. freiwillige Versteigerungen von Mobilien, von Früchten auf dem Halm und von Holz auf dem Stamme vorzunehmen;
3. Siegelungen, Entsiegelungen und Inventuren im Auftrage des Gerichts oder des Konkursverwalters vorzunehmen;
4. das tatsächliche Angebot einer Leistung zu beurkunden;
5. öffentliche Verpachtungen an den Meistbietenden im Auftrage des Gerichts vorzunehmen.

---

1) Durch Art. 130 I, IX Pr. FrGG. v. 21. 9. 1899 (GesS. S. 276, 277) ist der bisherige Abs. 2 gestrichen und sind die Nrn. 4, 5 zugefügt worden.

2) Vgl. zu Nr. 1 die Anm. 3 zu § 70 AGGVG. und § 16 Scheckges.

3) Vgl. zu Nr. 3 Anm. 2 zu § 70.

4) Zu Nr. 5. Von der Ermächtigung in Art. II der VO. v. 13. 2. 1924 (RGBl. I S. 70) hat Preußen keinen Gebrauch gemacht.

§ 75

Aufgehoben durch Art. 130 I Pr. FrGG. v. 21. 9. 1899 (GesS. S. 276).

§ 76

Die Vorschriften des [§ 156] des Deutschen Gerichtsverfassungsgesetzes finden in den durch die deutschen Prozeßordnungen nicht betroffenen Angelegenheiten entsprechende Anwendung.

§ 156 GVG. hat jetzt die Nr. 155. Er enthält die Voraussetzungen, unter denen ein Gerichtsvollzieher von der Ausübung seines Amtes ausgeschlossen ist.

Zwölfter Titel

Justizverwaltung

§ 77

Die Vorstände der Gerichte, der Staatsanwaltschaften und der Strafvollzugsämter sind nach näherer Bestimmung des Justizministers dessen Organe bei den Geschäften der Justizverwaltung. Sie können bei Erledigung dieser Geschäfte die Mitwirkung der ihrer Aufsicht unterstellten Beamten in Anspruch nehmen.

Fassung des Ges. v. 14. 2. 1923 (GesS. S. 42).

§ 78

Das Recht der Aufsicht steht zu:

1. dem Justizminister hinsichtlich sämtlicher Gerichte, Staatsanwaltschaften und der Strafanstaltsverwaltung;
2. dem Präsidenten des Oberlandesgerichts hinsichtlich dieses Gerichts, sowie der Gerichte des Bezirks;
3. dem Präsidenten des Landgerichts hinsichtlich dieses Gerichts, sowie der Gerichte des Bezirks;
4. dem [Ober-]staatsanwalt und dem [Ersten] Staatsanwalt hinsichtlich der Staatsanwaltschaften ihres Bezirks;
5. dem ersten Beamten der Staatsanwaltschaft bei einem Amtsgerichte hinsichtlich dieser Staatsanwaltschaft;
6. dem Präsidenten des Strafvollzugsamts hinsichtlich dieses Amtes und der Gefangenanstalten des Bezirkes.

Das Recht der Aufsicht erstreckt sich auf alle bei den bezeichneten Behörden angestellten oder beschäftigten Beamten.

---

1) Nr. 1 in der Fassung des Ges. v. 14. 2. 1923 (GesS. S. 42).
2) Zu Nr. 4 vgl. die Anm. 1 zu § 60. Die „Ersten Staatsanwälte" führen jetzt die Dienstbezeichnung „Oberstaatsanwalt".
3) Nr. 6 ist eingefügt durch das in Anm. 1 zitierte Gesetz.

§ 79

Bei den nur mit einem Richter besetzten Amtsgerichten steht dem Amtsrichter die Aufsicht über die bei dem Amtsgerichte angestellten oder beschäftigten Beamten zu.

Bei den mit mehreren Richtern besetzten Amtsgerichten ist die Aufsicht über die bei denselben angestellten oder beschäftigten nicht richterlichen Beamten durch den Justizminister einem der Richter zu übertragen.

Vgl. dazu § 22 GVG.

§ 80

In dem Recht der Aufsicht liegt die Befugnis, gegenüber nicht richterlichen Beamten die ordnungswidrige Ausführung eines Amtsgeschäfts zu rügen und die Erledigung eines Amtsgeschäfts durch Ordnungsstrafen bis zum Gesamtbetrage von eintausend Goldmark zu erzwingen. Der Festsetzung einer Strafe muß die Androhung derselben vorausgehen.

Ob und in welchem Umfange gleichartige Befugnisse gegenüber richterlichen Beamten zur Anwendung gelangen, bleibt der Bestimmung des Disziplinargesetzes vorbehalten.

---

1) Die im Abs. 1 angedrohte Zwangsstrafe ist durch Art. II, XIV Abs. 2 Nr. 3 VO. über Vermögensstrafen und Bußen (Teil I dieses Werkes Nr. IV) v. 6. 2. 1924 (RGBl. I S. 44) auf 1000 Goldmark erhöht worden. Sie ist keine Disziplinarstrafe im Sinne der Disziplinargesetze.

2) Ges. betr. die Dienstvergehen der Richter und die unfreiwillige Versetzung derselben auf eine andere Stelle oder in den Ruhestand, v. 7. 5. 1851 (GesS. S. 218) und Ges. v. 9. 4. 1879 (GesS. S. 345) in der Fassung des Ges. v. 31. 7. 1922 (GesS. S. 207).

§ 81

Die im § 80 bezeichnete Befugnis steht ferner zu:

1. den Staatsanwaltschaften bei den Oberlandesgerichten und bei den Landgerichten hinsichtlich derjenigen Beamten des Polizei- und Sicherheitsdienstes, welche

Hilfsbeamte der Staatsanwaltschaft sind, mit Ausnahme solcher Beamten, welche ihr Amt als Ehrenamt versehen;

2. den in Gemäßheit des § 73 zu bestimmenden Beamten hinsichtlich der Gerichtsvollzieher.

1) Wegen der Hilfsbeamten der Staatsanwaltschaft vgl. § 152 GVG. und die Anm. dazu.

2) Wegen der Gerichtsvollzieher vgl. Anm. 1 zu § 73.

§ 82

Die Bestimmungen, nach welchen Gerichtsbeamte zum Ersatz von Schäden und Kosten im Aufsichtswege angehalten werden können, werden aufgehoben. Die Vorschriften über die Feststellung und den Ersatz der Kassendefekte bleiben unberührt.

VO. über Kassendefekte v. 24. 1. 1844 (GesS. S. 52), 6. 2. 1854 (S. 80 — Hohenzollern —), 23. 9. 1867 (S. 1619 — 1866 erworbene Landesteile —), 25. 2. 1878 (S. 97 — Lauenburg —), 22. 3. 1891 (S. 39 — Helgoland —).

§ 83

Sofern die Aufsicht über besondere Gerichte bisher nicht der Justizverwaltung oder nicht ausschließlich der Justizverwaltung zustand, bleiben die das Recht der Aufsicht betreffenden Vorschriften unberührt.

Die Vorschrift hatte im wesentlichen die „Generalkommission“ im Auge (vgl. § 14 GVG. und die amtliche Begründung zu § 78 der Regierungsvorlage des AGGVG.). Die „Generalkommissionen“ führen jetzt gemäß Ges. v. 3. 6. 1919 (GesS. S. 101) die Bezeichnung „Landeskulturamt“; die Universitätsgerichte, die der Paragraph ferner noch im Auge hatte, sind durch § 1 des Ges. v. 29. 5. 1879 (GesS. S. 389) aufgehoben.

§ 84

Die Gerichte und die Staatsanwaltschaften sind verpflichtet, auf Verlangen der Aufsichtsbehörden über Angelegenheiten der Gesetzgebung und der Justizverwaltung Gutachten abzugeben.

§ 85

Beschwerden, welche Angelegenheiten der Justizverwaltung, insbesondere den Geschäftsbetrieb und Verzögerungen betreffen, werden im Aufsichtswege erledigt.

Die Entscheidungen über solche Beschwerden sind jetzt u. U. gebührenpflichtig nach der Verwaltungsgebührenordnung für Angelegenheiten der Justizverwaltung v. 26. 3. 1924 (JMBl. S. 135) Tarif A 3.

§ 86

Sachverständige für gerichtliche Angelegenheiten im allgemeinen zu beeidigen, ist Sache der Justizverwaltung. Das gleiche gilt für die Ausstellung von Zeugnissen über das in Preußen geltende Recht.

---

1) § 86 ist in seiner ursprünglichen Fassung aufgehoben worden durch das Ges., betr. die Vertretung des Fiskus in bürgerlichen Rechtsstreitigkeiten der Justizverwaltung v. 14. 3. 1885 (GesS. S. 65). Durch Art. 130 X Pr. FrGG. v. 21. 9. 1899 (GesS. S. 277) wurde die jetzt bestehende Vorschrift eingestellt.

2) Über die allgemeine Beeidigung von Sachverständigen vgl. die AV. v. 5. 2. 1900 (JMBl. S. 48) in der Fassung der AV. v. 19. 3. 1901 (S. 72), 7. 4. 1904 (S. 101), 18. 7. 1907 (S. 478), 24. 10. 1922 (S. 447). Wegen der Verwaltungsgebühren für die allgem. Beeidigung vgl. AV. v. 26. 3. 1924 (JMBl. S. 135) Tarif B Nr. 4, 5.

3) Für die Ausstellung von Zeugnissen über das in Preußen geltende Recht ist der Justizminister zuständig (V. v. 19. 3. 1904 — V 1753 — abgedruckt bei Müller, „Justizverwaltung", 6. Aufl., S. 71. Wegen der Verwaltungsgebühren vgl. die in Anm. 2 zitierte AV., Tarif B 11.

Dreizehnter Titel

Rechtshilfe

§ 87

Die Gerichte haben sich in den Angelegenheiten, welche zu der ordentlichen streitigen Gerichtsbarkeit nicht gehören, Rechtshilfe zu leisten. Die Leistung der Rechtshilfe erfolgt unter entsprechender Anwendung der Vorschriften der [§§ 158 bis 160, 162, 164, 167] des Deutschen Gerichtsverfassungsgesetzes. Eine Anfechtung der Entscheidung des Oberlandesgerichts findet in keinem Falle statt.

Über Beschwerden anderer als gerichtlicher Behörden wegen einer vom Gericht verweigerten Beistandsleistung entscheiden die Oberlandesgerichte; eine Anfechtung dieser Entscheidungen findet nicht statt.

---

1) Die in Abs. 1 S. 2 zitierten Paragraphen des GVG. tragen jetzt die Nr. 157—159, 161, 163, 166.

Vgl. zu Abs. 1 den § 2 Fr.GG Danach hat Abs. 1 nur noch Bedeutung für die gegenseitige Beistandsleistung der Gerichte in solchen Angelegenheiten der freiw. Gerichtsbarkeit, die landesrechtlich geordnet sind.

2) Abs. 2 ist eingefügt worden durch Art. 130 XI Pr. FrGG. v. 21. 9. 1889 (GesS. S. 277). Er hat im Auge die allgemeine Beistandspflicht, die in Preußen zwischen Gerichten und Verwaltungsbehörden besteht. Sie ist geordnet durch § 38 der VO. v. 2. 1. 1849 (GesS. S. 1), welche lautet: „In dem Verhältnisse der Gerichte zu den Verwaltungsbehörden wird durch das gegenwärtige Gesetz nichts geändert. Sie sollen sich gegenseitig bei Erledigung der ihnen obliegenden Geschäfte innerhalb ihres Ressorts Unterstützung leisten . . . . ." In ihrem Wirkungsbereich ausgedehnt ist sie durch die Verordnungen v. 26. 6. 1867 (GesS. S. 1073, 1085, 1094) §§ 36, 29, 28. Nach KG. Johow, Bd. 10, 3 ist ihre Geltung aber auch in den übrigen Teilen Preußens anzuerkennen. § 4 EGGVG. steht ihr nicht entgegen (Müller, Justizverw., 6. Aufl., S. 1989).

Wird ein Ersuchen des Gerichts abgelehnt, so entscheidet die der ersuchten Verwaltungsbehörde übergeordnete Aufsichtsinstanz.

Zuständig für die gerichtliche Beistandsleistung ist das Amtsgericht.

3) Für die Rechtshilfe hinsichtlich der nicht reichsrechtlich geregelten Gegenstände der freiw. Gerichtsbarkeit bestehen Vereinbarungen, die zwischen Preußen und anderen deutschen Ländern getroffen worden sind für den Fall, daß die Rechtshilfe in einem anderen der beteiligten Länder zu leisten ist. Eine Zusammenstellung dieser Vereinbarungen siehe bei Schlegelberger FrGG. 2. Aufl. S. 47 unter VII.

Vierzehnter Titel

Öffentlichkeit und Sitzungspolizei

§ 88

Die Vorschriften der [§§ 177—185] des Deutschen Gerichtsverfassungsgesetzes über die Aufrechterhaltung der Ordnung finden in gerichtlichen Angelegenheiten, welche zu der ordentlichen streitigen Gerichtsbarkeit nicht gehören, entsprechende Anwendung. Sofern in diesen Angelegenheiten eine mündliche Verhandlung nach Vorschrift der deutschen Prozeßordnungen stattfindet, erfolgt dieselbe öffentlich nach den Bestimmungen der [§§ 170—176] des Deutschen Gerichtsverfassungsgesetzes. Vorstehende Bestimmungen finden auf die zur Zuständigkeit der Auseinandersetzungsbehörden gehörigen Angelegenheiten keine Anwendung.

1) Die §§ 177—185 GVG. tragen jetzt die Nr. 176—183 (§ 180 alter Fassung ist weggefallen). Die §§ 170—176 haben jetzt die Nr. 169—175.

2) Vgl. § 8 FrGG., der die gleichen Fragen für die reichsrechtlich geordnete freiw. Gerichtsbarkeit regelt.

3) Wegen der zur Zuständigkeit der Auseinandersetzungsbehörden gehörigen Angelegenheiten vgl. § 26 des Ges. v. 3. 6. 1919 (GesS. S. 101).

§ 89

Richter, Staatsanwälte, auf Lebenszeit angestellte Amtsanwälte und Gerichtsschreiber tragen in den öffentlichen Sitzungen eine von dem Justizminister zu bestimmende Amtstracht. Dieselbe Vorschrift findet Anwendung auf die in den öffentlichen Sitzungen der Oberlandesgerichte und Landgerichte auftretenden Rechtsanwälte. Die auf Kündigung angestellten Amtsanwälte sind befugt, die für die Amtsanwälte bestimmte Amtstracht zu tragen.

1) Die gegenwärtige Fassung des Paragraphen entstammt dem Ges. v. 24. 2. 1913 (GesS. S. 25) Art. I Nr. 3.

2) Über die Amtstracht bestimmt die Königliche Order v. 4. 7. 1879 und die AV. v. 12. 7. 1879 (JMBl. S. 172). Auch Handelsrichter haben die Amtstracht zu tragen. (V. v. 24. 9. 1879 — I 4835 —); Referendare (RdV. v. 8. 5. 1880 — I 2476). Die Bestimmungen sind abgedruckt bei Müller, Justizverw., 6. Aufl., S. 575, 576. An neueren Bestimmungen vgl. AV. v. 17. 3. 1913 (JMBl. S. 99) über die Amtstracht der Amtsanwälte, die AV. v. 11. 7. 1921 (S. 384) und Ziff. IV der AV. v. 30. 8. 1922 (S. 358) über Beschaffung der Amtstracht durch das Strafgefängnis in Hameln, und AV. v. 18. 1. 1922 (S. 24) über den Wegfall bestimmter, vorübergehend gewährter Erleichterungen.

Fünfzehnter Titel

Beratung und Abstimmung

§ 90

In gerichtlichen Angelegenheiten, welche zu der ordentlichen streitigen Gerichtsbarkeit nicht gehören, erfolgt die Beratung und Abstimmung nach den Vorschriften der [§§ 194—199] des Deutschen Gerichtsverfassungsgesetzes.

---

1) §§ 194—199 GVG. tragen jetzt die Nr. 192—197.

2) Vgl. § 8 FrGG., der die gleiche Frage für die reichsrechtlich geordnete freiwillige Gerichtsbarkeit regelt.

Sechzehnter Titel

Gerichtsferien

§ 91

Auf die Angelegenheiten der nicht streitigen Gerichtsbarkeit sind die Gerichtsferien ohne Einfluß. Die Bearbeitung der Vormundschaftssachen, Nachlaßsachen [Lehns-, Familienfideikommiß-] und Stiftungssachen kann während der Ferien unterbleiben, soweit das Bedürfnis einer Beschleunigung nicht vorhanden ist.

Im übrigen finden die Vorschriften der [§§ 202—204] des Deutschen Gerichtsverfassungsgesetzes hinsichtlich der durch dieses Gesetz den ordentlichen Gerichten zugewiesenen Angelegenheiten [, sowie hinsichtlich der zur Zuständigkeit des Geheimen Justizrats gehörigen Angelegenheiten] entsprechende Anwendung.

1) Zu Abs. 1. Die Bestimmung entspricht dem § 10 FrGG. und gilt neben ihm für die landesrechtlich geordneten einschlägigen Gegenstände. Für Lehns- und Familienfideikommißsachen ist sie gegenstandslos geworden, dürfte aber für die Auflösungsämter entsprechend anwendbar bleiben (vgl. Anm. zu § 49).

2) Zu Abs. 2. Die §§ 202—204 GVG. tragen jetzt die Nr. 200—202. Wegen des Geheimen Justizrats vgl. die Anm. zu § 18.

Siebzehnter Titel

Schlußbestimmungen

§ 92

[Die Gerichtsbarkeit für die Verhandlung und Entscheidung der vor dem Inkrafttreten dieses Gesetzes bei den aufgehobenen Gerichten anhängig gewordenen bürgerlichen Rechtsstreitigkeiten und Strafsachen wird durch ein besonderes Gesetz geregelt.

Behufs Erledigung der bezeichneten Angelegenheiten können bei den Oberlandesgerichten Hilfssenate und bei den Landgerichten Hilfskammern gebildet werden.

Über die Notwendigkeit der Bildung von Hilfssenaten und Hilfskammern sowie die Zuteilung der Geschäfte an dieselben bestimmt der Justizminister. Mit der Wahrnehmung der richterlichen Geschäfte in den Hilfssenaten und Hilfskammern können auch die zur Verfügung des Justizministers verbleibenden Richter (§§ 99, 100) beauftragt werden.

Die Ernennung des Vorsitzenden und der Auftrag an die vorbezeichneten Richter erfolgt durch den Justizminister und ist bis zu dem Zeitpunkte unwiderruflich, in welchem die Wahrnehmung ihrer Tätigkeit in den Hilfssenaten und Hilfskammern nicht mehr erforderlich ist.

Sind zur Mitwirkung in den Hilfssenaten und Hilfskammern auch Mitglieder der betreffenden Oberlandesgerichte und Landgerichte nach Ablauf des ersten Geschäftsjahres erforderlich, so erfolgt die Bezeichnung derselben durch das Präsidium des Gerichts.]

§ 93

[Ist in Sachen der nicht streitigen Gerichtsbarkeit gegen eine vor dem Inkrafttreten dieses Gesetzes erlassene Entscheidung zweiter

Instanz nach den bisher geltenden Vorschriften ein weiteres Rechtsmittel zulässig, so gehört die Verhandlung und Entscheidung desselben zur Zuständigkeit des Oberlandesgerichts.]

§ 94

Die bei einem aufgehobenen Gerichte bisher geführte Verwaltung oder Beaufsichtigung von Stiftungen geht auf das Amtsgericht des Ortes über, an welchem das aufgehobene Gericht seinen Sitz hatte. Durch den Justizminister kann ein anderes Amtsgericht, ein Landgericht oder ein Oberlandesgericht mit der Verwaltung oder Beaufsichtigung beauftragt werden.

Vgl. Anm. zu § 29.

§ 95

[Die bei den aufgehobenen Behörden etatsmäßig angestellten Beamten müssen sich ihre anderweite Verwendung nach Maßgabe der in den §§ 96—104 enthaltenen Vorschriften gefallen lassen.]

§ 96

[Die Mitglieder des Obertribunals und der Staatsanwaltschaft bei demselben sind, sofern sie nicht bei dem Reichsgericht angestellt werden, als Mitglieder der Oberlandesgerichte anzustellen, der Präsident, die Vizepräsidenten und der Generalstaatsanwalt als Präsidenten.]

§ 97

[Die Präsidenten der Appellationsgerichte und der Generalprokurator sind mindestens als Senatspräsidenten der Oberlandesgerichte, die Vizepräsidenten und Senatspräsidenten der Appellationsgerichte, der Kron-Oberanwalt und der erste Generaladvokat, sowie die Präsidenten der Kollegialgerichte erster Instanz und die Obergerichtsdirektoren mindestens als Direktoren der Landgerichte oder als Räte der Oberlandesgerichte anzustellen.]

§ 98

[Die übrigen Richter sind als Richter, die übrigen Beamten der Staatsanwaltschaft als Richter oder als Beamte der Staatsanwaltschaft anzustellen.

Direktoren und Räte der Appellationsgerichte, Oberstaatsanwälte, Oberprokuratoren, Generaladvokaten, Kammerpräsidenten bei den Landgerichten, Obergerichts-Vizedirektoren, Direktoren bei den

Kollegialgerichten der ersten Instanz, Erste Staatsanwälte bei den Stadtgerichten und Mitglieder des ehemaligen Lauenburgischen Hofgerichts sollen nicht ohne ihren Willen als Amtsrichter angestellt werden.]

§ 99

[Mitglieder des Obertribunals und der Staatsanwaltschaft bei demselben, Präsidenten der Appellationsgerichte, der Generalprokurator und der Kron-Oberanwalt werden, sofern sie nicht anderweit angestellt werden, in den Ruhestand versetzt.

Die übrigen Richter und Staatsanwälte bleiben, sofern sie nicht anderweit angestellt oder in den Ruhestand versetzt werden, während eines Zeitraums von drei Jahren zur Verfügung des Justizministers und werden auf einem besonderen Etat geführt.

Diejenigen, welche während des dreijährigen Zeitraums eine etatsmäßige Anstellung nicht erhalten, treten nach Ablauf desselben in den Ruhestand.]

§ 100

[Die zur Verfügung des Justizministers verbleibenden Richter und Staatsanwälte haben sich nach der Anordnung desselben der zeitweiligen Wahrnehmung solcher Ämter zu unterziehen, zu deren dauernder Übernahme sie verpflichtet sein würden.

Erfolgt die Beschäftigung außerhalb des Ortes ihrer letzten Anstellung, so erhalten dieselben die gesetzmäßigen Reisekosten und Tagegelder. Beamte, welche das 65. Lebensjahr erreicht haben, sollen ohne ihren Willen außerhalb des Orts ihrer letzten Anstellung nicht beschäftigt werden.]

§ 101

[Die anderweit angestellten Richter und Staatsanwälte behalten ihren Rang. Das Diensteinkommen darf nicht verkürzt werden. Als eine Verkürzung im Einkommen ist es nicht anzusehen, wenn die Gelegenheit zur Verwaltung von Nebenämtern entzogen wird, oder die Beziehung der für die Dienstunkosten besonders ausgesetzten Einnahmen mit diesen Unkosten selbst fortfällt.

Der Wohnungsgeldzuschuß wird nach der Servisklasse des Orts der neuen Anstellung gewährt. An Stelle einer etatsmäßig gewährten freien Dienstwohnung oder Mietsentschädigung tritt entweder freie Dienstwohnung oder Mietsentschädigung nach der Servisklasse des Orts der neuen Anstellung. Im Übrigen erfolgt die Berechnung des Diensteinkommens nach den für den Fall der Pensionierung maßgebenden Grundsätzen.]

§ 102

[Auf Richter und Staatsanwälte, welche in Gemäßheit der Bestimmungen dieses Gesetzes in den Ruhestand treten oder zur Verfügung des Justizministers verbleiben, auf letztere auch dann, wenn sie während des in § 99 Abs. 2 bezeichneten dreijährigen Zeitraums dienstunfähig werden, finden die Vorschriften des § 101 mit folgenden Maßgaben Anwendung:

Den in den Ruhestand tretenden Beamten ist der Wohnungsgeldzuschuß nach den für den Fall der Pensionierung geltenden Durchschnittssätzen zu gewähren. Ein hiernach zu bemessender Wohnungsgeldzuschuß tritt auch an die Stelle einer etatsmäßig gewährten freien Dienstwohnung oder Mietsentschädigung.

Während des dreijährigen Zeitraums ist den zur Verfügung des Justizministers stehenden Beamten der Wohnungsgeldzuschuß in dem bisherigen Betrage fortzugewähren.]

§ 103

[Die nicht im höheren Justizdienst angestellten Beamten sind ihren bisherigen Verhältnissen, ihren Fähigkeiten und ihrem Dienstalter tunlichst entsprechend anzustellen.

Auf die anderweit angestellten Beamten findet § 101 entsprechende Anwendung.]

§ 104

[Die nicht im höheren Justizdienst angestellten Beamten, welche eine anderweite Anstellung nicht erhalten, werden einstweilen in den Ruhestand versetzt.

Denselben ist vorbehaltlich weitergehender wohlerworbener Rechte ein nach dem § 26 des Gesetzes vom 31. März 1873, betreffend die Rechtsverhältnisse der Reichsbeamten, zu bemessendes Wartegeld zu gewähren. Die Berechnung des dem Wartegeld zugrunde zu legenden Diensteinkommens erfolgt nach den für den Fall der Pensionierung maßgebenden Grundsätzen.

Der Wohnungsgeldzuschuß ist mit dem für die Pensionierung geltenden Durchschnittssatze dem übrigen Diensteinkommen hinzuzurechnen.

Sie haben sich nach der Anordnung des Justizministers der zeitweiligen Wahrnehmung solcher Ämter zu unterziehen, welche ihren Fähigkeiten und ihren bisherigen Verhältnissen entsprechen.

Während der Dauer dieser Beschäftigung erhalten sie ihr früheres Diensteinkommen unverkürzt und, sofern die Beschäftigung außerhalb des Ortes ihrer letzten Anstellung erfolgt, die gesetzmäßigen Reisekosten und eine von der Justizverwaltung nach dem erforderlichen Mehraufwande festzusetzende Entschädigung.]

§ 105

[Den Justizbeamten, welche zu den im § 2 des Gesetzes vom 27. März 1872 (Gesetz-Samml. S. 268) bezeichneten Beamten gehören, kann ein Wartegeld bis auf Höhe des Pensionsbetrages bewilligt werden.]

§§ 106—109

Aufgehoben durch Art. 130 I Pr. FrGG. v. 21. 9. 1899 (GesS. S. 277).

§ 110

Die Gerichtsbarkeit der Disziplinargerichte und der Militärgerichte [, sowie die gesetzlichen Bestimmungen über Kriegsgerichte] **werden von den Bestimmungen dieses Gesetzes nicht berührt.**

Die Bestimmung hat noch Bedeutung, soweit eine Militärgerichtsbarkeit noch besteht (vgl. § 434 StPO.). Der eingeklammerte Satzteil ist — nach Wegfall des Belagerungszustandesgesetzes — gegenstandslos geworden.

§ 111

[An die Stelle des § 3 des Gesetzes vom 8. Juni 1860, betreffend die Befugnis der Auditeure zur Aufnahme von Akten der freiwilligen Gerichtsbarkeit, die Förmlichkeiten der militärischen Testamente und die bürgerliche Gerichtsbarkeit über preußische Garnisonen im Auslande (Gesetz-Samml. S. 240), tritt folgende Bestimmung:

Die aufgenommenen Verhandlungen (§ 1) der freiwilligen Gerichtsbarkeit, sofern sie nicht bloß die Erledigung von Requisitionen betreffen, sind von den Auditeuren, nachdem die etwa erforderlichen Ausfertigungen erteilt worden, dem Amtsgerichte, in dessen Bezirk der betreffende Truppenteil sein Standquartier hat, zur Aufbewahrung und weiteren gesetzlichen Veranlassung zu übersenden.

Ist das Standquartier im Bezirk des Oberlandesgerichts zu Köln, so geschieht die Übersendung an das Amtsgericht zu Wesel.]

Gegenstandslos geworden durch das Ges. v. 28. 5. 1901 (RGBl. S. 185) betr. die freiwillige Gerichtsbarkeit und andere Rechtsangelegenheiten in Heer und Marine (Bek. v. 14. 1. 1915, RGBl. S. 18, und v. 8. 3. 1917, S. 219). Vgl. auch die AV. v. 14. 6. 1915 (JMBl. S. 116), 14. 8. 1915 (S. 188), 20. 12. 1915 (S. 294), 23. 3. 1917 (S. 111) und den Beschluß des KG. v. 23. 3. 1916 (JMBl. S. 150).

§ 112

[Dieses Gesetz tritt gleichzeitig mit dem deutschen Gerichtsverfassungsgesetze in Kraft.]

XVIII.

Die Schiedsmannsordnung.

Vom 29. März 1879 (GesS. S. 321).

In der Fassung des § 35 des Stempelsteuer-Ges. v. 31. 7. 1895 (GesS. S. 413), des Art. 3 des AG. v. 22. 9. 1899 (GesS. S. 284) zum Reichsges. v. 17. 5. 1898 betr. Änderungen der ZPO., [des Ges. v. 12. 3. 1922 (GesS. S. 63], des Ges. v. 15. 2. 1923 (GesS. S. 44), der VO. v. [15. 3., 16. 7. und] 7. 9. 1923 (GesS. S. [74, 337 und] 431) und der VO. v. 12. 3. 1924 (GesS. S. 129).

---

1) Eine größere Novelle zur Schiedsmannsordnung liegt zur Zeit dem Pr. Landtag vor (Drucksache Nr. 7676/24). Sie betrifft die §§ 1, 3, 20, 35—44, 46 und die Überschrift zum dritten Abschnitt; außerdem sieht sie die Einführung je eines § 37a und 46a vor. Zur Zeit ist sie in erster Lesung beraten und dem Rechtsausschuß überwiesen.

2) Die Schiedsmannsordnung in ihrer zur Zeit geltenden Fassung ist auch in Waldeck eingeführt.

Erster Abschnitt

Das Amt der Schiedsmänner

§ 1

Zur Sühneverhandlung über streitige Rechtsangelegenheiten ist für jede Gemeinde ein Schiedsmann zu bestellen. Kleinere Gemeinden können mit anderen Gemeinden zu einem Schiedsmannsbezirke vereinigt, größere Gemeinden in mehrere Bezirke geteilt werden.

Selbständige Gutsbezirke werden den Gemeinden gleichgeachtet.

Die Abgrenzung der Bezirke erfolgt:

1. in denjenigen Städten, in welchen ein kollegialischer Gemeindevorstand vorhanden ist, durch diesen, in den übrigen durch den Bürgermeister;
2. für die Landgemeinden durch die Kreisvertretungen, [in der Provinz Hannover und] in den Hohenzollernschen Landen durch die Amtsvertretungen.

Vgl. die Vorbem. vor § 1 und Anm. 2 zu § 35 Pr. AGGVG.

§ 2

Das Amt des Schiedsmanns ist ein Ehrenamt. Zu demselben ist nicht zu berufen:

1. wer das dreißigste Lebensjahr nicht vollendet hat;
2. wer nicht in dem Schiedsmannsbezirke wohnt, für welchen die Berufung erfolgt;
3. wer infolge strafgerichtlicher Verurteilung die Befähigung zur Bekleidung öffentlicher Ämter verloren hat;
4. wer infolge gerichtlicher Anordnung in der Verfügung über sein Vermögen beschränkt ist.

Staatsbeamte und besoldete Beamte der Kommunal- oder Kirchenverwaltung bedürfen zur Übernahme des Amts der Genehmigung ihrer zunächst vorgesetzten Behörde.

§ 3

In denjenigen Gemeinden, welche für sich einen Schiedsmannsbezirk oder mehrere Schiedsmannsbezirke bilden, erfolgt die Wahl der Schiedsmänner durch die Gemeindevertretung (Versammlung der Stadtverordneten, der Repräsentanten, der Bürgervorsteher, der Gemeindeverordneten, der Bürgerausschußmitglieder, der Gemeindeausschußmitglieder), wo eine gewählte Gemeindevertretung nicht besteht, durch die Gemeindeversammlung, in selbständigen Gutsbezirken durch den Gutsvorsteher.

Für die aus mehreren Gemeinden zusammengesetzten Schiedsmannsbezirke werden die Schiedsmänner durch die Kreisvertretungen, [in der Provinz Hannover und] in den Hohenzollernschen Landen durch die Amtsvertretungen gewählt.

Die Wahl erfolgt auf drei Jahre. Bis zum Amtsantritte des Neugewählten bleibt der bisherige Schiedsmann in Tätigkeit.

Vgl. die Vorbem. vor § 1 und Anm. 2 zu § 35 Pr. AGGVG.

§ 4

Die zu Schiedsmännern Gewählten bedürfen der Bestätigung durch das Präsidium des Landgerichts, in dessen Bezirk sie ihren Wohnsitz haben.

§ 5

Die Schiedsmänner werden bei dem Amtsgerichte ihres Wohnsitzes auf die Erfüllung ihrer Obliegenheiten eidlich verpflichtet. Der Eid wird dahin geleistet:

„Ich schwöre bei Gott dem Allmächtigen und Allwissenden, die Pflichten eines Schiedsmanns getreulich zu erfüllen, so wahr mir Gott helfe."

Ist ein Schiedsmann Mitglied einer Religionsgesellschaft, welcher das Gesetz den Gebrauch gewisser Beteuerungsformeln an Stelle des Eides gestattet, so wird die Abgabe einer Erklärung unter der Beteuerungsformel dieser Religionsgemeinschaft der Eidesleistung gleichgeachtet.

Im Falle der Wiederwahl eines Schiedsmanns genügt die Verweisung auf den von ihm bereits geleisteten Eid.

Zu Abs. 2 vgl. die Anm. zu § 51 GVG.

§ 6

Die Schiedsmänner haben bei Ausübung ihres Amts die Rechte der Beamten.

§ 7

Das Recht der Aufsicht über einen Schiedsmann steht zu:

1. dem Justizminister hinsichtlich sämtlicher Schiedsmänner;
2. dem Oberlandesgerichtspräsidenten hinsichtlich der in dem Oberlandesgerichtsbezirk wohnenden Schiedsmänner;
3. dem Präsidenten des Landgerichts hinsichtlich der in dem Landgerichtsbezirk wohnenden Schiedsmänner;
4. dem Amtsrichter, der die allgemeine Dienstaufsicht führt, hinsichtlich der im Bezirke des Amtsgerichts wohnenden Schiedsmänner.

In dem Rechte der Aufsicht liegt die Befugnis, die ordnungswidrige Ausführung eines Schiedsmannsgeschäftes zu rügen.

Beschwerden, welche den Geschäftsbetrieb oder Verzögerungen betreffen, werden im Aufsichtswege erledigt.

Abs. 1 Nr. 4 zugefügt durch Art. I Nr. 1 VO. v. 12. 3. 1924 (GesS. S. 129).

§ 8

Zur Ablehnung oder Niederlegung des Amts eines Schiedsmanns vor Ablauf der Wahlperiode berechtigen folgende Entschuldigungsgründe:

1. das Alter von sechzig Jahren;
2. die Verwaltung des Schiedsmannsamts während der voraufgegangenen drei Jahre;
3. anhaltende Krankheit;
4. Geschäfte, die eine lange oder häufige Abwesenheit vom Wohnorte mit sich bringen;
5. die Verwaltung eines unmittelbaren Staatsamts;
6. sonstige besondere Verhältnisse, die nach billigem Ermessen eine gültige Entschuldigung begründen.

Über die Befugnis zur Ablehnung wird von der Körperschaft, welche die Wahl des Schiedsmanns bewirkt, und über die Befugnis zur Niederlegung vom Präsidium des Landgerichts endgültig entschieden.

§ 9

Ein Schiedsmann ist seines Amtes zu entheben, wenn Umstände eintreten oder bekannt werden, bei deren Vorhandensein die Berufung nicht erfolgen soll. Er kann auch aus anderen erheblichen Gründen seines Amtes enthoben werden.

Die Enthebung vom Amte erfolgt durch den Ersten Zivilsenat des Oberlandesgerichts, in dessen Bezirk der Schiedsmann seinen Wohnsitz hat, nach Anhörung des Beteiligten.

§ 10

Wer sich ohne einen der im § 8 enthaltenen Entschuldigungsgründe weigert, das Amt des Schiedsmanns zu übernehmen oder das übernommene Amt während der vorgeschriebenen regelmäßigen Amtsdauer zu versehen, kann für einen Zeitraum von drei bis sechs Jahren der Ausübung seines Rechtes auf Teilnahme an der Vertretung und Verwaltung seiner Gemeinde für verlustig erklärt und um $^1/_8$ bis $^1/_4$ stärker als die übrigen Gemeindeangehörigen zu den Gemeindeabgaben herangezogen werden. Die Beschlußfassung hierüber steht der Gemeindevertretung (§ 3) zu; der Beschluß bedarf der Genehmigung der der Gemeinde vorgesetzten Behörde.

Besitzern selbständiger Gutsbezirke kann in dem vorgedachten Falle durch den Kreisausschuß eine Erhöhung der Kreisabgabe um $^1/_8$ bis $^1/_4$ auf drei bis sechs Jahre auferlegt werden.

§ 11

Jeder Schiedsmann erhält einen Stellvertreter. Die Stellvertretung kann dahin geordnet werden, daß bestimmte Schiedsmänner sich wechselseitig vertreten.

Bei vorübergehender Behinderung oder gleichzeitiger Erledigung des Amtes des Schiedsmanns und des Stellvertreters ist die Aufsichtsbehörde ermächtigt, die einstweilige Wahrnehmung der Geschäfte einem benachbarten Schiedsmanne oder Stellvertreter zu übertragen.

Auf die Stellvertreter finden die §§ 2 bis 10 entsprechende Anwendung.

Zweiter Abschnitt

Die Sühneverhandlung über bürgerliche Rechtsstreitigkeiten

§ 12

In bürgerlichen Rechtsstreitigkeiten findet eine Sühneverhandlung nur über vermögensrechtliche Ansprüche statt. Der Schiedsmann hat sich der Sühneverhandlung auf Antrag einer oder beider Parteien zu unterziehen. Zur Stellung dieses Antrages ist keine Partei verpflichtet.

In Rechtsstreitigkeiten, deren Entscheidung den Auseinandersetzungsbehörden zusteht, findet eine Sühneverhandlung durch Schiedsmänner nicht statt.

§ 13

Für die Sühneverhandlung ist der Schiedsmann zuständig, in dessen Bezirk der Gegner des Antragstellers seinen Wohnsitz hat.

Ein an sich unzuständiger Schiedsmann wird jedoch durch ausdrückliche oder stillschweigende Vereinbarung der Parteien zuständig.

§ 14

Zu einer amtlichen Tätigkeit außerhalb seines Amtsbezirks ist der Schiedsmann nur im Falle der Stellvertretung (§ 11) befugt.

§ 15

Der Schiedsmann ist von der Ausübung seines Amtes kraft Gesetzes ausgeschlossen:

1. in Sachen, in welchen er selbst Partei ist oder in Ansehung welcher er zu einer Partei in dem Verhältnis eines Mitberechtigten, Mitverpflichteten oder Regreßpflichtigen steht;
2. in Sachen seiner Ehefrau, auch wenn die Ehe nicht mehr besteht;
3. in Sachen einer Person, mit welcher er in gerader Linie verwandt, verschwägert oder durch Adoption verbunden, in der Seitenlinie bis zum dritten Grade verwandt oder bis zum zweiten Grade verschwägert ist, auch wenn die Ehe, durch welche die Schwägerschaft begründet ist, nicht mehr besteht;
4. in Sachen, in welchen er als Prozeßbevollmächtigter oder Beistand einer Partei bestellt oder als gesetzlicher Vertreter einer Partei aufzutreten berechtigt ist oder gewesen ist.

§ 16

Der Schiedsmann soll die Ausübung seines Amtes ablehnen:

1. wenn er der Sprache der Parteien nicht mächtig ist;
2. wenn zur Gültigkeit der Willenserklärung der Parteien dem Gegenstande nach die gerichtliche oder notarielle Form ausschließlich erfordert wird;
3. wenn die Parteien dem Schiedsmanne nicht bekannt sind und auch nicht nachweisen können, daß sie diejenigen sind, wofür sie sich ausgeben;
4. wenn Bedenken gegen die Geschäfts- oder Verfügungsfähigkeit der Parteien oder gegen die Legitimation der gesetzlichen Vertreter derselben bestehen;
5. wenn eine Partei blind oder taubstumm ist;
6. wenn eine Partei taub oder stumm ist und mit derselben eine schriftliche Verständigung nicht erfolgen kann.

§ 17

Der Schiedsmann kann die Ausübung seines Amtes ablehnen:

1. wenn seine Zuständigkeit lediglich auf der Vereinbarung der Parteien beruht;
2. wenn ihm die streitige Angelegenheit zu weitläufig oder zu schwierig erscheint.

Beschwerde gegen die Ablehnung findet nicht statt.

§ 18

Die Vertretung der Parteien durch Bevollmächtigte ist unzulässig. Gemeinden und Korporationen dürfen sich jedoch durch Bevollmächtigte aus ihrer Mitte vertreten lassen.

§ 19

Beistände der Parteien, mit Ausnahme der Beistände von Personen, welche des Lesens oder Schreibens nicht mächtig sind, können vom Schiedsmanne in jeder Lage der Verhandlung zurückgewiesen werden.

§ 20

Der Antrag auf Sühneverhandlung kann bei dem Schiedsmanne schriftlich eingereicht oder mündlich zu Protokoll gegeben werden. Derselbe muß den Namen, Stand und Wohnort der Parteien, eine allgemeine Angabe des Gegenstandes der Verhandlung und die Unterschrift des Antragstellers enthalten.

Vgl. die Vorbem. vor § 1.

§ 21

Der Schiedsmann vermerkt auf dem Antrage oder einer Anlage desselben Zeit und Ort des Termins zur Verhandlung unter Androhung der Strafe für unentschuldigtes Ausbleiben (§ 22) und übergibt das Schriftstück dem Antragsteller zur Behändigung an den Gegner oder läßt diesem das Schriftstück — unter entsprechender Benachrichtigung des Antragstellers — in zuverlässiger Weise zustellen.

§ 22

Eine Partei, welche vor dem zuständigen Schiedsmanne in dem anberaumten Termine nicht erscheinen will oder kann, muß solches spätestens an dem dem Terminstage vorhergehenden Tage bei dem Schiedsmanne anzeigen.

Ist eine solche Anzeige nicht erstattet, so kann der Schiedsmann gegen die im Termine ausgebliebene Partei eine Ordnungsstrafe in Geld festsetzen.

Beschwerden gegen die Festsetzung werden im Aufsichtswege erledigt.

Abs. 2 in der Fassung des Art. I Nr. 2 der VO. v. 12. 3. 1924 (GesS. S. 129).

§ 23

Die Verhandlung der Parteien vor dem Schiedsmanne ist eine mündliche. Der Schiedsmann hat Sorge zu tragen, daß dieselbe ohne Unterbrechung zu Ende geführt werde; erforderlichenfalls hat er den Termin zur Fortsetzung der Verhandlung sofort zu bestimmen.

§ 24

Der Schiedsmann kann Zeugen und Sachverständige, welche freiwillig vor ihm erschienen sind, hören.

Zur Beeidigung eines Zeugen oder Sachverständigen und zur Abnahme eines Parteieides ist der Schiedsmann nicht befugt.

Abs. 1 in der Fassung des Art. I Nr. 3 der VO. v. 12. 3. 1924 (GesS. S. 129).

§ 25

Kommt ein Vergleich zustande, so ist derselbe zu Protokoll festzustellen.

Das Protokoll wird in der Sprache der Parteien, und wenn nur eine Partei der deutschen Sprache mächtig ist, in dieser und der fremden Sprache aufgenommen.

Das Protokoll enthält:

1. den Ort und die Zeit der Verhandlung;
2. die Namen der erschienenen Parteien, gesetzlichen Vertreter, Bevollmächtigten und Beistände, sowie die Angabe, wie dieselben ihre Legitimation geführt haben;
3. den Gegenstand des Streits;
4. die Verabredung der Parteien.

Kommt ein Vergleich nicht zustande, so hat der Schiedsmann hierüber einen kurzen Vermerk aufzunehmen.

§ 26

Das Protokoll ist den Parteien vorzulesen oder zur Durchsicht vorzulegen. In dem Protokolle ist zu bemerken, daß dies geschehen und die Genehmigung erfolgt sei.

§ 27

Das Protokoll ist von den Parteien und dem Schiedsmanne durch Namensunterschrift zu vollziehen.

Jede Partei, welche nicht unterschreiben kann, muß einen Beistand wählen, welcher für sie die Verhandlung mit seiner Namensunterschrift vollzieht oder die von ihr beigefügten Handzeichen beglaubigt. Der Schiedsmann hat dabei zu vermerken, von welcher Partei und aus welchem Grunde die eigenhändige Unterschrift unterblieben ist.

§ 28

Die Protokolle werden der Zeitfolge nach in ein ausschließlich dazu bestimmtes Buch (Protokollbuch) eingeschrieben und mit einer fortlaufenden Nummer versehen.

Vollgeschriebene Protokollbücher sind an das Amtsgericht, in dessen Bezirk der Schiedsmann wohnt, zur Aufbewahrung abzugeben.

§ 29

Die Parteien oder deren Rechtsnachfolger erhalten auf Verlangen Abschrift oder Ausfertigung des Protokolls.

§ 30

Die Ausfertigung besteht aus der mit dem Ausfertigungsvermerke versehenen Abschrift des Protokolls.

Der Ausfertigungsvermerk muß die Angabe des Orts und der Zeit der Ausfertigung und die Bezeichnung desjenigen, für welchen die Ausfertigung erteilt wird, enthalten und mit der Unterschrift und dem Amtssiegel des Schiedsmanns versehen sein.

§ 31

Die Ausfertigung wird von dem Schiedsmanne erteilt, welcher die Urschrift des Protokolls verwahrt. Derselbe hat vor der Aushändigung auf der Urschrift des Protokolls zu vermerken, wann und für wen die Ausfertigung erteilt worden ist.

Befindet sich das Protokollbuch in der Verwahrung des Amtsgerichts (§ 28), so wird die Ausfertigung von dem Gerichtsschreiber desselben erteilt.

§ 32

Aus den vor einem Schiedsmanne geschlossenen Vergleichen findet die gerichtliche Zwangsvollstreckung statt.

Die Vorschriften der Deutschen Zivilprozeßordnung über die Zwangsvollstreckung aus notariellen Urkunden finden hierbei entsprechende Anwendung.

In den Fällen des § 726 Abs. 1, der §§ 727—729, 738, 742, 744, des § 745 Abs. 2 und des § 749 der Deutschen Zivilprozeßordnung ist die vollstreckbare Ausfertigung nur auf Anordnung des Amtsgerichts zu erteilen, in dessen Bezirke der Schiedsmann seinen Wohnsitz hat.

Abs. 3 in der Fassung des Art. 3 des Pr. AGZPO. v. 22. 9. 1899 (GesS. S. 284)

Dritter Abschnitt

Die Sühneverhandlungen [über Beleidigungen und Körperverletzungen]

Vgl. die Vorbem. vor § 1.

§ 33

Bei den nur auf Antrag zu verfolgenden Vergehen des Hausfriedensbruchs (§ 123 des Reichsstrafgesetzbuchs), der Beleidigung (§§ 185 bis 187 des Strafgesetzbuchs), der leichten vorsätzlichen (§ 223 des Strafgesetzbuchs) und der fahrlässigen Körperverletzung (§ 230 des Strafgesetzbuchs), der Verletzung fremder Geheimnisse (§ 299 des Strafgesetzbuchs) und der Sachbeschädigung (§ 303 des Strafgesetzbuchs) sowie bei dem Vergehen der Bedrohung (§ 241 des Strafgesetzbuchs) ist der Schiedsmann die zum Zwecke der Sühneverhandlung zuständige Vergleichsbehörde.

Fassung des Art. I Nr. 4 der VO. v. 12. 3. 1924 (GesS. S. 129).

§ 34

Auf die Sühneverhandlung über die im § 33 genannten Vergehen finden die Vorschriften des zweiten Abschnitts mit den in den nachfolgenden Paragraphen enthaltenen Abweichungen entsprechende Anwendung.

Fassung des Art. I Nr. 5 der VO. v. 12. 3. 1924 (GesS. S. 129).

§ 35

Soweit vor Erhebung der Privatklage nachgewiesen werden muß, daß die Sühne erfolglos versucht worden, ist für diesen Vergleichsversuch der Schiedsmann, in dessen Bezirk der Beschuldigte wohnt, ausschließlich zuständig.

Fassung des Art. I Nr. 6 der VO. v. 12. 3. 1924 (GesS. S. 129).
Vgl. auch die Vorbem. vor § 1.

§ 35a

Wohnen die Parteien nicht in demselben Gemeindebezirke, so bedarf es bis zur weiteren gesetzlichen Regelung eines Sühneversuchs nicht.

§ 35a wurde eingefügt durch Art. I Nr. 7 der VO. v. 12. 3. 1924 (GesS. S. 129).
Vgl. auch die Vorbem vor § 1.

§ 36

Bei der Sühneverhandlung über die im § 33 genannten Vergehen darf der zuständige Schiedsmann die Ausübung seines Amtes aus den in § 16 Nr. 3 bis 6 und § 17 Nr. 2 angegebenen Gründen nicht ablehnen.

Er hat, wenn bei einer Partei einer der im § 16 Nr. 3 bis 6 angegebenen Umstände vorliegt, dies in dem Protokolle zu vermerken. Gegen eine solche Partei findet die Zwangsvollstreckung aus einem aufgenommenen Vergleiche nicht statt.

Abs. 1 in der Fassung des Art. I Nr. 8 der VO. v. 12. 3. 1924 (GesS. S. 129).
Vgl. auch die Vorbem. vor § 1.

§ 37

Die Ladung zu der Sühneverhandlung ist den Parteien durch den Schiedsmann oder in anderer zuverlässiger Weise zuzustellen.

Erscheint der Antragsteller in dem Termine nicht, so findet eine Sühneverhandlung nicht statt. Erscheint der Beschuldigte nicht, so wird angenommen, daß er sich auf die Sühneverhandlung nicht einlassen wolle.

Abs. 1 in der Fassung des Art. I Nr. 9 der VO. v. 12. 3. 1924 (GesS. S. 129).
Vgl. auch die Vorbem. vor § 1.

§ 38

Eine Bescheinigung über die Erfolglosigkeit des Sühneversuchs kann nur erteilt werden, wenn der Antragsteller im Termine erschienen ist.

Die Bescheinigung muß mit der Unterschrift und dem Amtssiegel des Schiedsmanns versehen sein. Sie soll die Angabe der Zeit der Beleidigung und der Anbringung des Antrags, sowie des Orts und der Zeit der Ausstellung enthalten.

Über die Verhandlung und die Ausstellung der Bescheinigung hat der Schiedsmann im Protokollbuche einen Vermerk aufzunehmen.

Vgl. die Vorbem. vor § 1.

§ 39

Für Privatklagen gegen Studierende kann der Justizminister im Einverständnisse mit dem Minister der geistlichen, Unterrichts- und Medizinal-Angelegenheiten bestimmen, daß der [nach § 420] *(jetzt § 380)* der Deutschen Strafprozeßordnung erforderliche Sühneversuch nicht von dem Schiedsmanne, sondern von einer anderen Vergleichsbehörde vorzunehmen sei.

Vgl. AV. v. 22. 8. 1879 (JMBl. S. 251). Vgl. auch die Vorbem. vor § 1.

Vierter Abschnitt

Kosten und Stempel

§ 40

Die Verfügungen, Verhandlungen und Ausfertigungen des Schiedsmanns sind kostenfrei.

Abs. 2 ist durch § 35 des Stempelsteuerges. v. 31. 7. 1895 (GesS. S. 413) aufgehoben worden. Vgl. auch die Vorbem. vor § 1.

§ 41

Die Erteilung von Ausfertigungen der Verhandlung ist von der vorgängigen Verwendung des Stempels nicht abhängig.

Abs. 1 S. 1—3, Abs. 2 sind durch § 35 des Stempelsteuerges. v. 31. 7. 1895 (GesS. S. 413) aufgehoben worden. Vgl. auch die Vorbem. vor § 1.

§ 42

Schreibgebühren und bare Auslagen sind dem Schiedsmanne sofort zu entrichten. Derselbe kann seine Tätigkeit von der vorherigen Entrichtung abhängig machen.

§ 43

Die Schreibgebühren sind für die Aufnahme der Anträge, sowie für die Ausfertigungen und Abschriften der Verhandlungen und Bescheinigungen zu entrichten. [Die Schreibgebühr beträgt für die Seite, die mindestens 32 Zeilen von durchschnittlich 15 Silben enthält, 20 Mark, auch wenn die Herstellung auf mechanischem Wege stattgefunden hat. Jede angefangene Seite wird als voll berechnet.] Der Justizminister wird ermächtigt, bei einer erheblichen Veränderung der wirtschaftlichen Verhältnisse die Schreibgebühr zu erhöhen oder zu ermäßigen.

---

1) Die S. 2, 3 sind gegenstandslos geworden durch die auf Grund des S. 4 erlassene VO. v. 7. 9. 1923 (GesS. S. 431), welche folgenden Wortlaut hat:

„§ 1.

Die Schreibgebühr beträgt für jedes Schriftstück das Doppelte der Postgebühr, die zur Zeit der Entstehung der Gebührenschuld für die Beförderung eines Briefes bis zu 20 Gramm im Fernverkehr des Inlandes zu entrichten ist. Umfaßt das Schriftstück mehr als zwei Seiten, so erhöht sich die Gebühr für jede weitere angefangene Seite um den einfachen Betrag der Postgebühr.

§ 2.

Diese Verordnung tritt eine Woche nach ihrer Verkündung in Kraft. Zu dem gleichen Zeitpunkte tritt die Verordnung vom 16. Juli 1923 (Gesetz-Samml. S. 337) außer Kraft."

2) Vgl. auch die Vorbem. vor § 1.

§ 44

Die Schreibgebühren und baren Auslagen fallen der Partei zur Last, welche dieselbe veranlaßt hat. Ist jedoch ein Vergleich zustande gekommen oder die Vermittelung des Schiedsmanns von beiden Parteien nachgesucht, so haftet für die Schreibgebühren und baren Auslagen, welche bis zum Schlusse der Verhandlung entstanden sind, jede Partei.

Erforderlichenfalls werden diese Gebühren und Auslagen auf Antrag des Schiedsmanns von den Beteiligten ebenso beigetrieben, wie die Gemeindeabgaben.

Vgl. auch die Vorbem. vor § 1.

§ 45

Die sächlichen Kosten des Schiedsmannsamts fallen der Gemeinde zur Last.

In Bezirken, welche aus mehreren Gemeinden bestehen, werden die sächlichen Kosten auf die beteiligten Gemeinden nach dem Maßstabe der Seelenzahl verteilt. Den Gemeinden werden die selbständigen Gutsbezirke gleichgeachtet.

§ 46

Die Geldstrafen, welche in Gemäßheit dieses Gesetzes zur Erhebung gelangen, fließen den Gemeinden zu, welche die sächlichen Kosten zu tragen haben.

Vgl. auch die Vorbem. vor § 1.

Fünfter Abschnitt

Schlußbestimmungen

§ 47

Die Vorschriften dieses Gesetzes, welche sich auf die Ausfertigung und Vollstreckung der abgeschlossenen Vergleiche beziehen, finden auch auf solche Vergleiche Anwendung, welche vor dem Inkrafttreten dieses Gesetzes von einem Schiedsmanne zu Protokoll genommen worden sind.

§ 48

[Die auf Grund der bisherigen Vorschriften berufenen Schiedsmänner haben bis zum Ablaufe ihrer Amtsperiode ihre Tätigkeit in Gemäßheit des gegenwärtigen Gesetzes fortzusetzen.

In denjenigen Landesteilen, in welchen das Institut der Schiedsmänner bisher nicht eingeführt worden ist, haben bis zum Amtsantritte der infolge dieses Gesetzes zu berufenden Schiedsmänner die Amtsgerichte die Geschäfte der Vergleichsbehörde bei Beleidigungen (§ 420 — *jetzt 380* — der Strafprozeßordnung) wahrzunehmen.]

Als reine Übergangsvorschrift gegenstandslos.

§ 49

[Dieses Gesetz tritt gleichzeitig mit dem Deutschen Gerichtsverfassungsgesetze in Kraft.] Mit der Ausführung werden der Justizminister und der Minister des Innern beauftragt.

XIX.

Preußisches Gesetz betr. den Erlaß polizeilicher Strafverfügungen wegen Übertretungen.

Vom 23. April 1883 (Ges.S. S. 65).

In der Fassung der Gesetze v. 26. 7. 1897 (GesS. S. 387), v. 22. 6. 1907 (GesS. S. 145), [des § 1 des Gesetzes v. 28. 3. 1922 (GesS. S. 77)], des § 1 des Gesetzes v. 31. 5. 1923 (GesS. S. 271), und des Art. III, Art. XIV Abs. 2 Nr. 4 der ReichsVO. über Vermögensstrafen und Bußen v. 6. 2. 1924 (RGBl. I S. 44). In Pyrmont eingeführt durch Art. 2 I Nr. 6 der VO. v. 31. 3. 1922 (GesS. S. 70).

§ 1

Wer die Polizeiverwaltung in einem bestimmten Bezirk auszuüben hat, ist befugt, wegen der in seinem Bezirke verübten, in seinen Verwaltungsbereich fallenden Übertretungen die Strafe durch Verfügungen festzusetzen sowie eine etwa verwirkte Einziehung zu verhängen.

Wird die Geldstrafe festgesetzt, so ist zugleich die für den Fall des Unvermögens an die Stelle der Geldstrafe tretende Haft zu bestimmen, soweit sich die Strafverfügung nicht gegen einen Jugendlichen richtet (§§ 1, 40 des Jugendgerichtsgesetzes vom 16. Februar 1923, Reichsgesetzbl. I S. 135).

Die festzusetzende Geldstrafe darf den Betrag von einhundertundfünfzig Goldmark nicht übersteigen.

1) Fassung des § 1 des Ges. v. 31. 5. 1923 (GesS. S. 271) Abs. 3 ist in seinem Wortlaut geändert durch Art. III, Art. XIV Abs. 2 Nr. 4 der VO. v. 6. 2. 1924 (RGBl. I S. 44).

2) Die neue Fassung des Abs. 3 ermöglicht also nunmehr auch für Preußen eine Straffestsetzung in der vollen durch § 413 Abs. 2 StPO. zugelassenen Höhe.

3) § 153 Abs. 1 StPO. gilt auch für die Polizeibehörden. Sie dürfen polizeiliche Strafverfügungen, soweit dort die Verfolgung untersagt ist, nicht erlassen (vgl. Anm. 3ff. a. a. O.).

4) Vgl. die Anm. zu § 413 StPO.

5) Auf Überweisung an die Landespolizeibehörde kann nicht erkannt werden.

6) Ortspolizeibehörden sind in Preußen, soweit nicht staatliche Polizei besteht, in den Städten die Bürgermeister, die aber mit Genehmigung des Regierungspräsidenten diese Stellung einem Magistratsmitglied übertragen können. In den Landgemeinden werden die ortspolizeilichen Geschäfte von den Amtsvorstehern (in Brandenburg, Ost- und Westpreußen, Pommern, Sachsen, Schlesien, Schleswig-Holstein), in Westfalen von den Amtmännern, im Rheinland von den Landbürgermeistern, im Posener Restbezirk von den Distriktskommissaren, in Hannover von den Landräten und in Hessen-Nassau und Hohenzollern von den Gemeindevorstehern geführt. Ihnen steht auch die Befugnis zum Erlaß polizeilicher Strafverfügungen zu. Neben ihnen haben auch die Behörden mit eigener Polizeigewalt (Fischerei-, Deich-, Strom- und Schiffahrtspolizei) das Recht zum Erlaß polizeilicher Strafverfügungen. Das Gleiche gilt für die Bahnpolizei.

§ 2

Die Festsetzung einer Strafe durch die Polizeibehörde findet nicht statt:

1. bei Übertretungen, für deren Aburteilung [die Rheinschiffahrtsgerichte, die Elbzollgerichte oder] die Gewerbegerichte zuständig sind;
2. bei Übertretungen der Vorschriften über die Erhebung öffentlicher Abgaben oder Gefälle;
3. bei Übertretungen bergpolizeilicher Vorschriften.

---

1) Nach § 1 des Ges. v. 26. 7. 1897 (Ges.S. S. 387) ist der eingeklammerte Teil der Nr. 1 gegenstandslos geworden.

Der Paragraph lautet: „Die Bestimmung im § 2 des Ges. über den Erlaß polizeilicher Strafverfügungen wegen Übertretungen v. 23. 4. 1883 (Ges.S. S. 65), wonach bei den dort genannten Übertretungen eine Straffestsetzung durch die Polizeibehörde nicht stattfindet, tritt bei Übertretungen derjenigen strom-

und schiffahrtspolizeilichen Vorschriften, für deren Aburteilung die Elb[zoll]gerichte und die Rheinschiffahrtsgerichte zuständig sind, außer Kraft." Vgl. auch Anm. 2 zu § 4 und Anm. 2 zu § 9.

2) Zu Nr. 3 vgl. § 209 Berggesetz. Danach sind für Übertretungen der Vorschriften des Berggesetzes nur die ordentlichen Gerichte zuständig.

3) Auch für die durch die Presse begangenen Übertretungen ist nach § 29 Preßges. die Festsetzung der Strafe durch die Polizeibehörde ausgeschlossen. Ebenso ist bei Zuwiderhandlungen gegen das FDiebstG. der Erlaß polizeilicher Strafverfügungen nicht zulässig; anders bei Zuwiderhandlungen gegen das FuFPolG. (vgl. § 57 daselbst, Teil I dieses Werkes).

§ 3

Der Beschuldigte kann gegen die Strafverfügung binnen einer Woche nach der Bekanntmachung in Gemäßheit der Strafprozeßordnung auf gerichtliche Entscheidung antragen.

Ist gegen einen Beschuldigten im Alter von [12] bis 18 Jahren eine Strafverfügung erlassen, so kann binnen der für den Beschuldigten laufenden Frist auch der gesetzliche Vertreter desselben auf gerichtliche Entscheidung antragen.

---

1) Eine Beschwerde (Rekurs) an die der Polizeibehörde vorgesetzte Verwaltungsbehörde ist nicht zugelassen. Dagegen kann der Beschuldigte die der Polizeibehörde vorgesetzte Verwaltungsbehörde stets dann anrufen, wenn die Polizeibehörde ihre sachliche Zuständigkeit überschritten oder eine höhere als die zugelassene Strafe oder eine nicht zugelassene Strafart (z. B. Überweisung an die Landespolizeibehörde) festgesetzt hat, oder wenn eines der im § 413 Abs. 3 StPO. festgesetzten Erfordernisse der Strafverfügung fehlt.

2) Für die Berechnung der Frist gelten die §§ 42, 43 StPO.

3) In Abs. 2 ist gemäß §§ 1, 40 JGG. jetzt statt: „12 bis 18 Jahren" zu lesen: „14 bis 18 Jahren." Vgl. auch die neue Fassung des § 1 Abs. 2.

4) Vgl. § 298 StPO.

§ 4

Die Strafverfügung muß außer der Festsetzung der Strafe die strafbare Handlung, Zeit und Ort derselben, die angewendete Strafvorschrift und die Beweismittel, sowie die Kasse bezeichnen, an welche die Geldstrafe zu zahlen ist.

Sie muß die Eröffnung enthalten:

a) daß der Beschuldigte binnen einer Woche nach der Bekanntmachung auf gerichtliche Entscheidung antragen könne;

b) daß der Antrag entweder bei der Polizeibehörde, welche die Strafverfügung erlassen hat, oder bei dem zuständigen Amtsgericht bzw. Elb[zoll]gericht und Rheinschiffahrtsgericht anzubringen sei;

c) daß die Strafverfügung, falls innerhalb der bestimmten Frist ein Antrag auf gerichtliche Entscheidung nicht erfolge, vollstreckbar werde.

1) Vgl. § 413 Abs. 3 StPO.

2) Abs. 2 b. Die Worte: „bzw. Elbzollgericht und Rheinschiffahrtsgericht" sind durch § 2 des Ges. v. 26. 7. 1897 (GesS. S. 387) eingefügt worden. Die Elbzollgerichte heißen jetzt Elbschiffahrtsgerichte. Vgl. das Ges. betr. die Elbschiffahrtsakte v. 22. 3. 1923 (RGBl. II S. 183) und Ges. betr. das Zusatzübereinkommen zur Elbschiffahrtsakte v. 14. 12. 1923 (RGBl. II S. 485). Vgl. auch RGBl. 1923 II 349, 1924 II S. 37 (Ratifikationen der Abkommen). Ein neues preußisches Gesetz über Elbschiffahrtsgerichte ist am 4. 6. 1924 erlassen worden (GesS. S. 543).

§ 5

Die polizeiliche Strafverfügung ist nach Maßgabe der zu erlassenden Ausführungsbestimmungen (§ 13) dem Beschuldigten durch einen öffentlichen Beamten zu behändigen.

Nach § 30 S. 2 (insbesondere Halbs. 2) JGG. ist nunmehr auch Zustellung der Strafverfügung an den gesetzlichen Vertreter vorgeschrieben.

§ 6

Für dieses Verfahren (§§ 1—5) sind weder Stempel noch Gebühren anzusetzen, die baren Auslagen aber fallen dem Beschuldigten nach näherer Maßgabe der zu erlassenden

Ausführungsbestimmungen (§ 13) in allen Fällen zur Last, in welchen eine Strafe endgültig gegen ihn festgesetzt ist.

Nach dem Gesetz über staatliche Verwaltungsgebühren v. 29. 9. 1923 (Ges.S. S. 455) — vgl. insbes. § 8 Abs. 3 — können nunmehr durch Gebührenordnungen der in Betracht kommenden Zentralbehörden Gebühren festgesetzt werden (§ 4 des Ges.). Eine Anordnung ist aber bisher noch nicht ergangen.

§ 7

Die in Gemäßheit dieses Gesetzes endgültig festgesetzten Geldstrafen, sowie die eingezogenen Gegenstände fallen demjenigen zu, welcher die sächlichen Kosten der Polizeiverwaltung zu tragen hat.

Der letztere ist dagegen verpflichtet, die durch Festsetzung und Vollstreckung der Strafen entstehenden, von dem Beschuldigten nicht beizutreibenden Kosten zu tragen.

Insoweit besondere Vorschriften bestehen, nach welchen Geldstrafen oder eingezogene Gegenstände einem anderen Berechtigten zufallen, findet die Vorschrift des ersten Absatzes keine Anwendung. Desgleichen bleiben vertragsmäßige Bestimmungen unberührt.

Zu Abs. 3 vgl. z. B. § 17 Nahrungsmittelges.

§ 8

Ist der Amtsanwalt eingeschritten, bevor die polizeiliche Strafverfügung dem Beschuldigten behändigt worden, so ist die letztere wirkungslos.

§ 9

Wird bei dem Amtsgericht bzw. Elb[zoll]gericht und Rheinschiffahrtsgericht auf gerichtliche Entscheidung angetragen, so ist dem Antragsteller eine Bescheinigung hierüber kostenfrei zu erteilen.

---

1) Fassung des § 2 des Ges. v. 26. 7. 1897 (GesS. S. 387).

2) Die Bescheinigung hat der Gerichtsschreiber auszustellen (AV. v. 2. 7. 1883 — JMBl. S. 223 —). Die Kosten gehören zu den Kosten des Strafverfahrens.

§ 10

Ist die polizeiliche Strafverfügung vollstreckbar geworden, so findet wegen derselben Handlung eine fernere Anschuldigung nicht statt, es sei denn, daß die Handlung keine Übertretung, sondern ein Vergehen oder Verbrechen darstellt und daher die Polizeibehörde ihre Zuständigkeit überschritten hat.

In diesem Falle ist während des gerichtlichen Verfahrens die Vollstreckung der Strafverfügung einzustellen; erfolgt eine rechtskräftige Verurteilung wegen eines Vergehens oder Verbrechens, so tritt die Strafverfügung außer Kraft.

Der Verbrauch der Strafklage tritt nicht ein, wenn die Polizeibehörde ihre Zuständigkeit überschritten hat. Erfolgt in diesem Falle später gerichtliche Verurteilung, so ist eine von der Polizeibehörde festgesetzte und vollstreckte Strafe im Urteil auf die erkannte Strafe anzurechnen unter Umrechnung gemäß § 29 StGB. (RG. DStRZtg. 1 S. 365).

§ 11

Gegen Militärpersonen dürfen die Polizeibehörden Strafen nur wegen solcher Übertretungen festsetzen, zu deren Aburteilung im gerichtlichen Verfahren die ordentlichen Gerichte zuständig sind.

---

1) Infolge der Aufhebung der Militärgerichtsbarkeit hat dieser Paragraph für den Regelfall seine Bedeutung verloren. Nur soweit eine Militärgerichtsbarkeit noch besteht (in Kriegszeiten und gegen die Angehörigen der Reichsmarine, die an Bord von in Dienst gestellten Schiffen eingeschifft sind — § 434 StPO. —) hat er seine Bedeutung behalten. In diesen Fällen ist maßgebend § 2 Mil.-Strafgerichtsordnung v. 1. 12. 1898 (RGBl. S. 1189). Vgl. dort.

2) Der frühere S. 2 ist durch das Ges. v. 22. 6. 1907 (GesS. S. 145) aufgehoben worden.

§ 12

[Das gegenwärtige Gesetz tritt am 1. Juli 1883 in Kraft und in denjenigen Landesteilen, in welchen zur Zeit das Gesetz vom 14. Mai 1852 Geltung hat, an die Stelle dieses Gesetzes und der dasselbe ergänzenden Bestimmungen.

Von diesem Tage ab sind für das weitere Verfahren in denjenigen Sachen, in welchen eine polizeiliche Strafverfügung noch nicht behändigt ist, die Vorschriften des gegenwärtigen Gesetzes maßgebend.]

§ 13

Die Minister des Innern und der Justiz haben die zur Ausführung dieses Gesetzes erforderlichen reglementarischen Bestimmungen zu erlassen.

Vgl. GV. v. 8. 6. 1883 (JMBl. S. 223), abgeändert durch die GV. v. 17. 7. 1907 (JMBl. S. 601). Vgl. ferner Müller, Justizverw., 6. Aufl., S. 1758—1759 und V. d. Ministers des Innern v. 28. 4. 1924 (Ministerialbl. der Pr. inneren Verwaltung S. 494).

XX.

Anhang.

Die Preußischen Bestimmungen über die bedingte Strafaussetzung und den Strafausstand.

---

a) Erlaß der Preußischen Staatsregierung.

Vom 2. August 1920 (JMBl. S. 564).

Auf Antrag des Justizministers wird genehmigt, daß die Gerichte ermächtigt werden, die Vollstreckung gerichtlich festgesetzter Freiheitsstrafen von nicht mehr als sechs Monaten unter Bestimmung einer Bewährungsfrist auszusetzen, bewilligte bedingte Strafaussetzungen zu widerrufen und Freiheitsstrafen von nicht mehr als 6 Monaten sowie Geldstrafen, zu deren Ersatz solche Freiheitsstrafen festgesetzt sind, nach Ablauf der bewilligten Bewährungsfrist zu erlassen.

b) Erlaß des Preußischen Staatsministeriums.

Vom 25. Mai 1921 (JMBl. S. 349).

Auf Antrag des Justizministers wird im Anschluß an den Erlaß v. 2. 8. 1920 genehmigt, daß die den Gerichten erteilte Ermächtigung,

die Vollstreckung gerichtlich festgesetzter Freiheitsstrafen unter Bestimmung einer Bewährungsfrist auszusetzen und ausgesetzte Freiheitsstrafen oder Geldstrafen, zu deren Ersatz die Freiheitsstrafen festgesetzt sind, nach Ablauf der Bewährungsfrist zu erlassen,

auf solche Fälle erstreckt wird, in denen die festgesetzte Freiheitsstrafe mehr als 6 Monate beträgt, jedoch die Aussetzung nur eines Teiles der Strafe von nicht mehr als 6 Monaten in Aussicht genommen wird.

c) Erlaß des Preußischen Staatsministeriums.

Vom 24. Juni 1921 (JMBl. S. 369).

Auf Antrag des Justizministers wird im Anschluß an die Erlasse v. 2. 8. 1920 und v. 15. 5. 1921 genehmigt, daß die Ermächtigung,

die Vollstreckung gerichtlich festgesetzter Freiheitsstrafen unter Bestimmung einer Bewährungsfrist auszusetzen und ausgesetzte Freiheitsstrafen oder Geldstrafen, zu deren Ersatz die Freiheitsstrafen festgesetzt sind, nach Ablauf der Bewährungsfrist zu erlassen,

bei Gefängnis und Festungshaft den Gerichten ohne Rücksicht auf die Dauer der Strafe erteilt wird.

d) Allgemeine Verfügung des Preußischen Justizministers über die bedingte Aussetzung der Strafvollstreckung.

Vom 19. Oktober 1920 (JMBl. S. 565).

In der Fassung der AV. v. 15./29. 6. 1921 (JMBl. S. 349, 370).

Die Preußischen Erlasse und Verfügungen über die bedingte Strafaussetzung gelten mit geringen Aenderungen auch in Waldeck und Oldenburg. Desgl. sind sie durch die Erlasse des Reichspräsidenten v. 24. 4. und 10. 8. 1921 und des Reichsministers der Justiz v. 10. 6. und 22. 8. 1921 (mitgeteilt durch die A. V. d. Pr. JM. v. 15. 6. und 29. 8 1921 — JMBl. S. 347 und 457 — vgl auch Reichsanzeiger 1921 Nr. 98) ausgedehnt worden auf die Freiheitsstrafen, die von den auf Grund der VO. v. 29. 3. 1921 (RGBl. S. 371) gebildeten außerordentlichen Gerichten erkannt sind, desgl. auf Freiheitsstrafen, die von den im Herbst 1923 in Berlin errichteten außerordentlichen Gerichten erkannt worden sind (Erlaß d. Pr. JM v. 23. 6. 1924 — I 4345 —) gelten aber nicht für die von andern Gerichten des Reichs (z B den Militärgerichten) soweit solche noch bestehen, dem Reichsgericht, dem Staatsgerichtshof z Schutz der Republik) festgesetzten Freiheitsstrafen. Hinsichtlich der von den jetzt im wesentlichen aufgehobenen Militärgerichten abgeurteilten Sachen bestimmt die AV. v. 14. 7. 1922 (Pr. JMBl. S. 264).

„Nach einer Mitteilung des Reichswehrministeriums häufen sich die Fälle, in denen nach Ablauf einer von dem Präsidenten des Reichsmilitärgerichts oder dem Herrn Reichspräsidenten zugebilligten Bewährungsfrist die endgültige Begnadigung durch die Gerichte ausgesprochen wird. Es wird daher darauf hingewiesen, daß in diesen Fällen die Entscheidung darüber, ob der bedingt Begnadigte sich während der Bewährungsfrist bewährt hat und endgültig begnadigt werden soll, dem Herrn Reichspräsidenten zusteht."

I. Aussetzung der Strafvollstreckung durch die Gerichte.

§ 1.

Auf Grund der Erlasse der Preußischen Staatsregierung v. 2 8. 1920 und des Preußischen Staatsministeriums v. 25. 5. und 24. 6. 1921 werden die Gerichte ermächtigt, nach Maßgabe der folgenden Bestimmungen die Vollstreckung gerichtlich erkannter Gefängnis-, Festungshaft-, Arrest- und Haftstrafen, bei Zuchthausstrafen die Vollstreckung eines nicht mehr als 6 Monate betragenden Teiles der Strafe, unter Bewilligung einer Bewährungsfrist auszusetzen.

---

1) V. d. Pr. JM. v. 21. 4. 1922 (JMBl. S. 143) Ziff. 2 (Ziff. 1 s. Anm. 2 zu § 24):

„Die Dienstaufsicht steht den Landesgerichtspräsidenten und den Oberlandesgerichtspräsidenten über die Gerichte - soweit sie mit der bedingten Strafaussetzung befaßt sind — und über die Beauftragten für Gnadensachen in derselben Weise zu, wie bei anderen Justizverwaltungsangelegenheiten. Insbesondere sehe ich es als zulässig an, wenn die Aufsichtsbehörden die Art der Anwendung der für den Geschäftsbetrieb in den in Frage kommenden Angelegenheiten von mir erlassenen Verfügungen überwachen. Dagegen werden die Aufsichtsbehörden von Anweisungen hinsichtlich des sachlichen Inhalts der von den Beauftragten oder den Gerichten verfügten oder vorgeschlagenen Gnadenerweise oder der sonstigen ihnen von mir übertragenen Entscheidungen abzusehen haben."

2) AV. d. Pr. JM. z. JGG. v. 20. 6. 1923 (JMBl. S. 450) Abschnitt II Nr. 2 Abs. I und II:

„Die bedingte Aussetzung von Freiheitsstrafen, die nach den bestehenden Bestimmungen — auch wenn die Gerichte dazu ermächtigt sind — nur im Verwaltungsweg auf Grund übertragenen Gnadenrechts geübt wird, ist durch die §§ 10–15 JGG. bei Straftaten jugendlicher Personen und unter den Voraussetzungen des § 13 Abs. 1 JGG. auch bei Straftaten Erwachsener den Gerichten als richterliche Amtshandlung zugewiesen worden; die Gerichte sind bei ihrer Anwendung an Verwaltungsanordnungen nicht mehr gebunden. Soweit die bedingte Strafaussetzung im JGG. eine gesetzliche Regelung gefunden hat, ist die den Gerichten übertragene Befugnis zur Aussetzung im Gnadenwege überflüssig geworden; insoweit wird daher die den Gerichten durch die AV. v. 19. 10. 1920, 15. und 29. 6. 1921 und 3. 5. 1922 (vgl. hinten V) erteilte Ermächtigung zurückgenommen und die bedingte Strafaussetzung im Gnadenwege wieder von dem Justizminister ausgeübt.

Die am 30. 6. 1923 im Aussetzungsverfahren laufenden Strafsachen sind nach den bisherigen Bestimmungen zu erledigen, solange nicht gemäß § 11 JGG. eine bedingte Strafaussetzung im Sinne des JGG. angeordnet wird."

§ 2.

Die Aussetzung der Strafvollstreckung soll in der Regel nur dann gewährt werden, wenn die begangene Verfehlung nicht durch Verdorbenheit und verbrecherische Neigung, sondern durch Leichtsinn, Unerfahrenheit, Verführung oder Not veranlaßt worden ist und wenn erwartet werden kann, daß der Verurteilte sich durch gute Führung während der Bewährungsfrist eines künftigen Gnadenerweises würdig erzeigen wird.

Für die Entscheidung dieser Frage ist neben den Umständen der Tat vor allem das Vorleben des Verurteilten von Bedeutung. Auch der Tat nachfolgende Umstände können in Betracht kommen, insbesondere, daß der Verurteilte aufrichtige Reue empfindet und den ernstlichen

Willen zeigt, nach Kräften den verursachten Schaden wieder gutzumachen. Bei Schleichhandel- und Wuchervergehen ist mit besonderer Sorgfalt zu prüfen, ob die Aussetzung der Strafvollstreckung mit dem öffentlichen Interesse an einer wirksamen Bekämpfung dieser gemeingefährlichen Vergehen vereinbar ist.

Die Aussetzung der Strafvollstreckung gegen Militärpersonen soll nur erfolgen, nachdem dem unmittelbaren Disziplinarvorgesetzten Gelegenheit zur Aeußerung darüber gegeben worden ist, ob die Aussetzung der Strafvollstreckung sich mit der Aufrechterhaltung der Disziplin verträgt.

---

1) Eine zu weitgehende Anwendung der bed. Strafaussetzung liegt nicht im Sinne der gegebenen Vorschriften. Vgl. z. B. AV. v. 26. 10. 1922 (JMBl. S 482) über die Bestrafung der Münzverbrechen, AV. v. 11. 7. 1923 (JMBl. S. 530) zum Alt- und Edelmetallgesetz und RdV. v. 22. 2. 1924 — I 3078 — über Seemannsgerichte. Die bedingte Strafaussetzung ist gedacht als ein Mittel zur Vermeidung kurzfristiger Freiheitsstrafen bis zu höchstens 6 Monaten bei Erstbestraften und zum Ersatz der vorläufigen Entlassung bei langdauernden Freiheitsstrafen nach Verbüßung von etwa $^3/_4$ der Strafe; darüber hinaus sollte nur ausnahmsweise beim Vorliegen ganz besonderer Umstände davon Gebrauch gemacht werden.

2) AV. d. Pr. JM. v. 4. 4. 1922 (JMBl. S. 115) über die bedingte Aussetzung der Strafvollstreckung gegen Militärpersonen und in Militärstrafsachen:

„Nach § 2 Abs. 3 der AV. v. 19. 10. 1920 (JMBl. S. 565) soll die Aussetzung der Strafvollstreckung gegen Militärpersonen nur erfolgen, nachdem dem unmittelbaren Disziplinarvorgesetzten Gelegenheit zur Aeußerung darüber gegeben worden ist, ob die Aussetzung der Strafvollstreckung sich mit der Aufrechterhaltung der Disziplin verträgt. Diese Bestimmung ist nach der Mitteilung militärischer Stellen häufig nicht beachtet worden. Ich weise daher wiederholt auf die dringende Notwendigkeit hin, bei der Handhabung der bedingten Strafaussetzung gegenüber Militärpersonen den besonderen Bedürfnissen der Wehrmacht Rechnung zu tragen. Eine Hinausschiebung der Entscheidung über die Strafaussetzung darf nicht gescheut werden, wenn die Aeußerung des Disziplinarvorgesetzten noch nicht vorliegt.

Die Anhörung des Disziplinarvorgesetzten wird in Militärstrafsachen vielfach auch dann geboten sein, wenn der Verurteilte zu der Zeit, zu der über die bedingte Strafaussetzung zu entscheiden ist, bereits aus dem Militärverhältnis entlassen ist; insbesondere wird dies bei Fahnenflucht, bei strafbaren Handlungen gegen die Pflichten der militärischen Unterordnung und bei Mißbrauch der Dienstgewalt regelmäßig zutreffen, da gerade bei diesen Verfehlungen die Rücksicht auf die Truppe nicht außer Acht gelassen werden darf."

3) AV. d. Pr. JM. v. 26. 10. 1922 (JMBl. S. 462) Abs. 2 S. 3: „Vor der Bewilligung bedingter Strafaussetzung wird bei Münzverbrechen in jedem Falle der Reichsbank oder den sonst in Betracht kommenden Stellen (vgl. die AV. v. 20. 7. 1921 — JMBl. S. 399 —) Gelegenheit zur Stellungnahme zu geben sein." Vgl auch AV. v. 13. 9. 1924 (S. 357).

4) Auch sonst werden die öffentlichen Interessen, insbesondere diejenigen der an der Bestrafung interessierten Behörden, nicht vernachlässigt werden dürfen. Es wird ihnen Gelegenheit zur Aeußerung gegeben werden müssen. Auch die Interessen des Verletzten sind zu berücksichtigen, und es ist auch die Wirkung der Aussetzung vom Standpunkte der General- und Spezialprävention in Rechnung zu stellen.

§ 3.

Auch die Verhältnisse, in denen der Verurteilte während der Bewährungsfrist voraussichtlich zu leben haben wird, sind in Betracht zu ziehen. In geeigneten Fällen kann die Aussetzung der Strafvollstreckung von besonderen Maßnahmen abhängig gemacht werden, so insbesondere von der Unterbringung in einer passenden Lehr- oder Dienststelle, von der Fürsorgeerziehung oder von sonstigen Maßnahmen des Vormundschaftsgerichts, von der Unterstellung unter die Schutzaufsicht einer Vertrauensstelle (Jugendgerichtshilfe, Fürsorger, Fürsorgeausschuß, Kreiswohlfahrtsamt, Jugendamt, Fürsorgeverein, Arbeiterkolonie, Gefängnisverein, Trinkerfürsorgestelle, Berufsorganisation usw.). [Die Stellung unter Schutzaufsicht wird sich insbesondere bei Jugendlichen häufig empfehlen]. Die Aussetzung kann auch nachträglich von derartigen Maßnahmen abhängig gemacht werden; auch können die getroffenen Maßnahmen abgeändert werden.

Bei Minderjährigen, die der Fürsorgeerziehung oder aus anderer Veranlassung einer Erziehungs- oder Besserungsanstalt überwiesen oder die [gemäß § 5 des Fürsorgeerziehungsgesetzes] vorläufig untergebracht sind, hat das Gericht in jedem Falle die Frage der Aussetzung der Strafvollstreckung auch unter dem Gesichtspunkte zu prüfen, daß eine Störung oder ein Aufschub des Erziehungswerkes durch den Strafvollzug möglichst vermieden werden soll. Bei diesen Verurteilten kann die Strafvollstreckung auch unter der Bedingung ausgesetzt werden, daß sie aus der Fürsorge- oder Anstaltserziehung nicht entweichen. Hält das Gericht nach der Persönlichkeit des Verurteilten, insbesondere nach seinen Vorstrafen, oder nach der Schwere der Straftat sofortigen Strafvollzug für geboten, so hat es dem Vorstande des zur Fürsorgeerziehung verpflichteten Kommunalverbandes oder der Erziehungs- oder Besserungsanstalt, in Fällen vorläufiger Unterbringung dem Vormundschaftsgericht, unverzüglich Gelegenheit zur Stellungnahme zu geben.

---

1) Nach der AV. d. Pr. JM. v. 29. 6. 1921 (JMBl. S. 369) kann dem Verurteilten als besondere Maßnahme auch die „Leistung freier Arbeit für Rechnung der Staatskasse" auferlegt werden.

2) Für die Anordnung der Fürsorgeerziehung und der Schutzaufsicht bei Jugendlichen vgl. JWG. v. 9. 7. 1922 (RGBl. I S. 633). Vgl. auch die VO. v. 6. 7., 13. 8. 1923 (RGBl. I S. 553, 819), 14. 2. 1924 (RGBl. I S. 110) und das Pr. AGJWG. v. 29. 3. 1924 (GesS. S. 180), sowie AV. d. Pr. JM. v. 19. 3. 1924 (JMBl. S. 127). Vgl. ferner Anm. 2 zu § 1 und § 37 JGG.

§ 3a.

Erscheint nach der Art der Straftat oder den sonstigen in Betracht kommenden Umständen die Aussetzung der ganzen Strafe als eine zu weitgehende Vergünstigung, so kann, insbesondere bei Freiheitsstrafen von längerer Dauer, die Vollstreckung eines Teiles der Strafe ausgesetzt werden. Voraussetzung ist, daß davon ein günstiger Einfluß auf den Verurteilten erhofft werden kann. Das wird dann der Fall sein, wenn unter Würdigung der Tatumstände, der Persönlichkeit des Täters und der Verhältnisse, in denen er während der Bewährungsfrist zu leben haben wird, die Annahme begründet erscheint, daß es zur Erreichung des Strafzwecks der Verbüßung der ganzen Strafe nicht bedarf, vielmehr die Erwartung gehegt werden kann, daß der Verurteilte, wenn er eine zeitlang den Ernst der Strafvollstreckung verspürt hat, sich der in Aussicht genommenen Vergünstigung würdig zeigen und in Zukunft straffrei führen werde. Sind diese Voraussetzungen gegeben, so wird die Aussetzung eines Strafteils auch dann bewilligt werden können, wenn die begangene Verfehlung nicht durch Leichtsinn, Unerfahrenheit, Verführung oder Not veranlaßt worden ist.

Vgl. Anm. 4 zu § 2.

§ 3b.

Bei der Bewilligung der bedingten Strafaussetzung kann das Gericht in geeigneten Fällen dem Verurteilten die Auflage der Zahlung einer Geldbuße machen. Die Frist, innerhalb deren die Buße, nötigenfalls in angemessenen Teilzahlungen, zu entrichten ist, wird vom Gericht unter Berücksichtigung der wirtschaftlichen Verhältnisse des Verurteilten bestimmt; sie kann nachträglich, jedoch nicht über das Ende der Bewährungsfrist hinaus, verlängert werden.

Die Entrichtung der Geldbuße allein begründet kein Anrecht auf den in Aussicht genommenen Gnadenerweis; ein solcher ist vielmehr in jedem Falle von dem Wohlverhalten des Verurteilten während der Bewährungsfrist abhängig. Wird mit Rücksicht auf das Verhalten des Verurteilten die Vollstreckung der Strafe angeordnet, nachdem er die Buße ganz oder teilweise bezahlt hat, so hat er keinen Anspruch auf Rückzahlung.

---

1) Vgl. auch V. d. Pr. JM. v. 12. 4 1921 (JMBl. S. 276) und die Anm. zu § 11.

2) V d. Pr. JM. v. 12. 4. 1922 über die Auferlegung von Geldbußen bei der bedingten Aussetzung der Strafvollstreckung. (JMBl. S. 126.)

„Wenn auch in der AV. v. $\frac{19.10.1920}{15.6.1921}$ über die bedingte Aussetzung der Strafvollstreckung (JMBl. 1920 S. 565; 1921 S. 349) nicht ausdrücklich ausgesprochen ist, daß eine nach dem Beschlusse des Gerichts von dem Verurteilten zu zahlende Geldbuße (§§ 3b, 9, 13) der Staatskasse zufließe, so ist hiervon doch, wie schon die Bestimmung des § 11 Abs. 2 ergibt, als selbstverständlich ausgegangen worden. Dem an einzelnen Stellen hervorgetretenen Gedanken, dem Verurteilten die Zahlung einer solchen Buße an gemeinnützige Vereine aufzuerlegen, liegt zwar eine gewiß anzuerkennende wohlmeinende Absicht zugrunde; seiner Billigung stehen aber überwiegende Bedenken entgegen. Schon der Anschein, als könnten auf die Entschließung des Gerichts andere als die aus dem Zwecke der bedingten Strafaussetzung sich ergebenden sachlichen und persönlichen Gesichtspunkte ausschlaggebenden Einfluß gewinnen, muß vermieden werden. Dies gilt auch für die Berücksichtigung solcher Vereine, die sich die Unterstützung und Ergänzung der gerichtlichen Tätigkeit ausschließlich oder vorwiegend zur Aufgabe gemacht haben. So erwünscht vom Standpunkt der Rechtspflege die tatkräftige Förderung derartiger Vereinigungen ist, müssen doch die ihnen von der Justizverwaltung zugewendeten Mittel auf anderem Wege als durch die gerichtliche Auferlegung von Geldbußen zu ihren Gunsten bereitgestellt werden.

Ich stimme daher der in Ihrem Bericht vertretenen Auffassung zu, daß Geldbußen zugunsten anderer Stellen als der Staatskasse bei der bedingten Strafaussetzung von den Gerichten nicht aufzuerlegen sind, und ersuche Sie, der Beachtung dieser Verfügung Ihre Aufmerksamkeit zuzuwenden."

3) Bußen sind ebenso wie Geldstrafen in Goldmark festzusetzen. AV. v. 24. 11. 1923 (JMBl. S. 728) I 2. Ueber die Umwertung älterer Papiermark- oder Sachwertbußen in Goldmark vgl. Abschnitt II der AV. v. 13. 2. 1924 (JMBl. S. 69).

§ 4.

Mit der Aufklärung der Umstände, die für die Frage der späteren Aussetzung der Strafvollstreckung erheblich sein können, ist schon in dem Vorverfahren so frühzeitig zu beginnen, daß das Ergebnis der Ermittlungen tunlichst bereits in der Hauptverhandlung oder bei dem Antrag auf Erlaß eines Strafbefehls vorliegt. Eine Verzögerung des Verfahrens [, insbesondere wenn der Beschuldigte zur Zeit der Tat das 18. Lebensjahr noch nicht vollendet hatte,] ist aber zu vermeiden.

Vgl. Anm. 2 zu § 1.

§ 5.

Die Bewährungsfrist beträgt in der Regel 3 Jahre, in leichteren Fällen 2 Jahre. In Fällen nahe bevorstehender Verjährung ist die Frist so zu bemessen, daß sie mindestens 3 Monate vor dem Eintritt der Verjährung abläuft.

Die Bewährungsfrist kann durch Gerichtsbeschluß nach Anhörung der Staatsanwaltschaft nachträglich bis auf insgesamt 5 Jahre verlängert werden, jedoch nicht über den Eintritt der Verjährung hinaus.

§ 6.

Die Entscheidung über die Aussetzung der Strafvollstreckung erfolgt durch einen besonderen, durch Rechtsmittel nicht anfechtbaren, mit Gründen versehenen Beschluß des Gerichts. Der Beschluß ist tunlichst mit dem Urteil zu verkünden oder mit dem Strafbefehl zuzustellen. Kann dies nicht geschehen, so ist er besonders zuzustellen. Bei minderjährigen Verurteilten erfolgt die Zustellung auch an den gesetzlichen Vertreter oder an denjenigen, dem die Sorge für seine Person zusteht. Lassen Umstände, die bei Erlaß des Urteils oder des Strafbefehls noch nicht bekannt gewesen sind, dem Gericht nachträglich die Bewilligung der Aussetzung der Strafvollstreckung angezeigt erscheinen, so kann nach Anhörung der Staatsanwaltschaft die Strafvollstreckung nachträglich ausgesetzt werden. Dies gilt auch dann, wenn die Aussetzung durch einen früheren Gerichtsbeschluß ausdrücklich abgelehnt war. Insbesondere können Verurteilte, für die ein Gnadenerweis zunächst nicht in Aussicht genommen ist, sich die Aussicht auf einen solchen durch gute Führung während der Strafverbüßung erwerben. Wenn die Aussetzung der Vollstreckung eines Strafrestes in Frage kommt, so ist stets auch die Strafanstalt, in der der Verurteilte den bisher vollstreckten Teil der Strafe verbüßt hat, zu hören, insbesondere über seine Führung in der Strafhaft (§ 3 AV. v. 21. 1. 1871 — JMBl. S. 34 —) und, sofern er sich noch in der Strafhaft befindet, über die Sicherung geeigneter Unterkunft und Arbeitsgelegenheit für den Fall der Entlassung.

§ 7.

Zuständig zur Entscheidung über die Aussetzung der Strafvollstreckung ist das Gericht erster Instanz. Das Berufungsgericht kann, außer wenn es die Berufung lediglich aus prozessualen Gründen verwirft, gleichzeitig mit der Entscheidung über die Berufung über die Aussetzung der Strafvollstreckung entscheiden oder sich die Entscheidung über die Aussetzung der Strafvollstreckung ausdrücklich vorbehalten.

---

1) AB. d. Pr. JM. v. 5. 3. 1924 (JMBl. S. 99) Nr. 3: „In den Sachen, in denen die Strafkammer in erster Instanz rechtskräftig entschieden hat, ist die Strafkammer (Beschlußkammer) auch nach dem 1. 4. 1924 für die bei der bedingten Strafaussetzung notwendig werdenden Entscheidungen — soweit sie nicht auf Grund des JGG. erfolgen — zuständig. Das Gleiche gilt außerhalb der Tagung von solchen Sachen, in denen das Schwurgericht erkannt hat oder erkennen wird."

2) AB. d. Pr. JM. v. 27. 3. 1924 (JMBl. S. 145) Nr. IV: „In den vor dem 1. 4. 1924 von den Wuchergerichten entschiedenen Sachen ist für die nach dem 31. 3. 1924 bei der bedingten Strafaussetzung etwa notwendig werdenden Entscheidungen die Strafkammer (Beschlußkammer) zuständig."

3) B. d. Pr. JM. v. 19. 3. 1923 (JMBl. S. 294): „Die Bestimmungen der §§ 6, 7, 10, 11, 13, 19, 20 der AB. v. 19. 10. 1920 (JMBl. S. 565) gehen davon aus, daß über die bedingte Aussetzung einer Freiheitsstrafe und die während oder nach Ablauf der Bewährungsfrist zu ergreifenden Maßnahmen das erkennende Gericht entscheiden soll, weil es — abgesehen von den Fällen eines inzwischen eingetretenen Wechsels in der Besetzung — von dem Verurteilten aus der Hauptverhandlung einen persönlichen Eindruck hat und daher in der Regel zu den bezeichneten Entscheidungen besser in der Lage sein wird, als ein Gericht, das den Fall nur aus den Akten kennt.

Diesem Grundgedanken entspricht es, daß in den Strafsachen, in denen das Urteil von einer auswärtigen Strafkammer gefällt worden ist, die im Abs. 1 bezeichneten Entscheidungen — auch wenn sie nicht in der Hauptverhandlung ergehen — von der auswärtigen Strafkammer, nicht von der landgerichtlichen Strafkammer zu treffen sind. Die AB. v. 28. 7. 1879 (JMBl. S. 208) steht dem nicht entgegen; sie hat Geschäfte von der Art, wie sie die bedingte Strafaussetzung für die Gerichte mit sich bringt, nicht im Auge haben können und ist bei der Verschiedenheit der maßgebenden Grundgedanken auf diese Geschäfte auch nicht entsprechend anzuwenden."

§ 8.

Das erkennende Gericht hat bei der Festsetzung einer Freiheitsstrafe stets von Amts wegen zu prüfen, ob Anlaß zur Aussetzung der Strafvollstreckung gegeben ist. Im Falle der Verneinung dieser Frage bedarf es eines besonderen Beschlusses nur, wenn sie von der Staatsanwaltschaft, dem Verurteilten oder seinem Verteidiger beantragt worden war[, oder wenn der Verurteilte zur Zeit der Tat das 18. Lebensjahr noch nicht vollendet hatte].

Vgl. Anm. 2 zu § 1.

§ 9.

Nach der Rechtskraft des Urteils oder Strafbefehls ist dem Verurteilten, dem die Aussetzung der Strafvollstreckung bewilligt ist, mitzuteilen, daß das Urteil oder der Strafbefehl nunmehr vollstreckbar sei, daß aber die Strafvollstreckung gemäß dem Beschlusse des Gerichts bis zum Ablaufe der mit dem Ende des Monats, in dem die Mitteilung erfolgt, beginnenden Bewährungsfrist ausgesetzt werde. Zugleich ist er unter Eröffnung der ihm etwa auferlegten besonderen Verpflichtungen über die Bedeutung der Bewährungsfrist zu belehren und ihm aufzugeben, dem Gericht oder der Vertrauensstelle jeden Wechsel seines Wohnorts während der Bewährungsfrist anzuzeigen. In geeigneten Fällen ist er darauf hinzuweisen, daß es für die Frage demnächstiger Begnadigung von Bedeutung sein werde, ob er den durch seine Straftat verursachten Schaden während der Bewährungsfrist nach Kräften wieder gutgemacht habe. Wird bedingte Strafaussetzung unter der Auflage der Zahlung einer Geldbuße gewährt, oder wird eine Freiheitsstrafe ausgesetzt, neben der auf eine Geldstrafe erkannt ist, so ist der Verurteilte über den Inhalt des § 3b Abs. 2 und des § 11 Satz 3 zu belehren.

Diese Mitteilungen haben tunlichst mündlich zu erfolgen. Es empfiehlt sich, hierzu regelmäßig auch den gesetzlichen Vertreter des minderjährigen Verurteilten oder denjenigen, dem die Sorge für seine Person zusteht, mit vorzuladen. Soll der Verurteilte unter Schutzaufsicht gestellt werden, so ist es angebracht, auch einem Vertreter der Vertrauensstelle Gelegenheit zu geben, der Mitteilung der Aussetzung der Strafvollstreckung an den [Jugendlichen] beizuwohnen.

Um die Mitteilung und Belehrung kann das Vormundschaftsgericht, das Jugendamt oder eine andere Behörde, bei einem in einer Anstalt untergebrachten Verurteilten die Anstaltsleitung ersucht werden, wenn sich der Verurteilte an einem anderen Orte als dem Sitze des Gerichts aufhält.

Vgl. Anm. 2 zu § 1.

§ 10.

Gewinnt die Strafvollstreckungsbehörde die Ueberzeugung, daß der zu einer Geldstrafe Verurteilte auch bei gutem Willen zur Abtragung der Geldstrafe selbst in Teilzahlungen nicht imstande ist, so hat sie[, wenn der Verurteilte zur Zeit der Tat das 18. Lebensjahr noch nicht vollendet hatte, oder] wenn sie die Aussetzung der Vollstreckung der Ersatzfreiheitsstrafe für angezeigt erachtet, die Akten dem Gericht zur Entscheidung gemäß §§ 1 ff. vorzulegen. In diesem Falle bedarf der Beschluß des Gerichts über die Bewilligung oder die Ablehnung der Aussetzung der Strafvollstreckung nicht der Zustellung; im Falle der Bewilligung genügt die gemäß § 9 erfolgende Mitteilung, im Falle der Ablehnung gibt das Gericht die Akten der Strafvollstreckungsbehörde zurück.

Vgl. Anm. 2 zu § 1.

§ 11.

Die Justizbehörden, insbesondere die Strafverfolgungsbehörden, die Strafvollstreckungsbehörden, die Strafanstalt, in der der Verurteilte Strafe verbüßt, und das Vormundschaftsgericht haben dem erkennenden Gericht erster Instanz mitzuteilen, wenn ihnen bekannt wird, daß der Verurteilte sich schlecht führt. Geht dem Gericht von dieser oder anderer Seite eine solche Mitteilung zu, so ist es ermächtigt, nach Anstellung der etwa erforderlichen weiteren Ermittlungen und nach Anhörung der Staatsanwaltschaft die

Bewährungsfrist zu verlängern, dem Verurteilten andere als die zunächst vorgesehenen Auflagen, auch nach § 3b, zu machen, weitere Maßnahmen des Vormundschaftsgerichts oder der Fürsorgeerziehungsbehörde anzuregen oder die Aussetzung der Strafvollstreckung zu widerrufen. Dies gilt insbesondere im Falle des § 3a, wenn der Verurteilte sich während der Strafvollstreckung schlecht führt, oder im Falle des § 3b, wenn er die Buße oder wenn er eine neben der ausgesetzten Freiheitsstrafe erkannte Geldstrafe schuldhafterweise nicht pünktlich zahlt. Bei einem Verurteilten, der sich in Fürsorgeerziehung oder aus anderer Veranlassung in einer Erziehungs- oder Besserungsanstalt befindet, ist vor dem Widerruf der Aussetzung die Entscheidung des Justizministers einzuholen, wenn der Vorstand des zur Fürsorgeerziehung verpflichteten Kommunalverbandes oder der Vorstand der Erziehungsanstalt oder Besserungsanstalt der Strafvollstreckung widerspricht. War jedoch die Aussetzung der Strafvollstreckung von vornherein an die Bedingung geknüpft, daß der Verurteilte aus der Fürsorge- oder Anstaltserziehung nicht entweiche, so kann, wenn die Bedingung nicht erfüllt wird[, die Strafvollstreckung ohne weiteres eingeleitet werden.]

Lassen im Falle des § 3b Abs. 2 S. 2 Billigkeitsgründe die Rückzahlung der bereits ganz oder zum Teil entrichteten Buße oder einen anderweiten Gnadenerweis angebracht erscheinen, so sind die Akten dem Beauftragten für Gnadensachen zwecks Berichterstattung an den Justizminister vorzulegen.

---

1) V. d. Pr. JM. v. 5. 9. 1921 (JMBl. S. 482):

„Hat der Verurteilte neben einer bedingt ausgesetzten Freiheitsstrafe eine Geldstrafe zu zahlen, so finden die Vorschriften des § 11 Abs 1 S. 2 in Verbindung mit § 3b Abs 1 S 2 und des § 11 S. 3, sowie des § 19 S. 2 der AV. v. $\frac{19.10.1920}{15.6.1921}$ (JMBl. 1920 S. 564, 1921 S 349) entsprechende Anwendung."

2) V. d. Pr JM. v. 19. 1. 1922 (JMBl S. 30):

„Werden dem Gericht, nachdem es einem Verurteilten bedingte Strafaussetzung gewährt hat, nachträglich Tatsachen bekannt, die es, wenn sie ihm zur Zeit des Beschlusses bekannt gewesen wären, bei Würdigung des Wesens der bedingten Strafaussetzung von der Gewährung dieser Vergünstigung abgehalten haben würden (z. B. erhebliche Vorstrafen, andere schwebende Strafverfahren), so ist es in der Lage, je nach den Umständen des Einzelfalles den gefaßten Beschluß wieder aufzuheben und die Vollstreckung der erkannten Strafe anzuordnen, auch wenn eine schlechte Führung des Verurteilten seit der Strafaussetzung nicht festgestellt ist."

3) Vgl. die Anm. 2 zu § 1 und § 37 JGG. (oben X).

§ 12.

Gegen Ablauf der Bewährungsfrist zieht das Gericht erster Instanz Erkundigungen nach der Führung des Verurteilten in der Zwischenzeit ein. Soweit den Auskunftspersonen der Zusammenhang der Anfrage mit einer früheren Bestrafung bekanntgegeben werden muß, ist kenntlich zu machen, daß es sich um die Frage des Erlasses der Strafe auf Grund guter Führung handelt; es ist zu verhüten, daß die Nachfrage unter dem Gesichtspunkt einer kriminalpolizeilichen Ermittelung aufgefaßt wird.

Zum Nachweis einer guten Führung ist nicht genügend, daß über den Verurteilten nichts Nachteiliges bekanntgeworden ist, sondern es bedarf der tatsächlichen Feststellung eines zufriedenstellenden Gesamtverhaltens. Insbesondere ist zu prüfen, ob der Verurteilte den bei Erwirkung der Strafaussetzung in ihn gesetzten besonderen Erwartungen (Unterstellung unter Schutzaufsicht, Eintritt in die Lehre, Leistung von Schadensersatz, Enthaltung von geistigen Getränken usw.) entsprochen hat.

§ 13.

Ergeben die eingezogenen Erkundigungen, daß sich der Verurteilte während der Bewährungsfrist gut geführt hat, so ist das Gericht ermächtigt, nach Anhörung der Staatsanwaltschaft Gefängnis-, Festungshaft-, Arrest- und Haftstrafen ohne Rücksicht auf die Dauer, bei Zuchthausstrafen Reststrafen von nicht mehr als 6 Monaten, zu erlassen; das gleiche gilt für Geldstrafen, zu deren Ersatz solche Freiheitsstrafen festgesetzt sind.

Hält das Gericht zwar einen Gnadenerweis, aber nicht den vorbehaltlosen Erlaß der Strafe für angezeigt, so kann es dem Verurteilten nachlassen, die Strafvollstreckung durch Zahlung einer Geldbuße abzuwenden.

Vgl. Anm. 1 und 2 zu § 1.

§ 14.

Von der Bewilligung der Aussetzung der Strafvollstreckung und ihrem etwaigen Widerruf, von einer Verlängerung der Bewährungsfrist sowie von dem Gnadenerweis hat das Büro der Strafvollstreckungsbehörde das Strafregister unverzüglich zu benachrichtigen.

§ 15.

Die Vorbereitung und die Ausführung der Entscheidungen des Gerichts liegen dem Vorsitzenden oder einem von ihm bestellten Mitglied ob.

§ 16.

Ist der Verurteilte von mehreren Gerichten zu Freiheitsstrafen verurteilt, die er noch nicht verbüßt hat, oder wird gegen ihn ein neues Strafverfahren anhängig, so haben sich die beteiligten Behörden miteinander in Verbindung zu setzen, um eine einheitliche Behandlung der Aussetzung der Strafvollstreckung, des Widerrufs und des Gnadenerweises herbeizuführen. Gelingt eine Einigung nicht, so hat dasjenige Gericht, das die Strafe vollstrecken will, an den Justizminister zu berichten. Ist das Gericht eines anderen Landes beteiligt, so ist die [AV. v. 29. 6. 1914 (JMBl. S. 571)] entsprechend anzuwenden.

---

1) Die AV. v. 29. 6 1914 ist durch die AV. v. 28. 11. 1923 (JMBl. S. 737) ersetzt worden. Danach hat, soweit nicht für die Aussetzung die Zuständigkeit des JM. begründet ist, das Gericht mit der für die Aussetzung in dem andern beteiligten deutschen Lande zuständigen Behörde (ein genaues Verzeichnis ist der AV. beigegeben) unmittelbar in Verbindung zu treten. Kommt

eine Einigung nicht zustande, so hat die Stelle, die die Aussetzung ablehnen, den Widerruf oder eine Verschärfung der Bedingungen herbeiführen oder der endgültigen Begnadigung widersprechen will, an die für ihr Land zuständige Zentralbehörde zu berichten. Diese tritt dann mit den anderen beteiligten Zentralbehörden in Verbindung. Ebenso ist zu verfahren, wenn über andere Fragen eine Einigung nicht erzielt wird.

(Im einzelnen vgl die AV.)

2) V. d. JM. v. 31. 7. 1924 — I 4592 —:

„Auch wenn die von verschiedenen Gerichten erkannten Strafen zu einer Gesamtstrafe zusammengezogen worden sind, haben sich sämtliche mit Einzelstrafen beteiligten Behörden gemäß § 16 AV. v. 19 10 1920 (JMBl. S. 565) über die Frage der Gewährung einer bedingten Aussetzung hinsichtlich der Gesamtstrafe miteinander in Verbindung zu setzen. Wird eine Einigung nicht erzielt, so hat das Gericht, welches sich für die Vollstreckung der Gesamtstrafe ausspricht — gegebenenfalls von mehreren sich für die Vollstreckung aussprechenden Gerichten das mit der schwereren Einzelstrafe beteiligte Gericht — an den Justizminister zu berichten; falls ein Gnadengesuch vorliegt, ist nach § 23 Abs. 2 der genannten AV. zu verfahren“

§ 17.

Alle vor oder nach der Verurteilung erforderlichen Erkundigungen sind schonend einzuziehn. Als Auskunftsstellen kommen, abgesehen von den Gemeinde- und Polizeiverwaltungen sowie der Vertrauensstelle, welche die Schutzaufsicht übernommen hat, insbesondere die Jugendgerichtshilfe, Fürsorgevereine, Jugendämter, Kreiswohlfahrtsämter, Fürsorgeausschüsse und dergleichen, Waisenräte, Geistliche, Lehrer, unter Umständen auch Arbeitgeber, Lehr- und Dienstherren in Betracht. Auf eine vertrauliche Behandlung der Anfrage ist hinzuwirken.

II. Aussetzung der Strafvollstreckung durch den Justizminister.

§ 18.

Erachtet das Gericht die Aussetzung der Strafvollstreckung in einem Falle für angezeigt, in welchem es zu ihrer Bewilligung nicht ermächtigt ist, so spricht es dies in einem mit Gründen versehenen Beschluß aus, sieht aber von dessen Verkündung oder Zustellung ab. Nach der Rechtskraft des Urteils legt die Strafvollstreckungsbehörde den Beschluß mit ihrer Aeußerung dem Beauftragten für Gnadensachen vor, der gemäß III 11 der AV. v. 26. 8. 1919 (JMBl. S. 405) verfährt.

§ 19.

Die dem Gericht im § 11 erteilte Ermächtigung gilt auch für diejenigen Fälle, in denen die Aussetzung der Strafvollstreckung von dem Justizminister bewilligt ist.

Das Gericht kann für die Entrichtung Teilzahlungen und Fristverlängerungen innerhalb der Bewährungsfrist bewilligen, wenn der Justizminister die Auflage der Zahlung einer Geldbuße gemacht hat.

Vgl. die Anm. 2 zu § 1.

§ 20.

§ 13 gilt auch für diejenigen Fälle, in denen die Aussetzung der Vollstreckung einer Gefängnis-, Festungshaft-, Arrest oder Haftstrafe oder bei Zuchthausstrafen die Vollstreckung einer Reststrafe von nicht mehr als 6 Monaten durch den Justizminister bewilligt ist.

Vgl. Anm. 1, 2 zu § 1.

§ 21.

In denjenigen Fällen, in denen nicht gemäß §§ 13, 20 das Gericht zum Erlasse der Strafe ermächtigt ist, zieht gegen Ablauf der Bewährungsfrist der Beauftragte für Gnadensachen die erforderlichen Erkundigungen ein und ersucht sodann das Gericht erster Instanz sowie die in Ziffer I 5 der AV. v. 19. 6. 1919 (JMBl. S. 341) bezeichneten Stellen um eine Aeußerung über die Herbeiführung eines Gnadenerweises. Nach Eingang der Aeußerungen berichtet er stets an den Justizminister.

§ 22.

Soweit nicht in den §§ 18 bis 21 etwas Abweichendes bestimmt ist, findet Abschnitt I dieser Verfügung auch auf die Fälle des Abschnitts II sinngemäße Anwendung.

III. Gnadengesuche.

§ 23.

Alle Gnadengesuche, in denen lediglich um Aussetzung der Strafvollstreckung gebeten wird, sind von den Justizbehörden, bei denen sie eingehen, unmittelbar dem erkennenden Gericht erster Instanz zu übersenden.

Ist das Gericht zur Aussetzung der Strafvollstreckung ermächtigt, so verfährt es gemäß Abschnitt I. Will es nach Abschluß der Ermittelungen die Aussetzung nicht bewilligen, so gibt es das Gesuch mit seiner Aeußerung an den Beauftragten für Gnadensachen weiter. Dieser hat, wenn auch keine der in Ziffer I 5 der AV. v. 19. 6. 1919 (JMBl. S. 341) bezeichneten drei Stellen die Aussetzung der Strafvollstreckung oder einen alsbaldigen Gnadenerweis befürwortet, das Gesuch ablehnend zu bescheiden, andernfalls an den Justizminister zu berichten. Der Berichterstattung bedarf es nicht, wenn von keiner Seite ein alsbaldiger Gnadenerweis befürwortet und einer Anregung auf Aussetzung der Strafvollstreckung von dem Gericht bei nochmaliger Vorlegung der Akten entsprochen wird.

Sind die Voraussetzungen des § 1 nicht gegeben, so gibt das Gericht das Gesuch ohne weitere Ermittelungen mit einer vorläufigen Aeußerung an den Beauftragten für Gnadensachen weiter. Dieser zieht, wenn das Gericht die Erörterung der Aussetzung empfiehlt, die erforderlichen Erkundigungen ein und verfährt sodann gemäß Ziffer III 11 der AV. v. 26. 8. 1919 (JMBl. S. 405). Spricht sich das Gericht gegen jede Berücksichtigung des Gesuchs aus, so verfährt der Beauftragte für Gnadensachen gemäß Abs. 2 S. 3.

1) AV. d. Pr. JM. z. JGG. v. 20. 6. 1923 (JMBl. S. 450) Abschnitt II Nr. 2 Abs. III: „Gesuche um bedingte Strafaussetzung sind, wenn eine Aussetzung nach den Vorschriften des JGG. in Frage kommt, als Gnadengesuche nur dann zu behandeln, wenn das Gericht durch nicht mehr anfechtbare Entscheidung die Aussetzung abgelehnt hat. Im übrigen sind solche Gesuche, wenn in ihnen lediglich um Aussetzung der Strafvollstreckung gebeten wird, von der Justizbehörde, bei der sie eingehen, unmittelbar dem erkennenden Gerichte zu übersenden. Die Vorschrift des § 24 der AV. v. 19. 10. 1920 in der Fassung der AV. v. 15. 6. 1921 findet mit der Maßgabe entsprechende Anwendung, daß die im Abs. 2 S 4 vorgesehene Anzeige von dem Beauftragten für Gnadensachen zu erstatten ist."

2) Vgl. Anm. 2 zu § 16.

§ 24.

Auch alle übrigen Gnadengesuche sind, soweit sie nach den bestehenden Vorschriften von Justizbehörden zu bearbeiten sind, von dem Beauftragten für Gnadensachen nach der Richtung zu prüfen, ob der Fall sich zur Bewilligung der Aussetzung der Strafvollstreckung anstatt eines sofortigen Gnadenerweises eignet.

Erachtet auf ein dem Beauftragten für Gnadensachen zugefertigtes Gnadengesuch keine der in Ziffer I 5 der AV. v. 19. 7. 1919 (JMBl. S. 341) bezeichneten drei Stellen einen sofortigen Gnadenerweis, wohl aber auch nur eine von ihnen die Aussetzung der Strafvollstreckung für angezeigt, so hat der Beauftragte das Gesuch nebst den entstandenen Vorgängen dem Gericht erster Instanz vorzulegen. Der Vorlegung bedarf es nicht, wenn das Gericht die Aussetzung der Strafvollstreckung bereits abgelehnt hat, es sei denn, daß sich neue Umstände ergeben haben, die für die Aussetzung sprechen. Erachtet das Gericht die Aussetzung der Strafvollstreckung für angezeigt, so regelt sich das weitere Verfahren nach den Bestimmungen in Abschnitt I und II. Hatte der Justizminister Bericht über das Gnadengesuch erfordert, so erstattet ihm in den Fällen des Abschnitts I das Gericht Anzeige von der Bewilligung der Aussetzung; diese Anzeige übersendet es dem Beauftragten für Gnadensachen zur Weitergabe an den Justizminister. Spricht sich das Gericht gegen die Aussetzung der Strafvollstreckung aus, so gibt es das Gesuch nebst den Vorgängen dem Beauftragten für Gnadensachen zur weiteren Behandlung zurück.

Bewilligt das Gericht auf ein dem Beauftragten für Gnadensachen noch nicht zugefertigtes Gnadengesuch dem Verurteilten Strafaussetzung hinsichtlich der erkannten Freiheitsstrafe oder eines Strafteils, so bedarf es der Vorlegung des Gesuchs beim Justizminister nur, wenn eine der zu hörenden Stellen (I 5 der AV. v. 19. 7. 1919) einen sofortigen Gnadenerweis befürwortet hat, oder wenn der Verurteilte dies, nachdem ihm die gerichtliche Entscheidung mitgeteilt worden ist, ausdrücklich verlangt.

1) Vgl. Anm. 1 zu § 23.

2) V. d. Pr. JM. v. 21. 4. 1922. (JMBl. S. 143) Ziff. 1 (Ziff. 2 s. oben Anm. 1 zu § 1):

„Wenn auch der Wortlaut des § 24 Abs. 2 der AV. v. 19. 10. 1920 (JMBl. S. 565) Zweifel nicht ausschließt, so sehe ich es doch nicht als unrichtig an, wenn in Fällen, in denen in Abweichung von der Stellungnahme der Gnadenstellen oder einzelner von ihnen das Gericht nur für einen Teil der Strafe oder nur unter Auferlegung besonderer Pflichten — insbesondere Auferlegung einer Geldbuße — bedingte Strafaussetzung gewährt hat, die Berichterstattung unterbleibt oder — sofern ein Bericht ausdrücklich erfordert war — statt dessen eine einfache Anzeige erstattet wird. Nur wenn eine der Gnadenstellen einen sofortigen Gnadenerweis befürwortet hatte, bedarf es stets eines Berichts; das gleiche gilt, wenn in den im S. 1 erwähnten Fällen der Verurteilte selbst, nachdem ihm die gerichtliche Entscheidung mitgeteilt worden ist, die Berichterstattung besonders verlangt. Dieser Grundsatz, der neuerdings im Abs. 3 (AV. v. 15. 6. 1921 — JMBl. S. 349 —) zum Ausdrucke gelangt ist, gilt entsprechend auch für den Bereich des Abs. 2. Ich setze dabei voraus, daß in den Anzeigen, die in solchen Fällen an Stelle des Berichts erstattet werden, stets die Lage der Vollstreckung und die abweichende Stellungnahme der Gnadenstellen mitgeteilt wird."

3) Vgl. dazu auch V. d. Pr. JM. v 4. 4. 1921 (JMBl. S. 276)

§ 25.

Auch wenn der Justizminister auf den Bericht des Beauftragten für Gnadensachen die Aussetzung der Strafvollstreckung bewilligt hat, erfolgt die im § 9 vorgeschriebene Mitteilung durch das Gericht.

IV. Vorläufige Entlassung.

§ 26.

Anträge auf vorläufige Entlassung eines Verurteilten (§§ 23 ff. StGB.) sind stets auch nach der Richtung zu prüfen, ob etwa die Aussetzung vorzuziehen ist. Dies wird namentlich dann der Fall sein, wenn die Genehmigung der vorläufigen Entlassung deshalb bedenklich erscheint, weil im Hinblick auf die Beschaffenheit der Straftat oder die Persönlichkeit des Verurteilten die bis zum Ablaufe der Strafzeit noch verbleibende Frist (§ 26 StGB.) eine zu kurze Bewährungsfrist darstellen würde. In diesen Fällen ist die Aussetzung der Strafvollstreckung lediglich danach zu beurteilen, ob sie für die nicht angängig erscheinende vorläufige Entlassung des Verurteilten Ersatz zu bieten vermag.

Gegebenenfalls hat die Staatsanwaltschaft die Strafakten und die Akten der Strafanstalt mit sämtlichen auf die zunächst in Aussicht genommene vorläufige Entlassung bezüglichen Vorgängen dem Gerichte, wenn dieses zur Aussetzung zuständig ist, andernfalls dem Beauftragten für Gnadensachen zu übersenden. Das Gericht verfährt gemäß Abschnitt I; will es nach dem Abschlusse der Ermittlungen die Aussetzung nicht bewilligen, so gibt es das Gesuch mit seiner Aeußerung an den Beauftragten für Gnadensachen weiter.

Der Beauftragte für Gnadensachen, dem ein Antrag auf vorläufige Entlassung gemäß Abs. 2 vorgelegt wird, berichtet stets an den Justizminister nach dem Muster der Anlage C der AV. v. 26. 8. 1919 (JMBl. S. 405). In Spalte 4 ist neben der Stellungnahme der Staatsanwaltschaft und des beteiligten Anwalts stets auch diejenige der Strafanstalt anzugeben. § 23 Abs. 2 S. 4 findet entsprechende Anwendung.

V. Uebergangs- und Schlußbestimmungen.

§ 27.

Inwieweit die am 31 Oktober 1920 schon im Aussetzungsverfahren laufenden Strafsachen noch nach den bisherigen Bestimmungen zu erledigen sind, bleibt dem Ermessen der zuständigen Behörden der Staatsanwaltschaft überlassen.

§ 28.

Die dem Gericht in den §§ 11 und 13 erteilte Ermächtigung gilt auch für diejenigen Fälle, in denen die Aussetzung der Strafvollstreckung von einer Behörde de Staatsanwaltschaft bewilligt worden ist.

§ 29.

Nach Schluß eines jeden Vierteljahrs sind die Ergebnisse der Aussetzung der Strafvollstreckung aus dem abgelaufenen Vierteljahr nach dem in der Anlage abgedruckten Muster mitzuteilen. Das Büro des aufsichtführenden Amtsgerichtsrats hat diese Mitteilung an den Präsidenten des Landgerichts zu machen. Das Büro des Präsidenten des Landgerichts hat eine Zusammenstellung für das Landgericht und die Amtsgerichte an den Präsidenten des Oberlandesgerichts zu senden. Das Büro des Präsidenten des Oberlandesgerichts hat die Zahlen für den Oberlandesgerichtsbezirk zusammenzustellen und die von ihm gefertigte Zusammenstellung der Geheimen Kalkulatur des Justizministeriums bis zum 15. Februar, 15. Mai, 15. August, 15. November mitzuteilen.

Die erstmalige Uebersicht nach dem in der Anlage abgedruckten Muster umfaßt die Zeit bis zum 31. 12. 1920. In sie sind nur gerichtliche Entscheidungen aufzunehmen. Daneben verbleibt es für das Jahr 1920 bei der Aufstellung der in der AV. v. 9. 5. 1917 vorgeschriebenen Uebersicht C. Vom Jahre 1921 ab fällt die in der AV. v. 9. 5. 1917 vorgeschriebene Uebersicht C fort; die dann etwa noch ergehenden Entscheidungen der Behörden der Staatsanwaltschaft sind unter den für entsprechende gerichtliche Entscheidungen bestimmten Nummern mit farbiger Tinte besonders aufzuführen.

1) Die Anlage ist nicht mit abgedruckt.

2) AV. d. Pr. JM. z. JGG. v. 20. 6. 1923 (JMBl. S. 450), Abschnitt II Nr. 2 Abs. IV:

„In der gemäß § 29 der AV. v. 19. 10. 1920 zu fertigenden Zusammenstellung sind auch diejenigen Fälle zu berücksichtigen, in denen die Aussetzung auf Grund des JGG. erfolgt, ohne daß es ihrer besonderen Hervorhebung bedarf. Das gleiche gilt bei der Zählung der Geschäfte des Beauftragten für Gnadensachen. (RdV. v. 12. 1. und 6. 6. 1922 — I 6534 und 4061 —)."

§ 30.

Für die Fälle der §§ 35 bis 38 der AV. v. 14. 3. 1917 (JMBl. S. 85) bleibt jene AV. in Kraft. Im übrigen wird sie samt den Bestimmungen unter Ziffer 1, 3 bis 5 der AV. v. 9. 5. 1917 (JMBl. S. 166) — vorbehaltlich der Uebergangsbestimmung in § 29 — und unter Ziffer IV 1 der AV. v. 26. 8. 1919 (JMBl. S. 405) aufgehoben.

e) Erlaß des Preußischen Staatsministeriums.

Vom 2. Mai 1922. (JMBl. S. 157.)

In der Fassung des Erlasses v. 19. 6. 1922 (JMBl. S. 236).

In Erweiterung der durch die Königlichen Erlasse v. 26. 9. 1897 (GS. S. 402) und v. 15. 8. 1913 (GesS. S. 389) getroffenen Anordnungen wird hinsichtlich aller Strafen, die wegen Zuwiderhandlungen gegen Zoll- und Steuerbestimmungen, gegen Bestimmungen über Finanzmonopole, über die Regelung der Ein- und Ausfuhr und über die Erhebung von Ausfuhrabgaben gerichtlich festgesetzt sind, die dem Staatsministerium zustehende Ausübung des Begnadigungsrechts dem Finanzminister übertragen; er kann insbesondere die verwirkten Freiheits-, Geld- und sonstigen Strafen, einschließlich der Vertretungsverbindlichkeiten, Einziehungen und Wertersatzsummen, sowie die Kosten des Verfahrens erlassen, ermäßigen oder in anderer Weise mildern; er kann Aussetzung, Teilung und Unterbrechung der Strafvollstreckung gewähren.

Auf Strafen, die wegen Zuwiderhandlungen gegen [Art. II § 3 der VO. über Sondergerichte gegen Schleichhandel und Preistreiberei (Wuchergerichte) v. 27. 11. 1919 (RGBl. S. 1909) und gegen das Ges. über Verschärfung der Strafen gegen Schleichhandel, Preistreiberei und verbotene Ausfuhr lebenswichtiger Gegenstände v. 18. 12. 1920 (RGBl. S. 2107)][1] erkannt sind, finden die vorstehenden Bestimmungen keine Anwendung. Das gleiche gilt von Zuwiderhandlungen [gegen die §§ 194 bis 196 des Ges. über das Branntweinmonopol v. 6. 7. 1918 (RGBl. S. 887)][2] und nach dem Inkrafttreten des Ges. über das Branntweinmonopol v. 8. 4. 1922 (RGBl. S. 405) — von Zuwiderhandlungen gegen die §§ 134–143 dieses Gesetzes.

Die Erlasse der Preußischen Staatsregierung v. 2. 8. 1920 (JMBl. S. 564) und des Preußischen Staatsministeriums v. 25. 5. 1921 (JMBl. S. 349) und 24. 6. 1921 (JMBl. S. 369) über die bedingte Aussetzung der Strafvollstreckung finden auf diejenigen gerichtlich erkannten Strafen, hinsichtlich deren nach den vorstehenden Bestimmungen dem Finanzminister die Ausübung des Begnadigungsrechts übertragen ist, entsprechende Anwendung mit der Maßgabe, daß die Gerichte zur Aussetzung der Vollstreckung von Ersatzfreiheitsstrafen nicht ermächtigt werden dürfen.

Der Erlaß v. 26. 9. 1897 — mit Ausnahme der Ziffern 1 und 2, soweit sich diese auf die verwaltungsseitige Strafvollstreckung beziehen — und der Erlaß v. 15. 8. 1913, soweit darin die Ausübung des Begnadigungsrechts dem Finanzminister und den ihm unterstellten Provinzialbehörden übertragen war, werden aufgehoben.

---

1) Art. II § 3 der VO. v 27. 11. 1919 und das Ges v. 18. 12. 1920, soweit es sich darauf bezieht, sind durch die VO. gegen verbotene Ausfuhr lebenswichtiger Gegenstände — Nr. 3 der VO. v. 13. 6. 1923, RGBl. I S. 699 (vgl. Teil I dieses Werkes) — ersetzt worden.

2) Die in Betracht kommenden Vorschriften des Ges. über das Branntweinmonopol v. 8. 4. 1922 sind am 1. 10. 1922 in Kraft getreten.

f) Gemeinschaftliche Verfügung über die Ausübung des Gnadenrechts in gerichtlichen Strafsachen wegen Zuwiderhandlungen gegen Zoll- und Steuer-, Monopol-, Ein- und Ausfuhrbestimmungen.

Vom 24. Juni 1922. (JMBl. S. 157, Finanzministerialbl. S. 573.)

Zur Ausführung des vorstehenden Erlasses des Preußischen Staatsministeriums wird folgendes bestimmt.

I.

Die Ermächtigungen, die den Gerichten auf Grund des Erlasses der Preußischen Staatsregierung v. 2. 8. 1920 (JMBl. S. 564) und des Preußischen Staatsministeriums v. 25. 5. 1921 (JMBl. S. 349) und v. 24 6. 1921 (JMBl. S. 369) erteilt worden sind, gelten entsprechend auch für diejenigen Freiheitsstrafen, hinsichtlich deren nach dem vorstehenden Erlasse des Staatsministeriums die Ausübung des Begnadigungsrechts dem Finanzminister übertragen ist. Die Ermächtigung zur Aussetzung der Strafvollstreckung unter Bestimmung einer Bewährungsfrist erstreckt sich jedoch nicht auf Ersatzfreiheitsstrafen. Zu den Steuergesetzen im Sinne des Erlasses des Staatsministeriums gehören auch [das Ges. gegen die Kapitalflucht v. 24. 12. 1920 (RGBl. 1921 S. 33) in der Fassung der Ges. v. 4. 7. und 22. 12. 1921 (RGBl. S. 308 und 1607) und v. 22. 3. 1922 (RGBl. S. 282) und das Süßstoffgesetz v. 7. 7. 1902 (RGBl. S. 253)]. Die Vorschriften der §§ 1 bis 22 der AV. v. 19. 10. 1920 (JMBl. S. 565) in der Fassung der AV. v. 15. und 29. 6. 1921 (JMBl. S. 349, 370) und die AV. v. 4. 4. 1922 (JMBl. S. 115) finden mit der Maßgabe entsprechende Anwendung, daß an die Stelle des Justizministers der Finanzminister tritt. Im § 38 der AV. v. 14. 3. 1917, betreffend bedingte Strafaussetzung (JMBl. S. 85), werden unter Ersatz der Worte: „die Allerhöchsten Erlasse“

durch: „den Königlichen Erlaß" die Worte: „v. 26. 9. 1897 (JMBl. S. 402) und" sowie die Worte: „dem Finanzminister oder" gestrichen; in den Ueberschriften des IV. Abschnitts und seiner Unterabteilung 2 fallen die Worte „Steuer, Zoll- und" weg.

---

1) Vgl. Anm. 2 zu § 1 der AV. v. 19. 10. 1920 (oben d) Die bed. Strafaussf. im Gnadenwege übt, soweit sie durch die dort abgedruckte AV. v. 20. 6. 1923 den Gerichten entzogen ist, der Finanzminister aus.

2) Das Gesetz gegen die Kapitalflucht ist unter dem 26. 1. 1923 neu bekannt gemacht worden (RGBl. I S. 91) und seitdem geändert worden durch Art. VII § 3 des Ges. v. 20. 3. 1923 (RGBl. I S. 198), II der VO. v. 29. 6. 1923 (RGBl. I S. 507), II der VO. v. 2. 11. 1923 (RGBl. I S. 1072), Art. XVII der zweiten Steuer-Not-VO. v. 19. 12. 1923 (RGBl. I S. 1205).

3) Das Süßstoffges. v. 7. 7. 1902 ist durch das Süßstoffges. v. 8. 4. 1922 (RGBl. I S. 390) ersetzt worden, in Kraft seit 1. 10. 1922 (VO. v. 11. 9. 1923 — RGBl. I S. 727 —).

II.

Gnadengesuche, die in den zur Zuständigkeit des Finanzministers gehörigen Sachen bei den Justizbehörden eingehen, sind dem für den Bezirk des erkennenden Gerichts zuständigen Landesfinanzamte, wenn aber die Strafe wegen einer Zuwiderhandlung gegen die preußischen Gewerbesteuergesetze, das Grund- und Gebäudesteuergesetz sowie das Reichszuwachssteuergesetz v. 14. 2. 1911 erkannt ist, dem zuständigen Regierungspräsidenten zur Bearbeitung zuzuleiten, soweit nicht das Gericht daraufhin bedingte Strafaussetzung gemäß Ziff. I gewährt hat. Für das Gebiet der Stadt Berlin tritt an die Stelle des Regierungspräsidenten bei Zuwiderhandlungen gegen die Gewerbesteuergesetze das Landesfinanzamt Groß-Berlin, in Zuwachssteuersachen der Oberpräsident und in Grund- und Gebäudesteuersachen der [Präsident der Ministerial-, Militär- und Baukommission]. Ueber Aufschub, Unterbrechung und Teilung der Strafvollstreckung entscheiden in den gerichtlich abgeurteilten Zoll-, Steuer-, Monopol-, Ein- und Ausfuhrsachen die Justizbehörden nach den für sie geltenden allgemeinen

Vorschriften, soweit nicht der Finanzminister kraft der ihm zustehenden Ausübung des Begnadigungsrechts besondere Anordnungen trifft. Den Landesfinanzämtern und den Regierungen steht dieses Recht nicht zu.

Den Ersuchen der Verwaltungsbehörden um Aeußerung über Gnadengesuche der im vorstehenden Absatze bezeichneten Art haben die Beauftragten für Gnadensachen zu entsprechen.

Die Ministerial-, Militär- und Baukommission führt jetzt die Bezeichnung: „Preußische Bau- und Finanzdirektion". Bek. v. 16. 11. 1922 (JMBl. S 495); II gilt jetzt auch für Hauszins- und Grundvermögenssteuer.

III.

Den Entscheidungen des Finanzministers, die auf Grund des Erlasses des Staatsministeriums v 2. 5. 1922 ergehen, haben die beteiligten Justizbehörden Folge zu leisten.

IV.

Ziff. IV enthält Aenderungen der AV. v. 26. 8. 1919 (JMBl. S. 405) über Zuständigkeit und Verfahren in Gnadensachen.

V.

Gnadengesuche und Gnadenanträge in den zur Zuständigkeit des Finanzministers gehörigen Sachen, die zur Zeit der Bekanntgabe dieser Verfügung bei den Justizbehörden bearbeitet werden, sind in der Lage, in der sie sich befinden, an die nach dieser Verfügung zuständigen Behörden abzugeben; hatte der Justizminister Bericht erfordert, so ist ihm die Abgabe kurz anzuzeigen.

g) Königlicher Erlaß.

Vom 18. November 1911. (JMBl. S. 448.)

Unter Aufhebung der durch die . . . . . . Ordre v. 26. 6. 1834 genehmigten Instruktion v. 30. 6. 1834, der . . . . . . Ordre v. 14. 8. 1846 und der . . . . . Erlasse

v. 23. 11. 1853 und 8. 5. 1875 ermächtige ich Sie, über die gnadenweise Bewilligung von Aussetzung oder Unterbrechung gerichtlich erkannter Freiheitsstrafen sowie von Stundung gerichtlich erkannter Geldstrafen oder deren Zahlung in Teilbeträgen zu befinden; zugleich ermächtige ich Sie, die Befugnis dieser Bewilligung den Ihnen unterstellten Behörden in bestimmt festzusetzenden Grenzen weiter zu übertragen.

h) Allgemeine Verfügung des Preußischen Justizministers über die Bewilligung von Strafausstand.

Vom 22. Dezember 1911. (JMBl. S. 448.)

In der Fassung der AV. v. 15. 7. 1915 (S. 134), 15. 3. 1918 (S. 68), 6. 7. 1918 (S. 281), 19. 4. 1920 (S. 163).

Vgl. auch die AV. d. JM. v. 11. 1. 1922 (JMBl. S. 14) über die Beurlaubung von Wehrmachtsangehörigen aus der Strafhaft und § 141 Nr. 5 der Dienst- und Vollzugsordnung.

I.

Über den Aufschub der Vollstreckung von Freiheitsstrafen gemäß [§ 487] (*jetzt 455*) StPO. entscheidet die Behörde, der die Strafvollstreckung obliegt.

II.

1. Über den Aufschub der Vollstreckung von Freiheitsstrafen gemäß [§ 488] (*jetzt 456*) StPO. entscheiden die (Ersten) Staatsanwälte.
2. Auf Grund des . . . . . . Erlasses v. 18. 11. 1911 übertrage ich die Befugnis
   a) zum Aufschube der Vollstreckung von Freiheitsstrafen, [die in den Gefängnissen der Justizverwaltung vollstreckt werden,] in sonstigen Fällen,
   b) zur Unterbrechung von Freiheitsstrafen,

c) zur Stundung von Geldstrafen oder zur Bewilligung ihrer Zahlung in Teilbeträgen

den [Ersten] Staatsanwälten bis zu einer Frist von nicht mehr als einem Jahr,

den [Ober-] Staatsanwälten bis zu einer Frist von nicht mehr als zwei Jahren. Die Gewährung längerer Fristen bleibt dem Justizminister vorbehalten.

3. Die örtliche Zuständigkeit der [Ersten] Staatsanwälte und [Ober-]Staatsanwälte zur Bewilligung von Strafausstand bestimmt sich nach dem Sitz der Behörde, der die Strafvollstreckung obliegt.

4. Die unter 2 bestimmten Fristen beginnen mit dem Tage, an dem der Strafaufschub (2a, c) gewährt oder die Vollstreckung einer Freiheitsstrafe unterbrochen wird.

Die Befugnis, die Zahlung einer Geldstrafe in Teilbeträgen zu bewilligen, richtet sich nach dem Zeitraum, innerhalb dessen die ganze Geldstrafe gezahlt sein soll.

Werden mehrere der unter 1 und 2 bezeichneten Vergünstigungen neben- oder nacheinander gewährt, so darf ihre Gesamtdauer die Befugnisse der bewilligenden Stelle nicht übersteigen.

5. Zur Ablehnung von Gesuchen sind die [Ersten] Staatsanwälte oder die [Ober-] Staatsanwälte ohne Rücksicht auf die Dauer der darin nachgesuchten Vergünstigungen befugt

6. Die [Ersten] Staatsanwälte haben, wenn die von ihnen für angemessen erachtete Dauer der Vergünstigungen ihre Befugnisse übersteigt, unmittelbar die Entscheidung der zuständigen Stelle einzuholen. Dabei sind bestimmte Anträge zu stellen und, soweit erforderlich, kurz zu begründen.

7. Die zur Vorbereitung der Entscheidung oder der Anträge erforderlichen Ermittelungen sind möglichst zu beschleunigen. Auch die Entscheidung selbst muß stets davon ausgehen, daß der Strafvollzug nicht ohne ausreichende Gründe in die Länge gezogen und dadurch in

seinem Ernste und seiner Wirksamkeit beeinträchtigt werden darf. Namentlich wird die Vollstreckung von Freiheitsstrafen nur in besonderen Ausnahmefällen zu unterbrechen sein.

Innerhalb der hierdurch gezogenen Grenzen soll aber die Befugnis zur Gewährung von Vergünstigungen dazu benutzt werden, die häuslichen, wirtschaftlichen und bürgerlichen Verhältnisse der Verurteilten beim Strafvollzuge zu berücksichtigen und, soweit angängig, zu schonen. Insbesondere wird bei Geldstrafen durch angemessene Zahlungsbedingungen die Vollstreckung von Ersatzfreiheitsstrafen möglichst zu vermeiden sein.

8. Der Endpunkt der bewilligten Fristen ist durch Angabe der Kalendertage zu bezeichnen.

Handelt es sich um Vergünstigungen bei der Zahlung von Geldstrafen, so ist die Bewilligung in der Regel von dem Nachweis einer angemessenen Anzahlung abhängig zu machen; auch ist schon in der Entscheidung zu bestimmen, welche Folgen eintreten, wenn der Verurteilte bei der Erfüllung der Zahlungsbedingungen säumig ist.

---

1) Die Verfügung hat, wie Nr. I und Nr. II 1, 2 ergeben, nur die Bewilligung von Strafausstand im Gnadenwege zum Gegenstand. Soweit die Bewilligung solchen Strafausstands als gesetzliche Befugnis geregelt ist (§§ 455, 456 StPO., §§ 27e, 28 StGB. in der Fassung der VO. über Vermögensstrafen und Bußen — vgl. Teil I dieses Werkes —, finden ihre Vorschriften keine Anwendung. Ebenso sind ihre Regeln auf die bedingte Strafaussetzung nicht anzuwenden.

2) Zu Nr. 7 Abs. 2 vgl. die AV. d. JM. v 29. 6 1921 über die Vollstreckung von Geldstrafen (JMBl S. 368). Vgl. auch AV. v 26. 8. 1922 (S. 351), 10. 9 1923 (S. 629).

3) Die Ersten Staatsanwälte führen jetzt die Dienstbezeichnung „Oberstaatsanwalt", die Oberstaatsanwälte die Dienstbezeichnung „Generalstaatsanwalt".

III.

1. Werden Gesuche um Bewilligung von Vergünstigungen bei den mit der Strafvollstreckung betrauten Amtsrichtern angebracht, so haben diese die Gesuche schleunigst an die Staatsanwaltschaft des Landgerichts weiter-

zugeben. Durch die Einreichung des Gesuchs wird die Strafvollstreckung nicht gehemmt; der Amtsrichter kann sie jedoch mit Rücksicht auf das Gesuch vorläufig einstellen, sofern nicht eine Freiheitsstrafe zu vollstrecken und diese bereits angetreten ist. Einem Ersuchen der Staatsanwaltschaft, die Vollstreckung vorläufig einzustellen, ist in jedem Falle zu entsprechen.

2. Wird Aufschub der Vollstreckung von Freiheitsstrafen (II 2a) von nicht mehr als einem Monat oder Stundung von Geldstrafen oder Bewilligung ihrer Zahlung in Teilbeträgen (II 2c) bis zu einer Frist von nicht mehr als sechs Monaten nachgesucht, so ist der mit der Strafvollstreckung betraute Amtsrichter ermächtigt, dem Gesuche stattzugeben; hält er dies nicht für angezeigt, so hat er nach III 1 zu verfahren. Ist das Gesuch bei der Staatsanwaltschaft angebracht worden, so hat diese es zunächst an den mit der Strafvollstreckung betrauten Amtsrichter weiterzugeben.

IV.

Die Gefängnisvorsteher [§ 3 der Gefängnisordnung für die Justizverwaltung v. 21. 12. 1898] sind befugt, Strafgefangene bis zur Dauer von nicht mehr als einer Woche unter Vorbehalt des Widerrufs zu beurlauben, wenn dringende Gründe dies gebieten und es nach Lage des Falles nicht angängig erscheint, zuvor die Entscheidung der für die Unterbrechung zuständigen Stelle einzuholen. Sie haben von der Beurlaubung den [Ersten] Staatsanwalt (II 3) sofort zu benachrichtigen und ihm die weitere Entschließung, auch über einen etwaigen Widerruf, zu überlassen.

Gibt der Gefängnisvorsteher einem Gesuch um sofortige Beurlaubung nicht statt, insbesondere weil nach seiner Ansicht eine Beurlaubung mit Fluchtgefahr verbunden sein würde, so hat er das Gesuch dem [Ersten] Staatsanwalt sofort zur Entscheidung vorzulegen.

---

1) Anstelle des § 3 der Gefängnisordnung v. 21. 12 1898 gilt jetzt § 141 Nr. 5 Dienst- und Vollzugsordnung.

2) Vgl Anm. 3 zu II.

V.

Gegenstandslos geworden.

VI.

Nach einer mit dem Herrn Minister des Innern getroffenen Vereinbarung (vgl. Ministerialblatt für die Pr. innere Verwaltung 1885 S. 47) soll die Vollstreckung von Freiheitsstrafen gegen Personen, die sich in korrektioneller Nachhaft befinden (§ 362 Abs. 3 StGB.), bis zu deren Beendigung aufgeschoben werden, wenn sich der Aufschub mit den Interessen der Strafrechtspflege verträgt und andererseits eine Unterbrechung der Nachhaft deren Erfolg gefährden würde. Demgemäß werden im allgemeinen Zuchthaus- oder längere Gefängnisstrafen unverzüglich, Haft- oder kurze Gefängnisstrafen aber erst nach Beendigung der Nachhaft zu vollstrecken sein.

In diesen Fällen ordnet den Strafaufschub die Behörde an, der die Strafvollstreckung obliegt. Bestehen Meinungsverschiedenheiten zwischen den Strafvollstreckungs- und den Verwaltungsbehörden, so entscheidet der [Ober-]staatsanwalt im Einvernehmen mit dem Regierungspräsidenten — in Berlin dem Polizeipräsidenten —; kommt ein Einvernehmen dieser nicht zustande, so ist die gemeinschaftliche Entscheidung des Justizministers und des Ministers des Innern herbeizuführen.

VII.

Betrifft Aufhebung älterer Vorschriften.

Sachregister.

Die römischen Zahlen und die Buchstaben bezeichnen die Gesetze und Verordnungen in der in der Inhaltsübersicht aufgeführten Reihenfolge, die arabischen Zahlen die Paragraphen. — Arabische Zahlen ohne vorgesetzte römische Zahl bezeichnen die Paragraphen der Strafprozeßordnung; nur wo Zweifel möglich sind, ist der Paragraphenzahl zur Bezeichnung der Strafprozeßordnung die Nr. VII vorgesetzt. Innerhalb der Stichworte sind die Hinweise im allgemeinen nach der Reihenfolge des Inhaltsverzeichnisses und innerhalb der einzelnen Gesetze usw. nach der Paragraphenfolge geordnet.

A

Abänderung. S. auch „Änderung", „Berichtigung", „reformatio in pejus"; Abänderung des Urteils 328, 354.

Abführung. Aus der Verhandlung IV 177.

Abgaben. Zuwiderhandlungen gegen die Vorschriften über Erhebung von — VI 6, VII 419 ff; bei — -delikten keine Strafverfügung XIX 2; bedingte Strafaussetzung in — -Sachen XX e, f.

Abgeordnete. Ablehnung der Berufung zum Schöffen- und Geschworenenamt IV 35, 77, 84; Vernehmung am Orte der Versammlung 50; Zeugnisverweigerungsrecht 53 Anm. 1; Beschlagnahme und Durchsuchung bei — -n 94 Anm. 6, 95 Anm., 104 Anm. 6; Strafverfolgung und Entziehung der Freiheit während einer Sitzungsperiode 112 Anm. 3.

Ablehnung. — des Schöffenamts IV 35, 53, 77; — des Geschworenenamts IV 84, 88; — des Ersuchens um Rechtshilfe IV 158, 159; — eines Dolmetschers IV 191, des Richters 24—30, des Gerichtsschreibers 31, eines Schöffen 31, eines Geschworenen 32, eines Sachverständigen 74; Mitwirkung eines abgelehnten Richters usw. ist Revisionsgrund 338; — von Gerichtspersonen im Jugendgericht X 24; — des Schiedsmannsamts XVIII 8, der Ausübung desselben XVIII 16, 17, 36.

Ablieferung. — des Festgenommenen an die zuständige Behörde XVI a 127 Abs. 2.

Ablösung. S. „Auseinandersetzung".

Abschrift. — verkündeter Entscheidungen des Gerichts 35; — von Teilen beschlagnahmter Briefe usw. an den Adressaten 101; der Privatklage beizufügende — 381; beglaubigte — der Urteilsformel für die Vollstreckung 451; Erteilung von — -en der Schiedsmannsprotokolle XVIII 29.

Absehen. — von der öffentlichen Klage 153, 154, bei militär. Straftaten 436, bei Straftaten Jugendlicher X 32; — von Strafe bei Jugendlichen X 6, 9 Abs. 4; Kostenpflicht dabei X 41.

Absetzung. — von Richtern IV 8; — von Mitgliedern des Reichsgerichts IV 126, 128.
Abstimmung. IV 193 ff., 263, XVII 90; — im großen Jugendgericht X 24.
Abwesende. S. auch „Abwesenheit“; Verfahren gegen — 276 ff.; Hauptverhandl. gegen — 277; Ladung der — -n 278, 279; Verteidigung, Vertretung durch Angehörige 280, 286; Zustellung gerichtl. Entscheidungen 281 (35); Rechtsmitteleinlegung durch Angehörige 282; Vermögensbeschlagnahme zur Kostendeckung 283, 284; desgl. als Zwangsmaßnahme 290—294; Beweissicherung im Verfahren gegen — 285 ff.; sicheres Geleit 295.
Abwesenheit. Vorläufige Einstellung wegen — 205; — Beteiligter in der Hauptverhandlung ist Revisionsgrund 338⁵; Verhandlung in — des Angeklagten vor dem Seemannsamt XVI d 4, 11; häufige — vom Wohnort rechtfertigt Ablehnung usw. des Schiedsmannsamts XVIII 8 Abs. 1⁴.
Adoption. S. „Annahme an Kindes Statt“.
Änderung. — der Reihenfolge der Schöffen und Geschworenen IV 47, 77, 84.
Akten. Mitteilung von — an Gerichte anderer deutscher Länder IV 168; Vorlegung und Auslieferung von — durch andere Behörden 96.
Akteneinsicht. Recht zur — des Sachverständigen 80, des Verteidigers 147, der Staatsanwaltschaft in der Voruntersuchung 196, der Protokolle über kommissarische Vernehmungen 224; — bei Privatklage 385 Abs. 4, bei Nebenklage 397; — zum Zwecke der Revisionsbegründung 345; — des Beistands in Jugendsachen X 29.
Aktiengesellschaft. Vorstand einer — als Handelsrichter IV 109;
Allgemeine. S. „Beeidigung“, „Aufsicht“, „Dienstvorschriften“, „Wehrpflicht“.
Alter. — als Voraussetzung der Schöffenfähigkeit IV 33¹, 77, 84, desgl. für Handelsrichteramt IV 109; — als Befreiungsgrund bei Schöffen usw. IV 35⁵, 77, 84; — der Eidesfähigkeit 57; — der Strafmündigkeit X 1—3; als Voraussetzung für Verfahrensvorschriften nach JGG. X 17, 18 Abs. 2, 27, 28, 38—40, 45 Abs. 2; — als Voraussetzung für Wahl zum Schiedsmann XVIII 2¹, 8¹.
Altersgrenze. IV 2, 8; — für Mitglieder des RG. IV 125.
Amtsanwalt. IV 142, XVII 62 ff. Zuständigkeit des — -s IV 142; Frau als — 148 Anm. 2; Hilfsbeamte der StA. unterstehen dem — nicht IV 152; Strafvollstreckung durch — 451; Ernennung XVII 62 Abs. 1; lebenszeitige Anstellung oder Anstellung auf Kündigung XVII 62 Abs. 2; Dienst- und Geschäftsverhältnisse XVII 62 Anm. 3, 4; Beschäftigung von Assessoren als — XVII 63 (4 Anm. 3); nebenamtlicher — XVII 64; Kosten der — -schaft XVII 65; Dienstaufsicht XVII 78⁵; Amtstracht XVII 89; Einschreiten des — -s macht Strafverfügung wirkungslos XIX 8.
Amtsbefugnisse. Konflikt bei Überschreitung der — III 11; Zuständigkeit der Zivilkammern bei Ansprüchen wegen Über-

schreitung der — IV 71, XVII 39, 42.
Amtsbezeichnungen der Justizbeamten XVII 8, 9 Anm., 60 Anm. 1.
Amtsbezirke. — der Oberlandesgerichte in Landesverratssachen IV 120, 136; Handlungen des Gerichts außerhalb seines — -s IV 166, droit de suite IV 167; — der Staatsanwaltschaft 141, 143; Änderungen der Bezirke der Amtsgerichte XVII 21, der Landgerichte XVII 37, der Oberlandgerichte XVII 47; keine Tätigkeit des Schiedsmannes außerhalb seines — -s XVIII 14
Amtsenthebung. — der Richter IV 8, der Handelsrichter IV 109, der Mitglieder des Reichsgerichts IV 126, 127, des Oberreichsanwalts und der Reichsanwälte IV 149; — des Schiedsmanns XVIII 9.
Amtsfähigkeit. Besitz der — ; Voraussetzung für Laienrichter- und Schiedsmannsamt IV 32¹, XVII 35, XVIII 3⁸.
Amtsgeheimnis. Entbindung v. — 54.
Amtsgerichte. IV 12, 22 ff., XVII 21 ff.; — besetzt mit Einzelrichtern, Dienstaufsicht IV 22; Zuständigkeit in Zivilsachen IV 23, in Strafsachen IV 24; Schöffengerichte IV 28 ff.; gemeinschaftliche Strafgerichte für mehrere — IV 58; Strafkammern bei den — -n IV 78; Staatsanwaltschaft bei den — -n IV 142, 145; — als Träger der Rechtshilfe IV 157, XVII 87; Feriensachen bei den — -n IV 200; Zuständigkeit in Feld- und Forstrügesachen VI 3; Voruntersuchung in Sachen der — 178; Zuständigkeit in Wuchersachen IX (IV 25 Anm. 9, 26 Anm. 3, 29 Anm. 8); Wahrnehmung richterlicher Geschäfte durch Referendare bei den — -n XVII 2; Gerichtassessoren bei den — -n XVII 3, 4; Sitze und Bezirke der — XVII 21; Geschäftsverteilung bei den — -n XVII 23; Zuweisung von Geschäften eines — -s auf ein anderes bei Verhinderung des Richters XVII 24 Abs. 3; Zuständigkeit für landesrechtliche freiw. Gerichtsbarkeit XVII 26; Zuständigkeit für Verwaltung von Stiftungen XVII 29, 94; Dienstaufsicht bei den — -n XVII 79 (IV 22³); — beeidigen Schiedsmann XVIII 5, führen Dienstaufsicht darüber XVIII 7 Abs. 1⁴; — bewahren Schiedsmanns-Protokollbücher auf XVIII 28.
Amtspflichtverletzung. Wiederaufnahmegrund 359, 362.
Amtsrichter. — als Einzelrichter IV 22, 30 Abs. 2; — als Mitglied oder Direktor beim Landgericht IV 22, 59; Zuständigkeit des — -s in Strafsachen IV 25, 26, in Jugendsachen IV 25 Anm. 8, X 17 Anm. 2, in Feld- und Forstrügesachen IV 25 Anm. 13, in Wuchersachen IV 25 Anm. 9, IX, nach Strafbefehl 407 Anm. 2, nach Strafverfügung 416, nach Strafbescheid 422 Anm. 2, für Umwandlung von Ersatzfreiheitsstrafen 423 und Anm., nicht für Bußfeitsetzung nach Schwerbeschädigt.-Gesetz IV 28 Anm. 4; — als Vorsitzender im Schöffengericht IV 29; desgl. als zweiter Richter im Schöffengericht IV 29; — wählt Schöffen u. Geschworene aus IV 38 ff., 77, 84; Streichung, Ablehnung, Entbindung

von Schöffen IV 52—54; — als Vorsitzender oder Beisitzer einer ausw. Strafkammer IV 78, des Schwurgerichts IV 83, 92, einer Kammer f. Handelssachen IV 106; Ablehnung des — -s 27; Zustellung und Vollstreckung v. Entscheidungen 36; Strafbefugnis gegen Zeugen u. Sachverständige 51, 70, 77; zuständig für Beschlagnahme 98, zum Erlaß eines Haftbefehls 125, für Entscheidung über Untersuchungshaft 126, bei vorl. Festnahme 128; Steckbrief 132; notwendige Verteidigung vor dem — 140, 144; Genehmigung des — -s z. Absehen v. öffentlicher Klage 153; — im Vorverfahren 159, 162, 165, 166; Ermittelungen im Auftrag des OLG. 173; — als Untersuchungsrichter 185, 186; Einreichung der Anklageschrift bei dem — 199; Verbrechensanklagen vor dem — 200; beschleunigtes Verfahren vor dem — 212; Beschränktbarkeit der Beweisaufnahme vor dem — 245; Unzuständigkeitserklärung des — -s 270; Protokoll im Verfahren vor dem — 273; Beschwerde gegen Entscheidungen des — -s 304, 306, Berufung 312, 313 (IV 76), Revision 334, 335 (IV 121); Wiederaufnahme des Verfahr. gegen Urteile des — -s 359[5]; Strafvollstreckung durch — 451, 457; — als Jugendrichter X 17, 18, 19, 28, 29, 32, 34, 36, 40; Einstellung des Verfahrens wegen Rechtsirrtums XVa 1; — bei Ausbildung der Referendare XVII 2; Ernennung der — XVII 7; Gehaltsbemessung XVII 10, 11; Vertretung der — XVII 24; desgl. durch — beim Landgericht XVII 38; desgl. beim OLG. XVII 48; — hat Dienstaufsicht über Schiedsmänner XVIII 7; — kann Strafausstand bewilligen XX h III.

Amtsrichterlicher Strafbefehl. 407 ff.

Amtsrichterstelle. Verwaltung durch Assessor XVII 4.

Amtssiegel. Verschließung beschlagnahmter Papiere mit dem — 110.

Amtssitz. Vernehmung am — 50.

Amtstitel. — der Richter und Staatsanwälte XVII 9 Anm., 60 Anm. 1.

Amtstracht. XVII 89 und Anm. 2.

Amtsverschwiegenheit. Zeugnisverweigerungsrecht der Geistlichen, Verteidiger, Anwälte, Ärzte 53, der Beamten 54.

Androhung. Der Vorführung 133, 216; — von Zwangsstrafe XVII 80, 81; — der Ordnungsstrafe XVIII 21.

Anfechtung. Vgl. „Rechtsmittel", „Beschwerde", „Berufung", „Revision", „Wiederaufnahme". — von Urteilen, die Erziehungsmaßnahmen anordnen oder bedingte Strafaussetzung betreffen X 35; — wegen Irrtums bei der bedingten Strafaussetzung XX d 11 Anm. 2.

Angebot. Beurkundung des tatsächlichen — -s einer Leistung XVII 74[4].

Angehörige. Zeugnisverweigerungsrecht 52, 55; Widerspruch eines — -n gegen die Beschlagnahme 98; Zuziehung von — -n bei Durchsuchung 106; — als Vertreter des abwesenden Angeklagten 284, 286; Recht zur Stellung des Antrags auf Wiederaufnahme 361; Aushändigung des Leichnams eines

Hingerichteten an die — -n 454; Gestattung des Zutritts zur Verhandlung von Jugendsachen X 23; Schiedsmann ist ausgeschlossen in Sachen seiner — -n XVIII 15³.

Angeklagte. Begriff 157; Widerspruch des — -n gegen Verhandlung durch Einzelrichter IV 26; Ordnungsstrafe gegen den — -n IV 177, 178, 180; Antrag auf Verbindung mehrerer Strafsachen 13; Einwand örtlicher Unzuständigkeit 18(16); Recht z. Ablehnung von Gerichtspersonen 24; notwendige Verteidigung des — -n 140; Beistand des — -n 149; Rückgriff des Staats gegen den — -n wegen der Kosten des bestellten Verteidigers 150; Eröffnungsbeschluß 210, 215; Ladung des — -n zur Hauptverhandlung 216, 217, 228; Recht, Ladung von Zeugen u. Sachverständigen zu beantragen oder selbst zu bewirken 219—222, 386; Reisekostenvorschuß bei unmittelbarer Ladung 220; desgl. an den Angeklagten 230 Anm. 3; Nachricht von Terminen über Beweisaufnahmen 224, 225; keine Hauptverhandlung gegen den ausgebliebenen — -n 230, 285; Vorführung des — -n 230, 236; Ausnahmen 231, 232, 277, 411, 477; Entbindung des — -n vom Erscheinen in der Hauptverhandlung 233; Vertretung des nicht erschienenen — -n 234; Wiedereinsetzung bei Versäumung des Hauptverhandlungstermins 235; Anordnung des persönl. Erscheinens 236; Vernehmung des — -n in der HV. 238, 243, 257; Recht zur Stellung von Fragen 240—242; Beweisanträge des — -n 245, 246; Entfernung des — n- aus dem Sitzungssaal 247; Beweisaufnahme über ein Geständnis des — -n 254, 255; Recht des — -n auf das letzte Wort 258; Hinweis auf Veränderung der rechtlichen Gesichtspunkte 265; Zustimmung z. Aburteilung wegen einer im Eröffnungsbeschluß nicht enthaltenen Tat 266; Antrag des — -n auf Beweiserhebung nach Verweisung 270; Verhandlung gegen einen abwesenden — -n 276 ff.; Beweissicherung bei Abwesenheit des — -n 285 ff., 289; Frist zur Einlegung der Berufung 314 f.; Ladung des — -n in der Berufungsinstanz 323; Recht auf Zeugenladung 325; Ausbleiben in der Berufungsverhandlung IV 329; keine reformatio in pejus 331, 358, 373; Frist zur Revisionseinlegung 335, 341; Revisionsanträge 345; keine Pflicht des — -n zum Erscheinen im Revisionstermin 350, Benachrichtigung 350; Wiederaufnahme zugunsten des — -n 359, 361, 363, 364, zuungunsten 362—364; Wiederaufnahmeantrag des — -n; 365, 366 Abs. 2; Stellung des — -n im Privatklageverfahren 386, 387, 391, 394; Recht zur Widerklage 388; Kostenpflicht des — -n 465, 466, bei Freispruch 467.

Angeschuldigte. Begriff 157; Antrag auf Verbindung 13; Einwand örtl. Unzuständigkeit 16; Untersuchung auf den Geisteszustand 81; Verhaftung des — -n 112 ff.; Verteidigerbestellung 140, X 29; Antrag auf Voruntersuchung 178, 201; Stellung während der Voruntersuchung 180—183, 187, 193—197; Mitteilung der Anklageschrift 201, X 29; Außerverfolgsetzung 198, 204; Richteröffnung der Hauptverhandlung 204; Einstellung weg. Abwesenheit des — -n 205; Beschlagnahme des Vermögens des — -n 283 f., 290 ff., 433; Fahnenfluchterklärung 437; Auferlegung der Kosten bei Außerverfolgsetzung 467.

Anhängige Sachen. Beim Inkrafttreten der VO. II 42, VIII.

Anheftung. Von Schriftstücken an die Gerichtstafel zwecks öffentlicher Zustellung 40, 278.

Anhörung. — der Beteiligten, auch der StA., vor Erlaß bestimmter Entscheidungen, die die Ausübung des Laienrichteramts betreffen IV 52, 53, 56, 77, 84; — des Betroffenen, Richters usw. vor bestimmten disziplinaren Maßnahmen IV 113, 126, 127, 129, XVIII 9 Abs. 2; — der Beteiligten vor Erlaß gerichtlicher Entscheidungen 33; — vor Entscheidung über Verfall einer Sicherheit 122; — vor Unterbringung des Angesch. in einer Irrenanstalt 81; — des Angesch. über die Anklageschrift 201; — der Beteiligten vor Entlassung von Zeugen usw. 248; — des Gegners des Beschwerdeführers 308; — der Beteiligten vor Entscheidung des Vollstreckungsgerichts 462; — des Anzeigenden vor Auferlegung der Kosten 469; — des Jugendamts X 8, 32, 34, 40; — des gesetzlichen Vertreters in Jugendsachen X 30; desgl. der Eltern X 31; desgl. der Fürsorgeerziehungsbehörde X 37.

Anklage. Antrag auf Entscheidung durch den Einzelrichter in der — IV 25, 26 (vgl. auch die Anm.); desgl. auf Zuziehung des zweiten Richters IV 29 (vgl. auch die Anm.); Antrag auf Überweisung einer Landesverratssache an das OLG. in der — IV 134; Recht des Verteidigers auf Akteneinsicht nach Erhebung der — 147; — -monopol der StA. 152; — als Form der Erhebung der öffentlichen Klage 170; Einreichung der — -schrift nach Voruntersuchung 198, 208, ohne Voruntersuchung 199; Inhalt der — 200; Mitteilung der — an den Angesch. 201, 208; — im beschleunigten Verfahren 212 (IV 25, 26); Veränderung der rechtlichen Gesichtspunkte 265; Ausdehnung der — auf eine andere Tat 266; — in Privatklagesachen 381.

Anklagebank. Benutzung der — 238 Anm.

Anklagemonopol. — der Staatsanwaltschaft 152; Ausnahmen davon in Steuerstrafsachen 152 Anm. 4, 424.

Anklageprinzip. 152.

Anklageschrift. S. „Anklage"; nicht nötig im beschleunigten Verfahren 212, im Verfahren nach Strafverfügung 416 und nach Strafbescheid 422.

Anklagezwang. S. „Legalitätsprinzip".

Annahme an Kindes Statt. — Grund für Ausschließung als Gerichtsvollzieher IV 155, als Dolmetscher IV 191, VII 74 (24, 22), als Richter 221, als Schöffe, Gerichtsschreiber 31, als Geschworener 32, als Sachverständiger 74 (24, 22); — begründet ein Zeugnisverweigerungsrecht 52, 55, 56; — berechtigt zu uneidlicher Vernehmung 58.

Anordnung. Hilfsbeamte der StA. haben deren — -en zu folgen IV 152; — einer Durchsuchung 105; — von Erziehungsmaßnahmen X 5, 35; vorläufige — über Erziehung und Unterbringung X 8; besondere — während einer Probezeit X 12, 13, 34, XX d 3, 3 b und Anm.

Anrechnung. — der Untersuchungshaft 445, 450 und Anm. 2.

Anschluß als Nebenkläger. — des Verletzten 395, des Bußberechtigten 403, der Verwaltungsbehörde 427, des Befehlshabers in Strafsachen gegen Soldaten 441; Form der Anschlußerklärung 396.

Anschuldigung. Keine weitere nach Vollstreckbarkeit der Strafverfügung XIX 10.

Antrag. — auf Entscheidung durch den Amtsrichter IV 25, 26; — auf Zuziehung des zweiten Richters IV 29; — auf Überweisung an das OLG. IV 134; Festnahme bei — -sdelikten 130; — auf vorl. Einstellung 154 Abs. 2; Form des — -s auf Bestrafung 158, 444; Bescheidung des — -stellers über Einstellung 171; — auf gerichtliche Entscheidung bei Einstellung durch die StA. 172, 441; Begründung der Ablehnung eines — -s 34; — auf Voruntersuchung 178—180; — auf Eröffnung des Hauptverfahrens 198; — auf Beweiserhebungen vor der HV. 201, 270; — auf Ladung von Zeugen und Sachverständigen 219, 244, 246, 325, 386; — auf Aussetzung der HV. 228; Schluß- —e 258; Verdolmetschung derselben 259; Einstellung mangels — -s 260; Protokollierung der — -e 273; Revisions- — -e 344; — auf Wiederaufnahme des Verfahrens 366, 447; — auf Strafbefehl 207; — auf gerichtliche Entscheidung nach Strafverfügung 414—416, XIX 3, 4, 9, nach Strafbescheid 420 bis 422, 424, 427, XVI a 124, d 15; Kosten bei Zurücknahme des — -s 470; Zurücknahme des Straf- — -s im Verfahren vor dem Seemannsamt XVI d 13; — -e im Verfahren vor dem Seemannsamt XVI d 10, 15; — auf Sühneversuch XVIII 12, 20, 34.

Antragsberechtigte. Privatklagerecht der — -n 374.

Antragsdelikte. Vorl. Festnahme bei — -n; Privatklage 374 ff.

Antragsfrist. Keine Wiedereinsetzung gegen Versäumung der — 44 Anm. 2.

Antragsteller. Bescheidung des — -s 171; Beschwerderecht 172 ff., 441.

Anstiftung. — eines Jugendlichen X 4.

Antritt der Freiheitsstrafe. Freiwerden der Sicherheit bei — 121.

Anwalt. S. auch „Rechtsanwalt"; — des Verletzten v. Richteramt ausgeschlossen 22; — des Privatklägers 385 Abs. 4, 387.

Anwaltsprozeß. Vortrag in fremder Sprache im — IV 187.

Anzahl. Richter dürfen nur in der gesetzlich bestimmten mitwirken IV 192.

Anzeige. — strafbarer Handlungen 158, 444; — der Fluchtabsicht 121; — von der Auffindung einer Leiche 159; Kostenpflicht bei falscher — 469.

Apotheker. Ablehnung des Laienrichteramts IV 35, 77, 84.

Arbeiter. Heranziehung von —-n z. Laienrichteramt IV 42 Anm.
Arbeitsgelegenheit. XXd 6.
Arbeitsverhältnis. Streitigkeiten aus dem — IV 23 [2]; sie sind Feriensachen IV 200 [5].
Armenrecht. Kein — für Anträge gemäß § 172 StPO. 172 Anm. 5 ; — bei Privatklage 379 Abs. 3.
Armenunterstützung. Ausschluß vom Laienrichteramt IV 33, 77, 84.
Armut. S. „Armenrecht".
Arrest. Zuständigkeit für mit — bedrohte Delikte IV 24, 25 Anm. 4; — -sachen als Feriensachen IV 200 Abs. 2 [2]; — über einzelne Vermögensgegenstände zwecks Kostendeckung 283; Vollstreckung v. — -strafen 451 Anm. 4, XIV 13; kein strenger — mehr XIV 1 [2]; Aussetzung der — -strafen XXd 1, 13, 19.
Arzt. S. auch „Gerichtsarzt"; Ablehnung des Laienrichteramts IV 35, 77, 84; Zeugnisverweigerungsrecht des — -es 53 [3]; Zuziehung zur Leichenschau und Leichenöffnung 87; desgl. bei Verdacht einer Vergiftung 91 Abs. 2; Verlesung ärztlicher Atteste 256; ärztliche Untersuchung des Beschuldigten in Jugendsachen X 31 Abs. 1.
Attest. Verlesung ärztlicher — -e in der HV. 256.
Aufbewahrung. Der Protokollbücher der Schiedsmänner XVIII 28.
Aufenthalt. In einer Krankenanstalt während der Vollstr. einer Freiheitsstrafe 461.
Aufenthaltsort. — des Beschuldigten als Gerichtsstand 7 Abs. 2, desgl. bei Jugendlichen X 25 Abs. 1; Zustellung bei unbekanntem — 40, 278; Vernehmung am — 50; große Entfernung des — -s vom Vernehmungsort 223 Abs. 2, 251 Abs. 2; Verlesung des Protokolls über Vernehmung einer Person unbekannten — -s 251; Aufforderung z. Mitteilung des — -s 288.
Auferlegung besonderer Pflichten als Erziehungsmaßnahme X 7, bei der bedingten Strafaussetzung X 12, XXd 3, 3b.
Aufforderung. Öffentliche — z. Angabe des Aufenthalts 288; — an den Angeschuldigten z. Anträgen auf Beweiserhebung oder Voruntersuchung 201.
Aufgebotsverfahren. IV 23.
Aufhebung. — einer Ordnungsstrafe IV 56 Abs. 2, VII 51 Abs. 2; — der Verbindung 4; — der Beschlagnahme 98, 111; — des Haftbefehls 121, 123, 126; — der Vermögensbeschlagnahme 283 f., 293, 433; — des Urteils auf Berufung 328 Abs. 2, auf Revision 353—355, infolge Wiederaufnahme d. Verf. 371 Abs. 2, 373; — der Fahnenfluchtserklärung 437 Abs. 2; — der MGB. IX; — der Militärgerichtsbarkeit 434 ff., XIV.
Aufrechterhaltung. — der Ordnung in der Sitzung IV 176, XVII 88, bei Lokalterminen 164; — des Urteils im Wiederaufnahmeverfahren 373.
Aufruf der Sache 243 Abs. 1.
Aufschiebende Wirkung der Beschwerde IV 181 Abs. 2, VII 81 Abs. 3; keine — 307.
Aufschub. — der Vollstreckung bei Wiedereinsetzungsgesuchen 47 Abs. 2, bei Wiederaufnahme 360, der Strafvollstreckung 455, 456, 458; Vertretung der StA. in Sachen, die keinen — dulden XVII 66; — der Strafe im

Gnadenweg XX gh; — bei Geldbuße XX d 3b; Straf- — bei Zoll- und Steuersachen XX, f V.
Aufsicht. Allgem. Dienst- — bei den Amtsgerichten IV 22 Abs. 3, XVII 79; — und Leitung bei der StA. IV 147; Anwesenheit der die Dienst- — führenden Beamten in nichtöffentlicher Sitzung IV 175, X 23; Staatsanwälte dürfen nicht die — über Richter führen IV 151; Dienst- — bei den Justizbehörden XVII 78 bis 81; Inhalt des Aufsichtsrechts, Zwangsstrafen XVII 80, 81, XVIII 7 Abs. 2; von — -s wegen darf Ersatz von angerichteten Schäden usw. nicht gefordert werden XVII 82; Dienst- — über den Schiedsmann XVIII 7; Dienst- — bei der bedingten Strafaussetzung durch die Gerichte XX d 1 Anm. 2.
Aufsichtsperson bei Schutzaufsicht. Recht auf Zutritt z. Verhandlung X 23 Abs. 2; Verkehr mit dem Verhafteten X 28 Abs. 3.
Aufträge. — der StA. an ihre Hilfsbeamten IV 152, an die Polizei 161; desgl. des Untersuchungsrichters 189.
Aufwandsentschädigung der Laienrichter IV 55, V, XVII 33, 44.
Aufzeichnung. S. „Protokoll"; XVI a 126.
Augenschein. Einnahme des richterlichen — -s 86; — in der Voruntersuchung 187; Zuziehung anderer Personen dazu 193, 195; — zur Vorbereitung der HV. 225; Verlesung des Protokolls über den — 249.
Ausbildung. Der Referendare XVII 1, 2.
Ausbleiben. — eines Laienrichters IV 56, 77, 84; — von Zeugen 51, Sachverständigen 77; — auf Ladung Grund zur Verhaftung oder Vorführung 120, 125 Abs. 3, 133 Abs. 2, 230 Abs. 2; — des Verteidigers 145; — des Angeklagten in der HV. 230 ff., 235, in der Berufungsinstanz 329; — des Privatklägers 391; — des Angeklagten in der HV. über den Einspruch gegen einen Strafbefehl 412; — im Verfahren vor dem Seemannsamt XVI d 4; — im Sühnetermin XVIII 21, 22, 34, 37, 38.
Ausdehnung. — der Voruntersuchung 190, 191; — der Verhandlung auf eine weitere Tat 266.
Auseinandersetzung. Sondergerichte für gutsherrlich-bäuerliche III 3, IV 14, XVII 19, 88; kein Sühneversuch in — -ssachen XVIII 12 Abs. 2.
Ausfertigung. — der Urteile 275; vollstreckbare — 451; — des Schiedsmannsprotokolls 28 bis 32, 40, 41, 43, 47.
Ausfuhr. Gnadenrecht u. Strafaussetzung bei Verurteilung wegen verbotener — XX e f.
Ausführung. S. auch „Schlußvorträge"; — einer Erziehungsmaßnahme X 7 Abs. 3, 36; — der Schutzaufsicht X 12 Abs. 2, 36 Abs. 1; — der Entscheidungen über bedingte Strafaussetzung XX d 15.
Ausgrabung. Von Leichen 87 Abs. 3.
Auskunft. Aus dem Strafregister XIII a, XIII b, 26 ff.
Auskunftspersonen. Bei der Strafaussetzung XX d 17.
Auslagen. — für Rechtshilfe IV 164; — des Sachverständigen 84; Entscheidung über die —

464, 466, bei Freispruch 467, bei Privatklage 471, bei Rechtsmitteln 473, bei Absehen von Strafe X 41; — im Verfahren vor dem Seemannsamt XVI d 13; — des Schiedsmanns XVIII 42, 44; — bei poliz. Strafverfügungen XIX 6.
Ausland. Gerichtsstand, wenn Tatort im — 9; desgl. bei Straftat auf deutschen Schiffen im — 10; desgl. von deutschen Beamten im — 11; Fälschung ausländischer Münzen usw. 92; Bestellung von Zustellungsbevollmächtigten für im — wohnende Beschuldigte 119, 125 Abs. 3; Verfahren gegen im — Abwesende 276 ff; Seemannnsamt im — XVI a 5, XVI c, XVI d 6, 16.
Auslandsbehörden. Ablieferung eines festgenommenen Seemanns an die — XVI a 127.
Ausländer. Verhaftung von —n 112, 113; Kostenvorschuß 379; Entschädigung für unschuldig erlittene Haft XII 12.
Auslegung. — der Urliste IV 36; — von Strafurteilen 458.
Auslosung. Der Laienrichter IV 45, 48, 57, 77 Abs. 3, 84, 86.
Ausnahmegerichte. IV 16.
Ausnahmezustand. IV 16 Anm.
Ausreichen. Von Erziehungsmaßnahmen X 6.
Ausschließung. — des Gerichtsvollziehers IV 155, XVII 76; — der Öffentlichkeit IV 170 bis 172, 174, im Jugendverfahren X 23; — des Dolmetschers IV 191; — von Gerichtspersonen 22 ff., des Richters 22, des Berichterstatters, des Vorderrichters, des Untersuchungsrichters 23, des Gerichtsschreibers 31, eines Schöffen 31, eines Geschworenen 32, des zweiten Richters im gr. Jugendgericht X 24; keine — des Sachverständigen 74; — des behandelnden Arztes von der Leichenöffnung 86; — des Angeschuldigten oder Angeklagten von einzelnen Verhandlungen 194, 247, X 33 Abs. 2; Mitwirkung ausgeschlossener Gerichtspersonen ist Revisionsgrund 338[3]; — des Schiedsmanns XVIII 15.
Ausschluß der Beschwerde. — bei Entscheidungen über Einsprachen IV 41; — bei Streichung eines Laienrichters IV 52, 77, 84; — bei Entschdg. über Ablehnungsgründe IV 53, 77, 84, 88; — bei Beschluß, der ein Ablehnungsgesuch zuläßt 28; — bei Bewilligung der Wiedereinsetzung 46; — gegen Einstellungsbeschluß des Gerichts 153 Abs. 3; — bei Eröffnung der Voruntersuchung 182, 201 Abs. 2; — bei Beschluß auf Vornahme einzelner Beweiserhebungen vor der HV. 202; — bei Eröffnungsbeschluß 210; — bei Verweisung 270, desgl. in der Revisionsinstanz 348; — bei Entscheidungen des OLG. und des RG. 304 Abs. 3, des erkennenden Gerichts 305; — bei Entschädigungsbeschluß XI 4, XII 4; — bei Einstellung wegen Rechtsirrtums XV a 1.
Ausschlußfrist. Für Geltendmach. von Anspruch auf Entschädigung für unschuldig erlittene Haft XI 5, XII 6.
Ausschuß. Zur Auswahl der Laienrichter IV 40—42, 55—57, 84, X 20, XVII 34, 35; Entschädigung der Vertrauenspersonen IV 55, V.
Aussetzung. — der Beeidigung 61; — beim Fehlen notwendi-

ger Verteidigung 145; — bei Nichteinhaltung der Ladungsfrist 217; Entscheidung über Anträge auf — 228, 244 Abs. 2; — bei verspätetem Beweisantritt 246; — wegen zivilrechtlicher Vorfragen 262; — bei Veränderung der rechtlichen Gesichtspunkte 265; — des Urteils 268; — des Vollzugs von Entscheidungen (vgl. „Aufschiebend", „Aufschub"); — der Strafvollstreckung 455, 456, 458, desgl. im Gnadenwege XX g h; bedingte — der Strafvollstreckung X 10—15, XX a—f; keine bedingte — der Strafverfolgung X 32 Anm. 5; bedingte Straf- — im Gnadenwege ist Verwaltungssache XX d 1 Anm. 2; bedingte — in Zoll- und Steuerstrafsachen usw. XX ef.

Ausstand. Pr. Vorschriften über die Bewilligung von Straf- — XX gh.

Austrägalverfahren. Aufgehoben III 7, XVII 27.

Auswahl. — der Vertrauensmänner des Wahlausschusses IV 40, XVII 35; — der Schöffen und Geschworenen IV 36 ff., 77, 84; — der Sachverständigen Sache des Gerichts 73; — der Ärzte bei Leichenöffnung 87; Referendare können die — der Laienrichter nicht besorgen XVII 2.

Auswanderungsexpedienten. Streitigkeiten zwischen — und Reisenden IV 23 [2].

Auswärtige Strafkammer. IV 78; Beschäftigung von Assessoren bei — -n XVII 5; bedingte Strafaussetzung durch — XX d 7 Anm. 3.

Außerordentliche Gerichte. Einsetzung IV 14; — sind keine Ausnahmegerichte IV 16 Anm. 4; bed. Strafauss. in Sachen der — -n XX d 1 Anm. 1.

Außerordentliche Sitzung. Des Schöffengerichts IV 48.

Außerverfolgsetzung. Aufhebung des Haftbefehls bei — 123; — nach Voruntersuchung 198, 204; Einreichung der Anklageschrift bei Ablehnung der — 208; Kosten bei — 467, 472; Entschädigung für unschuldig erlittene Untersuchungshaft bei — XII 1; Mitteilung an das Strafregister bei — XIII b 8; — wegen Rechtsirrtums XV a 2.

Auszüge. Verlesung von — -n aus Kirchenbüchern, Personenstandsregistern 249; — von Urteilen 275 Abs. 4.

B

Bahnpolizei. IV 152 Anm. 2, XIX 1 Anm. 6.

Bankrott. Zuständigkeit bei — IV 24 [3c].

Bausachen sind Feriensachen IV 200 [9].

Beamte. S. auch „Aufsicht", „Hilfsbeamte", „Polizeibeamte", „Reichsbeamte", „Staatsbeamte". Konflikt bei Verfolgung von — -n III 11, XVII 39; Ausschließung bestimmter — -r v. Laienrichteramt IV 34, 77, 84, XVII 33; ausschließliche Zuständigkeit der Landgerichte für bestimmte Ansprüche gegen Beamte oder von Beamten gegen Fiskus IV 71, XVII 39; Aufrechterhaltung der Ordnung in Terminen 164; Gerichtsstand deutscher im Ausland befindlicher — -r 11; Entbindung von der Pflicht z. Amtsverschwiegenheit 54; Vernehmung — -r als Sachverständiger 76 Abs. 2;

Herausgabe amtlicher Schriftstücke durch — 96; — als Vertreter der Steuerbehörde im Steuerstrafverfahren 424; Ordnungs- und Zwangsstrafen gegen Justiz- — XVII 80, 81; Schiedsmänner haben — -nrechte XVIII 6.

Beaufsichtigung. Von Stiftungen XVII 29.

Beauftragte für Gnadensachen. Dienstaufsicht über — XX d 1 Anm. 1; Mitwirkung des — -n bei bed. Strafaussetzung XX d 18, 21, 24—26, in Zoll- u. Steuersachen XX f II.

Beauftragte Richter. Ordnungsstrafgewalt IV 180; Strafbefugnis gegen Zeugen 51, 70; Vernehmung von Zeugen vor der HV. durch — 223, desgl. des vom Erscheinen entbundenen Angekl. 233; Beweisaufnahme durch — im Verfahren gegen Abwesende 289, desgl. bei Antrag auf Wiederaufnahme 369; Beschwerde über Verfügungen usw. des — -n — -s 304, 306, 307.

Bedeutung des Eides. Hinweis auf die — 60.

Bedienstete. Der Exterritorialen IV 19.

Bedingte Strafaussetzung. S. „Strafaussetzung".

Bedingung. S. auch „Auferlegung"; Erlöschen des Freigeleits, wenn der Beschuldigte die — -en nicht erfüllt 295.

Bedrohung. Ist Privatklagedelikt 374; Sühneversuch 380, XVIII 33.

Beeidigung. S. „Beteuerungsformel"; — der Laienrichter IV 51, 77, 84; kein Zwang z. Benutzung einer religiösen Eidesform IV 51 Anm., VII 63 Anm., 79 Anm.; — der Handelsrichter IV 111; — einer der deutschen Sprache nicht mächtigen Person IV 188; — des Dolmetschers IV 189, 190; — von Zeugen 60 ff., 286; Eidesnorm, promissorisch 62, assertorisch 62, Eidesformel 63, Eidesleistung 64 Abs. 1, durch Stumme 64 Abs. 2, 3; — im Vorverfahren 66 Abs. 2, 3, im Hauptverfahren 66 Abs. 1, 223; Berufung auf frühere — 67; Verweigerung der — 70; — von Sachverständigen 79, 286; allgemeine — von Sachverständigen 79 Abs. 2, XVII 86; — von Feld- u. Forsthütern für mehrere Sachen 61 Anm. 1; allgemeine — von Forstbeamten 61; desgl. nicht vor dem Seemannsamt XVI a 123; — der Beisitzer u. des Protokollführers des Seemannsamts XVI d 7, 14; — des Schiedsmanns XVIII 5; keine — von Zeugen durch den Schiedsmann XVIII 24.

Beerdigung. — einer Person, die eines nicht natürlichen Todes gestorben ist, oder eines unbekannten Toten 159; — Hingerichteter 454.

Befähigung. — zum Richteramt III 2, IV 2—5, XVII 1 und Anm. 2; desgl. als Voraussetzung für Ernennung z. Staatsanwalt IV 148, 149 sowie zur Vertretung eines solchen XVII 67; — zum Mitglied des RG. IV 125; — zum Laienrichteramt IV 31—35, 77, 84, XVII 33; — zum Handelsrichter IV 109, 110; — zum Verteidiger 138; — zum Schiedsmann XVIII 2.

Befangenheit. Ablehnung wegen — eines Richters 24—30, eines Laienrichters 31, des Gerichtsschreibers 31, eines Geschwo-

renen 32, eines Sachverständigen 74; Mitwirkung eines abgelehnten Richters oder Laienrichters ist Revisionsgrund 338 [3].
Beförderung. Streitigkeiten bei der — von Reisenden IV 23 [2].
Beförderungsmittel. Beschlagnahme der — im Steuerstrafverfahren 94 Anm. 9.
Befragung. S. auch „Fragerecht"; — des Angekl. nach Verteidigungsanträgen 201, desgl. nach jedem Beweiserhebungsakt in der HV. 257; — des Beschuldigten oder eines Zeugen durch den Sachverständigen 80 Abs. 2.
Befreiung. — vom Laienrichteramt IV 54,77, 84; — von der Zeugnispflicht 52 ff.; — vom Gutachten 76 Abs. 1; — vom Schiedsmannsamt XVIII 8.
Befriedetes Besitztum. Keine Durchsuchung zur Nachtzeit 104.
Beginn. Aussetzung der Strafe nach — der Vollstreckung X 11, XX d 3 a.
Beglaubigung. Der vollstreckbaren Ausfertigung des Urteils 451 Abs. 3.
Begnadigung. S. auch „Bedingte Strafaussetzung", „Strafausstand"; —-srecht des Reichs 452, desgl. in Pr. 453; keine Vollstreckung des Todesurteils vor der Entscheidung über die — 453; Verfahren in Gnadensachen XX a—f.
Begründung. — von Entscheidungen 34, der Urteile 267, 268, in Jugendsachen X 47 Abs. 1.
Begünstiger. Gerichtsstand des —-s 3; — ist unbeeidigt zu vernehmen 57 [3]; Beschlagnahme bei dem — 97, desgl. Durchsuchung 102; — eines Strafunmündigen ist strafbar X 4.
Begutachtung. Neue — 83.
Behändigung. — der Strafverfügung XIX 5; — der Ladung zum Sühnetermin XVIII 21.
Behörden. Rechtshilfe IV 168; Vorlegung von Akten durch — 96; Auskunftspflicht der — zwecks Ermittelung strafbarer Handlungen 161; Verlesung der Gutachten von — in der HV. 256; Beistandsleistung der — XVII 87 Anm. 2.
Beiakten. Einsicht durch den Verteidiger 147 Abs. 1.
Beichtgeheimnis. 53.
Beihilfe. Bei Taten von Jugendlichen oder Kindern X 4.
Beiordnung. Eines Rechtsanwalts 81 Abs. 2, 140, 141, 172 Anm. 5, X 28 Abs. 4, 29.
Beischlaf. Zuständigkeit für Ansprüche aus außerehelichem — IV 23; sie sind Feriensachen IV 200 [6].
Beisitzer. Fragerecht 240; Unterschrift des Protokolls durch einen — 271; — im Seemannsamt XVI a 5, XVI d 2, 7, 13, 14.
Beistand. 149, X 29 Abs. 3; Schiedsmann ausgeschlossen in Sachen, in denen er — ist XVIII 15 [4]; — vor dem Schiedsmann XVIII 19, 27.
Beistandsleistung. S. auch „Rechtshilfe"; Pflicht der Gerichte und Verwaltungsbehörden in Preußen zur gegenseitigen — XVII 87 Anm. 2.
Beitreibung. Einer Geldstrafe 463, XVI a 125.
Beitritt. Zur Privatklage 375.
Bekanntmachung. Vgl. auch „Benachrichtigung", „Mitteilung"; — der Laienrichter mit der Auslosung IV 46, 77, 84, 86; — gerichtl. Entscheidungen durch Verkündung 35 Abs. 1, durch

Zustellung 35 Abs. 2, 3, in Privatklagesachen 385 Abs. 1, an Nebenkläger 399, an die Staatsanwaltschaft im gerichtl. Verfahren auf Strafbescheid 425, an die Verwaltungsbehörde 428, an das Jugendamt und an das Vormundschaftsgericht X 27, 32 Abs. 3, an den gesetzl. Vertreter in Jugendsachen X 30; — der Postbeschlagnahme 101 Abs. 1; — des Durchsuchungsgrundes 106 Abs. 2, 107; — des Haftbefehls 114 Abs. 3; — der Einstellungsverfügung 170 Abs. 2, 171, 441 Abs. 2; — der Eröffnung der Voruntersuchung an den Angeschuldigten 192, desgl. ihres Schlusses 197 Abs. 2; — des Beschlusses auf Ablehnung der Eröffnung der HV. 204; — des HV.-Termins an den verhafteten Angekl. 215 Abs. 2, in der Revisionsinstanz 350, an die StA. in Privatklagesachen 377, an die höhere Kommandobehörde 441 Abs. 1; — des Eröffnungsbeschlusses 215; — der Verfügung auf Beweisanträge 219; — einer Strafverfügung 413 Abs. 3, XIX 5, eines Strafbescheids 419 Abs. 2; — der Festnahme eines Reichswehrangehörigen an die höhere Kommandobehörde 440; desgl. von der Einleitung der Strafverfolgung gegen einen Reichswehrangehörigen 441 Abs. 1; — des Entschädigungsbeschlusses XI 4, XII 4; — der Veräußerungsanordnung XV b Art. II[2] Abs. 3; — des Bescheides des Seemannsamts XVI d 13 Abs. 4.

Bekanntmachung, öffentliche. — der Auslegung der Urliste IV 36 Abs. 2; — der Ladung usw. 40, 278, 279; — der Vermögensbeschlagnahme u. ihrer Aufhebung 284, 291—293; — der Freisprechung im Wiederaufnahmeverfahren 371 Abs. 3; — der Entscheidung im Strafbefehl 407 Abs. 2; — der Fahnenfluchterklärung 437.

Belagerungszustand. IV 16 Anm.

Belehrung. — über das Recht des Widerspruchs gegen Verhandlung vor dem Amtsrichter IV 26 Abs. 2; — über das Zeugnis- u. Eidesverweigerungsrecht 52, 58; — des Sachverständigen 76; — über Recht der Beschwerde gegen den Haftbefehl 114 Abs. 3; — über Rechtsmittel in Strafsachen 296, 311, 314, 341, 345; — über die bedingte Strafaussetzung XX d 9, 25.

Beleidigung. Gerichtsstand bei — durch die Presse 7; Privatklage wegen — 374[2]; Sühneversuch 380, XVIII 33; Fortsetzung der Privatklage wegen verleumderischer — nach dem Tode des Privatklägers 393 Abs. 2; Kosten bei Straffreierklärung wegen wechselseitiger — 468.

Belohnungen. Aussetzung von — in Strafsachen 160 Anm. 5.

Bemessung der Strafe. Abstimmung über Fragen der — IV 196, 263.

Benachrichtigung S. auch „Bekanntmachung", Mitteilung";— von Terminen 193 Abs. 3, 224, 225, 233 Abs. 3; — des Abwesenden vom Fortgang des Verfahrens 287.

Beobachtung. — auf den Geisteszustand 81; — der Förmlichkeiten in der HV. 274.

Beratung. IV 192 ff., 263, XVII 90.

Berechnung. — der Fristen: S. „Fristen"; — der Dauer von Freiheitsstrafen 458.
Bergpolizeiliche Vorschriften. Keine Strafverfügung wegen Übertretung XIX 2.
Bergung in Seenot. Zuständigkeit für Ansprüche aus — IV 95 [4 f].
Bericht. An den JM. bei bedingter Strafaussetzung XX d 16, 18, 21, 24—26.
Berichterstatter. — im Plenum des RG. IV 138; — bei der Abstimmung IV 197; — des Eröffnungsverfahrens nicht mehr ausgeschlossen von der HV. 23; — in der Berufungsinstanz 324, 325; — in der Revisionsinstanz 351.
Berichtigung. — der Urliste 38; — von Urteilen 268 Anm. 4.
Berlin. Gerichtsstand für im Ausland beschäftigte deutsche Beamte 11; Zuständigkeit des KG. in — für landesrechtliche Revisionen XVII 50; desgl. für Landesverratssachen, insbesondere Spionagesachen geg. die Marine IV 120 Anm. 2.
Berufskonsuln. Gerichtsstand 11.
Berufung. — auf den ordentl. Rechtsweg IV 14 [4]; — zum Laienrichteramt IV 33 ff., 77, 84; — auf einen geleisteten Eid: Dolmetscher IV 189 Abs. 2, Zeugen 67, Sachverständige 79, Feld- und Forsthüter 61 Anm., Forstbeamte 61 Anm., Schiedsmänner XVIII 5 Abs. 3.
Berufung (Rechtsmittel der —). Zuständigkeit in Zivilsachen IV 72, 100, 119, in Strafsachen 74, in Jugendsachen X 19 Abs. 3, in Forstdiebstahls- und in Feld- und Forstrügesachen IV 76 Anm. 8; Zulässigkeit der — 312, 313; Frist 314, 315; Einlegung 314; — verbunden mit Antrag auf Wiedereinsetzung 315 Abs. 2, 3; Zustellung des Urteils nach Einlegung der — 316; Rechtfertigung der — 317; Umfang der Anfechtung 318; verspätete — 319; Vorlegung der Akten beim — -sgericht 320; Unzulässigkeit der — 313, 322; Verfahren in der — -sinstanz 323—327, 332; Entscheidung auf die — 328, 331; desgl. bei Ausbleiben des Angeklagten 329; Verbot der reformatio in peius 331; Übergangszeit II 42, VIII.
Berufungsgericht. Bed. Strafaussetzung durch das — XX d 7.
Berufungsinstanz. Umfang der Beweisaufnahme in der — 245.
Beschäftigung. — von Untersuchungsgefangenen 116 Abs. 3; unentgeltliche — der Assessoren XVII 3.
Bescheid. Des Seemannsamts XVI a 123, XVI d 13, 15; s. auch „Strafbescheid".
Bescheidung. Des Antragstellers 171, 172; s. auch „Bekanntmachung", „Benachrichtigung", „Mitteilung".
Bescheinigung. — über Erfolglosigkeit der Durchsuchung 107; Sühne- — 380, XVIII 38; — der Vollstreckbarkeit 451, XIV 23; — über Antrag auf gerichtliche Entscheidung XVI a 124, XIX 9.
Beschlagnahme. — von Beweismitteln und Einziehungsstücken 94—101; — von Druckschriften 94 Anm. 2 und Preßges. im Teil 1; desgl. im Steuerstrafverfahren 94 Anm. 9; — von Akten einer Behörde 94; keine — schriftl. Mitteilungen zwischen Beschuld. u. Zeugnisverweigerungsberechtigten; Anordnung

der — 98; — in militärischen Dienstgebäuden 98 Abs. 4; Post- — 99—101; Verwaltungsbestimmungen darüber 99 Anm. 1; Durchsuchung zum Zwecke der — 102—110; Verzeichnis und Verwahrung der — -ten Gegenstände 107, 109; einstweilige — 108; Durchsicht — -ter Papiere; Zurückgabe der — -ten Gegenstände 111; — des Vermögens eines Abwesenden 283, 284, 290—294, 433; Beschwerde über — 305; Veräußerung — -ter Gegenstände vor der Einziehung XVb—e; keine Veräußerung solcher Gegenstände aus Gründen der Volksversorgung XVb Art. II Anm.; keine Entscheidung über — durch Referendare XVII 2.

Beschleunigtes Verfahren. 212; Anwendungsfälle und Verwaltungsbestimmungen dazu 212 Anm. 3; Begriff der „freiwilligen Stellung" 212 Anm. 4; Beschaffung der Strafregisterauszüge 212 Anm. 5; Unzulässigkeit nach Voruntersuchung, Form und Inhalt der mündlich erhobenen Klage 212 Anm. 6; notwendige Verteidigung dabei 212 Anm. 7 —; im Steuerstrafverfahren 212 Anm. 8; ausgeschlossen gegen Jugendliche X 38 Abs. 2; — vor dem Seemannsamt XVI d 6.

Beschließendes Gericht. S. „Erkennendes Gericht"; — beim Schöffengericht IV 30 Abs. 2, bei der Strafkammer IV 76 Abs. 2, beim OLG. in erster Instanz IV 122 Abs. 1, beim Reichsgericht in erster Instanz IV 139 Abs. 2, beim Jugendgericht X 19.

Beschluß des Gerichts. S. auch „Entscheidungen"; — über Ordnungsstrafen gegen Laienrichter IV 56, 77, 84; Überweisung einer erstinstanzlichen Sache an das OLG. durch — des RG. IV 134; — über Ausschluß der Öffentlichkeit IV 173, 174; — über Maßnahmen der Sitzungspolizei IV 177, 178, 182; — über Ablehnungsgesuche 27, 28, 30—32; Bekanntmachung usw. des — -ses 33—41; — über Unterbringung zur Beobachtung des Geisteszustandes 81; — des Gerichts betr. Absehen von der öffentlichen Klage 153 Abs. 3, 154 Abs. 2—5, 436, X 32 Abs. 2—4; — über vorläufige Einstellung 154, 205; — des OLG. über Erhebung der öffentl. Klage gegen den Willen der StA. 175—177; — über Eröffnung und Führung der Voruntersuchung 180, 182, 183, 185; — über Ergänzung derselben 197; Eröffnungs- — 203, 207, 208, 210, 211, 215, 243, 264, 265; — über Aussetzung der HV. 228, 265 Abs. 4; — über Maßnahmen der Verhandlungsleitung 238 Abs. 2; — über Zulässigkeit einer Frage 242; Bescheidung von Beweisanträgen muß durch — erfolgen 244 Abs. 2, 246; — über Verlesung von Protokollen über frühere Vernehmungen in der HV. 251 Abs. 3; — über sachliche Unzuständigkeit 269, 270 (örtliche 17—19); — über Vermögensbeschlagnahme 284, 290, 291, 294; Beschwerde gegen einen — 304; Verwerfung der Berufung und der Revision durch — 322, 346, 349; — bei Unzuständigkeit des Revisionsgerichts 348; — über Fahnenfluchtserklärung 437; — über Ablehnung der Wiederaufnahme 368; Festsetzung der Ersatzfreiheitsstrafe durch — 423, 459, X 40; Auslegung zweifelhafter Urteile durch — 458; Gesamtstraf- — 460; — über Entschädigung f. unschuldig erlittene Haft XI 4, XII 4; — über vorläufige Unterbringung eines kriminellen Jugendlichen X 8; — auf Verweisung einer Jugendsache in das ordentliche Verfahren X 18 Abs. 2; — im Strafaussetzungsverfahren nach JGG. X 34; — über Einleitung des Strafverfahrens vor dem Seemannsamt XVId 2—4; — über bedingte Strafaussetzung XXd 6, 7, 18, 23; desgl. über Ablehnung derselben XXd 8, 23.

Beschlußfähigkeit. — des Ausschusses für Laienrichterwahl IV 40; — des Plenums des RG. IV 133; — des Gerichts bei Ablehnung 27 Abs. 4.

Beschränkung. — der Verteidigung als Revisionsgrund 338[8]; — der Auskunft aus dem Strafregister XIII a, XIII b 26 ff.

Beschuldigte. S. auch „Angeschuldigter", „Angeklagter". Begriff 157; Recht z. Widerspruch gegen Verhandlung durch den Amtsrichter IV 26 Abs. 2; Ordnungsstrafen gegen den — -n IV 177, 178; Ablehnung des Dolmetschers durch den — -n IV 191, desgl. von Gerichtspersonen 24, 31, 32, desgl. von Sachverständigen 74; öffentliche Zustellung an den — -n 40; Gegenüberstellung des — -n mit Zeugen 59; Anwesenheit des — -n bei der Leichenöffnung 88; Beschlagnahme seiner Korrespondenz 97; desgl. auf der Post 99; Durchsuchung zwecks Ergreifung des — -n 103; Vernehmung des — -n 133 bis 136, 166; Vorführung des — -n 134, 135; Verteidigung des — -n 137 ff.; Beweisanträge des — -n 166; Teilnahme an Untersuchungshandlungen 169, 193; Einstellungsnachricht 170, 174; beschleunigtes Verfahren bei Vorführung oder freiwilliger Stellung des — -n 212; Verfahren gegen einen abwesenden — -n 276, 282, 286, 287; sicheres Geleit 295; Rechtsmittel des — -n 296 bis 302; — -r bei der Privatklage 379, 382, 383, 388, 393, 394; desgl. bei Strafbefehl 407, 409, Strafverfügung 413 , XIX 3 ff., in Steuerstrafsachen 419; Auferlegung der dem — -n erwachsenen Kosten 469; Vernehmung des — -n durch das Seemannsamt XVIa 123.

Beschwerde. Vgl. auch „aufschiebende Wirkung", „Ausschluß"; Übertragung der — -n in Strafsachen auf eines von mehreren OLG. III 9, XVII 50; — gegen Bestrafung eines Laienrichters usw. IV 56, 77, 84; — in Zivilsachen (Zuständigkeit) IV 72, 94, 104, 119, 133[2], desgl. in Strafsachen IV 73, 121[2]; — gegen Versagung der Rechtshilfe IV 159, XVII 87; — gegen Geheimhaltungsbeschluß IV 174 Abs. 2; — gegen Maßnahmen der Sitzungspolizei IV 181; — gegen Haftbefehl 114; — ausnahmsweise gegen Einstellung 153 Anm. 10; Rechts- — gegen den Einstellungsbescheid 172; Verfahren bei — 304—310.

Beschwerde, Sofortige. — 311; — gegen Zurückweisung des

Ablehnungsgesuchs 28, desgl. des Antrags auf Wiedereinsetzung 46; — gegen Anordnung der Beobachtung auf den Geisteszustand 81; — gegen die Erklärung des Verfalls der Sicherheit 122; — gegen Verwerfung des Unzuständigkeitseinwandes 182; — gegen Ablehnung der Voruntersuchung 183, 201; — gegen Ablehnung der Eröffnung 210; — gegen Verwerfung der Berufung 322; — i. Wiederaufnahmeverfahren 372; — gegen Umwandlung der Geld- in Freiheitsstrafe 423 und Anm. 2, X 40; — über Entscheidungen in der Vollstreckung 462, X 36 Abs. 2; — gegen Kostenentscheidung 469; — gegen Einstellungsbeschluß des Gerichts X 32; — gegen Entscheidungen über Strafaussetzung nach JGG. X 35 Abs. 2; — gegen Entscheidungen über Ausführung von Erziehungsmaßregeln X 36.

Beschwerde. Verwaltungs-(Aufsichts-). — gegen Einstellungsverfügung der StA. 153 Anm. 6, 154 Anm. 4, 172 Anm. 4; — gegen polizeiliche Strafverfügung 413, XIX 3 Anm. 1; — gegen Strafbescheid 419 und Anm. 3; — in Angelegenheiten der Justizverwaltung XVII 85; — gegen Schiedsmann XVIII 7 Abs. 3, 22 Abs. 2; keine — gegen die begründete Ablehnung der Amtsausübung durch den Schiedsmann XVIII 17.

Beschwerde, weitere. Gegen Versagung der Rechtshilfe IV 159, in Haftsachen 310.

Beschwerdefrist. IV 172, 181, 311.

Beschwerdeführer. 304, 308, 316, 319, 326, 343, 344, 346, 351.

Beschwerdeschrift. Bei Berufung 317.

Besetzte Gebiete. Gerichtsstand bei in den — -n zu verfolgenden Delikten 7 Anm. 4.

Besetzung. — des obersten Landesgerichts II 3, III 10; — des Gerichtshofs zur Entscheidung der Kompetenzkonflikte IV 17 Abs. 2; — der Amts- und Schöffengerichte IV 22, 29, 30; — der Landgerichte IV 75, 76; — der auswärtigen Strafkammer IV 78; — des Schwurgerichts IV 81; — der Kammer für Handelssachen IV 105, 106; — der Oberlandesgerichte IV 122; — des Reichsgerichts IV 139; — des großen Jugendgerichts X 17 Abs. 1; unvorschriftsmäßige — des Gerichts ist Revisionsgrund 338 [1].

Besitztum. Durchsuchung des befriedeten — -s 104.

Besoldung. XVII 4, 9—11.

Besondere Gerichte. III 3, IV 13, 14; Unterschied von Ausnahmegerichten IV 16 Anm. 4.

Besondere Maßnahmen. — bei der bedingten Strafaussetzung X 12 Abs. 2, 13 Abs. 3, XXd 3, 9, 11, 12; Geldbuße als — s. „Geldbuße".

Besonders leichter Fall. X 9 Abs. 4.

Besserungsanstalt. S. „Fürsorgeerziehung".

Bestätigung. — der Beschlagnahme 98, 100; desgl. bei Beschlagnahme von Druckschriften 94 Anm. 3; keine — von Todesurteilen 453; — der Schiedsmänner XVIII 4.

Bestimmung. — des Gerichtsstands durch das gemeinsame obere Gericht 12, 13 Abs. 2, 14, 15, 19, durch das Reichs-

gericht 9 Abs. 1, durch den Justizminister 11, XVII 20.
Beteiligung. Des Verletzten am Verfahren 374—396.
Beteuerungsformel. Gebrauch einer — anstelle des Eides IV 51, VII 65, XVIII 5 Abs. 2.
Betreffen. Auf frischer Tat. Durchsuchung bei 104; vorläufige Festnahme bei — 127; desgl. bei Abgeordneten 112 Anm. 3.
Beurkundung. Gerichtl. Entscheidungen 271, 273, 275; keine — einer Verfügung von Todes wegen durch Referendare XVII 2.
Bevollmächtigte. Zustellungs- — 119; Aufführung — -r im Protokoll 272; keine Vertretung durch — im Sühnetermin XVIII 18.
Bewährungsfrist. Bewilligung einer — X 10—15, XXa—f, insbesondere XXd 6—7, 14, 16, 21; — durch den JM. XXd 18; Dauer der — X 12 Abs. 1, XXd 5; nachträgliche Verlängerung der — X 12, XXd 5; Bedeutung der — für das Strafregister XIIIa 1 Anm., XIIIb 5 ff., 25.
Beweis. Sicherung des — -es 285 ff., XVIa 126.
Beweisanträge. — im vorläufigen Verfahren 166; — in der Voruntersuchnug 190; — im Eröffnungsverfahren 201, 206 Abs. 2; — vor der HV. 219; — in der HV. 244; — nach Verweisung 270 Abs. 4; — in der Berufungsinstanz 325; — bei der Wiederaufnahme 366, 368.
Beweisaufnahme. — Im vorbereitenden Verfahren 160 ff.; — in der Voruntersuchung 190; in der HV. 238, 244 ff.; — im Verfahren gegen Abwesende 285 ff.; — in der Berufungsinstanz 324, 325; — bei Wiederaufnahme 369; — über ein Geständnis 254 Abs. 1; Ergebnis der — 261; — vor dem Seemannsamt XVI a 123, XVId 10; — vor dem Schiedsmann XVIII 24, 34.
Beweiserhebungen. Einzelne — vor der HV. 201, 202, 208.
Beweisgründe. Angabe im Urteil 207 Abs. 1.
Beweiskraft. Des Protokolls 274.
Beweismittel. Beschlagnahme von — -n 94, 95 ff.; Durchsuchung nach — -n 102, 103; Angabe der — in der Anklageschrift 200; Herbeischaffung der — zur HV. 214; desgl. derjenigen des Angeklagten 219; desgl. auf Anordnung des Vorsitzenden 221; verspätet vorgebrachte — 246; neue — in der Berufungsinstanz 323; desgl. im Wiederaufnahmeverfahren 359 [5], 366; Angabe der — im Strafbefehl 409; desgl. in der Strafverfügung 413 Abs. 3, XIX 4; desgl. im Strafbescheid 419 Abs. 1 und Anm. 3; Aufforderung zur Angabe der — im Verfahren vor dem Seemannsamt XVId 4; Herbeischaffung der — XVId 7.
Beweisregeln. Keine — 261.
Beweissicherung. — im Verfahren gegen Abwesende 285 ff.; — bei Delikten auf deutschen Schiffen außerhalb Deutschlands XVIa 126.
Beweisstücke. S. „Überführungsstücke“.
Beweisvermutungen. Keine — 261.
Beweiswürdigung. Freie — 261.

Bezeichnung. Irrtum in der — des Rechtsmittels unschädlich 300.

Bezirke. — der Gerichte; — der Oberlandesgerichte in erstinstanzlichen Sachen IV 120 Abs. 2 und Anm. 2, VII 186 Abs. 4; Zustellungen usw. in anderen — -n IV 161; Strafvollstreckung in fremden — -en IV 162, 163; Amtshandlungen des Gerichts in anderen — -n IV 166; droit de suite IV 167; — der Amtsgerichte XVII 21, der Landgerichte XVII 37, der Oberlandesgerichte XVII 47; — der Schiedsmänner XVIII 1; Handlungen des Schiedsmanns außerhalb seines — -s XVIII 14.

Bezirksausschuß. Ernannte Mitglieder vom Laienrichteramt ausgeschlossen XVII 33, 44.

Billiges Ermessen. XVIII 8 Abs. 1[6].

Binnenschiffahrt. Ansprüche aus — sind Handelssachen IV 95[4 f].

Birkenfeld. Gerichtsstand für Sachen aus — 7 Anm. 4.

Blankettstrafgesetze. Zuständigkeit des RG. bei — -n XVII 50 Anm. 7.

Blinde. Keine Verhandlung mit — -n vor dem Schiedsmann XVIII 16[6].

Bodmerei. Ansprüche aus — sind Handelssachen IV 95[4 f].

Börsengesetz. Ansprüche aus dem — sind Handelssachen 95[6].

Branntweinmonopolgesetz. Zuständigkeit für Gnadensachen bei Verurteilung auf Grund des — -es XX e, f.

Bremen. Zuständigkeit des RG. III 17 Anm. 1.

Briefe. Beschlagnahme von — -n 99—101; desgl. in Steuerstrafsachen 99 Anm. 3.

Briefgeheimnis. S. auch „Beschlagnahme", „Briefe"; Privatklage wegen Verletzung des — -ses 374; Sühneversuch dabei 380, XVIII 33.

Bürgerliche Ehrenrechte. Unfähigkeit zum Laienrichteramt bei Verlust der — -n IV 32, 77, 84; desgl. Ausschließung von öffentlichen Verhandlungen IV 175; Aberkennung bei Straftaten Jugendlicher unzulässig X 9 Abs. 5; bei Verlust keine Entschädigung für unschuldig erlittene Haft XII 2; keine Beschränkung der Auskunft aus dem Strafregister und keine Tilgung, solange Verlust dauert XIIIa 3, 8.

Bürgerliche Rechtsstreitigkeiten. Ordentl. Gerichte für — IV 13; besondere Gerichte für — III 3, IV 14; Zuständigkeit der Amtsgerichte für — IV 23, desgl. der Landgerichte IV 71, 72, der Kammern für Handelssachen IV 95, 100, der OLG. IV 119, des RG. IV 133; Sühneverhandlung über — XVIII 12—32.

Bürgerliches Rechtsverhältnis Vorentscheidung über ein — 262.

Bürgermeister. Als Polizeibeamte IV 152 Anm. 2, XIX 1 Anm. 6; — als Amtsanwälte XVII 64, 65; Bildung der Schiedsmannsbezirke durch — XVIII 1 Abs. 3[1].

Bürgschaft. Als Sicherheitsleistung bei Haft 118.

Buße. S. auch „Geldbuße"; Geltendmachung des Anspruchs auf — mit Nebenklage 403, desgl. mit Privatklage 406; Verfahren dabei 405; Vollstreckung der — 463; Höhe der — 404 Anm.

C

Chemiker. Bei Verdacht der Vergiftung 91.

Civilprozeß. S. „Bürgerlich", „Zivil".

Corpus delicti. S. „Überführungsstücke".

D

Dauer. — des Laienrichteramts IV 42, 77, 84; — der Bestellung des Untersuchungsrichters IV 61, des Vorsitzenden u. der Mitglieder der ausw. Strafkammer IV 78; — der Zwangshaft IV 177, VII 70; — der Unterbringung in einer Irrenanstalt 81 Abs. 4; — der Beschlagnahme 98 Abs. 3, 100 Abs. 3; — der Untersuchungshaft 126, 445, X 28 Abs. 4; — des Schiedsmannsamts XVIII 3 Abs. 3.

Defekte. XVII 82.

Denunziation. S. „Anzeige".

Depositenwesen. S. „Hinterlegung".

Deputation. Für das Medizinalwesen; s. „Landesgesundheitsrat".

Desertion. S. „Fahnenflucht".

Detachierte Strafkammer. S. „Auswärtige Strafkammer".

Deutsche Sprache. Ist Gerichtssprache IV 184, 185; Ausnahme für Oberschlesien IV 184 Anm. 2.

Deutsche Staatsangehörigkeit. — Voraussetzung für Laienrichteramt IV 31, 77, 84; desgl. für Handelsrichteramt IV 109; Gerichtsstand für Deutsche, die als Beamte im Ausland sind 11.

Devolutionsrecht. Der Vorgesetzten der StA. IV 145.

Diebstahl. Zuständigkeit für Rückfalls- — IV 24 3 b, 26; desgl. für räuberischen — IV 24 3 b, desgl. für militärisch gearteten — IV 24 3 c; desgl. des Amtsrichters für Feld- u. Forst- — IV 25 Anm. 14; desgl. des Jugendrichters IV 25 Anm. 8, X 17 Anm. 2.

Dienstalter. Einfluß des — -s auf Zugehörigkeit z. Präsidium IV 64, 117, 131; desgl. auf Stellvertretung des Präsidenten IV 66, 117, 131; — der Reichsgerichtsräte IV 125 Abs. 3; — bestimmt Reihenfolge der Abstimmung IV 138, 197.

Dienstanweisung. — der Gerichtsschreiber IV 153, XVII 68 und Anm. 2, 4; — der Gerichtsvollzieher IV 154 und Anm. 2, XVII 73 und Anm. 2; — für die Amtsanwälte XVII 62 Anm. 4.

Dienstaufsicht. S. „Aufsicht".

Dienstbehörde. Entbindung v. Amtsgeheimnis 54; Genehmigung z. Vernehmung eines Beamten als Sachverständigen 76; desgl. zur Herausgabe von Akten 96.

Dienstboten. Rechtsstreitigkeiten mit der Dienstherrschaft: Zuständigkeit IV 23 [2], Feriensachen IV 200 [5].

Dienstgebäude. Beschlagnahme in militärischen — -n 98 Abs. 4; desgl. Durchsuchung 105 Abs. 4.

Dienstherrschaft. S. „Dienstboten".

Dienstliche Ahndung. Gegen Verteidiger 145 Abs. 3.

Dienstliche Anweisungen. Die Beamten der StA. sind an die — -n ihrer Vorgesetzten gebunden IV 146.

Dienstliche Äußerung. Des Richters über ein Ablehnungsgesuch 26 Abs. 3.

Dienst- und Vollzugsordnung. Für die Pr. Gefangenanstalten 455 Anm. 1.
Dienstunfähigkeit der Mitglieder des RG. IV 128.
Dienstverhältnis. Rechtsweg für Ansprüche aus dem — der Beamten IV 9; Zuständigkeit dafür IV 71, bei Reichsgerichtsmitgliedern IV 126—129; — -se der Amtsanwälte XVII 62 u. Anm. 2; — der Gerichtsschreiber IV 152, XVII 68 u. Anm. 1; — der Gerichtsvollzieher IV 153, XVII 73 u. Anm. 1.
Dienstvorschriften. Verletzung allgemeiner militärischer — begründet Revision 448.
Dienstzeit. Der Mitglieder des RG. IV 128.
Dinglicher Gerichtsstand. IV 20.
Diplomat. Vgl. „Exterritorialität".
Direktoren. — bei den Landgerichten gleichzeitig Amtsrichter IV 22 Abs. 2, 59; — bei den Landgerichten IV 59, Vorsitz in den Kammern IV 62, Mitgliedschaft im Präsidium IV 64, Vertretung IV 66.
Disziplinargerichtsbarkeit. XVII 110.
Disziplinarische Ahndung. Bei militärischen Straftaten 435.
Disziplinarvorgesetzte. Disziplinare Ahndung militärischer Straftaten durch — 435; Mitteilungen an den — -n 444; Annahme von Rechtsmittelerklärungen v. Angehörigen der Reichswehr durch — 447.
Disziplinarvorschriften. Für Richter III 13, IV 8, XVII 80, Abs. 2, Reichsgericht IV 126, 127.
Dolmetscher. Zuziehung bei Verhandlungen mit der deutschen Sprache nicht Mächtigen IV 186 ff., VII 259; Ablehnung und Ausschließung des — -s: s. unter diesen Stichworten; Beeidigung des — -s IV 189; desgl. allgemeine IV 189 Anm.; Gerichtsschreiber als — IV 190; — bei Stummen 64, 259; — bei Tauben 259; Benennung im Protokoll 272 ².
Dolmetscherordnung. Preuß. — IV 189 Anm.
Dringlichkeit. Vgl. auch „Gefahr im Verzuge"; — bei der Auslosung zu außerordentlichen Sitzungen IV 48, 77, 84; Vornahme dringlicher Amtshandlungen der Staatsanwaltschaft IV 143 Abs. 2, XVII 66; Vornahme von Amtshandlungen außerhalb des Bezirks bei — IV 166; dringliche Untersuchungshandlungen eines unzuständigen Gerichts 21; desgl. eines abgelehnten Richters 29; Beeidigung im Vorverfahren bei — 66 Abs. 3; Beschlagnahme- u. Durchsuchungsrecht der StA. bei — 98, 100, 105; dringliche Entscheidungen in Haftsachen 124, 125; vorläufige Festnahme bei — 127; Verteidigerbestellung bei — 141; Vornahme von Untersuchungshandlungen durch Polizei 163; desgl. des Gerichts im vorb. Verfahren bei — 165; desgl. des Untersuchungsrichters 191; Beeidigung einer nicht beamteten Person als Gerichtsschreiber bei — 187.
Droit de suite. IV 167.
Druckschrift. Gerichtsstand bei Straftat, die durch eine — begangen wird 7; Beschlagnahme von — -en 94 Anm. 3, 4; kein Ausschluß der Berufung

bei Beleidigung durch eine — 313.

Durchsicht. Von beschlagnahmten Papieren 110.

Durchsuchung. — 102—110; im Steuerstrafverfahren 105 Anm. 6; Voraussetzungen der — 102, 103; keine — zur Nachtzeit 104; Zuständigkeit zur Anordnung der — 105; — in militärischen Dienstgebäuden 105 Abs. 4; Wahrung der Rechte der Betroffenen 106 bis 107; einstweilige Beschlagnahme bei — 108; Durchsicht der bei der — vorgefundenen Papiere 110; — in den Räumen gesetzgebender Versammlungen 102 Anm. 4; — -srecht des Kapitäns auf deutschen Schiffen außerhalb Deutschlands XVI a 127; keine Entscheidung über — durch Referendare XVII 2.

E

Ehe. Zuständigkeit des Amtsgerichts für Unterhaltsansprüche aus — IV 23.

Ehefrau. S. auch „Ehegatte"; Recht z. Wahl des Verteidigers im Verfahren gegen Abwesende 286.

Ehegatte. Ausschließung als Gerichtsvollzieher IV 155; Schiedsmann ist ausgeschlossen in Sachen seines — -n XVIII 15 [2]; desgl. Dolmetscher IV 191, Richter 22, Gerichtsschreiber, Laienrichter 31, 32, Sachverständiger 74; Zeugnisverweigerungsrecht des — -n 52 [2], 55, 56; nichteidliche Vernehmung des — -n 58; Recht des — -n zur Stellung des Wiederaufnahmeantrags bei Tod des Verurteilten 361; desgl. z. Fortsetzung der Privatklage wegen Verleumdung 393.

Ehemann. S. auch „Ehegatte"; — als Beistand 149; Verteidigerwahl durch — in Verfahren geg. Abwesende 286; Recht z. Einlegung von Rechtsmitteln 298, 330.

Ehesachen. Geistliche Gerichtsbarkeit in — ohne bürgerliche Wirkung IV 15 Abs. 3; Gehör des Oberreichsanwalts in — IV 136 Abs. 4; Ausschluß der Öffentlichkeit in — IV 170.

Ehevertrag. Referendar darf ihn nicht beurkunden XVII 2.

Ehrenamt. Laienrichteramt als — IV 31, 77, 84; desgl. Handelsrichteramt IV 107 Abs. 1; keine Zwangsstrafen gegen Hilfsbeamte der StA., die — -lich tätig sind XVII 81; Schiedsmannsamt ist — XVIII 2.

Ehrenrechte. S. „Bürgerliche Ehrenrechte".

Eid. S. „Beeidigung", „Beteuerungsformel", „Glaubhaftmachung".

Eidesfähigkeit. 56.

Eidesformel. S. „Beeidigung".

Eidesleistung. S. „Beeidigung".

Eidesmündigkeit. 56 [1].

Eidesnorm. S. „Beeidigung".

Eidespflicht. Verletzung der — ist Wiederaufnahmegrund 359 [2], 362 [2].

Eidesunfähigkeit. S. „Eidesfähigkeit".

Eidliche Versicherung. Siehe „Glaubhaftmachung".

Eidesverweigerung. S. „Beeidigung".

Eigenart. Erforschung der — bei jugendlichen Beschuldigten X 31.

Eigentum. Unverletzlichkeit des — -s 94 Vorbem.

Einberufung. Von ständig angestellten Richtern zum LG. XVII 38, zum OLG. XVII 48.
Einbruchsgebiet. Gerichtsstand f. strafbare Handlungen im — 7 Anm. 4.
Einführungsgesetz. Zum GVG. III, zur StPO. VI.
Einheit. Der Staatsanwaltschaft IV 144—147, VII 226.
Einlegung. Von Rechtsmitteln: S. „Rechtsmittel".
Einfuhr. Bedingte Strafaussetzung bei Verurteilung wegen unerlaubter — XX e, f.
Einleitung des Strafverfahrens vor dem Seemannsamt XVI d 1, 2, 3, 4.
Einregistrierungsgebühr. Keine — bei Rechtshilfe IV 164.
Einsendung. Der Akten an das Rechtsmittelgericht 306 Abs. 2, 320, 321, 334 Anm. 2, 347 Abs. 2.
Einsicht der Akten. S. „Akteneinsicht".
Einsprache. — gegen die Urliste; Recht zur — IV 37; Übersendung der — -n an das Gericht IV 38; Vorbereitung der Entscheidung über — -n IV 39; Entscheidung über die — -n IV 41; keine Beschwerde dagegen IV 41.
Einspruch. — gegen den Strafbefehl 409—412; — gegen den Strafbescheid des Seemannsamts XVI a 124 Abs. 2.
Einstellung. — des Strafverfahrens wegen Geringfügigkeit 153, X 32 Abs. 2; — wegen nicht hinreichenden Tatverdachts 170; Anfechtung derselben 172 ff.; — in der HV. 260, 354 (Revision); — durch Urteil 260, 354; — in Privatklagesachen 389, 391, 392; Antrag auf Buße durch — erledigt 404; Kosten bei — wegen Zurücknahme des Antrags 470; desgl. bei Privatklage 471; desgl. bei — im Falle des § 175 StPO. 472; —, weil Erziehungsmaßnahmen ausreichen X 32 Abs. 2; — wegen unverschuldeten Rechtsirrtums XV a 1, c—e; — des Verfahrens vor dem Seemannsamt XVI a 13; — der Vollstreckung einer pol. Strafverfügung XIX 10 Abs. 2.
Einstellung. Vorläufige — wegen anderweit schwebenden Verfahrens oder anderweiter Verurteilung 154; — wegen Abwesenheit 198, 205.
Einstellungsbescheid. 171.
Einstellungsbeschluß. 153 Abs. 3, 154 Abs. 2—5, 204, 205, X 32 Abs. 2, 3, XV a 1.
Einstimmigkeit. Zur Verwerfung der Revision durch Beschluß des RG. 349.
Einstweilige Verfügungen. Feriensachen IV 200².
Einstweilige Vertretung. XVIII 11.
Einwand. — der Unzuständigkeit 16, 18, 182; — gegen die Eröffnung der Voruntersuchung 181, 182; — gegen die Eröffnung des HV. 201 Abs. 2; — gegen die Strafvollstreckung 458.
Einzelrichter. Der Amtsrichter entscheidet grundsätzlich als — IV 22, 30 Abs. 2; — in Strafsachen s. „Amtsrichter"; — in Zivilsachen statt der Kammer IV 75, 105 Abs. 1, statt des Senats IV 122 Abs. 1.
Einziehung. S. auch „Beschlagnahme"; Beschlagnahme von Sachen, die der — unterliegen 94, 95; Verwertung eingezogener Sachen 111 Anm.,

XV Art. II Anm.; Hauptverhandlung gegen Abwesende zulässig, wenn Tat nur mit Geldstrafe, Haft oder — bedroht ist 232, 277; Verfahren bei selbständiger — 430 ff.; Voraussetzungen und Antrag 430, Verhandlung und Entscheidung 431; — -sbeteiligte 431 Abs. 2, 3, 432; Ausspruch der — im Strafbefehl 407, X 39, in der Strafverfügung 413, X 40 Abs. 1, XIX 1 Abs. 1, 7, im Strafbescheid 419; Veräußerung beschlagnahmter Gegenstände vor der Entscheidung über die — XV b—e; — nicht mehr zulässig aus Gründen der Volksversorgung XVb Anm.

Einziehungsbeteiligte. 431 Abs. 2, 3, 432.

Eisenbahnbeamte. Als Hilfsbeamte der StA. IV 152 Anm. 2.

Elbschiffahrtsgericht. IV 14 [1] u. Anm. 1, XIX 2 [1], 4 Abs. 2, 9.

Eltern. S. auch „Angehörige", „Verwandte", „Vater"; Anhörung des Oberreichsanwalts bei Rechtsstreitigkeiten wegen Feststellung des — -verhältnisses beim RG. IV 136 [4]; Recht der — zur Wahl eines Verteidigers im Verfahren gegen Abwesende 280; Recht, die Wiederaufnahme nach dem Tode des Verurteilten zu beantragen 361, 366; desgl. z. Fortsetzung der Privatklage wegen Verleumdung 393; Rechte der — im Jugendverfahren X 31 Abs. 2.

Endurteil. IV 119, 133.

Entbindung. S. „Befreiung".

Entehrende Handlung. — als Grund für Entfernung eines Reichsgerichtsmitgliedes vom Amt IV 126.

Entfernung. — aus dem Sitzungszimmer wegen Ungebühr IV 177, 182; Bestellung eines neuen Verteidigers bei unzeitiger — des bestellten 141; — des Angeklagten aus der HV. 231, X 33 Abs. 2; — von Zeugen usw. nur mit Genehmigung des Vorsitzenden 248.

Entfernung, räumliche. — rechtfertigt kommissarische Vernehmung von Zeugen 223; — nicht mehr Voraussetzung für Entbindung des Angeklagten vom Erscheinen in der HV. 233.

Entfernung vom Amt. S. „Amtsenthebung".

Enthauptung. Vollstreckung der Todesstrafe durch — 453, 454.

Enthebung. S. „Amtsenthebung", „Befreiung".

Entlassung, vorläufige. Vereinbarung der deutschen Länder über — bei Gesamtstrafen IV 162 Anm., XXd 16 Anm. 1; Mitteilung der — -n an das Strafregister XIII b 5a; Verhältnis derselben zur bed. Strafaussetzung XX d 26.

Entlastung der Gerichte. Ges. z. — 451 Anm. 3; zweites Ges. zur weiteren — IV 14 Anm. 2.

Entlastungsbeweis. — bei der verantwortlichen Vernehmung 136; die StA. hat auch die für — in Betracht kommenden Umstände zu erforschen 160; — in der Voruntersuchung 190; — im Eröffnungsverfahren 201; — vor der HV. 219, 220; — in der HV. 244—246.

Entmündigungssachen. Gehör des Oberreichsanwalts vor dem RG. in — IV 136 Abs. 4; Ausschluß der Öffentlichkeit in — IV 171; Mitteilung der Be-

schlüsse in — an das Strafregister XIII b 8 ²—⁴.
Entschädigung. — der Laienrichter und Vertrauenspersonen IV 55, 77, 84, V, XVII 36, 45; — der Zeugen 71; — der Sachverständigen 84; Gebührenordnung f. Z. u. S. 71 Anm.; — des bestellten Verteidigers 150 und Anm.; — unmittelbar geladener Zeugen 220; — für im Wiederaufnahmeverfahren Freigesprochene XI; — für unschuldig erlittene Untersuchungshaft XII; desgl. in militärgerichtlichen Sachen XII 10, XIV 21, 22; desgl. in den vom Staatsgerichtshof abgeurteilten Sachen XI 1 Anm. und XII 1 Anm.; — der Hilfsrichter XVII 4; — an Richter XVII 11.
Entscheidungen. Vgl. „Antrag", „Beschluß", „Urteil", „Verfügung", „Strafbefehl", „Einstellung"; Plenar- — des RG. IV 136, 138; Beratung und Abstimmung bei Fassung von — IV 192—198, VII 263; — über die Zuständigkeit 15, 17—19, 182; gerichtliche — und deren Bekanntmachung 33—41; Begründung der — 34; — über Beschlagnahmen 98, 100, XV b Art. II ², XV c—e; — über Verfall der Sicherheit 122, 124; auf die Untersuchungshaft bezügliche — 124, 125; — über die Eröffnung des HV. 192 ff.; — über bürgerliche Rechtsverhältnisse 262; Protokollierung der — in der HV. 273; Rechtsmittel gegen — 296; Beschwerde 304 ff.; — in der Berufungsinstanz 319, 322, 328, 329, 331; — in der Revisionsinstanz 336, 346, 352, 355, 358; — über den Antrag auf Wiederaufnahme 372; Antrag auf gerichtliche — bei Strafverfügungen 413, XIX 3, 4, 9; desgl. bei Strafbescheiden 420, XVI a 124, XVI d 15; — bei der Strafvollstreckung 458—462, X 36; Kosten- — 464 ff.
Entscheidungsgründe. Begründungszwang für gerichtliche Entscheidungen 34; — im Urteil 267; deren Verkündung 268; Fehlen der — im Urteil ist Revisionsgrund 338 ⁷; in Jugendsachen kein Urteil mit abgekürzten —-n X 47 Abs. 1.
Entschuldigung. Ausbleiben ohne — der Laienrichter IV 56, 77, 84, von Zeugen 51, von Sachverständigen 77, des Angeklagten in der Hauptverhandlung 230, 329, 412; nachträgliche — IV 56 Abs. 2, VII 51 Abs. 2; unwahre — Teil I StGB. § 138; — -sgründe für Ablehnung oder Niederlegung des Schiedsmannsamts XVIII 8; — des Ausbleibens vor dem Schiedsmann befreit von Strafe XVIII 22.
Entsiegelung. Beschlagnahmter Papiere 110 ³; Zuständigkeit des Gerichtsschreibers für —-en XVII 70 und Anm. 3; desgl. der Gerichtsvollzieher XVII 74³.
Entweichung. Von Gefangenen. Durchsuchung zwecks Wiederergreifung eines Gefangenen nach — 104 Abs. 1; Fesselung eines Untersuchungsgefangenen, der einen — -sversuch gemacht hat 116 Abs. 4; Steckbrief hinter einem Untersuchungsgefangenen nach — 131; desgl. hinter einem Strafgefangenen 457.
Entwicklung. Grad der geistigen

und sittlichen — bei Jugendlichen X 2.
Erben. Des Verletzten, Anspruch auf Buße 404 Abs. 4; s. auch „Angehörige".
Erfolglosigkeit. Des Sühneversuchs XVIII 38.
Erforderlichkeit. Von Erziehungsmaßnahmen X 5, 6.
Erforschung. Strafbarer Handlungen durch die Polizei 163.
Ergänzung. — der Voruntersuchung 197 Abs. 2, 202; — eines Urteils s. „Berichtigung".
Ergänzungsgeschworene. IV 192 Abs. 3.
Ergänzungsrichter. IV 192 Abs. 2; Bestellung ist Verwaltungssache IV 192 Anm.
Ergänzungsschöffen. IV 192 Abs. 3.
Ergreifung. S. auch „Besetztes Gebiet", „Saargebiet"; Gerichtsstand der — 7 Anm. 4, 9 und Anm.; Durchsuchung zwecks — des Beschuldigten 102—104; — eines steckbrieflich Verfolgten 132.
Erhebung der Klage. S. „Anklage", „Klage".
Erkennendes Gericht. S. „Beschließendes Gericht"; Besetzung des —n —s: Schöffengericht IV 29, Strafkammer IV 76 Abs. 2, Oberlandesgericht in erster Instanz IV 122 Abs. 2, Reichsgericht IV 139 Abs. 1, Jugendgericht X 17; Untersuchungsrichter darf nicht Mitglied des —n —s sein 23 Abs. 2; keine Beschwerde gegen Entscheidungen desselben 305; bedingte Strafaussetzung durch — XX d 7, e III.
Erklärung. Aufnahme von in fremder Sprache abgegebenen —en in das Protokoll IV 187; Verlesung der —en öffentlicher Behörden in der HV. 249, 256; — des Beschuldigten auf den Antrag auf gerichtliche Entscheidung wegen Einstellung 172 Abs. 2; — des Gegners auf die Beschwerde 308; desgl. auf die Revisionsbegründung 347, 429 Abs. 2, auf den Wiederaufnahmeantrag 368 Abs. 2, 369 Abs. 4; — des Angeklagten auf die Privatklage 382, 383; — des Anschlusses als Nebenkläger 396; — über Einlegung usw. von Rechtsmitteln in Militärstrafsachen 447.
Erklärungsfristen. S. „Fristen".
Erlaß. Von bedingt ausgesetzten Strafen X 15, XX a—c, d 13, 14, 16, 20, XX e, f I.
Ermächtigung. Der Gerichte zu bedingter Strafaussetzung XX a—c, d 1, e, f I.
Ermahnung. S. „Verwarnung"; — der Zeugen und Sachverständigen zur Wahrheit 60, 72.
Ermessen. Freies — bei der Beweiswürdigung 261; billiges — bei Entbindung vom Schiedsmannsamt XVIII 8.
Ermittlung. S. auch „Beweisaufnahme"; —en der Staatsanwaltschaft 161; des Amtsrichters im Vorverfahren 162, 165—169; selbständige —en der Polizei 163; —en des Untersuchungsrichters 187 bis 195; —en des Beschwerdegerichts 308; — der persönlichen Verhältnisse des Beschuldigten X 31, XX d 17.
Ermittlungsrichter. 159, 162, 165—169.
Ermittlungsverfahren. 158 bis 171.
Ernennung. — der Richter IV 6, XVII 7; des — Vorsitzenden und der Mitglieder des Schwur-

gerichts IV 83; — der Handelsrichter IV 108—110, XVII 7; — der Mitglieder des RG. IV 125; — des Oberreichsanwalts und der Reichsanwälte IV 149; — der Richter XVII 7; — der Staatsanwälte XVII 60.

Erneuerung. Der HV. im Wiederaufnahmeverfahren 370.

Eröffnung. — der gerichtlichen Untersuchung 151, 170; — der Voruntersuchung 170, 179 bis 184; — des Hauptverfahrens 198 ff., in Privatklagesachen 383, im beschleunigten Verfahren nicht erforderlich 212, desgl. nicht im gerichtlichen Verfahren auf Strafverfügung 416 und Strafbescheid 422.

Eröffnungsbeschluß. Einwand der örtlichen Unzuständigkeit in der HV. nur bis zur Verlesung des — -ses zulässig 16; desgl. Ablehnung von Gerichtspersonen 25; Zuständigkeit für — 198, 199, 209; Voraussetzungen 203; Inhalt 207; — gegen den Antrag der StA. 208; Unanfechtbarkeit 210; — nicht nötig im beschleunigten Verfahren 212; Zustellung 215; Verlesung in der HV. 217, 243; der — bildet die Grundlage der Urteilsfindung 264; Ausnahmen 265, 266; Bezugnahme auf den — in den Urteilsgründen 267 Abs. 4, X 47 Abs. 1; Aktenvernichtung in diesem Falle 267 Anm. 2; Verweisungsbeschluß 270 Abs. 2, X 18 Abs. 2; — nicht nötig bei Strafverfügung und Strafbescheid 416, 422; — im wiederaufgenommenen Verfahren setzt den Entschädigungsbeschluß außer Kraft XII 5.

Erörterungen. Entfernung des Angeklagten bei ihm nachteiligen — in der HV. X 33; Entscheidung des Revisionsgerichts, wenn es tatsächlicher — nicht bedarf 354.

Erpressung. Zuständigkeit der AG. bei räuberischer — IV 24 [3] b.

Ersatzmann. IV 47, 77, 84; s. auch „Ergänzung".

Ersatzstrafe. — zulässig auch bei Ordnungsstrafe nach IV 178, VII 51, 70, 95; — unzulässig bei Ordnungsstrafe nach IV 56 (77, 84), VII 77; gerichtliche Festsetzung einer — an Stelle einer unbeitreiblichen Geldstrafe 423, 459 (462), X 39, 40 Abs. 2; — im Strafbescheid XVIa 123; Festsetzung der — in der Strafverfügung XIX 1 Abs. 2 (s. aber X 40); bedingte Aussetzung der — X 14, 34, 35 Abs. 2, XXa—c, d 10; desgl. verboten bei Abgabendelikten und verwandten Sachen XXe, f.

Erscheinungspflicht. — der Laienrichter IV 56, 77, 84; — der Zeugen 51; — der Sachverständigen 77; — des Beschuldigten 120, 125, 230 ff., 235, 329, 391, 412, XVId 11.

Erschwerende Umstände. Abstimmung über — Teil der Schuldfrage 263 Abs. 2; treten — erst in der HV. auf, ist der Angeklagte darauf hinzuweisen 265 Abs. 2; Bezeichnung der festgestellten oder nicht festgestellten — -n in den Urteilsgründen 267 Abs. 2.

Erstattung. — der Auslagen bei der Rechtshilfe IV 164; desgl. derjenigen des Freigesprochenen aus der Staatskasse 467 Abs. 2; — der Kosten an den Beschuldigten und die Staatskasse bei falscher Anzeige 469; — der Kosten bei Zurücknahme des Antrags 470; — der Auslagen bei Privatklage 471; — der Kosten durch den Antragsteller 472; — der Kosten eines Rechtsmittels 473; — der den Ländern durch die Militärgerichtsbarkeit erwachsenden Mehrkosten XIV 29.

Erster Beamter. Der Staatsanwaltschaft; Amtstitel XVII 59.

Ersuchen. — um Rechtshilfe IV 158, 159; — an die Militärbehörde um Zeugenladung 48 Abs. 2; desgl. um Beschlagnahme 98 Abs. 4; desgl. um Durchsuchungen 105 Abs. 4; — der StA. an die Polizei 161; desgl. an den Amtsrichter 162; — des Untersuchungsrichters an den Amtsrichter 185; desgl. an die Polizei 189.

Ersuchter Richter. IV 156 ff.; s. auch „Beauftragter Richter", „Ersuchen".

Erteilung. Des Wortes an die Prozeßbeteiligten 258.

Erwachsene. Strafvollzug gegen Jugendliche getrennt von demjenigen gegen — X 16; — Angehörige in der HV. vor dem Jugendgericht X 23; keine Verbindung von Strafsachen gegen — mit solchen gegen Jugendliche X 26; Trennung Jugendlicher von —n in der Untersuchungshaft X 28; desgl. in der HV. X 33.

Erziehung. Strafvollzug gegen Jugendliche soll die — fördern X 16.

Erziehungsmaßregeln. — in Jugendsachen X 5 ff.; — haben keinen Strafcharakter X 7 Anm. 1; Ausführung der — X 7 Abs. 3, 36; vorläufige Anordnungen über — X 8; — neben bedingter Strafaussetzung X 12 Abs. 2; — statt Vollzugs der Untersuchungshaft X 28 Abs. 1; Milderung des Anklagezwanges bei Anordnung von — X 32; Anfechtung des Urteils hinsichtlich der angeordneten — X 35.

Erzwingung. — des Zeugnisses 70; — des Gutachtens 77; — der Auslieferung von Beweismitteln und Einziehungsgegenständen 95.

Exterritorialität. — der Mitglieder fremder Missionen usw. in Deutschland IV 18—22; — der Reichsratsmitglieder in Preußen IV 18 Abs. 2; Gerichtsstand von deutschen Beamten, die im Ausland das Recht der — genießen, in Deutschland 11.

F

Fachbehörde. Gutachten einer — 83; desgl. bei Vergiftungen 91, bei Münzdelikten 92 und Anm.; Vertretung des Gutachtens in der HV. 256.

Fähigkeit. S. „Befähigung".

Fahnenflucht. — -serklärung 437.

Fahrkosten. — der Laienrichter und Ausschußmitglieder IV 55, 77, 84, V, XVII 36, 45; — der Handelsrichter IV 107.

Fahrlässigkeit. Grobe —, die zur Verurteilung oder zur Verhängung der Haft geführt hat, hat Verlust des Entschädigungsanspruchs zur Folge XI 1, XII 2.

Fall. Absehen von Strafe bei besonders leichtem — X 9 Abs. 4.

Falschmünzerei. Zuständigkeit IV 24 ³b; Gutachten über — 92.

Fälschung. S. „Falschmünzerei“; — des Protokolls 274; — von Beweisurkunden als Wiederaufnahmegrund 359 [1], 362 [1].
Familienfideikommißsachen. XVII 49, 91.
Familienmitglieder. S. „Angehörige“, „Ehegatte“; — der ehemals regierenden Häuser III 5, VI 4; — der Exterritorialen IV 19.
Familienstiftungen. XVII 29, 42, 57, 91, 94.
Feiertag. Fristablauf am — 43
Feldfrevel. S. „Feld- und Forstpolizeigesetz“.
Feldhüter. Beeidigung der — für mehrere Sachen 61 Anm.
Feldrügesachen. Zulässigkeit eines besonderen Verfahrens in — VI 3.
Feld- und Forstpolizeigesetz. Teil I Nr. XVII. Zuständigkeit des Amtsrichters für Delikte gegen das — IV 25 Anm. 14; desgl. des Jugendrichters in Jugendsachen wegen solcher Delikte X 17 Anm. 2; in der Berufungsinstanz entscheidet die kleine Strafkammer IV 76 Anm. 8; pol. Strafverfügung zulässig XIX 2 Anm. 3.
Ferien. Gerichts- — IV 199 bis 202; Dauer der — IV 199; — -sachen IV 200, 202; — -kammern und — -senate IV 201; Richtervertretung in den — XVII 38, 48; — in der landesrechtlichen freiwilligen Gerichtsbarkeit XVII 91.
Fesselung. Von Untersuchungsgefangenen 116 Abs. 4.
Festgenommene. Vorführung vor den Richter 128—129; Steckbrief hinter entwichenen — -n, Recht der Polizeibehörde dazu 131 Abs. 2.
Festhaltung. — als Maßnahme zur Aufrechterhaltung der Ordnung in der Sitzung IV 177, VII 164; — des Vorgesetzten 135; — des Angeklagten in der HV. 231.
Festnahme. S. auch „Festhaltung“; — von Abgeordneten 112 Anm. 3; — des Täters, der in der Sitzung eine strafbare Handlung begeht IV 183; vorläufige — 127, 128; beschleunigtes Verfahren bei — 212; — -recht des Kapitäns XVIa 127.
Festsetzung. — der Gebühren des bestellten Verteidigers 150 Anm.; — der zu erstattenden Auslagen 467, 469, 471, 472; — einer Strafe durch das Seemannsamt XVId 12, 13; — von Ordnungs- und Zwangsstrafen gegen Justizbeamte XVII 80, 81.
Feststellung. — des Tatbestandes in der Sitzung begangener Delikte IV 183; — der Persönlichkeit des Toten vor der Leichenöffnung 88; tatsächliche — -en in den Urteilsgründen 267; Aufhebung der — -en des Urteils in der Revisionsinstanz 353; — des Tatbestands vor dem Seemannsamt XVI a 123.
Festungshaft. Vollstreckung der — 455 Anm. 2; bedingte Aussetzung von — XX c, d 1, 13, 19.
Fideikommiß. S. „Familien- —“
Finanzamt. — als Nebenkläger 395 Anm. 2, 427.
Fischereibeamte. Als Hilfsbeamte der StA. IV 152 Anm.
Fischereigeräte. Verwertung eingezogener — 109 Anm.
Fliegender Gerichtsstand der Presse. 7 Abs. 2.

Flößer. Zuständigkeit für Streitigkeiten mit — -n IV 23.
Flößereiabgaben. Anm. 1 zu IV 71.
Flucht. Anstalten zur — 120, 337.
Flüchtige. Droit de suite, IV 167; Durchsuchung zwecks Ergreifung — -r 102—104; Steckbrief hinter — -n 131, 457.
Fluchtverdacht. — als Haftgrund 112, 117, 121; — als Grund zur vorläufigen Festnahme 127; keine Beschränkung des Verkehrs mit dem Verteidiger bei — 148; — als Grund für Haftbefehl usw. bei der Strafvollstreckung 457.
Fluchtversuch. Verfall der Sicherheit bei — 120; Erlöschen des sicheren Geleits bei — 295.
Förmlichkeiten. Feststellung der — der HV. zum Protokoll 272—274.
Forstdiebstahl. Einzelrichter allein entscheidet stets ohne besonderen Antrag, auch in Jugendsachen IV 25 Anm. 14, X 17 Anm. 2; in der Berufungsinstanz entscheidet die kleine Strafkammer IV 76 Anm. 8; Unzulässigkeit pol. Strafverfügung bei — XIX 3.
Forstdiebstahlsgesetz. Teil I Nr. XVI. Vgl. „Forstdiebstahl".
Forstfrevel. S. „Feld- und Forstpolizeigesetz".
Forsthüter. S. „Feldhüter".
Forstrügesachen. S. „Feldrügesachen".
Forstschutzbeamte. Allgemeine Beeidigung der — -n 61 Anm.
Fortdauer. — der bedingten Strafaussetzung nach erneuter Verurteilung X 13, 34, XX d 16 (s. aber 11)
Fortsetzung. — der unterbrochenen HV. 229; — der Privatklage nach dem Tode des Privatklägers 393; — des unterbrochenen Sühnetermins XVIII 23.
Fragen. — bei der Abstimmung IV 194 (s. auch „Schuldfrage", „Straffrage"); — an Zeugen 55, 68, 69 Abs. 2; — des Sachverständigen an Zeugen 80; — an den Angeklagten bei der Beweisaufnahme 257, XVI d 9.
Fragerecht. S. auch „Fragen"; — der Beisitzer, des Staatsanwalts, des Verteidigers, des Angeklagten, der Laienrichter 240—242; — des gesetzlichen Vertreters X 30; kein — der Eltern und des Jugendamts in Jugendsachen X 31 Abs. 2, 3; — der Beisitzer des Seemannsamts XVI d 9.
Frauen. S. auch „Ehefrau", „Ehegatte", „Ehemann"; — als Richter IV 2 Anm. 1; — als Laienrichter IV 29, 31, 35 [3],[6], 45, 49, 77, 84; — als Mitglieder des Wahlausschusses IV 40, 55, 56, XVII 35 Anm. 1; — als Handelsrichter IV 109 Anm. 1; — als Staatsanwälte IV 148 Anm. 2; — als Gerichtsschreiber IV 152 Anm. 2; — als Gerichtsvollzieher IV 153 Anm. 1.
Freie Arbeit. Als besondere Pflicht bei der Strafaussetzung XX d 3 Anm. 1.
Freiem Fuß. Bekanntmachung von Entscheidungen an nicht auf — Befindliche 35 Abs. 1 und Anm. 2, 37 Anm.; Verkehr des nicht auf — Befindlichen mit dem Verteidiger 148; Recht des nicht auf — Befindlichen zur Anwesenheit nur bei Untersuchungshandlungen am

Haftort 193 Abs. 4, 224 Abs. 2; kein Anspruch des nicht auf — Befindlichen auf Anwesenheit bei der Revisionsverhandlung 350 Abs. 2.

Freies Geleit. 295.

Freiheit. Delikte gegen die — berechtigen zur Nebenklage 395 Abs. 2.

Freiheitsstrafe. S. auch „Ersatzstrafe"; Rechtshilfe bei Vollstreckung der — IV 162—164; Verfall der Sicherheit, wenn der Verurteilte sich dem Antritt der — entzieht 122 Abs. 1; Wegfall des freien Geleits bei Verurteilung zu — 295; Umfang der Festsetzung einer — im Strafbefehl 407; im Strafbefehl gegen Jugendliche ist — nur als Ersatzstrafe zulässig X 39; Festsetzung der — durch Strafverfügung 413, XIX 1, 2, 4; gegen Jugendliche unzulässig X 40 Abs. 1; — im Strafbescheid unzulässig 423, X 40 Anm. 4; Vollstreckung der — 455—462, in Jugendsachen X 16, 36 gegen Fürsorgezöglinge X 37; Berechnung der Strafzeit bei — -n 445, 450 (Anrechnung von Untersuchungshaft), 461 (Anrechnung des Aufenthalts in einer Krankenanstalt); Grundsätze für den Vollzug von — -n und Dienst- und Vollzugsordnung 455 Anm. 1; Aufschub von — -n 455, 456; desgl. im Gnadenwege XX g h; bedingte Aussetzung von — XX a—f.

Freilassung. — gegen Sicherheitsleistung 117—122; — wegen Aufhebung des Haftbefehls 123, 124; — wegen Ablaufs der Haftfrist 126; — bei der Vorführung nach vorläufiger Festnahme 128, 129; — wegen Irrtums in der Person usw. 132; Beweiserhebung zwecks — 166.

Freisprechung. Aufhebung des Haftbefehls bei — 123; Urteil auf — 260; Begründung des Urteils 267 Abs. 5; — in der Revisionsinstanz 354; sofortige — im Wiederaufnahmeverfahren 371; Bekanntmachung dieser — 371 Abs. 4; Erledigung des Bußanspruches durch — 404; Kostenentscheidung bei — 467, 471, 472; Übernahme der notwendigen Auslagen auf die Staatskasse bei — 467 Abs. 2 und Anm. 1; Entschädigung bei — im Wiederaufnahmeverfahren XI; — vor dem Seemannsamt XVIa 13.

Freiwerden. Der Sicherheit 121.

Freiwillige Gerichtsbarkeit. Änderung des Gesetzes über — X 49; landesrechtliche — ist Sache der Amtsgerichte XVII 26, 29; Zuständigkeit der Landgerichte für — XVII 29, 41; desgl. der OLG. XVII 29, 49[3]; Aufnahme von Protokollen dabei XVII 71; Rechtshilfe XVII 87; Öffentlichkeit und Sitzungspolizei XVII 89; Beratung und Abstimmung XVII 90; Gerichtsferien XVII 91; — in Heer und Marine XVII 111.

Fremdsprache. Verhandlung mit Personen, welche des Deutschen nicht mächtig sind IV 185; Protokollierung von Aussagen und Erklärungen in einer — IV 185 Abs. 1 S. 2, 3; mündlicher Vortrag der Partei in einer — im Anwaltsprozeß IV 187; Eidesleistung in einer — IV 188; Ablehnung der Schiedsmannstätigkeit bei — -igen XVIII 16[1].

Frische Tat. S. „Betreffen".
Frist. S. auch „Ausschlußfrist", „Zahlungsfrist"; — für Widerspruch gegen Verhandlung durch Einzelrichter IV 26 Abs. 2; — für Auslegung der Urliste IV 36; — für Einsprachen dagegen IV 37; — für Ablehnung des Laienrichteramts IV 53, 77, 84; Ladungs- — für die Geschworenen IV 87; Beschwerde- — gegen Maßnahmen der Sitzungspolizei IV 181; für Einwand der örtlichen Unzuständigkeit 16; — für Richterablehnung 25; desgl. für Laienrichter und Gerichtsschreiber 31, 32 (25); — für Aushang an der Gerichtstafel bei öffentlicher Zustellung 40; Berechnung der — -en nach der StPO. 42, 43, 429; — für Wiedereinsetzung in den vorigen Stand bei — -versäumnis 45, 412, 415, 421; — für Bestätigung der Beschlagnahme 98 Abs. 2, 3; desgl. für Druckschriften 94 Anm. 2, 3; Haft- — 126; — für Antrag auf Verteidigerbestellung bei Verbrechen 140 Abs. 4; — für Fortsetzung des vorläufig eingestellten Verfahrens 154 Abs. 4; — für Beschwerde gegen Einstellung und Antrag auf gerichtliche Entscheidung 172 Abs. 1; Erklärungs- — für den Beschuldigten 173; — für Sicherheitsleistung des Antragstellers 176 Abs. 1; — zur Erklärung auf die Anklage 201; — für Ladung zur HV. 217; — zur Fortsetzung einer unterbrochenen HV. 229; — zur Stellung des Antrags auf Wiedereinsetzung in den vorigen Stand wegen Versäumung des HV.-Termins 235 Abs. 1, 329 Abs. 2, 391 Abs. 4, 412 Abs. 2; — zur Erhebung der Zivilklage 262 Abs. 2; — für Urteilsverkündung und -absetzung 268 Abs. 1, 275 Abs. 1; — zur Stellung von Verteidigungsanträgen nach Verweisung 270; — zur Einlegung von Rechtsmitteln 298, 299, 302; — zur Vorlegung der Beschwerde beim Beschwerdegericht 306 Abs. 2; — für sofortige Beschwerde 311 Abs. 2; Berufungs- — 314, 315; — zur Rechtfertigung der Berufung 317; — für Antrag auf Entscheidung des Berufungsgerichts bei Verwerfung als unzulässig 319 Abs. 2, 391 Abs. 4; — zur Vorlegung der Akten beim Berufungsgericht 321; — für Einlegung der Revision 341, 342; Revisionsbegründungs- — 344 Abs. 1, 429 Abs. 2; — für Antrag auf Entscheidung des Revisionsgerichts bei Verwerfung als unzulässig 346 Abs. 2; — für Gegenerklärung 347, 429 Abs. 2; — zur Erklärung auf den Wiederaufnahmeantrag 368 Abs. 2, 369 Abs. 4; — zur Erklärung auf die Privatklage 382, 383; Ladungs- — des Privatklägers 385 Abs. 3; — für die Widerklage 388 Abs. 1; — für Zurücknahme 391 Abs. 1; — zur Fortsetzung der Privatklage wegen Verleumdung nach dem Tode des Klägers 393 Abs. 3; — für Einspruch gegen Strafbefehl 409; — für den Antrag auf gerichtliche Entscheidung gegen eine Strafverfügung 413 Abs. 3, XIX 3, 4; desgl. gegen einen Strafbescheid 419 Abs. 2; — für Zurücknahme des Strafbescheids 422 Abs. 3; Beginn der — -en für

die Verwaltungsbehörde 429; — für Geltendmachung des Anspruchs auf Entschädigung für unschuldig erlittene Haft XI 5 Abs. 1, XII 6 Abs. 1; — für Beschreitung des Rechtsweges dabei XI 5 Abs. 3, XII 6 Abs. 1; — für Auskunftsbeschränkung XIIIa 6, für Tilgung XIIIa 7; — für Strafnachricht XIIIb 10; — für den Antrag auf gerichtliche Entscheidung gegen den Strafbescheid des Seemannsamts XVIa 124.

Fristen, gesetzliche. IV 36, 37, 53, 87, 181, VII 45, 98 Abs. 3, 126, 140 Abs. 4, 154 Abs. 4, 172 Abs. 1, 217, 229, 235 Abs. 1, 268 Abs. 1, 275 Abs. 1, 306 Abs. 2, 311 Abs. 2, 314, 317, 319 Abs. 2, 321, 329 Abs. 2, 341, 344 Abs. 1, 346 Abs. 2, 347, 391 Abs. 4, 393 Abs. 3, 409, 412, 413, 415, 419, 421, 429, XI 5 Abs. 1, 3, XI 6 Abs. 1.

Fristen, richterliche. IV 26 Abs. 2, VII 173 Abs. 2, 176 Abs. 1, 201, 262 Abs. 2, 270, 368 Abs. 2, 369 Abs. 4, 382.

Fuhrleute. Zuständigkeit für Streitigkeiten der — mit Reisenden IV 23 ².

Führung. Gute — als Voraussetzung für den Erlaß nach bedingter Aussetzung X 15, XXd 2, 3b, 12, 21; — der Strafregister XIIIb 1, 15 ff.

Führungszeugnisse. Dürfen in der HV. nicht verlesen werden 256.

Funkverkehr. Durchsuchung nach unerlaubten Funkanlagen 102 Anm. 3.

Fürsorgeerziehung. Anordnung wegen Straftaten Jugendlicher X 5, 7; Ausführung X 7 Abs. 3, 36 Abs. 1 S. 2; Anfechtung eines Strafurteils, in dem auf — erkannt ist X 35 Abs. 1 S. 2; — neben der bedingten Strafaussetzung XXd 3 I, II, 11 I.

Fürsorgeerziehungsbehörde. Begriff X 31 Anm. 6; Anhörung der — über Verhältnisse und Eigenart des beschuldigten Zöglings X 31; desgl. vor Strafvollstreckung gegen den Zögling X 37.

Fürsorgezögling. S. „Fürsorgeerziehungsbehörde"; Vorsicht bei Verwendung des Ausdrucks — 200 Anm. 3.

G

Gasthäuser. S. „Herbergen".

Gastwirte. Zuständigkeit für Streitigkeiten wegen der Zeche IV 23 ².

Gebrechlichkeit, Gebrechen. Unfähigkeit zum Laienrichteramt bei — IV 33, 77, 84; Versetzung eines RG.-Mitgliedes in den Ruhestand bei — IV 128; kommissarische Vernehmung von Zeugen und Sachverständigen bei — 233.

Gebühren. S. auch „Verwaltungsgebühren"; Ausschluß von — bei der Richterbesoldung IV 7, XVII 11; — der Laienrichter IV 55, 77, 84, V, XVII 36, 45; Erstattung der bei Rechtshilfe verauslagten — IV 165; — der Zeugen 71; — der Sachverständigen 84; — des bestellten Verteidigers 150; Erstattung der Anwalts- — in Privatklagesachen 471 Abs. 5; — -freiheit des Verfahrens vor dem Seemannsamt XVIa 123, 125 Abs. 2; — der Schiedsmänner XVIII 42—45; keine — für polizeiliche Strafverfügungen XIX 6.

Gebührenordnung. — für Zeugen und Sachverständige 71 Anm.; — für Rechtsanwälte 150 Anm.

Gefährdung. Einfluß der — der öffentlichen Sicherheit auf den Gerichtsstand 15; Rechte des Reichspräsidenten bei — der öffentlichen Ruhe und Ordnung IV 16 Anm. 2; Ausschluß der Öffentlichkeit bei — der öffentlichen Ordnung und bei — der Sittlichkeit IV 174; — der öffentlichen Sicherheit als Grund für Verweisung an ein anderes Gericht 15.

Gefahr im Verzuge. S. „Dringlichkeit".

Gefälle. S. „Abgaben".

Gefangenanstalten. Verwaltung und Beaufsichtigung der — in Pr. XVII 77, 78; Dienst- und Vollzugsordnung für die — in Pr. 455 Anm. 1.

Gefangene. Zustellung an — 36; Durchsuchung zur Wiederergreifung von — -n 104; Behandlung der Untersuchungs- — -n 116; Steckbrief hinter entwichenen — -n 131 Abs. 2, 457 Abs. 2; Verbringung des Straf- — -n in eine Krankenanstalt 461.

Gefängnis. Rechtsmittelerklärungen von Gefangenen bei dem Amtsgericht am Orte des — -ses 299, 447; bedingte Aussetzung der — -strafe XXc, d 1, 13, 19.

Gefängnisbeamter. Zuziehung bei der Hinrichtung 454.

Gefängnisvorsteher. Erteilt in dringenden Fällen Strafurlaub XXh IV.

Gefängniswesen. S. „Gefangenanstalten".

Gegenerklärung. S. auch „Erklärung"; 308, 347, 368, 429.

Gegenseitigkeit. Bei Entschädigung für unschuldig erlittene Haft XII 12.

Gegenstände. Verzeichnis und Aufbewahrung der beschlagnahmten — 109; Rückgabe der dem Verletzten durch die strafbare Handlung entzogenen — 111.

Gegenüberstellung. Von Zeugen mit Zeugen oder mit dem Beschuldigten im Vorverfahren 59 Abs. 2.

Gegenvormund. S. „Vormund".

Gegenvorstellung. S. „Gegenerklärung".

Gehalt. — der Richter IV 7—9, XVII 9—11; — der Mitglieder des RG. IV 126, 127; Bemessung des — -s der Amts- und Landrichter XVII 10, 11.

Geheimer Justizrat. Aufgehoben XVII 18 und Anm., 91.

Geheime Sitzung. S. „Ausschließung", „Öffentlichkeit".

Geheimhaltung. Pflicht zur — von Erörterungen in nicht öffentlichen Sitzungen IV 174 und Anm.

Geheimnisse. Zuständigkeit für Verbrechen des Verrats militärischer — IV 120, 134; Privatklage wegen Verletzung fremder — 374 [5]; Sühneversuch dabei 380, XVIII 33.

Gehör. S. auch „Anhörung"; Recht des gesetzlichen Vertreters auf — X 30; desgl. der Eltern X 31 Abs. 2.

Geisteskrankheit. S. auch „Geisteszustand"; vorläufige Einstellung wegen — 205; bei Verfall in — Verlesung früherer Zeugenaussagen usw. zu-

lässig 251; — hemmt Vollstreckung der Todesstrafe 453; Aufschub der Freiheitsstrafe 455 Abs. 1; Nachricht über Entmündigung oder Freisprechung wegen — an das Strafregister XIII b 8.
Geisteszustand. Beobachtung des Angeschuldigten auf den — 81.
Geistige Getränke. Enthaltsamkeit von — -n als Auflage bei bedingter Strafaussetzung XXd 3, 12.
Geistliche. Befreiung der — -n vom Laienrichteramt IV 34 [7], 77, 84; Zeugnisverweigerungsrecht 53 [1]; Zuziehung zur Hinrichtung 454.
Geld. Ordnungsstrafen in — IV 56, 178, VII 51, 70, 77, 95, XVIII 22.
Geldbuße. S. auch „Buße"; — als Erziehungsmaßregel X 7 Anm. 5; — bei der bedingten Strafaussetzung X 12 Anm. 2, 35 Anm. 5, XXd 3b und Anm. 2 dazu, 9, 11, 19; — nur zugunsten der Staatskasse X 35 Anm. 5, XXd 3b Anm. 2; — bei Erlaß der Strafe nach bedingter Aussetzung XXd 13.
Geldstrafe. S. auch „Ersatzstrafe", „Geld", „Geldbuße", „Ordnungsstrafe"; Beschränkung der Untersuchungshaft bei mit — bedrohten Delikten 113; HV. gegen Abwesenden zulässig, falls nur — angedroht 232; Verfahren gegen Abwesende in diesem Falle 277; Beschlagnahme zur Deckung einer — 283, 284; Festsetzung von — durch Strafbefehl 407, durch Strafverfügung 413, XIX 1, 7, durch Strafbescheid 419; Umwandlung von — in Freiheitsstrafe s. „Ersatzstrafe"; Vollstreckung der — 463 (im Wege der Rechtshilfe IV 163); keine bedingte Strafaussetzung bei — X 14, XX a—c, d 10, e; — hemmt nicht die beschränkte Auskunft für andere Strafen XIIIa 2 Abs. 2; Frist für Auskunftsbeschränkung bei — XIIIa 6; Frist für Tilgung XIIIa 7; Registerpflicht der — XVIb 2; — neben ausgesetzter Freiheitsstrafe XXd 11 Anm. 1; Strafausstand bei — XXg, h.
Geldstrafengesetz. Teil I des Werkes.
Geleit, sicheres. 337.
Gemeinde. — trägt sächliche Kosten des Schiedsmannsamts XVIII 45; — erhält die vom Schiedsmann verhängten Geldstrafen XVIII 46.
Gemeindebeamte. Mitwirkung bei Durchsuchung 105, bei Hinrichtung 454; — als Amtsanwälte XVII 64; — als Schiedsmänner XVIII 2.
Gemeindebehörde. Anzeige bei Fällen unnatürlichen Todes 159.
Gemeindebezirk. Sühneversuch, wenn die Parteien in verschiedenen — -en wohnen 380, XVIII 35a; Änderungen der — -e haben ohne weiteres die Änderung des Gerichtsbezirks zur Folge XVII 21 Abs. 3, 37 Abs. 2; Zusammenlegung mehrerer — -e zu einem Schiedsmannsbezirk, Teilung des — -s in mehrere XVIII 1.
Gemeindedienst. Berücksichtigung bei Festsetzung des Dienstalters IV 128 Abs. 3.
Gemeindegerichte. IV 14 [5].
Gemeindemitglieder. Zuziehung von — -n bei Vollstreckung von Todesstrafen 454.

Gemeindepolizeibeamte. Als Hilfsbeamte der StA. IV 152 Anm. 2.

Gemeindevertretung. Wahl der Ausschußmitglieder für die Laienrichterwahl IV 40, XVII 35, der Schiedsmänner XVIII 3.

Gemeindevorstand, Gemeindevorsteher. Aufstellung der Urliste IV 36; Übersendung derselben an das Gericht IV 38; — als Mitglied des Wahlausschusses IV 40 Abs. 3; — als Hilfsbeamte der StA. IV 152 Anm. 2; — bei Hinrichtungen 454; — als Amtsanwalt XVII 64; — grenzt den Schiedsmannbezirk ab XVIII 1.

Gemeine. S. „Militärpersonen".

Gemeinheitsteilungen. S. „Auseinandersetzung".

Gemeinnützige Vereine. Keine Auferlegung von Bußen zugunsten —-r XXd 3b Anm.

Gemeinschuldner. Unfähigkeit zum Laienrichteramt IV 32 [3], 77, 84; desgl. zum Schiedsmannsamt XVIII 2 [4].

Gendarmen. S. „Landjäger".

Genehmigung. — der vorgesetzten Dienstbehörde zur Aussage 54; — des Protokolls 188, 273 Abs. 3.

Generalfragen. — an Zeugen 68; Sachverständige 72; keine Befragung nach der Religion 68 Anm. 1; — nach Vorstrafen 68 Anm. 2; — an den Beschuldigten 136 Abs. 3, 243 Abs. 2; Befragung desselben nach der Religion 136 Anm. 2; nach Vorstrafen 243 Anm.

Generalkommission. XVII 19.

Generalstaatsanwalt. XVII 60, 61; — ernennt Amtsanwälte XVII 62; Dienstaufsicht des — -s XVII 78 [4], 81; — bewilligt Strafausstand XX h.

Generalsubstitut. S. auch „Vertretung", „Rechtsanwalt".

Gerichte. S. auch „Amtsgerichte", „Beschluß", „Besondere Gerichte", „Entscheidungen", „Gerichtsstand", „Landgericht", „Oberlandesgericht", „Reichsgericht", „Rechtshilfe", „Schöffengericht", „Schwurgericht", „Urteil", „Verfügungen", „Zuständigkeit"; Übertragung der Geschäfte von Gerichtsbarkeit anderer Art und von Geschäften der Justizverwaltung auf die — III 3, 4, VI 3; Unabhängigkeit der — IV 1; ordentliche — IV 12, 13; Staats- — IV 15; Entscheidung der — über die Zulässigkeit des Rechtswegs IV 17 (III 17); unvorschriftsmäßige Besetzung der — ist Revisionsgrund 338; die — erhalten unbeschränkte Auskunft aus dem Strafregister XIII a 4, b 26; bedingte Strafaussetzung durch die — X 10 bis 15, 34, 35 Abs. 2, XX a—c, d 1, 6—8, 12—16, 20 d III, e, f; Dienstaufsicht über die — XVII 78—80; Verpflichtung der — zur Erstattung von Gutachten XVII 84.

Gerichtliche Entscheidung. S. auch „Beschluß", „Entscheidung", „Urteil", „Verfügung"; Antrag auf — gegen Ablehnung der Verfolgung 172 bis 177, 441 (vgl. auch 153 Anm. 6, 154 Anm. 4, 172 Anm. 1, X 32 Anm. 1); Antrag auf — gegen Strafverfügung 413 Abs. 3, 414—416, XIX 3, 4, 9; desgl. gegen Strafbescheide 419 Abs. 2, 420—422, XVI a 124, XVI d 15.

Gerichtliche Polizei. S. „Hilfsbeamte der Staatsanwaltschaft".

Gerichtsarzt. Zuziehung bei Leichenöffnung 87; Kreisarzt als — 87 Anm. 2; Landesgesundheitsrat und gerichtsärztliche Ausschüsse in den Provinzen als Fachbehörden zur Erstattung von Gutachten 83 Anm.

Gerichtsassessoren. IV 2, XVII 1, 3—6; Zuweisung zur unentgeltlichen Beschäftigung XVII 3 Abs. 1; Versetzung XVII 3 Abs. 2; kommissarische Beschäftigung XVII 4; desgl. bei Landgerichten und auswärtigen Strafkammern XVII 5; Niederlassung als Anwälte XVII 6; Vertretung von Amtsanwälten XVII 63 (XVII 4 Anm. 3).

Gerichtsbarkeit. Vgl. auch „Militärgerichtsbarkeit", „Freiwillige Gerichtsbarkeit"; — III 2—4, IV 12—21, XVII 12—20; besondere und landesrechtliche — III 3, 4, IV 14, VI 3; ordentliche streitige — IV 12; Geschäftskreis der ordentlichen — IV 13; besondere Gerichte IV 14; die — als Staats- — IV 15 Abs. 1, 2; Aufhebung der Privat- — IV 15 Abs. 2; geistliche — ohne bürgerliche Wirkung IV 15 Abs. 3; Ausnahmegerichte unstatthaft IV 16; Unterschied zwischen Ausnahme- und Sondergerichten IV 16 Anm. 4; Kriegs- und Standgerichte IV 16 Anm. 2, 3; Zulässigkeit des Rechtswegs, Kompetenzkonflikte zwischen Gerichten und Verwaltungsbehörden IV 17; von der deutschen — ausgenommene Personen IV 18—20; — in den durch Landesgesetz den ordentlichen Gerichten übertragenen Angelegenheiten XVII 20.

Gerichtsbezirk. S. „Bezirke".

Gerichtsferien. S. „Ferien".

Gerichtsgebühren. S. „Kosten".

Gerichtsgemeinschaften. In erstinstanzlichen Sachen der OLG. IV 120 Abs. 2 und Anm. 2.

Gerichtsgewalt, Gerichtshoheit. S. „Gerichtsbarkeit".

Gerichtshilfe. S. auch „Jugendgerichtshilfe"; Auferlegung einer Geldbuße zugunsten der — nicht zulässig X 35 Anm. 8, XX d 3 b Anm. 2.

Gerichtskosten. S. „Kosten".

Gerichtsmitglieder. S. „Mitglieder".

Gerichtspersonen. S. „Ablehnung", „Ausschließung"; Gegenwart von — bei Unterredungen des Verhafteten mit dem Verteidiger 148 Abs. 2; Gegenwart von — bei der Vollstreckung der Todesstrafe 454.

Gerichtsschreiber. IV 153, XVII 68—72; — bei Auslosung der Laienrichter IV 45 Abs. 3, 77, 84; — bei der Beeidigung derselben IV 51 Abs. 5, 77, 84; — muß bei jedem Gericht vorhanden sein IV 153; Geschäftseinrichtung bei den Landesgerichten und beim Reichsgericht IV 153; Frauen als — IV 153 Anm. 2, XVII 68 Anm. 1; — leistet Rechtshilfe durch Vermittlung von Aufträgen an Gerichtsvollzieher IV 161; — als Dolmetscher IV 190; Protokollierung von Ablehnungsanträgen durch den — 26 Abs. 1; Ausschließung und Ablehnung des — -s 31; Zuziehung beim Augenschein 86; Protokollierung von Anzeigen und Strafanträgen durch den — 158; Zuziehung des — -s im vorbereitenden Verfahren durch Amtsrichter 168;

desgl. durch den Untersuchungsrichter 187, 188; Beeidigung eines nicht als — Angestellten als — in dringenden Fällen 187 S. 2; Hinterlegung von Zeugen- und Sachverständigengebühren bei dem — 220 Abs. 2 und Anm.; ununterbrochene Gegenwart des — -s in der HV. 226; — führt und unterschreibt das Protokoll der HV. 271; — ist im Protokoll aufzuführen 272 ²; — erteilt und beglaubigt Ausfertigungen und Auszüge des Urteils 275 Abs. 4; Protokollierung von Rechtsmittelanträgen Gefangener durch den — 299, der Beschwerde 306 Abs. 1, der Berufung 314 Abs. 1, der Berufungsrechtfertigung 317, der Revision 341 Abs. 1, der Revisionsanträge 345 Abs. 2, der Gegenerklärung 347 Abs. 1; Übersendung der Akten durch — an die StA. nach Einlegung der Berufung 320; Aufnahme von Wiederaufnahmeanträgen durch den — 366; desgl. von Privatklagen 381; — bewirkt im Privatklageverfahren Ladungen und Zustellungen 385 Abs. 2, 390 Abs. 3; Aufnahme des Einspruchs gegen einen Haftbefehl 409 Abs. 1; desgl. des Antrags auf gerichtliche Entscheidung gegen eine Strafverfügung 414 Abs. 1, XIX 4 Abs. 2; — erteilt die vollstreckbare Ausfertigung des Urteils 451, XIV 23; dem — kann die Strafvollstreckung übertragen werden 451 Anm. 3, XVII 68 Anm. 3; — ist bei Hinrichtungen zuzuziehen 454; — setzt die Kosten fest 464; — als Amtsanwälte XVII 63; Dienstverhältnisse der — in Pr. XVII 68 und Anm. 1; — -ordnung XVII 68 Anm. 2; Geschäftsordnung für die — -eien XVII 68 Anm. 3; Zuständigkeit der — zur Aufnahme von Wechsel- und Scheckprotesten XVII 70; desgl. von Siegelungen, Entsiegelungen und Inventuren XVII 70; Aufnahme von Protokollen in landesrechtlich geregelten Angelegenheiten der freiwilligen Gerichtsbarkeit XVII 71; Amtstracht XVII 89; — erteilt Ausfertigung aus dem Schiedsmannsprotokoll XVIII 31.

Gerichtsschreiberei. Einrichtung der — IV 153; Geschäftsordnungen für die — -en XVII 68 Anm. 3.

Gerichtssiegel. Auf Ausfertigungen und Auszügen der Urteile.

Gerichtssprache. S. auch „Fremdsprache"; IV 184—191; — ist deutsch IV 184; Ausnahme für Oberschlesien IV 184 Anm. 2.

Gerichtsstand. S. auch „Bestimmung", „Zuständigkeit"; dinglicher — der Exterritorialen IV 20; — für Rechtshilfe IV 157; privilegierter — der Landesherren, Standesherren usw. III 5 und Anm., III 7 und Anm. 2, VI 4; Untersuchungshandlungen eines örtlich unzuständigen Staatsanwalts IV 143 Abs. 2, 3; — des Tatorts 7 Abs. 1; fliegender — der Presse 7 Abs. 2; — des Wohnsitzes 8 Abs. 1; — des Aufenthaltsorts oder des letzten Wohnsitzes 8 Abs. 2; — der Ergreifung für Auslandstaten 9 Abs. 1 S. 1; Bestimmung des — -s durch das RG. 9 Abs. 1 S. 2; subsidiärer — der Ergreifung 9 Abs. 2; — für das Saargebiet 9 Anm.; — der Ergreifung an erster Stelle für im besetzten Gebiet begangene Handlungen 7 Anm. 4; desgl. des Haftorts 7 Anm. 4; — bei Straftat auf deutschem Schiff im Ausland oder offener See 10 (XVIa 125); — für Deutsche, die als Beamte im Ausland oder exterritorial sind 11 Abs. 1; — für Wahlkonsuln 11 Abs. 2; — der Prävention 12 Abs. 1; — der Übertragung 12 Abs. 2; —des Zusammenhangs kraft Antrag 12 Abs. 1, kraft Vereinbarung 12 Abs. 2 S. 1, kraft Entscheidung des oberen Gerichts 12 Abs. 2 S. 2; Zuständigkeitsstreit zwischen mehreren Gerichten 14; — bei Verhinderung des zuständigen Gerichts oder Gefährdung der öffentlichen Sicherheit 15; desgl. für das besetzte Gebiet 15 (7 Anm. 4); Einwand der Unzuständigkeit 15, 180—182; Feststellung der Zuständigkeit für die Voruntersuchung gilt auch für die HV. 17; Ausspruch der Unzuständigkeit nach Eröffnung des HV. 18; Bestimmung des — -s bei negativem Kompetenzkonflikt 19; Untersuchungshandlungen eines unzuständigen Gerichts 20, bei Gefahr im Verzuge 21 (vgl. auch IV 166); — für Erlassung des Haftbefehls 125, 128; — im vorbereitenden Verfahren 162, 165; Ablehnung der Eröffnung der VU. wegen Unzuständigkeit 180, 182; Unzuständigkeit des Gerichts erster Instanz in der Berufungsinstanz 328 Abs. 3; Verletzung der Vorschriften über den — ist Revisionsgrund 338[4]; Unzuständigkeit des Revisionsgerichts 348; — des Standorts bei Reichswehrangehörigen 439; besonderer — für Jugendsachen X 25; —für die gerichtliche Entscheidung über den Strafbescheid des Seemannsamts XVIa 124; Bestimmung des — -s in landesrechtlich geordneten Sachen der freiw. Gerichtsbarkeit XVII 20.

Gerichtsstelle. 193 Abs. 4, 224 Abs. 2, 248.

Gerichtstafel. S. „Anheftung".

Gerichtstage. XVII 22; Verwaltungsbestimmungen darüber XVII 22 Anm.

Gerichtsverfassung. VO. über — und Strafrechtspflege II; die bei der Neufassung des — -sges. berücksichtigten Gesetze II 43 Anm. 2; EGGVG. III; GVG. IV, anwendbar in Jugendsachen X 18; Pr. AGGVG. XVII.

Gerichtsvollzieher. — sind vom Laienrichteramt ausgeschlossen IV 34[6], 77, 84; Dienst- und Geschäftsverhältnisse der — IV 154, XVII 73; Frauen können — werden IV 154 Anm.; Ausschließung der — IV 155; unmittelbare Ladung von Zeugen usw. erfolgt durch — 38; — besorgt Zustellungen im Auftrage des Seemannsamts XVId 16.

Gerichtsvorstände. IV 22, XVII 77.

Gesamthaftung. Für Kosten 466, 471.

Gesamtstrafe. Vollstreckung von — -n, an denen Gerichte verschiedener Länder beteiligt sind IV 162 Anm.; nachträgliche Bildung einer — 460, 462 Abs. 3; Ausübung der Strafaussetzung und des Gnadenrechts bei — -n X 13, XXd 16.

Gesandte. Exterritorialität der — -n IV 18.

Geschädigter. S. „Verletzter“.

Geschäftsanweisung. S. „Geschäftsordnung“.

Geschäftsbetrieb. Beschwerden über den — der Gerichte XVII 85; desgl. der Schiedsmänner XVIII 7 Abs. 3.

Geschäftseinrichtung. S. „Gerichtsschreiber“.

Geschäftsjahr. Wahrnehmung des Laienrichteramts im letzten — berechtigt zur Ablehnung IV 35², 77, 85; Auswahl und Beeidigung der Laienrichter für ein — IV 42, 46, 51, 77, 84; Bestimmung der ordentlichen Sitzungen des Schöffengerichts für das ganze — IV 45, 77; Fortsetzung der Tätigkeit über das — hinaus bei Laienrichtern IV 50, 77, 89; desgl. der Untersuchungsrichter, der Kammern und Senate IV 65, 117, 131; Bestellung des Untersuchungsrichters für ein — IV 61; desgl. der Kammern IV 62, 63, der Senate des OLG. IV 117, des Reichsgerichts IV 131; Ernennung des Vorsitzenden und der Mitglieder des Schwurgerichts für ein — IV 83; — für Jugendschöffen X 20; — bei der Geschäftsverteilung der AG. XVII 23.

Geschäftskreis. S. „Zuständigkeit“.

Geschäftsordnung. — des RG. IV 140, 153; — für die Amtsanwälte XVII 62 Anm. 4; — für die Gerichtsschreibereien XVII 68 Anm. 3; — für die Gerichtsvollzieher XVII 73 Anm. 2.

Geschäftspersonal. Exterritorialität des — -s der Exterritorialen IV 21.

Geschäftsräume. Durchsuchung der — IV 104.

Geschäftssprache. S. „Gerichtssprache“.

Geschäftsverhältnisse. — der Gerichtsschreiber IV 15, XVII 68 und Anm. 2; — der Gerichtsvollzieher IV 154; — der Amtsanwälte 63 und Anm. 4.

Geschäftsverteilung. — bei den Amtsgerichten IV 22 Anm. 2, XVII 23 und Anm. 1, 2; Richtlinien des JM. dafür XVII 23; — bei den Landgerichten IV 62—66; — bei den OLG. IV 117; — bei dem Reichsgericht IV 131; besondere Kammer für Jugendsachen X 19 Abs. 3; keine besondere Kammer für Militärstrafsachen XIV 26 Abs. 1.

Geschwister. Zeugnis- und Eidesverweigerungsrecht 52, 55, 58; Wiederaufnahmeantrag nach dem Tode des Verurteilten 361, 366; Zutritt zur HV. in Jugendsachen X 23.

Geschworene. S. auch „Schöffen“; Zahl der — -n im Schwurgericht IV 91; — nehmen in der HV. an allen Entscheidungen des Gerichts teil IV 81 Abs. 1; Unfähigkeit zum — -namt, Ablehnung desselben 84 (32—35), XVII 44; -n-Auswahlverfahren IV 84 (36 ff.); Hilfs- — IV 84 (42, 49, 77); Entscheidung über Hinderungsgründe IV 84 (54, 77 Abs. 3), 83 Abs. 3; Entschädigung IV 84 (55), V, XVII 45; Ordnungsstrafen gegen — IV 84 (56); Jahresliste IV 84 (77); mindestens die Hälfte der — -n Männer IV 84 Abs. 2; Heranziehung der — -n nur zu einer Tagung im Geschäftsjahr IV 85; Auslosung der Reihenfolge IV 86; Ladung und Ladungsfrist IV 87; Entscheidung über Unfähigkeit und Ablehnung IV 88 (77, 84); Tätigkeit über das Geschäftsjahr hinaus IV 89; Berufung nur zu einem Laienrichteramt IV 90; Ergänzungs- —IV 192; Schweigepflicht IV 198; Ausschließung und Ablehnung der — -n 32; Fragerecht der — -n IV 239 Abs. 2; — unterschreiben das Urteil nicht 275 Abs. 2; Mitwirkung ausgeschlossener und abgelehnter — -r ist Revisionsgrund 338 [2], [8]; Pflichtverletzung von — -n ist Wiederaufnahmegrund 359, 462; Auswahl der — -n durch Referendare untersagt XVII 2.

Geschworenenbank. Keine selbständige — mehr II 12 Abs. 2, IV 82 Abs. 1.

Geschworenenliste. S. „Jahresliste".

Gesellschaften. — als Privatkläger 374 Abs. 3; — als Nebenkläger 395.

Gesetz. Im Sinne der StPO. VI 7.

Gesetzesverletzung als Revisionsgrund 337—340, 357, 448.

Gesetzgebende Versammlung. S. „Abgeordnete"; Hausrecht des Präsidenten 161 Anm. 3.

Gesetzgebung. Gutachten über Fragen der — XVII 84.

Gesetzliche Fristen. S. „Fristen".

Gesetzliche Vertreter. Wahl des Verteidigers durch — 137 Abs. 2; der — als Beistand 149 Abs. 2, X 29 Abs. 3; Einlegung von Rechtsmitteln durch — 298, 330, 331, 358; Wiederaufnahmeantrag 365; Erhebung der Privatklage durch — 374 Abs. 3, der Nebenklage 395; Stellung im Jugendverfahren X 23 Abs. 2, 29 Abs. 3, 30; Schiedsmann ausgeschlossen, wenn er der — einer Partei ist XVIII 15 [4]; Bedenken gegen die Legitimation des — -n — -s vor dem Schiedsmann XVIII 16 [4]; Zustellung der Strafverfügungen XIX 3 (X 30); der — kann Antrag auf gerichtliche Entscheidung stellen XIX 3 Abs. 2.

Gesichtspunkte. Hinweis auf Veränderung rechtlicher — 265 Abs. 1.

Gesinde. Zuständigkeit für Streitigkeiten zwischen Dienstherrschaft und — IV 23 [2]; sie sind Feriensachen IV 200 [5].

Geständnis. Verlesung des — -ses in der HV. 254; — als Wiederaufnahmegrund 462 [4].

Gestellung. S. auch „Haftbefehl", „Vermögensbeschlagnahme", „Vorführung"; — des Angeschuldigten Voraussetzung des Freiwerdens der Sicherheit 121; freiwillige — als Voraussetzung des beschleunigten Verfahrens 212; — von Zeugen durch den Angeklagten 219, 220 (38), 222.

Gesundheit. S. auch „Gebrechen", „Geisteskrankheit", „Geisteszustand", „Krankheit"; strafbare Handlung gegen die — berechtigt zur Nebenklage 395 Abs. 2; Berücksichtigung des — -szustandes bei der Strafvollstreckung 455.

Getränke. Enthaltung von geistigen — -n als Auflage bei der Strafaussetzung XX d 3, 12.

Gewahrsam. Beschlagnahme von Sachen, die sich im — einer Person befinden 94; Festhalten des Angeklagten in — während einer Unterbrechung der HV. 231 Abs. 1; Rechtsmittelerklärungen von Personen, die ich in militärischem — befinden 447.

Gewalt. Ausübung der richterlichen — IV 1.
Gewerbe. Angabe des — -s in der Ladung Abwesender 279.
Gewerbegericht. Landesrechtliche — -e als Sondergerichte IV 14 [4]; reichsrechtliche IV 14 Anm.; Zuständigkeit der Amtsgerichte für — -ssachen IV 23 [2]; sie sind Feriensachen IV 200 [5].
Gewerbestreitigkeiten. S. „Gewerbegericht".
Gewerbsmäßig. Zuständigkeit des Amtsrichters bei — -er Hehlerei IV 26.
Gewohnheitsmäßig. S. „Gewerbsmäßig".
Glaubhaftmachung. — des Grundes für Ablehnung des Laienrichteramts IV 35 [6], 77, 84; — des Grundes für Ablehnung von Gerichtspersonen IV 26, 31, 32; desgl. von Sachverständigen 74; — der Gründe des Antrags auf Wiedereinsetzung 45; — des Grundes der Zeugnisverweigerung 56; Eid als Mittel der — 56, als solches ausgeschlossen 26 Abs. 2, 74.
Glaubwürdigkeit. Fragen über die — 68.
Gnade. S. „Begnadigung".
Gnadengesuch. Behandlung der — -e bei bedingter Strafaussetzung XXd 23—25; desgl. bei Zoll- und Steuersachen XX f II, V.
Gnadensachen. Sind Justizverwaltungssachen XXd 1 Anm. 1.
Goldmark. Festsetzung von Strafen und Bußen in — 404 Anm., XXd 3b Anm. 3.
Grenzen. Änderung der — der Gerichtsbezirke XVII 21, 37, 47.
Grenzkommissare. Als Hilfsbeamte der StA. IV 152 Anm. 2.
Grundbuchsachen. Besetzung des Obersten LG. in — II 3, III 10 Abs. 3.
Gründe. S. auch „Entscheidungsgründe"; Angabe der — in gerichtlichen Entscheidungen 34; desgl. im Haftbefehl 114 Abs. 2; Zustellung des Urteils mit — -n bei Berufung und Revision 316 Abs. 2, 343 Abs. 2; — des Bescheides des Seemannsamts XVIa 123.
Grundsätze. Über den Vollzug von Freiheitsstrafen 455 Anm 1.
Gültigkeit. — der Handlungen eines örtlich unzuständigen Gerichts 20; — der Handlungen des Amtsrichters trotz Verstoß gegen Geschäftsverteilung XVII 23.
Gutachten. S. auch „Sachverständige"; Verpflichtung zur Erstattung von — 75; Ablehnung des — -s 76; — öffentlicher Beamter 76; Strafe bei Verweigerung des — -s 77; Eidesleistung für das — 79; Vorbereitung des — -s 80; — über den Geisteszustand 81; — im Vorverfahren 82; neues — 83; — von Fachbehörden 83, 91, 92; — bei Vergiftung 91; — bei Münzfälschung 92; Schrift- — 93; Einsicht des Verteidigers in — 147 Abs. 3; Verlesung des — -s in der HV. 256; falsches — als Wiederaufnahmegrund 359 [2], 362 [2]; Verpflichtung der Gerichte zur Erstattung von Rechts- — XVII 84.
Gutsbezirk. Als Schiedsmannsbezirk XVIII 1, 3.
Güterpflege. S. „Pflegschaft".
Gutsvorsteher. — als Hilfsbeamte der StA. IV 152 Anm. 2; — bei Bestellung von Schiedsmännern XVIII 1, 3, 10.

H

Hafen. Gerichtsstand bei Taten auf Schiffen 10; Konsulate an — -plätzen sind Seemannsämter XVIa 5; Gerichtsstand des — -orts XVIa 125 Abs. 3.

Haft. S. auch „Ersatzhaft", „Untersuchungshaft"; — wegen Ungehorsams IV 177; — wegen Störung der Ordnung in Terminen IV 178, VII 164; Gerichtsstand des — -orts 7 Anm. 4; — bei unentschuldigtem Ausbleiben von Zeugen 51; Zeugniszwangs- — 70; Zwangs- — bei Verweigerung der Herausgabe von Gegenständen 95 Abs. 2; Bekanntgabe des — -grundes 112 Anm. 1, 114; Zulässigkeit der HV. gegen Abwesende bei mit — bedrohten Straftaten 232; — -beschwerden 305; weitere Beschwerden in — -sachen 310 Abs. 1; — zur Aufrechterhaltung der Disziplin 445; — in pol. Strafverfügungen 413 Abs. 2, XIX 1, unzulässig gegen Jugendliche X 40 Abs. 1; Beschränkung der Auskunft und Tilgung bei — -strafen XIIIa 5,7; keine Entscheidung durch Referendare in — -sachen XVII 2; bedingte Strafaussetzung bei — -strafen XXc, d 1, 13, 19.

Haftbarkeit. S. auch „Gesamthaftung"; — eines Dritten für die Sicherheit 118, 122; — Dritter für Geldstrafen, Kosten, Werterſatz nach FDiebstG. und FuFPolG. s. Teil I.

Haftbefehl. S. auch „Haft", „Untersuchungshaft"; Schriftlichkeit 114; Inhalt 114 Abs. 2; Bekanntmachung 114 Abs. 3; Zuständigkeit zum Erlaß des — -s 144, 124, 125, 128, 230, 236, 457; Aufhebung des — -s 123, 126; — bei Antragsdelikten 130; Steckbrief auf Grund eines — -s 131, 457; — zwecks Strafvollstreckung 457; Ausführung des — -s bei Jugendlichen X 28.

Haftfrist. 126, 445, X 28 Abs. 4.

Handelsfirma. Zuständigkeit für Ansprüche aus dem Gebrauch der — sind Handelssachen IV 95 4 b.

Handelsgebrauch. IV 114.

Handelsgeschäfte. Zuständigkeit für Ansprüche aus — -n und aus der Veräußerung von — -n IV 95 14 d.

Handelsrichter. IV 11, 105 bis 114, XVII 7; Ausschluß vom Laienrichteramt IV 34 5, 77, 84; Befähigung zum — IV 11, 109, 110; Reisekosten der — IV 107; Ernennung der — IV 109 Anm. 2, XVII 7; Frauen als — IV 109 Anm. 1; Beeidigung IV 111; Rechte und Pflichten IV 112; Enthebung der — vom Amt IV 113.

Handelssachen. Begriff IV 94, 95; Kammer für — IV 68, 71, 72, 93—114, XVII 46.

Handelsschiffe. Gerichtsstand 10.

Handlungen. Strafbare. — in der Sitzung IV 183; — als Grund zur Wiederaufnahme 359 1—3, 362 1—3.

Handlungsvollmacht. Streitigkeiten wegen Fehlens der — IV 95 3 e.

Handschrift. Schriftvergleichung 93.

Handwerker. Zuständigkeit bei Streitigkeiten der — mit Reisenden IV 23 2.

Hannover. Mitglieder des ehemaligen Königshauses III 5, VI 4; Wahl der Vertrauenspersonen in — XVII 35; desgl. der Schiedsmänner XVIII 3.

Hansestädte. Berufung der Mitglieder der Senate der — zum Laienrichteramt IV 34², 77, 84; ihre Vernehmung als Zeugen 54.

Hauptgeschworene. S. „Geschworene"; IV 84 ff.

Hauptintervention. IV 103.

Hauptschöffen. S. „Schöffen"; IV 42—45.

Hauptstadt. Als Gerichtsstand 11.

Hauptverfahren. S. „Anklage", „Anklageschrift", „Eröffnungsbeschluß", „Hauptverhandlung"; — vor dem OLG. in erstinstanzlichen Sachen II 15, 40 Abs. 2, IV 120; — vor dem Reichsgericht in erster Instanz II 15, 40 Abs. 2, IV 134; Einwand der örtlichen Unzuständigkeit nach Eröffnung des — -s 16, 18; Feststellung der örtlichen Zuständigkeit in der Voruntersuchung wirkt für das — 17; Ausschluß des Untersuchungsrichters vom — 23 Abs. 2; Beschränkung des Verkehrs des Verhafteten mit dem Verteidiger vor Eröffnung des — -s 148 Abs. 2; Eid bei nochmaliger Vernehmung in demselben — 67; Eröffnung des — -s 198 ff., 383 (Privatklage); sachliche Zuständigkeit im — 198, 199, 209, 267, 270; — ohne schriftliche Anklage 212; Nachricht von der Eröffnung des — -s an die Kommandobehörde 441.

Hauptverhandlung. S. auch „Hauptverfahren", „Mündlichkeit", „Unmittelbarkeit"; Widerspruch gegen Verhandlung durch den Amtsrichter im beschleunigten Verfahren IV 26 Abs. 2; Mitwirkung der Laienrichter nur in der — IV 30 (Schöffengericht), IV 76 (Strafkammer), IV 82 (Schwurgericht); Besetzung der Strafsenate in der — II 1, 3, IV 122 (OLG.), 139 (RG.); Öffentlichkeit der — IV 169, X 23; Sitzungspolizei in der — IV 175—183; Ablehnung von Gerichtspersonen in der — 25; Anhörung der Beteiligten vor gerichtlichen Entscheidungen in der — 33; Gegenüberstellung und Beeidigung von Zeugen grundsätzlich nur in der — 59 Abs. 2, 66 Abs. 1 (s. aber 223); Beistände in der — 149, X 29 Abs. 3; Bestellung eines neuen Verteidigers beim Ausbleiben des bestellten in der — 145.

Vorbereitung der — 213 bis 225; Terminsbestimmung 213; Ladungen, Herbeischaffung der Beweismittel 214 Abs. 1; Ladung von Zeugen usw. bei längeren Verhandlungen 214 Abs. 2; Zustellung des Eröffnungsbeschlusses 215; Ladung des Angeklagten 216; Ladungsfrist 217; Ladung des Verteidigers 218; Beweisanträge des Angeklagten 219; unmittelbare Ladung durch den Angeklagten 220, 222; Beweisanordnungen des Vorsitzenden 221; nachträgliche Ladungen 222 Abs. 2; kommissarische Vernehmung vor der — 223 bis 224; Augenschein vor der — 225.

Hauptverhandlung 226 bis 275; Gegenwart der Gerichtspersonen usw. 226, 227; Anträge auf Aussetzung 228; Unterbrechung der — 229;

Ausbleiben, Entfernung des Angeklagten 230, 231; — trotz Ausbleibens des Angeklagten 232, 234; Entbindung des Angeklagten vom Erscheinen in der — 233, 234; Wiedereinsetzung gegen Versäumung der — 235; Verbindung mehrerer — -en 237; Leitung der — 238; Kreuzverhör 239, 241, 242; Fragerecht 240, 241, 242; Aufruf, Vernehmung des Angeklagten, Verlesung des Eröffnungsbeschlusses 243; Beweisaufnahme 244—257; Schlußvorträge 258, 259; Urteil und Urteilsfindung 260 bis 267; Urteilsverkündung 268; Unzuständigkeitserklärung 269 bis 270; Protokoll 271—274; schriftliche Abfassung des Urteils 275.

Besondere Fälle. Verfahren gegen Abwesende: Ladung 278, 279, Verteidiger 280, Urteilszustellung 281; Beschwerde gegen Entscheidungen in der — nur ausnahmsweise 305; Vorbereitung der — in der Berufungsinstanz 323; — in der Berufungsinstanz 324 bis 332; Nachricht vom — -stermin in der Revisionsinstanz 350; — in der Revisionsinstanz 351—352; Erneuerung der — im Wiederaufnahmeverfahren 370 Abs. 2, 371, 373; — im Privatklageverfahren 377, 385—389; Stellung des Nebenklägers in der — 397, 398, 400, 404; — nach Einspruch gegen den Strafbefehl 407, 408, 411, 412; — nach Strafverfügung 416 bis 418; — nach Strafbescheid 422; — in anderen Abgabenstraffachen 425—428; — im selbständigen Verfahren bei Einziehungen und Vermögensbeschlagnahmen 431; Terminsnachricht an die Kommandobehörde 441.

Nach dem JGG. Beschränkte Öffentlichkeit 23; Ladung des gesetzlichen Vertreters X 30; des Jugendamts X 31; Sonderung von — -en gegen Erwachsene 33.

Hausarrest. Als Ersatz für Haftvollzug gegen Jugendliche X 28 Anm. 1.

Hausfriedensbruch. —als Privatklagedelikt 374 [1]; Sühneversuch 380, XVIII 33.

Hausgenossen. Zuziehung bei Durchsuchung 106.

Haussuchung. S. „Durchsuchung".

Hausverfassungen. III 4, 5, VI 4.

Hausvermögen. Auflösung der — XVII 49 Anm. 1.

Havarie. Ansprüche aus — sind Handelssachen IV 95 [4].

Hebammen. Befreiung vom Laienrichteramt IV 35 [3], 77, 84.

Heer. Freiwillige Gerichtsbarkeit in — und Marine XVII 111.

Heeresangehörige. S. „Reichswehrangehörige".

Heeresanwälte. Unterzeichnung des Antrags auf gerichtliche Entscheidung durch — 441 Abs. 3; Aufnahme von Erklärungen und Gesuchen 447; Stellung der — XIV 15—16; Tätigkeit XIV 17, 18; Sekretäre bei den — -n 446 Abs. 2, 447, XIV 15, 16 Abs. 3, 17 Abs. 3.

Hehler. Zusammenhang der Verfahren gegen Täter und — 3; uneidliche Vernehmung 57 [8]; Beschlagnahme beim — 97; Durchsuchung beim — 102.

Hehlerei. Rückfall- — gehört zur Zuständigkeit der Amtsgerichte 24 [3b]; bei Verbrechen

der — kann der Amtsrichter entscheiden IV 26; — in bezug auf die Straftat eines Jugendlichen X 4.
Heimatloser. Verhaftung 112, 113.
Heimathafen. Gerichtsstand 10, XVIa 125 Abs. 3.
Heimschaffung. Von Seeleuten XVIb.
Heimatstaat. Gerichtsstand 11.
Helfer. S. „Aufsichtsperson".
Herausgabe. — von Beweismitteln und Einziehungsstücken 94 Abs. 2, 95 Abs. 1; Zwangsmittel bei Verweigerung der — 95 Abs. 2; — von Akten 96.
Herbeigeschaffte Beweismittel. 244.
Herbergen. Durchsuchung von — Bestrafter 104 Abs. 2.
Herrenhuter. Eidesleistung der — IV 51 Abs. 5 und Anm. 3, 65, XVIII 5 Abs. 2.
Hilfeleistung in Seenot. Ansprüche aus — sind Handelssachen IV 95 [4], [5].
Hilfsarbeiter. S. „Hilfsrichter".
Hilfsbeamte der Staatsanwaltschaft. IV 152; in Pr. IV 152 Anm. 2; Beschlagnahme 98; Durchsuchung 105; militärische Vorgesetzte haben die Stellung der — -n 443; Zwangsstrafen gegen sie XVII 81.
Hilfsgeschworene. IV 84 (77).
Hilfsrichter. — bei den Landgerichten IV 70; — bei den OLG. (nur ständig angestellte Richter) IV 118; — beim Reichsgericht IV 132; Assessoren als — ohne Entgelt beim Amtsgericht XVII 3; desgl. als kommissarisch bestellte — XVII 4, 5; Amtsrichter als — beim Landgericht XVII 38; Amtsrichter und Landrichter als beim OLG. XVII 48; ständige — XVII 38 Anm., 48 Anm.
Hilfsschöffen. IV 42—44, 49, 58.
Hilfssenate. Beim Reichsgericht III 16.
Hindernis. — als Ursache einer Fristversäumnis 45; — -se, die dem Erscheinen eines Zeugen in der HV. entgegenstehen, berechtigen zur kommissarischen Vernehmung 223.
Hinderungsgründe. —, die eine Entbindung der Laienrichter von der Dienstleistung nötig machen IV 54, 77, 84.
Hinrichtung. Aufschub bis zur Entscheidung des Inhabers des Gnadenrechts 453; Ausführung der — 454.
Hinterlegung. — der Sicherheit für die Verschonung mit der Untersuchungshaft 114; — der Kosten beim Antrag auf gerichtliche Entscheidung gegen die Einstellung 176 (Ausnahme 441 Abs. 3); — der Zeugengebühren bei unmittelbarer Ladung 220; — der Kosten der Privatklage 379; — -swesen Sache der Amtsgerichte XVII 17.
Hinterlegungsordnung. Gegenwärtige Fassung XVII 17 Anmerk. 1.
Hinweis. S. auch „Belehrung"; — auf die Folgen des Ausbleibens bei der Ladung der Laienrichter IV 46, 77, 84, bei Zeugen 48, bei Sachverständigen 72, bei Beschuldigten 133, 216, 232, 279, 323; — auf die Bedeutung des Eides 60; — auf die Änderung der rechtlichen Gesichtspunkte 265.

Hochschullehrer. Fähigkeit zum Richteramt IV 4; Anrechnung der Tätigkeit als — auf Dienstalter und Besoldungsdienstalter beim RG. IV 125 Abs. 3, 128 Abs. 3; — als Verteidiger 138.

Hochverrat. Zuständigkeit des RG. für — IV 134; desgl. des Staatsgerichtshofs IV 134 Anmerk. 4; Vermögensbeschlagnahme bei — 433; desgl. des großen Jugendgerichts X 17.

Hohenzollern. Aufhebung des eximierten Gerichtsstandes III 5, VI 4, XVII 18.

Holzdiebstahl. S. „Forstdiebstahl".

Höchstmaß. Der Strafe bei Jugendlichen X 9.

J

Jahresliste. — der Laienrichter II 41, IV 44, 77, 84; Änderung der Reihenfolge IV 47, 77, 84; Streichung von der — IV 52, 77, 84, 88.

Identität. Feststellung der — bei Leichenöffnung 88.

Immunität. — der Abgeordneten 112 Anm. 3; — des Reichspräsidenten 151 Anm. 2.

Indossabele Papiere. Streitigkeiten aus — -n sind Handelssachen IV 95 [2], [3].

Inhaber. Zuziehung des — -s der zu durchsuchenden Räume 106.

Inland. Seemannsamt im — XVIa 5, 122, 123 Abs. 3, 124 Abs. 3, 125, XVIc, XVId 6, 16.

Inländische Gerichtsbarkeit. Ausnahmen von der — -n IV 18.

Instanz. In der höheren — sind die Richter der Vor- — ausgeschlossen 23; Verfahren in erster — 151 bis 295.

Instanzenzug. RG. als im — höchstes Gericht auf Grund Übertragung III 3; Strafkammer als Beschwerdegericht IV 73, als Berufungsgericht IV 75; OLG. als Revisionsgericht und Beschwerdegericht IV 121, 159, 181 Abs. 3; RG. als Revisionsgericht IV 135, als Beschwerdegericht IV 159; KG. als Revisionsgericht in landesrechtlichen Sachen XVII 50 (III a).

Interesse. Öffentliches — hindert Einstellung wegen Geringfügigkeit 153 Abs. 1; öffentliches — Voraussetzung für Erhebung der öffentlichen Klage bei Privatklagedelikten 376; gegenüber Jugendlichen genügt dazu berechtigtes — des Verletzten X 38.

Inventuren. Zuständigkeit der Gerichtsschreiber und Gerichtsvollzieher zur Aufnahme von — XVII 70 und Anm. 2, 74 [3].

Irrenanstalt. Unterbringung des Angeschuldigten in einer — 81; Anrechnung des Aufenthalts in einer — auf die Strafzeit 461.

Irrtum. — in der Bezeichnung des Rechtsmittels unschädlich 300; Einstellung usw. wegen entschuldbaren Rechts- — -s XVa 1, c—e; — über die Voraussetzungen der bedingten Strafaussetzung führt zur Wiederaufhebung X 12 Abs. 4 S. 2, XXd 11, 12 Anm. 2.

Jugend. Strafmilderungsgrund X 9.

Jugendamt. Anhörung des — -s bei vorläufigen Anordnungen X 8; Ermittlungen über die Führung während der Probezeit durch das — X 12 Abs. 5; Mitwirkung des — -s bei dem

Vollzug von Freiheitsstrafen X 16 Abs. 5; — schlägt Jugendschöffen vor X 20; — als Träger der Gerichtshilfe ist zur Mitarbeit im Jugendverfahren heranzuziehen X 22; Teilnahme des — -s an der HV. X 23 Abs. 2; Benachrichtigung X 27; Verkehr des — -s mit dem Verhafteten X 28 Abs. 3; Mitarbeit des — -s bei der Erforschung der Lebensverhältnisse X 31 Abs. 3; Anhörung des — -s vor Einstellung wegen fehlender Einsicht X 32 Abs. 1; desgl. vor Entscheidungen bei der bedingten Strafaussetzung X 34; Verhältnis des — -s zu den freien Vereinigungen X 42; — als Träger der Gerichtshilfe X 42 Anm. 1—4, X 51 Anm. 3 ; Mitwirkung des — -s bei der bedingten Strafaussetzung XXd 3, 9, 17.

Jugendgericht. Kleines — X 17 Abs. 1; großes — X 17 Abs. 1 S. 3, 24; erweitertes — X 17 Anm. 3; Entscheidung durch den Jugendrichter allein X 17 Anm. 2 ; sachliche Zuständigkeit X 17; Verweisung zum ordentlichen Verfahren durch das — X 18 Abs. 2; Vorsitzender des — -s X 19; örtliche Zuständigkeit des — -s X 25.

Jugendgerichtsgesetz. X ; Verhältnis der Strafaussetzung nach dem — zu derjenigen im Gnadenwege X 10 Anm. 1, XXd 1 Anm. 2.

Jugendgerichtshilfe. X 22, 42; Begriff X 42; Jugendamt als Träger der — X 42 Anm. 1—4; — durch andere Stellen X 42 Anm. 2, 3.

Jugendliche. Untersagung des Zutritts zu öffentlichen Gerichtsverhandlungen IV 175; Begriff X 1; Zurechnungsfähigkeit des — -n X 3; Folgen der Straftaten eines — -n X 5—9; Erziehungsmaßregeln gegen — X 5—7, 35 Abs. 1, 36; gemilderte Strafe gegen — X 9; bedingte Strafaussetzung bei — -n X 10—15, 34, 35 Abs. 2, XXd 3, 8; Jugendgericht zur Aburteilung der Straftaten von — -n zuständig X 17, 18; Vollzug der Untersuchungshaft bei — -n X 28; Verteidigung, Beistand für — X 29; Absehen von Klage und Einstellung bei — -n X 32; Privatklage und beschleunigtes Verfahren gegen — unzulässig X 38; Strafbefehl gegen — X 39; desgl. Strafverfügung und Strafbescheid X 40, XIX 1 Abs. 1, 3; Tilgung von Verweisstrafen X 46; Abkürzung der Fristen für Tilgung und Auskunftsbeschränkung XIIIa 6, 7.

Jugendrichter. Begriff X 19; — entscheidet allein bei Forstdiebstahl, Feld- und Forstfrevel und im Verfahren nach vorangegangener polizeilicher Strafverfügung IV 25 Anm. 14, 416, X 17 Anm. 2; Personalunion mit Vormundschaftsrichter X 19; Pr. Ausführungsbestimmungen dazu X 19 Anm. 2; — befindet über den Vollzug der Haft gegen Jugendliche X 28 Abs. 1, 4; — bestellt den Verteidiger X 29; Einstellung und Absehen von Strafe mit Zustimmung oder durch Beschluß des — -s X 32; — trifft die nach Erlaß des Urteils ergehenden Entscheidungen X 34; Strafvollstreckung und Ausführung von Erziehungsmaßnahmen bewirkt der — X 36; Stellung dabei X 36 Anm. 1; Umwandlung der in der Straf-

verfügung festgesetzten Geldstrafe in Haft X 40 Abs. 2.
Jugendsachen. Begriff X 18; Strafkammer für — X 19 Abs. 3; besondere Staatsanwälte für — X 21; beschränkte Öffentlichkeit in — X 23; besondere Gerichtsstände in — X 25; Verbindung und Trennung bei — X 26; Ermittlungen in — X 31; HV. in — getrennt von HV. gegen Erwachsene X 33.
Jugendschöffen. X 20; Pr. Verwaltungsbestimmungen über Auswahl der — X 20 Anm. 1.
Jugendstrafkammer. X 19 Abs. 3.
Jugendstaatsanwalt. X 21.
Juristische Personen als Privatkläger 374 Abs. 3.
Justizaufsicht. S. „Aufsicht".
Justizbeamte. Als Verteidiger 144 Abs. 2.
Justizminister. Bestimmung des Gerichtsstands durch den — IV 11 Abs. 1, XVII 20; — bestellt Hilfsrichter XVII 4; Anordnung von Gerichtstagen durch den — XVII 22; — stellt Grundsätze für Geschäftsverteilung auf XVII 23; Übertragung der Verwaltung usw. von Stiftungen durch den — XVII 29; Übertragung der Legalisation von Urkunden auf Amtsgerichte durch den — XVII 43; — bestimmt den Vorsitzenden der Kammer für Handelssachen XVII 46; Ernennung der Amtsanwälte durch den — XVII 62; — bestimmt die Geschäftsverhältnisse der Gerichtsschreiber XVII 68; desgl. die Dienst- und Geschäftsverhältnisse der Gerichtsvollzieher XVII 73; — ist oberste Aufsichtsbehörde der Justizverwaltung XVII 77, 78 [1]; — ist zuständig für die Ausstellung von Zeugnissen über das in Preußen geltende Recht XVII 86; — ist oberste Aufsichtsbehörde der Schiedsmänner XVIII 7 Abs. 1 [1]; — bestimmt die Vergleichsbehörde für Studierende XVIII 39; — kann Schreibgebühr erhöhen XVIII 43; — ist zur Ausführung der Schiedsmannsordnung und des Ges. über pol. Strafverfügung berufen XVIII 49, XIX 13; bedingte Strafaussetzung durch den — XXd 18—21; desgl. Strafausstand XXg, h II 2.
Justizverwaltung. S. „Aufsicht", „Justizminister", „Landesjustizverwaltung", „Landesregierung", „Oberste Landesbehörde"; den Justizbehörden können Geschäfte der — übertragen werden III 4; Übertragung richterlicher Geschäfte an Referendare durch die — XVII 2; — ordnet Vertretung der Amtsrichter XVII 24 Abs. 2; — insbesondere XVII 77—86; Organe der — XVII 77; Aufsichtsbehörden XVII 78, 79; Inhalt des Aufsichtsrechts XVII 80; Aufsicht über Hilfsbeamte der StA. und über Gerichtsvollzieher XVII 81; Kassendefekte XVII 82; Aufsicht über besondere Gerichte XVII 83; Verpflichtung der Gerichte und StA., Gutachten zu erstatten XVII 84; Aufsichtsbeschwerden XVII 85; allgemeine Beeidigung von Sachverständigen XVII 86; bedingte Strafaussetzung im Gnadenwege ist Sache der — XXd 1, XXf.

K

Kammergericht. Zuständigkeit des —s in erstinstanzlichen Sachen der OLG. IV 120 Anm. 2; — als Pr. Obertribunal in landes-

rechtlichen Strafsachen III 9, IV 121 1d, 2, XVII 50; Bezeichnung — XVII 50 Anm. 11.
Kammern. — der Landgerichte, Bildung IV 60; Vorsitz IV 62 Abs. 1, 64, 66 Abs. 1; Geschäftsverteilung IV 62 Abs. 2, 63, 64, 65, 69; sachliche Zuständigkeit der — IV 71—74; Besetzung der — IV 75, 76; Schöffen der Straf- — IV 77; auswärtige Straf- — IV 78.
Kammer für Handelssachen. IV 68, 71, 72, 93—114, XVII 46.
Kapitalflucht. — -sgesetz ist Steuergesetz XXf I Anm. 2.
Kapitän. Stellung des — -s nach der Seemannsordnung XVIa 124 Abs. 2, 125 Abs. 2, 126, 127, XVIc, XVId 12.
Kassendefekte. XVII 82.
Kauffahrteischiffe. S. auch „Handelsschiffe“; Ges. betr. die Verpflichtung der — zur Heimschaffung von Seeleuten XVIb; Zuwiderhandlungen dagegen gehören zur Zuständigkeit der Seemannsämter XVIb.
Kaufleute. Zuständigkeit der Kammer für Handelssachen bei Klagen gegen — IV 95 1; — als Handelsrichter IV 109.
Kaufmännische Begutachtung. Die Kammer für Handelssachen entscheidet ohne — IV 114.
Kaufmannsgerichte. — als besondere reichsrechtlich bestellte Gerichte IV 14 Anm. 4; Gesetz über —, Streitigkeiten daraus sind Feriensachen IV 200 5.
Kind. S. auch „Angehörige“, „Verwandte“; bei Feststellung des Rechtsverhältnisses zwischen Eltern und — -ern ist bei Plenarentscheidungen des RG. der Oberreichsanwalt zu hören; — -er werden nicht beeidigt 57 1; Öffnung der Leiche eines neugeborenen — -s 90; Recht der — -er zur Stellung des Wiederaufnahmeantrags nach dem Tode des Verurteilten 361; desgl. zur Fortsetzung einer Privatklage wegen Verleumdung nach dem Tode des Privatklägers 393.
Kirchenbeamte. Als Schiedsmänner XVII 2 Abs. 2.
Kirchenbücher. Verlesung von Auszügen aus — -n in der HV. 249.
Klage, öffentliche. S. auch „Absehen“, „Anklage“, „Anklagemonopol“, „Anklageschrift“, „Antrag“, „Nebenklage“, „Privatklage“, „Strafbefehl“, „Widerklage“; Haftbefehl vor Erhebung der — -n 128 ff.; Anklageprinzip 151; Legalitätsprinzip und Initiative 152; Zurücknahme 156, 411; Arten 157; Vorbereitung der — -n 158 bis 177; Antrag auf Voruntersuchung 178, 179; Erhebung der Anklage 198—200, 212; Erhebung der — -n gegen Abwesende 294; — bei Privatklagedelikten 376; Erhebung der Privatklage 381, der Widerklage 388, X 38; Anschluß an die — als Nebenkläger 396; Antrag auf Strafbefehl 407; Antrag auf gerichtliche Entscheidung 413, 414, XIX 3, 5; desgl. bei Strafbescheid 419; — der Steuerbehörde 424—426; Alter im Zeitpunkt der — -n X 17.
Klageänderung. 264—266.
Kollision. Mehrerer Gerichtsstände 12.
Kollusionsverdacht. — als Haftgrund 112; keine Freilassung gegen Sicherheitsleistung 117; vorläufige Festnahme bei — 127 Abs. 2.
Kommandobehörde. — hat Anspruch auf Nachricht über den Verlauf eines Strafverfahrens

gegen einen Wehrmachtsangehörigen, kann Antrag auf gerichtliche Entscheidung stellen 441.
Kommissarische Vernehmung. S. „Beauftragter Richter", „Ersuchter Richter".
Kompetenz. S. „Gerichtsstand", „Zuständigkeit".
Kompetenzkonflikt. — zwischen Gerichten und Verwaltungsbehörden III 17, IV 17; für Preußen III 17 Anm. 2.
Konfiskation. S. „Einziehung".
Konflikt. III 11; in Pr. aufgehoben III 11 Anm.
Konkurrenz. Mehrerer Gerichtsstände IV 12.
Konkursdelikte. Zuständigkeit der Amtsgerichte IV 24 3c.
Konkursverfahren. Durch Gerichtsferien nicht beeinflußt IV 202.
Konkursverwalter. XVII 74 8.
Konnexität. S. „Trennung", „Verbindung", „Zusammenhang", „Zusammenhängende Strafsachen".
Konsolidationen. S. auch „Auseinandersetzung"; besondere Gerichte dafür IV 14 2.
Konsulargerichte. XII 11.
Konsulate. — in den Hafenstädten des Auslands sind Seemannsämter XVIa 5.
Konsuln. Exterritorialität fremder — in Deutschland IV 21; Gerichtsstand deutscher, im Ausland stationierter — im Inland 11 (nicht Wahlkonsuln).
Kontumazialverfahren. S. „Abwesende".
Körperliche Untersuchung. Durchsuchung der Person 102; — jugendlicher Delinquenten X 31 Abs. 1.
Körperlicher Zustand. Des Verurteilten als Grund zum Aufschub der Strafvollstreckung 455.
Körperverletzung. Zuständigkeit des Amtsgerichts für schwere — im Amt IV 24 3c; Verlesung von Attesten über — -en in der HV. 256; Privatklage wegen leichter, fahrlässiger und gefährlicher — 374 8; Sühneversuch 380, XVIII 33; Zulässigkeit der Nebenklage wegen — 395 Abs. 1, 2; Kosten bei Straffreierklärung wegen wechselseitiger — 468; Beweissicherung bei schwerer — auf deutschen Schiffen außerhalb der Heimat XVIa 126.
Korporationen. Privatklage von — 374 Abs. 3; desgl. Nebenklage 395 Abs. 1; —, die die Wahl der Vertrauenspersonen und der Schiedsmänner bewirken XVII 35, XVIII 3, 8 Abs. 2; Vertretung von — vor dem Schiedsmann XVIII 18.
Korrespondentreeder. Ansprüche sind Handelssachen IV 95 4f.
Korrespondenz. Beschlagnahme der — von Abgeordneten 94 Anm. 6, 95 Anm. (53 und Anm. 1); Auslieferung der — von Behörden 96; Beschlagnahme der — zwischen dem Beschuldigten und Zeugnisverweigerungsberechtigten 97; Beschlagnahme der — auf der Post 99—101; Durchsicht der bei der Durchsuchung beschlagnahmten — 110.
Kosten. S. auch „Auslagen", „Entschädigung", „Sicherheitsleistung", „Staatskasse", „Reichskasse"; Verurteilung eines Laienrichters in die durch Säumnis entstandenen — IV 56, 77, 84; desgl. bei Säumnis und Weigerung der Zeugen 51, 70; — der Sachverständigen 77; — bei Verweigerung der Herausgabe beschlagnahmefähiger Sachen 95

Abs. 2; — bei Säumnis und Verweigerung des bestellten oder notwendigen Verteidigers 145 Abs. 3; — -last des Antragstellers bei Verwerfung des Antrags auf gerichtliche Entscheidung gegen die Einstellung 177, 441 Abs. 3; Beschlagnahme des Vermögens zur Deckung der — 283—284; — -vorschuß beim Sühnetermin 380, XVIII 42; — des Strafverfahrens 464 bis 474; Entscheidung über die — 464 Abs. 1; — -festsetzung 464 Abs. 2; — bei Verurteilung 465; teilweise Verurteilung, Mitangeklagte 466; — bei Freispruch und Außerverfolgsetzung 467; — bei Absehen von Strafe 468; — bei falscher Anzeige 469; — bei Zurücknahme des Strafantrags 470; — bei Privatklage 471; —, wenn das Verfahren durch einen Antrag auf gerichtliche Entscheidung nach Einstellung veranlaßt war 472; — des Rechtsmittels 473 Abs. 1; — des Wiederaufnahmeverfahrens 473 Abs. 2; — des Antrags auf Wiedereinsetzung 473 Abs. 3; — in erstinstanzlichen Sachen des RG. 474; Dienstanweisung über die Verrechnung 474 Anm.; die sächlichen — des Schiedsmannsamts trägt die Gemeinde XVIII 45, 46; — der pol. Strafverfügung XIX 7.

Kostenfestsetzung. Ferien darauf ohne Einfluß IV 202; — in Strafsachen 464 Abs. 2.

Kostengesetz. S. „Gerichtskostengesetz“.

Kostenpunkt. Beschränkung der Berufung oder Revision auf den — 327, 352; Entscheidung über den — 464, 472.

Kostenvorschuß. S. „Sicherheitsleistung“; — beim Sühneversuch in Privatklagesachen 380, XVIII 42.

Krankenanstalt. S. auch „Irrenanstalt“, „Krankheit“; Anrechnung der in einer — während der Strafhaft verbrachten Zeit 461, 462.

Krankenpfleger. Befreiung der — vom Laienrichteramt IV 35 [8], 77, 84.

Krankheit. S. auch „Gebrechen“, „Gesundheit“, „Geisteskrankheit“, „Geisteszustand“, „Krankenanstalt“; Beeidigung im Vorverfahren bei — 65; kommissarische Vernehmung bei — 223; Aufschub der Freiheitsstrafe bei — 455; keine Anrechnung der Zeit absichtlich herbeigeführter — auf die Strafe 461; — als Voraussetzung für Ablehnung oder Niederlegung des Schiedsmannsamts XVIII 8 Abs. 1 [a].

Kreisarzt. In Pr. Gerichtsarzt 87 Anm. 2.

Kreisvertretung. — wählt Vertrauenspersonen XVII 35; — grenzt Schiedsmannsbezirke ab XVIII 1, wählt u. U. den Schiedsmann XVIII 3.

Kreuzverhör. 239, 241, 242.

Kriegsfahrzeuge. Beschlagnahme in — -n 98 Abs. 1; Durchsuchungen in — -n 105 Abs. 4; Militärgerichtsbarkeit gegen die auf — -n eingeschifften Marineangehörigen 434, XIV 1.

Kriegsgerichte. Zulässigkeit von — -n IV 16; Einsetzung von — -n auf Grund des Art. 48 der RV. durch den Reichspräsidenten IV 16 Anm. 2; Wiederaufnahmeverfahren gegen die Urteile a. o. — alter Art 359 Anm. 3; militärische — bleiben bestehen, soweit Militär-

gerichtsbarkeit noch besteht 434 Anm. 1.
Kriegsgerichtsräte. Verwendung der — XIV 26.
Kriegsschiffe. S. „Kriegsfahrzeuge".
Kriegsverbrechen und Kriegsvergehen. IV 123 Vorbem. 2.
Kriegsverrat. Zuständigkeit des RG. bei — IV 134; keine Zuständigkeit der OLG. bei — IV 134 Anm. 4.
Kriegszustand. IV 16 Anm. 2; s. auch „Kriegsgerichte".
Kriminalpolizei. S. „Polizei"; Beamte der — als Hilfsbeamte der StA. IV 152 Anm. 2.
Kuratel. S. „Pflegschaft", „Vormundschaft".
Kurhessisches Fürstenhaus. S. „Landesherren".

L.

Ladung. — der Schöffen IV 46, 77; nochmalige — in Pr. IV 46 Anm. 2; — der Geschworenen 84, 87; — als Aufgabe des Gerichtsvollziehers IV 154, VII 38; — in anderen deutschen Ländern IV 160; öffentliche — des Beschuldigten 40, 278, 279; — von Zeugen 48 Abs. 1; insbesondere von Soldaten 48 Abs. 2; keine — des Reichspräsidenten und der Landespräsidenten zur HV. 49; — von Sachverständigen 72; — des Beschuldigten 133; für — vor die Staatsanwaltschaft keine Zwangsmittel 51 Anm. 3, 160 Anm. 6; — vor die Polizei ist polizeiliche Verfügung 51 Anm. 3, 161 Anm. 7; — des Beschuldigten im beschleunigten Verfahren wegen Übertretung 212; — -en zur HV. erfolgen durch die StA. 214 Abs. 1; — von Zeugen bei längeren Verhandlungen 214 Abs. 2; — des Angeklagten 216, 217; — des Verteidigers 218; Antrag des Angeklagten auf — von Zeugen usw. 219; unmittelbare — 220, 222, 356 Abs. 2 (38); — von Zeugen auf Anordnung des Vorsitzenden 221; Inhalt der — bei Sachen, die ohne Anwesenheit des Angeklagten verhandelt werden können 232; — des Angeklagten in der Berufungsinstanz 323 Abs. 1; desgl. der Zeugen 323 Abs. 2, 4; — des Beschwerdeführers 330; — in Privatklagesachen 385, 386; — im gerichtlichen Verfahren wegen Steuerdelikts 425 Abs. 2; — der Einziehungsbeteiligten im objektiven Verfahren 431 Abs. 2; — zum Strafantritt 457; — zur mündlichen Verhandlung vor das Seemannsamt XVId 4; — zum Sühnetermin XVIII 21, 37.
Ladungsfrist. — für Geschworene IV 87; — für den Angeklagten 217, 278; Folge der Nichteinhaltung der — 228 Abs. 3; — für den Privatkläger 385 Abs. 3.
Laienrichter. S. „Schöffen", „Geschworene".
Land, deutsches. Gemeinsame Gerichte mehrerer — -er für Landesverratssachen IV 120 Abs. 2 Satz 2; Erstattung der Rechtshilfekosten IV 164; Vollstreckung von Strafen in anderen — -ern IV 162; Ausübung des Gnadenrechts usw. bei Gesamtstrafen mehrerer — -er IV 162 Anm.
Landesbehörde. S. „Oberste Landesbehörde".
Landesfinanzamt. 419 Anm. 3, XXf 11.
Landesfiskus. XVII 39.

Landesgerichte. Übertragung der Aufgaben, für die besondere Gerichte zugelassen sind, an die ordentlichen — III 3; die ordentliche Gerichtsbarkeit wird durch — ausgeübt IV 12.

Landesgericht, Oberstes. Siehe „Oberstes Landesgericht".

Landesgesetze, Landesgesetzgebung. Der Regelung durch die — sind vorbehalten: Die Übertragung von Sachen, für die besondere Gerichte zugelassen sind, auf die ordentlichen Gerichte III 3 (vgl. IV 14 Anm. 2); die Übertragung von Geschäften der reichsrechtlich nicht geregelten Gerichtsbarkeit und der Justizverwaltung auf die Justizbehörden III 4 (vgl. XVII 26, 28, 39, 41, 43, 49, 77 ff.); die Begründung der Zuständigkeit der Schwurgerichte für Preßdelikte III 6; die Übertragung gewisser Revisionen in Zivilsachen an ein Oberstes Landesgericht, sowie von Revisionen und Beschwerden in Strafsachen an eines von mehreren OLG. oder an das Oberste Landesgericht III 8, 9 (vgl. XVII 50); die Konfliktserhebung III 11 (vgl. für Pr. III 11 Anm.); die Einsetzung eines Kompetenzkonfliktsgerichtshofs III 17, IV 17 (vgl. für Pr. III 17 Anm.); die Änderung der Bestimmungen über Universitätsstudium und Vorbereitungsdienst IV 2 (vgl. XVII 1 und Anm. 1); die zeitweilige Wahrnehmung richterlicher Geschäfte IV 10 (vgl. XVII 2 und Anm.); die Befreiung von Beamten vom Laienrichteramt IV 34 Abs. 2 (vgl. XVII 33, 44); die Wahl der Vertrauenspersonen des Ausschusses für die Schöffenauswahl IV 40 Abs. 4 (XVII 35 und Anm.); die Regelung des Hilfsrichterwesens beim Landgericht und die Vertretung durch ständig angestellte Richter IV 70 Abs. 3 (vgl. XVII 38, 48 und Anm.); die Zuweisung gewisser Ansprüche gegen Staatsbeamte und von Staatsbeamten gegen den Staat an die Landesgerichte IV 71 Abs. 3 (XVII 39); die Einführung eines besonderen Verfahrens in Forst- und Feldrügesachen und in sondergerichtlichen Sachen VI 3 (vgl. für Pr. FDiebstG. u. FuFPolG. im Teil I dieses Werkes Nr. XVI, XVII); die Regelung des Verwaltungsstrafverfahrens bei Übertretungen und Gefällsdelikten VI 6^{3} (XIX); gegenstandslos geworden sind die Vorbehalte in III 5 VI 4, XVII 18 (landesherrliche Familien), III 7 und Anm. (Austrägalrecht) und VI 6^{1} (Strafverfolgung Abgeordneter; s. jetzt 112 Anm. 3).

Landesgesundheitsrat. 83 Anm.

Landesherren. III 5, VI 4, XVII 18 (sämtlich gegenstandslos).

Landesjustizverwaltung. S. auch „Justizminister", „Justizverwaltung", „Landesregierung", „Oberste Landesbehörde"; — kann bei Organisationsänderungen Richter versetzen und vom Amt entfernen III 21, IV 8; — regelt die Dienstaufsicht beim Amtsgericht IV 22 (s. aber XVII 23); — bestimmt die Zahl der Laienrichter und ihre Verteilung auf die Amtsgerichtsbezirke IV 43, 58, 77, 78 Abs. 3, 85; desgl. Zeitpunkt für Aufstellung der Urlisten, Einberufung des Ausschusses, Auslosung IV 57, 77, 84; — kann Entscheidung der Strafsachen einem Amtsgericht für mehrere Bezirke übertragen

IV 58; — bestellt Untersuchungsrichter IV 61 Abs. 2; — regelt Vertretung der Mitglieder des Landgerichts IV 70 Abs. 1; — bildet auswärtige Strafkammern und beruft Vorsitzenden und mitwirkende Amtsrichter IV 78; — kann mehrere Landgerichte zu einem Schwurgerichtsbezirk vereinigen IV 92; — errichtet Kammer für Handelssachen IV 93; — entscheidet über Vereinigung der erstinstanzlichen Sachen für mehrere OLG.-Bezirke bei einem OLG. IV 120 Abs. 2; — hat Dienstaufsicht über die Staatsanwaltschaft IV 147², XVII 78, 81; — bestimmt über Geschäftseinrichtung der Gerichtsschreiberei und über Dienst- und Geschäftsverhältnisse der Gerichtsvollzieher IV 153, 154, XVII 68 und Anm. 2, 4, 73 und Anm. 1, 2; — kann Zustellung für gewisse Fälle erleichtern 39; Rechte der — bei Regelung des Sühneversuchs 380 (vgl. aber für Pr. XVIII 33—40); — kann Strafvollstreckung den Amtsrichtern, Amtsanwälten, Gerichtsschreibern, Sekretären der StA. übertragen 451 und Anm. 3; — entscheidet über Entschädigungsantrag XI 5, XII 6; — führt Aufsicht über Strafregister XIIIa 1; — kann Beschränkung der Auskunft und Tilgung anordnen XIIIa 8.

Landespolizeibehörde. Zulässigkeit der Überweisung an die — rechtfertigt Haftbefehl bei Übertretungen 113; Überweisung an die — nicht zulässig beim Strafbefehl 407 und gegen Jugendliche X 9 Abs. 5, 45, führt u. U. zum Ausschluß der Entschädigung für unschuldig erlittene Haft XII 2 Abs. 3, hemmt Frist für Auskunftsbeschränkung und Tilgung XIIIa Abs. 3, nicht zulässig in Strafverfügung XIX 1 Anm. 5; Strafausstand bei Überweisung an die — XXh VI.

Landespräsident. III 34¹, VII 49, 54 Abs. 3.

Landesrecht. S. auch „Landesgesetz“; Zuständigkeit des RG. für Revisionen bei den nach — strafbaren Handlungen III 9, XVII 50.

Landesregierung. S. auch „Justizminister“, „Justizverwaltung“, „Landesjustizverwaltung“, „Oberste Landesbehörde“, „Regierung“, „Staatsministerium“, „Staatsregierung“; bestellt den Staatsverwaltungsbeamten für Schöffenwahlausschuß IV 40 Abs. 2, XVII 34; — bezeichnet die Hilfsbeamten der StA. IV 152; Mitglieder der — sind vom Laienrichteramt befreit IV 34², 77, 84; Vernehmung der Mitglieder der — als Zeugen IV 50, 54; — regelt Verhältnis der Jugendämter zu freien Vereinigungen X 42; — bestimmt die Strafregisterbehörde XIIIb 1 Abs. 1; — kann Mitteilungspflicht an Strafregister ausdehnen XIIIb 9; — bezeichnet auskunftsberechtigte Behörden XIIIb 26; — erläßt Ausführungsbestimmungen für Strafregister XIIIb 37; — richtet die Seemannsämter ein XVIa 5.

Landesstaatsanwaltschaft. Abgabe erstinstanzlicher Sachen an die — durch den Oberreichsanwalt IV 134 Abs. 2.

Landesverrat. Erstinstanzliche Zuständigkeit des RG. und der OLG. bei — 120, 134, 137.

Landesvertretung. S. „Landtag“.

Landgerichte. S. auch „Kammer", „Kammer für Handelssachen", „Landgerichtsrat", „Landgerichtsdirektor", „Landesgerichtspräsident", „Landrichter", „Präsidium", „Schwurgericht", „Strafkammer", „Untersuchungsrichter", „Vorsitzender", „Zivilkammer"; — sind Gerichte der ordentlichen Gerichtsbarkeit IV 12; Besetzung IV 59; Einteilung in Kammern IV 60, 93; Geschäftsverteilung, Vorsitz, Präsidium, Vertretung IV 62 bis 70; Zuständigkeit der — IV 71—77; Bildung der Schwurgerichte bei den — -n IV 79; StA. bei dem — IV 142 Abs. 1 ², 145; Ferienkammern bei den — -n IV 201; — entscheiden über Ablehnung des Amtsrichters und des Untersuchungsrichters; — beschließen Übertragung der VU. auf Amtsrichter 185; — entscheiden über Eröffnung des Hauptverfahrens 198, 201, 202, 209; Beweisaufnahme vor den — -n 245 Abs. 2, 265 Abs. 5; weitere Beschwerde gegen Beschlüsse der — 310; Revision gegen die Urteile der — 333; — entscheiden, ob militärische Straftaten disziplinarisch zu ahnden 435 Abs. 1; Gerichtsassessoren bei den — -n XVII 5; Übertragung der Aufsicht über Stiftungen an die — XVII 29, 42, 91, 94; Sitze und Bezirke der — XVII 37; Vertretung beim — durch Amtsrichter XVII 38; Zuständigkeit der — in landesrechtlichen Sachen XVII 39, 41, 42.

Landgerichtsdirektor. IV 59; — kann zugleich Amtsrichter sein IV 22 Abs. 2, 59 Abs. 2; — -en führen Vorsitz in den Kammern IV 62; — ist Mitglied des Präsidiums IV 64 Abs. 2.

Landgerichtspräsident. IV 59 Abs. 1; — als Vorsitzender des Plenums IV 62 Abs. 1, einer Kammer IV 62 Abs. 1, 2, des Präsidiums IV 64 Abs. 2; — bestimmt, daß einzelne Sachen über das Geschäftsjahr hinaus von den bisherigen Bearbeitern fortzuführen sind IV 65; Vertretung des — -en IV 66 Abs. 2; — bestimmt zeitweilige Vertretung IV 67, 68; Tätigkeit bei der Auslosung und Streichung der Laienrichter IV 77 Abs. 2, 3 (s. aber 78 Abs. 3), 84, 86, 87; — bestimmt Beisitzer und stellvertretende Beisitzer des Schwurgerichts IV 83; — bestimmt Sitzung des Schwurgerichts und Einberufung der Geschworenen IV 87; — entscheidet über Ablehnungsgründe und fernere Heranziehung der Geschworenen IV 88; — beruft Amtsrichter als Vertreter beim LG. ein XVII 38; Zuständigkeit für landesrechtliche Angelegenheiten XVII 41 Abs. 2; Legalisation von Urkunden erfolgt durch den — -en XVII 43; — als Organ der Dienstaufsicht XVII 78³ (IV 22); — hat Aufsicht über Schiedsmänner XVIII 7 Abs. 1 ⁸.

Landgerichtsrat. IV 59; — kann zugleich Amtsrichter sein IV 22 Abs. 2, 59 Abs. 2; Führung des Vorsitzes in der kleinen Strafkammer IV 62; Verteilung der — -e auf die Kammern IV 63; ältester — Mitglied des Präsidiums IV 64 Abs. 2; Vertretung des Kammervorsitzenden IV 66 Abs. 1, des Präsidenten IV 66 Abs. 2; Geschäftsverteilung in der Kammer IV 69; — bei der auswärtigen Strafkammer

IV 78; — beim Schwurgericht IV 83; — als Vorsitzender der Kammer für Handelssachen IV 105 Abs. 1; Bemessung des Gehalts XVII 10; Aushilfe beim OLG. XVII 48.
Landgerichtssitz. Schöffengerichte am — und außerhalb desselben IV 58 Anm. 1; Strafkammern außerhalb des — -es IV 78; Tagung des Schwurgerichts außerhalb des — -es IV 91; Kammer für Handelssachen außerhalb des — -es IV 93 Abs. 2.
Landjäger. — sind Hilfsbeamte der StA. IV 152 Anm. 2; Ladung von — -n als Zeugen 48 Anm. 5; — bei Durchsuchungen 105 Anm. 8.
Landrichter. S. „Landgerichtsrat"; — als ständiger Hilfsarbeiter XVII 48 Anm.
Landstreicher. Verhaftung 112 Anm. 2.
Landtag. S. auch „Abgeordnete"; Durchsuchung in den Räumen eines — -es 102 Anm. 4.
Leben. Nebenklage bei strafbaren Handlungen gegen das — 395 Abs. 2.
Lebensalter. S. „Alter".
Lebensfähigkeit. Feststellung der — bei Öffnung der Leichen Neugeborener 90.
Lebensgefahr. Aufschub der Vollstreckung bei — 455 Abs. 2.
Lebensjahr. S. „Alter".
Lebensverhältnisse. Erforschung der — bei der bedingten Strafaussetzung X 31, XXd 3 Abs. 1.
Legalisation. — von Urkunden XVII 43.
Legalitätsprinzip. 152 Abs. 2; Ausnahmen 152 Anm. 1, 3, 153, 154; Einschränkung bei Straftaten Jugendlicher X 32 Abs. 2—4; desgl. bei Rechtsirrtum XV a 1.
Legitimation. — der Parteien vor dem Schiedsmann XVIII 16 [3], 25.
Lehenssachen. XVIII 49, 91.
Lehrverhältnis. Streitigkeiten aus — IV 23 [2].
Leichenausgrabung. 87 Abs. 3.
Leichenfund. 159.
Leichenöffnung, Leichenschau. 87 bis 90.
Leichnam. S. „Leichenfund"; Auslieferung des — -s eines Hingerichteten 454 Abs. 5.
Leichtsinn. — als Voraussetzung der bedingten Strafaussetzung XXd 2, 3a.
Leistung. Beurkundung des tatsächlichen Angebots einer — XVII 74 [4].
Leitung. — der Staatsanwaltschaft IV 147, XVII 78; — der Beratung und Abstimmung IV 194; — der Tätigkeit des Sachverständigen 78; — der HV. 238; — der Verhandlung vor dem Seemannsamt XVId 9.
Letztes Wort. — des Angeklagten 258, 326, 351.
Leumund. Auswahl der — -spersonen bei der bedingten Strafaussetzung XXd 17.
Leumundszeugnisse. Keine Verlesung in der HV. 256.
Liste. S. „Jahresliste", „Urliste".

M

Mahnverfahren. Ferien ohne Einfluß auf — IV 202.
Mann. Mindestzahl der Männer in den Laiengerichten IV 29, 45, 49, 77, 84 Abs. 2.
Mannschaften. S. „Militärpersonen".
Marine. Bordgerichte der — aufrechterhalten 434 Abs. 1;

besondere Vorschriften für Strafverfahren gegen Angehörige der — 442 ff.; freiwillige Gerichtsbarkeit in der — XVII 111 Anm.
Marineanwälte. S. „Heeresanwälte".
Marktgerichte. IV 58 Anm. 3, VII 212 Anm. 3.
Marktsachen. — sind Feriensachen IV 200 [3].
Maßnahme. S. auch „Erziehungsmaßregeln"; besondere — -n bei der bedingten Strafaussetzung X 12 Abs. 2, 13, Abs. 3, XXd 3 [1], 9, 11, 12; Geldbuße als besondere — X 7 Anm. 5, 12 Anm. 2, 35 Anm. 8, XXd 3b.
Medizinalkollegium. S. „Landesgesundheitsrat".
Medizinalpersonen. Zeugnisverweigerungsrecht 53 Abs. 1 [3].
Mehrheit. — bei der Beratung IV 196; erforderliche — bei Schuld- und Straffrage 263.
Meineid. Zuständigkeit des Schwurgerichts für — IV 24 Nr. 3a, 80.
Meinungsverschiedenheiten. — bei der Beratung IV 194 Abs. 2.
Meistbietende. Gerichtsvollzieher zuständig für Versteigerung an den — -n XVII 74 [5].
Menoniten. Eidesleistung der — IV 51 Abs. 5 und Anm. 3, VII 65, XVIII 5 Abs. 2.
Merkmale. Feststellung der — beim Augenschein 86, XVI 126; gesetzliche — der Tat 200 Abs. 1, 207.
Meßsachen. IV 200 [8].
Mietsstreitigkeiten. Zuständigkeit bei — IV 23 [2]; — als Feriensachen IV 200 [4].
Mildernde Umstände. Verneinung erfordert qualifizierte Mehrheit 263 Abs. 2; — sind in den Urteilsgründen anzugeben 267 Abs. 3; — kein Wiederaufnahmegrund 363.
Militärbeamte. S. auch „Militärjustizbeamte"; 48 Anm. 3, 51 Abs. 2, 438 Anm. 2.
Militärbehörde. S. auch „Dienstbehörde", „Kommandobehörde"; Ladung von Soldaten als Zeugen durch die — 48; Vorführung von Angehörigen der Reichswehr durch die — 51 Abs. 4; — bei Beschlagnahme und Durchsuchung in militärischen Dienstgebäuden 98 Abs. 4, 105 Abs. 4; Vollstreckung von Strafen durch die — IV 451 Anm. 4, XIV 13.
Militärgerichte. 435 und Anm. 1; Übergang einer Sache von einem — an ein bürgerliches Gericht XIV 24 (19); — bleiben unberührt XVII 110.
Militärgerichtliches Verfahren. Entschädigung für unschuldig erlittene Haft XI 10, XIV 21, 22.
Militärgerichtsbarkeit. III 7, VII 434, XIV, insbesondere 24 (19).
Militärische Dienstgebäude. 98 Abs. 4, 105 Abs. 4.
Militärische Geheimnisse. Zuständigkeit des RG. und der OLG. bei Verrat — -r IV 120, 134.
Militärische Vergehen. Keine Einstellung bei Geringfügigkeit 436; Sondervorschriften für — 434ff.
Militärjustizbeamte. S. auch „Heeresanwälte"; Verwendung der früheren — -n XIV 26, 27.
Militärpersonen. Ladung von — als Zeugen 48, XIV 14; Vorführung von — 51 Abs. 2; besondere Vorschriften für das Verfahren gegen — 438 ff.; Strafvollstreckung gegen — 451 Anmerk. 10; Strafverfügungen gegen — XIX 11 und Anm.; be-

dingte Strafaussetzung bei — XXd 2 III und Anm. 2.
Militärstrafgerichtsordnung. 434 Anm. 1, XIV 24 Anm.
Militärstrafsachen. Begriff 442; besondere Vorschriften für — 442 ff.; Stellung der militärischen Vorgesetzten 443; Anzeigen und Strafanträge 444; Haft „zur Aufrechterhaltung der Disziplin" 445; Verteidigung 446; Abgabe von Rechtsmittelerklärungen usw. 447; Übergang bei Militärgerichten anhängiger — auf bürgerliche Gerichte XIV 19, 24; keine Bildung besonderer Gerichtskörper für — XIV 26; bedingte Strafaussetzung in — XXd 2 Abs. 3 und Anm. 2.
Minderjährige. S. auch „Gesetzliche Vertreter", „Jugendlicher"; Uneidliche Vernehmung 57; Beistand 149; Erhebung der Privatklage für — 374 Abs. 3; desgl. der Nebenklage 395.
Minder schwerer Fall. 263.
Minister. Keine Berufung zum Laienrichteramt IV 34 [2], 77, 84; Vernehmung als Zeugen 50, 54.
Minister des Innern. XVIII 49, XIX 13.
Ministerialräte. Keine Berufung zum Laienrichteramt XVII 33.
Missionen. Exterritorialität fremder — IV 18—20.
Mitangeklagte. Vernehmung 57; Entfernung aus dem Sitzungssaal 247; Verlesung der Protokolle verstorbener — -r 251; Erklärungsrecht nach Vernehmung des — -n 257; Revision wirkt u. U. für — 357; gesamtschuldnerische Kostenhaftung — -r 466.
Mitberechtigte. Ausschluß des — -n als Schiedsmann XVIII 5.
Mitbeschuldigte. S. „Mitangeklagte".
Mitglieder. S. auch „Abgeordnete", „Landesherrn", „Landesregierung", „Landgerichtsrat", „Reichsregierung", „Religionsgesellschaften"; — von religiösen Orden sollen nicht Laienrichter sein IV 34 [7], 77, 84; Fragerecht der — des Gerichts 240 bis 242; Anwesenheit von — -n des erkennenden Gerichts bei der Hinrichtung 454.
Mitnahme. — hilfsbedürftiger Seeleute XVIb.
Mitschuldige. Beeinflussung — -r als Haftgrund 112; Verlesung von Aussagen 251.
Mittäter. S. auch „Mitangeklagte", „Mitschuldige"; Beschlagnahme 97; Durchsuchung 102.
Mitteilung. — von Akten IV 168, VII 96; Beschlagnahme schriftlicher — -en 97; Behandlung von — -en zwischen Verteidiger und Beschuldigtem 148; — -en in Strafsachen 160 Anm. 3; — -en in Jugendsachen X 27; — an das Strafregister XIIIb 2 ff.; — der bedingten Strafaussetzung XXd 9, 25.
Mobilien. Versteigerung von — durch Gerichtsvollzieher XVII 74 [2].
Modelle. Zuständigkeit für Rechtsstreitigkeiten über Schutz der — IV 95 4c.
Monat. Bei der Fristberechnung 43.
Mönche. Ausschluß vom Laienrichteramt IV 34 [7], 77, 84.
Monopolstrafsachen. S. auch „Branntweinmonopol"; bedingte Strafaussetzung in — XXe, f.
Mündlichkeit. Prinzip der — 250—256, XVId 4, 5, XVIII 23.

Münzverbrechen. S. „Falschmünzerei".
Musterschutz. Zuständigkeit für Streitigkeiten aus — IV 95.
Mutter. X 31.

N

Nachbarn. Zuziehung von — bei Durchsuchungen 106.
Nacheid. 62.
Nacheile. IV 167.
Nachholung. — versäumter Handlungen 45.
Nachlaß. Bußanspruch gehört nicht zum — 404 Abs. 4; Haftung des — -ses für die Kosten 465 Abs. 2; — -sachen in den Ferien XVII 91.
Nachträglich. — -e Strafaussetzung X 11, XXd 6; — -es Bekanntwerden der bedingten Strafaussetzung entgegenstehender Umstände X 12 Abs. 4, XXd 11 Anm. 2; — -e Verlängerung der Bewährungsfrist X 12 Abs. 1, XXd 5 Abs. 2; Wirkung — -er Verurteilung auf die Strafaussetzung X 13, XXd 16.
Nachtquartier. Vergütung des — -s an Laienrichter V.
Nachtzeit. Durchsuchung zur — 104.
Nahrungsmittelgesetz. 102 Anmerk. 3, XIX 7 Anm.
Namhaftmachung. — der Gerichtspersonen 24; — der Sachverständigen 74 Abs. 2, 222, der Zeugen 222; — des Vertreters der Verwaltungsbehörde 424 Abs. 2.
Nassauisches Fürstenhaus. S. „Landesherrn".
Naturereignisse. Wiedereinsetzung gegen Versäumnis wegen — -s 44.
Nebenamtliche Amtsanwälte. XVII 64.
Nebenbeteiligte. — im objektiven Verfahren 431 Abs. 2, 3.
Nebenklage. Zulässigkeit der — 395 (172 ff., 374, 447), 403; Verfahren 395—406; — der Steuerbehörde 427—430; — zwecks Zuerkennung einer Buße 403—406; desgl. in Feld- und Forstrügesachen 403 Anm.
Nebenkläger. Privatkläger als — 377 Abs. 3; Bezeichnung des — -s im Sitzungsprotokoll 272 [4].
Nebenprotokoll. — in fremder Sprache IV 185.
Nebenstrafen. IV 25 2b; — machen ein Geldstrafenurteil bei Übertretung nicht berufungsfähig 313 Anm. 7.
ne bis in idem. — bei Strafbefehl 410 Anm.; — bei Strafverfügung 413 Anm. 8; — bei Strafbescheid 419 Vorbem. 3.
Negativer Kompetenzkonflikt. S. „Kompetenzkonflikt".
Neigung. Verbrecherische als Voraussetzung der bedingten Strafaussetzung XXd 2, 3a.
Neue Tatsachen und Beweismittel. — nötig zur Weiterbetreibung der öffentlichen Klage 174 Abs. 2, 211; — zulässig in der Berufungsinstanz 323 Abs. 3; — zur Begründung der Wiederaufnahme 359 [5]; — zur Fortsetzung wegen Geringfügigkeit bei Jugendlichen eingestellten Verfahrens X 32 Abs. 1; desgl. des wegen Rechtsirrtums eingestellten Verfahrens XVa 1, c—e.
Nichterscheinen. Strafe bei — von Zeugen 51; desgl. von Sachverständigen 77; — des Angeklagten in der HV. 230, 232; — in der Berufungsinstanz

329 (Angeklagter), 391 (Privatkläger); — des Nebenklägers 400; — im Sühnetermin XVIII 22; des Antragstellers XVIII 37, 38; des Beschuldigten XVIII 37.
Niederlagen. Durchsuchung in — gestohlener Sachen 104 Abs. 2.
Niederlegung. — des Schiedsmannsamtes XVIII 8.
Niederschriften. — des Finanzamts stehen richterlichen Protokollen gleich 251.
Not. — als Voraussetzung der bedingten Strafaussetzung XXd 2, 3a.
Notar. IV 128 Abs. 3.
Notwendige Verteidigung. 81 Abs. 2, 138, 140; — in Jugendsachen X 28 Abs. 4, 29 Abs. 1.
Notzucht. Zuständigkeit der Amtsgerichte IV 24 3b.

O

Obduktion. S. „Leichenöffnung".
Oberes Gericht. Gemeinschaftliches — beschließt über Trennung und Verbindung 4; Bestimmung des Gerichtsstands durch dasselbe 7 Anm. 4, 12 Abs. 2, 13 Abs. 2 u. 3, 14, 15, 19, XVII 20; zunächst — entscheidet, wenn das zust. Gericht infolge Ablehnung beschlußunfähig wird 27 Abs. 1.
Obergutachten. 83.
Oberlandesgericht. S. auch „Kammergericht", „Oberes Gericht", „Oberstes Landesgericht", „Oberlandesgerichtspräsident"; III 8, 9, IV 12, 115—122, XVII 47 bis 57; Enthebung eines Handelsrichters vom Amt durch — IV 113; Besetzung der — -e IV 115; Senate IV 116; Präsidium, Vorsitz, Geschäftsverteilung, Vertretung IV 117 (62—69); Hilfsrichter IV 117, XVII 48; Zuständigkeit in Zivilsachen IV 119; erstinstanzliche Zuständigkeit in Strafsachen IV 120; Zuständigkeit für Revisionen und Beschwerden in Strafsachen IV 121; Besetzung der Senate IV 122; StA. bei dem — IV 142, 145, 147, 148; Beschwerde an das — wegen Verweigerung der Rechtshilfe IV 159; — ist Beschwerdegericht bei Ordnungsstrafen IV 181 Abs. 3; Feriensenate IV 201; notwendige Verteidigung in erstinstanzlichen Sachen der — -e 140; Antrag auf gerichtliche Entscheidung gegen Einstellung an das — 172 ff.; Voruntersuchung in erstinstanzlichen Sachen der — -e 178 Abs. 1, 186 Abs. 4; Eröffnung der HV. 198; keine Beschwerde gegen Entscheidungen des — -s 304 Abs. 3, XVII 87 (s. aber IV 159 Abs. 1); — e sind leitende Stellen für Referendarausbildung XVII 1; Bestimmung des Gerichtsstands durch das — XVII 20 Abs. 4; Verwaltung einer Stiftung durch das — XVII 29, 57, 91, 94; Zuständigkeit für landesrechtliche Angelegenheiten der freiw. Gerichtsbarkeit XVII 49, 57; Amtstracht XVII 89; Enthebung eines Schiedsmanns XVIII 9
Oberlandesgerichtspräsident. — bestimmt den Schwurgerichtsvorsitzenden IV 83; Vertreter des — -en IV 117 (68 Abs. 2); — bestellt in erstinstanzlichen Sachen den Untersuchungsrichter 186 Abs. 4; — beruft Vertreter zum OLG. ein XVII 48; — führt Dienstaufsicht XVII

78; desgl. über Schiedsmänner XVIII 7.
Oberlandesgerichtsrat. IV 115.
Oberreichsanwalt. IV 142, 143, 146 Abs. 2, 148, 149; Anhörung des — -s IV 126, 127, 129, 136 Abs. 4; — kann erstinstanzliche Strafsachen des RG. an die Landes-StA. abgeben oder Überweisung an OLG. beantragen IV 134; — entscheidet bei Kompetenzkonflikt zwischen StA.-en verschiedener Länder IV 143 Abs. 3.
Oberschlesien. Gerichtssprache in — IV 184 Anm. 2.
Oberstaatsanwalt. XVII 78[4], 81; Zuständigkeit zum Strafausstand XXb.
Oberste Dienstbehörde. — entscheidet über Herausgabe der Akten 96.
Oberste Landesbehörde. S. auch „Aufsicht", „Justizminister", „Landesjustiz - Verwaltung", „Landesregierung", „Minister"; Befugnisse der — -n nach JGG. X 19 Abs. 3, 20 Abs. 2, 27; — erhält unbeschränkte Auskunft aus dem Strafregister XIIIa 4.
Oberste Reichsbehörde. S. auch „Minister"; — erhält unbeschränkte Auskunft XIIIa 4.
Oberstes Landesgericht. Besetzung der Senate II 3, III 10; Zuständigkeit III 8, 9, IV 120 Abs. 2; für Pr. s. XVII 50.
Oberverwaltungsgericht. Mitglieder des Pr. — -s vom Laienrichteramt befreit XVII 33.
Objektives Verfahren. 430 ff.
Offensichtlich unbegründete Revision. 349.
Öffentliche Abgaben. S. auch „Abgaben"; Amtsrichter im Verfahren bei Strafsachen wegen — -r IV 25 Abs. 3; Verfahren bei Strafsachen wegen — -r 419—429; keine poliz. Strafverfügung bei Strafsachen wegen — -r XIX 2.
Öffentliche Ämter. Unfähigkeit zur Bekleidung — -r IV 32[2], [3], XVIII 2.
Öffentliche Beamte. S. „Beamte".
Öffentliche Behörden. Auskunftspflicht im Strafverfahren 161; Verlesung von Erklärungen derselben in der HV. 256.
Öffentliche Bekanntmachung. S. „Bekanntmachung".
Öffentlich bestellte Sachverständige. 73 Abs. 2, 74, XVII 86.
Öffentliche Klage. S. „Klage".
Öffentliche Ladung. 278.
Öffentliche Ordnung. S. „Gefährdung".
Öffentliche Sicherheit. S. „Gefährdung".
Öffentliche Sitzung. S. „Öffentlichkeit".
Öffentliches Interesse. — an der gerichtlichen Entscheidung 153 Abs. 1; — als Voraussetzung für öffentliche Klage bei Privatklagedelikten 376.
Öffentliche Zustellung. 40, 278, 281.
Öffentlichkeit. — der Auslosung der Laienrichter IV 45, 77, 84; — der Verhandlung IV 169 bis 173; Ausschluß der — in Ehesachen IV 170, in Entmündigungssachen IV 171, wegen Gefährdung der öffentlichen Ordnung usw. IV 172; — für Urteilsverkündung, Ausschluß der — für Verkündung der Gründe IV 173; Verhandlung über Ausschluß der — IV 174; Versagung des Zutritts zu öffentlichen Verhandlungen, Zutritt zu nicht

öffentlichen IV 175; Ausschluß der — bei Beratung IV 193; — ist im Protokoll festzustellen 272[6]; Verletzung der Vorschriften über — ist Revisionsgrund 338[6]; beschränkte — im Jugendverfahren X 23; — der Verhandlung vor dem Seemannsamt XVIa 123; — der Verhandlungen in landesrechtlichen Sachen XVII 88; Amtstracht in öffentlichen Verhandlungen XVII 89.

Offizier. S. „Militärpersonen"; — als Verteidiger 446; Abgabe von Rechtsmittelerklärungen usw. vor einem — 447.

Oldenburg. S. „Birkenfeld"; Geltung der Pr. Vorschriften über bedingte Strafaussetzung in — XXd 1 Anm. 1.

Opportunitätsprinzip. S. „Legalitätsprinzip".

Ordentliche Gerichte. III 3, IV 12.

Ordentliche streitige Gerichtsbarkeit. III 2, IV 12, 13.

Ordentliches Verfahren. Verweisung in — X 18 Abs. 2.

Ordnung. S. „Gefährdung"; — in der Sitzung 176—183, VII 36, 164, 238, XVII 88.

Ordnungsstrafen. S. auch „Ersatzstrafe", „Zwangsstrafe"; — gegen Laienrichter IV 56, 77, 84; — als Ausfluß der Sitzungspolizei IV 177 bis 182; keine — gegen Rechtsanwälte, — zulässig gegen Abgeordnete IV 77 Anm.; — gegen Zeugen 51, 70; — gegen Sachverständige 77; — zur Erzwingung von Amtshandlungen XVII 80,81; — des Schiedsmanns XVIII 21, 22, 40.

Organe. — der Justizverwaltung XVII 77.

Organisation der Gerichte. Änderung in der — berechtigt zur Richterversetzung usw. III 21, IV 8 und Anm.

Ort. — der Tat s. „Tatort"; Verhandlungen an — und Stelle 164; — der Sühneverhandlung XVIII 21.

Örtliche Zuständigkeit. S. „Gerichtsstand".

Ortspolizeibeamte. in Pr. XIX 1 Anm. 6.

P

Papiere. Durchsicht der — 110; desgl. für Steuerstrafverfahren 110 Anm.

Papiergeld. S. „Münzfälschung"

Parlament. S. „Abgeordnete", „Landtag", „Reichstag".

Partei. Zahlungspflichtige — bei der Rechtshilfe IV 164 Abs. 3; Ordnungsstrafen gegen — -en IV 177—182; — -en beim Sühneversuch 380, XVIII 12, 13, 15 bis 20, 22, 23, 25 bis 27, 29, 35a, 36.

Parteieid. Schiedsmann kann einen — nicht abnehmen XVIII 12.

Parteiöffentlichkeit. S. „Beauftragter Richter", „Ersuchter Richter".

Paßvorschriften. Poliz. Strafverfügung bei Zuwiderhandlungen gegen die — 413 Anm. 5.

Patrimonialgerichtsbarkeit. Aufhebung der — IV 15.

Patrimonialrichter. IV 128 Abs. 3.

Personalien. S. „Generalfragen".

Personen des Soldatenstandes. S. „Militärpersonen".

Personenstand. Nebenklage bei Delikten gegen den — 395 Abs. 2.

Personenstandsregister. Verlesung von Auszügen aus dem — in der HV. 249.

Personen-Vereinigungen. S. auch „Vereine"; Vertretung bei Privatklage und Nebenklage 374 Abs. 3, 395 Abs. 2.

Persönliches Erscheinen. — des Angeklagten 236; — des Privatklägers 387; — des Beschuldigten vor dem Seemannsamt XVId 11; — des Antragstellers im Sühnetermin XVIII 37, 38.

Persönliche Verhältnisse. S. „Generalfragen"; Ermittlung der — -n in Jugendsachen X 31.

Persönlichkeit. Feststellung der — bei der Leichenöffnung 88 Abs. 1; mangelnder Ausweis der — berechtigt zur Verhaftung und Festnahme 112, 127.

Pfandbestellung. — als Mittel der Sicherheitsleistung 118.

Pflegschaft. — bei Vermögensbeschlagnahme 292.

Pflichten. Auferlegung besonderer — s. „Maßnahmen".

Pflichtverletzung. S. „Amtspflicht".

Pflichtverteidigung. S. „Notwendige Verteidigung".

Philipponen. S. „Herrenhuter".

Plenarentscheidungen. — des RG. IV 126, 127, 129, 136, 138.

Plenum. — des Landgerichts IV 62; — des OLG. IV 117; — des RG. IV 131, 140.

Polizei. Gerichtliche — s. „Hilfsbeamte der StA."; Zwangsgewalt der — 51 Anm. 3, 161 Anm. 7; — und Wehrmacht 98 Anm. 6, 105 Anm. 7; Antrag der — auf Umwandlung der in einer Strafverfügung festgesetzten Geldstrafe X 40.

Polizeiaufsicht. Durchsuchung bei Personen unter — unbeschränkt 103f.; Untersuchungshaft gegen sie 113; — gegen Jugendliche unzulässig X 9 Abs. 5; kein Anspruch auf Entschädigung bei — XII 2; — hemmt Frist für Beschränkung der Auskunft und Tilgung XIIIa 6.

Polizeibeamte. S. auch „Hilfsbeamte der StA."; Ausschluß der — -n vom Laienrichteramt IV 34, 77, 84; Recht der Nacheile IV 167; — als Richter und Gerichtsschreiber ausgeschlossen 22[4], 31, 32; Zustellung an — in Polizeiunterkünften 57 Anm; Recht der — -n zur Festnahme 127; Entgegennahme von Anzeigen strafbarer Handlungen durch — 158 Abs. 1; Ermittlungen durch — im Strafverfahren 161, 163, 189.

Polizeibehörden. S. auch „Landespolizeibehörde", „Polizei", „Polizeibeamte"; Ablieferung Ergriffener an die — bei Nacheile IV 167; Steckbriefe der — 131 Abs. 2; Anzeigen und Strafanträge bei — 158; Anzeige der — bei Auffindung von Leichen 159; Ermittlungen in Strafsachen durch — 161, 163, 189; Strafverfügungsrecht 413 ff., XIX 1, 2, 4.

Polizeikosten. Polizeistrafen fallen der Stelle zu, die die — trägt XIX 7.

Polizeiliche Listen. Tilgung und Beschränkung der Auskunft XIIIa 4, 5.

Polizeiliche Strafverfügung. 413 bis 418; Einzelrichter bei gerichtlicher Entscheidung über — IV 25 Anm. 8, 14, VII 413 Anm. 5, 416 Anm. 2—4, X 17 Anm. 2; Rechtshilfe bei der Vollstreckung 413 Anm. 7; — gegen Jugendliche 413 Anm. 2, 416 Anm. 2, X 40; reichsrechtlich zugelassene — bei Zuwiderhandlungen gegen die Paßvorschriften 413 Anm. 6, 416 Anm. 3; Strafbescheid des Seemannsamts wird wie eine — behandelt VI 5 Abs. 2, VII 413 Anm. 5, XVI a 124d, 13, 15; Gesetz über den Erlaß von —-en XIX; — ausgeschlossen bei Preßdelikten, Bergpolizeikontraventionen, Abgabendelikten, Forstdiebstahl, zulässig bei Feld- und Forstfrevel, beschränkt zulässig bei Militärpersonen XIX 2 und Anm. 2 u. 3, 11 (VII 413 Anm. 3).

Polizeiliche Vollstreckungsbeamte. S. „Polizeibeamte".

Polizeiverwaltung. Inhaber der — als Amtsanwalt XVII 64; zum Erlaß von Strafverfügungen ist berechtigt, wer die — führt XIX 1; Inhaber der — in Pr. XIX 1 Anm. 6.

Positiver Kompetenzkonflikt. S. „Kompetenzkonflikt".

Postbeschlagnahme. 99—101; Pr. Verwaltungsbestimmungen dazu 99 Anm. 1; — im Steuerstrafverfahren 99 Anm. 3.

Präsentation. Keine — zum Richteramt IV 15.

Präsident. S. „Landgerichtspräsident", „Oberlandesgerichtspräsident", „Reichsgerichtspräsident", „Senatspräsident".

Präsidium. — des Landgerichts, Zusammensetzung IV 64, Geschäftsverteilung durch das — IV 64 (63), Regelung der Vertretung IV 66 Abs. 1, 70 Abs. 1, XVII 38 Abs. 2; Bestimmung der Landgerichtsmitglieder für die auswärtige Strafkammer IV 78 Abs. 2; — des OLG. IV 117, XVII 48 Abs. 2; — des RG. IV 131; Geschäftsverteilung bei den Amtsgerichten XVII 23; Regelung der Vertretung bei denselben XVII 24; Bestätigung des Schiedsmanns durch das — des Landgerichts XVIII 4; — des Landgerichts entscheidet über Befugnis zur Niederlegung des Schiedsmannsamts XVIII 8 Abs. 2.

Präventivmaßnahme. Beschlagnahme und Durchsuchung als polizeiliche — 94 Anm. 8, 102 Anm. 3.

Preistreibereistrafsachen. Zuweisung an bestimmte Amtsgerichte IV 58 Anm. 3; Geschäftsverteilung bei — IV 22 Anm. 2, XVII 23 Anm. 1; beschleunigtes Verfahren in — 212 Anm. 3; bedingte Strafaussetzung bei — XXd 2.

Presse. Zuständigkeit der Schwurgerichte bei Delikten der — III 6; fliegender Gerichtsstand der — 7 Abs. 2; Beschlagnahme bei — -delikten 94 Anm. 3, 4; Berufung bei — -delikten 313; Strafverfügung bei — -delikten ausgeschlossen 413 Anm. 3, XIX 2 Anm. 3.

Preßgesetz. Teil I des Werkes.

Preußen. Ausstellung von Zeugnissen über das in — geltende Recht XVII 86.

Privatgerichtsbarkeit. IV 15.

Privatklage. S. auch „Privatkläger"; Zuständigkeit des Amtsrichters IV 25 2a; Beschränkbarkeit der Beweisaufnahme bei — auch für die Berufungsinstanz 245 Abs. 2; Veränderung der rechtlichen Gesichtspunkte 265 Abs. 5; Unzulässigkeit der Berufung bei — 313, 334; Zulässigkeit der

— 374; mehrere — -berechtigte 375; öffentliche Klage bei — -delikten 376, 377 Abs. 2, 3; Mitwirkung der StA. bei — 377 Abs. 1; Sicherheitsleistung für die Kosten 379; Sühneversuch 380, XVIII 33 bis 39; Verfahren bei — 380 bis 387; Widerklage 388; Einstellung bei Unzulässigkeit der — 389; Rechtsmittel bei — 390; Zurücknahme der — 391, 392, 394; Fortsetzung der — wegen Verleumdung nach dem Tode des Privatklägers 393, 394; Verfolgung eines Anspruchs auf Buße mit der — 406; selbständige Klage der Steuerbehörde ist nach den Vorschriften der — zu behandeln 426; Kosten der — 471, 472; keine —, aber Widerklage gegen Jugendliche X 38; — vor dem Jugendgericht nicht möglich X 38 Anm. 2.

Privatkläger. S. auch „Privatklage"; Ablehnung von Gerichtspersonen durch den — 24 Abs. 3, 31, 32; desgl. von Sachverständigen 74 Abs. 2; — als Nebenkläger 377 Abs. 3; Anwalt des — -s 378; Stellung des — -s im Verfahren 385 bis 387; — im objektiven Verfahren 430—432.

Probezeit. S. „Bewährungsfrist".

Professoren. S. „Hochschullehrer".

Prokura. Ansprüche aus fehlender — sind Handelssachen IV 95 4e.

Protest. Aufnahme von Wechsel- und Scheck- — -en durch Gerichtsschreiber und Gerichtsvollzieher XVII 70 und Anm. 3, 74 1 und Anm. 2.

Protokoll. S. auch „Gerichtsschreiber"; — bei der Laienrichterwahl IV 41, 77, 84; — über Auslosung 45 Abs. 3, 77, 84; — über Laienrichterbeeidigung IV 51, 77, 84; Aufnahme des Beschlusses über Geheimhaltung in das — IV 174 Abs. 2; desgl. der Ordnungsstrafe wegen Ungebühr IV 182; in der Sitzung begangene strafbare Handlung IV 183; Erklärungen in fremder Sprache, Übersetzung des — -s IV 185; Ablehnung von Gerichtspersonen zu — 26 Abs. 1; Angabe des Grundes der Beeidigung im — 66 Abs. 4; Augenscheins- — 86; Einsicht des Verteidigers in bestimmte — -e 147 Abs. 3; Strafantrag zu — 158 Abs. 2, 444 Abs. 1; — -e über Untersuchungshandlungen des Amtsrichters 168, des Untersuchungsrichters 188; Aufnahme der Anklage zu — im beschleunigten Verfahren 212; — bei antizipierter Beweisaufnahme 224; Vernehmung des Angeklagten zu — bei Entbindung vom Erscheinen 233 Abs. 3; Verlesung von — -en über Augenschein 249; desgl. von richterlichen Vernehmungs- — -en in der HV. 250—254; Vermerk des Grundes der Verlesung zu — 255; — über die HV. 271—274, X 24; — über Rechtsmittelerklärungen Inhaftierter 299, 447; Erhebung der Beschwerde zu — 306; Erklärung der Berufung und der Berufungsrechtfertigung zu — 314, 317; Verlesung von — -en in der HV. der Berufungsinstanz 325; Revisionseinlegung, -begründung und Gegenerklärung zu — 341, 345, 347; desgl. der

Wiederaufnahmeanträge 366; desgl. der Privatklage 381; Einspruch zu — 409 Abs. 1; Antrag auf gerichtliche Entscheidung gegen Strafverfügung zu — 414 Abs. 1, XIX 4 Abs. 2; Rechtsmittelerklärungen usw. in Militärstrafsachen 447; — über Hinrichtung 454; — im Verfahren vor dem Seemannsamt XVIa 126, d 14; Aufnahme von Anträgen zu — in Angelegenheiten der landesrechtlichen freiw. Gerichtsbarkeit XVII 71; — über die Sühneverhandlung XVIII 20, 25—27, 36; — -buch des Schiedsmanns XVIII 28, 38; Ausfertigung des — -s XVIII 29—32; gewisse Niederschriften des Finanzamtes stehen richterlichen — -en gleich 251 Anm.

Protokollführer. S. „Gerichtsschreiber“; — des Seemannsamts XVId 14.

Prozeßbevollmächtigte. Ausschluß des — -n als Schiedsmann XVIII 15[4].

Prozeßfähigkeit. — des Privat- und Nebenklägers 374 Abs. 3, 395.

Prozeßleitung. 238.

Prozeßrecht. — der Reichsgesetze VI 5; — der Landesgesetze VI 6.

Prüfung. — des Urteils in der Berufungs- und in der Revisionsinstanz 327, 352.

Prüfungen. — zum Richteramt IV 2 und Anm. 1, 2, XVII 1 und Anm. 1.

Publikation. S. „Bekanntmachung“, „Verkündung“.

R

Raub. Zuständigkeit des Amtsgerichts bei — IV 24 3b.

Räumung. — des Sitzungszimmers IV 177.

Reallasten. Besondere Gerichte für Ablösung von — s. „Auseinandersetzung“.

Realkonkurrenz. S. „Gesamtstrafen“.

Rechenfehler. Berichtigung von — -n im Urteil 268 Anm. 4.

Recht. Ausstellung von Zeugnissen über das in Pr. geltende — XVII 86.

Rechtfertigung. — der Berufung 317, 320, 323, 447; — der Revision 344, 345, 347, 447.

Rechtsanwalt. S. auch „Verteidiger“; — als Reichsgerichtsrat IV 125, 128; keine Bestrafung eines — -s wegen Ungebühr IV 177 Anm.; Zeugnisverweigerungsrecht des — -s 53[3], 56; — als Verteidiger 138, 139, 144; Anspruch auf Gebühren für notwendige Verteidigung 150; Gebührenordnung für — -e 150 Anm. 1; Antrag auf gerichtliche Entscheidung muß von einem — unterzeichnet sein 172 Abs. 2; desgl. Revisionsbegründung 345 Abs. 2, 390 Abs. 2; desgl. der Wiederaufnahmeantrag 366 Abs. 2; — des Privatklägers 378, 387; desgl. des Angeklagten im Privatklageverfahren 387; — des Nebenklägers 397, 400; — als Vertreter der Steuerbehörde im selbständigen Steuerstrafverfahren 424; — vor dem Seemannsamt XVId 6; Befugnis der Assessoren, sich als — niederzulassen XVII 6; Vertretung von — -en durch Assessoren XVII 6.

Rechtsanwaltsordnung. 144 Anmerk. 1, XVII 6 und Anm.

Rechtsbeugung. — Wiederaufnahmegrund 359[3], 362[3].

Rechtsfrage. Plenarentscheidung über — -en beim RG. IV 136.

Rechtshilfe. IV 156—168, XVII 87; Pflicht der Gerichte zur — IV 156; Amtsgericht als Träger der — IV 157; Ablehnung der — IV 158; Rechtsmittel dagegen IV 159; — durch Vollstreckung, Ladung, Zustellung IV 160, 161; — bei Vollstreckung von Freiheitsstrafen IV 162–163; Kosten der — IV 164–165; Amtshandlungen außerhalb des Bezirks IV 166; droit de suite IV 167; — durch Mitteilung von Akten IV 168; — bei Vollstreckung von poliz. Strafverfügungen und Strafbescheiden 413 Anm. 7, 419 Anm. 2; — bei dem Seemannsamt XVIa 125; — bei landesrechtlicher freiw. Gerichtsbarkeit und zwischen Gerichten und Verwaltungsbehörden XVII 87 und Anm.

Rechtskraft. S. auch „ne bis in idem"; — der die örtliche Zuständigkeit oder die Unzuständigkeit aussprechenden Entscheidung 17, 19; — des Einstellungsbeschlusses 153 Abs. 3, 154 Abs. 3—5; — des die Erhebung der öffentlichen Klage ablehnenden Beschlusses des OLG. 174 Abs. 2; — des die Eröffnung der HV. ablehnenden Beschlusses 211; Hemmung der — durch Rechtsmittel 316, 346; — von Beschlüssen 311; relative — 301 (331, 357), X 35 Anm. 2; teilweise — von Strafurteilen 316, 327, 343, 344, 352; Wiederaufnahme des Verfahrens nach — des Urteils 359—373; Übernahme der Privatklage durch StA. bis zur — zulässig 390; desgl. Anschluß als Nebenkläger 395; — des Strafbefehls 410; — Voraussetzung für Vollstreckung 449 (Ausnahme XVIa 125 Abs. 1); Gesamtstrafenbildung nach — 460; — der Einstellung im jugendgerichtlichen Verfahren X 32 Abs. 4; — der Einstellung usw. bei Rechtsirrtum XVa 1, c—e; — der Strafverfügung XIX 4, 7, 10.

Rechtskundige. — als Verteidiger 139, 144, 446 Abs. 2.

Rechtslehrer. S. „Hochschullehrer".

Rechtsmittel. S. „Berufung", „Beschwerde", „Instanz", „Instanzenzug", „Rechtskraft", „Revision"; Begründungszwang bei mit — -n anfechtbaren Entscheidungen 34; bei Freisprechung oder Außerverfolgsetzung darf — -Einlegung nicht Aufhebung des Haftbefehls verzögern 123; abgekürzte Urteilsbegründung bei — -Verzicht 266 Abs. 4; — 296—358; allgemeine Bestimmungen über — 296—303; Recht zur Einlegung von — -n 282, 296 bis 298; Form der — -Einlegung bei Inhaftierten 299; Irrtum in der Bezeichnung des — -s unschädlich 300; Wirkung eines von der StA. eingelegten — -s 301; Zurücknahme, Verzicht 302, 303; — des Privatklägers 390, des Nebenklägers 395, 399, 401, der Finanzbehörde 429 u. Anm. (s. auch 268 Anm. 3), der Beteiligten im objektiven Verfahren 432; Anrechnung der Untersuchungshaft bei — -Verzicht 450; Kosten des — -s 473; OLG. ist — -Gericht in Sachen der landesrechtlichen freiw. Gerichtsbarkeit XVII 49.

Rechtsnorm. Begriff III 7; Zurückverweisung bei Verletzung einer verfahrensrechtlichen — 328; Verletzung einer — ist Revisionsgrund 337—340, 448; Beschränkung der Revision bei Verletzung einer — über das Verfahren 340.

Rechtsstreitigkeiten. S. „Bürgerliche —"; Sühneverhandlung bei vermögensrechtlichen — XVIII 12 ff.

Rechtsverhältnis. Vorabentscheidung über ein bürgerliches — 262.

Rechtsweg. S. auch „Kompetenzkonflikt"; — wegen vermögensrechtlicher Ansprüche der Richter IV 9 und Anm.; — gegen Entscheidungen der Gemeindegerichte IV 14 [3]; — bei Ansprüchen aus unschuldig erlittener Haft XI 5, XII 6.

Redaktionsfehler. S. „Rechenfehler".

Reederei. Ansprüche aus — sind Handelssachen IV 95 [4f], 105 Abs. 3.

Referendare. S. auch „Rechtskundige"; Ernennung, Vorbereitungsdienst, Prüfungen IV 2, 3, XVII 1, 2 nebst Anm.; — dürfen an der Beratung teilnehmen IV 193; Wahrnehmung richterlicher Geschäfte durch — XVII 2; — als Amtsanwälte XVII 63; Amtstracht der — XVII 89 Anm.

reformatio in peius. 331, 358, 373.

Regierungspräsident. — bestimmt den Staatsverwaltungsbeamten für Schöffenwahlausschuß XVII 34; Anhörung des — -en vor Bestellung nebenamtlicher Amtsanwälte XVII 64 Abs. 3.

Registerhafen. XVIa 124.

Regreßpflichtiger. — als Schiedsmann ausgeschlossen XVIII 15 [1].

Reich. Zuständigkeit bei Hochverrat gegen das — IV 134; Rücksichtnahme auf das Wohl des — -s 54 Abs. 2, 96; Beschlagnahme des im Deutschen — befindlichen Vermögens 284, 290; Begnadigungsrecht des — -s 452.

Reichsanwaltschaft. S. auch „Oberreichsanwalt"; IV 125, 142, 147—149.

Reichsanzeiger. Bekanntmachung der Vermögensbeschlagnahme und ihrer Aufhebung 284, 291 bis 293, 433; desgl. der Freisprechung im Wiederaufnahmeverfahren 371 Abs. 4; desgl. der Fahnenfluchterklärung 437.

Reichsbanknoten. S. „Falschmünzerei".

Reichsbeamte. Ausschließung gewisser — -r vom Laienrichteramt IV 34, 77, 84; Zuständigkeit für Ansprüche der — -n IV 71; Gerichtsstand im Ausland angestellter — -r 11.

Reichsbeamtengesetz. IV 71 Anmerk. 2.

Reichsbehörden, Oberste. S. „Oberste Dienstbehörde", „Oberste Reichsbehörde".

Reichsfinanzhof. Vorabentscheidung des — -s 260 Anm. 2.

Reichsgericht. S. auch „Reichsanwaltschaft", „Revision"; Übertragung der Gerichtsbarkeit letzter Instanz in sondergerichtlichen Sachen III 3 und Anm., XVII 18,19 und Anm.; Einschränkung seiner Zuständigkeit in Zivilsachen durch das Oberste Landesgericht III 8; — als Gericht der ordentlichen Gerichtsbarkeit IV 12; Sitz IV 123; Besetzung IV 124; Ernennung des Präsidenten, der Senatspräsidenten und der Mitglieder 125; Enthebung vom

Amt IV 126—127; Versetzung in den Ruhestand IV 128, 129; Zahl der Senate IV 130; Geschäftsverteilung, Vorsitz, Vertretung IV 131; keine Hilfsrichter IV 132; Zuständigkeit in bürgerlichen Rechtsstreitigkeiten IV 133; desgl. in Strafsachen erster Instanz IV 134, 137, 139; desgl. als Revisionsgericht IV 135; Plenarentscheidungen IV 136, 138; Besetzung der Senate IV 139; Geschäftsordnung IV 140; Gerichtsschreiberei und Gerichtsvollzieherei beim — IV 153, 154; — als Beschwerdegericht in Rechtshilfesachen IV 159; Bestimmung des zuständigen Gerichts IV 9, XVIa 124 (s. auch „Oberes Gericht"); notwendige Verteidigung und Voruntersuchung in erstinstanzlichen Sachen des — -s 140, 178; Antrag auf gerichtliche Entscheidung gegen Einstellung in erstinstanzlichen Sachen des — -s 172 ff.; Anklageschrift und Eröffnung in diesen Sachen 200 Abs. 2, 209; keine Beschwerde gegen Beschlüsse des — -s 304 Abs. 3; Begnadigungsrecht in Sachen des — -s 452; Bildung einer Gesamtstrafe durch das — 462 Abs. 3, 4; Kostenentscheidung in erstinstanzlichen Sachen 474; Ausnahmen von der Zuständigkeit des — -s bei Bestimmung des Gerichtsstands XIV 19 Abs. 1, XVII 20.

Reichsgerichtspräsident. IV 124, 125, 131; Bestellung des Untersuchungsrichters 186.

Reichsgerichtsrat. S. „Reichsgericht".

Reichsgesetze. Prozeßrechtliche Vorschriften der — VI 5.

Reichsjustizminister. S. auch „Oberste Dienstbehörde", „Oberste Reichsbehörde", „Reichsregierung"; — bestimmt die Zahl der Senate des RG. IV 130; — führt Dienstaufsicht über die Reichsanwaltschaft IV 147; — bestimmt über Gerichtsschreiberei und Gerichtsvollzieherei des RG. IV 153, 154; — bestimmt Gerichtsstand für Deutsche, die im Ausland exterritorial sind 11; — kann Tilgung und Auskunftsbeschränkung vorzeitig anordnen XIIIa 8; Strafregister über im Ausland Geborene wird beim — -ium geführt XIIIb 1; — hat Aufsicht über das Strafregister XIIIb 1, 37; — bestimmt die auskunftsberechtigten Stellen und macht sie bekannt XIIIb 26; — trifft Anordnungen wegen ausländischer Strafarten XIIIb 31; Mitglieder des — -iums nehmen an der Entscheidung über Verwendung der Militärjustizbeamten des alten Heeres teil XIV 26.

Reichskanzler. Die dem — in Gesetzen und VO.-en zugewiesenen Geschäfte erledigt jetzt das Reichsministerium oder der Ressortminister IV 34 Anm. 1; — entscheidet u. U. über Ersatzanspruch aus unschuldig erlittener Haft XI 6, XII 9.

Reichskasse. Auferlegung der Kosten in erstinstanzlichen Sachen 474; Verteilung der Kosten in erstinstanzlichen Sachen zwischen Staats- und — 474 Anm. 1; Entschädigung für unschuldig erlittene Haft aus der — XI 6, XII 9, 10.

Reichsmilitärgericht. XIV 19, 24 Abs. 2, 25.

Reichsoberhandelsgericht. III 8.

Reichspräsident. Befreiung vom Laienrichteramt IV 34 [1], 77, 84 Abs. 2; — ernennt die Mitglieder des RG. und der Reichsanwaltschaft IV 125, 149; — ist in der Wohnung zu vernehmen 49; Zeugnisverweigerungsrecht des — -en 51; Immunität des — -en 151 Anm. 2; — übt das Begnadigungsrecht für das Reich aus 452 Anm.; — bestimmt über die Geschäfte des Reichsmilitärgerichts XIV 43.

Reichsrat. Exterritorialität der Mitglieder des — -s IV 18 ff.; Zustimmung bei VO.-en der Reichsregierung IV 34 Anm. 1; Befreiung der Mitglieder vom Laienrichteramt IV 35 [1], 77, 84; Zustimmung des — -s zur Festsetzung der Entschädigung der Laienrichter IV 55; Mitwirkung bei der Ernennung der Mitglieder des RG. und der Reichsanwaltschaft IV 125, 149; Vernehmung der Mitglieder als Zeugen 50; Zustimmung erforderlich zu den VO.-en wegen Erziehungsmaßregeln u. wegen Strafvollzugs bei Jugendlichen X 7 Abs. 2, 3, 16 Abs. 5; desgl. zu Ausführungsbestimmungen XIIIb 37, XIV 28.

Reichsrecht. S. „Reichsgesetz".

Reichsregierung. S. auch „Minister", „Oberste Dienstbehörde", „Oberste Reichsbehörde", „Reichsjustizminister", „Reichskanzler"; Verordnungsrecht der — IV 34 Anm. 1; — setzt Entschädigungssätze für Laienrichter fest IV 55, 84; — trifft Bestimmung über Erziehungsmaßnahmen X 7 Abs. 2, 3 und über den Strafvollzug bei Jugendlichen X 16 Abs. 5; — führt Strafregister-VO. und GAMG. aus XIIIb 37, XIV 28.

Reichsstempelgesetz. Kein Rechtsweg mehr bei Streitigkeiten über Abgaben aus — IV 95 Anm. 2.

Reichstag. S. auch „Abgeordnete"; Durchsuchungen und Beschlagnahmen im — 102 Anm. 4; Hausrecht und Polizeigewalt im — 161 Anm. 3.

Reichsverfassung. S. Inhaltsverzeichnis Seite XIII—XIV.

Reichswirtschaftsrat. S. „Abgeordnete".

Reichswehr. S. auch „Militär-"; besondere Vorschriften für das Verfahren gegen Angehörige der — 438 bis 448; Vollstreckung von Strafen gegen Angehörige der — 451 Anm. 10.

Reihenfolge. Feststellung der — für Laienrichter IV 45, 47, 49, 77 Abs. 3, 86; — bei der Abstimmung IV 197; — der Vertretung beim Landgericht und beim OLG. XVII 38, 48.

Reisekosten. S. auch „Fahrkosten"; — der Laienrichter IV 55, 77, 84, V 2, 3, XVII 36, 45, der Zeugen 71, der Sachverständigen 84; Hinterlegung der — bei unmittelbarer Ladung 219; Vorschüsse an Angeklagte für — zur HV. 230 Anm. 3; — der Hilfsrichter XVII 4 und Anm. 2; — -Gesetz XVII 4 Anm. 2.

Reisende. Zuständigkeit des AG. für Streitigkeiten von — -n mit Wirten usw. IV 23.

Rekurs. — an die höhere Verwaltungsbehörde gegen Strafverfügungen und Strafbescheide 413 Abs. 3 (XIX 3 Anm. 1), 419 Abs. 2 und Anm. 3.

Relative Rechtskraft. S. „Rechtskraft".

Religion. — -sloser Eid IV 51 Anm. 1, 2, VII 63 Anm., 79 Anm.; Befragung von Zeugen nach ihrer — 68 Anm. 1; desgl. des Angeklagten 136 Anm. 2, in Jugendsachen X 31 Anm. 3; Angabe der — in der Anklageschrift 200 Anm. 3, im Urteil 268 Anm. 2.

Religionsdiener. Ausschluß vom Laienrichteramt IV 34 [7], 77, 84.

Religionsgesellschaften. Beteuerungsformel statt Eidesleistung bei bestimmten — IV 51 und Anm. 3, VII 65 und Anm., XVIII 5 und Anm.

Republik. Gesetz zum Schutz der — s. Teil I des Werkes. Vgl. auch IV 123 Vorbem. 2.

Reststrafe. Bed. Aussetzung einer — X 11, XXb, c, d 3a, 6, 11, 26 und Anm. 2, bei Zuchthaus XXd 1.

Reue. — als Voraussetzung der bedingten Strafaussetzung XXd 2.

Revision. S. auch „Rechtsmittel"; Zuständigkeit des Obersten Landesgerichts für die — in Zivilsachen III 8; Übertragung der Zuständigkeit für — -en in Strafsachen auf eines von mehreren OLG. III 9, XVII 50; Zuständigkeit für die — in Zivilsachen IV 33; Zuständigkeit für die — in Strafsachen, OLG. IV 121, RG. IV 135; Ablehnung eines Richters in der — -sinstanz 25; Zulässigkeit der — 333, 334; Spring- — anstelle einer zulässigen Berufung 334, 340, anstelle einer unzulässigen Berufung 335, 340; dem angefochtenen Urteil vorangegangene Entscheidungen bei der — 336; Verletzung einer lediglich zugunsten des Angeklagten gegebenen Rechtsnorm 339; Verletzung einer Rechtsnorm über das Verfahren 340; — -sgründe 337 bis 340, 448; Frist und Form der Einlegung 341—347; Verbindung der — mit Antrag auf Wiedereinsetzung 342; — -santräge und deren Begründung 344—346, 447; Gegenerklärung 347; Zuständigkeit eines anderen — -sgerichts 348; Prüfung der Formalien durch das — -sgericht 349; Benachrichtigung des Angeklagten von der HV. 350; HV. vor dem — -sgericht 351—357; Umfang der Prüfungspflicht des — -sgerichts 352; Form der Entscheidung des — -sgerichts 349, 353—357; Bindung der unteren Instanz an die Entscheidung des — -sgerichts 358; Wiederaufnahme gegen ein — -surteil 367; — in Privatklagesachen 390; desgl. in Abgabensachen 429 und Anm.; Kosten der — 471.

Revisionsanträge. 335 Abs. 3, 344—347, 352, 390 Abs. 2, 429 Abs. 2, 447.

Revisionsfrist. S. „Fristen".

revisio per saltum. S. „Revision".

Rheinschiffahrtsgerichte. IV 14 [1] und Anm. 1, XIX 2 [1] und Anm. 1, 4 und Anm. 2, 9 und Anm.

Richter. S. auch „Ablehnung", „Amtsrichter", „Ausschließung", „Beauftragter —", „Befähigung", „Ersuchter —", „Gericht", „Gerichtsassessor", „Hilfsrichter", „Landgerichtsrat", „Jugendrichter", „Mitglied", „Oberlandesgerichtsrat", „Reichsgerichtsrat", "Richteramt", „richterliche Beamte"- „richterliche Geschäfte", „Untersuchungsrichter", „Vorsitzender"; Unabhängigkeit IV 1; Frauen als — IV 2 Anm. 1; Ernennung der — IV 6, XVII 7; Gehalt der — IV 7, XVII 9 bis 11; Unabsetzbarkeit, Unversetzbarkeit, Versetzung in den Ruhestand IV 8; desgl. bei Organisationsänderungen IV 8 und Anm. 2, 3; Altersgrenze IV 8 Anm. 4; Rechtsweg wegen vermögensrechtlicher Ansprüche der — IV 9; StA. darf nicht als — tätig werden IV 151; Namen der — im Protokoll und im Urteil 272, 275; Unterschrift des Protokolls und des Urteils durch — 271, 275; Rechtsbeugung eines — -s ist Wiederaufnahmegrund 359 [3]. 362 [3]; — als Vertreter des StA, in eiligen Fällen XVII 66; Amtstracht der — XVII 89.

Richteramt. IV 1—11, XVII 1—11; s. auch „Richter"; — der Laienrichter IV 11, 30, 77, 82; Behinderung an der Ausübung des — -s 15.

Richterliche Beamte. Ausschluß vom Laienrichteramt IV 34, 77, 84; Handelsrichter als — IV 112; Ordnungsstrafen gegen — XVII 80.

Richterliche Fristen. S. „Fristen, richterliche".

Richterliche Geschäfte. Wahrnehmung durch Referendare IV 10, XVII 2.

Richterliche Gewalt. IV 1.

Richterliche Mitglieder. S. „Mitglieder".

Ruhegehalt. — der Richter bei Enthebung vom Amt IV 8 Anm. 3; Anspruch auf — IV 9; — der Mitglieder des RG. und der Reichsanwaltschaft IV 128, 149.

Ruhen. — der Verjährung während der Probezeit X 12 Abs. 3.

Ruhestand. Versetzung der Richter in den — III 13, IV 8, 128, 129; insbesondere der Reichsgerichtsmitglieder IV 129, 130; Versetzung des Oberreichsanwalts und der Reichsanwälte in den einstweiligen — IV 149.

Rückfall. Zuständigkeit des Amtsgerichts für — -Diebstahl und — -Hehlerei IV 24 [3b, c]; bei — -Verbrechen kann Amtsrichter allein entscheiden IV 26; Ausschluß der notwendigen Verteidigung bei — -Verbrechen 140; die Frage nach — gehört nicht zur Schuldfrage 263 Abs. 3; eine im Strafregister getilgte Strafe begründet nicht mehr den — XIIIa 5 und Anm.

Rückgabe. — beschlagnahmter Sachen 111 und Anm. 1—3; — der Sicherheit 121.

Rückgriff. — wegen der Kosten der Verteidigung 150.

Rückzahlung. — der Geldbuße bei der bedingten Strafaussetzung XXd 3 [b II], 11 [II].

Ruf. S. „Leumund".

Rüge. S. auch „Revisionsanträge"; — bei der Dienstaufsicht XVII 80, XVIII 7 Abs. 2.

Rügesachen. S. „Feld- und Forstpolizeigesetz".

S

Saargebiet. Sondervorschriften über den Gerichtsstand 4 Anm., 8 Anm. 2, 9 Anm.

Sachbeschädigung. Privatklage wegen — 374; Sühneversuch 380, XVIII 33.

Sachkundige Personen. — als Zeugen 85.

Sachleitung. 238.
Sächliche Kosten. — des Schiedsmannsamts XVIII 45, 46; — der Polizeiverwaltung XIX 7.
Sachverständige. Maßnahmen der Sitzungspolizei gegen — IV 177; Ausschließung einer Gerichtsperson, die als — -r in der Sache vernommen ist 22 [5], 31, 32; — insbesondere 72 ff.; auf — finden die Vorschriften über Zeugen Anwendung 72; Auswahl der — -n, öffentlich bestellte — 73; Ablehnung eines — -n 74; Verpflichtung zur Erstattung des Gutachtens, Verweigerung desselben 75, 76; öffentl. Beamte als — 76 Abs. 2; Ordnungsstrafe gegen — 77; richterliche Leitung 78; Beeidigung des — -n 79; desgl. allgemeine 79 Abs. 2, XVII 86; Vorbereitung des Gutachtens durch Akteneinsicht, Vernehmungen usw. 80; insbesondere bei Gutachten über den Geisteszustand 81; schriftliches Gutachten im Vorverfahren 82; weitere Begutachtung, Begutachtung durch Fachbehörden 83 und Anm.; Entschädigung des — -n 84; — Zeugen 85; — bei Leichenschau und -Öffnung 87 bis 90; chemische — bei Vergiftung 91; — bei Münzdelikten 92; Schrift- — 93; Teilnahme — -r an richterlichen Untersuchungshandlungen im Vorverfahren 169, 193; Vernehmung in der Voruntersuchung 187; Ladung der — -n 214, 219, 221, 222; unmittelbare Ladung — -r 219, 220, 222; kommissarische Vernehmung 223; Vernehmung in der HV. 239—246, 248, 251, 253, 256, 257; — im Verfahren gegen Abwesende 286; Beschwerde gegen Ordnungsstrafen 304; — in der Berufungsinstanz 323; Wiederaufnahme, wenn — -r die Eidespflicht verletzt hat 359 [2], 362 [2]; Vernehmung — -r im wiederaufgenommenen Verfahren 369 Abs. 2; — im Privatklageverfahren 386; — vor dem Schiedsmann XVIII 46.
Sachverständige Zeugen. 85.
Schadensersatz. Seerechtliche Ansprüche auf — sind Handelssachen IV 95 f; — als Voraussetzung der bedingten Strafaussetzung XXd 2, 9 I, 12.
Scheck. Ansprüche aus — sind Handelssachen IV 95 [3]; desgl. als Feriensachen IV 200 [8]; — -protest s. „Protest".
Schiedsgerichtshöfe. Mitglieder der gemischten — sind exterritorial IV 18 Anm. 3.
Schiedsmann. Befähigung zum — XVIII 2; Wahl des — -s XVIII 3; Bestätigung XVIII 4; Beeidigung XVIII 5; Beamtenrechte des — -s XVIII 6; Dienstaufsicht XVIII 7; Ablehnung oder Niederlegung des Amts XVIII 8; Enthebung vom Amt XVIII 9; Stellvertretung XVIII 10; — als Sühneorgan für bürgerliche Rechtsstreitigkeiten XVIII 12—32; desgl. für Strafsachen 33—39.
Schiedsmannsamt. S. „Schiedsmann".
Schiedsmannsbezirk. XVIII 1.
Schiedsmannsgeschäft. S. auch „Sühneversuch"; ordnungswidrige Ausführung eines — -s XVIII 7 Abs. 2, 3.
Schiedsmannsordnung. XVIII.
Schiffahrtskundige. — als Handelsrichter IV 110.
Schiffe. S. auch „Kauffahrteischiffe"; Gerichtsstand für strafbare Handlungen auf — -en 10;

Beweissicherung bei strafbaren Handlungen auf solchen XVIa 126; Beschlagnahme, Durchsuchung und Verhaftung dabei XVIa 127.
Schiffer. Zuständigkeit bei Rechtsstreitigkeiten des — -s mit Reisenden IV 23 [2]; desgl. bei solchen mit dem Reeder IV 95 [4f], 105.
Schiffseigner. Rechtsstreitigkeiten mit dem — als Handelssachen 95 [4f].
Schiffsgläubiger. Rechtsstreitigkeiten mit — -n sind Handelssachen 95 [4f].
Schiffsleute. Rechtsstreitigkeiten aus dem Dienstverhältnis der — IV 95 [4f], 105; Einspruch von — -n gegen Strafbescheid des Seemannsamts beim Kapitän XVIa 124 Abs. 2; Rechte des Kapitäns auf Tatbestandsfeststellung, auf Beschlagnahmen, Durchsuchung und Festnahme bei Delikten von — -n XVIa 126, 127; Heimschaffung von hilfsbedürftigen — -n XVIb; Bestrafung von — -n bei bestimmten in der Verhandlung vor dem Seemannsamt begangenen Delikten XVId 12.
Schiffsoffiziere. Zuziehung bei Beweissicherung XVIa 126.
Schiffstagebuch. Eintragung des Einspruchs gegen den Strafbescheid des Seemannsamts in das — XVIa 124 Abs. 2.
Schleichhandel. S. „Preistreibereistraffachen".
Schlupfwinkel. Durchsuchung in — -n des Glückspiels und der Unzucht ohne Beschränkung 104.
Schluß. — der Voruntersuchung 197.
Schlußvorträge. — des StA., des Angeklagten und des Verteidigers 258; Verdolmetschung der Anträge aus den — -n an einen sprachfremden Angeklagten 259; — in der Berufungsinstanz 326; — in der Revisionsinstanz 351 Abs. 2; — im Privatklageverfahren 388; — im Verfahren vor dem Seemannsamt XVId 10.
Schöffen. Zuziehung von — beim Amtsgericht IV 28, 29; Frauen als — IV 29 (31, 45, 49); Rechte der — in der HV. IV 30; — -amt ist Ehrenamt IV 31; Unfähigkeit zum — -amt IV 32; Personen, die dazu nicht berufen werden sollen IV 33, 34, XVII 33; Ablehnung des — -Amts IV 35; Urliste IV 36—39, 41, 42, 57; Ausschuß zur — -auswahl IV 40—42, 57, XVII 34, 35; Entscheidung über Einsprachen gegen die Urliste IV 41; Auswahl der — und Hilfs- — IV 42; Bestimmung der Zahl der zu wählenden — und Hilfs- — IV 43; Jahresliste derselben IV 44; Auslosung der — IV 45, 46, 57; Benachrichtigung der — IV 46 Abs. 2 und Anm.; nachträgliche Änderung der Reihenfolge IV 47; Beschaffung der — für außerordentliche Sitzungen IV 48; Heranziehung der Hilfs- — IV 48 Abs. 2, 49; Fortführung des Amts über das Jahresende hinaus IV 50; Beeidigung der — IV 51; Streichung von der Jahresliste usw. IV 52; Entscheidung über Ablehnungsgründe IV 53; Entbindung eines — von der Dienstleistung IV 54; Entschädigung der — IV 55, V, XVII 36; Ordnungsstrafen gegen — IV 56; Zeitpunkt der einzelnen Abschnitte der Wahl-

handlung IV 57; — für gemeinschaftliche — -gerichte IV 58 Abs. 2, 3; — der Strafkammer IV 77; desgl. der auswärtigen Strafkammer IV 78 Abs. 3; die für — gegebenen Vorschriften gelten auch für Geschworene IV 84; — sollen nicht gleichzeitig Geschworene sein IV 90; Schweigepflicht über nicht öffentliche Verhandlungen IV 174; Zuziehung von Ergänzungs- — IV 192; keine Verweigerung der Abstimmung bei Überstimmung IV 195; — bei der Abstimmung 197; Beratungsgeheimnis IV 198; Ausschließung und Ablehnung von — 31; Fragerecht der — 240 bis 242; — unterschreiben nicht das Urteil 275 Abs. 2; Mitwirkung eines abgelehnten — ist Revisionsgrund 338; Rechtsbeugung durch — ist Wiederaufnahmegrund 359^{3}, 362^{3}; Jugend- — X 17, 20; Referendare dürfen die richterlichen Geschäfte bei der Auswahl der — nicht wahrnehmen XVII 2 Abs. 2.

Schöffengericht. S. auch „Amtsgericht", „Amtsrichter", „Schöffen"; — insbesondere IV 28 bis 58, XVII 33—36; Zuständigkeit IV 24, 28 (25, 26); Jugendgericht als — IV 28 Anm. 2, X 17 Anm. 2; — als Wuchergericht IV 28 Anm. 3; — zuständig für Bußfestsetzung nach dem Schwerbeschädigtengesetz IV 28 Anm. 4; in Forstdiebstahls- und in Feld- und Forstrügesachen kein — IV 28 Anm. 5; StA. beim — IV 28 Anm. 6, IV 142 und Anm. 3; Zusammensetzung (kleines, erweitertes —) IV 29; Grundsätze für Zuziehung des zweiten Richters IV 29 Anm. 2—6, 9; Zuziehung des zweiten Richters in Jugendsachen IV 29 Anm. 7, X 17 Anm. 3; desgl. in Wucher- und Schwerbeschädigtensachen IV 29 Anm. 8; zweiter Richter im — ausgeschlossen beim Strafbefehl und Strafbescheid IV 29 Anm. 10, VII 407 Anm. 3, 422 Anm. 2; Entscheidungen des — -s außerhalb der HV. IV 30; Vorausbestimmung der Sitzungstage des — -s IV 45; Zuständigkeit für Beschwerde und Berufung geg. Entscheidungen des — -s IV 73, 74; desgl. für Revision IV 121, 135; Abstimmung im erweiterten — und im großen Jugendgericht IV 196, X 24; notwendige Verteidigung beim — 140 Abs. 2, 3; Voruntersuchung in — -lichen Sachen jetzt möglich 178; Anklageschrift in Sachen des — -s 200 Abs. 2; Mitteilung derselben an den Angeschuldigten 201; beschleunigtes Verfahren vor dem — 212; Beschränkbarkeit der Beweisaufnahme vor dem — 245; Verfahren bei Klageänderung 265 Abs. 5; Antrag auf Beweiserhebungen nach Verweisungsbeschluß 270; Protokoll über die HV. vor dem — 273 Abs. 2; Zulässigkeit der Beschwerde gegen Entscheidungen des — -s 304, der Berufung 312, 313, der Revision 335; Beschränkung der Wiederaufnahme in — -lichen Sachen 359^{5}; — im Verfahren auf Strafbefehl und Strafbescheid 407, 411, 419, 420, 422; im Verfahren nach Strafverfügung ist — nicht möglich 416; Strafvollstreckung in — -sachen 451 und Anm. 2, 3.

Schreibfehler. S. „Rechenfehler".
Schreibgebühren. — der Schiedsmänner XVIII 42.
Schriftliche Verständigung. XVIII 16.
Schriftsachverständige. 93.
Schriftstücke. S. auch „Beschlagnahme", „Durchsuchung"; Vorlesung zugestellter — 35 Abs. 3; Ermittlung der Echtheit von — -n 93; Vorlegung amtlicher — 96; Verlesung von — -n in der HV. 249, 256, 257, 325.
Schriftvergleichung. S. „Schriftsachverständige".
Schuldfrage. 263.
Schule. Überweisung an die Zucht der — als Erziehungsmittel X 7.
Schutzaufsicht. als Erziehungsmaßregel X 7, 36; — bei der bedingten Strafaussetzung X 12 Abs. 2, 36 Abs. 1, XXd 3 I, 9 II, 12, 17; gesetzliche Ausgestaltung der — nach dem JWG. X 51 Anm. 5.
Schutzhaft. Anrechnung der auf die Strafhaft 450 Anm. 2.
Schwägerschaft. — ist Grund für Ausschließung von Gerichtsvollziehern IV 155; desgl. von Gerichtspersonen 22, 31, 32 und von Schiedsmännern XVIII 15 [3]; — ist Grund für Verweigerung des Zeugnisses usw. und zur Nichtbeeidigung 52, 58, 72, 76; — befreit von der Herausgabepflicht 95 Abs. 2.
Schwangere. Keine Vollstreckung der Todesstrafe an — -n 453 Abs. 2; Vollstreckung von Freiheitsstrafe gegen — 455 Anm. 5.
Schweigebefehl. IV 174 Abs. 2.
Schwerhörige. Verhandlung mit — -n IV 187.
Schwierigkeit. — der Sache berechtigt den Schiedsmann in bürgerlichen Rechtsstreitigkeiten zur Ablehnung der Sühneverhandlung XVIII 17.
Schwurgerichte. S. auch „Geschworene"; Zuständigkeit für Preßdelikte III 6; — insbesondere IV 79—92; Zusammentritt nach Bedarf IV 79; Zuständigkeit IV 80 (24); Zusammenstellung der Verbrechen, die vor die — gehören IV 80 Anm. 3; Zusammensetzung IV 81; gemeinschaftliche Entscheidung der Richter und Geschworenen über Schuld- und Straffrage, Richteramt der Geschworenen IV IV 82 Abs. 1; Entscheidungen außerhalb der HV. IV 82 Abs. 2; Ernennung des Vorsitzenden und der richterlichen Mitglieder IV 83; Auswahl und Auslosung der Geschworenen usw. IV 84—90; Zusammentritt des — -s IV 87; Sitzungen des — -s außerhalb des Landgerichtssitzes IV 91; gemeinsames — für mehrere Bezirke IV 92; Zuständigkeit für die Revision in — -lichen Sachen IV 121 [1 d], 135; StA. beim — IV 142; Ablehnung von Gerichtspersonen beim — IV 27 Abs. 2; notwendige Verteidigung und Voruntersuchung beim — 140, 178; Anklageschrift 200; Zulässigkeit der Revision 333; Privatklage kann vor dem — nicht verhandelt werden 384; Strafkammer entscheidet statt des — -s im objektiven Verfahren 430 Abs. 2; desgl. in militärgerichtlichen Sachen, die an das ordentliche Gericht übergehen XIV 19 Anm. 3.

See. Gerichtsstand für Straftaten auf offener — 10; Feststellung des Tatbestandes, Beschlagnahme, Durchsuchung, Verhaftung XVIa 126, 127.
Seeleute. S. „Schiffsleute".
Seelsorge. Zeugnisverweigerungsrecht wegen des in Ausübung der — Anvertrauten 53 Abs. 1 [1].
Seemannsamt. Begriff XVIa5; Verfahren vor dem — XVIa 122—125, b, c, d; Zuständigkeit des — -s XVIa 122, b, c; Verfahren insbesondere XVIa 123, d; Strafbescheid und Antrag auf gerichtliche Entscheidung XVIa 124, XVId 15; Vollstreckung des Bescheides XVIa 125; Einleitung des Verfahrens XVId 1—4; mündliche Verhandlung XVId 5—14; vereinfachtes Verfahren XVId 5, 12; Verteidigung vor dem — XVId 6; Beisitzer des — -s XVIa 5, d 2, 8; Verhandlungsleitung, Fragerecht XVId 9; Vernehmung des Beschuldigten, Beweisaufnahme XVId 10; Verhandlung in Abwesenheit des Beschuldigten XVId 11; Bescheid des — -s XVId 13; Protokoll XVId 14; Zustellungswesen XVId 16.
Seemannsordnung. XVIa—d.
Seemannsgerichte. 212 Anm. 3.
Seenot. Ansprüche wegen Bergung aus — sind Handelssachen IV 95 [4f].
Seeplätze. Handelsrichter an — -n IV 110.
Seerecht. Ansprüche aus — sind Handelssachen IV 95 [4f].
Selbständige. — Einziehung usw. 430 ff.
Selbstentleibungsversuch. — Grund zur Fesselung Untersuchungsgefangener 116 Abs. 4.
Senate. S. auch „Landesregierung"; — der OLG. IV 116, 122; — des RG. IV 130, 136—139; Ferien- — IV 201.
Senatspräsidenten. — der OLG. IV 115, des RG. IV 124, 125.
Separationen. S. „Auseinandersetzung".
Sicheres Geleit. 295.
Sicherheit. S. „Gefährdung", „Sicherheitsleistung".
Sicherheitsbeamte, Sicherheitsdienst. S. „Polizeibeamte", „Polizeibehörde".
Sicherheitsleistung. Abwendung der Untersuchungshaft durch — 117 bis 122, 124; Mittel der — 118; Zustellungsbevollmächtigte bei — 119; Verhaftung trotz — 120; Freiwerden der — 121; Verfall derselben 122. Zuständigkeit für die Entscheidungen über die — 124; — für die Kosten bei Antrag auf gerichtliche Entscheidung gegen Einstellung 176 (s. aber 441 Abs. 3); desgl. des Privatklägers 379; keine — des Nebenklägers 396 Abs. 3; Strafaufschub gegen — 456 Abs. 3;
Sicherstellung. — von Einziehungsgegenständen XVb, Art. II, c—e.
Sicherung des Beweises. S. auch „Beschlagnahme"; — in der Voruntersuchung 190 Abs. 2; — im Verfahren gegen Abwesende 285 bis 294; — bei Straftaten auf hoher See XVIa 126.
Siegel. S. „Amtssiegel".
Siegelung. S. „Entsiegelung".
Sittlichkeit. Ausschluß der Öffentlichkeit bei Gefährdung der — IV 172.
Sitz. S. auch „Amtssitz", „Hilfsschöffen", „Wohnsitz"; — des gemeinschaftlichen Schöffen-

gerichts IV 58; — der auswärtigen Strafkammer IV 78; — des Schwurgerichts IV 79, 91, 92; — der Kammer für Handelssachen IV 93; — des RG. IV 123; — -e der Amtsgerichte XVII 21, der Landgerichte XVII 37, der OLG. XVII 47.

Sitzung. Vorausbestimmung der — -en des Schöffengerichts und der Strafkammer IV 45, 77; desgl. außerordentliche — -en IV 48, 77; Dauer von — -en über das Ende des Geschäftsjahres hinaus IV 50; Abhaltung von — -en des Schwurgerichts außerhalb des Landgerichtssitzes IV 91; strafbare Handlungen in der — IV 183; eigenmächtige Entfernung des Angeklagten aus der — 231; Vertretung eines Richters für einzelne — -en XVII 38, 48; Amtstracht der Justizbeamten in der — XVII 89.

Sitzungsperiode. S. „Tagung".

Sitzungspolizei. IV 177—183; Vorsitzender als Träger der — IV 177; Entfernung aus dem Sitzungszimmer, Abführung zur Haft IV 177; Ordnungsstrafe IV 178, 179, ausgeschlossen gegen Rechtsanwälte usw. IV 177 Anm.; — des einzelnen Richters oder Beamten bei Amtshandlungen IV 180, VII 164; Beschwerde IV 181; Protokollierung von Akten der — IV 182; strafbare Handlungen in der Sitzung IV IV 183; — in Sachen der landesrechtlich geordneten freiwilligen Gerichtsbarkeit XVII 88.

Sitzungsprotokoll. S. „Protokoll".

Sitzungstage. S. „Sitzungen".

Sitzungszimmer. Entfernung aus dem — wegen Ungebühr IV 177; Entfernung des Angeklagten aus dem — während der Vernehmung eines Mitangeklagten oder Zeugen 247.

Sofortige Beschwerde. S. „Beschwerde, sofortige".

Soldaten. S. „Militärpersonen".

Sollverteidigung. — in Jugendsachen X 29 Abs. 2.

Sondergerichte. S. „Besondere Gerichte".

Sonn- und Feiertage. — als Ende einer Frist 43 Abs. 2; Vernehmung des Verhafteten an — -n 115 Anm.

Spionage. S. „Landesverrat", „Kriegsverrat", „militärische Geheimnisse".

Sprache. S. „Gerichtssprache"; Ablehnung der Ausübung des Schiedsmannsamtes, wenn die Parteien der — des Schiedsmanns nicht mächtig sind XVIII 16 [1], 36.

Sprengstoffgesetz. Verbrechen gegen das — sind Schwurgerichtssachen IV 80 Anm. 3.

Springrevision. — an Stelle einer unzulässigen Berufung 334; desgl. an Stelle einer zulässigen 335.

Spuren. Angabe im Protokoll bei Einnahme des Augenscheins 86; Verfolgung von — einer strafbaren Handlung mittels Durchsuchung 103; Vernichtung von — als Haftgrund 112.

Staatsamt. Verwaltung eines unmittelbaren — -s berechtigt zur Ablehnung des Schiedsmannsamts XVIII 8 [5].

Staatsangehörigkeit. Angabe der — in der Anklageschrift 200 Anm. 3; Bedeutung der — für die Entschädigung für unschuldig erlittene Haft XII 12 und Anm.

Staatsanwaltschaft. S. auch „Amtsanwalt", „Aufsicht", „Erster Beamter", „Generalstaatsanwalt", „Hilfsbeamte der —", „Landes- —", „Leitung", „Oberreichsanwalt", „Oberstaatsanwalt", „Reichsanwaltschaft".

1) GVG. Vorbereitungsdienst bei der — IV 2 Abs. 3; Antrag der — auf Entscheidung durch den Amtsrichter IV 25 Abs. 1 ²ᶜ, Abs. 2, 3 und Anm., IV 26 und Anm.; desgl. auf Zuziehung des zweiten Richters im Schöffengericht IV 29 Abs. 2 und Anm.; Beamte der — vom Laienrichteramt ausgeschlossen IV 34, 77, 84; Anhörung der — vor Streichung eines Laienrichters von der Jahresliste usw. und vor der Entscheidung über Ablehnungsgründe IV 52, 53, 77, 84; desgl. vor Festsetzung von Ordnungsstrafen gegen Laienrichter IV 55, 77, 84; — insbesondere IV 141—152; Sitze und Gliederung der Behörden der — IV 141, 142; örtliche Zuständigkeit der — IV 143 Abs. 1; Amtshandlungen außerhalb des Bezirkes der — IV 143 Abs. 2; Kompetenzkonflikte zwischen —-en verschiedener Länder IV 143 Abs. 3; bürokratische Organisation, Einheit der — IV 144; Devolutions- und Substitutionsrecht IV 145; Befähigung zum Amte eines Staatsanwalts IV 148; Frauen als Staatsanwälte IV 148 Anm. 2; Stellung der — gegenüber dem Gericht IV 150; Staatsanwälte dürfen nicht richterliche Geschäfte wahrnehmen IV 151; Rechtshilfe der — bei der Strafvollstreckung IV 163; Antrag der — auf Ausschluß der Öffentlichkeit IV 174 Abs. 1; — bei Handhabung der Sitzungspolizei IV 176 Anm.

2) StPO. Antrag der — auf Verbindung oder Trennung von Strafsachen 4, 13; wer als Beamter der — in einer Sache tätig war, ist darin vom Richteramt ausgeschlossen 22 ⁴; Ablehnung von Gerichtspersonen durch — 24 Abs. 3, 31, 32; Anhörung der — vor Entscheidungen 33; — veranlaßt im gerichtlichen Strafverfahren die Zustellungen und die Vollstreckung von Entscheidungen 36 (Ausnahme 36 Abs. 2 und Anm.); Zustellungen an die — 41; Ablehnung von Sachverständigen durch die — 74 Abs. 2; Beschlagnahmerecht der — 98; desgl. bei der Postbeschlagnahme 100; Anordnung einer Durchsuchung durch die — 105; Mitteilung über beschlagnahmte Gegenstände an die — 108, 110 Abs. 4; Anhörung der — vor Beschluß über Verfall einer Sicherheit 122; Zustimmung der — zur Aufhebung eines Haftbefehls und zur Freilassung gegen Sicherheit 124; Antrag der — auf Haftbefehl vor Erhebung der Klage 125; Antrag der — auf Aufhebung der Haft oder Verlängerung der Haftfrist 126; Recht der — zur vorläufigen Festnahme 127; desgl. zum Erlaß eines Steckbriefs 131.

Anklagemonopol der — 152 Abs. 1; Ausnahmen 152 Anm. 4; Legalitätsprinzip 152 Abs. 2; Ausnahmen 152 Anm. 1, 3,

153, 154; Einstellung wegen Geringfügigkeit, vorläufige Einstellung wegen anderweiten Strafverfahrens durch die — oder Zustimmung der — dazu 153, 154; Zurücknahme der öffentlichen Klage durch die — 156; Anzeigen und Strafanträge an die — 158; Anzeige von Leichenfunden an die —, Beerdigungsschein 159; Vorbereitung der öffentlichen Klage durch die — 160 ff.: eigene Ermittelungstätigkeit der — 160; Inanspruchnahme anderer Behörden dabei 161; Inanspruchnahme des Ermittlungsrichters 162, 165—169; Erhebung der öffentlichen Klage durch die — 170 Abs. 1; Einstellung der Verfolgung durch die — 170 Abs. 2, 171; Beschwerde dagegen an den vorgesetzten Beamten der — 172; Erhebung der Klage auf Beschluß des OLG. 175. Antrag der — auf Voruntersuchung 178 Abs. 2 [1], 179—182; Beschwerde gegen Ablehnung 183; Antrag auf Übertragung der VU. an ein AG. 185; Ausdehnung der VU. 191; Mitwirkung der — bei Beweiserhebungen 193; Akteneinsicht und Stellung von Anträgen durch die — 196; Anträge der — beim Abschluß der VU. 197. Anklageschrift der — 198, 199, 208; keine Bindung des Gerichts an den Antrag der — 206; Antrag der — auf Außerverfolgsetzung 208; Beschwerde gegen Ablehnung der Eröffnung usw. 210 Abs. 2; mündliche Klageerhebung im beschleunigten Verfahren 212. — bewirkt die Ladungen zur HV. und Herbeischaffung der Beweismittel 214; Mitteilung geladener Zeugen durch die — an den Angeklagten und umgekehrt 210 Abs. 2, 222; Recht der — zur Teilnahme an kommissarischen Vernehmungen 224. Ununterbrochene Gegenwart der — in der HV. 226; Mitwirkung mehrerer Beamter der — in der HV. 227; Kreuzverhör durch die — 239; Fragerecht der — 240 bis 242; Mitwirkung der — bei der Beweisaufnahme 245 Abs. 1, 246 Abs. 3, 248, 255; Schlußvorträge der — 258, 259; Antrag der — auf Ausdehnung der Verhandlung auf eine neu hervorgetretene Tat 266; Namen der mitwirkenden Beamten der — sind im Protokoll und Urteil anzugeben 272 [3], 275 Abs. 3.

Rechtsmitteleinlegung durch die — 296, 301, 302; Anhörung der — vor der Entscheidung über eine Beschwerde 309; Tätigkeit der — in der Berufungsinstanz 320, 321, 325, 329; Schlußvorträge der — 326; Abwesenheit der — in der HV. der Vorinstanz ist Revisionsgrund 338 [5]; — kann Verletzung einer zugunsten des Angeklagten gegebenen Rechtsnorm nicht rügen 339; Einsendung der Akten an das Revisionsgericht durch — 347 Abs. 2, 348 Abs. 3; Schlußvorträge 351 Abs. 2, 354.

Stellung des Antrags auf Wiederaufnahme durch — 365 (373); Anhörung der — im Wiederaufnahmeverfahren 369, 371.

Verfolgung eines Privatklagedelikts durch die —, Übernahme der Verfolgung 376,

377 Abs. 2, 3; keine Mitwirkung der — im Privatklageverfahren 377 Abs. 1; Abschrift der Privatklage an die — 382; Privatkläger hat die Stellung der — 385; keine Ladung durch die — in Privatklagesachen 385 Abs. 2; Abgabe der Sache an die — 389 Abs. 2; Vorlage und Einsendung der Akten an das Berufungs- oder Revisionsgericht durch — 390 Abs. 3; Anhörung der — über Anschlußerklärung 396 Abs. 2; Betrieb nach Verweisung der Sache in die Vorinstanz 401 Abs. 2.

Antrag der — auf Strafbefehl 407, 408; Antrag a. Verhandlung durch den Amtsrichter 407 Abs. 4; kein Antrag auf zweiten Richter bei Strafbefehl 407 Anm. 3; Zurücknahme der Klage durch die — 411; Mitwirkung der — im gerichtlichen Verfahren nach Strafverfügung und Strafbescheid 414, 417, 420, 422 Abs. 2 (Antrag auf Entscheidung durch den Amtsrichter); Anhörung der — über Umwandlung der Geldstrafe 423; Ablehnung der Strafverfolgung durch die —, Stellung der — bei selbstständiger Klageerhebung durch die Verwaltungsbehörde 424, 425; Mitwirkung der — im objektiven Verfahren 430, 432; — entscheidet über disziplinarische Ahndung einer militärischen Straftat 435.

— als Strafvollstreckungsbehörde 451; Vollstreckung der Todesstrafe durch — 454; Erlaß von Vorführungs- und Haftbefehlen, Steckbriefen durch — 457; Anrechnung von Krankheitszeit auf Freiheitsstrafe 451; Strafvollstreckung durch Sekretäre der — 451 Anm. 3; Anhörung der — vor gerichtlichen Entscheidungen 462; Mitwirkung der — bei Kostenentscheidung 469; Kosten eines von der — eingelegten Rechtsmittels 469.

3) Sonstige Gesetze. Begründung der Zuständigkeit des Jugendgerichts X 17 und Anm.; Mitteilungspflichten der — in Jugendsachen X 27; Antrag auf Verlängerung der Haftfrist bei Jugendlichen X 28; Absehen von Klage und Zustimmung zur Einstellung in Jugendsachen X 32 Abs. 2; Erhebung der öffentlichen Klage bei Privatklagedelikten Jugendlicher X 38 Abs. 1.

Antrag auf Entschädigung für unschuldig erlittene Haft bei — anzubringen XI 5, XII 6, 10, XIV 21; — erhält unbeschränkte Auskunft aus dem Strafregister XIIIa 4, XIIIb 26; Einstellung wegen Rechtsirrtums XVa 1; Verwertung verderblicher Beschlagnahmegegenstände durch — XVb Art. II; nach Einspruch gegen den Bescheid des Seemannsamts Akten an — XVId 15.

Beschäftigung von Gerichtsassessoren bei der — XVII 3, 4; — insbesondere XVII 58 bis 67; Ernennung der Staatsanwälte XVII 60; sie sind nicht richterliche Beamte XVII 61; Pflicht der Staatsanwälte zur Amtsanwaltsvertretung XVII 63; Richter usw. als Vertreter der — in Eilfällen XVII 66; einstweilige Wahrnehmung von Geschäften der — bei den OLG. und LG. XVII 67; Vorsteher der — als Aufsichtsorgan XVII 77; Aufsicht über die — XVII

78 [1], [4], [5], 81; Erstattung von Gutachten durch die — XVII 84; Amtstracht der — XVII 89; Rechte der — beim Strafaufschub XXh.
Staatsbeamte. S. „Beamte“, „Staatsamt“.
Staatsgerichte. IV 15.
Staatsgerichtshof. Zum Schutze der Republik IV 123 Vorbem. S. auch Teil I dieses Werkes.
Staatskasse. Zeugen und Sachverständige erhalten Entschädigung aus der — 71, 72, 84, 220; Verfall der Sicherheit an die — 122; Kosten des bestellten Verteidigers aus der — 150 und Anm.; Deckung der — durch Beschlagnahme 283, 284; Tragung der Kosten durch die — 467, 473; Erstattung der Kosten an die — bei falscher Anzeige 469; Kostenverteilung in erstinstanzlichen Sachen zwischen Reichs- und — 474 Anm.; Entschädigung für unschuldig erlittene Haft aus der — XI 1, XII 1; Buße bei bedingter Strafaussetzung fällt an die — X 7 Anm. 5, 12 Anm. 2, 35 Anmerk. 5, XXd 3b Anm. 2.
Staatsministerium. S. auch „Landesregierung“; — ernennt Richter und Staatsanwälte XVII 7, 60; Erlasse des — -s über die bedingte Strafaussetzung XXa—c, e.
Staatsrat. Befreiung der Mitglieder des — -s vom Laienrichteramt IV 35 [1], 77, 84; Vernehmung derselben als Zeugen 50.
Staatssicherheit. Ausschluß der Öffentlichkeit bei Gefährdung der — IV 174.
Staatsverwaltungsbeamter. — im Schöffenwahlausschuß IV 40, XVII 34 und Anm.
Standesherrn. Aufhebung des Austrägalverfahrens III 7 Anm.
Standgerichte. IV 16 und Anm.
Standort. — einer Truppe als Gerichtsstand ihrer Angehörigen 439.
Statistik. — der bedingten Strafaussetzung XXd 29.
Steckbrief. 131, 132, 457; Niederlegung von — -nachrichten im Strafregister XIIIa 3, XIIIb 32 ff.
Stellenvermittlergesetz. XVIc.
Stellung. Freiwillige — beim beschleunigten Verfahren 212; — von Zeugen und Sachverständigen zur HV. durch den Angeklagten 220.
Stellungnahme. — des militärischen Disziplinarvorgesetzten bei der bedingten Strafaussetzung XXd 2 III und Anm.; desgl. der Fürsorgeerziehungsbehörde XXd 3 [II].
Stellvertreter. S. „Vertreter“.
Stempel. — bleiben bei Rechtshilfe außer Ansatz IV 164 Abs. 4; — für Schiedsmannsprotokoll XVIII 40, 41; — bei polizeil. Strafverfügung XIX 6.
Steuerstrafsachen. 419—429; s. auch „Abgaben“; bedingte Strafaussetzung in — XXg, h; Begriff der — XXh.
Stichentscheid. — des Vorsitzenden im Schöffenwahlausschuß IV 40 Abs. 5; desgl. im erweiterten Schöffengericht IV 196 Abs. 3.
Stiftungen. Bezüge aus — an Richter XVII 11; Verwaltung von — XVII 29, 42, 57, 91, 94.
Stillschweigen. S. auch „Amtsgeheimnis“, „Schweigebefehl“; — über Hergang bei der Beratung und Abstimmung IV 198.

Stimmengleichheit. S. „Stichentscheid".
Stimmenmehrheit, -verhältnis. — bei der Laienrichterwahl IV 40, 77, 84; — bei den Beschlüssen des Präsidiums IV 62, 64, 117, 131; — bei Plenarentscheidungen des RG. IV 138; — bei gerichtlichen Entscheidungen, abgesehen von Schuld- und Straffrage IV 196; — bei Schuld- und Straffrage 263; Einstimmigkeit bei Verwerfung der Revision als offenbar unbegründet 349; — bei Entscheidungen des Seemannsamts XVId 13.
Stimmrecht. — der Laienrichter IV 30, 77, 82; — der Vertrauenspersonen des Ausschusses IV 40 Abs. 5; — der Mitglieder des RG. bei Plenarentscheidungen IV 138.
Störung. S. „Aufrechterhaltung", „Gefährdung", „Ordnung".
Strafandrohung. — als Voraussetzung der Zuständigkeit IV 24, 25.
Strafanstalt. 455 Abs. 3, 461 Abs. 1; Anhörung der — vor bedingter Strafaussetzung XXd 6, 11, 23.
Strafanstaltsbeamte. Gegenwart eines — -n bei der Hinrichtung 454 Abs. 2.
Strafanstaltsverwaltung. Dienstaufsicht XVII 77, 78.
Strafantrag. S. „Antrag", „Antragsberechtigte", „Antragsdelikt", „Antragsfrist", „Antragsteller".
Strafantritt. Freiwerden der Sicherheit bei — 121.
Strafaufhebungsgründe. 263, 267.
Strafaufschub. S. auch „Strafaussetzung", „Strafunterbrechung", „Stundung", „Strafteilung", „Teilzahlung"; keine Bewilligung von — durch den mit der Strafvollstreckung betrauten Amtsanwalt, Gerichtsschreiber, Sekretär 451 Anm. 3; — bei Geisteskrankheit oder naher Lebensgefahr 455; — beim Drohen erheblicher Nachteile 456; Ablehnung eines Antrags auf — 458; — im Gnadenwege XXg, h.
Strafausschließungs-, Erhöhungs-, Minderungsgründe. 263, 265, 267.
Strafaussetzung. S. auch „Bewährungsfrist", „Strafaufschub", „Strafunterbrechung"; bedingte — X 10—15, XXa bis f; — der ganzen Strafe X 10, XXa—c, d 1—3; — eines Strafteils X 11, XXb, c, d 3a; Auferlegung besonderer Verpflichtungen bei der — X 12 Abs. 1, 2, XXd 3, 3b; insbesondere einer Geldbuße X 12 Anm. 2, 35 Anm. 5, XXd 3b und Anm.; — im oder beim Urteil X 10, XXd 6, im Strafbefehl X 13 Abs. 7, XXd 6; nachträgliche — X 11, XXd 6; Dauer der Probezeit, nachträgliche Verlängerung X 12, XXd 5, 11; weitere Verurteilung X 13, XXd 16; keine — bei Geldstrafe, nur bei Ersatzstrafe X 14, 40 Abs. 3, 4, XXa—c, d 1, 10 (ausgeschlossen auch für die Ersatzstrafe XXg h); Widerruf, Anordnung der Vollstreckung X 12 Abs. 3, 4, XXa-c, d 11, 19; Erlaß der Strafe nach Ablauf der Bewährungsfrist X 15, XXa—c, d 13, 20—21; Zuständigkeit für die Entscheidungen bei der — X 34, XXd 7 und Anm.; Beschlußstrafkammer entscheidet auch über — in Sachen der alten

Strafkammern und des Wuchergerichts X 34 Anm. 1, XXd 7 Anm. 1, 2; Rechtsmittel bei — nach JGG. 35 Abs. 2; — nach JGG. ist gerichtliche Angelegenheit, — im Gnadenwege Justizverwaltungssache XXd 1 Anm. 1, 2; — bei Straftaten Jugendlicher im Gnadenwege nur durch Justizminister XXd 1 Anm. 2; besondere Vorschriften für bedingte — im Gnadenwege für Steuersachen usw. XXg, h.

Strafausstand. S. „Strafaufschub", „Strafaussetzung", „Strafunterbrechung", „Stundung", „Strafteilung", „Teilzahlung".

Strafbare Handlungen. S. „Handlungen".

Strafbarkeit. S. auch „Strafaufhebungs-, -ausschließungs-, -erhöhungs-, -minderungsgründe"; Abhängigkeit der — von einem bürgerlichen Rechtsverhältnis 262.

Strafbefehl. 407—412, X 40 Abs. 1; Nebenklage zwecks Zuerkennung eines Wertersatzes zulässig nach Pr. FuFPolG. 403 Anm.; Kosten des — -s 464; bedingte Strafaussetzung bei — s. „Strafaussetzung".

Strafbemessung. S. auch „Straffrage"; Gründe der — im Urteil 267; — bei Jugendlichen X 9.

Strafbescheid. Verfahren nach — einer Verwaltungsbehörde 419—429; — gegen Jugendliche X 40 Abs. 3; — des Seemannsamts XVIa 123—125, d 13, 15.

Strafe. S. „Ausbleiben", „Disziplinarische Ahndung", „Ersatzstrafe", „Gefängnis", „Geldstrafe", „Haft", „Ordnungsstrafe", „Strafvollstreckung", „Zuchthaus", „Zwangsstrafe"; absolut bestimmte — 354.

Straffestsetzung. S. „Strafe"; Beschwerde gegen — 305; — durch Strafbefehl 407—409; — durch Strafverfügung 413, XIX 1; — durch Strafbescheid 419, 423, XVIa 123, d 13.

Straffrage. IV 196, VII 263.

Straffreierklärung. 260 Anm. 1, 468, X 6, 9 Abs. 4.

Strafgefangene. Trennung von Untersuchungsgefangenen 116.

Strafgericht. Entscheidung über bürgerliche Rechtsverhältnisse 262.

Strafgerichtliche Verfolgung. S. „Strafverfolgung"; Gefahr der — -n als Grund der Zeugnisverweigerung 55 und der Verweigerung der Herausgabe von Beschlagnahmegegenständen 95 Abs. 2.

Strafgesetz. Bezeichnung des — -es im Antrag auf Voruntersuchung 179, in der Anklageschrift 200, im Eröffnungsbeschluß 207, im Urteil 267, im Strafbefehl 409, in der Strafverfügung 413, XIX 4, im Strafbescheid 419; Verurteilung nach einem anderen als dem im Eröffnungsbeschluß angegebenen — 265.

Strafkammer. IV 60. S. auch „Auswärtige Strafkammer", „Beisitzer", „Besetzung", „Geschäftsverteilung", „Landgericht", „Landgerichtsrat", „Landgerichtsdirektor", „Landgerichtspräsident", „Präsidium", „Vorsitzender".

Zuständigkeit der — für Entscheidungen bei Voruntersuchung, für Beschwerden gegen Verfügungen des Untersuchungsrichters und des Amtsrichters sowie gegen Entscheidungen des letzteren und der Schöffengerichte IV 73 Abs. 1, für die Geschäfte, die in der StPO. „den Landgerichten" zugewiesen sind IV 73 Abs. 2, für Berufung gegen Urteile des Amtsrichters und des Schöffengerichts IV 74; Besetzung der — außerhalb der HV. IV 76 Abs. 1, in der HV. (kleine und große —) IV 76 Abs. 2; Schöffen der — IV 77; auswärtige — IV 78; — entscheidet außerhalb der Tagung anstelle des Schwurgerichts IV 82 Abs. 2; desgl. der Vorsitzende der — anstelle des Schwurgerichtsvorsitzenden IV 83 Abs. 4; — bestimmt Abhaltung von Schwurgerichtssitzungen außerhalb des Landgerichtssitzes IV 91 Abs. 1; Revision und Beschwerde gegen Entscheidungen der — IV 121, 135, VII 333, XVII 50; Untersuchungsrichter als Mitglied der — ausgeschlossen 23; — entscheidet über Ablehnung eines Mitgliedes der —, des Schwurgerichts, des Untersuchungsrichters oder eines Amtsrichters 27, X 24; Entscheidungen der — in der Voruntersuchung 180—183, 185, 197; Zuständigkeit der — für Eröffnung der HV. 198, 209; weitere Beschwerde gegen Entscheidungen der — in der Beschwerdeinstanz 310; — entscheidet über Wiederaufnahme gegen Urteile der außerordentlichen Kriegsgerichte 359 Anm. 3, der Wuchergerichte IX Art. II und Anm. 2, der Militärgerichte XIV 20 und Anm.; — ist Vollstreckungsgericht für militärgerichtliche Sachen, die an die ordentlichen Gerichte übergehen XIV 23 und Anm.

Für die Übergangszeit bleibt die — (Beschlußkammer) in den von der alten erstinstanzlichen — abgeurteilten Sachen zuständig II 42 Abs. 3, 4 und Anm., IV 74 Anm. 4, VII 346 Anm. 1, 462 Anm. 4, IX Art. II, X 34 Anm. 1, XXd 7 Anm. 1, 2.

Strafklage. S. „Klage"; Verbrauch der — s. „ne bis in idem".

Strafliſten. Verlesung in der HV. 249.

Strafmilderung. S. „mildernde Umstände"; — bei Jugendlichen X 9.

Strafmündigkeit. X 1—3.

Strafprozeßordnung. VII. Räumliches Geltungsgebiet VI 1; desgl. sachliches VI 3; Ausnahmen davon VI 3 Abs. 2, 3; prozeßrechtliche Vorschriften der Reichsgesetze VI 5, der Landesgesetze VI 6; Begriff des Gesetzes im Sinne der — VI 7.

Strafregister. Beschränkung der Auskunft und Tilgung XIIIa; Tilgung von Strafvermerken wegen Straftaten, die vor Vollendung des 14. Lebensjahres begangen sind X 45; desgl. von Verweisstrafen X 46; — -VO. XIIIb; — -behörden XVIb 1; Mitteilungen an das — XIIIb 2—14; Mitteilung von Strafen XIIIb 2; Mitteilungen in bezug auf Strafen XIIIb 3—6; Mitteilungen über Anordnung der Tilgung und der beschränkten Auskunft XIIIb 7; sonstige Mitteilungen XIIIb 8, 9; mitteilungspflichtige Stelle, Zeit der Mitteilung XIIIb 10; Form der Mitteilungen XIIIb 11, 12; mehrfache Mitteilungen XIIIb 13; Berichtigungen XIIIb 14; Führung der — XIIIb 15—25; Auskunft aus dem — XIIIb 26 bis 30; auskunftsberechtigte Behörden XIIIb 26; Form des Ersuchens XIIIb 27, 28; ausländische Strafarten XIIIb 31; Steckbriefnachrichten und Suchvermerke XIIIb 32—35; Vordrucke XIIIb 36.

Strafsachen. Übertragung von sondergerichtlichen — auf die ordentlichen Gerichte III 3; besonderes Verfahren für solche — VI 3 Abs. 2; Gerichtsbarkeit in — IV 13; im einzelnen vgl. „Amtsgericht", „Amtsrichter", „Kammergericht", „Oberlandesgericht", „Oberstes Landesgericht", „Reichsgericht", „Schöffengericht", „Schwurgericht", „Strafkammer"; Rechtshilfe in — IV 156; — sind Feriensachen IV 200; zusammenhängende — 2 bis 5, X 26.

Strafschärfung. S. „Straferhöhungsgründe".

Strafsenate. Beim OLG. IV 116, 122; beim RG. IV 130, 136, 137, 139; vereinigte — IV 136—138; Feriensenate IV 201.

Strafsteuer. Für unberechtigte Ablehnung des Schiedsmannsamts XVIII 10.

Strafteilung. — im Gnadenwege XX gh.

Straftilgung. S. „Tilgung".

Strafumwandlung. S. „Ersatzstrafe", „Gesamtstrafe".

Strafunmündigkeit. X 2, 3.

Strafunterbrechung. S. auch „Strafaussetzung", „Unterbrechung"; — bei Wiederaufnahme 360 Abs. 2; — bei Einwendungen gegen die Strafvollstreckung 458; Herbeiführung einer Krankheit zwecks — 461; — im Gnadenwege XX gh.

Strafurteile. S. „Urteil".

Strafverbüßung. Rechtshilfe bei Ergreifung zwecks — IV 163; im Gange befindliche — hindert nicht bed. Strafaussetzung X 11, XXb c d, 3a.

Strafverfolgung. S. „Antrag", „Klage", „Legalitätsprinzip"; Unzulässigkeit der — 180.

Strafverfügung. S. „Polizeiliche —".

Strafvermerk. S. „Beschränkung", „Strafregister", "Tilgung".

Strafvollstreckung. S. auch „Strafaufschub", Strafaussetzung", „Strafausstand", „Strafteilung", „Strafunterbrechung", „Strafvollzug", „Stundung", „Teilzahlungen", „Vollstreckbarkeit", „Vollstrekkung". — einer Freiheitsstrafe bis zu 6 Wochen in einem anderen Lande IV 160, 162; — von Gesamtstrafen, an denen verschiedene Länder beteiligt sind IV 162 Anm.; Rechtshilfe zwecks — IV 163; Kosten dabei IV 164 und Anm.; vereinfachte Zustellung bei — 39; keine Hemmung der — durch Antrag auf Entscheidung des Berufungs- oder des Revisionsgerichts 319, 343; Aufschub u. Unterbrechung der — bei Wiederaufnahme des Verfahrens 360; — schließt Antrag auf Wiederaufnahme nicht aus 361; Vollstreckbarkeit als Voraussetzung der — 449; Bescheinigung der Vollstreckbarkeit 451, XIV 23; — durch StA. 451 Abs. 1; — durch den Amtsrichter 451 Abs. 3 und Anm. 2; — durch Amtsanwälte, Gerichtsschreiber,

Sekretäre der StA. 451 Abs. 2 und Anm. 3, 4; Begnadigungsrecht des Reichs 452; — der Todesurteile 453, 454; — von Freiheitsstrafen: Anrechnung der nach Rechtsmittelverzicht verbüßten Untersuchungshaft 450, Aufschub bei Geisteskrankheit und naher Lebensgefahr 455, desgl. bei Gefahr erheblicher Nachteile 456, Vorführungs-, Haftbefehl u. Steckbrief 457; Zweifel über die Auslegung des Urteils oder die Strafberechnung, Einwendungen gegen die Zulässigkeit der — usw. 458; nachträgliche Festsetzung der Ersatzstrafe 459, 462 Abs. 3; desgl. einer Gesamtstrafe 460; Anrechnung des Aufenthalts in einer Krankenanstalt auf die Strafzeit 461; Vollstreckungsgericht und Entscheidungen desselben 462 Abs. 1, 2; Rechtsmittel dagegen 462 Abs. 4; — von Vermögensstrafen und Bußen 463; Kosten der — 465; — gegen Jugendliche X 36; sie ist in Jugendsachen nicht Verwaltungssache, sondern richterliches Geschäft X 36 Anm. 1; — gegen Fürsorgezöglinge X 37; — gegen Militärpersonen XIV 13 (s. auch 451 Anm. 4, 10); — von Ordnungs- und Zwangsstrafen s. „Vollstreckung".

Strafvollzug. Grundsätze für den — von Freiheitsstrafen, Dienst- und Vollzugsordnung 455 Anmerk.; — gegen Jugendliche X 16.

Strafvollzugsamt. XVII 77, 78.

Strafzeit. Berechnung der — 458.

Strafzumessung. S. „Strafbemessung".

Streichung. — eines Laienrichters von der Jahresliste IV 52, 77, 84, 88.

Stubenarrest. Vollstreckung von — 451 Anm. 10.

Studierende. Sühnebehörde für — XVIII 39.

Studium. Dauer des — -s IV 2, XVII 1 und Anm.

Stumm. Verhandlung mit — -en IV 186; Eidesleistung — -er 64; notwendige Verteidigung 140 Abs. 2; Ablehnung eines Schiedsmannsgeschäfts, wenn eine Partei — ist XVIII 16[6] (s. aber 36 Abs. 1).

Stunde. — der HV. 279.

Stundung. — von Geldstrafen XXh.

Substitutionsrecht. — der leitenden Beamten der StA. IV 145; — des Verteidigers 139, XVII 6.

Suchvermerke. Niederlegung im Strafregister XIIIb 36.

Sühnebescheinigung. 380, XVIII 38.

Sühneverhandlung. XVIII 12, 13, 21, 23, 34, 36, 37, 40.

Sühneversuch. — in Privatklagesachen 380, XVIII 33—39.

Summen. Abstimmung über — IV 196 Abs. 2.

Süßstoffgesetz. XX ef und Anmerkung 3.

T

Tag. — bei Fristberechnung 42.

Tagegelder. — der Laienrichter IV 55, 77, 84, V, XVII 36, 45; — der Handelsrichter 107; — der Hilfsrichter XVII 4.

Tagung. — des Schwurgerichts IV 82 Abs. 2, 83 Abs. 2, 4, 84 Abs. 2, 85, 86, 87, 89.

Tat. Betreffen auf frischer — berechtigt zur Festnahme 127 (s. auch 112 Anm. 3); Angabe

der Merkmale der — s. „Strafgesetz".
Tatbestand. Feststellung des —-s im Verfahren vor dem Seemannsamt XVIa 123; desgl. bei Straftaten auf Schiffen in See XVIa 126.
Täter. Zusammenhang der Untersuchung gegen —, Teilnehmer, Hehler usw. 3, Gerichtsstand dabei 13; uneidliche Vernehmung des — -s 57 [3]; Beschlagnahme gegen Angehörige, wenn sie als — verdächtig sind, unbeschränkt 97; Durchsuchung bei dem — 102.
Tätigkeit. Keine — des Schiedsmanns außerhalb seines Bezirks XVIII 14.
Tatort. Gerichtsstand 7; — bei Preßdelikten 7 Abs. 2.
Tatsachen. S. „Neue Tatsachen".
Taube. S. „Stumme"; Verdolmetschung der Schlußanträge in der HV. 259.
Taubstumme. S. „Taube", „Stumme"; XVIII 16 [5] (s. aber 36 Abs. 1).
Teil. Aussetzung eines — -s der Strafe X 11, XX b c d 3a, 6, 11, 26; desgl. der Zuchthausstrafe XXd 1.
Teilnahme. — des gesetzlichen Vertreters an Terminen X 30.
Teilnehmer. S. „Täter".
Teilung. — der Dienstaufsicht beim AG. IV 22 Abs. 2; — der Strafe XX gh.
Teilzahlungen. — für Geldbußen XXd 3b; — für Geldstrafen in Zoll- und Steuersachen XX ef; — bei anderen Strafen XX gh.
Telegramme. S. „Funkverkehr", „Postbeschlagnahme"; Strafregisterauszüge durch — 212 Anm. 5, XIIIb 27.
Telefon. Auskunft aus dem Strafregister durch — 212 Anm. 5.
Tenor. S. „Urteil".
Termine. Voruntersuchung 193; Hauptverhandlung 213; — z. kommissarischen Vernehmung 224; Wiedereinsetzung gegen Versäumung von — -n 235, 329 Abs. 2; — im Privatklageverfahren 377; kein Einfluß auf — durch Nebenklage 398; — im objektiven Verfahren 431; Sühne- — 12, 13, 21, 23, in Strafsachen 33, 34, 36, 37, 40.
Tierärzte. (Befreit v. Laienrichteramt) IV 35 Anm. 3.
Tilgung. — von Strafvermerken XIIIa; Voraussetzungen der — XIIIa 1, 2, 3, 6, 7, XIIIb 2 Anm. 3; Frist für die — XIIIa 6, 7; vorzeitige — XIIIa 8; Ausführung der — XIIIa 5, XIIIb 22; nach — wirkt die Strafe nicht mehr rückfallbegründend XIII a 5 Abs. 2; — nach JGG. X 45, 46.
Titel. Dienst- — der Richter u. Staatsanwälte XVII 9 Anm.
Tod. Anzeige eines nicht natürlichen — -es 159; Verlesung der Aussage oder des Gutachtens nach dem — -e des Zeugen oder Sachverständigen 251; — des Verurteilten schließt Wiederaufnahme nicht aus 361, 371; — des Privatklägers 393, 394; — des Nebenklägers 402; — des Verurteilten vor Eintritt der Rechtskraft des Urteils befreit von der Kostenlast 406 Abs. 2.
Todesstrafe, Todesurteil. Vollstreckung 453, 454.
Tötung. Beweissicherung bei — auf einem Schiff in See XVIa 126.

Trennung. — verbundener Strafsachen 2, 4, 13 Abs. 3; desgl. in Jugendsachen X 26.

Trunkenheit. — als Grund zur Versagung der Entschädigung für unschuldig erlittene Haft XII 2.

U

Überfahrtsgelder. Zuständigkeit bei Streitigkeiten wegen der — IV 23 ².

Überführungsstücke. Beschlagnahme von — -n 94, 95 (s. aber 96, 97); desgl. mittels Postbeschlagnahme 100, 101; desgl. mittels Durchsuchung 102, 103; Aufbewahrung 109; Herausgabe und Verwertung 111; — dürfen dem Verteidiger nicht in die Wohnung verabfolgt werden 147.

Überleitung. — von Strafsachen auf Grund der VO. II 42—44, VIII, IX.

Übernachtungsgelder. S. „Reisekosten", „Tagegelder".

Übernahme. — einer Privatklagesache durch die St.A. 377 Abs. 2; — des vom Kapitän Festgenommenen XVIa 127.

Überschreitung. S. auch „Amtsbefugnisse"; — der Grenzen des Amtsbezirks IV 166, 167.

Übersetzung. S. „Dolmetscher"; Beifügung einer — zum Protokoll IV 185 Abs. 1.

Übersitzen. 128 Anm. 1.

Übertragung. S. auch „Überweisung"; — von sondergerichtlichen Sachen an die ordentlichen Gerichte III 3 Abs. 1; desgl. an das RG. III 3 Abs. 2 und Anm. 3; — von Verwaltungsgeschäften an die Gerichte III 4, XVII 77—86, XXa-h; — der Zuständigkeit in Strafsachen für mehrere AG. auf eines von ihnen IV 58; desgl. der erstinstanzlichen Sachen der OLG. IV 120 Abs. 2; Gerichtsstand kraft — 12, 15, 19; — der Voruntersuchung auf einen Amtsrichter IV 185.

Übertretungen. Zuständigkeit der Amtsgerichte für — IV 24 ¹; Entscheidung durch Amtsrichter allein IV 25 Abs. 1 ¹; kein Zeugniszwangsverfahren bei — 70 Abs. 2; Beschränkung der Postbeschlagnahme bei — 100 Abs. 1; desgl. der Verhaftung und Festnahme 113, 127; weitere Verlängerung der Haftfrist bei — unzulässig 126 Abs. 2; notwendige Verteidigung u. U. auch bei — 140 Anm. 5; Einschränkung des Legalitätsprinzips bei — 153 Abs. 1, 3; keine Voruntersuchung bei — 178 Abs. 2; beschleunigtes Verfahren bei — 212; HV. bei — in Abwesenheit des Angeklagten möglich 232; Einschränkung der Beweisaufnahme bei —, auch in der Berufungsinstanz 245 Abs. 2; bei — keine Aussetzung wegen Veränderung der rechtlichen Gesichtspunkte 265 Abs. 5; Beschränkung der Berufung bei — 313; desgl. der Revision 334, 340; Erlaß eines Strafbefehls bei — zulässig 407; desgl. von pol. Strafverfügungen 413 (VI 6³), XIX 1, 2.

Überwachung. S. „Bewährungsfrist".

Überweisung. S. auch „Landespolizeibehörde", „Übertragung"; — erstinstanzlicher Sachen an die OLG. II 15, 40 Abs. 2, IV 134; — an die Zucht des Erziehungsberechtigten oder der Schule X 7.

Umrechnung. — der Schöffen-

gebühren in Reichswährung V; — von Geldbußen XXd 3b Anm. 3.
Umstände. S. „Mildernde —", „Neue Tatsachen", „Strafausschließungs-, -erhöhungs-, minderungsgründe"-, „Strafbemessung", „Straffrage", „Strafmilderung".
Umwandlung. S. „Ersatzstrafe", „Gesamtstrafe".
Unabhängigkeit. — der Gerichte IV 1 (s. auch IV 6—9, XVII 11); — der StA. von den Gerichten IV 150.
Unabsetzbarkeit. — der Richter III 13, IV 8.
Unbekannte. Verhaftung u. Festnahme — -r 113 Abs. 2 [2], 127; Auffindung — -r Leichen 159; kein Sühneversuch mit — -n XVIII 16.
Unbrauchbarmachung. S. „Objektives Verfahren".
Unerfahrenheit. — als Voraussetzung der bed. Strafaussetzung XXd 2, 3a.
Unerwachsene Personen. Versagung des Zutritts zur öffentl. Verhandlung IV 175.
Unfähigkeit. S. auch „Öffentliche Ämter"; — zum Laienrichteramt IV 32, 52, 77, 84; — zum Handelsrichter IV 109; — zum Schiedsmann XVIII 2.
Ungebühr. — in der Sitzung IV 177, 178; s. auch VII 164.
Ungehorsam. — der Zeugen u. Sachverständigen 70, 77; — der Beamten u. Hilfsbeamten XVII 80, 81.
Ungehorsamsverfahren. S. „Abwesende", „Ausbleiben", „Kontumazialverfahren".
Universitätslehrer. S. „Hochschullehrer".
Universitätsstudium. — als Voraussetzung der Befähigung z. Richteramt IV 2, XVII 1 und Anm.
Unlauterer Wettbewerb. Siehe „Wettbewerb".
Unmittelbare Ladung. — von Zeugen und Sachverständigen durch den Angeklagten 38, 193, 220, 222, 386.
Unmittelbare Staatsbeamte. — können Schiedsmannsamt ablehnen XVIII 8.
Unmittelbarkeit. Grundsatz der — für die Beweisaufnahme in der HV. 250; Ausnahme 251 bis 256, in der Berufungsinstanz 325.
Unpfändbarkeit. — des Anspruchs auf Entschädigung für unschuldig erlittene Haft XI 5; Berücksichtigung d. Vorschriften über — von Sachen u. Ansprüchen bei Vollstreckung des Strafbescheids des Seemannsamts XVIa 125.
Unredlichkeit. Grobe — schließt Entschädigungsanspruch wegen unschuldig erlittener Haft aus XII 2 Abs. 2.
Unregelmäßigkeiten. Beschwerde über — im Geschäftsverkehr XVII 85, XVIII 7 Abs. 3.
Unrichtigkeiten. — im Urteil: S. „Rechenfehler".
Unsittlichkeit. Grobe — schließt Entschädigungsanspruch wegen unschuldig erlittener Haft aus XII 2 Abs. 2.
Unterbrechung. S. auch „Aussetzung", „Strafunterbrechung", „Strafaussetzung", „Verjährung"; — der Verhandlung beim Ausbleiben des bestellten Verteidigers 145; kürzere — -en der Verhandlung durch den Vorsitzenden 228; Höchstdauer der — 229.
Unterbringung. S. auch „Fürsorgeerziehung"; — als Er-

ziehungsmaßnahme X 7[4]; vorläufige — X 8; — als Ersatz für Vollzug der Untersuchungshaft X 28 und Anm. 1; — in einer Arbeitsstelle, in Fürsorgeerziehung usw. bei der bed. Strafaussetzung XXd 3[1].
Untergebener. Disziplinarbestrafung bei Verletzung — 435 Abs. 1.
Unterhaltsansprüche. Zuständigkeit IV 23; — aus außerehelichem Beischlaf sind Feriensachen IV 200[8].
Unterhaltsberechtigte. — haben Anspruch auf Entschädigung für unschuldig erlittene Haft XI 1 Abs. 2, 2 Abs. 2, XII 1 Abs. 2, 3 Abs. 2.
Unterkommen. Sorge für — bei bedingt begnadigten Gefangenen XXd 6.
Untermieter. Zuständigkeit bei Streitigkeiten mit dem Vermieter IV 23.
Unterredung. — des Verhafteten mit dem Verteidiger 148.
Unterscheidungsvermögen. als Voraussetzung der Strafbarkeit bei Jugendlichen X 3; Erziehungsmaßregeln trotz fehlenden — -s X 5 Abs. 3; Einstellung bei Mangel des — -s X 32 Abs. 1.
Unterschlagung. Zuständigkeit bei — von Bankdepots IV 24 [3c].
Unterschrift. — der Eidesformel bei der Eidesleistung eines Stummen 64 Abs. 2; — des Antrags auf gerichtliche Entscheidung 172 Abs. 2; Unterschrift des Protokolls in der Voruntersuchung 188, in der HV. 271, X 24; — des Urteils 275, X 24; — der Revisionsanträge durch einen Rechtsanwalt 345 Abs. 2, 390 Abs. 2, desgl. der Wiederaufnahmeanträge 366 Abs. 2, 390 Abs. 2; — des Protokolls des Seemannsamts XVId 14.
Unterstützung. Zulässigkeit von — -en neben dem Richtergehalt in besonderen Fällen XVII 11.
Untersuchung, ärztliche. — auf den Geisteszustand 81; — eines jugendlichen Täters X 31.
Untersuchung, gerichtliche. — gegen einen Abgeordneten 112 Anm. 3; Eröffnung der —, Erhebung der Klage 151; Grenzen der — 155; Zurücknahme der Klage nur bis zur Eröffnung der — 156; Aussetzung der — wegen eines bürgerlichen Rechtsverhältnisses 262; — vor dem Seemannsamt XVIa 122.
Untersuchungsgefangene. Behandlung der — -n 116.
Untersuchungshaft. S. auch „Entschädigung", „Festgenommene", „Festhaltung", „Festnahme", „Haftbefehl", „Haftfrist". — gegen ein Mitglied des RG. IV 127 Abs. 2; Gründe für die Verhängung der — 112; — gegen Abgeordnete 112 Anm. 3; Beschränkung der — bei Übertretungen und leichten Vergehen 113; Verhängung der — durch Haftbefehl des Richters 114 Abs. 1, 2, 124, 125; Bekanntmachung desselben, Belehrung über Rechtsmittel 114 Abs. 3; Vernehmung des Verhafteten durch den Richter 115, 128, 129, 132; Behandlung des Verhafteten in der — 116; Verschonung mit der — gegen Sicherheitsleistung 117—122, 124, 125; Aufhebung des Haftbefehls, Freisprechung 123, 126; Zuständigkeit für die bei der — erforderlichen Entscheidun-

gen 124; — im vorbereitenden Verfahren 125; Haftfrist 126, 130; vorl. Festnahme 127; Vorführung des Festgenommenen 128, 129; — bei Antragsdelikten 130; Steckbrief 131, 132; Beschluß über — bei Eröffnung der HV. 207 Abs. 2; sicheres Geleit 295; Beschwerde bei — 305, 310; Nachricht an die vorgesetzte Dienstbehörde bei Festnahme von Reichswehrangehörigen 440; — zwecks Aufrechterhaltung der militärischen Disziplin 445; Anrechnung der — 445 Abs. 2, 450; Kosten der — 466 Abs. 2; — gegen Jugendliche X 28; Entschädigung für unschuldig erlittene — XII; Voraussetzungen der Entschädigung, Entschädigungsberechtigte XII 1; Entschädigung in Sachen des Staatsgerichtshofs zum Schutze der Republik XII 1 Anm. 1; Ausschluß des Anspruchs XII 2; Inhalt des Anspruchs XII 3; Entschädigungsbeschluß XII 4; Außerkrafttreten desselben XII 5; Geltendmachung des Anspruchs XII 6; Entschädigungsverpflichteter XII 7, 9; Entschädigung in militärgerichtlichen Sachen XII 10, XIV 22; keine Verhängung der — durch Referendare XVII 2.

Untersuchungshandlungen. S. auch „Ermittlung", „Ermittlungsrichter", „Ermittlungsverfahren", „Untersuchungsrichter", „Voruntersuchung"; — eines örtlich unzuständigen Gerichts 20; desgl. bei Gefahr im Verzuge 21; — eines abgelehnten Richters 29; — im vorbereitenden Verfahren durch die Polizei auf Ersuchen der StA. und des Untersuchungsrichters 161, 189; desgl. selbstständige 163; desgl. richterliche — auf Ersuchen des StA. 162, 169; desgl. von Amtswegen bei Gefahr im Verzuge usw. 165—168; Beurkundung der — 168; — im Auftrag der OLG. 173 Abs. 3; — des Untersuchungsrichters 173 Abs. 3, 184, 186 Abs. 3, 187—195; — durch den Amtsrichter in der VU. 185, 186 Abs. 3; Beurkundung 188; — im Zwischenverfahren 201 Abs. 1, 202 Abs. 3; — der militärischen Vorgesetzten 443 Abs. 2.

Untersuchungsrichter. Siehe a. „Untersuchungshandlungen", „Voruntersuchung"; Bestellung des — -s bei dem LG. IV 61; Fortsetzung einzelner VU. nach Ablauf der Amtsperiode IV 65; Beschwerde gegen Verfügungen des — -s IV 73, 120 Abs. 1 S. 2 (OLG.), 137 (RG.); Sitzungspolizei des — -s IV 180; — von der Mitwirkung im erk. Gericht ausgeschlossen 23 Abs. 2; Ablehnung des — -s 27 Abs. 3; Zustellungen und Vollstreckung von Entscheidungen durch den — 36 Abs. 2; Verhängung von Ordnungsstrafen gegen Zeugen und Sachverständige durch den — 51 Abs. 3, 70 Abs. 3, 72, 77; Gegenüberstellung und Beeidigung von Zeugen durch den — 59, 66; auf die Untersuchungshaft bezügliche Entscheidungen des — -s 124, 129; Ermittlungen des — -s im Auftrag des OLG. 173 Abs. 3; — eröffnet und führt die VU. 184; Amtsrichter als — 185; — des OLG. und des RG. 186; Ermittlungstätigkeit des — -s 184, 186 Abs. 3, 187

bis 195; Schluß der VU. 197; Beschwerde gegen den — 304.
Unterwerfnngsverfahreu. — in Steuerstrafsachen 419 Vorbem. 1.
Unterzeichnung. S. „Unterschrift".
Unvereinbarkeit. — des Schöffen- und Geschworenenamts IV 77 Abs. 4, IV 90; — des Amts eines StA. mit dem Richteramt IV 151 (s. aber XVII 66 Abs. 2); — verschiedener richterlicher Tätigkeiten in derselben Strafsache 23.
Unzucht. S. auch „Notzucht", „Unsittlichkeit"; Durchsuchung in Schlupfwinkeln der — 104 Abs. 2.
Unzulässigkeit. S. auch „Strafausschließungsgründe"; — der Strafverfolgung gegen Exterritoriale IV 18 ff.; desgl. gegen Abgeordnete 112 Anm. 3; desgl. gegen den Reichspräsidenten 151 Anm. 2; — der Verfolgung geringfügiger Übertretungen 153 Abs. 1; — der VU. 178 Abs. 2, 180.
Unzuständigkeit, örtliche. S. auch „Gerichtsstand"; — des Schiedsmanns XVIII 13, 14, 34—36.
Unzuständigkeit, sachliche. S. auch „Zuständigkeit"; — ist in jeder Lage des Verfahrens zu prüfen 6; Ablehnung der VU. wegen — 180, 182; — -serklärung und Verweisung, wenn ein höheres Gericht zuständig 207, 270; keine — -serklärung, weil ein Gericht niederer Ordnung zuständig 269; Verfahren in der Berufungsinstanz bei — des Vorderrichters 328 Abs. 3; — ist Revisionsgrund 338; — des Revisionsgerichts 348.
Unzuständigkeitserklärung. S. „Gerichtsstand", „Unzuständigkeit".
Urheberrecht. — -sdelikte als Privatklagesachen 374 [8]; Sühneversuch dabei nicht erforderlich und nicht zulässig 380, XIX 33; Berufung dabei nicht eingeschränkt 313.
Urkunden. Verlesung in der HV. 249, 256; Fälschung von — als Wiederaufnahmegrund 359 [1], 362 [1].
Urliste. — der Laienrichter, Aufstellung, Inhalt IV 36 Abs. 1; Auslegung IV 36 Abs. 2; beschränkte — IV 36 Abs. 3, 4; Einsprache gegen Richtigkeit und Vollständigkeit IV 37; Übersendung an das AG., Zusammenstellung 38, 39; Entscheidung gegen Einsprachen IV 41; Auswahl der Laienrichter aus der — IV 42; Zeitpunkt der Aufstellung und Einreichung IV 57 und Anm.; Geltung der Vorschriften auch für Landgerichtsschöffen 77 u. Geschworene 84; keine Auswahl der Jugendschöffen aus der — X 20 und Anm. 1.
Urteil. S. auch „Berufung", „Beschwerde, sofortige", „Kosten", „Rechtsmittel", „Revision", „Strafvollstreckung", „Wiederaufnahme", „Wiedereinsetzung".
Öffentlichkeit der — -sverkündung IV 169, 173 (s. aber X 23); Begründung 34; Bekanntmachung durch Verkündung oder Zustellung 35; öffentliche Zustellung 40; Verlesung von — -en in der HV. 249; Erlaß des — -s in der HV. 260 Abs. 1; möglicher Inhalt des — -s 260; freie Beweiswürdigung bei der — -sfindung 261; Vorabentscheidung über

ein bürgerliches Rechtsverhältnis 262; Abstimmung über das — 263; Gegenstand der — -sfindung 264; — aus einem veränderten Gesichtspunkt 265; — wegen einer im Eröffnungsbeschluß nicht aufgeführten Tat 266; Inhalt der — -sgründe 267; Formen des — -s 268, 273; schriftliche Absetzung des -s und äußere Form 275; Ausfertigungen u. Auszüge 275 Abs. 4; Zustellung des — -s im Verfahren gegen Abwesende 281; Zustellung des — -s nach Einlegung der Berufung 316 Abs. 2; Verlesung des — -s erster Instanz in der Berufungsinstanz 324 Abs. 1 S. 2; Berufungs- — 328, 329, 331; Aufhebung des ersten — -s 328 Abs. 1; Aufhebung und Zurückverweisung 328 Abs. 2, 3; Verwerfung der Berufung 329; Verbot der reformatio in peius 331; Zustellung des — -s nach Einlegung der Revision 343 Abs. 2; — des Revisionsgerichts 349 Abs. 2, 353—358; Aufhebung des Urteils der Vorinstanz und Zurückverweisung 353, 354 Abs. 2, 3; Aufhebung ohne Zurückverweisung 354 Abs. 1; Aufhebung und Verweisung an das zuständige Gericht 354 Abs. 3, 355; Verkündung 356; Erstreckung des Revisions- — -s auf andere Angeklagte 357; Bindung des Tatsachengerichts an das — des Revisionsgerichts 358; Aufhebung eines zivilgerichtlichen — -s als Wiederaufnahmegrund 359 [4]; — im wiederaufgenommenen Verfahren 371, 373; — in Privatklagesachen 388 Abs. 2, 389, 391 (s. auch 313); Zustellung des — -s an den Nebenkläger 400; — auf Buße 404—406; Strafbefehl hat die Wirkung eines rechtskräftigen — -s 410; — nach Strafbefehl 411, 412, nach Strafverfügung 417, 418, nach Strafbescheid 428; Zustellung des — -s an die Steuerbehörde 428 und Anm.; — im objektiven Verfahren 431 Abs. 3, 432; Vollstreckung der — -e 449 ff.; Entscheidung über bedingte Strafaussetzung im — X 10, 13; keine öffentliche — -sverkündung in Jugendsachen X 23; — des großen Jugendgerichts X 24; Zustellung des — -s an den gesetzlichen Vertreter X 30; Anfechtung des — -s in Jugendsachen X 35; keine — -sfällung durch Referendare XVII 2.

Urteilsformel. 268, 273, 451.

Urteilsgründe. IV 173 Abs. 2, VII 267, 268, 275.

Urteilsverkündung. IV 169, 173 Abs. 2, VII 268, 356, X 23.

V

Vater. S. auch „Angehörige“, „Eltern“, „gesetzlicher Vertreter“.

Veränderung. S. auch „Abänderung“, „Änderung“; — der rechtlichen Gesichtspunkte 265; — der Gerichtsbezirke XVII 22, 37, 47.

Verantwortliche Vernehmung. 133—136; — vor dem Seemannsamt XVIa 123.

Veräußerung. — beschlagnahmter Sachen 111, XVb 2, c—e.

Verbindung. S. auch „Trennung“, „Zusammenhängende Strafsachen“; — von Strafsachen 2 bis 5; Gerichtsstand der — 13; Ausdehnung der Untersuchung auf eine weitere Tat 191, 266; — zwecks gleichzeitiger HV. 237; — des Wiedereinsetzungsgesuchs mit der Berufung und der Revision 315, 342; keine — zwischen Privatklage und öffentlicher Klage vor dem Schwurgericht 384 Abs. 2; — von Jugend- und Vormundschaftsgericht X 19 Abs. 2; — mehrerer Strafsachen gegen denselben Jugendlichen, Verbot der — der Strafsachen gegen Jugendliche mit solchen gegen Erwachsene X 26.

Verbot. — der Verbindung in Jugendsachen X 26 Abs. 2.

Verbotene Handlung. Keine Rechtshilfe zwecks Erwirkung einer — -n IV 158 Abs. 2.

Verbrauch. Der Strafklage. S. auch „ne bis in idem", „Rechtskraft"; — durch Einstellung wegen Geringfügigkeit 153 Anm. 9 (s. aber 154 Anm. 6 und X 32 Abs. 4); kein — durch Einstellung im vorbereitenden Verfahren 171; — vorbehaltlich neuer Tatsachen oder Beweismittel 174 Abs. 2, 211, X 32 Abs. 4; — der Strafklage durch Strafverfügung XIX 10.

Verbrechen. Zuständigkeit der AG. bei — IV 24³ ; desgl. des Amtsrichters IV 26, der Schwurgerichte IV 80, der OLG. IV 120, 134, des RG. IV 134, der Jugendgerichte X 17; Untersuchungshaft bei — 112; Verlängerung der Haftfrist bei — 126; notwendige Verteidigung bei — 140, X 29 und Anm.; Anklageschrift mit Ermittlungsergebnis bei — 200 Abs. 2; Aufforderung an den Angeklagten zur Erklärung darüber 201; keine Entbindung vom Erscheinen in der HV. bei — 233; Sicherung des Beweises bei — auf einem Schiff XVIa 126; kein Verbrauch der Strafklage wegen — durch Strafverfügung XIX 10.

Verbrecherische Neigung. — schließt die bedingte Strafaussetzung aus XXd 2.

Verdacht. Dringender Tat- —, sowie Flucht- oder Kollusions- — als Haftvoraussetzungen 112, 113, 445; hinreichender — als Grund für die Eröffnung des HV. 203.

Verdächtige Zeugen. 57³.

Verderbliche Sachen. Veräußerung beschlagnahmter — vor Entscheidung über die Einziehung XVb 2, c—e.

Verdienstausfall. — ist Laienrichtern zu ersetzen IV 55, 77, 84, V; desgl. Zeugen 71, 220 und Sachverständigen 84.

Verdorbenheit. — schließt bedingte Strafaussetzung aus XXd 2.

Vereidigter Protokollführer. 187, XVId 14.

Vereidigung. S. „Beeidigung".

Vereinbarung. — der Laienrichter über Dienstleistung IV 54 Abs. 2; — der Zuständigkeit 13; — des Schiedsmanns XVIII 13, 17.

Vereine. S. „Personenvereinigungen".

Vereinigungen. S. auch „Personenvereinigungen"; Mitglieder von —, die zu gemeinsamem Leben verpflichtet, vom Laienrichteramt ausgeschlossen IV 34⁷, 77, 84; — der Jugendgerichtshilfe X 42 und Anm.

Vereinigte Senate. III 10, IV 136, 138.

Verfahren. S. „Vorbereitendes —".

Verfall. — der Sicherheit 122.

Verfallerklärung. Selbständige — in wirtschaftlichen Strafsachen XVb I, c—e.

Verfolgung. S. „Betreffen auf frischer Tat", „Flüchtige", „Nacheile", „Strafgerichtliche —", „Straf- —".

Verfügung. S. auch „Entscheidung"; Beschwerde gegen — -en des Amtsrichters und des Untersuchungsrichters IV 73, 120 Abs. 1 S. 2, 137, 304; Zustellung ihrer — -en 36 Abs. 2; — -en des Schiedsmanns kostenfrei XVIII 40.

Verfügungsbeschränkung. — macht unfähig zum Laienrichteramt IV 32^{3}, 77, 88; desgl. zum Handelsrichteramt IV 109 Abs. 3; desgl. zum Schiedsmannsamt XVIII 2 Abs. 1^{4}; — hinsichtlich des beschlagnahmten Vermögens 284 Abs. 2, 292 Abs. 1.

Verfügungsfähigkeit. Ablehnung der Schiedsmannstätigkeit bei Bedenken gegen die — einer Partei XVIII 16^{4}; nicht in Strafsachen XVIII 34, 36 Abs. 1.

Verfügung von Todes wegen. Keine Beurkundung durch Referendare XVII 2.

Verführung. — als Voraussetzung für die bedingte Strafaussetzung XXd 2, 3a.

Vergehen. Zuständigkeit der AG. bei — IV 24^{2}; desgl. des Amtsrichters IV 25 Abs. 1^{2}; Haftfristverlängerung bei — 126 Abs. 2; Absehen von Klage wegen Geringfügigkeit bei — 153 Abs. 2, 3 (s. aber für militärische — 436); ausnahmsweise bei mit Geldstrafe bedrohten — HV. in Abwesenheit des Angeklagten und Verfahren gegen Abwesende zulässig 232, 277; Einschränkung der Berufung bei Privatklage- — 313; mit der Privatklage verfolgbare — 374; Strafbefehl bei — 407; ausnahmsweise Strafverfügung und Strafbescheid bei — 419 Anm. 4, 5; Beweissicherung bei den auf einem Schiff begangenen — XVIa 126; wegen eines — -s erlassene Strafverfügung hindert nicht nochmalige Bestrafung XIX 10.

Vergiftung. Verfahren bei Verdacht der — 91.

Vergleich. — vor dem Schiedsmann XVIII 25, 32, 44, 47.

Vergleichsbehörde. — für den Sühneversuch bei Privatklagedelikten 380, XVIII; s. auch „Schiedsmann".

Vergleichsversuch. Erfolgloser — XVIII 35, 37, 38.

Vergütung. S. auch „Entschädigung", „Reisekosten", „Tagegeld", „Verdienstausfall"; keine — -en an Richter XVII 11.

Verhaftung. S. „Festgenommene", „Festhaltung", „Festnahme", „Haft", „Haftbefehl", „Haftfrist", „Untersuchungshaft".

Verhältnisse. S. auch „Lebensverhältnisse"; Erforschung der — des Beschuldigten mit Rücksicht auf ein schwebendes Strafverfahren, insbesondere hinsichtlich der bedingten Strafaussetzung X 31, XXd 17; besondere — berechtigen zur Ablehnung des Schiedsmannsamts XVIII 8.

Verhältniswahl. — für die Vertrauensmänner des Schöffenwahlausschusses XVII 35.

Verhandlung. S. „Hauptverhandlung", „Öffentliche Sitzung", „Sitzung"; — mit

Sprachfremden, Tauben, Stummen IV 185 bis 188; — vor dem Seemannsamt XVIa 123, XVId 4 bis 14; — vor dem Schiedsmann s. „Sühneverhandlung".
Verhinderung. S. auch „Vertretung"; — eines Laienrichters IV 54, 77, 84; Vertretung eines Mitglieds des LG. oder des Präsidenten im Falle der — IV 63, 66, 67, XVII 38; desgl. beim OLG. und RG. 117, 131, XVII 48; — des Gerichts an der Ausübung des Richteramts 15 (s. auch „Besetztes Gebiet"); kein Recht auf Aussetzung der Verhandlung bei — des Verteidigers 228 Abs. 2; — des Vorsitzenden an der Unterschrift des Protokolls 271, X 24; desgl. eines Richters am Unterschreiben des Urteils 275.
Verhör. S. „Vernehmung".
Verjährung. Keine Fortsetzung des vorläufig eingestellten Verfahrens nach — 154 Abs. 4; — gehört nicht zur Schuldfrage 263; Unterbrechung der — durch Strafverfügung 413 Abs. 4; desgl. durch Strafbescheid 419 Abs. 3, XVIa 123 Abs. 2; — ruht während der Probezeit X 12 Abs. 3; desgl. von der Einlegung des Einspruchs gegen den Bescheid des Seemannsamts an XVIa 124 Abs. 2; Rücksichtnahme auf die — bei Bemessung der Bewährungsfrist XXd 4 I.
Verkehr. — des Verhafteten mit anderen Personen 116; desgl. mit dem Verteidiger 148.
Verkoppelung. S. „Auseinandersetzung".
Verkündung. S. auch „Bekanntmachung", „Mitteilung"; Öffentlichkeit der Urteils- — IV 173; — des Beschlusses über Ausschluß der Öffentlichkeit IV 174; — gerichtlicher Entscheidungen 35; — des Haftbefehls 114; — des Grundes der Verlesung gerichtlicher Protokolle 251 Abs. 3; — der Urteile 268, 275; Berufungsfrist und Revisionsfrist beginnt mit der — des angefochtenen Urteils, eventl. mit der Zustellung 314, 341; — des Strafbescheids des Seemannsamts XVId 13.
Verlängerung. — der Probezeit X 12 Abs. 1, XXd 4 II, 14.
Verlassenschaftswesen. Zuständigkeit der AG. für das —, soweit es landesrechtlich geregelt ist XVII 26 Abs. 2 I und Anm.
Verlesung. — von Aussagen, Gutachten, Urkunden, Zeugnissen usw. in der HV. 49, 233, 249 bis 256; — des Protokolls zwecks Genehmigung 188 (168); Protokollvermerk über — 188 (168), 255, 273 Abs. 3; — des Eröffnungsbeschlusses 243; — der Urteilsformel zwecks Verkündung 268; — von Feststellungen zu Protokoll in der HV. 273 Abs. 3; — des ersten Urteils in der Berufungsinstanz 324 Abs. 1; — von Schriftstücken dabei 325.
Verletzte. Der — ist kraft Gesetzes ausgeschlossen: als Gerichtsvollzieher IV 155, als Richter VII 22, als Gerichtsschreiber, Schöffe und Geschworener 31, 32; Herausgabe beschlagnahmter Gegenstände an den — -n 111; der — kann die Erhebung der öffentlichen Klage trotz Einstellung durch die StA. herbeiführen 172 ff.; Be-

teiligung des — -n am Verfahren 374—406; der — als Privatkläger 374—394; Anschluß des — -n als Nebenkläger 395, 403; bei militärischen Straftaten hat der Befehlshaber der höheren Kommandobehörde die Stellung des — -n 441 Abs. 3; der — hat Zutritt zur HV. in Jugendsachen X 23 Abs. 2; ein berechtigtes Interesse des — -n genügt zur Erhebung der öffentlichen Klage anstelle der unzulässigen Privatklage gegen einen Jugendlichen X 38.

Verletzung. Fremder Geheimnisse: S. „Briefgeheimnis".

Verleumdung. Fortsetzung der Privatklage wegen — nach dem Tode des Verletzten 393, 394.

Verlöbnissachen. Geistliche Gerichtsbarkeit in — IV 15.

Verlobter. Zeugnisverweigerungsrecht des — -n 52 [1], 55; uneidliche Vernehmung 58.

Verlust. S. „Amtsenthebung", „Amtsfähigkeit", „Bürgerliche Ehrenrechte".

Vermieter. Zuständigkeit für Streitigkeiten zwischen — und Mieter 23 [2].

Vermittlung. — der Rechtshilfe durch Gerichtsschreiber IV 161.

Vermögen. S. „Verfügungsbeschränkung".

Vermögensbeschlagnahme. S. „Beschlagnahme".

Vermögensrechte. Nebenklage wegen strafbarer Handlungen gegen — 395 Abs. 2.

Vermögensrechtliche Ansprüche. Sühneversuch wegen —-r XVIII 12.

Vermögensschaden. Ersatz des durch unschuldig erlittene Haft verursachten — -s XI 2, XII 3.

Vermögensstrafen. S. auch „Buße", „Geldbuße", „Geldstrafe", „Ordnungsstrafe", „Zwangsstrafe"; Vollstreckung von — 495; desgl. im Strafbescheid des Seemannsamts erkannter — XVIa 125.

Vernehmung. S. „Amtsrichter", „Angeklagter", Angeschuldigter", „Beauftragter Richter", „Beschuldigter", „Ersuchter Richter", „Kommissarische Vernehmung", „Sachverständige", „Untersuchungsrichter", "Zeugen"; — des Reichs- und der Landespräsidenten 49; — der Minister, der Abgeordneten usw. 50; — von Beamten 54; — von Zeugen 59 bis 71, 187, 223, 224, 239 bis 241, 286; — von Sachverständigen 72, 78, 82, 187, 223, 224, 239 bis 241, 286; — sachverständiger Zeugen 85; — des Verhafteten oder Festgenommenen 115, 128, 132; — des Beschuldigten 133 bis 136, 166, 170; keine eidliche — durch die StA. 161; — des Angeschuldigten in der VU. 187, 192; — des von dem Erscheinen in der HV. entbundenen Angeklagten 233; — des Angeklagten in der HV. 238 bis 241, 243, 250, 251, 257, 273; die wesentlichen Ergebnisse der — sind in der HV. vor dem Amtsrichter und dem Schöffengericht zu protokollieren 273 Abs. 2; — vor dem Seemannsamt XVIa 123, XVId 9, 10.

Vernichtung. — von Spuren der Tat als Haftgrund 112; — des Eröffnungsbeschlusses und anderer Aktenteile, auf die im abgekürzten Urteil Bezug genommen ist 267 Anm. 2, — von Gegenständen kraft Straf-

urteils s. „objektives Verfahren“.
Verordnung. — über Gerichtsverfassung und Strafrechtspflege II.
Verpachtung. — von Grundstücken an den Meistbietenden durch Gerichtsvollzieher XVII 74 [5].
Verpflichtung. — zur Auslieferung von Beweisstücken 95; Auferlegung besonderer — -en als Erziehungsmaßnahme X 7; desgl. bei der bedingten Strafaussetzung X 12 Abs. 2, XXd 3, 3b.
Verrat. S. „Geheimnisse“, „Hoch-—“, „Kriegs-—“, „Landes-—“.
Versagung. — des Zutritts zu öffentlichen Verhandlungen IV 175.
Versammlung. Siehe „Gesetzgebende —“.
Versammlungsorte. Durchsuchung an — -n bestrafter Personen 104 Abs. 2.
Versäumniskosten. S. „Verdienstausfall“.
Versäumung. — von Fristen und Terminen: S. „Abwesende“, „Ausbleiben“, „Fristen“, „Kontumazialverfahren“, „Termine“ „Wiedereinsetzung“.
Verschulden. Ansprüche wegen — -s von Beamten IV 71, XVII 39.
Verschwägerung. S. „Schwägerschaft“.
Verschwiegenheit. S. „Amtsverschwiegenheit“, „Ausschließung“, „Geheimhaltung“, „Öffentlichkeit“, „Schweigebefehl“, „Stillschweigen“.
Versetzung. S. auch „Ruhestand“; — der Richter IV 8; — eines Reichswehrangehörigen während des Strafverfahrens 441; — der Assessoren XVII 3.
Versicherung. S. auch „Glaubhaftmachung“; eidliche — als Mittel der Glaubhaftmachung 56; — auf den geleisteten Eid 61 Anm., 67, 72, 79, XVIII 5.
Versiegelung. S. auch „Siegelung“, „Entsiegelung“; — beschlagnahmter Papiere 110.
Verspätung. S. auch „Versäumung“; — von Beweisanträgen 246; — der Berufungseinlegung 319; — der Revisionseinlegung 346.
Verstandesreife, -schwäche. Nichtbeeidigung 57; bei Straftaten Jugendlicher X 3.
Verständigung. S. „Dolmetscher“, „Fremdsprache“, „Stumme“, „Taube“; schriftliche — mit Tauben und Stummen IV 186; Ablehnung der Schiedsmannstätigkeit, wenn schriftliche — mit tauber oder stummer Partei nicht möglich XVIII 16 [5] (s. aber XVIII 36 Abs. 1).
Versteigerungen. Zuständigkeit der Gerichtsvollzieher zu freiwilligen — XVII 74 [2].
Vertagung. S. „Aussetzung“, „Unterbrechung“.
Verteidiger. Keine Ordnungsstrafe gegen — IV 177 Anm.; — als Richter ausgeschlossen 22 [4]; Zeugnisverweigerungsrecht des — -s 53, 57, 95 Abs. 2; Wahl des — -s durch den Beschuldigten oder den gesetzlichen Vertreter 137, im Verfahren gegen Abwesende auch durch Angehörige 286; zum — wählbare Personen 138; Substitution 139; notwendige Verteidigung 81, 140, X 28 Abs. 4, 29 Abs. 1; Kannverteidigung 141; Bestellung des — -s im Vorverfahren 142; Ersatz des bestellten durch den gewählten — 143; Auswahl des — -s bei der

notwendigen Verteidigung 144, 446; Ausbleiben des bestellten — -s und Bestellung eines neuen 145 (s. aber 228); ein — für mehrere Beschuldigte 146; Recht des — -s auf Akteneinsicht 147; desgl. auf Verkehr mit dem Beschuldigten 148; Anspruch des bestellten — -s auf Gebühren 150; Teilnahme des — -s an richterlichen Untersuchungshandlungen 169, 193, 224, 225, 233; verantwortliche Vernehmung erfolgt in Abwesenheit des — -s 192 Abs. 2 (s. aber 233); Ladung des — -s z. HV. 218; mehrere — in der HV. 227; Ausbleiben des gewählten — -s in der HV. 228; Vertretung des Angeklagten durch den — 234, 280, 350, 411 Abs. 2, 417 Abs. 2; Kreuzverhör 239; Fragerecht des — -s 240—242; Schlußvorträge des — -s 258; — im Verfahren gegen Abwesende 280, 282, 286; — kann Rechtsmittel einlegen 297, aber nur mit ausdrücklicher Genehmigung des Beschuldigten zurücknehmen 302; Schlußvorträge des — -s in der Berufungsinstanz 326; — zeichnet die Revisionsanträge 345; Benachrichtigung des — -s vom Revisionstermin 350; — zeichnet Anträge auf Wiederaufnahme 366; — im Strafbefehlsverfahren 411 Abs. 2, im Verfahren auf Strafverfügung 417 Abs. 2; — von Einziehungsbeteiligten 431; Offiziere usw. als — in Strafsachen gegen Militärpersonen 446; — ist zur Hinrichtung zuzuziehen 454; notwendige Verteidigung in Jugendsachen X 28 Abs. 4, 29 Abs. 1; desgl. Sollverteidigung X 29 Abs. 2; — im Verfahren vor dem Seemannsamt XVId 6.

Verteidigung. S. auch „Entlastungsbeweis", „Verteidiger"; Beschränkung der — ist Revisionsgrund 338.

Verteilung. — der Kosten 466 Abs. 1, 467, 471 Abs. 2, 472, 473.

Vertrauenspersonen. S. auch „Ausschuß", „Verhältniswahl"; Wahl der — des Schöffenwahlausschusses IV 40, XVII 35; Entschädigung der — IV 55, V, XVII 36.

Vertreter. S. auch „Gesetzlicher Vertreter", „Verteidiger", „Vertretung"; — des Angeklagten: bei HV. in seiner Abwesenheit 234, im Verfahren gegen Abwesende 280, in der Berufungsinstanz 329, in der Revisionsinstanz 350, 351, im Privatklageverfahren 387, in der HV. auf Strafbefehl und Strafverfügung 411, 412, 417, im obj. Verfahren 431; — des Privatklägers 378, 387; — des Nebenklägers 397, 400; — der Verwaltungsbehörde im selbständigen Steuerstrafverfahren 424, 427; — eines Rechtsanwalts 139, XVII 6; — des Staatsverwaltungsbeamten im Schöffenwahlausschuß XVII 34; — des nebenamtlichen Amtsanwalts XVII 64 Abs. 2; — des Schiedsmanns XVIII 11, 14.

Vertretung. S. auch „Vertreter"; — der Richter durch Referendare bei den AG. IV 10, XVII 2; — der Amtsrichter XVII 24; regelmäßige — der Richter des LG. IV 63; — des Vorsitzenden der Kammer IV 66 Abs. 1; desgl. des Präsidenten IV 66 Abs. 2; zeitweilige — IV 67; — durch Richter und Hilfsrichter, die nicht demselben Gericht angehören IV 70, XVII 4, 5, 38; — bei der Kammer für Handelssachen IV 68 und Anm., XVII 46 und Anm.; — bei der Ausw. Strafkammer XVII 5; — des Vorsitzenden im Schwurgericht IV 83, 92; — bei den OLG. 117, 118, XVII 48; — beim RG. IV 131; — der StA. für dringliche Geschäfte XVII 66; — der Parteien vor dem Schiedsmann unzulässig XVIII 18.

Verurteilung. S. auch „Strafvollstreckung", „Wiederaufnahme"; Strafrechtliche — als Grund der Unfähigkeit z. Laienrichteramt IV 32 [1]; desgl. zum Schiedsmannsamt XVIII 2 [3]; Unfähigkeit, als Zeuge und Sachverständiger eidlich vernommen zu werden als Folge einer — 56, 72; — des Angeklagten 260, 265 bis 267, 354; Kosten bei — 465; vorsätzliche oder grobfahrlässige Herbeiführung der — schließt Entschädigungsanspruch aus XI 1 Abs. 3; Strafaussetzung bei mehrfacher — X 13, XXd 16.

Verwahrung. Dauer der — in einer Irrenanstalt 81 Abs. 4.

Verwaltung. — von Stiftungen s. „Stiftungen"; — des Schiedsmannsamts während 3 Jahren befreit vom weiteren XVIII 8.

Verwaltungsbeamte. Höhere vom Laienrichteramt befreit IV 34, 77, 84, XVII 33; — -r als Mitglied des Schöffenwahlausschusses X 40, XVII 34.

Verwaltungsbehörden. S. auch „Finanzamt", „Strafbescheid", „Strafverfügung"; Kompetenzkonflikt zwischen Gerichten und — III 17 und Anm., IV 17; Vorbereitungsdienst z. Richteramt bei — IV 2; Abgrenzung der Zuständigkeit der — von derj. der Gerichte IV 13; Antrag der — auf Entscheidung durch den Amtsrichter und auf Zuziehung des zweiten Richters IV 25 Abs. 3, 29 Abs. 3; Zuständigkeit für Ansprüche gegen den Staat aus Verfügungen der — IV 71 Abs. 3, XVII 39; Zuständigkeit der — z. Erlaß von Strafverfügungen und Strafbescheiden VI Abs. 2 Nr. 3, VII 413ff., 419ff., XVIa 123, d 13, (VI 5), XIX; Recht der — zur selbständigen Anklageerhebung 424—426, 428, 429 und Anm. dazu; Recht der —, sich dem von der StA. eingeleiteten Verfahren als Nebenkläger anzuschließen 427—429.

Verwaltungsbereich. Pol. Strafverfügungen erläßt jede Polizeibehörde nur für ihren — XIX 1.

Verwaltungsgebühren. IV 189 Anm., VII 153 Anm. 6, 171 Anm. 4, 172 Anm. 6, XVII 85 Anm., 86 Anm. 2, XIX 6 Anm.

Verwaltungsgerichte. S. auch „Verwaltungsbehörden"; Unfähigkeit der Mitglieder z. Laienrichteramt IV 34 Abs. 2, 77, 84, XVII 33 [4] und Anm. 5; Kompetenzkonflikte zwischen — -n und ordentlichen Gerichten III 17 und Anm. 2, IV 17; Abgrenzung der Zuständigkeiten IV 13.

Verwaltungsgerichtshof. Oberst. — beim Konflikt III 11 und Anm.

Verwaltungsgeschäfte. Übertragung von — -n auf die

ordentlichen Gerichte IV 4, XVII 77 bis 86.
Verwaltungsstrafverfahren. S. „Abgaben“, „Finanzamt“, „ne bis in idem“, „Polizei“, „Seemannsamt“, „Strafbescheid“, „Strafverfügung“, „Verwaltungsbehörden“.
Verwandte. S. auch „Angehörige“, „Ehefrau“, „Ehegatte“, „Ehemann“, „Geschwister“, „Schwägerschaft“.
Ausschließung — -r als Gerichtsvollzieher IV 155; desgl. v. Richteramt 22 2, 3, 31, 32 und v. Schiedsmannsamt XVIII 15 2, 3; Widerspruchsrecht der — -n gegen Beschlagnahme 98; Zeugnisverweigerungsrecht der — -n 52 3, 55, 56, 58, 72; Zuziehung bei Durchsuchungen 106; — als Vertreter des abwesenden Angeklagten 284, 286; Recht z. Stellung des Wiederaufnahmeantrags 361; Fortsetzung der Privatklage wegen Verleumdung durch — 393; Aushändigung des Leichnams eines Hingerichteten an — 454; Gestattung des Zutritts — -r zur Verhandlung vor dem Jugendgericht X 23.
Verwandtschaft. Zuständigkeit f. Unterhaltsansprüche aus — IV 23.
Verwarnung. — als Erziehungsmittel gegen Jugendliche X 7.
Verweigerung. S. auch „Weigerung“; — der Abstimmung IV 195; Recht zur — des Zeugnisses und Belehrung darüber 52 bis 58; desgl. Zwangsmittel gegen unberechtigte — 70; — des Gutachtens 72, 77; — der Herausgabe von Beschlagnahmegegenständen 98; — der Annahme des Schiedsmannsamts XVIII 10.
Verweis. Wegfall der Strafe des — -es X 9, 45, 46 (s. auch XIIIa 2, 6, 7).
Verweisung. S. auch „Zurückverweisung; — von der Zivilkammer an die K. f. Handelss. IV 98, 101, 102, 104 und umgekehrt IV 97, 99 bis 102, 104; — erstinstanzlicher Sachen des RG. an die OLG. 134 Abs. 3; — an ein Gericht niederer Ordnung bei der Eröffnung des HV. 210, nicht mehr in der HV. 269; — an das zuständige Gericht 270; desgl. durch das Berufungsgericht 328 und das Revisionsgericht 355, 358; — z. ordentlichen Verfahren in Jugendsachen X 18 Abs. 2 und Anm. 1—5; — auf den geleisteten Eid XVIII 10 (s. auch „Berufung“).
Verwendung. des Stempels XVIII 41.
Verwerfung. — des Antrags auf gerichtliche Entscheidung 174; — der Berufung 319, 322, 329; — der Revision 346, 349; — des Wiederaufnahmeantrags 368, 370; — der Berufung im Privatklageverfahren 391; — des Einspruchs bei Strafbefehl 412.
Verzicht. — auf Zeugnisverweigerung 52 Abs. 2; abgekürztes Urteil bei Rechtsmittel- — 267 Abs. 4 (s. aber X 47 Abs. 1); Rechtsmittel- — 302; — auf Wiedereinsetzung 315 Abs. 3, 342 Abs. 3; — auf Einspruch 409; Anrechnung der Untersuchungshaft bei — auf Rechtsmittel 450.
Verzögerungen. Verwaltungsbeschwerde bei — XVII 85, XVIII 7 Abs. 3.
Verzug. S. „Dringlichkeit“.

Viehmängel. Zuständigkeit für Streitigkeiten wegen — IV 23.
Volksversorgung. Veräußerung beschlagnahmter Gegenstände aus Gründen der — nicht mehr zulässig XVb 2 und Anm.
Volljährigkeit. X 7 Abs. 3, 12 Abs. 3, 17 Abs. 2, 18 Abs. 2.
Vollmacht. Verteidiger mit — als Vertreter in der HV. 234, 280 (?), 350, 387, 411, 417, 431; Anwalt des Privatklägers mit — in der HV. 387.
Vollstreckbare Ausfertigung. 451, XVIII 32.
Vollstreckbarkeit. S. auch „Vorläufige —"; Rechtskraft Voraussetzung der — 449; Bescheinigung der — 451; — des Todesurteils 453; — des Strafbescheids des Seemannsamts XVIa 125; — des Sühnevergleichs XVIII 32, 34, 36; — der polizeilichen Strafverfügung XIX 4, 10.
Vollstreckung. S. auch „Gerichtsvollzieher", „Strafvollstreckung"; — der Ordnungsstrafe wegen Ungebühr IV 178, 179; — gerichtlicher Entscheidungen durch die StA. 36; — wird durch Antrag auf Wiedereinsetzung nicht gehemmt 47; — der Haft 116, X 28; — der Entscheidung wird durch Beschwerde nicht gehemmt 307; — des Strafbescheids des Seemannsamts XVIa 125; — von Vergleichen des Schiedsmanns XVIII 32, 34, 36; — der Kosten des Schiedsmanns XVIII 47; — der Strafverfügung XIX 7.
Vollstreckungsbeamte. S. „Gerichtsvollzieher"; Ausschluß v. Laienrichteramt IV 34[6] und Anm. 4, 77, 84; Amtsanwälte, Gerichtsschreiber, Sekretäre der StA. als — 451 Anm. 3.
Vollstreckungsbehörde. StA. als — 36, 451; Amtsrichter als — 451 Abs. 3 und Anm. 2; Jugendrichter als — 451 Anm. 5, X 36 und Anm.; — nach der Seemannsordnung XVIa 125.
Vollzug. S. „Strafvollzug", „Strafvollstreckung", „Vollstreckung".
Vorbereitendes Verfahren. Vereinfachte Zustellung 39; Konfrontation und Beeidigung von Zeugen soll in der Regel nicht erfolgen 59, 66; Gutachten schriftlich oder mündlich 82; Verhaftung 125, 126; Verteidiger 142, 144 Abs. 1, 147, 148; Anzeigen, Strafanträge 158; Leichensachen 159; Aufgabe der StA. 160; Auskunftspflicht der Behörden 161; Ersuchen um richterliche Handlungen 162; selbständige Tätigkeit der Polizei 163; Amtshandlungen an Ort und Stelle 164; selbständige Tätigkeit des Amtsrichters 165—167; Beurkundung der Ermittlungen des Amtsrichters 168; Teilnahme der Beteiligten daran 169; Abschluß der Ermittlungen 170; Einstellung und Nachricht davon 171; Antrag auf gerichtliche Entscheidung gegen die Einstellung 172 bis 177; Aufklärung der für die bedingte Strafaussetzung wesentlichen Umstände XXd 4.
Vorbereitung. S. „Hauptverhandlung", „Vorbereitendes Verfahren", „Voruntersuchung"; — des Gutachtens 80; — der Entscheidung über bedingte Strafaussetzung XXd 4, 15, 17, 21.
Vorbereitungsdienst. — der Referendare IV 3 und Anm. 1, 2, XVII 1 und Anm. 1, 2; im

— Befindliche können an der Beratung teilnehmen IV 193.

Vorbestrafungen. Befragung von Zeugen und Beschuldigten nach — s. „Generalfragen".

Voreid. 62, 79.

Vorentscheidung. S. „Konflikt".

Vorführung. — von Zeugen 51; — von Angehörigen der Reichswehr 51 Abs. 4; — bei Verhaftung und Festnahme 128, 132; — des Beschuldigten 133 bis 135; beschleunigtes Verfahren bei — des Beschuldigten 212; — des Angeklagten zur HV. 230, 236; desgl. in der Berufungsinstanz 329, 330; — im Privatklageverfahren 387 Abs. 3; — -sbefehl zwecks Strafvollstreckung 457; — vor das Seemannsamt XVIa 123.

Vorgesetzte. — der StA. IV 144 bis 146, XVII 78, 80, 81, 84, 85; Staatsanwälte sind — der Hilfsbeamten der StA. IV 152, XVII 81; — können Genehmigung zur Vernehmung gewisser hoher Beamter außerhalb des Amtssitzes usw. geben 50; — Dienstbehörde entbindet von der Amtsverschwiegenheit 54 und gibt Genehmigung zur Vernehmung von Beamten als Sachverständigen 76; kein Sühneversuch erforderlich, wenn der — Strafantrag stellen kann 380 Abs. 3, XVIII 33; militärische —: disziplinarische Ahndung 435, haben Stellung der Hilfsbeamten der StA. 443, Anbringung von Strafanzeigen bei ihnen 444, Rechtsmittelerklärungen usw. vor ihnen 447.

Vorhaltungen. — an den Angeklagten in der HV. 254.

Voriger Stand. S. „Wiedereinsetzung".

Vorläufige Anordnungen. — über Erziehung und Unterbringung X 8.

Vorläufige Einstellung. S. „Einstellung, vorläufige".

Vorläufige Entlassung. Verhältnis zur bedingten Strafaussetzung XXd 26 und Anm.

Vorläufige Festnahme. S. „Festnahme".

Vorläufige Vollstreckbarkeit. — des Verfallsbeschlusses 122; — des Strafbescheids des Seemannsamts XVIa 125.

Vorleben. Prüfung des — -s bei der bedingten Strafaussetzung XXd 2.

Vorlegung. — amtlicher Akten, Schriftstücke usw. 96.

Vorlesung. S. „Verlesung".

Vormund. S. auch „Gesetzlicher Vertreter"; — als Gerichtsperson ausgeschlossen 22, 31, 32; — als Beistand 149.

Vormundschaft. S. auch „Pflegschaft"; Gerichtsstand der — X 25.

Vormundschaftsgericht. Benachrichtigung des — -s von der Vermögensbeschlagnahme 292 Abs. 2; Überlassung der Auswahl der Erziehungsmaßnahmen X 5 Abs. 2; Personalunion zwischen — und Jugendgericht X 19 und Anm.; Mitteilungen X 27; Mitwirkung des — -s bei der bedingten Strafaussetzung XXd 3, 9, 11.

Vormundschaftssachen. Bearbeitung der — in den Ferien XVII 91.

Vornamen. 279.

Vorschuß. — an Zeugen und Sachverständige IV 165 Abs. 3;

Reisekosten- — an mittellose Angeklagte 230 Anm. 3.

Vorsitzende. S. auch „Amtsrichter", „Jugendrichter", „Landgerichtspräsident", „Landgerichtsdirektor", „Landgerichtsrat", „Oberlandesgerichtspräsident", „Senatspräsident".

Amtsrichter als — -r des Schöffengerichts IV 29; desgl. des Schöffenwahlausschusses IV 40; — -r des Landgerichtsplenums IV 62, 66; — der Zivil- und Strafkammern IV 62, 66; — -r der auswärtigen Strafkammer IV 78; — -r des Schwurgerichts IV 81, 83; — -r der Kammer für Handelssachen IV 68, 105, 106 und Anm., XVII 46; — der Senate beim OLG. IV 117, 122; desgl. beim RG. IV 131, 138, 139; — -r verteilt die Geschäfte innerhalb der Kammer und des Senats IV 69, 117, 131; Entscheidungen des — -n hinsichtlich der Strafkammerschöffen IV 77 Abs. 3, 78 Abs. 3; desgl. des Schwurgerichts- — -n hinsichtlich der Geschworenen IV 84 Abs. 1; — -r als Träger der Sitzungspolizei IV 176; — -r bewirkt Vollstreckung der in Ausübung der Sitzungspolizei verhängten Ordnungsstrafen IV 179; — -r ordnet Zuziehung von Ergänzungsrichtern an IV 192 Abs. 2; — -r leitet die Beratung IV 194; — -r bezeichnet Feriensachen IV 200; — -r entscheidet über Ausschließung und Ablehnung der Laienrichter 31, 32 (nicht auch des Gerichtsschreibers 31 Abs. 3); Rechte des — -n in Haftsachen 124 Abs. 3; Verteidigerbestellung durch den — -n 141, 144 Abs. 1; — -r gestattet Verabfolgung der Akten in die Wohnung des Verteidigers 147; — -r bewirkt Mitteilung der Anklageschrift 201; — -r bestimmt HV.-Termin 213; — -r bei Zeugenladung zur HV. 214 Abs. 2, 219 bis 221; kürzere Unterbrechungen der HV. ordnet der — an 228 Abs. 1; der — weist bei Nichteinhaltung der Ladungsfrist den Angeklagten auf Vertagungsrecht hin 228 Abs. 3; — -r trifft Maßnahmen zur Festhaltung des Angeklagten 231; der — leitet die HV. 238 bis 241; der — teilt dem Angeklagten das in seiner Abwesenheit Verhandelte mit 247 Abs. 1; — -r gestattet Entfernung vernommener Zeugen 248; der — unterzeichnet das Protokoll 271 Abs. 2; desgl. das Urteil 275; Beschwerde gegen Verfügungen des — -n 304; der — bestimmt in Privatklagesachen die zu ladenden Zeugen usw. 386; Amts- (Jugend-)richter als — -r des Jugendgerichts X 19, 24, 29, 33; — -r des Seemannsamts im Spruchverfahren XVIa 5, XVId 2—5, 6, 7, 15, 16; — -r des erkennenden Gerichts bei der bedingten Strafaussetzung XXd 15.

Vorstand. — des Gerichts sorgt für Vertretung der StA. in eiligen Fällen XVII 66; — -e der Justizbehörden sind die Organe des JM. bei Ausübung der Dienstaufsicht XVII 77.

Vorstrafen. S. „Vorbestrafungen".

Voruntersuchung. S. auch „Untersuchungsrichter"; Antrag auf — ist eine Form der Erhebung der öffentlichen Klage 170; Notwendigkeit der —

178 Abs. 1; Zulässigkeit der — 178 Abs. 2; Form des Antrags der StA. auf — 179; Ablehnung der — 180; Einwand gegen Eröffnung der — 181; sofortige Beschwerde gegen Verwerfung des Unzuständigkeitseinwands 182; sofortige Beschwerde gegen Ablehnung der Eröffnung 183; Ersuchen an Polizei in der — 189; Grenzen der — 190; Ausdehnung der — 191; Vernehmung des Angeschuldigten in der — 192;. Augenschein 193; antizipierte Beweisaufnahme in der — 193 bis 195; Rechte der StA. in der — 196; Schluß der — 197; Ergänzung der — 197 Abs. 2, 202; Entscheidung über das Ergebnis der — stets durch Strafkammer 198, 203, 204; Antrag des Beschuldigten auf — 201 Abs. 1; — auf Anregung des Amtsrichters 202 Abs. 2; — in Jugendsachen X 28 Anm. 2, 3.

Vorverfahren. S. „Vorbereitendes Verfahren".

W

Waffen. Verwertung eingezogener — 109 Anm.

Wahl. — der Laienrichter usw. s. „Auswahl"; — des Schiedsmanns XVIII 3, 8.

Wahlgeheimnis. Zeugnisverweigerungsrecht 53 Anm. 3.

Wahlkonsuln. Gerichtsstand 11.

Wahlperiode. — des Schiedsmanns XVIII 3 Abs. 3, 8, 10.

Wahlrecht. — des Richters hinsichtlich der Sachverständigen 73.

Wahlverteidiger. S. auch „Verteidiger"; 138, 139, 143, 286.

Wahrnehmung. — richterlicher Geschäfte durch Referendare XVII 2.

Wahrung. — von Fristen s. „Fristen".

Waldeck. Geltung der Bestimmungen über bedingte Strafaussetzung in — XXd 1 Anm. 1.

Warenbezeichnungen. Streitigkeiten über — sind Handelssachen IV 95[4c].

Warnung. S. „Belehrung", „Hinweis".

Wartegeld. Rechtsweg für den Anspruch der Richter auf — darf nicht ausgeschlossen werden IV 9; — des Oberreichsanwalts und der Reichsanwälte IV 149.

Wechselprotest. Zuständigkeit der Gerichtsschreiber und Gerichtsvollzieher zur Aufnahme von — -en XVII 70 und Anm. 3, 74[1].

Wechselsachen. — sind Handelssachen IV 95[2]; — als Feriensachen IV 200[7].

Wechselseitige Beleidigung und Körperverletzung. Kostenentscheidung 468.

Wehrmacht. S. auch „Militär-"; Vorführung von Angehörigen der — 51 Abs. 4; besondere Vorschriften für Angehörige der — 438 bis 448; Gerichtsstand dafür 439; Nachricht von der Festnahme derselben 440; Nachrichten an die höhere Kommandobehörde 441; Begriff der Militärstrafsachen 442; Stellung der militärischen Vorgesetzten 443; Anzeigen strafbarer Handlungen 444; Untersuchungshaft zur Aufrechterhaltung der Disziplin 445; Verteidiger 446; Rechtsmittelerklärungen usw. 447; Revision 448; bedingte Strafaussetzung gegen Angehörige der — XXd 2 III und Anm. 2.

FSC
www.fsc.org
MIX
Papier | Fördert
gute Waldnutzung
FSC® C083411

Kolibri 360 GmbH
Ferdinand-Jühlke-Straße 7
99095 Erfurt, Deutschland
produktsicherheit@kolibri360.de